La grande histoire des Français sous l'occupation

La grande histoire des Français sous l'occupation
1939-1945

Plan général

1

LE PEUPLE DU DÉSASTRE

2

QUARANTE MILLIONS DE PÉTAINISTES

3

LES BEAUX JOURS DES COLLABOS

4

LE PEUPLE RÉVEILLÉ

5

LES PASSIONS ET LES HAINES

6

L'IMPITOYABLE GUERRE CIVILE

7

UN PRINTEMPS DE MORT ET D'ESPOIR

8

JOIES ET DOULEURS DU PEUPLE LIBÉRÉ

DU MÊME AUTEUR

Histoire

La grande histoire des Français sous l'occupation :
1. Le peuple du désastre, 1939-1940 (Robert Laffont).
2. Quarante millions de pétainistes, juin 1940-juin 1941 (Robert Laffont).
3. Les beaux jours des collabos, juin 1941-juin 1942 (Robert Laffont).
4. Le peuple réveillé, juin 1940-avril 1942 (Robert Laffont).
5. Les passions et les haines (Robert Laffont).
6. L'impitoyable guerre civile (Robert Laffont).

La vie des Français sous l'occupation (Fayard).
Le 18 juin 1940 (Fayard).
Pétain avant Vichy (Fayard).

Politique

Ce que vivent les roses (Robert Laffont).

Romans

Une fille de Tel-Aviv (Del Duca).
Le ghetto de la victoire (Grasset).

Reportages

Israël... Israël (Domat).
Croix sur l'Indochine (Domat).
Le monde de long en large (Domat).
J'ai vu vivre Israël (Fayard).

Critique littéraire

Louis Emié (Seghers).
(en collaboration avec Albert Loranquin).

Albums

Quatre ans d'histoire de France (Hachette).
Aquitaine (Réalités, Hachette).

HENRI AMOUROUX

La grande histoire des Français sous l'occupation.

II

quarante millions de pétainistes

Juin 1940 - Juin 1941

ÉDITIONS ROBERT LAFFONT
PARIS

ISBN 2-221-00130-3 (éd. complète)
ISBN 2-221-00200-8 (vol. 2)

SOMMAIRE

I. L'HOMME DE 1856 ET LES FRANÇAIS DE 40

II. L'ASSEMBLÉE DES FIDÈLES

III. DES ADVERSAIRES BIEN ÉLEVÉS

pour Agnès

Quarante millions de pétainistes. Titre de provocation ? Certainement pas. Titre et livre qui veulent donner une idée exacte des sentiments des Français dans l'été, l'automne 40 et même l'hiver 40-41 avant que le ravitaillement détestable, les prisonniers lents à revenir, la paix lente à venir, l'usure des mots, la fatigue des jours, le poids toujours plus lourd de la présence allemande ne dissipent le charme qui enveloppait le maréchal Pétain et attirait à lui un peuple bouleversé par la défaite, déçu par les politiciens, humilié par l'armée et la police d'un ennemi qui occupe les deux tiers du pays et tient à la gorge le frêle royaume de Vichy.

Que Pétain ait été « homme providentiel » pour les uns, « moindre mal » pour les autres, que beaucoup aient vu en lui le grand soldat capable, grâce à l'influence de son passé, sinon de tout empêcher, du moins de freiner les ambitions allemandes et d'en imposer à l'adversaire, que d'autres aient utilisé un vieillard qui, en voulant remettre à l'honneur des vertus longtemps négligées, portait également de rudes coups à un système politique détesté, cela montre seulement que le Maréchal rassemble des fidèles aux pensées et aux espoirs contradictoires.

Le temps viendra des choix et de la décantation

Quarante millions de pétainistes. J'ai « testé » ce titre auprès d'hommes de ma génération, d'hommes qui, aujourd'hui, n'ont plus à mentir, ni pour s'excuser d'avoir été pétainistes, ni pour se faire gloire de ne pas l'avoir été.

Tous m'ont raconté l'histoire, mille fois dite, de cette ville française dont un étranger affirmait que la population avait doublé simplement parce qu'il ne comprenait pas qu'elle ait pu, dans sa totalité, acclamer Pétain et, dans sa totalité, acclamer de Gaulle, alors qu'à travers chacun de ces hommes « providentiels » les Français acclamaient, avant tout, une image de la Patrie. Une image différente, bien sûr. Mais pourquoi interdirait-on aux hommes de varier au gré des événements ?

Ils sont peu nombreux, en vérité, ceux qui peuvent prétendre avoir observé, dès les premiers jours, une position hostile à Pétain, ceux qui n'ont rien sollicité ni rien attendu de Vichy, ceux qui, plutôt que de trahir, au moment le plus convenable pour leurs intérêts et pour leur avenir, un régime qui les faisait vivre, ont rompu immédiatement et choisi l'honneur, la pauvreté, les dangers de la désobéissance.

C'est la gloire des opposants d'être d'abord des solitaires.

En 1940, il y eut peu de solitaires.

Il est bien évident d'ailleurs qu'entre 1940 et 1944 le peuple français évolue si largement que l'historien ne se trouve pas en présence d'un, mais de cinq, de dix peuples différents et mon entreprise vise précisément à saisir, au long des huit volumes de cette Grande Histoire des Français sous l'Occupation, *ces moments, ces étapes de la sensibilité française.*

Longue et difficile entreprise, tout entière placée sous le patronage d'une phrase de Voltaire, qui se trouve dans la « Préface à l'histoire de Charles XII » : « On dit d'un homme il était brave tel jour. Il faut dire d'une nation : elle était telle sous tel gouvernement, telle année. » En 1940, la nation française est pétainiste. Contre Pétain, bien peu de monde en effet ; ni chez les communistes, que le pacte germano-soviétique empêche encore d'attaquer la collaboration à ses débuts, ce qui limite leurs critiques au secondaire ; ni chez les gaullistes et chez les premiers résistants, à l'exception du général de Gaulle, seul à avoir immédiatement compris qu'il ne pouvait réussir sans accabler Philippe Pétain, sans le discréditer auprès de l'opinion puisque le combat que se livrent les deux hommes, jadis si proches, a le même enjeu : la conquête de l'âme française.

Tout évoluera, il est vrai. C'est pourquoi six autres livres suivront Le Peuple du Désastre *et* Quarante millions de pétainistes, *livres qui étudieront et préciseront ces mouvements de l'opinion qui épousent presque toujours les mouvements de la guerre.*

J'ai donc arrêté Quarante millions de pétainistes *au 1er juillet 1941. Non que le pétainisme se soit, alors, brutalement tari. Mais le 22 juin 1941, jour de l'invasion de la Russie, constitue une date pivot après laquelle plus rien ne sera pareil. Tout d'abord parce que les communistes se lancent totalement dans la lutte, ensuite parce que le peuple français, amoureux d'histoire napoléonienne, pressent qu'Hitler ne peut réussir là où l'Empereur a échoué, enfin parce que le pétainisme, moyen terme entre deux extrêmes qui, chaque mois désormais, se renforcent et se durcissent, a de moins en moins de raisons d'être.*

De la lettre d'une lectrice qui, petite fille, avait été choisie, à Aix-en-Provence, pour apporter une gerbe au Maréchal, au cours de l'un de ces voyages qui se déroulaient, en 1940-1941, sous les acclamations des foules de zone non occupée, dans le chant des grandes orgues entraînant des catholiques subjugués et le bruit des musiques militaires entraînant des troupes pauvrement armées, j'extrais ce passage significatif :

« Il y avait du soleil, de la musique, des fifres et des tambourins.

« A un certain moment, tout s'est calmé et on nous a poussées en avant. On m'a mis sur les bras une gerbe très lourde et nous nous sommes trouvées devant le maréchal Pétain. J'ai donné les fleurs et un officier, à côté de lui, l'a débarrassé tout de suite. Il a écouté le compliment de bienvenue et s'est baissé vers nous deux pour nous embrasser, il pleurait.

« Après, je ne sais plus, sinon que j'ai reçu des photos de la cérémonie et que j'en étais fière. Deux ans plus tard, mes parents ont enfoui les photos dans un tiroir et l'on m'a dit d'oublier... »

Deux ans plus tard...

En 1940, en 1941, le temps de l'oubli n'est pas encore venu et ce sont ces jours où la France est pétainiste que je raconte.

Paris, septembre 1977.

PREMIÈRE PARTIE

L'HOMME DE 1856 ET LES FRANÇAIS DE 40

Les vieux sont malins
Les vieux sont tenaces
Les vieux vaincront

Charles PÉGUY.

Lorsque les pays sont vainqueurs, ils mettent les généraux de côté et le pouvoir politique exerce toute son autorité. Lorsque les pays sont battus, ils ont toujours recours à un vieux Maréchal qu'ils mettent là parce que ce n'est pas inutile !...

Maxime WEYGAND.
Juin 1949.

1

CONNU ET INCONNU

Qui est-il cet homme que les Français ont acclamé puis détesté ? Dont, par millions, ils ont acheté les photographies. Puis déchiré l'image. Contre lequel, à une époque où se multiplient les attentats, on n'en signalera aucun alors qu'il est toujours mal protégé. Qui sombre, en 1945, dans la honte d'un procès pour trahison mais dont Charles de Gaulle, son vainqueur, fera plus tard fleurir la tombe afin d'honorer au moins le vainqueur de Verdun comme si, dans la nuit du caveau, où tout est mêlé de ce qui fut, il était possible de séparer le pur de l'impur.

Qui est-il cet homme qui, arrivé aisément au pouvoir, l'occupe tout entier, bouleversant le monde politique qui le tenait pour un naïf mais ravissant un peuple affamé de vérités premières, en quête d'un chef à aimer ? Cet homme assez présent dans les mémoires pour que les Français discutent encore avec passion de ses actes comme de ses intentions. Et qui, à l'occasion d'une émission des « Dossiers de l'écran » [1], suscite un maximum d'appels téléphoniques, preuve, trente-six ans après la défaite, que le débat n'est pas clos et que les Français s'interrogent encore sur ce Maréchal, dont on croit tout savoir, mais qui, malgré une abondante littérature, demeure mal connu dans la mesure où, transfiguré aussi bien que caricaturé, il a souvent été détaché de sa vérité.

1. En 1976.

Philippe Pétain : 84 ans en 1940.

Donc un homme du XIXe siècle. Avant tout un homme du XIXe siècle. Qu'il s'agisse de le comprendre ou de le juger, c'est l'information capitale.

Il naît en 1856, quelques jours après la fin de la guerre de Crimée. Plus près, dans le temps, de la défaite de Napoléon à Waterloo, en juin 1815, que de la défaite de Gamelin, dans les mêmes plaines belges, en mai 1940.

Il est élevé par un prêtre qui a fait la campagne d'Italie avec Bonaparte.

Il meurt six ans après Hitler.

Il a entendu raconter par un témoin ces grandes batailles de l'Empire où les boulets portent à huit cents mètres. Et c'est pendant son procès, en août 1945, qu'explose la première bombe atomique...

Élevé dans le culte de la patrie au sein d'une armée qui méprise plus encore les politiciens que la politique, ayant quarante-quatre ans en 1900 ; à la veille de la retraite lorsque éclate la guerre de 1914 qui le projette dans un nouveau destin, comment aurait-il pu avoir l'intelligence de ces théories globales : fascisme, nazisme, communisme qui, désormais, font de chaque conflit un conflit politique mobilisant, en chaque homme, tous les sentiments, en chaque pays, toutes les ressources ?

Homme du XIXe siècle donc.

Que Vichy s'emploiera à rajeunir. Les Français battus, et physiquement battus, par une armée d'adolescents maigres, endurants, aptes à franchir les rivières et les barbelés, sportifs autant que courageux, les Français se retrouvent soudain dirigés par un vieillard que les propagandes et les imaginations peignent à neuf. Il FAUT, pour la France vaincue, il faut que Pétain ait le ventre plat, le teint net, l'œil vif, qu'il soit comme un vivant reproche aux adultes fatigués, paraît-il, par l'alcool, les danses et les congés payés. Son âge est d'autant plus volontiers rappelé qu'il est proclamé, et admis, qu'il se moque de l'âge, que les ans ont passé sur lui, sans l'affaiblir, en lui donnant seulement la flatteuse patine des statues.

« A quatre-vingt-cinq ans, il est droit, non comme un jeune homme, mais simplement comme sa conscience. Il marche d'un pas net. Sa moustache a l'impeccable blancheur de la vertu. » Ces mots sont de René Benjamin, fabricant prolifique de littérature dévote. A l'époque, ils ne scandalisent personne car, dans un pays vaincu, en quête d'hommes extraordinaires à proposer à l'admiration des foules, il ne reste qu'un homme extraordinaire : Philippe Pétain.

La France est donc conviée à admirer ce vieillard dont les performances sont mises en parallèle avec celles des jeunes gens. On sait donc immédiatement qu'il peut faire aisément cinq kilomètres à pied, qu'il soulève, accrochée à sa canne, une fillette de 6 ans, qu'il a grand appétit et mange de la viande aux deux repas, qu'il a 13-9 de tension, dort profondément et n'est jamais malade. Jamais. C'est vrai.

« En vingt et un mois de Vichy, note Du Moulin de Labarthète, excellent témoin, je n'ai vu le Maréchal alité qu'un matin : une légère congestion du foie. Quelques heures de sommeil supplémentaire, une tasse de lait à midi et le soir, la « machine », l'implacable machine repartait. »

Sans doute la fonction, le devoir d'État sont-ils souvent à l'origine d'une surprenante résistance.

A la retraite, dans son jardin de Villeneuve-Loubet, peut-être se serait-il quelque peu « laissé aller ». Aujourd'hui, il n'en a pas le droit.

L'amiral Auphan l'a vu, en Avignon, au soir d'une épuisante journée, où discours et réceptions s'étaient enchaînés. Immobile et tassé dans sa voiture, il se montrait incapable de se lever pour répondre aux acclamations. « Debout, Monsieur le Maréchal, debout », murmurait inutilement Auphan. A peine arrivé dans son train spécial, le voici effondré mais, vingt minutes plus tard, il reparaît l'œil vif, le teint rose, la voix claire :

— Eh bien ! amiral, quand est-ce qu'on dîne [2] ?

Lorsque Alfred Sauvy écrit qu'en 1940, « Pétain le pessimiste est vieux », qu'il symbolise « le vieillissement de la nation » et que c'est « à ce trait qu'il doit sa grande popularité », il se trompe, il me semble.

Acclamant Pétain, les Français n'acclament pas un « bon vieux », mais un homme hors du temps, vainqueur de l'âge, un modèle d'équilibre et de santé, qui fait honneur à la race, que l'on envie, que l'on peut opposer sans ridicule, sans aucun ridicule, à l'armée hitlérienne tout entière, comme un symbole, le symbole d'un homme qui a traversé les ans et les événements sans en être affecté, pour

2. Témoignage personnel.

arriver presque intact, physiquement et intellectuellement, à l'instant de la dernière et plus rude épreuve : celle qui requiert une jeunesse d'âme plus encore que de corps.

Si l'on avait demandé aux Français de juillet 1940 qui de Daladier, d'Herriot, de Gamelin ou de Pétain leur semblait le plus vieux, ils n'auraient pas répondu en se fiant aux biographies mais en songeant à l'allure, au regard, à la sérénité, cette sérénité de l'homme vainqueur des tempêtes, qui n'est peut-être qu'une paralysie des réactions sentimentales, mais que seul Pétain[3] manifeste, lorsque tout s'écroule, et qui lui vaudra tant de ralliements.

Beaucoup de portraits, je l'ai dit. La plupart remarquablement écrits, l'auteur sachant bien qu'avec pareil modèle il a chance de passer à la postérité. La plupart insistant sur le *physique* de Pétain et de ce physique, digne en effet d'attention, tirant des conclusions morales et intellectuelles sans doute aventurées à mesure que l'âge augmente.

Portraits tracés par des familiers. Celui du commandant Loustaunau-Lacau, qui a fort longtemps vécu près de Pétain et aurait fait un admirable chroniqueur si les complots et l'action ne l'avaient dévoré.

« Ni trop grand, ce qui déroute, ni trop petit, ce qui diminue, la taille dont on dit : il est plutôt grand[4]. La tête, un tiers entre les épaules, exactement proportionnée. Ni saillies, ni étirements, ni aplatissements, aucune de ces anomalies heureuses ou fâcheuses qui marquent et cependant cette normalité anormale des traits dont un sculpteur désespère parce qu'il s'y trouve devant le piège de l'unité. Peut-être les yeux plus rapprochés que l'on ne s'y attendait d'après l'ensemble du visage, des yeux bleu de mer à la lumière froide et qui clignotent sous l'émotion, la surprise, la fatigue, l'inquiétude. Des rides sans rudesse, la simple distension de la peau, aucun ravage précipité, aucune signification d'épreuve. Rajustée en clinique, cette peau aurait quarante ans... Le teint sans tuberculose, sans cancer, sans syphilis, le teint d'un foie en ordre. Et tout le reste à l'avenant. Aucune défaillance dans le corps, la poitrine, ni bombée, ni creuse, le dos

3. Avec lui, de Gaulle, certes. Mais de Gaulle est inconnu encore.
4. « Il faisait plus grand », me dira Mme Ménétrel.

droit, ni vertical, ni cambré. La ceinture un peu lourde, mais sans hernies et qui s'efface à la marche. Les bras et les jambes de la longueur qui convient pour ne pas être remarqués. Le pas de soixante-quinze centimètres, la canne de compagnie et non de vieillard... »

Portrait fait pour répondre au portrait d'un Philippe Pétain refoulé, insatisfait, ambitieux en secret, écrit d'une plume brillante et méchante par Charles de Gaulle au temps des *Mémoires,* lorsqu'il lui semblait nécessaire, pour se hausser encore [5], d'accabler un adversaire pourtant accablé.

Voici le dessin de Paul Estèbe qui vécut plusieurs mois, à Vichy, près de ce Maréchal dont le nom, écrit-il, n'avait jusqu'en juillet 1940, chez le jeune homme qu'il était alors, éveillé « rien d'autre que le souvenir délavé d'une gloire poussiéreuse ».

« L'homme ne se décompose pas. Pétain n'est pas de haute taille. L'œil est petit ; il n'est pas en lui de particularité physique révélatrice de l'excès d'une faculté prédominante. Et cependant il est impossible d'approcher le Maréchal sans être saisi de respect... Pétain, le Père de la Patrie — tel il m'apparut, comme à la France entière, lorsque je lui fus présenté par Du Moulin de Labarthète. Il était le refuge, la permanence du passé réconfortant et glorieux ; la certitude que les qualités de la race survivaient encore... Pétain, c'était la zone de calme au cœur de la tempête, la sérénité protégeant le recueillement au milieu des ruines. »

Écrivant après la guerre, Camille Chautemps, homme tout de finesse dans l'analyse, sans hostilité profonde, ni sympathie véritable pour son modèle, l'a vu ainsi au cours de ces journées de Paris, de Tours, de Bordeaux où il le côtoie et l'observe, tout au long de dramatiques conseils des ministres : « Il était impossible, si l'esprit

5. Le texte de Loustaunau-Lacau comprenait également une description de la psychologie du Maréchal. Voici le passage des *Mémoires* de Charles de Gaulle auquel il répondait. « Toute la carrière de cet être d'exception avait été un long effort de refoulement. Trop fier pour l'intrigue, trop fort pour la médiocrité, trop ambitieux pour être arriviste, il nourrissait en sa solitude une passion de dominer, longuement durcie par la conscience de sa propre valeur, les traverses rencontrées, le mépris qu'il avait des autres. La gloire militaire lui avait, jadis, prodigué ses caresses amères. Mais elle ne l'avait pas comblé, faute de l'avoir aimé seul. Et voici que, tout à coup, dans l'extrême hiver de sa vie, les événements offraient à ses dons et à son orgueil l'occasion, tant attendue ! de s'épanouir sans limites ; à une condition, toutefois, c'est qu'il acceptât le désastre comme pavois de son élévation et le décorât de sa gloire. »

n'était pas prévenu contre lui, de ne pas subir plus ou moins son ascendant physique. Ce vieillard robuste, de haute taille, au regard étonnamment bleu, dont les traits fins étaient encadrés d'une couronne de cheveux blancs, avait incontestablement une allure digne et noble, respirant à la fois l'autorité et la bienveillance. Je ne suis pas certain que cet aspect extérieur correspondît pleinement à l'état réel de son intelligence et de son cœur. Mais, tel qu'il s'offrait au regard d'un nouveau venu, il produisait une assez profonde impression. »

Léon Blum enfin, publiant ses souvenirs en 1957 : « Je l'avais rencontré (Pétain) à d'assez fréquentes reprises, mais seulement dans des occasions officielles. J'avais été frappé et je puis dire séduit, comme tous ceux qui l'approchaient, par la noblesse de sa stature et de son port, par le regard simple et bon de ses yeux bleus à fleur de tête, par l'air de gravité et de noblesse qu'exprime son beau visage. »

Même lorsqu'il y a discordance sur quelque point (Chautemps le dit de haute taille, Estèbe non), tous, amis ou adversaires, s'accordent sur la noblesse d'allure et ce physique de marbre épargné par le temps, sur cette merveilleuse et trompeuse santé qui, entre 1940 et 1945, abusera certains de ses fidèles sur sa résistance véritable aux événements.

Pierre Accoce et le Dr Rentchnick ont publié, en 1976, sous le titre *Ces malades qui nous gouvernent,* un livre dans lequel ils évoquent ceux qui, minés en secret par la maladie, ne donnent le change que grâce à leur courage et à leur volonté de pouvoir : Churchill, de Gaulle, Staline, Mao, Kennedy, Pompidou, d'autres encore, moins illustres, mais également responsables.

Pas un mot sur Pétain.

Par la naissance, le plus *âgé* de tous les chefs d'État, cependant, lorsqu'il accède au pouvoir. Certainement pas le plus fatigué.

Les apparences et la réalité concordent. Ont l'air de concorder. Car Pétain, remarquable d'activité et de résistance, a « ses jours », on le verra, ou même ses bonnes et ses mauvaises heures.

Les fidèles finiront par en convenir et Baudouin, ministre des Affaires étrangères, dira qu'il se renseignait sur les audiences afin de monter ensuite auprès du Maréchal pour combattre les propos de celui qui venait d'être reçu et se trouver, en somme, en position d'être le dernier à avoir parlé. Et l'amiral Leahy, ambassadeur des États-Unis à Vichy, signalera que l'attention du Maréchal est à éclipse.

Mais, dans l'été 40, de Pétain, maréchal de France, chef de l'État, on ne retient que ce que l'on voit. On croit, on veut croire qu'il est alors, totalement, ce qu'il paraît.

Homme du XIXe siècle dans sa philosophie et ses réactions, marqué jusqu'à la fin par son ascendance paysanne et sa très longue carrière militaire.

Sur l'acte de naissance de 1856, son père (qui avait cependant tenté sa chance à Paris) est inscrit comme « cultivateur ». Les témoins, Bénoni Pétain et Jean-Baptiste Occre, sont également cultivateurs comme le sont, alors, l'immense majorité des Français.

Il ne se détachera jamais de la terre de France. Amour qui explique beaucoup de ses actes. Amour physique de paysan. Après la Grande Guerre, reprenant le cours de projets interrompus lorsque, en 1913, se croyant près de la retraite, il faisait l'acquisition d'un sécateur pour de futurs rosiers, il achète près de Villeneuve-Loubet la propriété de l'Ermitage. Il ne joue nullement alors au laboureur. Il est là, comme ailleurs, sérieux, appliqué au résultat, économe. Paul Valéry, en 1941, le décrira, faisant son vin « comme toute chose qu'il fasse, avec scrupule et le plus grand soin ».

Homme attentif à ses comptes, scrutant le ciel et ses fermiers. Maniant parfois l'ironie au détriment du « monsieur de la ville » que les autres croient qu'il est devenu, il déteste être trompé.

J'ai pu, à l'occasion d'un livre précédent [6] et grâce à l'obligeance de M. et Mme de Hérain, lire des centaines de lettres alors inédites du maréchal Pétain. Nullement écrites pour l'histoire, allant de 1912 à 1940, elles m'ont permis, mieux que tout autre document, de comprendre la psychologie de Philippe Pétain et, si j'ose dire, « de lire dans son jeu » d'homme aux ambitions mesurées, même s'il a, c'est très naturel, pleinement conscience de sa valeur, d'homme prêt en tout cas, à tout moment, à échanger la fortune de la politique pour la paix des champs.

« Quand on n'habite pas une propriété en permanence, il se passe pendant les périodes d'absence des phénomènes tout à fait étranges : ainsi, les vaches donnent moins de lait, les poules mangent beaucoup et pondent fort peu, les journées de main-d'œuvre augmentent en

---

6. *Pétain avant Vichy*. M. de Hérain était le beau-fils du Maréchal.

nombre. Ce n'est certainement pas parce que les vaches et les poules ont du chagrin causé par le départ des patrons, il faut chercher une autre cause. » (A son neveu, Omer Pétain.)

« Ma chérie... On m'a présenté une liste de travaux militaires importants à réaliser ; mon esprit a besoin de faire un effort pour comprendre qu'il y a des choses plus importantes que la composition des engrais et leur adaptation au terrain. » (A sa femme, le 17 octobre 1923.)

« Ma chère Annie... Je désire savoir le plus tôt possible, en raison des instructions à donner pour la vendange :

« 1. Quand le raisin sera mûr.

« 2. La quantité escomptée.

« 3. Proportion de noir et de blanc.

« Ta réponse me suivra. » (A sa femme, toujours, le 10 septembre 1928.)

Onze ans plus tard, en mars 1939, alors qu'il est ambassadeur en Espagne, il achève une longue lettre à Annie Pétain, par ces considérations d'ordre pratique. « Ne pas oublier la mise en bouteille du vin blanc. Téléphoner d'abord à Godet pour t'assurer que les bouteilles sont prêtes. Ne pas procéder à l'opération si le vin est trouble ; en ce cas, le coller et revenir dix jours plus tard. »

Je pourrais citer des dizaines d'autres lettres consacrées à la fécondation des poules par le coq de Bresse, à la ponte, à la vente des œufs, aux soins à donner aux cages.

Souverain de Vichy, Philippe Pétain aimera parler de ses récoltes et de ses soucis de cultivateur, ce qui est une façon de s'évader de la pression d'autres problèmes, d'étaler sa compétence dans l'un des domaines (avec le militaire et l'éducation) où il s'estime compétent, de se trouver de plain-pied avec la plupart de ses admirateurs en un temps où le ravitaillement est le souci numéro un des Français. Il dit même, en août 1940, à des journalistes américains que la France doit redevenir ce qu'elle n'aurait jamais dû cesser d'être : « une nation essentiellement agricole ».

Métier, ambassade, honneurs, tout aurait dû l'écarter pourtant de ses origines paysannes. Tout l'y ramène. Il appartient à la terre jusque par l'armée. Trop mal né pour être cavalier, trop « ignorant » pour l'artillerie, le voilà fantassin à une époque où l'infanterie se confond avec la paysannerie. Soixante ans plus tard, arrêtez-vous devant les monuments aux morts de nos villages. Ces interminables listes à l'or terni évoquent l'origine paysanne de la majorité des soldats des armées de la République qui allaient se faire hacher sur la Marne, à Verdun, sur la Somme et dans mille batailles obscures. Il se veut l'un d'eux, sans forfanterie, et ils ne le renieront pas.

Paysan également parce qu'il n'aime pas les grandes villes qui sont des concentrations où l'homme n'échappe à l'anonymat que pour devenir la foule révolutionnaire. Au moment de choisir où planter sa tente de monarque sans capitale, il n'ira ni à Lyon, ni à Toulouse, ni à Marseille, mais à Vichy, dans une région d'âpreté tempérée, où les sillons prolongent les avenues, où l'on reconnaît ceux qui vous saluent et où l'harmonie factice de ministères croupions ne peut jamais être troublée par l'émeute.

Prêtant volontiers à la terre toutes les vertus, et en cela mal adapté à un siècle qui verra tant de révolutions techniques, passéiste par goût et par morale, il est de ceux qui pensent que les champs, les arbres, la glèbe sont un remède aux maux de l'âme et que le travail du paysan, incliné vers le sol, est source d'apaisantes et enrichissantes méditations quand le travail de l'ouvrier, courbé sur la machine, engendre l'amertume.

En décembre 1938, évoquant, à l'occasion du départ de M. Philippe Roy, ministre du Canada à Paris, ces Canadiens français fidèles encore à un passé où la religion, le sol, la famille occupent une si grande place, il affirmera : « Le Français de France veut-il comprendre la leçon ? S'il accepte de fuir la ville encombrée et de revenir à la terre désertée, il y fera fleurir les vertus séculaires et prospérer les belles familles qui permettent en France les constructions harmonieuses et durables. La France a besoin de paysans heureux pour retrouver la source de sa vitalité et de son équilibre. »

Il a bien dit « retrouver », ce qui signifie qu'équilibre et vitalité ont été compromis.

Déjà, on croit entendre le Philippe Pétain de Vichy et de tant de discours où les paysans ne sont nullement appelés à figurer « pour faire bien ».

Dans Péguy, où il y a tout et qu'en temps d'occupation Vichy, comme Londres, fera servir à tout, je trouve ceci[7] : « Je serais un grand sot de ne pas me laisser faire, de ne pas me laisser redevenir, reconquérir paysan... Vraiment, je serais un grand sot d'y manquer...

7. *Cahiers de la Quinzaine,* XII-1, 23 octobre 1910.

De ne pas me laisser refaire, de ne pas me laisser redevenir un paysan de chez nous. Tout éternel est tenu, est requis de prendre une naissance, une inscription charnelle, tout spirituel, tout éternel est tenu de prendre une insertion, un racinement, plus qu'une infloraison : une placentation corporelle. »

Placentation : « Établissement, entre l'embryon et la mère, d'une surface de contact à travers laquelle se font les échanges chimiques » (Larousse).

C'est avec la terre de France que « la placentation corporelle » de Philippe Pétain s'effectue. L'oublie-t-on, on ne peut comprendre ses plus importantes décisions et l'on se condamne à ne voir dans les paroles qu'il adresse aux Français malheureux : « La terre, elle, ne ment pas. Elle demeure votre recours. Elle est la patrie elle-même » [8] que des mots de circonstance alors qu'elles sont l'écho de toute une philosophie.

Avec la terre qui enseigne, l'armée qui protège les villages.

L'armée qui l'accueille en 1876, lorsqu'il entre à Saint-Cyr, est celle qui succomba sur les champs de bataille de 1870 mais qui, déjà, prépare la revanche.

Armée à la discipline rude, où l'autorité n'est jamais ouvertement contestée et qui se prépare à des victoires lointaines par un long travail et le sacrifice — excessif — de tout esprit critique. Armée sur le fonctionnement de laquelle il rêvera plus tard de calquer le fonctionnement de son gouvernement et dont il s'inspirera dans ses méthodes de décision.

En mai 1943, dans un accès de mélancolie, Pétain dira à René Benjamin : « Se faire officier de mon temps c'était justement renoncer à sa liberté de décision... La noblesse de l'armée, c'est le silence devant le devoir... Je m'aperçois que les engagements d'un peuple ne sont pas de même nature que ceux d'une troupe... J'ai toujours eu le goût de rejoindre les hommes dans leur nature, de les connaître, de m'en faire connaître. Je connaissais mes officiers, ils me connaissaient. Tandis que l'opinion... elle varie selon le vent, l'instant, la souffrance... »

8. Même lorsqu'il ne les a pas écrites, mais qu'il les dise, alors il les adopte.

Pendant longtemps, rien ne distinguera Pétain des autres officiers. Reçu 403e sur 412 à l'entrée à Saint-Cyr, classé 229e sur 386 à la sortie, il entame une carrière, en apparence, vouée à la banalité. Quand la France conquiert un empire, ses grands voyages le mènent à Villefranche, ses garnisons à Besançon, à Marseille, à Quimper, à Paris, d'abord pour y suivre les cours de l'École de guerre, pour y enseigner ensuite.

Pendant toute sa carrière, il a certes toujours été bien noté [9], mais, comme son intelligence ne se plie pas aux modes du jour et que ses paroles ne flattent pas les puissants de l'heure, c'est comme colonel, proche de la retraite, que la guerre le touche le 2 août 1914 à Saint-Omer.

De Gaulle également est colonel en 1940. C'est l'un des nombreux points de ressemblance entre deux destins finalement parallèles. Car Pétain est novateur comme le sera de Gaulle. Être novateur, autour de 1900, cela signifie s'élever contre les sottises bien dites et très officielles qui préconisent les charges folles à la baïonnette, contre l'offensive à outrance et sans préparation d'artillerie [10], contre l'ignorance ou le mépris des guerres modernes (Transvaal, Mandchourie, guerres balkaniques) [11], cela signifie donner la priorité à l'artillerie, à la science du tir, à la position contre le mouvement jusqu'à l'instant où les chars

---

9. « Sachant écouter, comprendre et apprécier, doué d'une intelligence ouverte, d'un jugement sain, soutenu par de sérieuses études antérieures, M. Pétain paraît, à tous égards, un officier fort capable », 1890, jugement du chef d'état-major du 31e régiment d'artillerie.

Et plus tard, ses chefs, parmi lesquels Ferdinand Foch : « Vigueur, caractère, coup d'œil, décision, intelligence, droiture de caractère, conscience à toute épreuve, sens tactique. »

10. « Le chef fait alors battre et sonner la charge qui est, pour les troupes de choc, le signal de la marche ininterrompue à l'adversaire ; la baïonnette est mise au canon et la masse tout entière, entraînée par les officiers aux cris de « En avant à la baïonnette », se lance sur l'ennemi. »

11. En avril 1913, le capitaine Bellanger obtint de faire un voyage d'étude dans les Balkans. Visitant le champ de bataille d'Andrinople, immédiatement après la bataille, il put se rendre compte de l'efficacité des barbelés et de la difficulté qu'éprouvait l'artillerie à les détruire, l'infanterie à les franchir. De retour en France, Bellanger fit part de ce qu'il avait vu et c'est auprès du colonel Estienne, futur créateur des chars d'assaut, qu'il trouva l'audience la plus grande. Estienne, lui-même, pendant la Grande Guerre, devait être soutenu par le général Pétain.

débarrasseront les fantassins des barbelés et des mitrailleuses. Être novateur avant 1940, cela signifie s'élever contre les sottises bien dites et très officielles qui célèbrent l'inviolabilité de la ligne Maginot, contre la défensive permanente et sans idée de manœuvre, contre l'ignorance des guerres modernes (Espagne, Pologne) et le trop grand respect porté aux méthodes de 1914-1918. Cela signifie accorder la priorité aux chars et aux avions, au mouvement contre la position, à l'assaut brutal toutes forces réunies...

Quelques différences cependant, et d'importance.

Dans le domaine politique, Pétain n'obtiendra jamais un soutien équivalent à celui que Paul Reynaud, parlementaire longtemps solitaire mais toujours actif et influent, apporte à de Gaulle.

Pétain est, lui, d'une modestie non feinte. Dans une lettre en ma possession et qui date de 1900 (il a 44 ans), à l'instant où il est choisi comme instructeur pour l'École normale de tir, il écrit : « Je ne me crois pas mûr pour rendre ce que l'on attend de moi, j'aurais préféré passer d'abord une année au régiment pour me recueillir. »

Je ne pense pas que l'on puisse trouver, vers 1934, une réflexion identique sous la plume de Charles de Gaulle.

Ainsi, tandis que de Gaulle, toujours, forcera l'événement, Pétain, toujours, sera choisi par lui.

Il ne s'agit nullement de raconter Verdun, et 1917, dès l'instant où le lecteur a pris conscience de l'importance de ces événements pour la formation de la légende de Pétain comme de la place qu'ils tiennent dans la mémoire et le sentiment des Français de 1940.

Dans un pays qui n'a pas oublié ses deuils, même lorsque les ruines sont relevées, les veuves remariées, où les monuments aux morts et les grands cimetières sont l'objet d'un culte dans lequel l'homme est à la fois la divinité honorée et le prêtre qui l'honore, la guerre demeure toujours présente. Les cérémonies patriotiques se succèdent, les discours font toujours référence au passé, chaque village a ses mutilés et ses héros et, si la télévision n'existe pas encore, qui aurait fait de cette guerre NATIONALE une « consommation » plus grande encore que celle, considérable, qu'elle fait depuis trente ans de la guerre 1939-1945, internationale et très épisodiquement française, les hommes sont proches les uns des autres dans des bourgs et des petites villes où, tout le monde connaissant tout le monde, le souvenir des jours vécus dans la boue et l'horreur des tranchées est presque quotidiennement rappelé.

S'il ne s'agit nullement de raconter à nouveau Verdun, il faut dégager, à travers la guerre de 1914-1918 et les deux épisodes clefs de la carrière de Pétain, quelques-uns des traits les plus importants du caractère du Maréchal comme des raisons d'une influence si grande que, pendant l'occupation et aujourd'hui encore, ses adversaires, pour le diminuer, l'attaqueront sur les chapitres de son existence les plus incontestables : son rôle à Verdun ainsi qu'en 1917.

Comme tout homme, la guerre l'a profondément transformé. Plus que tout autre sans doute puisqu'elle lui permet de mettre en pratique ses idées et ses méthodes et de s'assurer, à l'épreuve, qu'elles sont justes.

Dans une longue lettre adressée, en 1919, à sa future femme, il donnera de son caractère une définition d'autant plus digne d'attention qu'il a alors 63 ans, âge où l'on change peu, où tout ce qui était fixé se fige ou tend vers la caricature.

« Je fuis les exagérations, les exaltations qui font qu'on retombe de plus haut et accusent plus fortement les aveux d'impuissance. C'est pour avoir fait des calculs précis, pour n'avoir rien entrepris au-dessus des moyens dont je dispose, pour avoir eu une notion exacte des réalités et des possibilités, pour avoir apprécié nettement les forces qui m'étaient opposées, après les avoir discutées avec un froid calcul, que j'ai obtenu quelques succès ces dernières années. Cette précision n'exclut pas d'ailleurs l'audace et encore moins la ténacité, puisque toute conviction y conduit d'une façon sûre mais, par ce moyen, on se garde de la témérité.

« Je me connais assez bien pour savoir ce que je vaux et ce qui me manque. Ce qui est un défaut dans la vie habituelle est souvent une qualité professionnelle. Dans la vie, on ne peut pas se contenter du rêve éternel, il faut être apte à la réalisation, sinon on n'aboutit à rien.

« Pourquoi cette longue dissertation ? Parce que tu m'as fait le reproche de manquer d'élan. J'en ai peu en paroles, je le reconnais. J'ai pourtant parfois le geste large et généreux qui m'a permis de conquérir des dévouements. Mais, pour moi, les mots n'ont de valeur que s'ils sont consacrés par des actes. »

A travers ces lignes, écrites pour l'intimité, et vingt et un ans avant 1940, on découvre aussi bien l'homme de Verdun que celui de Vichy.

Peu d'illusions sur les événements, peu d'illusions sur les hommes, assez peu d'illusions sur lui-même.

Ce qui signifie, entre 1914 et 1918, la certitude d'une guerre longue, donc, pour la France, démographiquement inférieure à son adversaire allemand, la nécessité d'alliés nombreux, fortement engagés sur notre territoire, la rupture du front non plus sous le choc des poitrines mais sous celui du matériel : chars, avions, canons dont il a très vite et très bien compris — à contre-courant d'abord des doctrines officielles — qu'à courage égal il allait être le véritable vainqueur d'une guerre où le temps jouerait en faveur du mieux outillé et du plus riche.

Ce qui signifie, en mai et juin 1940, que les hommes politiques qui prétendent poursuivre par-delà les mers une guerre incertaine, alors que des millions de Français tourbillonnent sur des routes mitraillées et que nos armées ne sont plus que des hordes résignées au stalag ou des débris décidés à un inutile sacrifice, sont de dangereux romantiques ou des maniaques de la fuite en avant. A ses yeux du moins.

C'est le même sens du réel qui fait agir Pétain en 1916, en 1917 et en 1940. Mais, en 1916, en 1917, il n'est qu'une pièce sur l'échiquier, la décision suprême ne lui appartient pas.

Pour l'histoire, qui simplifie tout, il sera l'homme de Verdun comme de Gaulle sera l'homme du 18 juin et sans doute y a-t-il, chez l'un et chez l'autre, quelque agacement devant cette étroite prison de gloire où l'on entend les maintenir.

Verdun, longue bataille immobile où chaque adversaire frappe l'autre à coups redoublés, où avancent et reculent de trois trous d'obus des hommes enfoncés dans la terre qu'ils défendent et qui finit par les dévorer par dizaines de milliers.

En janvier 1931, le général Bourget, qui connaissait fort bien Pétain, publia sous le titre « La légende du Maréchal Pétain », un long article dans *La Revue de Paris,* article qui a certainement été lu et approuvé avant parution et qui comprend ces phrases qui ont pu étonner plus d'un lecteur : « L'homme que la gloire marque du signe de ses élus entre vivant dans la légende. Le bénéfice qu'il en retire est mince, et des plus discutables... La légende n'est pas une fée bienfaisante. Les portraits qu'elle trace sont des caricatures... Le maréchal Pétain n'a pas échappé à la règle commune. La légende l'a particulièrement

MALTRAITÉ[12]. Ce grand chef de guerre, ce chef complet, elle l'a transformé en un Fabius Cunctator moderne, en un homme pour qui la défensive seule a du prix. Comme elle avait mal compris l'ouvrier, elle n'a pas su interpréter l'œuvre. »

Tout l'article vise à dépouiller Pétain de l'adjectif « défensif » qui l'enveloppe et, dans l'opinion, réduit son talent aux dimensions d'une longue patience, d'un entêtement serein, d'un piétinement héroïque mais sans génie.

Bourget a beau évoquer les débuts de la guerre lorsque Pétain, à la tête de la 4ᵉ brigade d'infanterie, « apparaît plus souvent comme (...) chef d'un détachement chargé d'une mission spéciale que comme (...) commandant de brigade », puis son action à la 6ᵉ division, au 33ᵉ corps d'armée « célèbre dans l'armée pour avoir exécuté la seule tentative de percée couronnée de succès qu'il y eut en 1915 », écrire qu'il a, et c'est vrai, l'un des premiers, compris le rôle que peuvent jouer les chars, l'artillerie et l'aviation associés pour l'assaut initial, celui qui bouscule, disperse les forces adverses et permet l'avance de l'infanterie ; qu'il a réintroduit le mouvement dans la manœuvre en déplaçant fréquemment le point d'application de l'offensive, rien n'y fait. L'histoire aime dépouiller les héros de leurs complexités : Pétain reste pour le présent et l'avenir, le vainqueur de Verdun et l'apôtre de la défensive.

« Défensif », un mot qui ne « cadre » pas avec ce que l'on croit connaître du caractère français et de l'image que notre peuple entend donner de lui-même. De « défensif », on glisse vite à « pessimiste », à « défaitiste ».

Pour la préparation de son procès, à Riom, le général Gamelin collectionnera d'ailleurs, à la fin de 1940, ces citations (de Poincaré, de Joffre, de quelques autres) qui, propagées par la radio anglaise, commencent à courir le pays et qui insistent sur le côté « défensif, pessimiste » de Pétain, mauvaise légende dont nul n'a pu le débarrasser.

« Clemenceau, écrit Poincaré[13], me prend à part et me dit : « Pétain est agaçant à force de pessimisme (les Allemands en fin mars

---

12. Il souligne intentionnellement le mot qui a dû faire sursauter beaucoup.
13. *Au service de la France : victoire et armistice.* Du Moulin de Labarthète note que le Maréchal se plaisait à scandaliser par « d'effrayantes boutades » qui heurtaient « les réflexes, les fibres de ses interlocuteurs ».

1918 ont crevé le front tenu par les Anglais). Imaginez-vous qu'il m'a dit une chose que je ne voudrais confier à aucun autre qu'à vous ; c'est cette phrase : « Les Allemands battront les Anglais en rase campagne. Après quoi, ils nous battront aussi. » Un général devrait-il parler et même penser ainsi ? »

Non, sans doute. En mars 1918, Foch pensait comme Pétain. Mais il ne l'écrira qu'après la victoire...

L'attaque contre Pétain et la volonté de le dépouiller de Verdun seront parfois poussées très loin. Albert Bayet, qui hait Pétain, et que sa passion emporte, écrira, pendant l'occupation, que Pétain, « s'il avait été le maître, aurait donné (aux Allemands) Verdun, Paris, la victoire ». Excessif, il voit cependant combien Verdun demeure important en 1940 !

C'est que Verdun symbolise la dernière très grande bataille où les Français sont SEULS engagés et qu'ils gagnent SEULS.

Après, il n'existe plus que des victoires partagées... ou, pour nous, des défaites.

Verdun.

Et 1917.

En mai 1940, lorsque tout est perdu, Paul Reynaud installe Pétain près de lui dans l'espoir qu'agiront les deux mots fétiches.

Alors qu'il a dû réprimer les mutineries de 1917, Pétain demeure le « père du soldat ». Des répressions, l'histoire gardera, en effet, moins le souvenir des révoltés exécutés que de la confiance rétablie, des ordres parfois impitoyables que de l'examen lucide par Pétain d'une situation dégradée par des chefs négligents, des mesures de représailles que des permissions rétablies, des cantonnements améliorés, de vaines attaques suspendues. Action qui s'exerce sans mots grandiloquents, sans discours démagogiques, avec calme, presque avec froideur, puisqu'il ne s'agit de quêter ni les acclamations ni les suffrages d'hommes qui ne sont pas des électeurs mais des soldats quotidiennement guettés par la mort.

C'est se montrer excessivement simplificateur que d'écrire, comme le fera Gérard Miller dans un petit livre polémique où le talent le dispute à l'incompréhension, « ce n'est pas au hasard qu'il pose sur sa tête le casque des soldats, qu'il mange à leur table, qu'il dort quelques heures, qu'il *goûte au pinard :* c'est l'essentiel, il est venu pour cela.

Empoignant la bouteille, remplissant les quarts, trinquant, on dit de Pétain qu'il excelle à officier dans cette communion, face à l'ennemi, autour d'un totem aussi français que le bleu-blanc-rouge, mais plus connectif que lui et plus propre à rappeler aux troupes leur consanguinité nationale »[14]. « L'opération pinard » peut faire, soixante ans plus tard, un titre de chapitre, elle n'aurait certainement pas suffi, ni les exécutions dont le chiffre oscille, suivant les documents, entre 23 et 55 pour la période critique de mai, juin, juillet 1917, à rétablir la confiance. Ce n'est nullement en « empoignant la bouteille » et en réussissant quelques clowneries que Pétain empêche l'armée française de s'écrouler comme s'écroule l'armée russe[15]. Il faut plus qu'une psychologie de bateleur pour convaincre des hommes qui, à chaque heure, risquent leur vie, que les choses vont changer. Il faut qu'elles changent. Et elles changent. Sévère envers les soldats qui sortent de leur difficile devoir, il l'est aussi envers les chefs dont la conduite et l'incompréhension légitiment le mécontentement sinon la révolte. C'est à travers cette double attitude que Pétain déçoit les démagogues. Ce qu'il fait en 1917, en décommandant les attaques mal préparées, en mettant de son côté le poids du matériel, en obtenant, ce qui fut bien rarement obtenu au cours de cette atroce guerre de 1914-1918 où nos pertes sont presque toujours, et même lorsque nous sommes vainqueurs, supérieures à celles des Allemands, qu'à deux ou trois reprises il en aille autrement[16], en reconstituant le tissu moral de l'armée grâce à des mesures qui entrent dans le détail d'existences très humbles, en allant d'un point à un autre du front non seulement pour « goûter le pinard », mais pour recueillir les doléances, pour obliger les officiers à faire part à leurs supérieurs des « difficultés d'exécution », pour

14. Miller, *Les pousse-au-jouir du maréchal Pétain.* Miller poursuit : « Il s'ensuit que, aussi surprenant que cela puisse paraître, qui goûte au pinard n'est autre qu'un despote oriental. » Pourquoi surprenant ? L'extrême familiarité peut être la preuve d'un extrême mépris. Ce n'est pas le cas chez Pétain.

15. S'il goûte au pinard, il ne brandit pas son quart pour poser en faveur de quelque affiche de propagande. Et sur les mutineries, il demeurera très pudique.

En 1935, lorsque, à la demande de l'Académie des Sciences morales et politiques, il fera une communication sur des événements vieux de dix-huit ans, il exigera le huis clos comme devant un tribunal où il s'agirait d'exposer les plus tristes histoires de famille.

16. C'est le cas à Laffaux en octobre 1917 où nous ne perdons que 14 000 hommes, y compris les blessés légers, contre 8 000 tués, 32 000 blessés, 11 500 prisonniers allemands.

empêcher les « expériences »[17] qui se font toujours à coups d'hommes vite transformés en cadavres, oui, ce qu'il fait en 1917 va permettre à la France d'attendre les Américains et d'aborder enfin aux jours d'espérance.

Il n'est pas maître, certes, du jeu adverse et, en 1918, parce que l'armée russe a disparu, il y aura encore des jours difficiles mais, en deux occasions — Verdun et 1917 —, son prestige moral, son autorité, sa doctrine sauveront l'armée française et, avec elle, la France.

Ce soldat n'est pas un homme politique.

Depuis la victoire de 1918, honneurs et responsabilités se succèdent. Vice-président du Conseil supérieur de la guerre en 1920, inspecteur général de l'armée en 1922, stable quand passent les ministres, il est envoyé en 1925 au Maroc, où les affaires se gâtent, autant pour mettre à la raison les Rifains révoltés d'Abd el-Krim que pour faire pièce à Lyautey, maréchal de droite, suspect aux hommes politiques qui gouvernent la France.

Car il passe pour « maréchal de gauche », réputation fondée sur un passé de fantassin pauvre, laborieux, de famille obscure, en apparence éloigné de toutes les Églises. On ne l'a jamais trouvé, c'est vrai, au centre de ces bavardages qui agitent périodiquement la classe militaire mécontente de la victoire compromise et de la montée du marxisme. Comme il est silencieux et secret, les hommes politiques ne se soucient pas de percer son mystère : ils le voient tel qu'ils souhaitent qu'il soit. Et l'un des plus beaux éloges de sa carrière riche en éloges, on le trouve, en janvier 1931, lorsqu'il est élu à l'Académie française, sous la plume de Léon Blum : « Si je disais qu'entre tous les chefs de la guerre le maréchal Pétain est celui dont la modestie, la gravité, le scrupule réfléchi et sensible imposent le respect, si je rappelais le rôle qu'il tint et que seul il pouvait tenir entre l'échec des offensives françaises d'avril 1917 et les grandes offensives allemandes du printemps 1918, je ne pourrais que le gêner par mon compliment, je n'aurai pas ce mauvais goût. »

Trois ans plus tard, après les journées de février 1934, Pierre Cot — authentique homme de gauche — demande que l'on fasse appel à

17. « Dans la guerre actuelle, la puissance meurtrière du feu ne permet pas les expériences. » (Note du 19 mai 1917.)

Pétain comme à quelque Doumergue supérieur. Il l'écrit en termes de thuriféraire et, six ans en avance, on croirait lire un extrait de cette littérature à base d'irrationnel que Pierre Cot dénoncera lorsqu'elle surgira des fabriques de Vichy. « Certains trouveront mon idée étrange ou dangereuse (celle d'un proconsulat Pétain) ; je pense être approuvé par tous ceux qui ont vu cette chose étonnante : le regard du maréchal Pétain. »

Léon Blum, Pierre Cot et les journalistes du *Populaire* qui seront scandalisés, à l'instant où Pétain est nommé ambassadeur en Espagne, que la France puisse compromettre ainsi « le plus noble, le plus humain » de ses chefs militaires sont-ils dupés par quelque Machiavel, habile à masquer son jeu ? Certainement pas. Je pense, simplement, que nul ne se donne la peine d'observer sérieusement cet homme difficile à connaître, qui évolue loin des compromissions politiques, ne s'affiche pas et dont chacun invente le caractère, imagine les ambitions dans l'espoir de faire servir caractère et ambitions à l'avènement de ses propres intrigues.

C'est sous cet éclairage, je crois, qu'il faut considérer la campagne menée en 1935 par Gustave Hervé, d'abord dans son journal *La Victoire,* puis, à l'aide d'une plaquette publiée sous le titre *C'est Pétain qu'il nous faut* en avril 1935 et rééditée, avec quelques correctifs, en mai 1936.

Après les émeutes du 6 février 1934, provoquées par l'une de ces vagues d'écœurement qui, périodiquement, venues de droite ou de gauche, soulèvent de mépris le peuple français contre les « politichiens » (le mot sera de De Gaulle), Pétain, on le sait, a été ministre de la Guerre dans ce cabinet Doumergue qui permet à la République de poursuivre cahin-caha son chemin.

Ministère dans lequel, avant tout, il est un drapeau. Doumergue lui fait tenir déjà le rôle que Reynaud lui proposera en 1940.

Quoi d'étonnant à ce que son nom, dans les mois qui suivent, soit alors utilisé par des comploteurs, des rêveurs ou plus simplement par ceux qu'exaspèrent l'instabilité ministérielle, les crises financières, les crises politiques, les menaces de guerre civile.

Ce qu'il y a de plus surprenant dans les articles de Gustave Hervé, souvent cités, mais peu lus, c'est la précision avec laquelle, *cinq ans à l'avance,* ils décrivent les mesures qui seront prises par Vichy, le climat qui régnera à Vichy et même le processus de prise de pouvoir des hommes de Vichy.

Avant de trop s'étonner de tant de clairvoyance ou de crier au complot bien monté, il faut se souvenir que la droite française, souhaitant calquer sur l'Allemagne et sur l'Italie un système dont elle jalouse les succès sans voir de quel prix ils sont payés, rêve de Vichy, un Vichy sans la défaite, bien avant les désastres de juin 40.

« Il existe l'homme autour duquel il suffirait de se grouper pour qu'aussitôt le monde étonné assiste une fois de plus à l'un de ces merveilleux rebondissements dont la France a déjà donné à plusieurs reprises le magnifique spectacle [18]. Nous l'avons sous la main l'homme providentiel qui, jusqu'ici, n'a jamais manqué à notre pays aux heures tragiques de sa glorieuse et douloureuse histoire... Son nom ? Il s'appelle Pétain [19]. »

Hervé à l'imagination galopante prévoit toutes les objections et les élimine toutes comme, en juin 1940, sous l'urgence et dans le drame, elles disparaîtront toutes.

L'âge de Pétain ? Il ne compte pas. Son programme ? Aucune importance et qu'il n'ait pas de programme ne constitue nullement un mal. Au contraire. « Son nom à lui seul est un programme. Son nom signifie honneur et patrie, autorité et discipline, bon sens et mesure, redressement intérieur de la France. » L'Allemagne ? Pétain nous réconciliera avec l'ennemi d'hier.

« C'est Pétain qui, couvert de la gloire des armées de la Marne et de Verdun, et de toute la gloire des anciennes armées de la Monarchie, de la Révolution et de l'Empire, ira, au nom des vivants et des morts de la Grande guerre, serrer la main que nous tend vainement depuis deux ans Adolf Hitler, au nom de ceux qui furent les dignes adversaires de nos soldats et au nom de cette Allemagne laborieuse et savante qui est, elle aussi, un des plus grands foyers de la civilisation humaine. »

Il est excessif d'imaginer qu'Hervé, même s'il « tombe juste », ait pu prévoir Montoire : la réconciliation franco-allemande était souhaitée, en effet, par de nombreux hommes politiques, elle constituait le thème de nombreux congrès d'anciens combattants, mais, en lisant Hervé, on a le droit de faire réflexion sur les racines profondes de

18. « L'homme existe : c'est Pétain », écrira, à la même époque, Pierre Cot. A gauche comme à droite, on ne désigne qu'un seul homme providentiel.

19. En mars 1939 une affiche est apposée sur les murs de Paris par le mouvement « France vivante » affiche réclamant que Pétain soit porté à la Présidence de la République. « Pour sauver la France et ses libertés, l'Arbitre unanimement reconnu n'a qu'un nom : Pétain. »

Vichy. Hervé reprend donc à son compte un certain nombre de projets et de formules dont la défaite facilitera le triomphe. Préfets régionaux, milices supplétives, priorité accordée à la civilisation chrétienne, fondation d'un Etat autoritaire, tout se trouve dans les articles de Gustave Hervé, journaliste sans public, que les intelligents de l'heure et les puissants du jour tiennent pour farfelu mais qui devance l'événement et va jusqu'à imaginer qu'une défaite absolue sera indispensable pour l'avènement des bouleversements qu'il appelle de ses vœux.

« On ne peut, en temps de paix, balayer un régime par un coup d'État que s'il veut bien se laisser faire et s'il n'a aucune force dans l'armée, les administrations ou dans les masses populaires pour le soutenir. Il n'y a qu'en temps de guerre et particulièrement en cas de défaite... qu'on puisse réussir l'opération. »

Pétain n'a certainement prêté ni la main, ni l'oreille aux inquiétantes élucubrations d'Hervé. Il les connaît, comment en irait-il autrement, mais sans doute les traite-t-il comme il traite toutes les élucubrations politiques nées dans le cerveau d'hommes qui admirent d'autant plus volontiers les régimes totalitaires que les démocraties étalent plus complaisamment leurs misères.

C'est en 1916 et 1917 que Pétain a, pour la première fois, pris sérieusement contact avec les hommes politiques. N'étant pas de ces généraux qui s'abaissent à plaire et cueillent les étoiles dans les antichambres, le contact sera rugueux. Il se bat contre les députés ou sénateurs dont les visites démagogiques dans la zone des armées l'exaspèrent, contre les ministres qui exigent l'offensive mais refusent les moyens de l'offensive et qui, sans l'avouer, espèrent que le sacrifice des hommes pourra compenser le déficit en matériel, contre ce ministre de l'Intérieur qui, au pire moment de 1917, le laisse six semaines durant dans l'ignorance de réunions révolutionnaires aux incidences émotionnelles nombreuses parmi les troupes, contre le président Poincaré (son allié cependant) qui souhaiterait, à la fois, que les socialistes français puissent aller discuter des conditions de paix à Stockholm et qu'en première ligne nos soldats se battent avec une ardeur accrue.

Il découvre ainsi des hommes que la réalité dérange, qui vivent dans l'irréalisme des mots et la précarité de l'existence politique, irréalisme et précarité auxquels il oppose la stabilité de la vie militaire avec sa hiérarchie sans souplesse et les servitudes d'une guerre où, depuis longtemps, la patience tient lieu de génie.

Mais c'est, après le drame du 6 février 1934, son passage dans le cabinet Doumergue qui forge véritablement ses idées sur la politique et les politiciens. De ces quelques mois d'expérience comme ministre de la Guerre, à travers ce qu'il découvre des faiblesses des hommes et des institutions, il tire une philosophie sommaire et méprisante dont il fera plus tard long usage. Une philosophie qui, plus férocement exprimée encore, sera d'ailleurs également celle du général de Gaulle.

— Le métier parlementaire suppose que l'on peut parler sur n'importe quoi, moi je ne peux parler que sur des sujets que j'ai étudiés[20].

Aussi, à Vichy, accordant doctrine et actes, n'interviendra-t-il que très brièvement au cours des conseils des ministres.

— La politique intérieure doit changer sous peine de mort, mais les politiciens restent divisés et le peuple n'a pas encore compris[21].

— Avec les Français, il faut réussir vite[22].

— Si l'État conserve le même train de dépenses, ce sera bien inutilement que nous nous serons serrés la ceinture[23].

— Nous sommes comme des marins sans pilote, sans gouvernail. C'est contre cela qu'il faut lutter. C'est cela qu'il faut retrouver : une mystique. Appelez-la comme vous voulez : mystique de la patrie ou, plus simplement, du souvenir. Hors de cela, point de salut[24].

Ce n'est pas un homme politique, l'a-t-on assez dit cependant ? Et le répéteront, en 1940, tous ceux, Laval le premier[25], qu'il surprendra

---

20. En 1934.
21. Lettre à Mme Pardee, octobre 1938. Il ajoute : « Les électeurs n'ont pas assez souffert. »
22. A la même, décembre 1938.
23. 11 juillet 1937.
24. Déclaration au *Journal*, 30 avril 1936.
25. Laval à propos des séances de l'Assemblée nationale à Vichy : « Vous dire que le Maréchal était au courant de toutes les discussions qui allaient suivre, il est maréchal de France, il n'est pas un homme politique. Il n'a jamais participé à aucune séance d'aucune assemblée parlementaire. »

Laval encore au procès Pétain : « L'expérience que m'a donnée la fréquentation du Maréchal me permet de vous dire qu'il n'avait pas, lui, d'expérience politique ; c'est tout. »

Et Du Moulin de Labarthète : « Mais l'homme public ? L'homme du pouvoir ? Disons tout de suite qu'il n'avait aucune formation politique... Politiquement, le Maréchal était nu, nu comme un enfant. »

toutefois par la vivacité de ses réactions, le naturel avec lequel il s'installe, autant qu'il est installé, au premier plan, et y reste, la froide efficacité, maquillée sous les couleurs de l'innocence, avec laquelle il se débarrasse de ceux qui s'imaginent l'avoir le mieux servi.

Pas politique donc. C'est vrai au sens étroit du mot, le seul qui intéresse les politiciens.

Lorsque Paul Reynaud, à l'instant du désastre, le rappelle de Madrid où il représentait la France, il ne songe pas qu'il met en place son rival et son vainqueur. Pétain n'est, à ses yeux, qu'une image d'Épinal, une « icône », dira-t-il, propre à réveiller les énergies. Et le Maréchal lui-même ne manifeste aucune autre ambition que de servir le pays dans la mesure de moyens qu'il sait amplifiés par la légende et limités par l'âge.

Pendant son ambassade espagnole, les flatteurs n'ont pas manqué qui lui ont soufflé que le faible gouvernement qui règne à Paris aurait besoin de ses conseils, voire de sa direction. On imagine pour lui, on rêve pour lui.

— On finit par se demander si le vieux Maréchal, malgré ses quatre-vingt-quatre ans, ne serait pas capable de constituer un petit cabinet de guerre de six à huit membres.

Le sénateur Bardoux rapporte ainsi, le 1er octobre 1939, les propos d'un général.

— Un seul homme peut nous tirer de là parce qu'en dépit de toutes nos bêtises et grâce à son prestige il pourra faire admettre bien des choses aux Français : c'est Pétain.

De Monzie l'affirme à Pierre Lazareff.

Deux exemples entre cent. Comment n'atteindraient-ils pas Philippe Pétain ?

21 janvier 1940, il écrit, de Madrid, au général Laure, son confident et son ami, cette lettre qu'il faut verser au dossier car elle précise les limites des ambitions.

« Mon cher Laure,

« Je reçois de France quelques renseignements pessimistes. On se plaint de l'état moral de l'avant et de l'arrière et on en arrive à désigner le médecin.

« A la guerre, la plupart des difficultés proviennent, comme votre dernière lettre le laisse entendre, du désaccord entre gouvernement et commandement. Il y a peut-être là quelque chose à faire pour une personnalité n'appartenant ni au commandement, ni au gouvernement, mais ayant la confiance des deux, ce qui lui donnerait la possibilité de jouer un rôle utile.

« Je voudrais bien que vous me donniez votre avis sur ma manière de comprendre ce rôle d'arbitre.

« Quoi qu'il en soit, je suis bien décidé à ne pas me laisser enrôler dans un gouvernement ou à participer au commandement. Il faut que je me souvienne que, dans trois mois, j'entrerai dans ma 85e année. »

Rappelé précipitamment à Paris, au début d'une bataille qu'il sait et voit perdue, il s'efforce, comme il l'écrit le 22 mai à Mme Pétain, de rester dans « son rôle de conseiller ».

Acclamé au Sénat, il ne tire apparemment aucune vanité de ces acclamations. Au Conseil des ministres, le vice-président du Conseil, puisque c'est le titre que lui a donné Reynaud, apparaît à presque tous calme, silencieux, froid, secret et même, parfois, comme indifférent aux événements monstrueux qui se développent et préparent, sans qu'il le sache encore, son ascension.

Il vit simplement entre le bureau qu'il avait jadis occupé aux Invalides et la chambre que lui offre le Dr Bernard Ménétrel. Quelques amis l'entourent ; peu nombreux mais que l'on retrouvera près de lui à Vichy : Alibert qu'il a connu en 1937, le sénateur Lémery, Serrigny, le confident de la guerre précédente.

Il « n'encombre » personne, cet homme qui parle peu. Il n'inquiète personne. Et qui prend garde à la réflexion que les événements provoquent dans sa conscience ? Car, s'il ne fait pas confidence de ses états d'âme, il est bien évident qu'il évolue et que du rôle de conseiller il passe très vite à celui de censeur d'une équipe et d'hommes dont la médiocrité et l'indécision à chaque heure et à chaque péril se manifestent davantage.

Il a pris connaissance — en soldat qui, à la différence des politiques, lit correctement une carte — du développement de la bataille, il sait que nos renforts ont fondu ou, pire, ont été dispersés avant d'avoir pu agir contre la force adverse, il juge plus sévèrement encore qu'en 1934 l'agitation ministérielle, ce mouvement perpétuel qui n'a de l'action que l'apparence, ces ordres contradictoires impuissants à faire bouger une mécanique bloquée.

Après avoir entendu Weygand réclamer vainement des avions aux Anglais, c'est lui qui, le premier, au Comité de guerre du 25 mai, interroge les ministres présents sur les droits et devoirs de l'Angleterre dans une guerre où les charges sont trop inégalement réparties. Sans emphase, mais avec une précision dont le procès-verbal porte témoignage. « ... Le maréchal Pétain se demande s'il y a réciprocité complète de devoirs entre la France et l'Angleterre. Chaque nation a des devoirs vis-à-vis de l'autre dans la proportion de l'aide que l'autre lui a donnée. Or, actuellement, l'Angleterre n'a jeté dans la lutte que dix divisions alors que quatre-vingts divisions françaises se battent. »

Les mots « chaque nation a des devoirs vis-à-vis de l'autre dans la proportion de l'aide que l'autre lui a donnée » annoncent clairement, pour qui sait entendre, la dislocation de l'alliance, la demande d'armistice et les drames qui vont suivre.

Pétain est présent à tous les moments de la catastrophe et, pour lui, les mots qui tombent de la bouche de Weygand ont un tout autre sens que pour Paul Reynaud. Ils sont sans appel parce qu'il est sans illusions et parce qu'il n'a jamais été prisonnier des paroles optimistes ni des promesses folles. Il est présent le 27 mai lorsque le général Weygand annonce au président du Conseil la capitulation du roi des Belges, présent, le 28, lorsque Darlan laisse prévoir la retraite britannique, cette retraite qui, déjà, avait menacé de se produire en 1918. Le 29, après avoir conféré la veille avec Weygand, il donne au généralissime son accord sur un texte qui envisage le moment où, toutes nos défenses emportées, « le gouvernement français aurait à prendre des décisions capitales ».

La bataille sur la Somme perdue, nos lignes partout percées, Paris menacé, il lui faut fuir avec les autres. Dans la nuit du 9 au 10 juin, il ne voit pas grand-chose des foules, qui, difficilement, s'écoulent sur les routes. Parti de Paris à 22 h 30, il est à 2 heures du matin à Briare, à 4 heures à Gien où, dans une annexe de la gare, il prend quelque repos sur le lit d'un inspecteur des chemins de fer. Sans doute, puisque deux motards de la garde républicaine précèdent sa Cadillac, sans doute a-t-il marché plus vite que les autres, ceux à qui personne n'ouvre la route, ceux que l'on bascule dans les fossés, ceux qui poussent des brouettes chargées d'enfants.

Mais quelques heures dans le grand flot de l'exode lui donnent, comme physiquement, conscience de l'ampleur d'une défaite que chaque heure rend plus cruelle.

Convaincu par Weygand, convaincu par ce qu'il voit, convaincu par ce qu'il devine et qui transparaît à travers le brouillard des mots, Pétain, dès les premiers conseils de Touraine, se range résolument au nombre des partisans de l'armistice. Clan dont il devient immédiatement et naturellement le chef. L'Angleterre ne peut rien pour nous : que nous consoler du désastre en évoquant la victoire lointaine. Rôle dévolu par l'histoire à Churchill, merveilleux dans l'emploi de prophète égoïste.

Les Allemands couvrent des étapes moyennes de 100 à 150 kilomètres. Le « front » n'est même plus un mot pour les communiqués. Il n'existe plus de front, en effet, que dans le souvenir des anciens de la grande guerre, accrochés à une idée de ligne idéale, faite de tranchées, de boue et d'hommes. Sur les cartes de France que tiennent avec retard des états-majors de hasard, réfugiés dans des cantonnements de hasard, depuis longtemps le front a été crevé par d'énormes blessures. Armées, divisions, régiments ne sont plus que des paquets humains enveloppés, tronçonnés, dissous par les masses allemandes qui poussent devant elles des foules terrorisées et un gouvernement hésitant, partagé, ne sachant plus à quel espoir se raccrocher parmi tous les espoirs à long terme que lui offre encore Paul Reynaud. En deux jours à Bordeaux (où les ministres arrivent le 14 juin), le cabinet Paul Reynaud s'effondre, miné de l'intérieur, mais plus encore de l'extérieur. Car ces hommes qui débattent et discutent, dans quelques salons de la préfecture de la Gironde, des plus graves problèmes auxquels la France moderne ait jamais eu à faire face, comment imaginer qu'ils puissent rester insensibles aux drames des foules de l'exode ?

Tous les ministres, qui rejoignent le maréchal Pétain dans son désir d'arrêter le combat perdu, le font *d'abord* pour mettre fin aux souffrances populaires. Leur décision répond au cri du peuple « mais qu'est-ce qu'ils attendent pour demander l'armistice ? »

Les discours de Paul Reynaud, désordonnés d'ailleurs : espoir d'une aide américaine, départ pour l'Afrique, proposition d'union intime franco-britannique, tombent dans le vide puisque chacun voit qu'ils n'apportent pas la solution miracle, la solution immédiate qui, changeant le cours des événements militaires, redresserait les courages.

Comment s'étonner que le Maréchal, qui a manifesté sobrement mais de plus en plus fortement son désir de démissionner si l'armistice n'était pas sollicité, qui a fait connaître sa volonté de ne quitter en aucun cas le territoire de la France métropolitaine, gagne aisément la triste partie irrémédiablement perdue par Paul Reynaud.

Dans la soirée du 16 juin, lorsque Paul Reynaud démissionne et qu'Albert Lebrun fait appel à lui (à qui d'autre pourrait-il faire appel ?), le voici hissé au pouvoir. Autant par le souvenir de la victoire de 1918 que par la réalité de la défaite de 1940.

Sa légende l'auréole mais, comme toute légende, en simplifiant elle dénature. Et Pétain sera d'autant plus facilement dénaturé qu'il est simplifié par les soins d'une propagande intense, sommaire, sans contrepartie, pour les besoins de foules découragées pour qui le « pétainisme » a la vertu de ces religions faiblement structurées où les âmes les plus différentes se trouvent à l'aise.

Je me suis efforcé de le peindre tel qu'il était et tel que les Français le voient lorsque, à 84 ans, il arrive au pouvoir pour demander à l'ennemi l'arrêt des combats.

Homme du XIXe siècle, profondément.

Soldat, profondément.

Paysan, profondément.

Chef d'un autre temps et d'un autre monde, peu sensible aux révolutions totales — fascisme, nazisme, communisme —, n'aimant pas le progrès, naturellement tourné vers le passé plus que vers l'avenir, volontiers moralisateur comme le sont tous les hommes de son âge car, si le temps a glissé sur lui sans détruire son enveloppe physique, comment n'aurait-il pas modifié son caractère et son jugement ?

Mais, chef de l'État il avance désormais, et ne va plus cesser d'avancer, précédé de la légende des trois S : Simplicité, Sérénité, Souveraineté.

Regardons-y d'un peu plus près.

Simplicité ? Oui, s'il s'agit du cours d'une vie quotidienne menée à Vichy dans le cadre modeste d'une chambre d'hôtel, garnison au même titre que d'autres garnisons.

Simplicité de l'âme ? Sérénité de l'âme ? Il est moins facile de répondre. Pétain est parfaitement conscient de sa valeur. Assez vite — qui, à sa place, aurait été indifférent ? —, il va prendre plaisir aux acclamations populaires, ces acclamations qui ont commencé, d'ailleurs, avant qu'il ne soit au pouvoir[26]. Ce pouvoir qu'il exerce immédiatement sur les foules est-il fait d'autant de simplicité, de sérénité que les thuriféraires l'affirment et que le peuple le croit ? L'image d'Épinal, fortement coloriée aux couleurs du drapeau, de la vertu, de la noblesse de sentiment, sans épaisseur psychologique en somme, correspond-elle à la vérité ?

Certainement pas.

C'est le général Weygand qui est le mieux passé derrière le « décor Pétain ». Par âge, formation, profession, il était très proche du Maréchal. Associé à beaucoup de ses actes sans partager toutes ses vues, le jugeant toujours avec une grande modération dans le ton, modération qui n'enlève rien à sa perspicacité, ne se laissant égarer ni par l'anecdote, ni par des rancœurs justifiées, il voit bien ce qu'il y a chez l'homme d'attachant et de décevant à la fois et de quelle inconstance il est parfois habité, quel goût du secret il cultive, ainsi que de la décision longtemps mûrie, brutalement appliquée, quelles sont, à quatre-vingt-quatre ans, les limites de ses forces comme de son esprit.

C'est sur la nature secrète et solitaire de Pétain que Weygand insistera donc toujours le plus fortement. Egoïsme et solitude qui ne sont absolument pas incompatibles avec un amour à la fois extérieur et véritable pour les foules, les troupes, les prisonniers, les anciens combattants, les ouvriers, les enfants, tous ceux qui composent ce peuple de 1940 sans chefs ni structures politiques ou syndicales, désarmé, psychologiquement épuré, prêt, dans une totale simplicité des réflexes, une nudité de l'âme, prêt à suivre un chef aux vertus simplifiées et simplificatrices.

Weygand, dans ses *Mémoires,* a fort bien marqué le fossé qui sépare

---

26. Pétain, ambassadeur de France en Espagne, visite-t-il, en juillet 1939, les camps des Pyrénées-Orientales où sont regroupés, hommes et femmes, ces Espagnols qui ont fui les dernières batailles, rescapés d'armée en déroute ou civils épouvantés, il est déjà accueilli comme il le sera dans quinze mois.

La presse le décrit s'attablant simplement, pour se rafraîchir, dans un café de Perpignan. « Durant toute la durée de la présence du Maréchal, le silence régna pour que ne fussent pas troublées les quelques minutes de détente de l'illustre soldat. Mais, lorsque celui-ci se leva, l'assistance entière ainsi que les consommateurs installés sur la terrasse se dressèrent d'un seul bloc et applaudirent frénétiquement le Maréchal qui salua d'un grand coup de chapeau tandis que retentissaient les cris de « Vive Pétain », « Vive l'armée », « Vive la France ! »

le Maréchal « à l'usage des foules » du Maréchal « à l'usage des individus » et plus particulièrement de ses proches collaborateurs, qui ne sont que des pions sur le jeu du Roi. Deux hommes, en apparence, étrangers l'un à l'autre.

« Il est en effet très secret. Il n'aime ni dévoiler entièrement sa pensée ni en livrer le travail à la discussion. Il préfère procéder par colloques particuliers et ne prendre la parole devant un Conseil des ministres que pour notifier une résolution, exposer une méthode déjà arrêtées et formulées dans son esprit. Si impropre que puisse paraître ce qualificatif appliqué à un homme qui a affronté de dramatiques situations et traité d'égal à égal avec de grands personnages, je crois d'autre part le Maréchal atteint d'une certaine timidité et que sa froideur, la causticité et parfois la rudesse de ses répliques en sont le voile.

« Enfin, il se lasse assez vite des collaborateurs, des confidents ou des conseillers. Il se libère, sans qu'il semble lui en coûter, d'hommes qui l'ont utilement et fidèlement servi, à partir du jour où il trouve nuisible ou inutile de les conserver. Son cœur très ouvert aux affections collectives, surtout aux humbles et à ceux qui souffrent, il aime réellement les paysans, les soldats, les ouvriers, les prisonniers, semble plus fermé à l'égard des personnes, quelles qu'aient pu être ses relations avec elles. Si ces sentiments peuvent constituer une force pour un chef d'État, ils ne sont pas favorables à la formation et au travail d'une équipe, qui réclament la confiance et la continuité. »

Un jour de novembre 1940, le maréchal Pétain s'expliquera devant le général Laure, ami privilégié mais qui sera également ami sacrifié, sur ce côté « fermé » de son caractère qu'il veut ainsi en réaction contre un excès de « sensibilité humaine ».

— Si on la connaissait ou la devinait, je serais roulé à longueur de journée.

Il fait donc en sorte de n'être jamais pris au jeu de la sensiblerie. Et c'est lui qui surprendra, par excès d'ingratitude, des hommes qui s'estimaient avertis, par une longue expérience politique.

De tous ces roués, Pierre Laval sera le plus facilement abusé. La façon dont il a été renvoyé le 13 décembre 1940 par un homme dont il méprise l'innocence politique ne cessera d'être, pour lui, un immense sujet d'étonnement.

— Je ne peux pas oublier, dira-t-il au commandant Tracou, que, le 13 décembre, quelques heures avant de me faire arrêter, le Maréchal me serrait affectueusement les mains. Il n'avait jamais été aussi aimable avec moi que ce jour-là !

Laval ne sera pas la seule victime de ces manifestations d'amitié qui ne sont que l'antichambre de la disgrâce.

Le général Weygand, avec beaucoup de dignité, marquera sa surprise d'être privé de son poste de ministre de la Défense nationale alors que le Maréchal lui avait témoigné « peu auparavant... tant de confiance ».

Le recteur Roussy, qui se croit menacé, est-il convoqué à l'Hôtel du Parc, à la demande de Pasteur Vallery-Radot, « Pétain le prit dans ses bras. Le lendemain de ce jour, il le révoqua ».

Même attitude désinvolte envers le général La Laurencie (un fidèle, pourtant) qui, le 17 décembre 1940, sera renvoyé vilainement de son poste de représentant de la France à Paris (où le remplacera le funeste de Brinon) pour avoir exécuté des ordres de Vichy et arrêté Marcel Déat.

Même attitude vis-à-vis du général Brécard, lui aussi ami de longue date, envers qui Pétain, en octobre 1940, se montrera « distant, glacial ». Vis-à-vis de Gillouin qui sera, à son tour, « privé de Pétain ». Vis-à-vis du général Laure et de beaucoup d'autres si bien que l'on peut se demander si Edouard Herriot n'a pas raison d'écrire [27], au terme d'un jugement où chaque compliment est comme équilibré par une critique : « La qualité qui lui manquait le plus c'était la franchise. Il savait revenir sur une parole donnée, reprendre et contester un engagement, dissimuler des réserves et des arrière-pensées sous les apparences de l'assentiment. »

L'âge augmente certainement cette rigueur de fonction plus que de caractère [28].

L'âge joue également un rôle dans la sensibilité excessive du Maréchal à l'opinion du « dernier qui a parlé » et sans doute est-il

---

27. Dans *Épisodes*.

28. « Pour les choses qui lui sont chères, écrira Lucien Romier dans un texte destiné à Thierry Ménétrel dont Pétain était le parrain, il ne s'abandonne jamais entièrement à autrui. Parfois son caractère semble défiant. Il s'agit moins de défiance que de prudence... Cependant il n'oublie rien et rien ne lui échappe. Beaucoup de gens l'ont appris trop tard pour eux. »

la cause de tant de grandes faiblesses cachées sous des apparences de froideur et de sérénité.

De cette faiblesse, de cette lassitude de l'âme, voici trois exemples choisis en juin 1940 alors que Pétain vient, dans une atmosphère de fin du monde, de prendre le pouvoir, pouvoir qui épuiserait un homme infiniment plus jeune que lui, et dont les flatteurs ont tort de dire, et peut-être de croire, qu'il ne l'ébranle pas.

Pendant les deux seules journées des 21 et 22 juin, il passe, en effet, plus de neuf heures dans des conseils des ministres consacrés à l'examen des clauses de l'armistice, reçoit Paul Reynaud, Pierre Laval, Weygand, l'ambassadeur de Grande-Bretagne, prend connaissance de nombreux rapports politiques et militaires.

Aussi robuste soit-il, aussi bien organisé soit-il (il l'est très mal), comment une action vivement et fortement menée n'aurait-elle pas raison de sa volonté ?

Premier exemple. Dans le ministère constitué à Bordeaux, Pétain offre à Pierre Laval, qui a beaucoup travaillé pour lui, le ministère de la Justice.

— Monsieur le Maréchal, je vous remercie. J'ai été ministre de la Justice. Je regrette beaucoup mais, dans le moment présent, je ne pourrais vous rendre dans ce département ministériel aucun service de la nature de ceux que vous pouvez attendre de moi. En dernier lieu, j'étais ministre des Affaires étrangères. Si vous voulez bien, je préférerais être ministre des Affaires étrangères.

— J'ai déjà attribué le portefeuille à M. Baudouin, réplique Pétain.

— Je le regrette.

— Je peux vous le donner.

Laval sort donc du salon ministre des Affaires étrangères. A peine s'est-il éloigné que le général Weygand fait son apparition. Il a été alerté par Charles Roux, alors secrétaire général du ministère des Affaires étrangères avec qui il se trouvait dans un salon voisin en compagnie du président Lebrun[29], de Chautemps, de Pomaret, de Rivière, de l'amiral Darlan et de plusieurs parlementaires. Mis au

29. Témoignant devant la Commission d'enquête parlementaire, Albert Lebrun devait déclarer que la nomination de Laval avait soulevé son opposition. « Non, il ne faut pas faire cela. Tout le monde connaît les opinions de Laval au regard de l'Angleterre. Nous sommes déjà dans une situation assez difficile avec elle ; il ne s'agit pas de pousser les choses au pire. Je vous demande donc de ne pas garder M. Laval aux Affaires étrangères. »

courant des implications politiques qu'entraînerait la nomination de Laval, convaincu de la nécessité de ne pas aggraver la querelle déjà ouverte avec l'Angleterre, Weygand demande une première fois, mais sans succès, au Maréchal de retirer à Laval ce poste trop important pour être abandonné à un homme audacieux dans ses initiatives et solitaire dans l'exercice du pouvoir. Incité par Charles Roux à revenir à la charge, le général retourne auprès de Philippe Pétain et, cette fois, emporte la décision. Laval, convoqué, apprend qu'il n'est plus ministre des Affaires étrangères. S'il veut de la Justice ? Non, il ne veut pas de la Justice. Alors, tant pis, affaire réglée. Laval s'éloigne en bougonnant, suivi de Marquet qui, se solidarisant, refuse le ministère de l'Intérieur auquel il venait d'être promu.

Second exemple, infiniment plus symptomatique, de la relative fragilité du caractère de Philippe Pétain.

Le 17 juin, Georges Mandel qui, la veille encore, était ministre de l'Intérieur, est arrêté au « Chapon Fin », au moment où, en compagnie de l'actrice Béatrice Bretty, il achève son repas.

— Monsieur le Ministre, déclare le colonel de gendarmerie chargé de la mission, j'ai deux mots à vous dire.

— Vous pouvez parler, réplique Mandel.

— Excusez-moi, Monsieur le Ministre, c'est personnel.

— Bon, attendez un instant.

On apportait des cerises. Mandel en mange quelques-unes sans se douter que ces fruits vont passer à la petite histoire et, pour les hommes acharnés à sa perte, devenir comme le symbole de toutes les dépravations d'un régime abhorré. Des cerises, le 17 juin 1940 !

— Monsieur le Ministre, c'est non seulement personnel, c'est pressé.

Georges Mandel se résigne à suivre le gendarme et, quelques minutes plus tard, le voici enfermé dans un bureau, empêché de se servir du téléphone pour avertir ses amis.

Dans le même temps, la police a arrêté son ancien collaborateur, le général Bührer, chef d'état-major des troupes coloniales.

Alerté, Pomaret, ministre de l'Intérieur, donc successeur de Mandel, se rend, en compagnie de Frossard, chez le Maréchal qui le reçoit vers 17 heures en présence d'Alibert, son ministre de la Justice, qui n'appelle plus Mandel que « le juif » et se trouve, sans doute, à l'origine de l'arrestation d'un homme qui, depuis longtemps, était la cible préférée des journalistes de *Je suis partout* et de *Gringoire*[30].

Pétain déclare qu'il a été prévenu d'un complot organisé par Georges Mandel « dans le dessein d'empêcher l'armistice ». Pomaret réplique que la police a opéré sur des renseignements incertains, qu'il avait ordonné une enquête et qu'avant d'agir il aurait été bon de le consulter.

Il poursuit, parlant très près du visage du Maréchal, dont il connaît la surdité.

— Si vous n'étiez pas notre glorieux Maréchal, je dirais que vous avez agi avec une grande légèreté, grave de conséquences. Le premier acte de politique intérieure du gouvernement est une faute lourde. Il rompt l'union plus que jamais nécessaire des Français.

— Vous avez raison, Monsieur Pomaret, j'ai eu tort de ne pas vous consulter.

— Alors, qu'allez-vous faire ?

Pétain propose que Mandel et Bührer comparaissent immédiatement devant lui. Le général Lafont, commandant la région militaire, est prié d'aller quérir les deux emprisonnés, ce qu'il fait non sans avoir consulté Pétain sur un problème de protocole. Devra-t-il monter dans la voiture de Mandel ou dans celle de Bührer ?... La question réglée, les accusés font leur entrée. Se déroule alors une scène étonnante et psychologiquement très révélatrice.

Après les larmes de Bührer :

— Monsieur le Maréchal, vous m'avez fait arrêter devant mes officiers, malgré mes cinq étoiles et mon passé de soldat. C'est une infamie,

Mandel parle. Et sur quel ton :

— Je ne m'abaisserai pas à vous donner des explications. C'est à vous de m'en fournir. C'est une affaire qui commence. Nous la réglerons plus tard. Aujourd'hui, je vous dis simplement ceci : je vous plains, Monsieur le Maréchal, d'être à la merci de votre entourage et je plains mon pays qui vous a pris pour chef.

Pétain a vraisemblablement mal entendu. Mandel répète en aggravant la violence de son propos.

---

30. Des communistes aussi. Il ne faut pas oublier que Mandel, sur l'échiquier politique, se classe au centre droit. Les communistes le détestent et dénoncent sans cesse son action dans *L'Humanité*.

— Je dis bien, Monsieur le Maréchal, je vous plains, je veux dire : j'ai de la commisération pour vous.

Le Maréchal, sans répliquer, se contente de grommeler qu'effectivement il aurait mieux fait d'agir après un examen sérieux des renseignements transmis.

— Voulez-vous m'écrire, demande Mandel, ce que vous venez de me dire, reconnaissant votre erreur ?

A la stupéfaction de Pomaret[31] et de Frossard, Pétain acquiesce immédiatement.

Décidément, ce n'est pas un homme politique, ce maréchal de France qui, par écrit, reconnaît ses fautes.

Il se retire dans le cabinet du ministre de la Justice, Alibert, et, quelques minutes plus tard, revient avec un texte manuscrit dont il donne lecture à haute voix.

— Monsieur le Ministre, après les explications que vous m'avez données...

— Je ne vous ai pas fourni d'explications, réplique Mandel.

— C'est vrai, reconnaît Pétain.

— Il faut supprimer ces mots.

Et Pétain supprime. Il REFAIT sa lettre qui devient cette assez plate lettre d'excuses dont Mandel, dans la soirée, donnera lecture à Lebrun et à quelques autres.

« Monsieur le Ministre,

« Sur une dénonciation faite au B.C.R. [32], aux termes de laquelle un dépôt d'armes aurait été constitué en vue d'une opération dirigée contre le gouvernement à l'instigation de M. Mandel et du général Bührer, j'ai fait procéder à l'arrestation de ces messieurs.

« J'ai acquis la conviction que cette dénonciation ne reposait sur aucun fondement et avait le caractère d'une manœuvre de provocation et de désordre.

---

31. J'ai suivi le récit de Pomaret, seul témoin ayant décrit la scène et rapporté les paroles des différents acteurs.

32. Bureau de contre-espionnage. Le bruit du complot avait été répandu par un nommé Georges Roux, avocat, écrivain, collaborateur de *La Petite Gironde*. Les armes auxquelles Roux faisait allusion étaient celles du corps de garde du ministère des Colonies transportées de Paris à Bordeaux. Roux, arrêté à son tour, sera très vite relâché.

« Je m'en excuse et souhaite vivement que cette malheureuse affaire n'ait pas d'autre suite. »

Une preuve encore de la facilité avec laquelle on manœuvre Pétain : le Conseil des ministres, réuni le 18 juin, au lendemain de la demande d'armistice, décide de prendre des mesures militaires d'évacuation pour le cas où les conditions allemandes d'armistice se révéleraient inacceptables et, à l'intérieur même du nouveau gouvernement, se poursuit alors le débat sur la nécessité d'un départ en Afrique du Nord. Le Maréchal reste ferme sur sa position : il ne partira pas mais, dans l'après-midi, sur une suggestion de Jeanneney, président du Sénat, il accepte une discutable scission du gouvernement, scission dont les modalités ne sont d'ailleurs imaginables que dans l'atmosphère trouble et troublée de Bordeaux. Qu'importe. Pour l'heure, il est entendu que Lebrun et Chautemps, vice-président du Conseil muni d'une délégation de pouvoir du Maréchal, leur permettant de gouverner depuis Alger ou Rabat, partiront avec la majorité des ministres, les présidents des deux Chambres et les parlementaires qui le désirent.

Dans les heures qui suivent, certains se préparent donc au départ et Pétain s'emploie à les rassurer, presque à justifier leur action. Oui, il est d'accord pour le départ d'une fraction du gouvernement. Tandis que Laval, Marquet, Montigny, Spinasse accablent ceux qui veulent quitter Bordeaux, les traitent en lâches et en fuyards, Pétain leur fait des petits discours rassurants comme, à Vichy, il fera d'autres discours rassurants à ces parlementaires inquiets des propos et des attitudes de Laval, à ces hommes politiques qu'il s'agit de séduire et qu'il séduit, en effet, car ces habiles sont toujours pris au piège des paroles d'un militaire réputé « innocent ».

— Soyez persuadés, ne le dites pas parce que je ne peux pas le dire actuellement, soyez persuadés qu'avec moi vous ne risquez rien... Mais c'est une joie pour moi que vous veniez au nom du Parlement. Le Parlement est nécessaire... Je me suis rendu compte des services qu'a rendus le Parlement quand j'étais au gouvernement. Le Parlement, c'était un endroit où je trouvais un grand dévouement pour la cause publique et, si vous ne veniez pas m'apporter l'adhésion du Parlement, je ne pourrais pas me charger de la tâche. Je veux la collaboration du Parlement, dites-le à vos collègues, vous savez à quel point je suis loyal... J'ai toujours été loyal.

Les parlementaires se laissent d'autant plus aisément prendre à ces paroles de miel que Pétain leur semble insoupçonnable et qu'en cet instant il ne ruse sans doute pas ; simplement, il n'hésitera nullement à se contredire très vite.

Il est vrai que ses préoccupations et que ses occupations sont bien différentes de celles de ses interlocuteurs.

La journée du 19 est, pour lui comme pour Weygand et Darlan, tout entière occupée par les immenses problèmes que pose cet armistice pour lequel il faut désigner les plénipotentiaires de la France.

Par contre, dans le récit que Jeanneney fera de cette même journée du 19 juin, la grande, la *seule* affaire c'est celle du départ.

Sur quatre-vingt-cinq lignes, en effet, deux et demie seulement pour évoquer « les ouvertures faites en vue d'un armistice, la pesée croissante des Allemands en direction de Bordeaux [33] ».

Soixante-huit lignes en revanche sur le départ que Jeanneney imagine très proche et qui se prépare officiellement en effet, Darlan ayant précisé, dans une note de 19 h 20, que le bateau désigné pour le transport des parlementaires vers l'Afrique du Nord est le *Massilia* qui sera amarré, le 20 juin, au quai des Chargeurs Réunis.

Dans la nuit du 19 au 20, quelques bombes allemandes, qui ne tuent que des Bordelais, incitent les parlementaires à précipiter les choses. Il faut lire la description de ce dernier exode sous la plume de Jeanneney. La peur ajoute à la confusion, et l'incertitude dans laquelle ces hommes, hier importants, sont plongés les rend sensibles à toutes les rumeurs. Ils se sentent prisonniers d'une ville hostile et d'une population qui les tient pour responsables de toutes les catastrophes. Bientôt ceux, 27 [34], qui monteront à bord du *Massilia* seront injuriés par des marins dont le porte-parole dira au commandant Ferbos :

---

33. Dont Jeanneney ajoute qu'elles « demeurent les préoccupations essentielles ». Sans doute, mais il ne le marque pas dans le récit de la journée.

34. Les 27 sont les suivants dans l'ordre d'inscription de la liste établie par la Compagnie des Chargeurs Réunis : Édouard Daladier, César Campinchi, Pierre Mendès France, Jean Zay, Michel Résillon (seul sénateur), Alex Wilzer, Paul Bastide, Georges Mandel (dont le nom est orthographié Mendel), Salomon Grumbach, Lévy Alphandéry, Camille Perfetti, Yvon Delbos, Gabriel Delattre, Marius Dubois, F.-M. Thomas, Marcel Bront, Marcel Vienot, Galandou Diouf, Bernard de la Grandière, Joseph Denais, André Dupont, Jammy Schmitt, J.-M. Gustavino, André Le Troquer, Léandre Dupré, Robert Lazurick, Camille Catalan.

Au total, le *Massilia* emportera vers le Maroc 506 passagers dont des fusiliers

— Nous ne comprenons pas pourquoi, alors que le gouvernement a donné l'ordre aux populations de rester sur place et de ne pas fuir devant l'ennemi, alors que nos familles vont se trouver sous la coupe des boches, alors que nos femmes sont exposées à..., ces messieurs les parlementaires, ce tas de salauds qui sont cause de la défaite et nous ont foutus dans le pétrin, n'observent pas les consignes du gouvernement et mettent les voiles, en emportant, bien entendu, leur pognon, et tout... Ils n'ont qu'à rester, eux aussi, sur place.

D'autres s'en vont par la route espérant atteindre Perpignan d'où il leur sera facile de gagner un port et, à la dernière minute, de s'embarquer, pensent-ils, à destination de l'Afrique.

Que la plupart de ces hommes n'aient pas quitté Bordeaux pour aller poursuivre le combat, la chose est évidente. Elle est même prouvée par une note du « journal » de Jeanneney qui explique, à la date du 19 juin, que le gouvernement doit à tout prix éviter d'être capturé car « il n'y aurait plus personne pour traiter et signer au nom de la France ».

Il n'en reste pas moins qu'ils partent *tous*, ceux qui ont choisi la route de Perpignan comme ceux qui sont à bord du *Massilia* et qui le 24 juin, au matin, arrivent à Casablanca [35], avec l'accord du maréchal Pétain et qu'ils seront traités quelques jours plus tard d'une manière indigne par une presse aux ordres comme par des autorités qui les empêcheront, sur instructions gouvernementales, de revenir participer aux délibérations qui ont lieu à Vichy.

---

marins envoyés pour rétablir l'ordre à bord et des apprentis mécaniciens destinés à suppléer le personnel des machines si les marins poursuivent leurs manifestations.

Après un entretien avec le commandant, six délégués des marins iront trouver M. Campinchi, ministre de la Marine quatre jours plus tôt. Celui-ci leur affirmera que les parlementaires ne quittent la métropole que sur ordre formel du maréchal Pétain.

35. Les passagers (à l'exception des militaires) sont immédiatement consignés à bord. Les autorités qui commandent au Maroc sont en effet inquiètes de la position prise par M. Mandel qui cherche à entrer en contact avec le consul britannique. Il y réussira cependant et, le 25, Lord Gort et M. Duff Cooper amerriront en rade de Casablanca et tenteront en vain de rencontrer, pour les inciter à se rendre en Angleterre ou à faire basculer le Maroc dans le camp britannique, quelques-uns des parlementaires venus de France. Mais le *Massilia* — où Mandel a repris place — est éloigné du port, sévèrement surveillé et les deux envoyés anglais repartiront sans avoir pu accomplir leur mission. Notons que population, comme soldats et marins, étaient visiblement hostiles aux parlementaires.

C'est que Laval, hostile à tout départ, est allé voir Pétain comme étaient allés le voir les partisans du départ. Sur ses paroles et ses projets il a obtenu son accord, comme sur leurs paroles et leurs projets ils avaient obtenu son accord.

A quelques heures de distance, Pétain approuve donc des thèses parfaitement contradictoires. La thèse de ceux qui veulent quitter le sol métropolitain pour établir quelque part dans l'Empire un embryon de gouvernement aux ambitions encore imprécises.

La thèse de ceux qui, considérant la guerre comme perdue par la coalition franco-britannique, veulent rester sur le sol de la patrie pour traiter avec le vainqueur et s'interposer entre lui et les Français blessés.

Achevant le portrait de Philippe Pétain, j'ai voulu, grâce à ces quelques exemples choisis en juin 1940, montrer du moins comment cet homme profondément secret, et qui apparaît à tous comme inaccessible, presque hors du temps, cet homme derrière lequel tout un peuple éprouvera bientôt l'envie de se réfugier, peut être sensible aux influences de l'âge.

Et aux pressions de son entourage.

2

« TOUS LES POUVOIRS, M. LE MARÉCHAL... »

Bordeaux ne peut être qu'une halte.

Hitler a accepté de maintenir ses troupes aux portes pour que le gouvernement français ne délibère pas des conditions d'armistice dans une ville tout entière occupée mais, le dimanche 23 juin, ses soldats s'impatientent et Pomaret, ministre de l'Intérieur, doit, pour retarder leur entrée, dépêcher l'amiral Dumesnil en grand uniforme et, ce qui est plus efficace, Omer Wilhelm, ancien agent commercial à l'ambassade de France de Berlin, porteur du télégramme du Führer.

Cependant, il faut partir. Dans les jours qui suivent, les Allemands s'infiltrent. Ils ont pour les excellences qui s'attardent, pour les officiers, pour les fonctionnaires français qui occupent toujours les palais où ils camperont bientôt, les regards d'un propriétaire pour des locataires mal élevés... et qui s'incrustent. Les partants ont pris rendez-vous le 28 à 5 heures du matin, dans l'espoir d'échapper aux regards et aux quolibets d'une population que quinze jours de présence gouvernementale ont désabusée puis exaspérée. Mais, si le cortège échappe aux Bordelais, il n'échappe pas aux caméras des soldats allemands, plus humiliantes que les fusils.

Où aller ?

Trois grandes villes : Marseille, Lyon, Toulouse, pourraient accueillir le gouvernement. Mais Toulouse et Marseille sont excentriques. Lyon est dirigée par Édouard Herriot que Philippe Pétain n'aime pas. D'ailleurs, dans la philosophie du nouveau régime, les grandes villes ne sont-elles pas dangereusement corruptrices ?

La première étape aura donc lieu à Clermont-Ferrand où Pierre Laval a son journal, sa clientèle, ses habitudes.

Mais Clermont se révèle vite impossible. Pas assez d'hôtels. Des routes sinueuses qui allongent toutes les communications de ministère à ministère. Une ville sombre, assez triste, fermée sur elle-même. Pittoresque sans doute, mais le pittoresque se paie trop cher.

Dans un grand nuage de poussière, d'ordres et de contrordres, de « présentez... aaarmes », la caravane s'ébranle à nouveau.

Elle n'ira plus bien loin.

Qui a fait choix de Vichy ? Laval, qui se trouve ainsi voisin de son château de Châteldon où il lui est possible, renouvelant le mythe d'Antée, de revenir chaque soir ? Alibert qui, chaque année, suit une cure d'amaigrissement ? Sans doute. Mais plus encore, la nécessité.

Construite pour recevoir des milliers de curistes, la ville, cette ville que bien peu aimeront, car ils y vivront dans l'inconfort et la mélancolie de bien tristes hivers[1], possède de nombreux hôtels. Que l'on en expulse les occupants et voilà des ministères tout trouvés. Sur la surface la plus réduite qui se puisse imaginer, puisqu'il ne faudra que quelques pas pour se rendre de ministère à ministère, de gardes gantés à crispin à gardes gantés à crispin, d'huissier à chaîne à huissier à chaîne ; puisque, dans un hôtel de quatre étages, le court voyage d'un ascenseur suffit au fonctionnaire ou au quémandeur à effectuer les démarches qui, naguère, auraient demandé des kilomètres et des heures, oui, sur la surface la plus réduite, la plus facile à surveiller, à observer aussi, toute la France pensante et agissante — ou ce qu'il en reste — sera rassemblée.

Le président Lebrun aurait souhaité éviter Vichy :

— Si nous allons à Vichy, on dira, en France et à l'étranger, que nous sommes un gouvernement de casino.

Mais les temps sont trop durs pour que l'on brocarde déjà.

Et puis Vichy ne fera qu'une « saison »...

Au cœur de tous ceux qui débarquent et, tant bien que mal, s'installent, la certitude d'une guerre courte dont la conclusion serait, en octobre, le retour vers Paris, est solidement ancrée.

Elle explique bien des improvisations, des choix, des illusions.

L'article 3 de la convention d'armistice ne prévoit-il pas que le

1. « Haine de Vichy, écrira Du Moulin de Labarthète ; c'est bien là le cri de tous ceux qui ont vécu, peiné, souffert dans cette mauvaise cité, qui s'y sont sentis cloîtrés de longs mois, pour qui la route de Gannat représente, longtemps, les seules chances d'évasion. »

gouvernement français pourrait prochainement revenir à Paris et que les Allemands, lorsqu'ils en auront fini avec l'Angleterre, abandonneront la plus large partie du territoire occupé[2] ?

A Rethondes, il n'a jamais été formellement question des conditions de paix. A Vichy — et même parmi les parlementaires qui voteront « non », le 10 juillet —, le mot « paix » revient sans cesse.

Que les Français imaginent l'Angleterre, sans armes, envahie rapidement ou qu'à partir de septembre, lorsque la Royal Air Force a gagné la partie, il estiment qu'elle négociera une paix blanche[3], il s'en trouve bien peu pour croire et dire que le conflit se poursuivra après 1941.

Hypothèse risible pour qui considère la guerre avec les yeux de 1944... ou de 1977.

Hypothèse parfaitement vraisemblable en juillet 1940, et qui explique que Vichy tienne d'abord du campement, de l'installation provisoire pour d'assez pénibles grandes vacances.

Donc bientôt Paris.

Ou Versailles dans « une sorte de cité vaticane », l'image est de Pierre Laval, d'où le gouvernement, libre de ses communications, serait en mesure de s'opposer efficacement aux tentatives de nazification du pays. Car c'est Pierre Laval qui, à deux reprises au moins, devant les parlementaires, affirme ainsi que le retour à Versailles (ou à Paris) permettra de mieux défendre les Français contre les entreprises

---

2. « Le gouvernement allemand a l'intention de réduire au strict minimum l'occupation de la côte occidentale après la cessation des hostilités contre l'Angleterre... Par ailleurs, le gouvernement français est libre de choisir son siège dans le territoire non occupé ou bien, s'il le désire, de le transférer même à Paris. »

3. « Je ne considérais pas que l'Angleterre seule était de taille à battre l'Allemagne, dira Paul Baudouin, ministre des Affaires étrangères du gouvernement de Vichy. Je ne considérais pas que l'Allemagne était de taille à battre l'Angleterre, conviction que j'ai eue totale après les premiers jours de septembre, quand j'ai vu que l'attaque contre l'Angleterre ne se produisait pas. J'ai craint, pendant juillet, août et septembre, cette attaque. J'estime que, si elle avait été montée très vigoureusement, elle aurait pu être fatale pour l'Angleterre. » A la date du 27 juillet, le général Serrigny note, après un entretien de plus d'une heure avec le Maréchal : « Nous avons parlé tout d'abord de l'attaque sur l'Angleterre que tout le monde regarde comme prochaine. Il m'a affirmé que les Allemands étaient fin prêts et croit à leur réussite. »

de « séduction » allemandes et les appuis donnés, en Bretagne notamment, aux séparatistes.

Paris... Versailles... Les deux noms reviennent sans cesse dans les conversations, alimentent les bobards. Le journaliste Pierre Limagne note ainsi, le 22 août, que les Allemands auraient proposé de libérer la région parisienne et d'occuper, en contrepartie, la côte méditerranéenne et la totalité de la frontière espagnole mais que le Maréchal se serait opposé à ce troc ; le 29 août, que Laval, arrivant à Paris, a triomphalement annoncé à la presse que le gouvernement — avec les journalistes dans ses bagages — regagnerait la capitale avant la fin du mois d'octobre.

A la table du Maréchal, à la fin de juillet, au début d'août, il est très souvent question d'un retour dont on ne cesse de peser avantages et inconvénients alors que la décision appartient seulement aux Allemands.

Pétain sent qu'une partie — la plus importante — de la France lui échappe, que, depuis Vichy, il lui est malaisé de gouverner, de saisir les réactions de l'opinion. Il serait donc partisan d'une rapide réinstallation à Paris.

Lui fait-on observer qu'à Paris il se trouverait à la merci d'un occupant qui ne l'aurait accueilli que pour mieux l'influencer, le compromettre et peut-être l'étouffer, alors il bat en retraite.

Au mois de décembre, les mêmes thèses s'affronteront encore et l'on sait comment le soupçon que le Maréchal, à l'occasion du retour du corps de l'Aiglon, sera attiré dans un piège conduira Laval à sa perte.

L'opération « hôtel » s'est faite en quelques heures. Les curistes, ceux, huppés, qui avaient pu échapper à toutes les réquisitions, chassés, et non sans cris, sans protestations, inutiles, sans menaces, vaines ; on débarque caisses, bureaux, machines à écrire, secrétaires dans des chambres peu faites pour abriter l'appareil de l'État. Mais, puisqu'il ne s'agit que d'un campement après ces autres campements, Tours, Bordeaux... et que celui-ci, du moins, n'est plus menacé par les Stukas !...

La Guerre occupe le Thermal Palace ; l'Intérieur, les salles de jeu du Casino puis les Célestins ; les Finances, le Carlton ; la Marine, le Helder ; les Colonies, l'hôtel d'Angleterre ; l'Agriculture est logée dans une villa de la rue Alquié.

A l'Hôtel du Parc l'honneur d'abriter l'Information, les Affaires étrangères et le chef du gouvernement.

Voici pour les privilégiés. Les autres se sont installés comme ils ont pu, où ils ont pu. Le secrétariat d'État à l'Instruction publique campe ainsi dans les locaux de l'école Jules-Ferry où, preuve nouvelle que nul n'imagine « prendre racine », en septembre encore aucun aménagement n'aura été effectué, les salles de classe avec leurs bancs, leurs cartes murales, les éprouvettes, bocaux et cornues des modestes vitrines de physique, demeurant dans l'état où les ont laissés les élèves, lors du départ pour de grandes vacances avancées par la défaite.

Tout donne une impression de désordre, d'improvisation, mais aussi de ratatiné, de ridicule pour qui débarque dans cette ville d'eaux promue au rôle de capitale de l'un des plus puissants empires du monde. Les importants du jour s'efforcent cependant de compenser la médiocrité du décor, l'austérité des repas, l'incommodité du travail dans des chambres surpeuplées, où la table de nuit elle-même devient objet de convoitises, l'absence de luxe, par un extrême souci de la mise en scène et de la phraséologie. Les soldats sont d'autant plus impeccables, les attachés de ministères d'autant plus affairés que, dans un monde en guerre, leur poids est plus faible. Ils se donnent la comédie de la puissance et jouent avec conviction à faire « comme si ».

Les illusions des gestes et des mots sont censées recréer un monde perdu.

Du Moulin a raconté sa première entrevue avec le général Brécard, secrétaire général du chef de l'État, qui affirme gaillardement : « Le Maréchal commande. Je commande après lui. »

Que lui demande Brécard ?

— Voulez-vous courir à l'Élysée ?

— A l'Élysée ?

— Oui, à l'hôtel Sévigné. C'est là que Lebrun se trouvait jusqu'à son départ [4]. Vous prierez Alart, son secrétaire, de vous remettre les Honneurs.

— Les Honneurs ?

— C'est un petit livre blanc, relié en parchemin, qui donnait la liste des préséances sous la Troisième. Nous allons modifier tout cela.

4. Le 13 juillet, Pétain a indiqué au président Lebrun que « le moment pénible » était arrivé et qu'il n'était plus président de la République.

Quand je pense qu'un général de division passait après un préfet...

La France est vaincue, l'armée défaite, les libertés menacées mais les quémandeurs se précipitent vers le nouveau régime que bien peu, alors, traitent en pestiféré. Mille offres de service pour une quarantaine de postes de préfets ! Partout c'est la ruée. Partout l'intrigue. « Panier de crabes », Vichy ? Oui. Travaillé de luttes d'autant plus féroces que la pudeur officielle oblige encore à beaucoup d'hypocrisie, mais que le remue-ménage de la défaite a libéré d'assez nombreux postes et que les ambitieux savent qu'il leur faut réussir avant l'arrivée de nouvelles vagues d'ambitieux, sous peine de ne réussir jamais.

Ceux dont on ne voudra pas se montreront d'abord amers avant d'être soulagés puis de transformer en actes de résistance des échecs, qui n'étaient que le fruit de mérites insuffisants ou d'une surabondance des candidatures.

Des fortunes seront fondées ainsi sur une initiale infortune.

Objet de tous les assauts : l'Hôtel du Parc où se trouvent et Pierre Laval — au deuxième étage — et le Maréchal — au troisième [5]. Étages très différents par l'atmosphère que l'on y respire, l'un enfiévré, encombré de parlementaires, de journalistes, d'amis, de « supporters » locaux, de porteurs de messages ; l'autre, hanté de calmes généraux et de hauts fonctionnaires compassés.

Plus de mille visiteurs par jour.

A demeure, devant le Parc, maintenue par quelques gardes, une petite foule toujours renouvelée ; bouleversée et frénétique chaque fois qu'apparaît le Maréchal ; les véritables privilégiés étant ceux qui, au moment du déjeuner, peuvent à loisir le contempler puisqu'il prend ses repas à une table que, deux mois durant, aucun paravent n'isolera de la masse des convives, « des quémandeurs, des ruffians, des escrocs, des femmes de tout âge et de toute beauté, qui sont comme le bourbier mouvant [des] époques de transition [6] ».

---

5. Pendant les premières semaines de Vichy, le Maréchal travaillera à l'hôtel Sévigné et viendra prendre ses repas à l'Hôtel du Parc avant d'y installer sa chambre et son bureau.
6. Du Moulin de Labarthète.

C'est au Petit Casino que se présentent les parlementaires qui arrivent par petits groupes à l'annonce de la prochaine réunion de l'Assemblée nationale[7].

Au milieu de caisses, on a planté des écriteaux « Poste », « Trésorerie », « Secrétariat ». La salle de jeu a été transformée en salle de correspondance. Chaque jour ou presque, depuis le 1er juillet, date de l'arrivée du gouvernement à Vichy, Pierre Laval, au gouvernement depuis le 23 juin, vice-président du Conseil depuis le 27, vient, dans un salon du premier étage, donner aux députés et aux parlementaires, sevrés d'informations, les nouvelles politiques du jour accommodées à son goût et vient surtout observer, écouter, parler doux, parler fort, influencer, pétrir ces hommes en vue de l'assemblée du 10 juillet où il jouera une partie capitale et à laquelle il s'est, depuis plusieurs jours, préparé.

Le Maréchal, s'il ne doute pas qu'il restera longtemps au pouvoir, est, en effet, totalement ignorant des procédures parlementaires. Il entend d'ailleurs demeurer étranger à une « cuisine » qui lui déplaît. Ce mépris et cette incompétence expliquent en partie la force de Pierre Laval.

C'est le 25 juin qu'il a évoqué avec Alibert, secrétaire d'État à la présidence du Conseil, ses projets, les grandes lignes de son plan et demandé que le Maréchal soit mis au courant d'un texte qui visait à lui faire attribuer tous les pouvoirs et notamment celui de promulguer une Constitution nouvelle.

« Je promis à Laval, écrit Alibert, dans un texte toujours inédit, de saisir le Maréchal, étant bien entendu que celui-ci resterait passif et ne prendrait dans l'affaire aucune responsabilité de nature à exposer son crédit. « C'est bien ainsi que je l'entends », me répondit Laval. Le Maréchal pressenti accepta de laisser faire Laval et déclara, comme je m'y attendais, qu'il entendait demeurer étranger aux débats parlementaires et ne prendre aucune responsabilité en dehors de la présentation officielle du projet de loi. »

Au moment où se préparent quelques-uns des événements les plus importants de l'histoire du régime, peu d'hommes, donc, sont dans la confidence du véritable et seul meneur de jeu : Pierre Laval.

---

7. La radio demande aux députés et sénateurs « de rejoindre d'urgence Vichy, en vue de l'Assemblée nationale qui devait voter au gouvernement du maréchal Pétain un texte lui permettant de donner à la France la constitution nouvelle qu'imposent les circonstances ».

Robert Aron écrira que la tâche accomplie par Pierre Laval, en six jours, représente « un exploit sans précédent dans la politique française » et que « l'on a du mal à concevoir qu'un seul homme l'ait menée à bien » ; d'autres — Emmanuel Berl, par exemple — que tout autre que Laval eût mieux réussi et que la pente des événements conduisait fatalement à un régime fort comme à un effacement des parlementaires ; changement de régime, effacement, obtenus d'ailleurs sans véritable résistance. Thèse qui me paraît séduisante et, tout en racontant ces journées qui, du 4 au 10 juillet, conduisent Laval au triomphe, Pétain au couronnement, la République à une mort ambiguë, je souhaite, également, répondre aux questions que, trente-sept ans après un événement qui bouleversera notre histoire et alimentera tant de passions, on demeure encore en droit de se poser.

Comment Pierre Laval réussit-il à convaincre plus de 560 parlementaires de voter, avec leur déchéance, celle de la République ? Use-t-il de ruses ou de menaces ? Les Allemands ont-ils agi en sa faveur ? Les troupes de Weygand ont-elles représenté un moyen de pression digne d'être mis en parallèle avec l'action des soldats jetés, à l'appel de Lucien Bonaparte, à l'assaut des Cinq-Cents ?

Quel appui Philippe Pétain, grand, unique bénéficiaire de toute l'opération, apporte-t-il à Laval ?

Une résistance à l'action de Laval va se manifester, résistance qui se traduira par le vote négatif de quatre-vingts parlementaires. Est-elle dirigée contre l'armistice, contre le Maréchal, contre la personne de Pierre Laval ou contre un texte dont les opposants craignent les prolongements antirépublicains ?

Enfin, quelles sont les conséquences immédiates du scrutin du 10 juillet ? Voici, me semble-t-il, les principaux points qui, malgré une littérature abondante, méritent toujours un effort d'éclaircissement.

Le 4 juillet, au cours du Conseil des ministres, devant des collègues préoccupés surtout du drame de Mers el-Kébir, qui a eu lieu la veille, Pierre Laval lit le projet qu'il a l'intention de soumettre, six jours plus tard, à l'Assemblée nationale.

« Article unique. L'Assemblée nationale donnera tous pouvoirs au gouvernement de la République, sous la signature et l'autorité du maréchal Pétain, président du Conseil, à l'effet de promulguer par un ou plusieurs actes la nouvelle Constitution de l'État français.

« Cette Constitution devra garantir les droits du Travail, de la Famille et de la Patrie. Elle sera ratifiée par les assemblées qu'elle aura créées. »

Laval lit très rapidement comme s'il s'agissait d'une affaire sans importance ou sur laquelle, déjà, tous se trouveraient d'accord.

Hors, à l'exception du maréchal Pétain — et encore —, nul n'a étudié le texte.

— Seul M. Laval, dira Baudouin, ancien ministre des Affaires étrangères, aux enquêteurs de la Commission d'Enquête parlementaire, seul M. Laval prenait la parole.

— Alors, vous vouliez réformer une Constitution, fait remarquer M. Charles Serre, rapporteur de la Commission, sans même discuter entre vous les modifications à faire prévaloir... C'est un singulier gouvernement !

— Bien entendu, c'est une chose absurde qui se faisait. Interrogez le général Weygand, M. Bouthillier, M. Marquet ; ils vous confirmeront rigoureusement cela.

— Moi je ne peux pas croire qu'un Gouvernement délibère seulement sur une date de convocation et ne délibère pas sur le fond même de cette réforme quand la réforme est aussi importante qu'une réforme constitutionnelle !

— Ne le croyez pas ! C'est cependant la vérité [8].

C'est dans cette atmosphère tout à la fois de pagaille et de respect quelque peu intimidé devant Pierre Laval, dont on pense que les interventions traduisent toujours les intentions du Maréchal, que se déroule le conseil du 4 juillet.

M. Laval, sa lecture achevée, se lève et quitte le Conseil sur cette simple déclaration :

— Je m'excuse de ne pas vous laisser ouvrir une discussion à ce sujet ; soixante sénateurs m'attendent auxquels je dois des explications.

---

8. Baudouin (confrontation du 26 juillet 1949) fait ici référence à un conseil restreint en date du 2 juillet au cours duquel Laval aurait seulement mis au courant le général Weygand, Bouthillier et Baudouin de son intention de convoquer l'Assemblée nationale le 10 juillet sans autres précisions. Au conseil du 4, il donnera connaissance du texte sur lequel les parlementaires seront appelés à se prononcer.

Le voici dans la salle des Conférences médicales, avenue Thermale, où les sénateurs l'attendent en effet... mais ne s'attendent nullement à la violence de son propos.

— Le gouvernement, déclare-t-il d'entrée de jeu, a décidé de ne pas déclarer la guerre à l'Angleterre...

L'attaque de Mers el-Kébir date de la veille ; elle explique la phrase, phrase qui stupéfie certains sénateurs, émus devant la perspective d'un aussi rapide retournement des alliances, mais qui se conçoit fort bien dans le contexte émotionnel qui a suivi l'agression anglaise. Mers el-Kébir, aux multiples conséquences[9] aura pour conséquences inattendues de donner à tous les discours de Laval une violence parfois insoutenable, une âpreté qui ne doit rien à la comédie oratoire tout en condamnant au silence les plus anciens amis de l'Angleterre. Le canon des cuirassés anglais tue des marins français ; il atteint également la République.

L'attaque répétée le 6 juillet et menée, cette fois, par des avions torpilleurs sur des navires et des hommes surpris ; l'assaut donné à tous les bâtiments français ancrés à Portsmouth, à Plymouth et à Southampton ; l'internement brutal de leurs équipages ; le blocus et le désarmement de la flotte française qui se trouvait à Alexandrie où elle assurait, en coopération avec la flotte de l'amiral Cunningham, la surveillance de la Méditerranée orientale ; tous ces événements incompréhensibles pour la quasi-totalité des Français, scandaleux aux yeux même de beaucoup d'Anglais, renforcent la position de Pierre Laval, donnent à sa parole une émotion nullement fabriquée, justifient et sa politique passée et les critiques qu'il adresse à une politique étrangère qui, par excessive fidélité à l'Angleterre, nous a privés de l'amitié italienne, puis lancés dans un conflit que nous n'étions pas en état de soutenir.

Ils diminuent les possibilités d'action et de réaction des opposants à Pierre Laval, les privent de quelques-uns de leurs arguments. Qui oserait le 4, le 7 juillet et le 10, alors que Churchill vient de faire assassiner 1 297 marins français, qui oserait évoquer l'alliance anglaise trahie et la courageuse résistance des Londoniens ? De l'Angleterre menacée, nul ne parlera, si ce n'est pour l'attaquer. Elle n'a plus d'amis. Ou bien ils se taisent de peur de se voir jeter au visage qu'ils ne

---

9. Sur Mers el-Kébir et ses conséquences, voir également le chapitre « Les premiers résistants » ainsi que le chapitre « Le pétainisme au fil des jours ».

furent ministres qu'avec l'agrément de Sa Gracieuse Majesté Britannique !

Ce premier coup assené à des sénateurs, déjà assommés par la défaite, mais qui voient l'ami, après l'ennemi, frapper et dépouiller la France, Laval poursuit son discours en affirmant que le Parlement doit être dissous, la Constitution réformée pour s'aligner sur celle des États totalitaires. « Si le Parlement n'y consent pas, ajoute-t-il, c'est l'Allemagne qui nous imposera toutes ces mesures avec, comme conséquence immédiate, l'occupation de toute la France. »

Ah ! il ne cache pas son jeu. Il l'étale au grand jour, donnant à beaucoup de ceux qui l'écoutent quelques frissons et par la vigueur de son propos décourageant les faibles, les attentistes, les lâches, qui, dans toutes les assemblées, se trouvent naturellement en majorité.

Le lendemain 5 juillet, il poursuit une entreprise qui tient plus du viol que de l'opération de charme.

La séance a lieu au Casino où se sont retrouvés quatre-vingts députés, alertés par leurs collègues du Sénat, ce qui devrait ôter à Laval le bénéfice de la surprise... inconvénient qu'il palliera en redoublant de violence. On a reconstitué, comme l'on a pu, la salle des séances du Palais-Bourbon. Une tribune et un fauteuil présidentiel ont été placés sur la scène et le premier rang de l'orchestre tient lieu de banc du gouvernement.

Dans ce décor ersatz, la tentation est grande de prononcer les discours de naguère dans le style de naguère...

Marcel Héraud, député de Paris, inscrit au groupe des Républicains indépendants, le socialiste Georges Monnet se laissent prendre au jeu. Ils interpellent comme si le passé n'était pas mort... Laval va les remettre brutalement à leur place, plus brutalement que ne le méritaient leurs interpellations, mais il profite de l'occasion pour marquer des points, affaiblir les résistances qui seraient tentées de se développer. Il emprunte aux divisions blindées, qui, le 13 mai, ont percé le front, leur brutale stratégie.

Louis Noguères, député socialiste des Pyrénées-Orientales, qui a vécu cette séance du 5 [10] et a enregistré, le soir même, ses impressions, déclare avoir vu « le nouveau Laval » naître sous ses yeux, au fil des

10. Dont il écrira qu'elle a déterminé son vote « non », car il estime que c'est ce jour-là « et ce jour-là, seulement, que... Laval a fait connaître exactement le fond de sa pensée ».

minutes, un Laval autoritaire, décidé, allant très loin — trop loin, il tentera de se « rattraper » par la suite — dans l'expression de sa pensée, bousculant et brutalisant des parlementaires dont il s'est d'ailleurs exagéré les capacités de résistance.

Laval n'est pas monté sur la scène. Simplement appuyé de trois quarts à la rampe, il parle dans une attitude familière, mais ce qu'il dit et la façon dont il le dit sont révolutionnaires.

Louis Noguères est formel. « Je connais Laval depuis bien des années. J'évoque, de temps en temps, le souvenir du garçon rencontré, une nuit de 1902 ou 1903, sur les « fortifs », partageant avec Jules Descossy un bout de cervelas posé sur un banc, là-bas, à la porte de Saint-Ouen... Puis le confrère à la mine creusée, se glissant à la barre pour défendre « mon camarade terrassier ».

« Mais le Laval qui était au Petit Casino de Vichy n'était plus celui-là. Non pas que l'allure générale ou plutôt l'aspect extérieur fût sensiblement modifié, mais, sous l'apparence inchangée, c'est un autre homme qui parle. Je dirai même que c'est avec un sentiment de surprise que je l'ai entendu. Car Laval, dès les premiers mots, n'a pas eu ce ton insinuant, auvergnat, qui lui est habituel. Il est carrément « rentré » dans Marcel Héraud (le premier orateur) et, en substance, lui a dit ceci :

« — Vous avez fait un discours, un beau discours... Alors, vous vous imaginez que nous avons le temps d'écouter des discours ? Vous vous trompez ! C'est fini, les discours ! Nous ne sommes pas ici, vous pour en prononcer, nous pour les entendre. Nous avons à rebâtir la France. »

Comment reconstruire ? Et avec qui ? Laval le dit brutalement ce jour-là, en dompteur qui fait claquer le fouet. Il parlera pendant une heure et demie et, si on lui disait qu'à l'image de Marcel Héraud il fait « un discours », il serait sincèrement surpris. Pas de plan, pas de début travaillé ni de conclusion grandiloquente ; Laval effectue des allers-retour ; sans souci de cohérence ou de logique littéraire, la cohérence et la logique étant dans l'affirmation politique de quelques formules, nées dans l'instant, mais qu'il « améliore » à chaque répétition. C'est son âme débondée, ce sont ses passions et ses rancœurs qu'il laisse s'épancher.

En l'écoutant, les députés prennent conscience des sacrifices qui leur seront demandés mais aussi des voies nouvelles sur lesquelles, à en croire le vice-président du Conseil, la France devra désormais s'engager.

— Il ne s'agit pas, pour le Gouvernement, d'appliquer je ne sais quel remède ou de procéder à je ne sais quelle réforme en conservant, dans l'ensemble, ce qui existe. Non. Nous voulons détruire la totalité de ce qui est. Ensuite, cette destruction accomplie, créer autre chose qui soit entièrement différent de ce qui a été, de ce qui est... De deux choses l'une : ou bien vous accepterez ce que nous vous demandons et vous vous alignerez sur la Constitution allemande et sur la Constitution italienne, ou bien Hitler vous l'imposera... Nous sommes aujourd'hui au fond de l'abîme où [l'Angleterre] nous a conduits. La France n'a le droit de conserver, pour elle et son Empire, qu'une armée de cent mille hommes [11], voilà la réalité tragique pour notre pays. Et je ne vois qu'un seul moyen de restituer à la France, avec une armée digne d'elle, la place qui lui revient : c'est de nous ranger résolument aux côtés de l'Allemagne et de faire front avec elle contre l'Angleterre... Nous venons de vivre des années où il importait peu de dire d'un homme qu'il était voleur, escroc, souteneur, voire assassin. Mais, si l'on disait de lui : « C'est un fasciste », alors le pire qualificatif lui était décerné ! Nous payons aujourd'hui le fétichisme qui nous a enchaînés à la démocratie, en nous livrant aux pires excès du capitalisme, cependant qu'autour de nous l'Europe forgeait, sans nous, un monde nouveau qu'animaient des principes nouveaux...

Oui, c'est un Laval nouveau qui se révèle. Son piédestal est fait, aujourd'hui, des ruines de toutes les expériences politiques autres que la sienne. Du moins en est-il fermement persuadé.

Son jeu, alors, n'est pas d'un hypocrite mais d'un homme convaincu que la tragédie lui donne raison. Comme il est facile de lire ses cartes. Et comme il serait aisé de dénoncer son ambition si dans ces assemblées, au courage civique étouffé par la défaite et par quelque vague remords, un homme se dressait !

Le 5 juillet, en effet, à une question du socialiste Monnet, « Vous nous demandez de nous ranger derrière le maréchal Pétain. Nous y souscrivons volontiers. Mais il est un point qui nous préoccupe et sur lequel nous voudrions une précision : Qu'arrivera-t-il si, le maréchal Pétain étant investi du pouvoir, « un accident » lui survient ? » Laval

11. C'est inexact. Le chiffre est bien supérieur, les 100 000 hommes étant ceux de l'armée stationnée en métropole.

répond en expliquant qu'investi de tous les pouvoirs constitutionnels le Maréchal procédera par « Actes » et que, s'étant donné à lui-même, au terme d'un premier Acte, « tous les droits exercés par le président de la République, le Parlement, le président du Conseil, les ministres », il désignera par un second Acte « la personne qui, dans le cas où il serait empêché d'exercer le pouvoir, l'exercera à sa place [12] ».

Qui peut douter qu'il ne soit alors, lui, Pierre Laval, solennellement investi ?...

Le lendemain, 6 juillet, Laval poursuit son action mais il la nuance. Il la nuance en présence de résistances qu'il s'efforce de tourner, il la nuance également parce qu'il trouve, pour soutenir certaines de ses thèses, des alliés inattendus et qu'il doit ménager.

La défaite, pour un temps, a fait éclater les anciennes structures politiques. Déjà, lorsque Laval entame l'opération qui conduit au scrutin du 10 juillet, il a autour de lui des hommes venus des horizons les plus divers : Xavier Vallat, qui arrive de l'extrême droite ; Marcel Déat, néo-socialiste et ses amis, Château, Garnier, Deschizeaux, Lafarge, Chasseigne ; un radical Jean Montigny ; un indépendant solitaire, Bergery et quelques autres encore : Pietri, Georges Bonnet, Cayrel, Temple, Dommange qui, pour des raisons diverses, et parfois contradictoires, appuient son action, font les « couloirs »... ou les allées des jardins de Vichy et, partout, répandent la bonne parole.

Mais c'est de la gauche socialiste qu'arrive, le 6, le ralliement le plus spectaculaire : ralliement non à la personne de Laval, mais à l'une des idées-forces de Laval : la culpabilité du Parlement et la nécessité, pour la France, de rompre, sans espoir de retour, avec le passé. Sans doute sont-ils nombreux les Français qui, sous le choc de la défaite, partagent alors ce point de vue, mais de ces prémisses chacun tirera rapidement des conclusions différentes. Quoi qu'il en soit, le ralliement de Spinasse, collaborateur direct, ami de Léon Blum, est spectaculaire, efficace aussi puisqu'il ruine la fragile unité du groupe socialiste. Bien fragile unité ! Il ne faut pas oublier, en effet, que deux ministres socialistes, Albert Rivière, député de la Creuse, et André Février, ancien président du groupe parlementaire socialiste en 1936, font,

12. Légère erreur... ce ne sera pas le second Acte mais le quatrième.

depuis le 16 juin, partie du gouvernement Pétain et qu'ils y sont entrés avec l'accord de Léon Blum [13].

Que dit Spinasse avec sa conviction habituelle à laquelle les événements donnent une force nouvelle [14] si bien que son improvisation fera l'objet dans la soirée, et le lendemain encore, de tous les commentaires, touchant ceux-là mêmes qui, politiquement, se trouvaient éloignés de l'orateur, ayant sur des consciences bouleversées le même effet que le discours du vicomte de Noailles dut avoir, dans la nuit du 4 août 1789 ? Nuit du 4 Août, c'est bien d'ailleurs la référence qui s'impose à tous ceux qui écoutent Spinasse et sont saisis du frisson patriotique des jours de gloire ou de désastre.

— Le Parlement, affirme le député de la Corrèze, va se charger des fautes communes. Ce crucifiement est nécessaire pour éviter que le pays ne sombre dans la violence et l'anarchie. Notre devoir est de permettre au gouvernement de faire une révolution sans que coule le sang. Si l'autorité du maréchal Pétain rend possible cette tâche, alors le don qu'il nous fait de sa personne n'aura pas été vain. Que notre décision soit sans appel : elle engage définitivement la France. Nous devons rompre, sans esprit de retour, avec le passé. Celui-ci était plein d'illusions et, si les horizons du monde ont paru s'en approcher, ce n'était qu'un mirage. Nous avons cru à la liberté individuelle, à l'indépendance de l'homme. Ce n'était qu'une anticipation sur un avenir qui n'était pas à notre portée. Une nouvelle foi doit naître sur des valeurs nouvelles. Tout ne s'effacera d'un passé condamné que lorsque nous nous retrouverons Français sur la terre de France, héritiers d'un patrimoine commun qui conserve sa grandeur. Retrou-

13. M. Léon Blum, sans nier la chose, s'est longtemps plu à la taire. Après la libération, M. Audeguil, député de Bordeaux, chez qui avait eu lieu en juin 1940 la réunion décisive, écrivit, le 8 février 1945, à André Février pour lui rappeler que, le 18 juin, « un militant s'étant inquiété de la présence des socialistes au gouvernement, c'est Léon Blum, lui-même, qui lui a fourni toutes les précisions désirables ».

Le directeur du cabinet de Rivière était Marcel Bidou, qui devint directeur du *Populaire* ; les directeurs de cabinet de Février étaient Eugène Chaillé et Auguste Rouanet.

14. Louis Noguères, qui cependant votera « non », écrit le 6 juillet : « Connaissant bien Spinasse et l'ayant du reste suivi, à plusieurs reprises, dans les congrès ou au groupe, touché maintes fois par son accent prenant, autant que par le sentiment où il m'ancrait qu'il ne disait rien qui ne fût l'expression d'une haute conscience, je n'ai pas été surpris de l'action qu'il avait pu exercer sur la réunion des députés. »

vons un orgueil national... La France s'était abandonnée. Il faut qu'elle se reprenne.

Les députés présents, quel que soit leur parti, acclament l'ancien ministre du Front populaire, moins parce que ses propos épousent, en partie, ceux de Laval que parce qu'exprimés avec noblesse ils traduisent leurs sentiments profonds. Et, lorsque Xavier Vallat, député d'extrême droite, se lève pour dire brièvement qu'il « rejoint Spinasse » dans son souhait d'union nationale et de réforme intellectuelle et morale, il n'entre pas, dans cette scène de fraternisation, je ne sais quelle répugnante combine, je ne sais quelle méprisable mise en scène mais, comme au lendemain des grandes crises, le besoin d'en finir avec les querelles d'hommes et de partis [15].

Le « mea culpa » politique de Spinasse est lourd de conséquences.

Tout d'abord, il contribue à diviser un peu plus le groupe socialiste. Louis Noguères note, à la date du 7 juillet : « Ce qui est net, c'est qu'entre camarades du Parti il n'y a plus cette confiance cordiale qui, à travers des divergences personnelles, faisait vraiment le charme de nos relations. »

Et encore : « Décidément, Laval avait raison de proclamer qu'il n'y avait plus de Partis ! Pour le Parti socialiste, sa parole s'avérait à tout instant plus exacte. On peut même ajouter qu'il n'y avait plus de socialistes — ou bien peu. »

Il est vraisemblable, ensuite, qu'il influence auteurs de motions et orateurs.

Tous — et même ceux qui s'affirmeront, et seront, résistants — tous font d'abord réflexion, à Vichy, sur les malheurs des temps comme sur les raisons qui imposent un changement dans les mœurs politiques.

La motion Badie (à laquelle se rallient vingt-huit parlementaires de gauche) débute ainsi : « Les parlementaires soussignés, après avoir entendu la lecture de l'exposé des motifs du projet concernant les pleins pouvoirs à accorder au maréchal Pétain, tiennent à affirmer solennellement qu'ils n'ignorent rien de tout ce qui est condamnable dans l'état actuel des choses et des raisons qui ont entraîné la défaite de nos armes ; qu'ils savent la nécessité impérieuse d'opérer d'urgence le redressement moral et économique de notre malheureux pays et de

15. Jean Odin, l'un des « 80 », notera que tout le monde parle du « rapprochement sensationnel » de Spinasse et de Vallat.

poursuivre les négociations, en vue d'une paix durable dans l'honneur... »

Le président Jeanneney de son côté, déclare le 9 juillet : « Il eût fallu épargner à nos enfants le lamentable héritage que nous allons leur laisser. Ils expieront nos fautes, comme ma génération expia, puis répara, celles d'un autre régime [16]. »

Boivin-Champeaux, sénateur du Calvados et rapporteur de la Commission de législation civile et criminelle, le 9 juillet : « Après l'effroyable drame où notre pays a été jeté, il faut lui donner une raison de vivre et une espérance. Il faut qu'il ait la certitude que les erreurs passées ne se renouvelleront pas... »

Édouard Herriot, le 9, toujours. « Au lendemain des grands désastres, on cherche des responsabilités. Elles sont de divers ordres. Elles se dégageront. L'heure de la justice viendra. »

De la droite à la gauche, le besoin de contrition est général et c'est la France entière — parlementaires compris — qui assigne à la défaite de ses armes des causes morales...

Spinasse, en ralliant sentimentalement de nombreux députés et sénateurs à la thèse de Laval, lui permet de ne plus utiliser uniquement la menace mais également la séduction.

Il est vrai cependant qu'à plusieurs reprises, avant la séance capitale du 10 juillet, Laval a évoqué l'armée allemande qui « est à quelques dizaines de kilomètres de chez nous » et qu'il lui est arrivé, à plusieurs reprises, d'affirmer que, si on ne lui faisait pas confiance, le général Weygand imposerait une dictature militaire.

Qu'en est-il en réalité ?

Les Allemands, selon toute apparence, se désintéressent pour l'heure de la forme du gouvernement français et n'interviennent nullement. Quant à Weygand, s'il salue la 14ᵉ division de De Lattre de Tassigny qui, avec l'éclat et la pompe qu'aime un chef dont personne encore, dans l'opinion, ne connaît les grands talents et les petites

16. Jeanneney avait préparé un autre discours que celui qu'il prononça le 9. Discours plus « explosif », écrit-il, mais auquel il a renoncé pour des raisons qu'il indique dans son *Journal politique*. « Visiblement, mon papier risque de heurter beaucoup de sénateurs, même bien intentionnés. D'après ce que je crois voir, un sentiment fort honorable les domine ; ils ont conscience des fautes et des mauvaises mœurs politiques. Ils sont tout disposés à faire contrition. »

manies, défile à plusieurs reprises dans les rues de Clermont-Ferrand, il n'a pas songé un seul instant à faire évacuer par ses « grenadiers » la salle du Petit Casino !

Le sénateur Marcel Héraud, qui, le 5 juillet 1940, avait demandé des précisions à Laval sur cette remuante 14e division et sur un ordre du jour de De Lattre qu'il jugeait inquiétant, devait, le 17 février 1949, déclarer n'avoir jamais eu l'impression « que les membres du Parlement aient été l'objet d'aucune menace directe ou indirecte » ; aucun policier, précise-t-il, ne s'est mêlé aux groupes des politiciens « ou alors, contrairement à leur habitude, ils auraient été bien adroitement camouflés ».

Témoignage en contradiction totale cependant avec celui de Léon Blum lors du procès Pétain, puisque le leader socialiste avait déclaré avoir vu, à Vichy, des hommes « s'altérer, se corrompre comme à vue d'œil, comme si on les avait plongés dans un bain toxique. Ce qui agissait, c'était la peur : la peur des bandes à Doriot dans la rue, la peur des soldats de Weygand à Clermont-Ferrand, la peur des Allemands qui se trouvaient à Moulins ».

Entre la déclaration de Marcel Héraud et celle de Léon Blum, une différence capitale : l'une est d'un homme qui n'a rien vu parce qu'il n'y avait rien à voir, l'autre d'un homme qui s'est trouvé personnellement menacé et qu'une ombre inquiète.

Blum avait été injurié, en effet, à Bordeaux et son destin paraissait à certains si compromis que le député Gaston Bergery dira à l'un de ses collègues :

— Moi aussi, je vais aller lui serrer la main. Peut-être qu'il n'a pas beaucoup de temps à vivre !

A Vichy, des dîneurs ne se gênaient pas pour le montrer du doigt : « Regardez ce salaud ! » tandis qu'une partie de la presse antisémite écrivait déjà qu'il avait fui la France. Enfin, Laval le mettra directement en cause devant l'Assemblée nationale, sans qu'il réplique car il devine que, de sa riposte, naîtrait, sans doute, un incident peut-être souhaité.

De se trouver la cible d'adversaires dont plus rien ne limitait l'audace, de sentir tous les regards tournés vers lui lorsque Laval ou d'autres dénoncent les responsables de l'impréparation militaire, de voir grandir partout l'antisémitisme, de constater le reniement ou le repliement de beaucoup de socialistes explique les silences de Léon Blum à l'instant où la République agonise puisque, bien que votant

« non », il ne prendra jamais la parole[17], explique également son trouble, son inquiétude, sa certitude enfin que les parlementaires sont en péril puisque, lui-même, se sent menacé.

En vérité, au début de juillet 1940, à Vichy, chaque parlementaire juge le climat suivant les mouvements de son âme. Mais ceux-là mêmes qui, comme Paul Boulet, député de l'Hérault, assurent que régnait une atmosphère de coup d'État et que, dans les couloirs, les plus timides chuchotaient aux plus fermes « Si vous ne votez pas, le général Weygand va être ici et vous serez dispersés par la force » affirment dans le même temps que ces bruits ne se basaient sur aucune réalité...

Après l'intervention de Spinasse, les socialistes sont donc ébranlés et Pierre Laval poursuit son action en direction de ceux qui, plus ou moins vigoureusement, s'opposent encore à son projet : le groupe des Anciens combattants du Sénat, les vingt-huit signataires de la motion Badie et l'ancien président du Conseil Pierre-Étienne Flandin.

Opposants, on touche là un point capital, *non point parce que le projet de Laval constitue une acceptation de l'armistice, non point parce qu'il accorde tous pouvoirs au maréchal Pétain, mais parce qu'il porte atteinte aux institutions républicaines* et, subsidiairement, menace le mandat, les indemnités et les retraites des parlementaires.

Pendant ces jours de juillet où députés et sénateurs se trouvent réunis à Vichy — du 4 au 10 —, il n'est en effet *jamais* question de l'armistice, s'il est vingt fois au moins, dans les documents publiés, fait allusion, et par des hommes de toutes les opinions, à une paix

---

17. Ernest Laroche, député socialiste du Puy-de-Dôme, raconte que, le 9, le groupe socialiste en présence de Léon Blum se réunit à l'hôtel des Colonies. « Spinasse prit la parole et indiqua nettement que, quelle que soit la nouvelle orientation du parti, sa position ne changerait pas et que nous avions fait notre devoir en répondant à l'appel de Pierre Laval. Rivière et Février étaient encore ministres. Devaient-ils attendre des instructions, démissionner ou attendre qu'une décision soit prise à leur égard par le Maréchal ? Blum resta muet. Villedieu, Andraud se joignirent à moi pour attendre Blum à la sortie. Notre décision était irrévocable, mais nous voulions savoir ce que pensait le chef qui avait subitement perdu la parole. Il leva les bras au ciel sans nous répondre. »

Emmanuel Berl *(La fin de la IIIe République)* pense que le souci de maintenir, au moins en apparence, l'unité du Parti explique les silences de Blum car, selon Berl, s'il avait parlé peut-être aurait-il été hué non seulement par ses adversaires mais par plusieurs socialistes qui cachaient à peine le plaisir qu'ils éprouvaient à la perspective de s'en voir « débarrassés ».

prochaine... et souhaitée. Nul ne critique le maréchal Pétain pour l'arrêt des combats. L'armistice est un fait acquis. Un fait admis, comme le dira l'un des opposants du 10 juillet[18].

Aucun député, *aucun* sénateur ne fait allusion publiquement à la lutte qui se poursuit en Angleterre, à l'entreprise du général de Gaulle ou, fût-ce très discrètement, ne déplore que les hostilités n'aient pas été reprises depuis nos bases d'Afrique du Nord. Il est vrai que les vingt-cinq parlementaires partis sur le *Massilia,* parmi lesquels se trouvent des hommes comme Mandel, dont on peut imaginer qu'ils auraient manifesté avec courage leurs opinions, ont été systématiquement empêchés d'arriver à temps à Vichy[19] et de participer aux débats et au scrutin, mais le fait est là : nul ne remet en cause l'armistice[20].

Armistice indiscuté.

Maréchal également indiscuté.

L'idolâtrie pétainiste pourrait légitimement se nourrir de tout ce qui a été dit à Vichy par des députés et des sénateurs, dont certains ont

---

18. Paul Boulet.

19. Il était entendu, à la fin de juin, que les parlementaires partis (avec l'accord du gouvernement) allaient rentrer à temps pour assister aux séances de l'Assemblée nationale. Mais Alibert devait volontairement multiplier les incidents, si bien que seuls les parlementaires algériens eurent l'autorisation de quitter l'Afrique du Nord le 8. Leurs collègues (à l'exception de Zay, Daladier et Mandel retenus en Afrique) eurent le droit de regagner la France à la fin du mois seulement et, le 20 juillet, débarqueront à Marseille... pour s'y trouver consignés une semaine durant.

Le 10 juillet, Jules Jeanneney lut, devant l'Assemblée nationale, le télégramme de protestation que vingt d'entre eux avaient signé et Édouard Herriot prit la parole pour affirmer qu'ils avaient quitté la métropole avec l'accord total du gouvernement du maréchal Pétain.

20. Une médaille devait être frappée après la Libération en l'honneur des « Quatre-vingts républicains (qui) par leur vote contre la dictature affirmèrent leur volonté de résistance, leur amour de la liberté et leur foi dans la patrie invaincue ».

Reproduisant cette légende dans son livre « Les Quatre-vingts » le sénateur Jean Odin — qui fut l'un d'entre eux — l'a fait de façon erronée puisque son texte est le suivant : « Le dix juillet mil neuf cent quarante, quatre-vingts républicains par leur vote contre la dictature *et l'armistice* déclarèrent leur passion de la liberté et leur amour de la patrie invaincue. »

Acceptant pour vrai le texte d'Odin j'ai, dans les premières éditions de ce livre, reproché à tort au rédacteur de la légende d'avoir fait allusion à un armistice non officiellement discuté lors de la séance du 10 juillet 1940.

voté « non » mais qui, parfois pour faire pièce à Laval, ont proposé que l'on attribue au Maréchal plus de pouvoirs encore que le texte du gouvernement n'en prévoyait !

Après avoir entendu Laval le 5 juillet, le député socialiste Noguères, qui votera « non » cinq jours plus tard, écrit : « Faire confiance au maréchal Pétain, certes ! mais encore fallait-il qu'on nous traçât le cadre dans lequel agirait le Maréchal. Que le Parlement remette ses pouvoirs, oui ! mais que, du moins, des garanties lui soient assurées que la République ne serait pas purement et simplement étranglée ! »

Les sénateurs anciens combattants vont s'opposer pendant quelques jours au projet de Laval dont ils pensent justement qu'il menace le régime républicain. S'opposent-ils, pour autant, au Maréchal ? Nullement. Le premier ordre du jour qu'ils adoptent (ils sont alors vingt-cinq en séance) est ainsi rédigé : « Les sénateurs anciens combattants, réunis à Vichy le vendredi 5 juillet, sous la présidence de M. Jean Taurines, premier vice-président, saluent avec émotion et fierté leur chef vénéré, le maréchal Pétain, qui, en des heures tragiquement douloureuses, a fait don de sa personne au pays.

« Lui apportent leur confiance pour, dans la légalité républicaine, regrouper les forces nationales, galvaniser les énergies et préparer le terrain moral qui refera une France digne de leurs sacrifices ». »

Ils désignent ensuite une délégation[21] chargée de commenter ce texte au Maréchal.

Voici donc, le 6 juillet, après des retards imputables à la mauvaise volonté d'Alibert, quatre sénateurs en présence du Maréchal. Comment s'expriment-ils ? Jean Taurines a publié le procès-verbal d'une entrevue qui débute par un vibrant hommage au Maréchal. Taurines, au nom de ses collègues, déclare ensuite qu'inquiets de projets « aussi immenses que peu précis dont on les avait entretenus, dont on leur disait seulement qu'ils s'aligneraient sur les régimes totalitaires, c'était à lui, Philippe Pétain, [que les sénateurs] faisaient confiance, et une confiance absolue, totale, corps et biens ».

Encore quelques minutes et le Maréchal entendra Paul-Boncour affirmer solennellement.

— Maréchal, pour vous prouver, Monsieur le Maréchal, à quel

21. Les sénateurs Taurines, Maroselli, Belmont, Bardoux, Jacquy et Paul-Boncour la composent le 5, mais le 6 ce sont MM. Taurines, Jacquy, Paul-Boncour et Chaumié qui seront reçus par le Maréchal.

point ceux qui, avec moi, ne peuvent donner leur vote à un projet de constitution dont on ne précise pas les bases sont prêts à vous donner, à vous, je dis à VOUS, tous les pouvoirs, je dis TOUS, que vous jugerez nécessaires pour maintenir l'ordre, rétablir, libérer et reconstituer ce pays et conclure la paix, j'irais jusqu'à voter un texte qui dirait : « La Constitution est suspendue jusqu'à la signature de la paix. Le Maréchal Pétain, chef du pouvoir exécutif, a pleins pouvoirs de prendre par décret toutes les mesures qu'il jugera nécessaires et, en même temps, d'établir en collaboration avec les Assemblées, les bases d'une constitution nouvelle [22] ».

Certes, Pierre Laval, à qui Pétain, après avoir accepté le contre-projet des sénateurs anciens combattants [23], renvoie ses interlocuteurs pour qu'ils trouvent, avec lui, un terrain d'entente, fera-t-il échouer leur tentative de contrôle parlementaire, mais les sénateurs n'ont cessé de faire référence au Maréchal.

Pierre-Étienne Flandin, « grand et gros bourgeois, d'une distinction froide et sentencieuse » [24], dont chacun connaissait l'intelligence, mais

---

22. En 1950, cette proposition devait émouvoir — rétrospectivement — plusieurs membres de la Commission d'Enquête parlementaire. Interrogeant (le 9 mai) M. Taurines, M. Louis Marin allait demander : « Je voudrais savoir comment l'idée est venue à l'un quelconque d'entre vous de suspendre la Constitution ! »

Taurines répondra : « C'est la première fois, depuis juillet 1940, que l'on me pose cette question ! » et il fera allusion à la « température » de juillet 1940, et il ne s'agissait pas, bien sûr, de la température indiquée par le thermomètre !

Critiqué à plusieurs reprises par Louis Marin, Taurines verra venir à son secours l'un des membres de la Commission, M. de Barral : « M. Taurines vous a dit tout à l'heure, Messieurs, une chose très juste. C'est très joli d'en parler maintenant, au bout de dix ans, et une fois les événements révolus... Mais reportons-nous un peu à l'état d'esprit qui régnait à cette époque. »

23. Contre-projet inspiré de la proposition Paul-Boncour et ainsi rédigé :

« L'Assemblée nationale décide :

1) L'application des lois constitutionnelles des 24-25 février et 16 juillet 1875 est suspendue jusqu'à la conclusion de la Paix.

2) M. le maréchal Pétain a tous pouvoirs pour prendre, par décrets ayant force de loi, les mesures nécessaires au maintien de l'ordre, à la vie et au relèvement du Pays et à la libération du territoire.

3) L'Assemblée nationale confie à M. le maréchal Pétain la mission de préparer, en collaboration avec les Commissions compétentes, les Constitutions nouvelles qui seront soumises à l'acceptation de la Nation dès que les circonstances permettront une libre consultation. »

De ce projet, Laval ne retiendra que l'idée de la ratification par la Nation.

24. Maurice Martin du Gard.

dont tout le monde découvre qu'il a une âme, Pierre-Étienne Flandin, pour faire échec à Laval dont il mesure exactement les ambitions, met, lui aussi, en avant dans sa remarquable intervention du 7 juillet, la prestigieuse personnalité de Philippe Pétain.

— Tandis que tout est à faire, déclare-t-il après avoir évoqué, avec beaucoup d'émotion, la France occupée, abandonnée par l'administration et menacée de nazification, tandis que tout est à faire, que fait le Gouvernement ? Rien ?... Ah, si ! Il nous réunit ici, et pourquoi ? Pour nous demander de l'aider dans l'action qu'il entend mener pour organiser la France occupée, pour assurer l'envoi et la répartition des denrées, des secours, pour reprendre le pays en main ?... Pas du tout ! Pour modifier ou changer la Constitution !...

« Cela paraît incroyable à ceux qui, comme moi, savent l'urgence du travail à accomplir parce que, comme moi, ils voient, ils entendent, ils constatent.

« Changer la Constitution ?... Mais pourquoi ? Quel besoin y a-t-il de changer des institutions que l'on peut surtout nous faire le grief de n'avoir pas respectées ?

« En somme, que veut le Gouvernement et que voulons-nous tous ? Que le maréchal Pétain soit placé à notre tête pour négocier avec les Allemands et pour couvrir de son nom, de son prestige, la réorganisation française.

« Quel besoin y a-t-il, pour cela, de changer la Constitution ? Nous sommes réunis, ici, sénateurs et députés. Le président de la République est, également, à Vichy. L'Assemblée nationale est convoquée.

« Rien de plus simple, dans ces conditions, que de demander au président de la République de donner sa démission et de nommer, ensuite, le maréchal Pétain président de la République ! Ainsi, nous obtiendrons le résultat cherché tout en respectant la Constitution. »

Si le mot « enthousiasme » ne semblait quelque peu choquant en ces jours dramatiques, il faudrait écrire que la proposition Flandin est reçue avec enthousiasme par des parlementaires pour qui elle représente la meilleure chance de survie. En tout cas, c'est très rapidement que se trouve formée la délégation (les gants beurre frais ne sont pas oubliés) chargée d'aller demander au président Lebrun de céder la place.

Mais le président de la République, qu'Herriot et Jeanneney ont prévenu et conseillé, fait la sourde oreille.

— Je ne vois pas du tout pourquoi je donnerais ma démission !

réplique-t-il à Flandin. La situation est très claire : les Chambres sont saisies d'une proposition par le gouvernement. Cette proposition ne leur convient pas, elles la rejettent. Je constitue un autre gouvernement. C'est tout à fait simple !

Étrange méconnaissance des réalités de l'heure. Dans moins d'une semaine, Lebrun aura disparu de la scène politique...

En vérité, en juillet 1940, il ne se trouve à l'Assemblée que des pétainistes. Du moins en paroles.

Pétainistes de droite, du marais, de gauche... ces derniers avec plus d'obstination et de logique que les autres. Opposés à Pierre Laval et à ses entreprises antidémocratiques, ils n'en sont que plus ardents à proposer pour Philippe Pétain, mais pour *lui seul,* qu'ils savent politiquement désarmé et à qui ils font d'autant plus confiance qu'ils l'imaginent plus faible, tout le pouvoir et tous les pouvoirs.

Voici le texte de la protestation que le radical-socialiste Vincent Badie, au nom de plusieurs de ses collègues dont les socialistes Brugier, Louis Noguères, Joseph Rous, Audeguil, Léon Martin, Biondi, Philip, a rédigé dans l'intention de la lire à l'occasion de l'Assemblée nationale[25]. Tout y est : la défense de la République comme la nécessité d'une « dictature » Pétain.

« Les parlementaires soussignés, après avoir entendu la lecture de l'exposé des motifs du projet concernant les pleins pouvoirs à accorder au maréchal Pétain, tiennent à affirmer solennellement :

« — Qu'ils n'ignorent rien de tout ce qui est condamnable dans l'état actuel des choses et des raisons qui ont entraîné la défaite de nos armes.

« — Qu'ils savent la nécessité impérieuse d'opérer d'urgence le redressement moral et économique de notre malheureux pays et de poursuivre les négociations en vue d'une paix durable dans l'honneur.

« A cet effet, estiment qu'il est indispensable d'accorder au maréchal Pétain qui, en ces heures graves, incarne si parfaitement les vertus traditionnelles françaises TOUS LES POUVOIRS[26] pour mener à bien cette œuvre de salut public et de paix.

25. Il n'y réussira pas. Avant que le vote n'intervienne, il tente, en effet, de monter à la tribune, mais en est empêché (sans que le président de séance Jules Jeanneney intervienne) par plusieurs de ses collègues.

26. Je souligne intentionnellement.

« Mais, se refusant à voter un projet qui, non seulement donnerait à certains de leurs collègues un pouvoir dictatorial, mais aboutirait inéluctablement à la disparition du régime républicain.

« Les soussignés proclament qu'ils restent plus que jamais attachés aux libertés démocratiques pour la défense desquelles sont tombés les meilleurs fils de notre patrie. »

Le 9 juillet, Chambre des Députés et Sénat tiennent séparément séance pour dire s'il y a lieu, ou non, de réviser les lois constitutionnelles. Trois opposants seulement — sur 398 votants — à la Chambre, un — sur 230 — au Sénat, votent contre le principe de réformes que tous désirent sans bien en discerner les contours.

Ces deux séances représentent, en tout cas, une nouvelle occasion d'hommages au Maréchal. Ils émanent cette fois des défenseurs naturels de la légalité républicaine : le président Herriot, le président Jeanneney.

Après avoir ouvert, à 9 h 30, la séance de la Chambre des Députés, avec le cérémonial d'usage, dans cette salle du grand Casino où des experts ont reconstitué le décor du Palais-Bourbon, après avoir salué la mémoire de trois députés morts au champ d'honneur, Édouard Herriot évoque le Maréchal.

— Autour de Monsieur le maréchal Pétain, dans la vénération que son nom inspire à tous, notre Nation s'est groupée en sa détresse. Prenons garde à ne pas troubler l'accord qui s'est établi sous son autorité...

Paroles auxquelles, dans l'après-midi, devant les sénateurs assemblés, le président Jeanneney fera noblement écho.

— J'atteste à Monsieur le maréchal Pétain notre vénération et la pleine reconnaissance qui lui est due pour un don nouveau de sa personne.

« Il sait mes sentiments envers lui qui sont de longue date. Nous savons la noblesse de son âme. Elle nous a valu des jours de gloire. Qu'elle ait carrière en ces jours de terribles épreuves et nous prémunisse au besoin contre toute discorde... »

Paroles, à la Chambre comme au Sénat, accueillies par d'unanimes applaudissements.

Paroles qui seront longtemps reprochées à Herriot et à Jeanneney par des parlementaires persécutés pour leur vote du 10 juillet, frappés d'inéligibilité et qui rappelleront sans cesse, mais sans succès, qu'ils n'avaient fait que suivre les conseils donnés, et avec quelle chaleur, par deux présidents assez habiles pour ne pas participer au vote et se retrouver ainsi un jour au nombre des premiers personnages de la Ve République[27].

Ainsi, toutes les motions convergent vers Pétain.

Tous les orateurs lui rendent hommage.

Il ne prend pas le pouvoir.

On le lui offre.

Et de tous les côtés de l'horizon politique.

« S'il était venu à l'Assemblée nationale, écrit Emmanuel Berl, et lui avait demandé sa confiance, je doute qu'il eût trouvé un seul opposant. »

Mais il ne veut pas venir même lorsque, rayonnant, transpirant,

---

27. M. Poitou-Duplessy, dont l'inéligibilité devait être prononcée au cours de la séance de l'Assemblée consultative provisoire du 17 novembre 1944, ne manquera pas de rappeler l'attitude des présidents Jeanneney et Herriot. Leurs discours, dira-t-il, constituaient une véritable « exhortation » au vote favorable.

Au cours de la séance du 2 octobre 1946, un député donna lecture publique de la lettre adressée par le sénateur Jacquy, président de l'Association des anciens combattants du Sénat, à M. Jules Jeanneney :

« Monsieur le président, je vous serai reconnaissant si vous vouliez bien m'expliquer pourquoi moi, modeste sénateur, qui me suis borné à suivre votre conseil, je suis soumis à l'inéligibilité et pourquoi vous, qui m'avez donné ce conseil, vous êtes aujourd'hui ministre d'État ou vice-président du Conseil. »

Le 26 juillet 1945, à l'audience du procès Pétain, M. Jeanneney, pour expliquer ses paroles, rappela que le maréchal Pétain était « une sorte de bouée de sauvetage vers laquelle toutes les mains se tendaient » et que l'on n'avait pas « le choix ».

Dans le *Journal politique* de Jules Jeanneney, on trouve, p. 326-344, une longue annexe consacrée en partie à cette querelle que Louis Noguères venait de relancer au cours d'un débat à l'Assemblée en décembre 1944. Le général de Gaulle vint en cette circonstance au secours de son ministre d'État, déclarant notamment que, le 10 juillet, les « choses » n'étaient pas « nettes » non plus qu' « éclaircies »... ce qui contredisait bon nombre de ses affirmations de juin 1940. Le général de Gaulle, après son intervention, reçut des mains de M. Jeanneney le texte de la motion Badie-Noguères favorable au maréchal Pétain !

Ainsi, chacun des adversaires ayant communié, en 1940, dans la même « erreur », l'incident fut-il à peu près clos.

Je rappelle que M. Herriot est au nombre des parlementaires (dix-sept) qui ont déclaré s'abstenir volontairement le 10 juillet, tandis que M. Jeanneney n'a pas pris part au vote.

« plus mal cravaté et plus mal peigné que jamais », tel que l'a vu René Gillouin, Laval le lui propose, le 10 juillet.

— Ce n'est pas un succès, c'est un triomphe, monsieur le Maréchal ! Majorité écrasante, opposition insignifiante. Monsieur le Maréchal, venez avec moi, l'Assemblée vous attend pour vous acclamer.

Qu'il ne s'y rende pas pour ne pas faire acclamer Laval derrière lui, comme il le déclare presque sur l'instant ; ou par timidité devant des parlementaires et crainte d'avoir à répondre à des questions, c'est possible.

Bouthillier écrit qu'il était en réalité inquiet du résultat des séances de l'Assemblée et faisait confiance à Pierre Laval, le seul technicien parlementaire d'envergure de son entourage, le seul qu'il jugeait capable d'évoluer habilement à travers des récifs alors surestimés. Mais Alibert l'a montré [28], dans l'après-midi du 10 juillet, calme et solitaire, dans un Hôtel du Parc déserté, le Tout-Vichy assistant à la séance de l'Assemblée nationale. « Je le trouvai — vers 16 heures — penché sur quatre tableaux dactylographiés et numérotés qui résumaient des regroupements de ministères et portaient des noms. »

Tranquille en apparence, oui, et sans aucun souci quant à un scrutin dont il sait bien que l'issue ne peut être que favorable. Qui, d'ailleurs, en ces jours de catastrophe, serait, contre lui, candidat au pire ?...

Quelle que soit la solution retenue, il est l'axe indispensable de toutes les propositions, de toutes les combinaisons. Alors ?...

Pétain ne viendra pas. Et il n'a nul besoin de paraître pour être présent.

Laval, d'ailleurs, parle en son nom. Comme tous les autres ? Oui, mais il a en poche, argument décisif, une lettre du Maréchal qui fait basculer quelques hésitants lorsqu'il en donne lecture aux députés et sénateurs réunis, le 10 juillet, pour une dernière réunion privée.

« Monsieur le Président,

« Le projet d'ordre constitutionnel déposé par le Gouvernement que je préside viendra en discussion le mardi 9 et le mercredi 10 juillet devant les Assemblées. Comme il m'est difficile de participer aux séances, je vous demande de m'y représenter. Le vote du projet que le

28. Document inédit.

Gouvernement soumet à l'Assemblée nationale me paraît nécessaire pour assurer le salut de notre pays.

« Veuillez agréer, mon cher Président, l'assurance de mes sentiments très cordiaux. »

Cette séance du 10, qui débute à 9 h 35 et prend fin à 11 h 50, a sans doute plus d'importance que la séance de l'après-midi sanctionnée par un vote certes, mais où les interventions sont moins nombreuses, les attitudes plus compassées, les caractères plus masqués.

Le débat voit la fin du conflit qui opposait les sénateurs anciens combattants, représentés par M. Taurines et Maurice Dormann, amputé des deux jambes à Verdun, à Pierre Laval, débat au cours duquel Taurines et Dormann font une fois de plus l'éloge du maréchal Pétain[29], mais dont Pierre Laval sortira aisément vainqueur à l'aide d'une concession de forme que j'ai déjà évoquée.

Pierre Laval, vice-président du Conseil, parle ensuite, avec plus d'habileté politicienne peut-être que les jours précédents. Ainsi, après avoir attaqué les instituteurs (et c'est le passage de son intervention qui provoque les plus vives réactions), il fait marche arrière, affirmant qu'enfant de l'école laïque il n'a nullement visé les bons maîtres. Ainsi, il assure que les Chambres subsisteront jusqu'au moment où seront créées des Assemblées nouvelles, qu'elles auront certes une activité

---

29. M. Taurines : « En tout état de cause, je répète : les sénateurs anciens combattants n'ont qu'un but : se rapprocher de leur chef, le maréchal Pétain, en qui ils ont confiance, voulant donner tous pouvoirs à lui et à lui seul. » Il marquait ainsi très nettement, une fois de plus, son hostilité, et celle de ses collègues, à Pierre Laval.

M. Dormann allait affirmer, de son côté : « Personne plus que les anciens combattants de 1914-1918 ne porte une vénération plus sincère que celle qu'ils portent à celui qui fut leur chef et qui les conduisit à la victoire, à cette victoire dont on n'a pas osé parler depuis qu'ils l'avaient acquise (Très bien ! Très bien !). On permettra bien à celui qui a laissé ses deux jambes à Verdun de rendre ici un hommage au vainqueur de Verdun (applaudissements).

« ... Certes, nous avons le bonheur actuellement de voir un homme à la noble figure présider aux destinées de notre pays. Nous avons confiance en lui, et cela nous devons l'affirmer de toutes les manières et de la façon la plus formelle. »

Dormann conclut, s'adressant à Laval : « Nous voulons par-dessus tout conserver à la France la figure républicaine qui la fait aimer dans le monde. »

Au cours d'une réunion de la Commission constitutionnelle qui eut lieu à 14 h 30 le même jour, Pierre Laval désarma ses adversaires en proposant d'inclure dans le texte gouvernemental la notion de « ratification par la nation » qui se trouvait dans leur motion.

nécessairement réduite, mais que le gouvernement du Maréchal fera appel à des commissions régulièrement constituées ou même à une commission permanente.

Mais, pas plus ce jour-là que les autres jours, pas plus dans cette séance que dans celles qui ont précédé et dans celle qui va suivre, il ne farde la vérité, ne camoufle ses intentions. Il n'y a pas « entôlage ». Ceux qui voteront tout à l'heure le feront en pleine connaissance de cause et je me range finalement à l'avis de ceux qui pensent que Pierre Laval, par son ton provocant, ses violences antianglaises et antiparlementaires, ses maladresses volontaires ou non, on peut en discuter, mais qui, à la lecture des textes, paraissent l'expression plus d'une vive passion que d'une grande habileté, a compliqué la tâche de Philippe Pétain et accru le nombre des opposants.

Tout homme politique d'envergure eût obtenu, sans doute, un meilleur résultat.

Mais, par ignorance et dédain, Pétain évolue dans un désert politique.

Reprenant, malaxant, améliorant, étoffant ce qu'il a dit et répété depuis des jours, Pierre Laval confirme donc plus qu'il n'innove.

A force de les ciseler, peut-être est-il seulement mieux assuré de ses phrases. Peut-être se sert-il avec plus d'habileté du personnage de Philippe Pétain qu'il montre en pleine gloire à Cracovie, lors des obsèques du maréchal Pilsudski, à l'instant où le maréchal Göring, vous savez le Göring des Stukas au-dessus des routes, l'un des maîtres du IIIe Reich, est venu se mettre au garde-à-vous devant lui !

Mais, pour le reste, il affiche une sincérité presque cruelle. Triomphante.

Il précise à nouveau aux parlementaires, « pour qu'il n'existe aucun malentendu », que les pouvoirs de l'Assemblée seront, à l'avenir, considérablement réduits.

Comme il précise que la France « vit maintenant sous un régime de dictature » (et personne ne proteste), comme il précisera quelques heures plus tard, en réponse à la question du sénateur socialiste Marx Dormoy qui lui a demandé « qui décidera de la paix ou de la guerre », que le gouvernement, à l'inverse d'un autre[30], ne décidera pas la

30. Laval songe à la déclaration de guerre d'octobre 1939 pour laquelle le Parlement n'a pas été formellement consulté.

guerre mais qu'il ne se laissera pas « embarrasser de procédure » et répondra à des coups par des coups[31].

Comme il précise, avec autant de vigueur que les jours précédents, sa position vis-à-vis d'une Angleterre qui considérait les Français « à peine comme des mercenaires », évoquant longuement, au milieu d'interruptions, dont le procès-verbal de la séance ne dit pas si elles sont d'approbation ou d'hostilité, le drame récent de Mers el-Kébir.

Comme il précise, enfin, en réponse à une interpellation du député israélite Pierre Masse, que la France connaîtra bientôt une politique raciale.

Presque tout réussit à Laval dans la matinée du 10 juillet. Son principal concurrent, le seul qui, avec une autorité identique et un talent différent, pourrait alors gêner son opération, Pierre-Etienne Flandin, s'incline d'assez mauvaise grâce au nom de l'intérêt national (que se passerait-il, demande-t-il, si le texte gouvernemental était repoussé ou si le nombre des abstentions était trop élevé[32] ?).

Dans tous les récits de ces journées de Vichy, qui constituent comme un entracte entre la fin de la IIIe République et la naissance de l'État français, c'est à la séance de l'après-midi et au vote que les historiens consacrent le moins de place.

En vérité, avant 14 h 30, tout est dit si tout n'est pas réglé.

Jules Jeanneney, président du Sénat, qui préside de droit l'Assemblée nationale, lit d'abord le projet gouvernemental légèrement

31. Laval fait allusion à des représailles intervenant après Mers el-Kébir. Marx Dormoy répondra : « J'ai compris votre réponse. Cela me suffit » et il votera « non ».

32. Pierre-Étienne Flandin, ayant échoué dans sa manœuvre pour remplacer Lebrun par Pétain, se rallie avec, sans doute, l'arrière-pensée d'entrer dans la majorité pour l'influencer. Louis Noguères, dans son récit, écrit le soir même, laisse entendre que Pierre Laval « n'a pas perdu son temps entre le dimanche 7 et cette matinée du 10 juillet. Plus d'un conciliabule, direct ou indirect, avait dû raffermir Flandin dans sa conviction nouvelle ». Aucune preuve de « maquignonnage » ne peut être apportée et Flandin prononça un discours d'une très haute élévation de pensée. Flandin, qui sera le successeur de Laval, après le 13 décembre, déclara tout net à Laval dans la matinée du 10 juillet : « Une chose m'a inquiété dans votre discours, monsieur Laval, c'est cette allusion que vous avez faite à une sorte de nécessité d'alignement sur d'autres régimes... Rien ne serait pire qu'une copie servile d'institutions dont on ne prendrait peut-être que ce qu'elles ont de médiocre ou de mauvais... »

modifié pour donner satisfaction aux sénateurs anciens combattants.

« Article unique :

« L'Assemblée nationale donne tous pouvoirs au gouvernement de la République, sous l'autorité et la signature du maréchal Pétain, à l'effet de promulguer par un ou plusieurs actes une nouvelle Constitution de l'État Français. Cette Constitution devra garantir les droits du Travail, de la Famille et de la Patrie.

« Elle sera ratifiée par la nation et appliquée par les Assemblées qu'elle aura créées. »

Après une intervention d'Herriot en faveur des parlementaires embarqués sur le *Massilia,* intervention légitime mais déjà mal accueillie, et que la presse du lendemain ne reproduira pas, Ferdinand Bouisson fait voter la priorité pour le texte du gouvernement. Ce qui signifie qu'aucun contre-projet ne pourra être soumis à scrutin sauf (situation impensable) si le texte présenté par Laval, mais qui a la caution de Pétain, se trouvait rejeté !

Ainsi l'opposition ne pourra ni s'expliquer, ni se compter

Après ce tour de passe-passe, il faut décider du chiffre de la majorité. Elle devrait être calculée suivant le nombre légal des sièges, elle le sera d'après celui des parlementaires présents, ce qui l'a fait tomber de 467 voix à 330.

La séance est suspendue alors pour la réunion d'une commission spéciale, constituée de la commission législative du Sénat et de la commission du Suffrage universel de la Chambre. C'est au cours de cette séance que Laval fait à Dormoy et à Pierre Masse les réponses que j'ai dites. C'est au cours de la même séance qu'après avoir précisé à nouveau que les deux Chambres survivraient, et que le chef de l'État ne pourrait « déclarer la guerre, sans l'assentiment préalable des Assemblées législatives » il fait admettre que, le vote acquis, le Maréchal s'attribuera le pouvoir législatif [33].

Ainsi Laval pourra-t-il avec raison affirmer quelques jours plus tard, au maréchal Pétain, qu'il possède désormais plus de pouvoirs que n'en détenait le roi Louis XIV !

Pendant les débats de la commission (ils dureront deux heures),

---

33. Interrogé le 21 février 1950 par la commission d'enquête parlementaire, M. Boivin-Champeaux, rapporteur de la commission spéciale, se révélera incapable de donner des précisions sur ce qui s'est réellement passé au cours de cette séance.

députés et sénateurs qui n'en font pas partie ont été sollicités par les émissaires de Laval. Noguères les montre accrochant les uns, pelotant les autres, par de nobles paroles flattant le patriotisme des irréductibles, par des promesses la vanité des ambitieux.

En vérité, la tâche est moins rude que ne le dit Noguères tant les esprits sont préparés à ce qui va se passer désormais. Lorsque la séance reprend, aucun débat ne s'engage sur le texte de M. Boivin-Champeaux, rapporteur de la commission spéciale, et Badie se trouve dans l'impossibilité physique de lire la motion rédigée au nom de vingt-huit opposants tant le tumulte est grand !

Il ne reste plus qu'à passer au vote, qu'à proclamer le résultat : 649 votants, 569 suffrages en faveur du projet gouvernemental, 80 contre [34].

Qu'à entendre les remerciements de Pierre Laval, qui se perdent dans le brouhaha du départ, et le cri du sénateur Marcel Astier : « Vive la République quand même... »

« Et j'ai dormi !... C'est un fait que je n'avais pas, depuis longtemps, eu l'esprit aussi libre qu'après avoir accompli, le 10 juillet, le devoir que m'imposait ma conscience... »

Sommeil du juste que Louis Noguères consigne avec satisfaction dans son journal pour l'opposer aux insomnies dont, déjà, selon lui, souffriraient les partisans du « oui ».

Cependant, l'acte de ceux qui ont voté « non » tombe, pour l'instant, dans le silence d'une presse aux ordres et dans l'indifférence d'une opinion tout entière occupée d'autres problèmes. Il est même accueilli avec hargne et mépris par ceux qui, comme le communiste Sadoul, mesurent non ce qui a été fait mais ce qui aurait pu être fait. Voici un passage de la lettre qu'il adresse le 14 juillet — quatre jours après le scrutin — à son ami Henri Lemonnier, administrateur colonial à Papeete.

« Aucun des quatre-vingts héros de l'opposition n'ose élever la moindre protestation publique valable... Tous ces Messieurs se tinrent

34. Les 80 comprennent : 7 sénateurs S.F.I.O. ; 14 sénateurs de la Gauche démocratique ; 2 sénateurs ne faisant partie d'aucun groupe ; 29 députés S.F.I.O. ; 13 députés radicaux socialistes ; 5 députés de la Gauche indépendante ; 3 députés ex-communistes ; 2 députés de l'Alliance des républicains de gauche ; 2 députés démocrates populaires ; 1 député républicain indépendant ; 1 non inscrit.

cois, piteusement, lâchement... Tous se ruèrent à la servitude. Tous faisaient dans leur culotte. Jamais dans l'Histoire, au cours d'une crise engageant l'existence d'un régime et celle de la nation elle-même, aucune Assemblée ne manifesta devant les ennemis, et les usurpateurs, pareille servilité, pareille couardise... Pas un homme ne [s'est] trouvé pour crier les mots qu'il fallait dire, les quelques phrases de protestation, d'indignation et d'espoir — quand même — qui auraient dû jaillir spontanément des poitrines de tous ces représentants du peuple, que la France attendait d'eux et que le monde attendait de la France. »

Jugement excessif.

Le 10 juillet, les parlementaires ne se sont pas rués à la servitude. Ils ont accepté — les « 80 » comme les autres — l'évidence du désastre.

Et s'ils n'ont pas lancé le cri d'indignation (que la France n'attendait pas) c'est parce qu'ils ne s'imaginaient pas que le pays fût trahi [35].

Dix juillet. Dix-huit heures.

Alibert reçoit officiellement notification du vote de l'Assemblée. Le communique au Maréchal. Et sollicite ses instructions.

— Je prends le titre de chef de l'État.

— Sous quelle forme ? demande Alibert, avant d'ajouter dans son récit [36] : « Le Maréchal me *dicta* [37] alors l'acte constitutionnel n° 1. Je lui fis observer que, sa décision ayant pour effet d'abroger en pratique la Constitution de 1875, il convenait de définir les pouvoirs du chef de l'État. « Faites un projet », me répondit-il. Je rédigeai un projet qui,

35. Pas un seul instant dans les réunions qui vont du 4 au 10 juillet le problème de l'Alsace et de la Lorraine n'est sérieusement évoqué. Vraisemblablement sur un mot d'ordre. Il ne faut pas « réveiller le loup qui dort ». Par contre, M. Giaccobi demande à plusieurs reprises si la Corse restera française.

Un homme ne se trompe pas sur la portée du vote : l'écrivain catholique Paul Claudel qui, plus tard, se ralliera avec éclat à de Gaulle. Dans son journal du 10 juillet, cette notation : « Vote de l'Assemblée nationale et fin du régime parlementaire et de la domination des francs-maçons et des instituteurs. »

36. Document inédit.

37. Souligné par Alibert. Robert Aron écrit que les textes des actes constitutionnels ont été rédigés en secret par Alibert et Laval, avant même la séance de l'Assemblée ; il suit en cela l'acte d'accusation contre Alibert.

après quelques retouches de sa main, est devenu l'acte constitutionnel nº 2. »

Publiés au *Journal officiel* du 12 juillet, ces deux textes annoncent la naissance d'un État nouveau, autoritaire et hiérarchique, en rupture totale avec cette République parlementaire que la majorité du peuple tient alors pour responsable de la défaite.

Tandis que, par l'acte constitutionnel nº 1, Pétain abroge la Présidence de la République et déclare « assumer les fonctions de Chef de l'État Français », par l'acte constitutionnel nº 2, il définit ses droits et ses prérogatives. Ils sont immenses. A une réserve près : l'interdiction de déclarer la guerre sans l'assentiment préalable des Assemblées législatives, Pétain détient le pouvoir absolu. Il nomme et révoque les ministres, responsables seulement devant lui ; exerce le pouvoir législatif en Conseil des ministres ; promulgue les lois et assure leur exécution ; nomme à tous les emplois civils et militaires pour lesquels la loi n'a pas prévu d'autre mode de désignation ; dispose de la force armée ; négocie et ratifie les traités et peut déclarer l'état de siège.

L'acte constitutionnel nº 3 laisse certes la vie sauve au Sénat et à la Chambre des députés (la promesse faite par Laval est donc respectée), « jusqu'à ce que soient formées les Assemblées prévues par la loi constitutionnelle du 10 juillet », mais, par le biais de l'article 2, les ajourne « jusqu'à nouvel ordre ».

L'acte constitutionnel nº 4, signé le 12, mais promulgué le 23 juillet seulement, est en quelque sorte un acte… de reconnaissance. « Si, pour quelque cause que ce soit avant la ratification par la Nation de la nouvelle Constitution, nous sommes empêchés d'exercer la fonction de Chef de l'État, M. Pierre Laval, vice-président du Conseil, l'assumera de plein droit [38]… »

Acte constitutionnel important puisqu'il rétablit le delphinat…, supprimé depuis l'Ancien Régime, au profit de Pierre Laval dont il alimentera les ambitions et expliquera bien des entreprises.

Comment a-t-il été signé ? Alibert a écrit [39] que le Maréchal aurait

38. Dans le cas où M. Pierre Laval serait empêché, il est entendu qu'il serait remplacé par la personne que désignerait, à la majorité de sept voix, le Conseil des ministres.

Un cinquième acte constitutionnel, promulgué le 31 juillet, crée la Cour suprême de justice ; enfin, l'acte constitutionnel nº 6 (4 décembre 1940) autorise le Maréchal à prononcer la déchéance des parlementaires.

39. Inédit.

d'abord songé à rédiger un testament confié à trois personnes différentes puis se serait rallié à la thèse de l'élection par le Conseil des ministres, mais que Pierre Laval, au cours d'un entretien de cinq minutes, durant lequel il aurait affirmé (curieux argument) que le Parlement serait flatté de ce choix, l'avait converti à l'idée de le désigner pour successeur.

Voici Pétain muni de tous les pouvoirs.

Se montre-t-il transformé par le sacre de l'Assemblée ?

L'ancien ministre Marcel Héraud l'a vu, dans la soirée du 10 juillet, calme et détendu, à son ordinaire.

— Quelques heures après le vote émis par l'Assemblée nationale, je me trouvais avec M. Marcel Régnier, l'ancien ministre des Finances du cabinet Pierre Laval, dans le hall de l'Hôtel du Parc, à Vichy, lorsque le maréchal Pétain est entré en civil, seul, et est venu s'asseoir à côté de nous.

« Il n'avait l'air ni préoccupé, ni infatué. Il avait gardé sa simplicité habituelle et, pour tout dire, il ne faisait pas du tout l'effet d'un homme qui a de grands projets et qui prépare un coup d'État... »

En vérité, le coup d'État — si l'on peut employer ce mot qui implique une idée de violence — est déjà fait.

Grâce à qui ? Laval. Oui, mais encore...

On a vu, au cours des pages précédentes, passer quelques-uns des personnages qui entourent et conseillent Pétain. Les mêmes noms reviennent toujours. Bien peu nombreux. C'est que Philippe Pétain est porté par les événements plus que sur les épaules d'une troupe ou par les intrigues d'une camarilla.

Du Moulin de Labarthète, qui arrive à Vichy le 15 juillet, mais se montre excellent témoin, le confirmera dès les premières lignes de son livre *Au temps des illusions.*

« Qu'ai-je vu, lors de mon arrivée à Vichy ? Exactement rien. Le néant ; le vide barométrique. Le Maréchal n'avait personne auprès de lui. Deux ou trois amis, à peine, qui l'entretenaient, depuis quelques mois, de l'éventualité d'une accession au pouvoir et qu'il n'avait pas découragés. Toujours les mêmes d'ailleurs : Alibert, Lémery, Brécard, des hommes d'âge... »

Peu de monde donc. Et Pétain, d'ailleurs, souhaite peu de monde. Donnant assez souvent l'impression « d'écouter n'importe qui, pour faire la nique à l'entourage »[40], de jouer de l'un sur l'autre, il ne garantit à personne la reconnaissance du cœur. Son long métier militaire, ce métier dans lequel, depuis si longtemps, il se trouve installé au sommet, l'a habitué à voir, dans les hommes qui l'entourent et le servent, avant tout des exécutants disponibles moins pour les tâches auxquelles ils s'imaginent destinés que pour celles que le chef leur désigne.

Beaucoup de ceux qui le servent avec dévouement et affection éprouveront ainsi de profondes désillusions ; bien peu l'abandonneront comme s'ils avaient admis qu'ils étaient sacrifiés pour les besoins d'une cause qui dépassait de beaucoup leur personne.

Dix ou douze noms pour ce début de règne. D'importance fort différente.

Dès le mois de juillet 1940, deux noms, on l'a bien vu, se détachent nettement : ceux d'Alibert et de Laval. D'Henri, Albert, François, Joseph, Raphaël Alibert né dans le Lot le 17 novembre 1887, la Haute Cour de justice, dans son arrêt du 9 mars 1947, dira « qu'il a activement participé au renversement de la République ». Elle dénoncera également sa « frénésie » et ses « passions partisanes », rejoignant dans son jugement presque tous ceux, témoins ou historiens, qui feront le portrait de Raphaël Alibert, le plus important de ces anonymes que le destin appelle à jouer un rôle considérable.

On voudra expliquer sa haine contre la République par d'humiliants échecs électoraux. C'est bien excessif. Je me suis reporté aux chiffres des élections législatives des 22 et 29 avril 1929 au cours desquelles Raphaël Alibert est candidat, à Pithiviers, contre le député sortant, le radical-socialiste Chevrier. Le premier tour place Chevrier en tête avec 5943 suffrages ; il est suivi d'Alibert (4666 voix) qui distance très nettement deux autres candidats. Au second tour, Chevrier l'emporte avec 7858 suffrages. Mais Alibert recueille 5205 voix. Rien de ridicule.

Il faut donc chercher ailleurs puisque tous notent la véhémence du ton, l'absence de perspicacité de l'homme, le Dr Ménétrel écrivant même, en s'efforçant de faire passer dans la phrase sa science médicale : « Alibert est atteint de mégalomanie avec une certaine tendance au déséquilibre mental, caractérisée par des périodes d'excitation alternant avec des périodes de dépression. »

---

40. Font-Réault.

Jacques Alibert, fils de l'ancien ministre de la Justice, qui me permettra de consulter de très nombreuses pages écrites par son père, alors en exil dans une Trappe belge, pages dans lesquelles il s'efforçait de réfuter les multiples accusations portées contre lui à la Libération. me dira :

— C'était un mélange de chouan, de moine et de disciple de Joseph de Maistre. Il eût été parfaitement heureux au XIIIe siècle, je le vois bien en légiste de Saint Louis...

Cet homme sans souplesse, sans nuance, « d'un autre temps », mais doué d'une grande puissance de travail, avait été découvert par Lémery, qui en avait fait son chef de cabinet lorsqu'il était ministre de la Marine marchande et, plus tard, l'avait recommandé au maréchal Pétain qui, selon les propres termes d'Alibert, occupait « ses loisirs à se renseigner sur divers problèmes économiques, administratifs, financiers et sociaux ».

Entre le 9 octobre 1937, date à laquelle Alibert prend, pour la première fois, contact avec le Maréchal, et le 19 mai 1940, où toujours à l'instigation de Lémery, il est nommé directeur du cabinet civil du Maréchal, devenu vice-président du Conseil, il a rencontré Philippe Pétain à sept ou huit reprises pour des entretiens « techniques » qui lui ont sans doute donné, de son importance et de son influence, une idée excessive.

Qu'a-t-il fait à partir du 19 mai ?

A l'en croire, rien[41].

« Dans la période du 19 mai au 10 juin 1940, mon activité auprès du Maréchal a été entièrement nulle. D'une part, nous n'avions pas de services à diriger ; d'autre part, le Maréchal, très secret, ne se confiait à personne, ne révélait rien des délibérations gouvernementales, et ne commentait pas les événements militaires devant ses collaborateurs. »

A peine avoue-t-il avoir, autour du 25 mai, et suivant une méthode de pensée qui lui était chère[42], conseillé au Maréchal de démissionner du gouvernement Reynaud pour ne plus donner aux Français, par sa présence, des illusions quotidiennement démenties par la bataille.

---

41. J'utilise des documents inédits qui m'ont été communiqués par M. Jacques Alibert ; ces textes ont été écrits par son père après la Libération, notamment pour réfuter les accusations de la Haute Cour.

42. Auprès de Lémery, déjà, il conseillait la démission à son ministre lorsque se présentait un obstacle ou, plus exactement, lorsque les décisions et les vues de Lémery étaient contrariées.

Trois semaines donc sans voir « ni un homme politique, ni un chef militaire » ? La chose est possible ou invraisemblable suivant le poids que l'on accorde au mot « voir ». Il ne faut pas oublier, cependant, que, pendant les trois semaines de sa présence à Paris, Pétain donne l'impression de vouloir méditer plus qu'agir sur des événements qu'il n'est d'ailleurs pas en son pouvoir d'influencer encore.

Du 10 au 14 juin, jours d'errance en Touraine, Alibert ne rencontre le Maréchal qu'à trois reprises, pour trois déjeuners hâtifs, les 10, 11 et 14 à Gien, Cosne et Nittray.

Mais le 15, à 22 heures, il se décide à parler, à agir. Il est de ceux qui souhaitent l'armistice et, après l'avoir déclaré, il suggère au Maréchal d'abandonner le gouvernement (toujours son idée fixe), dans le cas où celui-ci persisterait à poursuivre la lutte. Intrépidité dans le jugement, assurance dans le verbe, foi dans la défense de ses vérités qu'il confond avec la vérité, autant de dangereux atouts qui lui assureront une place de choix auprès d'un Maréchal confronté à des problèmes nouveaux pour lesquels le concours de spécialistes se révèle indispensable.

Du jour où le Maréchal devient président du Conseil, Alibert, qu'il a nommé secrétaire d'État à la présidence, mène une action à maintes reprises décisive.

Ennemi du départ vers Perpignan puis vers l'Afrique du Nord, c'est lui qui, le 18 juin à 20 heures, convainc le président Lebrun, pressé d'abandonner la ville, que les Allemands n'ont pas encore franchi la Loire ou, plus exactement, que leurs infiltrations en direction de Bordeaux sont négligeables. Sa conviction est telle, sa fougue également qu'elles réussissent à transformer ce qui n'est qu'une fragile hypothèse en certitude.

Deux jours plus tard, c'est lui, encore, qui retient les ministres à Bordeaux alors qu'ils étaient prêts de se débander devant la menace allemande. Il fait passer sa volonté par le canal d'une circulaire impérative qu'il rédige sans instructions mais dont il dira plus tard, sans en apporter la moindre preuve, qu'elle avait été approuvée par le Maréchal.

Caractère entier, passionné de logique à un instant où tout échappe à la logique, persuadé de travailler à la résurrection d'une France aux couleurs de la monarchie, Alibert s'imagine Mentor d'un roi octogénaire. Il l'écrit d'ailleurs [43].

---

43. Document inédit.

« Je rêvais pour le Maréchal le rôle de restaurateur de l'énergie et de la grandeur françaises ; je voulais en premier lieu, pour cela, une rénovation intellectuelle et spirituelle ; je jugeais indispensable de rompre avec les principes du précédent régime ; j'estimais nécessaire de rétablir les notions d'autorité, d'ordre, de respect et de discipline, sans sacrifier pour autant les libertés indispensables ; je pensais que la reconstitution intérieure était la condition première de notre relèvement à l'extérieur... »

Lui qui avait toujours souhaité rédiger la Constitution idéale, quoi d'étonnant à ce qu'il aide Laval[44] à mettre au point des textes qui permettront à Pétain de régner sans entraves...

Laval est tout différent. Qu'il séduise ou, le plus souvent, rebute, il retient l'attention, intéresse la plume. Il ne manque même pas, chez lui, ce détail qui accroche l'œil et la mémoire : il y aura la mèche d'Hitler, la moustache de Staline... et la cravate blanche de Laval. Sa vie, son procès, conduit par une magistrature qu'avait dégradée son obéissance à Vichy, son exécution, tout exaspère ou passionne.

Ceux qui le haïssent n'ont pas été arrêtés par la frontière de la mort. Ainsi Maurras qui, en août 1952, alors que, depuis longtemps, tout est joué, accable Laval comme si l'homme était vivant et puissant encore, « le hideux Laval de 1940, qui, tout en rendant son bon service du 10 juillet, honnissait l'armistice, menait la campagne Sordet-Déat, chantait l'Allemagne à gueule-que-veux-tu et faisait la plus sale des guerres à Weygand qui l'en appelait « trou du cul » sauf votre respect et le mien puisque j'étais là... L'homme m'a toujours dégoûté ».

Toujours dégoûté... Le mot a été repris par bon nombre de politiciens appelés à parler de Laval comme s'il n'était pas de leur race, placé de l'autre côté d'une barrière morale plus infranchissable que toutes les barrières politiques ou religieuses.

On le décrira à mille reprises. Mais presque toujours, dès la première phrase, se trouve l'adjectif noir et repoussant. Il sera « le

44. Même s'il s'en défend. Accusé de tout (de presque tout), Alibert, à la Libération, se défendra en niant toute action et toute influence, que ce soit dans la préparation des actes constitutionnels, « on pourrait, à ce compte-là, poursuivre avec autant de vraisemblance la dactylo qui les a copiés, le prote qui a composé le *Journal officiel* » ou dans la préparation des lois contre les juifs et les francs-maçons. Excès de modestie compréhensible mais qui ne saurait abuser.

GITAN d'Auvergne avec ses bottines vernies à tiges claires » (Maurice Martin du Gard), le « Talleyrand d'AUBERVILLIERS », le « Louis XI de GRANDE BANLIEUE ». On ne le hausse que pour le diminuer. Il a sa statue, certes, mais toujours barbouillée.

Seul François Mauriac, avec cette volonté qui, au long de sa vie de journaliste politique, ne l'abandonnera jamais, de faire entrer les hommes les plus divers dans le même moule chrétien, seul François Mauriac lui accorde l'éloge sans la souillure. C'est en 1935, il est vrai, alors que Pierre Laval, président du Conseil, homme qui n'est pas « né », mais qui s'est fait, autodidacte bénéficiaire des leçons du curé... et de la femme de l'instituteur, rencontre, dans la même année, le pape, Staline, le roi d'Angleterre.

« A la fois modeste, finaud et gentil, ce provincial d'Aubervilliers affronte le Destin comme s'il savait (il l'a peut-être appris du vicaire de Jésus-Christ) que le Destin n'est pas invincible et qu'un Staline, un Mussolini, un Hitler travaillent à une œuvre très différente de celle qu'ils imaginent. » Le texte paraît le 16 mars dans *Les Nouvelles littéraires* et il touche juste.

Cette « voix intérieure qui ne le trompe jamais », à laquelle Laval jusqu'au bout fera confiance, ne lui souffle-t-elle pas que le « Destin n'est pas invincible », ne le guide-t-elle pas, en juillet 1940, dans une entreprise qu'il mène lui, l'antimilitariste, comme une brutale charge de cavalerie ?

Il y a chez ce paysan, si fier de ses origines comme de sa fortune, qui ne vient pas de la terre mais qui lui a permis de conquérir de la terre, il y a du mystique.

« Illuminisme », le mot est de Mallet, son biographe le plus amical. « Folie des grandeurs », le jugement sort de la bouche de Montigny qui l'a entendu dire : « Je suis l'un des hommes les plus importants d'Europe. Il y a Staline, Hitler, Mussolini et moi. » Ce qui n'est pas faux, mais Laval, après 1940, ne peut se maintenir au pouvoir que par la victoire allemande et il lui faut donc, en quelque sorte, annuler cette victoire, grâce à la collaboration, pour se trouver sur un pied d'égalité.

La terre. Dont il tire ce langage plein d'images, de comparaisons, toujours à la portée de l'interlocuteur du moment ; ce réalisme simplificateur ; cette gouaille ; cette souplesse qui lui permet de passer d'un ton cassant au ton bonhomme et accommodant du « brave

Auvergnat... qui tient tête à l'acheteur de sa vache pendant toute une journée sans vouloir céder sur le prix, tout en sachant bien qu'en fin de compte il lâchera — le moins possible! — parce qu'il est résolu à vendre »[45]

« Maquignon ! » Le mot claque comme une injure. Il sent le foirail et le bistrot. Et parfois Laval le prend comme un compliment tant il pense qu'il le sert puisqu'on attend de lui qu'il marchande, discute et dispute. « Maquignon », mot dont il se fait presque gloire puisqu'il sous-entend qu'il « roulera » l'acheteur qui, ici, est allemand.

Discuter... « causer », mots clés dès lors qu'il s'agit de comprendre Laval, « rechercher le possible; aller du simple au compliqué; concilier les gens et les thèses; compter sur le temps comme sur un allié nécessaire... »[46], agir avec « cette sérénité négligente et tenace » dont parle Suarez, oui tout cela appartient au personnage qui, à partir de juillet 1940, joue auprès de Philippe Pétain, et jusqu'au moment où, hélas! il n'y aura plus grand-chose à discuter, un rôle capital dans l'histoire de France.

Rarement roi et dauphin auront été aussi dissemblables, aussi étrangers l'un à l'autre. Même leur amour de la terre ne les réunit pas vraiment. Comme s'ils ne la voyaient pas du même œil, l'un imaginant le profit moral que l'homme doit retirer de ce long effort d'où naîtra enfin la récolte, l'autre le bénéfice matériel, en bon argent sonnant et trébuchant.

A propos des deux hommes, Martin du Gard cite cette phrase du cardinal de Retz : « Je n'ai jamais approché du Cardinal (Mazarin) que je ne fusse persuadé que j'allais parler au plus grand fourbe du monde, et jamais je ne suis sorti d'auprès de lui sans que j'en fusse charmé », et il ajoute : « Pour la fourberie, je ne sais pas si Laval l'emporte sur Pétain. »

Peut-être... mais, chez Pétain, ça ne se voit pas!

Si bien que Laval, pour le peuple, pour les ministres, pour tout le monde, est condamné à être l'ange noir, l'âme damnée, le mauvais génie, celui par qui le mal arrive. Parce qu'à toute tragédie il faut un traître, on lui a fait la physionomie de l'emploi, déformant ses mots et

---

45. Louis Noguères.
46. Alfred Mallet.

ses intentions jusqu'à les faire entrer, de gré ou de force, dans le cadre d'une histoire manichéenne aussi simplement dessinée qu'au portail des cathédrales ces histoires du monde dans lesquelles seuls bons et méchants, à droite et à gauche, trouvent place.

Dès la fin du mois de juin, il sera indispensable à Pétain. Et Pétain le reconnaîtra aisément, lui qui le prendra, l'abandonnera, le reprendra, voudra le chasser à nouveau...

Mais il ne l'aime pas. Aimons-nous ceux qui nous sont indispensables ? Les successeurs désignés, dont la seule présence évoque la proximité du gâtisme, l'haleine de la Mort ?

« Il a une sale gueule », dira Pétain qui voudrait qu'il soit ce qu'il n'est pas : un chef d'état-major politique, rédigeant des rapports, obéissant à des plans longuement débattus, un grand commis de plus dans un ministère de grands commis et non cet empirique habité d'immenses desseins, tout occupé de médiocres réalités, et qui forge sa pensée en parlant.

Ils s'accordent d'autant moins que les entourages (celui de Pétain surtout) poussent à la querelle et l'on sait bien que, des entourages, naissent toutes les grandes querelles.

Dès les premiers jours, l'inexpérience de Pétain irrite Laval qui oublie que Pétain, nul en politique, a l'expérience des hommes et qu'il lui suffit de retrouver son ton de commandement pour renvoyer au néant ceux qu'il a élevés.

Ce virtuose de la politique, ce champion de la finasserie, ce malin, ce roublard, ce Laval, comme on dit ce Machiavel, sera finalement surpris et floué par Pétain le 13 décembre. Quelques minutes y suffiront. Le prodigieux travail qu'il vient d'accomplir en faveur de Pétain à Vichy, les astuces employées, les séductions, les menaces, tout ce côté chien de berger hargneux des premiers jours lorsqu'il lui a fallu rabattre et regrouper les parlementaires, tout cela ne comptera plus. Brutalement, se dressera en face de lui un empereur d'ingratitude.

Nous n'en sommes pas au 13 décembre.

Mais à ces jours de juillet où Laval a brutalement, mais efficacement, mené le combat en faveur de Pétain.

Alibert et Laval ont occupé les premiers jours de juillet. Il n'a guère été question du Dr Bernard Ménétrel, seul homme cependant qui vive en permanence auprès du Maréchal, seul à pouvoir lui parler à toute heure, médecin et confident, à ce double titre, courtisé et, plus encore, jalousé.

Son père était un héros de la Grande Guerre. De ces hommes qui refusent la protection que pourraient leur assurer leur âge, leur profession et qui se précipitent au danger par volupté de l'honneur. Bien qu'ami de Philippe Pétain, qu'il avait connu vers 1904, et dont il était devenu le médecin, bien que dégagé de toutes les obligations militaires, Louis Ménétrel, refusant son affectation à un état-major, s'était engagé comme médecin d'infanterie. Blessé dix fois. Cité onze fois. La jeunesse de Bernard Ménétrel se déroulera donc dans un climat d'absolu patriotisme. Et comme son père, il sera médecin.

Dans la littérature consacrée à la période 40-44, on en a fait un peu vite une manière de médecin de Molière. Pétain n'est jamais malade en effet, si bien qu'entre le médecin, espiègle, et le patient, robuste, tout se passe en bons mots, plaisanteries dépourvues d'originalité, recommandations diététiques immédiatement oubliées, mais la carrière de Bernard Ménétrel est plus qu'honorable. Il est interne des hôpitaux en 1929, chef de clinique médicale à la faculté de médecine de Paris en 1935, médecin assistant des hôpitaux en 1937. Sa carrière « politique » commence lorsque, en 1936, à la mort de son père, il devient, à son tour, médecin du Maréchal.

Le Maréchal, c'est le grand homme qu'il a toujours connu, qu'à dix-sept ans encore il appelait « Philippe », le témoin de son mariage, l'un des plus anciens amis de sa famille, grand homme, oui, mais vu de l'intérieur.

En mai 1940, Ménétrel se trouve en instance de départ pour une ambulance du front lorsque le Maréchal, que Paul Reynaud vient d'appeler à Paris, lui demande de demeurer auprès de lui.

— Je suis âgé, tu me connais et sais me soigner ; tu es mon seul médecin et j'ai confiance en toi. Je comprends que tu veuilles faire ton devoir. Il n'est pas difficile de faire son devoir, mais il est parfois plus difficile de discerner où est son devoir. Le tien est clair : tu dois rester près de moi, je te le demande instamment.

Voici Ménétrel lié. C'est entendu, il ne quittera pas Philippe. Le Maréchal, vice-président du Conseil, viendra même s'installer chez lui, 5, avenue Montaigne, où il déjeune et dîne en sa compagnie.

Jusqu'à la fin de Vichy, Ménétrel restera donc celui qui sait le plus de choses, qui voit le plus de choses, exerçant son influence, notamment à l'instant des audiences puisqu'il a le pouvoir de filtrer, de raccourcir, d'intervenir, la porte de sa chambre-bureau ouvrant (et elle est souvent entrouverte) dans le bureau du Maréchal.

Officiellement, il est secrétaire particulier du Maréchal. Jusqu'à la fin de 1943, date à laquelle les Allemands, qui craignent (eux aussi) son influence, dénonçant les propos « hostiles à la collaboration »[47] qu'il tient systématiquement au Maréchal, exigent qu'il se consacre uniquement à la médecine, il s'occupe de tout le courrier personnel, des dons et des secours, des œuvres sociales, des colis aux prisonniers, des envois de photos aux très nombreux Français qui en réclament.

Il accompagne le Maréchal dans presque toutes ses promenades. Il est de tous les repas. Plus qu'utile. Indispensable. Recueillant sur tous et sur tout l'opinion du Maréchal. Donnant son avis sur tout et sur tous, curieux de tout. C'est dans ses dossiers que j'ai trouvé, par exemple, les horoscopes de Ribbentrop et de Göring établis à la date des 19 et 26 novembre 1940[48].

Voici celui de Ribbentrop : « La lune donne une possibilité de mort en public, probablement violente. » Et Ribbentrop sera l'un des condamnés de Nuremberg. Et il sera pendu en 1946. Devant un public de journalistes...

Celui de Göring prévoit une mort soudaine « par accident ou par suicide... sa vie sera relativement courte ». Göring, jugé lui aussi à Nuremberg, se suicidera pour échapper à la pendaison. Entre le moment où cet horoscope se trouve entre les mains de Ménétrel et la mort du Maréchal du Reich, six ans s'écouleront. Ménétrel a-t-il montré ces prévisions à Philippe Pétain ? Je l'ignore. On peut rêver cependant des deux hommes laissant leur imagination courir en prenant connaissance du destin présumé des chefs allemands.

Médecin, confident, conseiller en des occasions mineures, père de deux fillettes qui permettent à Pétain de jouer à l'art d'être grand-père[49], ami, surtout ami en qui il a si grande confiance qu'il en a fait

---

47. Lettre de Ribbentrop au Maréchal le 29 novembre 1943. A plusieurs reprises, les Allemands envisagèrent l'arrestation de Bernard Menétrel. La presse parisienne attaqua, à de multiples reprises, et toujours très violemment, le médecin du Maréchal, lui reprochant notamment son anglophilie.

48. Documents inédits.

49. Les ennemis de Ménétrel l'attaqueront assez bassement, affirmant que, lorsqu'il voulait obtenir quelque faveur, il privait le Maréchal de la présence de ses

son exécuteur testamentaire et que, le 16 mai 1943 encore, il lui confie la mission de trier, après son décès, ses papiers personnels, ami avec lequel il a parfois, la différence d'âge l'explique en partie, des brouilles, de petites querelles, suivies de réconciliations bougonnantes d'un côté, émues de l'autre, oui Ménétrel est tout cela[50]. Profiteur ? Certainement pas.

Pour son activité, il touche un traitement qui, charges de famille comprises[51], passe de 4000 francs par mois à 6000 francs en octobre 1941, puis à 9000 francs en juillet 1942. Le salaire d'un fonctionnaire de moyenne importance, trois fois le salaire d'un employé des services de nettoiement de la ville de Paris[52].

Vivant, et vivant dans un climat où il lui eût été possible d'écrire librement, je veux dire sans compromettre et sans se compromettre, Bernard Ménétrel eût certainement éclairé d'un jour neuf la période 1940-1945. Nul n'ayant été plus proche, nul n'aurait été mieux à même de décrire avec leurs hésitations, leurs repentirs, les évolutions des uns et des autres, les jugements des uns sur les autres, les grandeurs et les petitesses des uns et des autres, saisis au moment où ils s'y attendaient le moins, au cours d'un repas, au sortir d'un Conseil, au coin d'un couloir, personnages offerts, ouverts, au médecin comme à l'observateur.

Mais Bernard Ménétrel, libéré de Fresnes, va mourir d'une crise cardiaque le 31 mars 1947, emportant des secrets que nul n'avait cherché à lui arracher.

A la Libération, en effet, le juge d'instruction du procès Pétain ne le convoque pas, le procureur ne le cite pas à la barre, les avocats ne réclament pas son témoignage, le président ne l'invite pas à comparaître. Le Maréchal, emprisonné, refuse à plusieurs reprises qu'il soit « mêlé à tout ça », estimant que Bernard Ménétrel, dont le témoi-

---

petites filles et notamment de celle de Sophie, la plus joueuse, celle qui disait à Philippe Pétain : « Dis donc, Maréchal, fais-moi le lion. »

50. En prison, le Maréchal s'inquiétera à plusieurs reprises du sort de Bernard Ménétrel lui-même arrêté. « Le mari de Line, écrira-t-il, est-il malade au point que l'on peut craindre une issue malheureuse ? » Le mari de Line, c'est Bernard Ménétrel, « l'issue malheureuse » une éventuelle condamnation à mort. Le Maréchal, craignant la censure, use d'images...

51. Il a quatre enfants.

52. Après le débarquement, Bernard Ménétrel refusera tout traitement.

gnage ne pouvait, sans doute, rien changer à l'issue du procès, ne devait pas être inquiété à cause de lui. Et lui-même, Ménétrel, s'efforce alors, comme tant d'autres, de camoufler et de minimiser cette influence dont, en d'autres temps, il s'était sans doute fait gloire.

Depuis Fresnes, Bernard Ménétrel écrira en effet que les avocats peuvent, certes, le consulter utilement « mais ceci, ajoutera-t-il[53], n'est valable que si, au préalable, il est déclaré par le Maréchal que je n'ai pas été son « Eminence grise ». Ce n'est pas du chantage, ni du « donnant-donnant ». Mais si je commence à « expliquer le coup », on dira que, si je l'explique si bien, c'est parce que j'en ai été l'instigateur, etc. Combien de fois, m'a-t-il dit (le Maréchal), devant une objection ou un reproche fait parfois avec véhémence : tu te mêles de ce qui ne te regarde pas, tu n'y connais rien ! Fiche-moi la paix avec tes remontrances... J'ai été un secrétaire, un activiste, tout ce qu'on voudra, mais je ne connais pas tout ».

Ménétrel n'a pas tout connu, soit. Mais il a beaucoup vu. Et dès mai 1940.

A côté de Ménétrel, évoluant dans les mêmes eaux, Henri du Moulin de Labarthète, ancien attaché financier à l'ambassade de France en Espagne, qui n'arrive à Vichy que le 15 juillet pour être nommé directeur du cabinet civil du Maréchal. Placé à un remarquable poste d'observation, ayant autant de vivacité de plume que d'intelligence, le goût du portrait et de l'analyse psychologique, beaucoup d'ironie, chose rare dans le petit monde de l'Hôtel du Parc, il nous donnera, avec « Le temps des illusions », l'un des meilleurs ouvrages écrits sur l'époque... et à l'époque[54]. Aujourd'hui encore, on ne peut écrire sur Vichy sans passer par lui, qu'il s'agisse des grands ou des petits moments de la vie du royaume et du souverain...

Dans les rangs des civils, encore, Lémery qui a longuement insisté, avant la guerre, pour que Pétain soit candidat à la présidence de la République et qui est l'un des conseillers du début ; Gillouin, qui tire trop souvent la couverture à soi ; Bouthillier, Charentais honnête et compétent, ministre des Finances en un temps où le poste était presque

53. Inédit.
54. Il est vrai qu'il est publié en Suisse (premier tirage : 22 603 exemplaires) où Du Moulin, chassé à la demande des Allemands avait été envoyé en avril 1942 comme conseiller financier. Comme Du Moulin juge Pétain avec un esprit tout à la fois filial et critique, il a souvent été récusé par les pétainistes qui le trouvent trop sévère.

impossible à tenir ; Baudouin, ministre des Affaires étrangères, qui doit s'efforcer de prouver que la France, occupée en majeure partie, peut avoir une politique étrangère indépendante et doit faire partager cette espérance (ou cette illusion) au Maréchal...

Autour de Pétain, quelques officiers naturellement. Le général Brécard, secrétaire général, pendant les premiers mois de Vichy. Serrigny, l'homme de 1916, celui qui est allé le chercher à l'hôtel Terminus où il filait le parfait amour, dans la nuit où Joffre décide de lui confier le commandement de Verdun. Le général Laure qui est prisonnier en juillet 1940, vieil ami, calme, pondéré et de bon jugement, qui, devant le Maréchal, dont il a été le biographe, s'exprime toujours honnêtement même si un trop complet attachement affaiblit la puissance de conviction que ses raisonnements devraient avoir. Comment pourrait-il bousculer son héros ?

Darlan qui, en juillet 1940, n'est pas encore ce qu'il deviendra et qui, apparemment, tout occupé de ce qui se passe à Mers el-Kébir, ne joue aucun rôle dans les discussions qui conduisent au vote de l'Assemblée nationale.

Homme de premier plan qui n'est pas encore au premier rang mais qui y viendra puisque la Flotte représente, avec l'Empire, l'une des seules cartes de la France défaite et que Darlan, travailleur et secret, ayant, aux yeux du Maréchal, le grand mérite d'être un technicien invaincu, est passionnément attaché à une marine de guerre dont il a grandement contribué à accroître la puissance, qui justifie ses ambitions et qu'il aime presque charnellement.

Si Darlan, au début, ne joue pas un rôle essentiel, il en va tout autrement du général Weygand.

Il impressionne certainement Pétain. C'est quelqu'un de la « boutique ». Mais bien davantage. Un soldat que son caractère violent, ses mots sévères, ses jugements cruels, ne font jamais dévier du devoir de loyauté envers des chefs qu'il peut ne pas estimer totalement ainsi qu'envers un régime dont il perçoit nettement les faiblesses.

Weygand, c'est l'antidissident par essence.

Ce traditionaliste est républicain dès lors que le Parlement s'est prononcé. Il servira Pétain avec loyauté, comme il a servi Reynaud avec loyauté, n'imaginant pas un seul instant que l'armée puisse, quel que soit le péril, se séparer du pouvoir pour mener un combat dont, seule, elle aurait choisi les raisons et les buts.

Pétain, en apparence du moins, se montrera ingrat ; le sacrifiera à des hommes qui ne le valent pas, ou à des causes douteuses ; pas une fois il ne protestera publiquement ; pas une fois, bien sûr, il ne songera à se rebeller et de Gaulle lui en fera souvent grief, rejetant sur l'âge ce qui est un trait de caractère.

Jusque dans ses *Mémoires,* il ne marquera son désaccord que par de très légères inflexions de plume en homme qui entend montrer que, négligeant les devoirs ordinaires de l'amitié ou de la reconnaissance, Pétain avait parfaitement le droit d'écarter ceux dont la personnalité lui paraissait susceptible de compromettre momentanément son action.

Fidèle à ses idées et à sa foi, clair dans ses explications, intègre, de cette intégrité qui le pousse à reconnaître ses erreurs avec la même vigueur qu'il a mise à les proférer, Maxime Weygand est de ceux que l'on peut discuter mais jamais abaisser [55].

Avec cela doué, et c'est important, d'une parfaite santé, d'une étonnante jeunesse physique qui lui permettra de vivre presque centenaire et qui, en 1940, alors qu'il a 73 ans, en fait parfois l'égal de ces généraux allemands, impressionnants d'activité [56].

Oui, Weygand agit et influence. Presque tout ce qui deviendra le programme de la Révolution nationale se trouve, en tout cas, dans la longue note qu'il remet au maréchal Pétain, à la fin du mois de juin 1940 ; note dont il affirmera qu'elle avait simplement pour but de

---

55. Peut-être est-il possible d'écrire que, formé à l'école de Foch, il avait trop longtemps fait carrière dans le rôle de « brillant », très brillant second, pour nourrir l'ambition d'être un jour le premier comme il aurait pu l'être si, rompant avec ses principes (éventualité difficile à concevoir), il avait, à l'appel de l'Angleterre, rejoint une dissidence que, moralement, il eût dominée.

56. Voici par exemple son agenda pour la journée du 22 mai. Après son périple sur le front français, il a dû rejoindre l'Angleterre. A 5 heures du matin, il arrive à Cherbourg. A 6 heures, il part pour Paris où il se trouve à 9 h 35. A 10 heures, il confère avec Paul Reynaud et le maréchal Pétain ; à 12 heures, il est à Vincennes pour le Conseil suprême ; à 15 heures, à Montry où il étudie la situation avec son état-major ; à 17 heures, à Vincennes de nouveau, il reçoit tour à tour

libérer son âme, de lui permettre, à lui, Maxime Weygand, de « rester pur » dans l'atmosphère « dangereuse » de Bordeaux.

Condamnation de l'ordre ancien, de la maçonnerie, des naturalisations abusives, de la dénatalité, du matérialisme, de l'école laïque, du personnel compromis d'une République fatiguée, de la déchristianisation, tout y est de ce qui sera[57].

Il ne faudrait pas, cependant, juger son action uniquement à travers ce papier qui, certes, n'a pas été écrit en quelques minutes, mais qui, en une période de désarroi total, traduit des sentiments communs à bien des Français.

Maxime Weygand sera jusqu'en 1942 un acteur de premier plan.

Ministre (jusqu'au 5 septembre 1940) ou responsable politique et militaire de l'Afrique, souvent consulté, sinon toujours écouté, il se trouve toujours à la tête de ceux qui luttent contre les empiétements allemands, ainsi que contre les infléchissements de la politique intérieure française dans un sens favorable aux doctrines comme aux intérêts nazis.

Il sera ainsi de ceux qui, dans les premiers jours de juillet, trouvent inutile une réforme de la Constitution ; de ceux qui s'opposeront au procès de Riom ; au parti unique ; puis aux protocoles de mai 1941 entre Darlan et les Allemands ; tantôt échouant, tantôt obtenant gain de cause, dans un combat difficile dont la confiance du Maréchal était l'enjeu, enjeu que Laval et Darlan, deux hommes qu'il déteste et qui sans doute le détestent[58], tâchent également d'empocher.

De Vichy, de l'atmosphère qui régnait dans les conseils du gouvernement, des sentiments d'hommes que tout, fondamentalement, opposait, de ses positions aussi, il a donné, le 30 juin 1949[59], un récit

---

l'amiral Darlan et le général Héring ; à 19 heures, au ministère de la Guerre, rue Saint-Dominique, nouvel entretien avec Paul Reynaud et le maréchal Pétain ; à 19 h 45, réception du général Mittelhausser.

57. J'évoque plus longuement cette note dans le chapitre « Saint-Philippe ».

58. Sur Laval ou plus exactement contre Laval, le général Weygand a fait de très nombreuses et violentes « sorties ». Sur Darlàn, Weygand était presque aussi sévère. Il dit à plusieurs reprises : « J'ai été absolument contre lui », « Je me suis trouvé en lutte perpétuelle contre lui ». Reconnaissant l'action de Darlan en faveur de la flotte, il s'opposait aux concessions que l'amiral croyait nécessaire de faire aux Allemands.

59. Dans le cadre de la commission d'enquête parlementaire sur les événements survenus en France de 1933 à 1945.

vigoureux, que l'on peut rappeler à l'instant de conclure ce chapitre sur les premiers jours de Vichy.

— Il n'y a pas eu de gouvernement plus divisé, dès le début, que celui de Vichy ! Dans le gouvernement de Vichy, il y avait, à mon sens, une majorité d'hommes comprenant l'armistice comme il devait être compris, c'est-à-dire comme une suspension d'armes, avec toutes les conséquences qui en découlaient au sujet de la fidélité aux alliés, au sujet de la préparation clandestine de ce qui devait être préparé. Puis il y avait un certain nombre d'hommes, également — qui n'étaient pas les moins importants — qui, eux, voyaient le salut de la France d'une autre façon. Je dirai — et c'est absolument connu — que je me suis laissé aller, au Gouvernement, à employer des termes violents, comme j'en emploie quelquefois avec vous[60]. Seulement, je ne les ai pas retirés ! A plusieurs reprises, j'ai eu des scènes violentes avec M. Laval à propos de l'armistice. Je n'ai jamais pu obtenir, malgré tout ce que j'ai fait en Conseil privé, au Conseil des ministres, que la protestation pour les Alsaciens-Lorrains fût une protestation radiodiffusée publiquement[61]... Enfin, sur toutes les concessions qui ont été faites aux Allemands, j'ai toujours été en désaccord avec M. Laval sur la plupart d'entre elles que j'estimais ne pas devoir être faites.

S'il n'a pas créé « de toutes pièces le pouvoir personnel de Pétain » comme certains l'en accuseront[62], il est évident qu'il n'est pas possible d'étudier la période 1940-1941 sans mettre Weygand à sa place : l'une des premières dans ce régime où il se sent bien et mal à la fois, auprès du Maréchal dont il se trouve l'ami sans en être suffisamment l'inspirateur, dont il a depuis longtemps percé le caractère, et dont il sait combien la politique est, parfois excessivement, gouvernée par l'idée qu'il se fait de tous les problèmes matériels qui, quotidiennement, se posent aux Français occupés comme aux autres...

---

60. Le général Weygand fait allusion aux brutales passes d'armes qui, au cours de ses dépositions devant la commission d'enquête parlementaire, l'ont opposé à M. Louis Marin et surtout à M. Charles Serre, rapporteur de la commission, dont le sectarisme et le parti pris contribuent à gâcher les débats. La dernière audition du général Weygand ayant eu lieu le 30 juin 1949, M. Charles Serre organisa, le 28 octobre de la même année, un débat public, salle de la Démocratie, sur le thème « J'accuse Weygand ».

61. Cf. Chap. « Le poids des Allemands ».

62. M. Charles Serre.

3

LE POIDS DES ALLEMANDS

Mille fois la scène a été décrite.

Mille fois elle a été montrée.

Compiègne le 21 juin 1940. Statues de chair et d'os qui rendent les honneurs à la petite délégation française marchant vers le wagon où Foch avait reçu les plénipotentiaires allemands. Drapeau nazi sur le monument commémoratif de 1918. Happés par la caméra, quelques mots d'une inscription qui évoque « l'orgueil allemand »... cet orgueil abaissé vingt-deux ans plus tôt, exalté aujourd'hui. Dans la même clairière. Parce que les Allemands souhaitent que les lieux, témoins de leur humiliation, soient témoins de leur gloire. Fétichisme qui les poussera à calquer de nombreux articles de l'armistice qu'ils vont imposer à la France sur ceux que Foch leur avait dictés. Keitel, qui parle au nom d'Hitler, le dira d'ailleurs tout à l'heure, « la délégation française a été invitée à se rendre à la forêt historique de Compiègne et cet endroit a été choisi pour effacer, une fois pour toutes, par un acte de justice réparateur, un souvenir qui, pour la France, n'était pas une page honorable de son histoire, mais était considéré par le peuple allemand comme le plus profond déshonneur de tous les temps ».

Ils arrivent. Hitler, Göring, Hess, Keitel, Ribbentrop, Raeder, transfigurés par l'événement. Et les caméras saisissent cette joie que l'importance du moment et de la fonction, la certitude d'être les grands acteurs des plus grandes heures de l'histoire empêchent de se manifester par quelque geste exubérant, mais qui illumine les visages, fait briller les yeux, donne aux attitudes, déjà virilisées par l'uniforme, encore plus d'ostentation dans la gravité. Les voici qui s'installent. Puis qui se lèvent pour saluer, le bras tendu, ces Français, conduits par le général Huntziger, qui entrent dans le wagon, visages fermés, regards éteints, gestes neutres, attentifs à ne rien laisser voir de leur fatigue (dix-sept heures de voyage depuis Bordeaux, sans repos ni repas) et surtout de leur immense émotion. Hitler qui parle, qui tend un papier. Quelques saluts.

Oui, événement mille fois montré grâce à ces cameramen qui sont partout et dont l'on découvre, au hasard du film, l'un ou l'autre, l'appareil contre l'œil, reculant pour prendre du champ, personnages négligeables et laborieux mais sans lesquels nous ne verrions rien de cet instant où les Allemands, et peut-être les Français, pensent qu'une page de l'histoire, définitivement, est tournée.

Événement mille fois raconté. Weygand, à Bordeaux, attendant la communication téléphonique des délégués français dont il ignorait, lorsqu'ils ont quitté la ville, la destination finale. Et lorsqu'il apprend, à 20 h 30, grâce à la liaison que les Allemands ont accepté d'établir, qu'ils se trouvent à Rethondes, dans le wagon où lui-même s'était trouvé près du maréchal Foch, en novembre 1918, comment n'éprouverait-il pas une déchirure de cœur et une profonde humiliation ?

Les articles lus au téléphone, qu'il écoute et répète, mot après mot, scrupuleusement, pendant que le colonel Gasser, installé près de lui, écrit tout sous sa dictée. Et parfois, parce qu'il entend mal, il lui faut s'interrompre, faire répéter quelques phrases au général Huntziger qui, depuis Compiègne, lit les conditions allemandes. « Le gouvernement français ordonnera la cessation des hostilités contre le Reich allemand... dans les régions occupées, le Reich allemand a tous les devoirs de la puissance occupante... les fortifications terrestres et côtières avec leur armement... aucune action hostile contre le Reich. »

Vingt-quatre articles[1] qui comportent du classique et de l'inattendu : classique tout ce qui concerne la démobilisation comme le désarmement des troupes françaises ; la livraison du matériel de guerre, des fortifications ; la mise à la disposition des Allemands des cartes des champs de mines ; l'interdiction momentanée de naviguer pour tous nos navires de commerce, de décoller pour tous nos avions ; d'émettre

1. On trouvera, en annexe, le texte intégral de la convention d'armistice.

pour nos postes de T.S.F. ; la libération des quelques centaines de prisonniers allemands faits par nos soldats[2]; le paiement des frais d'entretien des troupes d'occupation. Beaucoup de classique donc.

L'inattendu : l'importance, tout d'abord, de la zone que vont occuper les troupes allemandes, zone qui comprend toute la portion du territoire au nord et à l'ouest d'une ligne partant de la région de Genève en passant par Dôle, Chalon-sur-Saône, Paray-le-Monial, Moulins, Vierzon, vingt kilomètres à l'est de Tours et suivant la voie ferrée Angoulême-Bordeaux pour aboutir, par Mont-de-Marsan, à Saint-Jean-Pied-de-Port, ce qui réduit aux 2/5 de la France métropolitaine le territoire laissé à la disposition du gouvernement Pétain. Ensuite, l'assurance donnée, dans un paragraphe de l'article 3, que le gouvernement pourra, s'il le souhaite, transférer son siège à Paris, ce qui laisse prévoir la proche conclusion d'un traité de paix, car, il ne faut jamais l'oublier, en juin 1940, aucun des signataires de l'armistice n'imagine que ce texte réglera, quatre ans durant, les rapports franco-allemands. Enfin, et c'est le plus important, et Huntziger l'a, en termes voilés, immédiatement indiqué à Weygand[3], l'affirmation que le gouvernement allemand n'entend nullement utiliser la flotte française contre l'Angleterre, ni même la confisquer pour la neutraliser.

Cette magnanimité surprend les négociateurs français qui se souviennent qu'en 1918 les clauses de l'armistice comportaient l'internement de toute la flotte allemande et la livraison de 160 sous-marins et qui craignaient qu'un souci trop poussé du parallélisme n'entraîne les Allemands à présenter des exigences inacceptables. Car — et la chose est certaine — Pétain, Weygand, Darlan, même irrités par les pressions exercées depuis quelques jours par les Américains, par les Anglais et par ces visites qui se succèdent à Bordeaux d'hommes (Alexander et Pound) qui craignent *avant tout* la mainmise de l'Allemagne sur la flotte française, ce qui aurait, pour l'Angleterre,

---

2. 1 900 seulement dont 700 étaient des aviateurs. Il est vrai que bon nombre d'allemands, capturés au cours des combats, ont été libérés dans les heures suivantes par l'avance de leurs troupes.

3. « Avant d'en entendre la lecture, je demandai à mon interlocuteur son impression générale : « Mon impression, comme celle de la délégation, me « répondit-il, est que les conditions sont très dures, mais ne renferment rien qui « soit contraire à l'honneur en particulier sur le point envisagé (la flotte). Sur ce « point, les conditions ne sont pas ce que nous pensions. » Général WEYGAND, *Mémoires,* t. III.

d'immédiates[4] et terribles conséquences, sont absolument décidés à ne *jamais* livrer la flotte et à donner des ordres de sabordage immédiat plutôt que de laisser, sur une seule unité, flotter le pavillon nazi[5].

L'assurance que les Allemands ne toucheront pas à la flotte française, alors l'une des plus puissantes et des plus modernes du monde, a, sur Weygand, sur le maréchal Pétain, sur les ministres qui, entre une heure et quatre heures du matin, étudient à Bordeaux les conditions de l'armistice, un effet apaisant.

Puisque le pire est évité, puisque l'on peut, sans déshonneur, accepter l'armistice, le Conseil des ministres décide de présenter aux vainqueurs un certain nombre de requêtes portant notamment sur l'arrêt de l'avance allemande en direction de Bordeaux[6] ; sur la non-occupation de Paris, des départements de la Seine, de la Seine-et-Oise, de la Seine-et-Marne, du Loir-et-Cher, du Loiret et du Cher, ce qui permettrait à la capitale d'être reliée à la zone non occupée et au gouvernement de revenir s'y installer rapidement hors du contrôle allemand[7] ; sur la non-livraison des avions militaires[8] ; sur la suppression enfin d'un paragraphe de l'article 19 qui exige que nous remettions « sur demande tous les ressortissants allemands désignés par le gouvernement du Reich qui se trouvent en France, de même que dans les possessions françaises coloniales, territoires sous protectorat ou sous mandat[9] ».

Après des heures de dialogue entre Compiègne et Bordeaux, des heures de débat à Bordeaux entre des ministres qui voudraient faire assouplir les clauses d'un armistice de revanche mais n'oublient pas qu'il ne touche pas à l'essentiel (la flotte, les colonies), le Conseil, ou plutôt les dix ministres présents autour du Maréchal, puisque le

---

4. Encore que l'on puisse discuter ce point. Dans son ouvrage sur Mers el-Kébir l'amiral Vuillez fait remarquer qu'il n'est pas commode pour un équipage *étranger* de faire naviguer et combattre rapidement un navire dont il ignore tout et que la marine allemande avait, de surcroît, des difficultés de recrutement.
5. J'ai longuement étudié le problème dans *Le 18 juin 1940* (Fayard).
6. Ce point sera accepté.
7. Les Allemands affirment alors qu'ils s'efforceront d'envisager une solution qui se rapproche de la demande française.
8. Le général Keitel fait remarquer que, dans l'article 5, la livraison des avions n'est prévue que comme une possibilité. Sur ce point, les Français obtiendront donc gain de cause.
9. « Refus formel de suppression du paragraphe, mais déclaration formelle d'autre part que l'Allemagne limitera ses demandes aux instigateurs à la guerre de nationalité allemande. »

président de la République et six ministres demeurent introuvables, le Conseil, pressé par nos négociateurs de Compiègne qui sont en présence d'un ultimatum allemand, décide le 22, en fin d'après-midi, de donner au général Huntziger l'ordre de signer la convention d'armistice, une convention qui, dans ce qu'elle a de dur comme dans ce qu'elle contient de modéré, est l'œuvre du chancelier Hitler [10].

C'est le 15 juin que le lieutenant-colonel Böhme, chargé de l'étude des questions politico-militaires intéressant les opérations, a reçu du général Keitel la mission d'établir un projet d'armistice. Cet ordre ne le surprend pas : les défenses françaises s'effondrent et, depuis Bordeaux, l'ambassadeur d'Espagne, M. de Lequerica, téléphone chaque jour à Madrid des renseignements, immédiatement retransmis à Berlin, sur la désintégration rapide du gouvernement Reynaud. Le lieutenant-colonel Böhme rédige donc un projet « classique », prévoyant notamment l'occupation *totale* de la métropole et le désarmement complet des forces françaises. Hitler, dont le quartier général est établi dans le petit village de Brûly-de-Pesche, bouleverse immédiatement le projet de Böhme. A la France totalement vaincue — mais disposant toujours de sa flotte comme du second empire du monde —, il entend, en effet, imposer des conditions d'armistice modérées.

D'ailleurs, depuis quelques jours, très exactement depuis la percée victorieuse sur la Somme, il a exigé que la presse allemande adopte « un ton nouveau » plus calme, mesuré et presque totalement dépouillé de polémique. Face au véritable problème qui est, pour lui, de rompre définitivement la coalition franco-britannique, il entend ne rien faire qui puisse inciter le gouvernement français à « s'échapper vers l'Afrique du Nord avec sa flotte et une partie de son aviation pour y poursuivre la guerre ». Il le dit à Hermann Böhme comme à ses autres interlocuteurs. « Le gouvernement français doit subsister comme facteur souverain. C'est seulement ainsi que l'on peut escompter que l'Empire colonial demeure sous la domination française et ne passe pas à l'Angleterre. L'autorité reconnue du maréchal Pétain est valable dans ce but.

10. Le 23, nos négociateurs sont à Rome. Atmosphère presque cordiale. Le texte primitif, copié en partie sur le texte allemand, subit de nombreuses modifications à l'instigation du général Badoglio. L'armistice franco-italien est signé le 24 juin à 19 h 10. Les hostilités sur tous les fronts prendront fin le 25.

« De ce point de vue, l'occupation totale de la métropole est contre-indiquée. Le gouvernement français doit conserver un domaine de souveraineté en France même. » Ce domaine, c'est lui-même qui en tracera les limites sur la carte : l'article 2 de la convention d'armistice, définissant la zone occupée, a donc Hitler pour auteur.

A ce mini-État, il décide de laisser une mini-armée et il se gardera de toutes prétentions sur la flotte comme sur l'Empire, étouffant dans l'œuf les revendications de son allié italien, car Mussolini, dont les armées n'ont remporté aucune victoire, ne saurait présenter des exigences alors qu'Hitler, dont les troupes, à un rythme napoléonien, ont vaincu six pays, se refuse à pousser jusqu'au bout ses avantages, à réclamer ce qu'il pourrait arracher encore ou obtenir par la négociation.

Que désire-t-il alors ? Le général Böhme m'a écrit qu'à son avis Hitler espérait parvenir rapidement à un accord avec une Angleterre totalement privée d'alliés, privée d'armes et menacée dans son existence beaucoup plus sérieusement encore que lorsque Napoléon dressait les tentes et les baraquements du camp de Boulogne.

Dans cet esprit, l'Allemagne doit apparaître à tous comme un vainqueur généreux, prêt à ménager ses adversaires abattus, désireux de construire ce nouvel ordre européen auquel se rallierait enfin une Angleterre abandonnée de tous et convaincue de l'inutilité de la lutte. Encore faut-il que Londres perde toute espérance militaire et que ses appels à l'aide et à la résistance restent sans échos ! On ne peut juger l'armistice accordé à la France, armistice terrible pour le vaincu, généreux de la part du vainqueur, que dans la perspective d'un rapide règlement général et d'un traité de paix au terme duquel la France, jusqu'alors ménagée, deviendrait une « Suisse agrandie », un « pays de tourisme, pouvant éventuellement assurer certaines productions dans le domaine de la mode ». Ces mots sont extraits de la directive 490 en date du 9 juillet 1940. A ce moment cependant, Hitler commence à se rendre à l'évidence : aucun accord ne sera possible avec l'Angleterre de Churchill ; il lui faudra donc, rapidement, et dans la mesure où s'éloignent les perspectives de paix, utiliser les bases françaises coloniales qu'il n'a voulu exiger ni pour lui, ni pour son allié italien, lors de la signature de l'armistice.

Contrairement à ce qu'imaginent beaucoup de Français qui, jusque dans la défaite, souhaitent que soit flatté leur orgueil national, la France n'est nullement au centre des préoccupations d'Hitler. Il n'a ni l'œil ni l'intelligence fixés sur Paris mais sur Londres, puis sur Moscou lorsque l'opiniâtre résistance anglaise le jette sur des chemins empruntés, avant lui, par Napoléon ; sa politique française, dans l'été et l'automne de 1940, n'évolue donc nullement en fonction de ce qui se passe — ou ne se passe pas à Vichy — mais en fonction des nécessités de la lutte contre l'Angleterre.

Ignorer cette évidence (la prise de conscience d'une guerre longue), c'est se condamner à ne comprendre ni le jeu allemand, ni le jeu anglais, ni le jeu du maréchal Pétain.

Le 15 juillet, trois semaines après l'armistice, Hitler réclame donc brusquement que soient mis à la disposition de son armée huit aérodromes dans la zone de Casablanca, toutes nos stations de météo sur nos territoires africains, le chemin de fer qui va de Tunis à Rabat, plusieurs ports en Afrique du Nord, des navires qui, avec leurs équipages français, transporteraient le matériel allemand de l'autre côté de la Méditerranée.

Exigences que le gouvernement de Vichy repousse ou, plus exactement, dilue ; contre lesquelles il use de l'arme des faibles : des demandes de nouvelles négociations dont il espère qu'elles n'interviendront jamais ou qu'elles seront tellement longues et confuses qu'elles permettront de gagner le temps nécessaire à l'heureuse évolution des problèmes.

Et, cette fois, Vichy a raison : Hitler n'insiste pas mais, à dater de cette réponse dilatoire, va naître une grave crise franco-allemande à laquelle correspondra une crise franco-anglaise également sérieuse.

Allemands et Anglais ont donc un but identique. Ils veulent élargir le théâtre des opérations et l'élargir grâce à l'espace français. Les Allemands pour utiliser nos bases contre la navigation britannique et compléter ainsi le blocus. Les Anglais pour entraîner les forces allemandes en Afrique et les détourner de projets qui, directement, menacent Londres.

Face aux ambitions allemandes et anglaises, qui visent également à remettre la France dans la guerre, le gouvernement de Vichy s'efforce de sauvegarder l'originalité d'une position difficile à tenir. État mi-dépendant, mi-indépendant, naviguant journellement entre des écueils qui l'obligent à des démarches hasardeuses et à de peu glorieux louvoiements, Vichy s'accroche donc à l'armistice et, s'il ne peut obtenir d'en améliorer les clauses, cherche à s'en servir comme d'un bouclier, face à de multiples tentatives de débordement. Car, pour les Allemands, cet armistice *n'est qu'un texte* dont, à leur guise, ils peuvent oublier ou interpréter les articles, ne répondant pas lorsque les Français font allusion à un paragraphe qui les gêne ou se réfugiant derrière l'autorité d'Hitler, divinité dont les décisions ne souffrent pas discussion.

C'est à Wiesbaden que les débats entre Français et Allemands se déroulent, que les affaires en cours se règlent ou ne se règlent pas, que se discutent, entre officiers des deux nations, qui se voient tous les jours, mais ne se serrent jamais la main, les grands et les petits problèmes, non pas des deux pays, puisque l'Allemagne victorieuse impose ses lois, mais ceux de la France occupée, divisée, meurtrie et des Français les plus humbles qui n'imaginent nullement que leur destin quotidien puisse se décider à si haut niveau.

S'il est vrai que l'annonce de l'armistice a constitué, pour des millions de Français, un immense soulagement, c'est parce que nos compatriotes n'en découvrent d'abord que les conséquences, pour eux, les plus importantes : la fin de la guerre, des bombardements, de l'exode, de la misère, la possibilité d'obtenir des informations sur des familles dispersées, des foyers menacés, la perspective qu'un jour proche les choses redeviendront presque « comme avant ». Et sans doute savent-ils qu'il faudra payer le prix de la défaite mais combien ont une idée exacte du montant de la « facture » ?

Les 24 articles de la convention d'armistice contiennent, certes, en germe, tout ce qui se produira et tout ce dont les Français souffriront dans les mois à venir, mais, sous les mots, il est difficile de deviner déjà les réalités.

D'ailleurs, beaucoup de journaux ne publient qu'un résumé des clauses de l'armistice. Ainsi, *La Petite Gironde,* éditée cependant à Bordeaux, c'est-à-dire à la source de l'information, et qui, le 26 juin, à l'exception d'un résumé ne portant que sur cinq têtes de chapitre [11], se

11. Ligne de démarcation ; siège du gouvernement ; situation des forces terrestres, maritimes et aériennes françaises ; T.S.F. ; frais d'entretien des troupes allemandes. *La Dépêche* de Toulouse (27 juin) publie, en revanche, l'intégralité du texte.

contente de reproduire le tracé de la ligne de démarcation [12].

Comment les Français, aussi mal informés, pourraient-ils deviner que l'occupation, ce sera l'infiniment petit de leur vie quotidienne aussi bien que l'infiniment grand de la vie de la nation et que les textes de la convention d'armistice, à l'image de ces fleurs de papier qui s'épanouissent dans l'eau, vont se développer, se modifier avec le temps, la nécessité militaire et la volonté allemande et diront souvent infiniment plus qu'ils ne signifiaient le 22 juin 1940.

Le poids des Allemands se fera donc sentir très lourdement dès les premières semaines de l'occupation. Physiquement comme psychologiquement. A beaucoup de Français, surpris et meurtris, tant d'exigences et de contraintes fourniront des raisons de se réfugier, au moins pendant les premières années de l'occupation, derrière le gouvernement de Vichy dont on espère qu'il réussira à faire barrage aux prétentions allemandes.

Gouvernement de Vichy ? Le mot est inexact. Il n'est pas de 1940. En 1940, en 1941 encore, les Français ne disent pas « gouvernement de Vichy », terme qui paraît à tous péjoratif et mesquin, mais, le plus souvent, « gouvernement du Maréchal », ce qui a meilleure allure face à cette Allemagne d'Hitler qui entend presque tout diriger de leur existence et jusqu'aux actes les plus ordinaires de la vie ordinaire.

« Ils nous prennent tout. » Le mot éclate très vite dans les conversations. On attendait les cavaliers de l'Apocalypse, on a affaire à de méthodiques touristes en uniforme qui dévalisent les magasins ; à des fonctionnaires corrects mais qui s'emparent de tous les secteurs de notre économie pour les mettre au service de l'Allemagne ; à une administration rigide qui se substitue partout à la tolérante administration française.

Ils nous prennent tout. A Niort, note Frédérique Moret [13], dès le matin, « il ne reste plus une pêche aux étalages, un gâteau dans les pâtisseries. La marchande de primeurs s'interrompt dans son addition pour saluer un Allemand qui entre. Les magasins d'appareils photographiques, de bijouteries, de bibelots, de jouets n'ont plus que des annonces en allemand. Les tailleurs engagent des interprètes ». A

12. Succinct puis très détaillé le 1er août.
13. A la date du 4 septembre 1940.

Rennes, le 14 août, les bicyclettes d'hommes, non indispensables pour le travail, doivent être livrées à l'autorité allemande. A Belfort, l'intendant Schumacher a fait savoir, le 13 juillet, que tous les impôts et taxes perçus par les Contributions indirectes étaient désormais propriété du fisc allemand[14]. A Lyon, d'où ils partent très vite, puisque la ville sera évacuée conformément à la convention d'armistice, les Allemands ont eu cependant le temps de réquisitionner 24000 tonnes de denrées alimentaires, de combustible, de produits métallurgiques et d'acheminer, en quatre jours, 1800 wagons et 162 locomotives en direction de la zone occupée.

Pour des raisons militaires, ils confisquent, en France occupée, 715000 fusils de chasse. Réquisitionnent ou achètent les œufs : 58 millions pour l'année 1941. C'est une estimation, mais très vraisemblable. La volaille : 2200 tonnes, toujours pour l'année 1941 ; le poisson ; le blé, le vin (718000 hectolitres pour le second semestre de 1940) et, lorsque l'on fera les comptes, pour les dix-huit premiers mois d'occupation, on arrivera à 8 millions de quintaux de blé et 7 d'avoine, à 4,5 millions d'hectolitres de vin, près de 3 millions d'hectolitres de bière et 225000 bouteilles de champagne[15].

Pendant la même période, nous livrons à l'Allemagne pour 49 milliards de francs de produits industriels[16], chiffre dans lequel les industries mécaniques entrent pour 19 milliards, le bâtiment et les matériaux de construction pour 11 ; et du charbon (3,6 millions de tonnes toujours pour la période juillet 1940-décembre 1941), du minerai de fer (7 millions de tonnes), de l'acier, du pétrole, du ciment, ainsi qu'un pourcentage important des matières premières difficilement importées des colonies.

Le visible, ces réquisitions, ces achats que la population est à même de constater, se mêlant à l'invisible, ces prélèvements dont les statisticiens, dans les ministères, peuvent seuls calculer l'importance,

14. Ces sommes seront rendues au fisc français quelques semaines plus tard.

15. Dans l'ensemble, les prestations ou fournitures à l'Allemagne ont représenté les pourcentages suivants : blé, 10 % ; avoine, 15 % ; viande, 15 % ; huiles, 22 % ; bière, 26 % ; industries mécaniques, 70 % ; bâtiment, 85 % ; construction navale, 90 % ; mines et sidérurgie, 70 % ; construction aéronautique, 80 %. Ces chiffres sont ceux de la zone occupée.

16. Le total des livraisons de produits alimentaires atteint 21 milliards de francs pour le territoire national métropolitain, à l'exception des départements du Nord, du Pas-de-Calais, de l'Alsace et de la Lorraine.

c'est la corne d'abondance française qui vient d'être brutalement retournée et qui, sur l'Allemagne, déverse ses richesses.

Il y a plus important peut-être. On a souvent dressé le bilan des pillages allemands, on a moins souvent fait état de la rapidité et de l'efficacité avec lesquelles les occupants s'insinuent dans les plis et replis de la vie quotidienne française. Non contents de tout prendre, en effet, ils se mêlent de tout. L'occupation, ce n'est pas seulement la Gestapo, les défilés des fanfares ou des troupes sur les Champs-Élysées, les affiches sur les murs, les slogans de la radio, les communiqués de victoire aérienne, bientôt les prises d'otages, tout ce qui se voit, se sait ou se dit mais l'ingérence dans la vie du plus petit village de zone occupée, du *fait* allemand, de la volonté allemande, de l'ordre allemand.

Voici quelques exemples inédits choisis volontairement non à Paris, non dans de grandes villes mais dans ce département forestier et paysan des Landes où nul n'aurait pu imaginer que les Allemands viendraient camper un jour.

Nous payons tout, bien sûr. Là comme ailleurs. Le bois de chauffage pour la troupe ; les femmes de ménage chargées de nettoyer les cantonnements ; les rideaux aux fenêtres des bureaux et logements ; la lumière pour les hommes ; le foin pour les bêtes ; la dératisation ; le mât qui supporte le drapeau nazi ; l'hospitalisation des prostituées malades ; les pins qui servent aux arbres de Noël de la Wehrmacht.

Le 14 septembre 1940, le maire de Poyanne (630 habitants) écrit au préfet pour lui dire qu'il a déjà fourni 150 draps pour les soldats allemands et 10 draps pour les officiers mais que, devant des exigences supplémentaires, il hésite à « faire une nouvelle réquisition auprès de la plupart des habitants de la commune, dont certains sont de condition très modeste ». Le Service des réfugiés ne peut-il venir à son secours ?

Le 15 avril 1941, l'unité 47438, cantonnée à Préchacq-les-Bains, réclame 60 balais, 60 pelles à ordures, 20 brosses à parquet, 100 chiffons à épousseter, 35 paniers à papier, 25 seaux à ordures, 15 lave-ponts, 50 torchons, 4 grandes caisses à ordures, 20 paquets de poudre à récurer, 20 paquets de lessive, 70 kilos de cire à parquet.

On imagine la stupeur et les commentaires des cinq cents habitants de Préchacq devant ce déballage de matériel vigoureusement employé par de jeunes hommes qui vont torse nu dans les champs, se lavent à grande eau et ont, sur l'hygiène, quelques idées précises... Et dont ils entendent faire profiter la population française... Car il y a cela aussi, l'armée allemande se mêle de donner des leçons de propreté aux Landais.

Le médecin de la Standortkommandantur des Landes constate-t-il le mauvais état et le mauvais entretien des w.-c. du Foyer du soldat de Labouheyre (2200 habitants), le capitaine Rumelin adresse au préfet la communication suivante.

« 1° Il manque le pissoir pour les soldats qui sont obligés d'aller dans le jardin ou à la voie ferrée.

2° Le seul cabinet pour hommes est de construction ancienne et largement insuffisant. Il n'y a pas de siège ; les murs sont couverts de mouches. Le trou n'est pas fermé par un couvercle. Le sol en ciment est défectueux et ne peut pas être nettoyé convenablement. La porte ne ferme pas entièrement. Toute personne passant devant le cabinet peut voir à l'intérieur.

3° Les murs du cabinet pour dames sont sales. Il y a un siège mais sans couvercle. La porte est défectueuse et nécessite des travaux de réparation. »

Et la note de Rumelin s'achève sur l'ordre de « charger immédiatement un spécialiste de l'exécution des travaux nécessaires ».

Exigences (qui ne sont sans doute pas inutiles) pour la propreté des w.-c. ; conseils pour la destruction des doryphores. La Standortkommandantur de Clermont (610 habitants) ayant fait savoir que les habitants de la commune combattaient cet insecte en coupant les tiges et les feuilles des pommes de terre, on prévient le maire que ses instructions sont déplorables et qu'il ne prend lui-même « aucun intérêt » à cette lutte, ce qui est regrettable.

Les Allemands organisent la collecte du lait, subdivisant les régions de ramassage en trois zones où les tournées, suivant la distance, seront effectuées soit par des cultivateurs « qui n'auront pas trop de travail pour leurs chevaux et qui désirent sûrement gagner une petite somme d'argent », soit par des camionneurs. Ils contrôlent les restaurants, doublant la police française, vérifiant l'affichage obligatoire du menu, surveillant les prix. Pour une seule journée, ils relèvent ainsi vingt infractions à l'affichage du menu dans les restaurants de Mont-de-Marsan et prient le préfet « de donner à chaque cas mentionné la suite qu'il comporte et de prononcer, le cas échéant, des peines sévères... La Feldkommandantur 541, à Mont-de-Marsan, se réserve de punir les contrevenants suivants :

MONT-DE-MARSAN : restaurant Dupont ; hôtel Bellevue, M. Dupeyron ; restaurant Barucq.

DAX : hôtel-restaurant Peyroux ; hôtel de la Paix, M. Barbe ; restaurant Vergez. »

Occupant le jardin le plus vaste de Mont-de-Marsan, les Allemands refusent de l'évacuer, car il sert de garage à leurs camions, mais suggèrent que le préfet fasse installer des bancs pour les mères et les enfants dans le square du monument aux morts et dans les arènes. Ils proposent même que l'on ouvre au public les grands jardins privés et ajoutent, dans une lettre en date du 26 février 1941 : « Ceci serait un geste vraiment socialiste qui ferait honneur au propriétaire. »

Les Allemands ordonnent d'avancer d'une heure toutes les pendules françaises. Interdisent les feux champêtres après le coucher du soleil. Oui, les Allemands se mêlent de tout. Dans le même temps où ils suppriment 10 000 autorisations de circuler (à Paris le 1er novembre 1940), ils entendent éduquer des piétons que les embarras de la circulation ne menacent plus !

« Pour traverser une place, il faut en faire le tour… sinon gare à l'amende », annonce *Le Petit Parisien* du 20 novembre 1940 qui ajoute que les équipes d'agents, chargées de faire appliquer rigoureusement les ordonnances sur la circulation, obligeront les piétons à emprunter désormais les passages cloutés. Les contraventions devront être payées sur-le-champ. En échange de 20 francs, les policiers remettent au coupable un ticket extrait d'un carnet à souches, ticket rédigé en allemand « Strafe fur eine Ubertretung in Abgedürzten Verfahren » et, en français, « Amende pour non-observation des règlements de circulation ».

Les billets de banque allemands et la monnaie divisionnaire du Reich doivent être acceptés par tous les commerçants. Les journaux publient des photos permettant de reconnaître les différents billets en usage ainsi que des tableaux d'équivalence entre le franc et le mark, dont le taux a été arbitrairement fixé à 20 francs. Les Allemands font ouvrir les coffres loués dans les banques ; réquisitionnent, ici et là, des postes de T.S.F. [17] ; obligent les propriétaires « exploitant des champs

17. De juillet 1940 à novembre 1941, ils réquisitionneront ainsi 1 650 postes aux habitants d'Évreux.

cultivés en céréales et mesurant au moins deux cents mètres dans un sens et cinquante mètres dans l'autre » à le faire savoir d'urgence à la mairie, ces champs pouvant être utilisés comme terrains d'atterrissage[18] ; réglementent la circulation des navires de petite pêche ; interdisent de faire voler les pigeons voyageurs[19] ; contrôlent les associations existantes ; bannissent les drapeaux français des enterrements d'anciens combattants ; s'intéressent aux travaux des champs et exigent que l'armée d'armistice réexpédie en zone occupée les chevaux qu'elle a en excédent, chevaux qu'ils répartiront entre les paysans en retard pour les labours[20].

Quoi encore ? Tout, puisque aucun domaine n'échappe à leur contrôle. Dans les premiers jours de l'occupation, en juillet, ce sont eux qui autorisent le rétablissement des liaisons téléphoniques entre Éguzon, Clermont-Ferrand, Vichy et Paris ; qui laissent s'écouler ou stoppent — comme ils le font le 16 juillet — le trafic postal entre les deux zones ; qui acceptent le principe de trois lignes postales aériennes dont la distance totale ne devra pas dépasser 6 000 kilomètres en zone non occupée ; qui permettent aux stations radio de transmettre avec les colonies et l'étranger, à condition que tous les messages soient passés en clair ou dans un code dont ils auront la clef.

Lorsque Vichy émet le vœu d'être relié à Paris par une liaison aérienne, les Allemands donnent leur accord mais exigent qu'une direction allemande de l'aviation civile soit installée dans la capitale de l'État français, en vue de contrôler le trafic, ce qui incitera les Français, après bien des protestations, à renoncer à leur demande. Le courrier administratif continuera donc à passer par le point de contrôle de Bourges d'où il sera transporté à Paris par des voitures conduites par des chauffeurs allemands.

---

18. C'est dans la région de Morlaix, en août 1940.
19. Les peines peuvent atteindre quinze ans de prison.
20. La délégation française auprès de la Commission d'armistice de Wiesbaden fait pression pour qu'il soit donné satisfaction aux demandes allemandes, le haut commandement allemand « ayant insisté à plusieurs reprises », sur l'intérêt qu'il portait aux paysans français. « Ce serait, semble-t-il, donner prise à une propagande regrettable que de ne pas démontrer de façon tangible que le commandement français porte à ces derniers un intérêt au moins égal. » (Lettre en date du 2 octobre 1940.)

Pas un de nos navires *dans le monde* ne peut lever l'ancre sans leur accord. L'amiral allemand en France autorise certes, dans la première quinzaine de juillet, la reprise du cabotage entre les ports français de l'Atlantique, mais la traversée de la Méditerranée ou l'appareillage depuis les ports coloniaux ne peut s'effectuer sans son autorisation ou celle de Wiesbaden. C'est ainsi qu'en juillet les Français reçoivent la permission de faire partir de Port-Étienne vers Dakar les vapeurs *Lorient* et *Ourgha,* ainsi que cinq bateaux de viande frigorifiée de Casablanca et Dakar vers Bordeaux et Marseille. Pour déjouer le blocus anglais et répartir les risques, les navires de commerce n'ont le droit de quitter le port que lorsque celui qui les précède est arrivé. Le *Katiola,* navire frigorifique, arrive-t-il à Bordeaux le 28 août, ordre est donné au *Lipari* de quitter Marseille...

Aussi loin que se trouvent nos navires, ils sont touchés par des ordres émanant de la commission d'armistice allemande siégeant à Wiesbaden : le *Sontag* qui est à Tamatave, le *Saint-Domingue* à Fort-de-France, le *Cuba* à la Martinique, le *Cap Varela* à Saigon, le *Porthos* à Cotonou... et tous les autres, d'ailleurs, dont les Allemands ont demandé à connaître *exactement* la position[21] comme ils veulent connaître *toutes* les missions prévues pour les avions laissés à la disposition du gouvernement de Vichy.

Avec une vigilance peut-être supérieure encore, les Allemands contrôlent notre armée à qui ils n'ont laissé, en métropole, que 100000 hommes, non compris les effectifs de la gendarmerie. C'est qu'ils ont l'expérience de ces armées d'armistice, berceaux de cadres pour les armées de la revanche. Ils ne nous passeront rien ! Il faut voir avec quelle âpreté les commissions d'inspection allemande, qui ont le droit de circuler en zone libre, dénoncent jusqu'aux apparences du plus léger camouflage, du plus insignifiant sabotage. A Neuvy-Pailloux, UN char de 32 tonnes aurait été saboté avant son acheminement en zone occupée ; TROIS projecteurs ont été découverts à Mende, le 18 septembre, alors que le commandant français avait déclaré, au début de la visite, qu'il n'existait aucun matériel de D.C.A. sur sa base ; à Clermont-Ferrand, ONZE cuves de dissolution, d'une capacité de 150 kilogrammes chacune, et servant à remplir les projectiles d'aviation, ont été remises en état après l'armistice ; à Clermont,

21. A la mi-juillet.

UN camion Studebaker *aurait* été livré à l'Armée d'armistice contrairement aux ordres donnés par la sous-commission allemande de contrôle !

« Les situations fournies sont minutieusement contrôlées, écrit le 6 octobre, le chef d'état-major représentant, à Wiesbaden, le général Doyen, collationnées, comparées aux précédentes ; les erreurs relevées, même matérielles, sont signalées. Après les tableaux d'effectifs, les tableaux de dotation sont demandés. La Commission allemande d'armistice manifeste toujours la même méfiance à l'égard des bureaux de recrutement. »

Méfiance que rien ne peut vaincre. Fort heureusement, d'ailleurs, car, après Mers el-Kébir, lorsque, devant la brutalité de l'attaque anglaise, les officiers allemands ne cachent à leurs vis-à-vis français ni leur émotion ni leur sympathie, rôde dans quelques esprits, à Vichy comme à Wiesbaden, l'idée d'un renversement des alliances. Mais, alors, comme ils le feront quelques semaines plus tard après l'attaque de Dakar, les Allemands refusent d'accéder à la plupart de nos demandes qui ont cependant pour but de lutter contre l'Angleterre.

Ils craignent que, si nous nous renforçons durablement, nous ne retournions, un jour, ces armes retrouvées contre eux...

S'ils suspendent immédiatement après l'annonce de Mers el-Kébir les mesures de désarmement de la flotte française, ils refusent nettement, au moment de l'attaque contre Dakar, que nous envoyions le *Strasbourg,* deux croiseurs de 10 000 tonnes, un croiseur de 7 600 tonnes et des contre-torpilleurs au secours de la ville. Quelques jours après l'échec de la force anglo-gaulliste, nous sollicitons l'amélioration de la défense de toutes nos bases. Pour l'Afrique occidentale française, où il n'existe que 7 pièces de 90 contre avions, 1 canon antichar de 25, 6 de 37, le général Doyen demande, le 6 octobre 1940, un renfort de 27 pièces de 25 et de 16 de 37 ; il réclame également l'envoi, dans la colonie menacée, d'un escadron de chars pour faire pièce aux chars légers britanniques basés en Sierra Leone, de 14 batteries de moyen calibre de D.C.A. et de 20 pièces de 25 C.A. Et souhaite que le nombre des canons affectés à la défense des terrains d'aviation de Casablanca, de Rabat, de Meknès, d'Agadir, d'Oran, de Tunis, d'Alger, soit augmenté. Mais les Allemands interdisent le transfert en Afrique du Nord de 64 800 obus de 25 C.A., comme ils refusent, le 12 octobre, que les renforts pour l'A.O.F. soient prélevés ailleurs qu'en Afrique du Nord. Cela malgré la « qualité » des arguments employés.

Le général Doyen, communique au général von Stülpnagel toutes les informations en sa possession sur les forces britanniques de terre et de mer, qui opèrent ou sont susceptibles d'opérer dans la région de Dakar [22], et ne cesse de mettre en avant notre attitude antianglaise. « Je veux croire, mon général, écrit-il le 29 septembre... [que] l'action énergique des forces de mer, de l'air et de terre dans l'affaire de Dakar auront enfin dissipé le reste de méfiance qui pouvait encore subsister dans l'esprit du gouvernement allemand quant à la loyauté de nos intentions et à la résolution de défendre notre Empire colonial contre toute nouvelle agression. » L'échec anglais, écrit-il plus loin, « eût été transformé en une lourde défaite si nous avions disposé de plus de moyens » et il laisse entendre qu'il est avantageux (même pour l'Allemagne, comment ne pas le comprendre ainsi ?) que les Anglais, s'ils recherchent l'engagement, aient à faire contre nous, Français, un effort maximal, ce qui diminuerait d'autant leurs forces sur les autres théâtres d'opération.

Il propose une politique du « donnant, donnant » qui ne choque nullement les négociateurs allemands puisqu'ils utilisent souvent un langage identique [23]. Au moment de l'attaque contre Dakar, le général Doyen espère ainsi que les Allemands « paieront » le prix de notre résistance. Il le dit au général von Stülpnagel. Il faudrait « une contre-partie politique sous une forme à déterminer... afin que la collaboration apportée par nous ait pour conséquence d'améliorer l'atmosphère existant entre les deux pays ».

D'autres arguments, plus ou moins honorables, sont employés.

C'est ainsi qu'en août 1940, pour obtenir que la petite armée métropolitaine de 100 000 hommes que nous ont laissée les Allemands

---

22. Lettre du 25 septembre notamment. Plusieurs témoins indiqueront cependant que les sentiments antiallemands du général Doyen étaient indiscutables.

23. Au général Doyen qui réclame des canons et des chars pour l'A.O.F., le général von Stülpnagel réplique le 30 octobre :

— Si vous n'avez pas encore obtenu satisfaction sur ce point, c'est sans doute que nous sommes à la veille de grandes décisions d'ordre politique. A ce sujet, laissez-moi faire une allusion. C'est comme si vous vous trouviez sur un quai de gare à Vichy, devant un appareil de distribution automatique ; vous ne recevrez quelque chose que si vous avez introduit dans l'appareil la pièce de monnaie correspondant exactement par son poids à l'objet souhaité.

soit dotée de transports automobiles (presque tous supprimés par la convention d'armistice), le général Huntziger fait allusion à la possibilité de troubles sociaux.

— Il faut tenir compte, dit-il, de ce que, dans les pays méridionaux qui constituent la zone non occupée, la politique joue un grand rôle, et il est certain que nous aurons, dans l'avenir, des difficultés et que le manque de mobilité de nos troupes peut avoir des conséquences importantes pour le rétablissement de l'ordre.

A quoi le général von Stülpnagel se contente de répondre que, si des troubles éclatent, le gouvernement de Vichy n'aura qu'à réquisitionner des véhicules civils en nombre suffisant.

En novembre encore, toujours en prévision de « troubles », les Français réclament une augmentation du nombre des escadrons motos (24 au lieu de 12) dans la garde républicaine.

Un autre exemple enfin. M. Allier, ingénieur d'État, s'entretenant, à Wiesbaden, avec le colonel Hünermann du renforcement des troupes françaises d'Indochine, pour lesquelles la France désire commander du matériel aux États-Unis, souligne « l'intérêt qu'ont tous les pays de race blanche à ne pas permettre un nouveau recul de leur influence ».

Quoi qu'il en soit des motivations, il est certain que nous cherchons sans cesse à améliorer une position militaire que les Allemands s'efforcent, en revanche, de contrôler strictement.

Nous voulions neuf régions militaires en zone non occupée, ils trouvent le chiffre excessif ; installent en zone non occupée des commissions de contrôle jouissant des droits attachés à l'exterritorialité et pouvant, à l'improviste, pénétrer dans les bâtiments de l'industrie de guerre privée et nationale française ; limitent à deux jours par semaine l'entraînement de la D.C.A. française ; décident du stationnement de telle ou telle unité dans telle ou telle ville ; se font remettre, trois fois par mois, les états qui leur permettent de suivre les opérations de constitution de l'armée d'armistice.

Méfiance permanente. Lorsque l'armée française de Syrie (33 000 hommes, 1 500 officiers), qui s'est battue contre les Anglais et les gaullistes et n'a pas répondu aux appels de la propagande de la France Libre, revient en France, les Allemands exigent sa dissolution immédiate et ne reviennent sur leurs positions qu'au moment où le général Weygand n'a plus le commandement en Afrique du Nord.

Cette armée française vaincue n'a pas le droit de se montrer orgueilleuse ou susceptible. On va lui rabattre son caquet.

Le capitaine Michel Dorance, attaché de l'air adjoint à Washington, fait-il, en septembre, une déclaration à la presse américaine sur les qualités du Curtiss P. 36, appareil sur lequel il a descendu treize appareils allemands ? Immédiatement les Allemands s'émeuvent et protestent. Comme ils s'émeuvent — et plus encore — d'une dépêche d'Associated Press envoyée, le 12 août, de Vichy, et reprenant une information du sous-secrétaire à l'Air suivant laquelle, entre le 10 mai et le 10 juin, l'aviation française aurait abattu 982 appareils allemands en n'en perdant que 306, tandis que le rapport des forces était de 1 à 5. « Dénigrement des faits d'armes de l'aviation allemande », « fausses nouvelles », évaluation presque « grotesque » de la proportion des pertes des avions français et des avions allemands. Ce sont les termes employés, le 20 août, par la note de protestation allemande envoyée au général Huntziger, note qui exige « une rectification officielle de la fausse nouvelle publiée par Associated Press », ce qui sera fait, sous forme d'un communiqué embarrassé en date du 11 septembre[24].

D'autres incidents éclateront. Le 13 septembre, 4 officiers, 2 sous officiers, 40 hommes de l'armée de l'air allemande, se rendant à Marignane, s'arrêtent à Valence pour le déjeuner. En traversant la ville, ils ont croisé le colonel Maire qu'ils n'ont pas salué, ce qui provoque de la part des autorités françaises une demande de sanctions contre le chef du détachement coupable d'incorrection en zone non occupée.

Réplique allemande :

— On ne peut exiger d'un officier allemand, sans motif particulier, qu'il salue un officier d'une armée qui se trouve encore en état de guerre avec le Reich allemand.

---

24. La note adressée par les autorités militaires françaises aux Allemands précise que les chiffres cités n'ont pas été communiqués à la presse étrangère, mais simplement à la presse française pour faire échec à des malentendus « qu'une certaine presse actuellement publiée à Paris entretient par ses insultes quotidiennes contre l'armée ». Dans le communiqué « réparateur », le gouvernement français reconnaît qu'il faut faire entrer dans le décompte des pertes françaises les avions détruits au sol (229) et admet qu'il est difficile d'effectuer un décompte exact « des avions réellement abattus chez l'adversaire au cours des combats ».

Il y a eu également 222 appareils français détruits par accident... dont personne ne parle, en 1940.

Les Allemands des commissions de contrôle sont d'autant plus mal supportés en zone libre que leur uniforme constitue un constant rappel de notre défaite. Le 30 janvier 1941, à Montpellier, un civil arrache son calot à un soldat qui se rendait à l'hôtel du Midi ; le 8 février, deux chauffeurs, dînant à l'hôtel Bellevue de Mâcon, ont la surprise de ne pas retrouver les roues de secours de leur véhicule. Le 25 janvier, à Montpellier encore, la foule se masse devant l'hôtel d'Angleterre et l'hôtel Hagurlone où une quinzaine d'officiers allemands se sont mis au balcon alors que défile une unité française qui va relever la garde. L'incorrection relative des Allemands (ils ne saluent pas et l'un d'entre eux prend des photos) provoque un long débat entre autorités françaises et allemandes... au terme duquel les Allemands exigent les excuses « formelles » du maire de Montpellier auprès du commandant de la sous-commission de contrôle, les excuses du commandant de la 16e division militaire, la relève immédiate du commandant Gounelle, officier français de liaison jugé trop peu coopératif et dont les protestations, à la suite de l'incident du 25 janvier, ont fortement déplu.

Cependant, il serait faux de croire que les Allemands s'intéressent principalement à notre armée ou à ce qu'il en reste. C'est dans un tout autre domaine qu'ils font porter l'essentiel de leur action.

La Commission allemande d'armistice s'est installée à Wiesbaden, ville qui n'offre aucune commodité particulière mais qui, sentimentalement, se trouve au nombre de ces villes occupées par les Français dans la foulée de leur victoire de 1918. Toujours le souci de la référence au passé. Présidée par le général d'infanterie Heinrich von Stülpnagel, qui sera nommé Militärbefehlshaber à Paris en 1942, elle n'a pas d'homologue mais, auprès d'elle, simplement (la formule est volontairement quelque peu humiliante), une *délégation* française dirigée d'abord par le général Huntziger, négociateur de l'Armistice, à la tête d'une équipe de 36 officiers et de 29 civils, qui, partie de Bordeaux le 27 juin, est arrivée le 28 au soir à Wiesbaden.

Au bout de quelques jours, les Allemands vont faire porter leur intérêt principalement sur les problèmes économiques et c'est le ministre Hans Richard Hemmen, diplomate habile, retors et craint de ses vis-à-vis français qui ne tardent pas à voir, en lui, le véritable chef de la Commission allemande puisqu'il traite des véritables problèmes, qui, du côté nazi, a bien vite le rôle le plus important. Du côté français, après le départ du général Huntziger et son remplacement en septembre par le général Doyen, M. de Boisanger, gouverneur de la Banque de France, voit alors son autorité accrue.

Sur le territoire français lui-même, Hitler a chargé le général von Brauchitsch de constituer une administration militaire où quelques postes sont réservés aux civils, placés sous la direction de Posse, secrétaire d'État au ministère de l'Économie, puis de Jonathan Schmid, ministre d'État wurtembourgeois[25]. Au 1er juillet 1940, sous les ordres du général von Brauchitsch, on trouve donc un commandant de l'administration militaire (le vieux général Alfred Streccius, longtemps conseiller militaire en Chine) qui a la responsabilité d'un état-major militaire et d'un état-major administratif (Schmid), tout ce monde étant basé à l'hôtel Majestic où les services regroupent 600 fonctionnaires de très haut grade, 400 de haut grade et une centaine de grade moyen répartis en trois sections (section centrale : Dr Werner Best, un juriste rhénan qui avait eu maille à partir avec les Français lors de l'occupation de la Rhénanie, section administrative, section économique dirigée par le Dr Michel, haut fonctionnaire apolitique). Ce sont ces hommes, fonctionnaires, juristes, professeurs qui ont reçu la mission d'administrer la France, de l'intégrer à l'Europe hitlérienne, d'utiliser au maximum les ressources du pays pour les besoins de la Wehrmacht et de l'économie de guerre allemande.

Au Majestic et dans chaque département où règne un Feldkommandant, les militaires, par la force des choses, seront rapidement conduits soit à se mêler d'économie, soit à abandonner leurs pouvoirs aux fonctionnaires civils qui leur sont subordonnés. Ils se trouvent d'ailleurs en concurrence avec l'ambassade de la rue de Lille où Otto Abetz a été envoyé par Ribbentrop dès la prise de la capitale française et où, à 37 ans, il arrive bénéficiant d'une excellente connaissance de la France et des Français[26]. Qu'il y ait compétition entre le Majestic et la

25. Schmid démissionnera en 1942 pour raisons de santé.

26. Professeur de dessin, Otto Abetz avait pris part, entre 1930 et 1933, à plusieurs rencontres germano-françaises et, en 1932, épousé l'ancienne secrétaire de Jean Luchaire. En 1934, il est rapporteur des questions françaises dans le directoire des Jeunesses hitlériennes, bien que, écrit Jackel (*La France dans l'Europe de Hitler*), « ses sympathies n'eussent jamais paru le porter vers ce mouvement auparavant ». Trouvant accès auprès de Ribbentrop, il est du voyage que celui-ci effectue en France au mois de décembre 1938 et, en juin 1939, le

rue de Lille, qu'Abetz, fort de ses amitiés passées, ait été sincèrement épris d'un pays qu'il voit économiquement et politiquement soumis à l'Allemagne, mais jouant toujours un rôle dans le domaine des arts et celui des plaisirs, c'est certain et il existera, pendant toute la durée de l'occupation, une guerre interservices dont les Français s'efforceront de profiter[27].

Mais les militaires et les civils sont également soumis aux ordres d'Hitler et aux exigences d'une guerre qui réclame toujours davantage de matières premières, d'argent, d'hommes.

Dans les jours qui suivent leur entrée à Paris, les Allemands nomment des commissaires dans chaque entreprise importante : M. Schippert va chez Renault, M. von Baumbach chez Citroën. Ils ont mission de remettre en marche les usines, que cela plaise ou non aux directions françaises. Dès le 6 juillet, voici créée cette « commission spéciale des questions économiques » présidée par Hemmen qui tient le rôle que l'on sait à Wiesbaden et dont l'activité est incessante. Immédiatement, ou presque, Hemmen précise ses désirs. Sous prétexte de coopération, de collaboration, le mot sera dit cent fois avant Montoire et d'abord le 22 juillet à Wiesbaden[28], il exige le recensement des richesses de la France occupée : combien de têtes de bétail, de camions, de bouteilles de champagne, d'hectolitres de vin, de tonnes de charbon.

Il exige également que des industriels allemands accrédités par

---

gouvernement français, qui lui reproche une propagande proche de l'espionnage, décide de l'expulser. C'est en août 1940, après un entretien avec Hitler, entretien au cours duquel il a vainement demandé l'assouplissement de la ligne de démarcation, la libération des prisonniers, qu'Abetz sera nommé officiellement ambassadeur.

27. Aux côtés d'Otto Abetz, Rudolf Schleir, le Dr Ernst Achenbach, chargé des questions de politique générale et des rapports avec la presse, le Dr Friedrich Grimm, auteur de nombreuses brochures de propagande et conférencier itinérant, le journaliste Friedrich Sieburg, auteur du très remarqué *Dieu est-il Français ?*, le Dr Karl Epting, responsable des affaires culturelles, Rudolf Rahn, responsable de la propagande et de la radio, le Dr Zeitschel enfin, chargé des « missions spéciales », c'est-à-dire, presque essentiellement, de la question juive. A une exception près — Zeitschel —, ces hommes comptent parmi les modérés et recherchent généralement le « modus vivendi » le moins humiliant pour les occupés.

28. A l'occasion d'un entretien entre Hemmen et le général Huntziger.

Göring et à qui Vichy vient de refuser le passage de la ligne de démarcation, puissent circuler à leur guise en zone non occupée. Son propos est sans ambiguïté.

— Le gouvernement allemand, dit Hemmen, en faisant allusion à la mauvaise volonté du gouvernement de Vichy, qui croit sa souveraineté totale, est bien décidé à ne pas céder dans cette affaire, car il a la volonté et l'espoir d'établir des contacts utiles à l'économie des deux pays. Il en sera de même pour les questions de navigation fluviale et maritime, pour l'industrie chimique, etc. L'Allemagne veut une collaboration avec la France pour assurer la nourriture de la population française bloquée par l'Angleterre. Elle a besoin de savoir, pour aider la France à vivre, de quoi la France dispose comme avoir en or et en valeurs diverses dans le territoire non occupé.

Comme Huntziger essaie d'écarter des industriels français — au moins de ceux de zone non occupée — le calice de la coopération avec l'Allemagne pour la construction de matériels de guerre qui serviront naturellement contre l'Angleterre, Hemmen réplique :

— Il faut s'abstenir de couper les cheveux en quatre à la manière des juristes.

Ne pas couper les cheveux en quatre, cela signifie que le haut commandement allemand donnera des ordres directs aux industriels de zone occupée sans accepter la moindre ingérence du gouvernement français qui avait cru un instant pouvoir tout au moins limiter les commandes, autoriser les unes, interdire celles qu'il baptise « matériel d'agression » ou « matériel de guerre neuf à caractère agressif », ce qui entraîne une réplique allemande sur les dangers qu'il y aurait à « soulever des difficultés de nature à entraver la marche de l'industrie en territoire occupé [29] ».

Ne pas couper les cheveux en quatre cela signifie, lorsque l'on en vient à la question du travail des usines de zone non occupée, que les Allemands ne répondent même pas aux demandes de contrepartie qui

---

29. Les conversations franco-allemandes de l'automne 1940 sont, plus ou moins hypocritement, placées sous le signe du « travail à donner aux ouvriers français » et de la lutte contre le chômage. Le colonel Hünermann précise cependant, en septembre, qu'il ne s'agit pas de heurter « trop directement » les sentiments patriotiques des Français. Comme il entend « ménager la susceptibilité parfaitement respectable de la population française », il envisage d'échelonner les commandes allemandes et de faire fabriquer principalement des pièces détachées ou des matériels incomplets.

leur sont présentées par M. de Boisanger. On travaillera pour les Allemands, c'est entendu, mais qu'ils libèrent, en échange, une partie « même modeste » du territoire occupé ou une fraction importante, sinon la totalité, des prisonniers de guerre.

Le 3 septembre, le gouvernement allemand, « désireux de passer de grosses commandes aux usines françaises d'avions et de moteurs situées dans la zone non occupée », exige de nombreux renseignements allant des caractéristiques principales des moteurs d'avions fabriqués en France aux effectifs des usines, et il précise en octobre qu'il s'agirait, pour les usines françaises des deux zones, de livrer au total, en un an, 2500 appareils tant de type allemand (Messerschmitt 110, Junkers 88, Heinkel 111) que français (Dewoitine 520, Lioré 45).

Le 8 novembre, voulant accélérer les choses et « favoriser la collaboration avec la France, sur le plan industriel », Hemmen demande que les actions des sociétés nationales de constructions aéronautiques soient toutes « confiées » au maréchal Göring à titre de représentant fiduciaire. Piège dont le représentant français, M. de Boisanger, se dégagera habilement. Mais il ne pourra éviter qu'en avril 1941 les Allemands mettent sur pied un programme unique de construction aéronautique pour lequel seraient mis en œuvre tous les moyens existant aussi bien en zone occupée qu'en zone libre. Sur 100 avions construits, il est entendu, cependant, que 17 iront à la France.

Lorsqu'il quitte Vichy pour Montoire, le Maréchal a, dans ses dossiers, une note résumant, sous le titre « Collaboration avec l'Allemagne dans le domaine économique », les exigences allemandes. Elles portent sur la bauxite, l'aluminium, le magnésium, le caoutchouc, l'huile d'arachide, le phosphate, le bois d'okoumé, représentent plus de deux milliards de francs pour la zone occupée et 2500 avions à construire en moins d'un an en zone non occupée [30].

30. Bauxite : nous avons accepté, en juillet 1940, de livrer 75000 tonnes à l'Allemagne en six mois, le 8 octobre ils réclament 400000 tonnes supplémentaires. Aluminium et magnésium : un contrat d'une valeur de 600 millions de francs est signé le 3 septembre. Caoutchouc : les Allemands réclament 15000 tonnes, nous en fournirons 5000. Nous fournirons également 25 % de l'huile produite par les arachides importées des colonies, 25 % des bananes et 50000 tonnes de bois d'okoumé.

Dès les premières semaines d'occupation, l'Allemagne a précisé ses intentions sur notre économie. Elles apparaissent si contraignantes que le général Huntziger déclare, le 21 août, au ministre Hemmen que la collaboration qu'il propose « ne doit pas être celle du cheval et du cocher » et que le « gouvernement français ne veut pas dépasser certaines limites ».

Cependant, il a beau se débattre, protester, ruser, il est comme un poisson ferré qui s'épuisera avant de fatiguer le pêcheur. Les courts répits qu'il obtient ne peuvent aucunement changer son sort.

Il en va ainsi dans tous les domaines. Notamment dans celui — capital — des frais d'occupation puisque nous voilà contraints de mettre quotidiennement à la disposition des Allemands les sommes énormes grâce auxquelles ils pillent la substance française.

L'article 18 de la Convention d'armistice prévoyait « que les frais d'entretien des troupes d'occupation allemandes sur le territoire français [seraient] à la charge du gouvernement français » mais, très vite, le gouvernement allemand s'est refusé à faire la distinction entre troupes d'occupation statiques et troupes d'opération contre l'Angleterre. Les 400 millions de francs que nous devons verser QUOTIDIENNEMENT permettraient ainsi, sur la base de 22 francs par jour et par homme, l'entretien de *dix-huit millions de soldats* alors qu'il en faut environ 300 000 pour occuper la France [31] !

Qu'importe. Lorsque les Français avancent ces chiffres, Hemmen ne se laisse nullement démonter : les versements français, réplique-t-il, resteront toujours inférieurs au budget du temps de guerre. De même ne l'émeuvent pas nos innombrables protestations sur le taux de change du mark arbitrairement fixé à 20 francs, alors que sa valeur ne dépasse sans doute pas 12 francs. Les Allemands disposent ainsi de sommes énormes et bénéficient, pour tous leurs achats, d'un mark surévalué. Mais, quoi, ne sont-ils pas vainqueurs, c'est-à-dire libres de traiter à leur gré la nation défaite ?

C'est ce que dit, en termes à peine voilés, Hemmen au général Huntziger au cours de cette importante conversation du 21 août où les voiles se déchirent car, depuis juillet, nous nous refusons à régler les frais d'occupation et les Allemands réclament et menacent.

---

31. Le général Huntziger rappelle qu'en 1919, après sa victoire, la France n'avait que 200 000 hommes sur la rive gauche du Rhin. La même somme (400 millions) permet la construction d'un croiseur de 10 000 tonnes.

— En dirigeant l'exportation et l'importation de la France, l'Allemagne pourra faire vivre le peuple français comme vit le peuple allemand. Par le système monétaire de la Banque de France, le rationnement des vivres et le contrôle des prix, la stabilité du franc sera garantie au même titre que celle du mark. Il est évident que le système est tout nouveau pour les Français, mais, grâce à lui, l'Allemagne a recouvré sa grandeur. La valeur de l'or a été surestimée, et il ne faut pas oublier qu'il n'y a d'ailleurs plus d'or en Allemagne. C'est dans ce sens que les propositions faites constituent un ensemble : la France pourra payer et elle pourra vivre.

« Il s'agit, en quelque sorte, de doter la France d'un équipement pour lui permettre de traverser une période difficile ; mais la condition primordiale est l'exécution de l'Armistice : le règlement des frais d'occupation. »

Payer. Il faut payer. Hemmen n'a que ce mot à la bouche.

Huntziger se fait pathétique :

— Avec cet argent, ce mark à 20 francs alors que son pouvoir d'achat est d'environ 12 francs, les Allemands pourront acheter la France entière... La France se trouve devant un gouffre et son gouvernement a le sentiment qu'il manquerait à son devoir en cédant devant les exigences allemandes ; son peuple d'ailleurs le renierait.. Où l'Allemagne veut-elle mener la France ? La souveraineté ne serait-elle qu'un mot ?

Oui, la souveraineté n'est qu'un mot.

Et Bouthillier, ministre des Finances de Vichy, s'en aperçoit le 27 août. Il répète et amplifie, avec des arguments de technicien, les propos d'Huntziger.

— Avec les destructions de la guerre et la désorganisation générale, les sommes à prélever au profit de l'Allemagne dépassent en valeur la production actuelle de la France...

Quelle est d'ailleurs la richesse exacte de la France ? Les deux hommes en discutent âprement. L'Allemand cherchant à la surévaluer, le Français la sous-estimant comme un paysan qui enfouit son or à l'approche de l'envahisseur. Mais l'envahisseur est dans la place et, n'ayant rien obtenu, Bouthillier fera, dès le lendemain, verser 1 340 000 marks (à 20 francs) pour régler l'arriéré des frais d'occupation depuis le 25 juin.

Comment pourrait-il faire autrement que de payer alors que les Allemands impriment à volonté des marks qui ont cours forcé, permettent aux soldats des achats massifs et sont obligatoirement échangés par la Banque de France au taux de 20 francs ? Comment pourrait-il faire autrement que de payer alors que les Allemands exercent le chantage à la ligne de démarcation et tiennent l'existence du peuple français entre leurs mains ?

Du moins, il se bat, revenant sans cesse à la charge, dénonçant les excès et les pillages allemands, multipliant les notes chargées, devant l'histoire, d'établir les responsabilités, réussissant à obtenir, le 8 mai 1941, que le chiffre quotidien de 400 millions de francs soit ramené à 300, puis obtenant, le 3 juillet, de nouveaux « avantages ».

Au total, cependant, entre le 25 juin 1940 et le 31 décembre 1941, nous aurons mis 241 milliards de francs à la disposition de l'occupant, 200 au titre des frais d'occupation, 9 au titre des frais de cantonnement, qui sont réglés en « supplément » et grâce auxquels les officiers meublent leur logement, achètent des tableaux et des postes de radio, 23 pour les exportations françaises en direction de l'Allemagne non compensées par les importations, 10 au titre des saisies. Pour avoir une idée de ce que représentent ces sommes, et sans vouloir chercher à établir une difficile comparaison avec 1977, il suffit de rappeler que le revenu national de la France, en 1940, après la défaite, était estimé à 130 milliards de francs[32] !

Mainmise sur la fortune française.

---

32. A l'heure des explications, c'est-à-dire après la Libération, Bouthillier écrira, pour justifier en partie l'armistice, que, si l'Allemagne put disposer de juin 40 à août 44, tant à son compte en banque qu'à celui des paiements par compensation (représentés par l'excédent des exportations françaises en Allemagne sur les importations en France de marchandises allemandes) de 745 milliards de francs, soit 40 milliards de marks, ces chiffres, pour la Belgique, sont de 10,5 milliards de marks, pour le Danemark de 4 milliards, pour la Norvège de 12, pour les Pays-Bas de 26,5. Il en conclut que, par rapport à la population de ces cinq pays, la charge la plus faible, par tête d'habitant, a été payée dans les pays (France, Danemark, Belgique) où existait un gouvernement ou une administration capable de lutter — même s'ils ne pouvaient totalement les empêcher — contre les empiétements allemands. Ainsi, en Hollande, le pillage fut-il quatre fois plus important qu'en France.

Bouthillier note également qu'au fur et à mesure que le maréchal Pétain et son gouvernement perdront de leur influence les pressions et exigences allemandes se feront plus vives.

En France, à partir du 11 novembre 1942, date de l'occupation de la zone libre, la moyenne mensuelle des frais d'occupation passe de 10 milliards de francs à 16. Pour le compte de compensation, la moyenne mensuelle *quintuple :* 1 200 millions de francs de 1940 à 1942, 5 800 de 1942 à 1944.

Également sur le territoire.

A Compiègne, pas un seul instant, il n'a été question de l'Alsace et de la Lorraine. Dans le projet rédigé par le colonel Böhme, Hitler a supprimé un paragraphe qui parlait d'annexion. De leur côté, les Français n'ont pas soufflé mot du problème. A Vichy, le 10 juillet, des députés, membres de la Commission de l'armée, ont demandé à leurs collègues alsaciens et lorrains — qui devaient tous voter pour le texte gouvernemental — de ne pas manifester, de ne pas se singulariser, de n'émettre ni doutes ni craintes puisque la thèse officielle française est que la Convention d'armistice n'a fait aucune différence entre les territoires qui constituaient la France en 1939, au moment de la déclaration de guerre à l'Allemagne.

Garder le silence sur le problème ne suffit pas à le supprimer. Le 28 juin, Hitler fait son entrée solennelle à Strasbourg. Ses paroles ne laissent alors aucun doute sur ses intentions[33]. Ses actes moins encore. Il décide, en effet, d'installer une administration militaire dans les anciennes Terres d'Empire et, dès lors, s'engage, entre Vichy et Berlin — Wiesbaden étant le champ privilégié du combat —, une longue guerre de notes. « Guerre de notes » le mot est impropre. Nous sommes les seuls à écrire. Les Allemands ne répondent pas mais, en accumulant des protestations, nous espérons moins les faire changer d'avis que prendre position pour l'histoire.

Alors que l'article 3 de la convention d'armistice maintient, à la France, ses droits de souveraineté et d'administration, dans les territoires occupés, le Reich, profitant du vide créé par l'exode, nomme, dès juin, des préfets et sous-préfets allemands en Alsace aussi bien qu'en Lorraine, arrête le préfet du Bas-Rhin, chasse le sous-préfet de Molsheim demeurés à leur poste, remplace le franc par le mark ; expulse, après avoir confisqué leurs biens, juifs, Nord-Africains, Français de l'intérieur et, le 24 juillet, reporte le cordon douanier sur la frontière tracée après notre défaite de 1870. Arnal, l'un

33. Dans *Mein Kampf*, publié en 1924, Hitler écrivait : « La question d'Alsace-Lorraine n'a été résolue qu'à moitié. Au lieu d'écraser, une fois pour toutes, d'une poigne brutale, la tête de l'hydre française pour accorder ensuite aux Alsaciens l'égalité des droits, on n'a fait ni l'un ni l'autre. » Venu au pouvoir, Hitler allait, pour rassurer la France, affirmer à plusieurs reprises qu'il n'avait aucune visée sur les territoires que nous avions libérés en 1918.

des négociateurs français, apprend cette décision le 5 août à Wiesbaden, alors qu'il examine avec le ministre Hemmen le plan de remise en place des douaniers français.

— Si je vous entends bien, dit Arnal, nous pourrons bientôt renvoyer à Kehl et à Saint-Louis nos agents de douane.

— Non, réplique Hemmen avec embarras, et c'est lui qui fait connaître à Arnal qui, à son tour, en informera le gouvernement de Vichy, cette scandaleuse « rectification de frontière », annexion de fait que jamais les Allemands ne chercheront à transformer en incorporation de droit.

— Nous ne sommes ni l'un ni l'autre compétents pour discuter de la décision allemande, poursuit Arnal. La mesure prise a un caractère politique. A titre purement personnel, je dois vous dire qu'elle fera sur le gouvernement français l'impression que vous devinez.

— Je n'ai pas d'opinion, je n'ai qu'une fonction, murmure Hemmen en guise de justification...

Bürckel, gauleiter de Sarre, dont un auteur allemand a écrit qu'il ressemblait au baron féodal farouchement attaché à son suzerain, reçoit l'administration de la Lorraine, Robert Wagner, gauleiter de Bade, celle de l'Alsace. C'est ce Robert Wagner, homme intelligent, subtil, complexe, ami d'Hitler qu'il a connu dans les jours difficiles du nazisme débutant, qui, lors de la première conférence réunissant tous ses collaborateurs, déclarera : « Quand cinq ans de notre travail commun auront passé, il n'y aura plus de problème alsacien. »

Immédiatement, et partout où ils se trouvent, les Allemands s'érigent en « protecteurs » des Alsaciens et des Lorrains. A Lyon, ils profitent de leur court séjour pour faire savoir au maire Édouard Herriot, comme aux principaux magistrats municipaux, qu'ils seront tenus pour responsables des mauvais traitements que pourraient subir les réfugiés de l'Est.

Avec l'aide des autonomistes, ils organisent le recensement de tous ceux qui, à tort ou à raison, se plaignent de l'administration française.

C'est ainsi que plusieurs Alsaciens internés dans le Sud-Ouest, Lothar K..., Albert B..., Aloïse B..., Henri G... demandent « à devenir allemands plutôt que de rester citoyens français ». Des élèves de l'École normale de Strasbourg, repliée sur Périgueux, protestent contre les pressions dont ils sont l'objet de la part du personnel enseignant ; dans le camp de jeunesse situé près de la forêt de Tronçais, dans l'Allier, quelques-uns des cent cinquante Alsaciens-Lorrains mobilisés affirment qu'ils sont traités « comme des prisonniers », reçoivent une mauvaise nourriture et n'ont pas le droit de fréquenter la population civile.

Protestations qui comblent d'aise les Allemands et alimentent les querelles qu'ils nous cherchent.

Le 29 août, le général von Stülpnagel se plaint, et sur quel ton, au général Huntziger.

« Comme vous le savez, le gouvernement du Reich s'est fait, depuis des années, un devoir d'honneur de s'occuper de tous les membres de la Communauté allemande et de leur prêter aide et assistance. Un traitement injuste des Allemands d'Alsace-Lorraine dans la question de leur rapatriement serait donc de nature à indisposer gravement le gouvernement du Reich. Au surplus, des mesures tendant à désavantager les membres de la Communauté allemande ne correspondraient en rien à l'esprit du traité d'armistice. »

Les Allemands, par tous les moyens, vont donc s'efforcer de « récupérer » ceux qu'ils considèrent comme des nationaux.

Ils libèrent les prisonniers de guerre alsaciens et lorrains. C'est facile. Ils lancent également de pressants appels à ceux qui, en 1939, ou au moment de l'exode, ont gagné le sud de la France ; n'hésitent pas à envoyer des patrouilles motorisées dans le département de la Loire, qu'ils viennent pourtant d'évacuer, pour rassembler les réfugiés alsaciens et lorrains et les reconduire dans leur département d'origine. En avril 1941, le « débauchage » n'est pas terminé. A la société alsacienne de constructions mécaniques de Clichy, aux établissements Lavalette de Saint-Ouen, dans la Côte d'Or, des ouvriers et ouvrières reçoivent, des Allemands, l'ordre de rejoindre leur terre natale...

Comme la décision est cruelle à prendre pour ces hommes et ces femmes, mal installés dans des départements « d'accueil », n'ayant, le plus souvent, ni travail, ni liens sentimentaux, isolés, parfois cruellement par la barrière de la langue. Un journal des Alsaciens-Lorrains protestants réfugiés en Dordogne fera allusion, en octobre 1941 encore, à ces valises faites, défaites, deux fois, trois fois, par des familles qui ne peuvent « se décider à retourner vers une Alsace changée ».

Comme la décision est difficile à prendre en face des délégués de la Croix-Rouge allemande, qui sont autorisés à circuler comme ils l'entendent en zone libre et à « s'entretenir » avec les réfugiés. Ils séduisent certains d'entre eux. Le 10 août, repartent ainsi de Périgueux 10 autocars, 3 voitures, 10 gros camions de l'organisation Todt arrivés deux jours plus tôt et qui ramènent à Strasbourg des réfugiés embarqués avec 50 kilos de bagages et trois jours de vivres.

« Chacun est libre de partir ou de ne pas partir », a fait savoir aux Alsaciens le préfet de la Dordogne, avant le passage des commissions allemandes. C'est vrai. En théorie.

Mais c'est avec acharnement que le général von Stülpnagel exige que tous les soldats de l'armée d'armistice, que tous les membres des camps de jeunesse originaires d'Alsace et de Lorraine soient libérés avant le 1er janvier 1941. Les tergiversations du gouvernement de Vichy qui, là encore, s'efforce de ruser, de gagner du temps, se révèlent inutiles face à des vainqueurs obstinés, soucieux de n'oublier aucun de ceux qu'ils considèrent comme leurs ressortissants au point qu'à Chalon-sur-Saône un officier allemand réclame véhémentement la remise de *deux* Français nés dans les départements de l'Est et que les camps de jeunesse de zone libre sont systématiquement visités par des officiers allemands prêchant le retour « au pays ».

Les Allemands rapatrient.

Et ils expulsent.

Leur dessein n'apparaît pas comme très cohérent. Il l'est cependant dans la mesure où il s'agit pour eux d'éloigner définitivement tous ceux qui pourraient s'opposer à l'œuvre de germanisation et de nazification. Sont d'abord expulsés tous les Français arrivés après 1918. Que feraient-ils d'ailleurs dans un pays où l'allemand redevient langue officielle ? Leurs terres sont données à 3 000 ou 4 000 paysans allemands venus de la ligne Siegfried devant qui le chef des paysans du district de Sarre [34] fait miroiter la perspective de villages neufs et fonctionnels. Leurs biens sont vendus aux enchères ou même, comme dans le cas du général Reibell, qui habite 1, place Brant à Strasbourg, directement transportés en Allemagne.

Les *Strassburger Menesten Nachrichten* du 30 septembre, sous la signature de l'huissier Otto Zimmermann, annoncent ainsi les ventes :

34. Il s'appelle Bonnet mais n'en est pas moins allemand.

« Le mercredi 2 octobre 1940, de 8 heures à midi, et jours de semaine suivants aux mêmes heures.

« Dans la salle de l'ancien Cercle catholique à Verbruck (Grande Rue), près de Schirmeck, seront vendus aux enchères au comptant, plus 20 %, tous les meubles, objets mobiliers et de ménage, séquestrés, appartenant aux ménages juifs et français.

« Visite avant le commencement de chaque séance. »

Les Français protestent. Régulièrement. Obstinément. Mais, comme le dit une note du mois d'octobre, ils se heurtent « à un silence absolu ». A Vichy, c'est Weygand qui, faisant référence à ce qui s'était passé en 1871, à Bordeaux, lorsque les députés d'Alsace et de Lorraine avaient pris la France et le monde à témoin de la violence qui était faite aux populations annexées, voudrait que nos protestations soient publiques, qu'elles aient un caractère « solennel », qu'alertant l'opinion elles puissent impressionner l'occupant. Il ne parviendra pas à convaincre le gouvernement français que la peur des réactions allemandes paralyse. Lettres et notes ne seront donc jamais connues qu'à Wiesbaden et à Berlin où elles sont classées sans susciter la moindre réponse.

Même lorsqu'il s'agit de la lettre en douze points[35] adressée le 3 septembre par Huntziger à Stülpnagel, lettre reprenant tous nos griefs et qui s'achève sur ces mots : « Fort de son droit, le Gouverne-

---

35. Mon Général,

D'ordre de mon Gouvernement, j'ai l'honneur de vous transmettre la déclaration suivante :

Depuis l'entrée des forces allemandes dans les départements du Haut-Rhin, du Bas-Rhin et de la Moselle, les autorités allemandes d'occupation ont pris un grand nombre de mesures qui ont pour effet de priver la France de ses droits de souveraineté sur ces territoires.

Parmi ces mesures, le Gouvernement français ne veut citer que les suivantes :

1) Les préfets, sous-préfets et maires, ainsi que nombre de fonctionnaires d'origine non locale ou dont les tendances passaient pour suspectes, ont été évincés de leurs sièges respectifs.

2) Mgr Heintz, évêque concordataire de Metz a été chassé de son diocèse. Plusieurs membres du clergé, tant séculier que régulier, ont été également expulsés sous le prétexte qu'ils étaient de langue ou de mentalité française.

3) Mgr Ruch, évêque concordataire de Strasbourg, s'est vu également interdire l'accès de son diocèse et, par voie de conséquence, la reprise de son ministère.

4) M. Joseph Burckel a été nommé, le 7 août, gauleiter de Lorraine et M. Robert Wagner, gauleiter d'Alsace. La première de ces provinces a été rattachée au gau de Sarre-Palatinat et la seconde à celui de Bade.

5) L'Alsace et la Lorraine ont été intégrées dans l'administration civile de

ment français élève une protestation solennelle contre les mesures prises en violation de la Convention d'armistice à l'égard des départements alsaciens et lorrains et de leur population et qui constituent une annexion de fait de ces territoires. »

Stülpnagel fait mine de ne pas avoir lu, de ne pas avoir entendu. Tels sont les ordres de Berlin qui craint cependant — à la fin du mois d'août — que Vichy ne dénonce l'armistice.

C'est seulement en novembre que les Allemands mettront fin à leur silence... mais uniquement pour opposer une fin de non-recevoir à nos protestations consécutives à l'expulsion d'Alsaciens et de Lorrains jugés trop francophiles.

Entre le 11 et le 20 novembre, en effet, les Allemands expulsent 70 000 personnes de la zone Moyeuvre, Courcelles-Chaussy, Dieuze,

---

l'Allemagne. La frontière et la police douanière ont été portées à la limite occidentale de ces territoires.

6) Les chemins de fer ont été incorporés dans le réseau allemand.

7) L'administration des Postes, télégraphes et téléphone a été prise en main par les postes allemandes qui substituent graduellement au personnel en place leur propre personnel.

8) La langue française est éliminée tant de la vie administrative que de l'usage public.

9) Les noms des localités sont germanisés.

10) La législation raciale de l'Allemagne est introduite dans le pays, à la faveur de cette mesure. Les israélites sont expulsés ainsi que ceux des nationaux que l'autorité allemande tient pour des intrus.

11) Seuls les Alsaciens et les Lorrains, qui consentent à se reconnaître comme étant de souche allemande, sont admis à réintégrer leur foyer.

12) Le patrimoine des associations de caractère politique et des juifs est frappé de confiscation, de même que les biens acquis postérieurement au 11 novembre 1918 par les Français.

Rien n'illustre mieux l'esprit qui anime ces mesures, en elles-mêmes arbitraires, que les paroles prononcées publiquement le 16 juillet, à Strasbourg, par M. Robert Wagner. Faisant état de l'élimination en cours de tous les éléments de souche ou de nationalité étrangère, ce haut fonctionnaire affirmait que le dessein de l'Allemagne était de régler une fois pour toutes la question d'Alsace.

Une pareille politique, qui ne saurait être le fait d'organe d'occupation subordonnée, équivaut à une annexion déguisée et est formellement contraire aux engagements souscrits par l'Allemagne à Rethondes.

En effet :

C'est avec la France entière, dans ses frontières de l'État de 1939, que l'Allemagne a signé la convention du 22 juin.

C'est l'intégrité de la France entière que l'Allemagne a comprise dans la convention d'Armistice, en précisant que le Gouvernement français avait le droit d'administrer les territoires occupés et non occupés, sans limitation territoriale aucune.

Héming, Abreschviller. Elles ne peuvent emporter avec leurs bagages à main qu'une somme de 20000 francs Goût du parallèle, des vengeances à la mesure de ce que fut l'injure. Les Allemands affirment, en effet, qu'en expulsant les francophiles ils agissent comme ont agi les vainqueurs de 1918 qui ont expulsé plus de 100000 Allemands établis en Alsace-Lorraine, expulsions faites, d'après certains témoins, dans des conditions quelque peu choquantes[36].

Le gouvernement français n'est même pas informé des jours d'expulsion, ce qui interdit d'organiser l'accueil. Entre le 4 et le 17 décembre, 8646 Alsaciens ou Lorrains arrivent ainsi à Lyon où ils rejoignent des milliers d'autres expulsés logés dans les locaux de la Foire.

On offre à tous des secours matériels. Il leur faudrait surtout des secours moraux, l'assurance que le gouvernement est proche d'eux dans le malheur. Le gouvernement et les ministres se gardent bien d'intervenir publiquement à l'exception d'Alibert qui, en visite à Lyon, le 6 novembre, prononce, devant les réfugiés dont il a la charge, quelques paroles de réconfort dont le sens sera, affirme-t-il, complètement déformé par la presse. Alibert prétend aussi avoir insisté auprès du maréchal Pétain pour que la réunion d'armistice du 20 novembre élève une protestation publique contre les expulsions d'Alsaciens. Cette réunion se contente d'entériner les principales décisions allemandes ou de chercher à en atténuer la portée. Hypocritement parfois.

C'est ainsi que les ministres présents autour du Maréchal (Laval, Darlan, Huntziger, Baudouin, Alibert, Bergeret) tombent d'accord pour que les jeunes Alsaciens-Lorrains soient regroupés dans les camps les plus proches de la ligne de démarcation. On facilitera ainsi l' « évasion » de ceux qui se sentent le cœur nazi... sans avoir l'air de céder aux pressions des Allemands ! En ce qui concerne les expulsions, il est entendu seulement que l'on priera le Reich d'interrompre les départs en hiver et de les limiter à 10000 par mois[37].

---

36. Le chanoine Muller écrit que c'est de cette époque — 1919 — que date la formule « 30 kg de bagages à main et au maximum 2000 marks en billets de banque ». D'après lui, 110000 Allemands ou Alsaciens considérés comme germanophiles furent expulsés. Or, l'annexion ayant près d'un demi-siècle, bon nombre d'Alsaciens étaient nés allemands et avaient été élevés dans la civilisation et la culture allemandes.

37. Dans une allocution du 30 novembre le maréchal Pétain annonce aux Français que « 70000 Lorrains sont arrivés en zone libre ayant dû tout abandon-

Les expulsés arrivent donc en zone libre.

Où les envoie-t-on après un court séjour dans un centre d'accueil ?

En Dordogne, lieu d'asile désormais traditionnel. Ils sont 247 à Mussidan, le 19 novembre, débarquant de la commune de Vigy en Moselle, 247 qui, écrit M. Thelliez, commissaire spécial de la Sécurité du territoire, « font preuve d'un moral élevé et des meilleurs sentiments à l'égard du maréchal Pétain dans lequel ils semblent avoir mis toute leur confiance ». Le 21 novembre, 280 sont à Ribérac. Ils viennent de Solgne-Sécourt, Trogny et Peltre. Beaucoup d'entre eux portent des cocardes tricolores. Les uns et les autres débordent de sentiments patriotiques. Et de récits où un peu de faux se mêle à beaucoup de vrai. Ils racontent qu'à Sécourt vingt-cinq douaniers sarrois sont installés, qu'ils se laissent aisément corrompre par les cultivateurs mosellans ; que le prix de la vie a triplé depuis le début de l'occupation allemande ; que la visite d'Hitler à Metz a été décommandée ; que les Anglais, en bombardant le terrain d'aviation de Frescaty, lancent également des tracts faisant allusion aux tentatives infructueuses d'invasion de l'Angleterre. « Nourrissez-les bien, nous nous chargerons de leur donner à boire. Ayez patience et confiance » ; que tous les instituteurs ont été envoyés en stage en Allemagne et qu'au début des classes les enfants doivent faire le salut hitlérien ; que de nombreuses bagarres éclatent, tous les jours, à Strasbourg et à Mulhouse ; que les Allemands ont miné la gare de Metz, la cathédrale et la poste ; que, l'allemand étant désormais langue officielle, les habitants ont été obligés de substituer à leurs prénoms français des prénoms allemands[38] ; que les noms des rues comme ceux des villes ont été changés ; que l'on fait la chasse à tout ce qui peut rappeler (béret basque ou tour Eiffel) la patrie française ; qu'à l'exception d'un périodique à tendance autonomiste tous les journaux ont été supprimés et remplacés par des feuilles dirigées par des Allemands.

---

ner » et il demande à la population de venir matériellement et moralement à leur secours.

Le radio reporter Alex Surchamp a déclaré par ailleurs que Pierre Laval lui avait demandé de « laisser parler les Alsaciens » qui arrivaient en gare de Clermont-Ferrand, ajoutant : « Il est vraisemblable que leurs propos seront amers. Enregistrez-les quand même. Il est des choses qu'il faut qu'on sache. »

38. On a modifié également leurs noms de famille si ceux-ci ont une consonance française.

Ils disent aussi que l'administration civile se trouve désormais doublée, comme en Allemagne, et à tous les échelons, d'un corps de contrôle du Parti nazi ayant pour tâche de vérifier la stricte application des principes et des consignes du parti. Que le Blockleiter (chef d'un bloc de maisons) veille à ce que la population pavoise et manifeste aux jours où il est exigé de pavoiser et de manifester, surveille ceux qui portent l'insigne du Parti ou plutôt ceux qui ne le portent pas, ceux qui, à la fin des spectacles, ne chantent pas « les chants de la nation »...

Les réfugiés apportent également une affiche signée du Gauleiter Burckel[39], affiche dans laquelle Burckel annonce que l'action en cours ressemble à celle entreprise au Tyrol du Sud et en Bessarabie et que la transplantation doit être réelle afin que « les enfants et les petits-enfants vivent enfin en paix ».

Le calvaire des Alsaciens et des Lorrains commence. Il ira s'intensifiant au fur et à mesure du développement des événements militaires, la guerre en U.R.S.S. accélérant la germanisation, la volonté d'identification et d'assimilation (fût-ce pour les seuls besoins de la mobilisation) des Alsaciens et des Lorrains.

Dans la seconde quinzaine de mai 1941, M. Lefeuvre, ancien conseiller commercial de l'ambassade de France en Allemagne, où il a vécu vingt ans et noué de nombreuses amitiés, revient à Berlin pour un voyage d'une semaine. Voyage passionnant dont, le 13 juin, il rend compte au gouvernement, annonçant d'ailleurs, entre autres informations, « l'imminence d'une campagne contre le Caucase », car la prolongation de la guerre et le manque de matières premières rendent « indispensable », selon ses interlocuteurs, « une campagne dans le sud de la Russie ».

Avec M. Hencke, ancien représentant de l'Office des affaires étrangères à la Commission allemande d'armistice, M. Lefeuvre s'est entretenu des conditions de paix future.

— Elles seront très dures, déclare Hencke. Il est juste que le vaincu paye. La collaboration ne changera pas le fait que la France est un État vaincu ; elle veut seulement créer une ambiance qui assainira l'avenir, une fois la note payée.

39. La traduction de cette affiche est envoyée à la préfecture de la Dordogne qui l'expédie à Vichy.

Comme M. Hencke poursuit en évoquant les futures rectifications de frontière, M. Lefeuvre demande :

— Vous parlez sans doute de l'Alsace-Lorraine?

— Non, car, dès à présent, la question de l'Alsace-Lorraine ne se pose évidemment plus.

En Alsace-Lorraine, l'Allemagne pratique la politique du fait accompli. Elle agit avec la même désinvolture dans les départements du Nord et du Pas-de-Calais artificiellement rattachés à l'administration de Bruxelles.

Là, les Allemands se mêlent si étroitement des problèmes français, allant jusqu'à exiger de donner leur agrément aux nominations des chefs de la gendarmerie et de la police, notifiant jusqu'à cinquante-six lois et arrêtés relatifs aux Comités d'organisation de l'industrie, au rationnement et à la répartition de divers produits, que le préfet du Pas-de-Calais croit pouvoir écrire que les occupants veulent peu à peu séparer les deux départements du reste de la France « pour les amalgamer à la Belgique et, sans doute, au IIIe Reich, où l'on se rappelle que l'Artois et les Flandres faisaient partie de l'Empire de Charles Quint ».

L'Allemagne intervient encore dans l'Aisne, les Ardennes, la Meuse, la Meurthe-et-Moselle, la Somme, les Vosges où, à la fin de l'année 1940, plus de 300 exploitations, représentant 70 000 hectares environ[40], ont été confisquées aux propriétaires français pour être « confiées » à des paysans allemands.

Les ordres du commandement militaire du 28 octobre et du 31 octobre 1940 indiquaient que devaient immédiatement être pris en charge les exploitations agricoles et les terrains qui sont « la possession des troupes », les exploitations abandonnées par les Français partis en exode… et dont la police allemande empêche le retour, « les exploitations agricoles dont les propriétaires français sont rentrés, mais qui ne sont pas exploitées comme il est nécessaire pour l'application des méthodes allemandes ».

40. C'est dans les Ardennes et la Meuse que les spoliations sont les plus grandes. Elles touchent, dans chacun de ces départements, une centaine d'exploitations. Ces chiffres iront en augmentant puisqu'en mai 1941, dans les Ardennes, le nombre des exploitations occupées est passé de 100 à 400.

Cette mainmise, cette colonisation ont vraisemblablement pour but de « prendre date » afin, lors des pourparlers de paix, de pousser aussi loin que possible la frontière allemande et de tenter de rattacher au Reich des départements vidés d'une partie de leur population française qui aurait été remplacée par des chefs de culture allemands et des ouvriers polonais[41].

Mais les Allemands protestent de la pureté de leurs intentions. L'Ostland, agence du ministère du Ravitaillement et de l'Agriculture, cultive seulement, selon eux, des biens abandonnés ou mal administrés. L'Allemagne a d'ailleurs expédié à destination de ces terres 100 000 tonnes de pommes de terre de semence, du blé, de l'orge, du chanvre...

Les Allemands font abondamment état de ces envois. M. de Bourdeille, l'un de nos représentants à Wiesbaden, leur fait remarquer alors avec une froide ironie :

— Je ferai part de ces renseignements aux autorités françaises compétentes, qui seront, sans doute, satisfaites d'apprendre que les réquisitions massives effectuées par les autorités allemandes ont été quelque peu compensées par ces remises de semence.

De toutes les manifestations de la présence et de la puissance allemande, la plus irritante, la plus humiliante est sans conteste cette ligne de démarcation qui isole la France du blé de la France de la vigne ; la France du charbon et du fer de la France des fruits : la France des grandes villes de la France paysanne[42]. Près de 29 millions de Françaises et de Français sur 304 368 kilomètres carrés d'un côté. 13 millions de l'autre qui vivent sur un territoire à peine moins vaste : 246 618 kilomètres carrés.

66 % des terres labourables, 63 % des cultures maraîchères, 62 % des céréales, 70 % des pommes de terre, 77 % des chevaux, 65 % des bovins, 59 % des produits maraîchers se trouvent en zone occupée où s'exercent également 97 % des activités de la pêche maritime : la zone libre, 72 % de toutes les terres incultes françaises, ne produit que

---

41. Le général Doyen, au moment du procès du maréchal Pétain, put affirmer que les Allemands avaient l'intention d'annexer les sept départements colonisés par l'Ostland et qu'il prévint le Gouvernement français de cette volonté.

42. Schématiquement : Lyon et Marseille sont en zone non occupée, mais 79 % des mineurs, 73 % des ouvriers d'industrie vivent en zone occupée.

13 % du beurre, 38 % des céréales, 30 % des pommes de terre. Deux fortunes seulement : le vin et les fruits.

Pierre Caziot, qui fut ministre de l'Agriculture de Vichy, écrit de la ligne de démarcation qu'elle coupait la France « d'une façon diabolique ». C'est vrai. Et les Allemands s'en servent comme du plus efficace des moyens de pression. En l'entrouvrant, en la fermant, il leur est possible d'influencer la vie quotidienne de millions de Français.

Dans les premières semaines de l'occupation, les Allemands affirment qu'ils établiront un régime très libéral, accorderont les laissez-passer avec générosité, permettront le libre passage de toutes les correspondances, « le contrôle allemand se réservant seulement le droit d'ouvrir de temps en temps quelques lettres ». Il sera même possible d'envoyer des photos « de Boulogne et de toute la côte de la Manche[43] » !

Autant en emporte le vent Très vite, la rigueur ira en augmentant.

La ligne de démarcation constituera donc, avec le sort des prisonniers, le souci majeur du maréchal Pétain et de ses ministres, le souci majeur de tous les Français.

Dès le 10 septembre, le préfet de police Roger Langeron note, dans son journal, les préoccupations prioritaires de la population parisienne. Il établit l'ordre suivant :

« — Circulation entre les deux zones.

« — Dans quelles conditions fonctionne le bureau des laissez-passer ?

« — Transfert des marchandises de zone à zone.

« — Correspondance et colis aux prisonniers... »

C'est que tout est problème depuis la création de la ligne de démarcation. Les enterrements. A Saint-Sever, dans les Landes, la ligne qui suit la voie ferrée Mont-de-Marsan-Dax isole la ville du cimetière situé en zone libre.

En août 1940, le chef de la Standortkommandantur de Saint-Sever adresse au maire de la ville la lettre suivante. « Étant donné la situation particulière du cimetière de Saint-Sever, j'autorise le passage de la ligne de démarcation jusqu'au cimetière pour toutes les person-

43. Déclaration de M. Hemmen à M. de Boisanger le 27 septembre 1940.

nes assistant à l'enterrement. On autorise également le passage du corbillard. »

Les vacances. Les négociateurs français interviennent pour que les élèves de l'école nationale de lunetterie d'Oyonnax puissent franchir la ligne à l'occasion des congés scolaires.

Les transports. Certains d'entre eux sont rendus impossibles par les fantaisies de la ligne. On modifie donc, en plein cœur de la France, l'emplacement de « postes frontières » d'un kilomètre ou deux pour améliorer des situations aberrantes. Les Allemands autorisent ainsi l'utilisation de la gare de Ligueil (Indre-et-Loire) pour l'exploitation de la ligne Loches-Ligueil-Le Grand Pressigny, à la condition que les trains français passent en gare de jour seulement et sans s'arrêter.

Ils ouvrent et ferment la ligne suivant leur humeur ou, plus exactement, en fonction des besoins de leur politique. C'est un remarquable moyen de pression sur une nation dont aucune « zone » ne peut vivre en autarcie et dont la population est avide de nouvelles, de rencontres [44].

Le gouvernement de Vichy voudrait obtenir la liberté de circulation totale des personnes et des biens, en échange il serait prêt à autoriser quelques dizaines d'agents allemands *en civil* à stationner sur toutes nos frontières, c'est-à-dire essentiellement sur les frontières qui bordent la zone libre puisque, pour les autres, les Allemands n'ont besoin d'aucune autorisation. L'occupant trouve cette formule acceptable. Elle le mettrait, en effet, en position d'intégrer la totalité de la France à l'Allemagne hitlérienne, mais ses exigences sont telles (il désire 2400 douaniers en armes sur la seule frontière espagnole, des douaniers à Marseille, sur tous nos aéroports et qu'ils aient le droit de diriger les fonctionnaires français) que Vichy proteste puis renonce. Des allégements sont-ils enfin accordés, en septembre et octobre 1940, pour le transfert des marchandises et pour les mouvements de fonds, tout est remis en cause après le 13 décembre et le renvoi de Pierre Laval.

---

44. Dans les premiers jours de juillet, nous avions imaginé que la ligne de démarcation n'avait qu'un but militaire, celui d'établir une censure du courrier, un contrôle des voyageurs entre les départements où se poursuivaient les opérations contre l'Angleterre et la France de zone libre, en contact avec la Suisse, l'Espagne, l'Afrique. Et les Allemands ne nous avaient pas détrompé qui accordent, le 5 juillet, des facilités de circulation aux agents de la S.N.C.F. Mais, le 27 du même mois, tout est remis en question. Comme a été remis en question, dix jours plus tôt, le droit des Français à correspondre.

Comme le dit Hencke, en janvier 1941, à de Saint-Hardouin qui se plaint de l'impossibilité où se trouvent ministres, fonctionnaires, évêques, préfets de rejoindre Paris.

— Nous n'y sommes pour rien ici, à Wiesbaden. Vous devez deviner les raisons de la fermeture. Elles sont liées à une situation politique qui, je l'espère, sera bientôt heureusement éclaircie.

C'est avouer la véritable signification de la ligne de démarcation.

— Langon. Ligne de démarcation. Quarante-cinq minutes d'arrêt. Tous les voyageurs descendent de voiture avec leurs bagages.

— Chalon. Cinquante minutes d'arrêt. Le contrôle des voyageurs se fait dans les compartiments. Tous doivent rester à leur place, personne n'a le droit de descendre sur le quai.

Quelle que soit la formule, elle annonce l'arrivée des « fouilleurs » précédés d'un officier allemand : « Préparez les cartes d'identité et les Ausweis de passage ». Les papiers sont vérifiés par un second officier qui tourne et retourne les cartes d'identité, à l'affût de toute annotation suspecte, l'œil allant du visage à la photo. Un troisième Allemand arrive.

— Avez-vous des papiers d'affaires ? Des lettres ? Des devises étrangères ?

Personne n'a jamais rien à déclarer. Dans un épais silence, l'Allemand ouvre des valises, fouille dans des sacs riches de nourritures terrestres, rafle quelques journaux imprimés en zone occupée, fait ouvrir des portefeuilles, trouve, ne trouve pas. Quelquefois il dit :

— Rangez-vous de côté.

L'homme (ou la femme) à qui s'adresse la phrase sait qu'au mieux il devra prendre le train suivant. Avant que son sort ne soit fixé, il lui faudra subir une fouille sévère... Fouille qui n'épargne personne. Comme à plaisir, les Allemands humilient ces « notables » qui font toujours partie de la réalité française.

M. Porte, préfet de l'Allier, écrit ainsi le 6 juin 1941 au Feldkommandant pour protester contre les excès de zèle de certains douaniers opérant au pont de Régemortes qui relie Moulins au quartier de la Madeleine. N'ont-ils pas fouillé « de fond en comble » l'évêque alors que, le 5 juin, le chancelier de l'Évêché « était complètement déshabillé ». « Des femmes distinguées, poursuit le préfet, et peu soupçonnables, ne se livrant pas à un trafic clandestin, ont subi le même traitement. »

Être ministre ne donne aucun droit particulier. Lorsque Carcopino est nommé à l'Éducation nationale, et qu'il veut rejoindre son poste, les Allemands lui font attendre pendant dix-sept jours l'autorisation nécessaire. Xavier Vallat est-il, avec l'accord allemand, promu commissaire aux Questions juives, on lui refuse ce laissez-passer permanent que l'amiral Darlan reste longtemps seul ministre à posséder, car ainsi, comme le dit une note allemande du 5 avril 1941, « il sera plus facile de contrôler ses voyages ».

Champions du « système D », les Français, au début de l'occupation, inventent mille motifs graves — puisque ce sont les seuls admis — de se rendre de l'autre côté de la ligne. Mais les Allemands ont vite fait de déceler les mensonges de certificats médicaux qui prescrivent à des milliers de Françaises, en excellente santé, des cures au Mont-Dore, à Royat, à Cauterets. Pour avoir quelque chance d'obtenir les précieux Ausweis, il faut donc se munir de télégrammes — certifiés conformes par la mairie du lieu d'expédition — annonçant des accouchements difficiles, des décès, des maladies graves de très proches parents. Et puis, des heures durant, faire la queue en compagnie de deux ou trois cents candidats au départ jusqu'au moment où l'on atteint ces bureaux, tous ornés de la photo du chancelier Hitler, dans lesquels des officiers ennuyés, sceptiques et polis, soupèsent la valeur des crises cardiaques et des péritonites.

Lorsqu'ils ne peuvent se procurer l'Ausweis libérateur ; lorsqu'ils en ont assez de correspondre seulement par cartes interzones[45], treize

45. .... le 194
.... en bonne santé .. ... fatigué
.... légèrement, gravement malade, blessé ......
.... tué .... prisonnier ....
.... décédé .... sans nouvelles de ....
La famille .... va bien
.... besoin de provisions ...... d'argent ......
.... nouvelles, bagages ...... est de retour à ......
.... travaille ...... va rentrer à l'école de .... .
.... a été reçu .... aller à .... le ....
Affectueuses pensées. Baisers............ Signature

lignes pour l'amour, l'amitié, la vie quotidienne, treize lignes déjà plus qu'à moitié imprimées et dont il faut seulement remplir les blancs ; lorsqu'ils soupçonnent que les Allemands les recherchent ; lorsqu'ils sont juifs : lorsqu'ils sont résistants et veulent rejoindre de Gaulle ; ou lorsque, tout simplement, moralement étouffés par le poids de la présence allemande, ils espèrent trouver, en France libre, un autre climat, d'autres drapeaux, alors les Français organisent leur fuite.

Toute interdiction étant faite pour être violée, ils passeront donc la ligne en fraude. Et la feront passer aux correspondances secrètes, aux lettres d'amour, à ces mille riens qui ont de l'importance dans des années de pénurie.

Clandestinement donc, c'est-à-dire par le truchement d'un passeur bénévole, Raoul Laporterie, installé près de Mont-de-Marsan, Jean Maître expédie à sa belle-mère quelques semences de pois, fèves, carottes...

Clandestinement, des lettres et des hommes passent. Il suffit parfois de se glisser de maison en maison, puis de traverser brusquement ou nonchalamment une rue. La frontière est franchie. Ailleurs, on passe dans la camionnette d'un épicier que les Allemands n'inquiètent pas car il est prodigue en chocolat, ou dans un autocar dont le receveur partage la recette clandestine avec les sentinelles complices ; ailleurs, le presbytère est le lieu de rendez-vous de petites troupes guidées ensuite, à travers les rangs de vignes, par un paysan averti des heures de patrouille, familier des ruisseaux, des champs ou des haies mal surveillés. 5 ou 10 francs la lettre, 100 à 200 francs l'homme, puis 500, puis 1 000 lorsque le danger augmente [46]. Car il y a danger. Pour les clandestins. Mais aussi pour ceux qui se trouvent sur le chemin d'une sentinelle excitée. Près de Roquefort, dans les Landes, Joseph Lamothe, cultivateur septuagénaire... et sourd est d'abord blessé au bras gauche pour n'avoir pas obéi à des ordres qu'il n'a sans doute pas entendus. Puis, malgré les protestations d'un voisin, M. Castède, le soldat allemand s'approche à trois mètres et achève sa victime...

Occupant les deux tiers du territoire national, les Allemands entendent également contrôler les esprits à travers une presse et une

46. Raoul Laporterie, qui fera passer plus de 1 000 personnes, n'acceptera jamais d'argent.

radio qu'ils refuseront toujours de subordonner à l'autorité de Vichy.

A l'heure de l'exode, journalistes et ouvriers du livre parisien ont fui comme tous les autres Français. A la différence de leurs compatriotes, cependant, ils ne se sont pas éparpillés au hasard des villes et villages. On les trouve dans ces grands centres urbains où des imprimeries modernes sont capables de les accueillir ; on les trouve également dans le sillage du gouvernement. Ils sont donc à Poitiers, puis à Bordeaux, dans les locaux de *La Petite Gironde ;* puis les voici à Lyon ou Clermont-Ferrand.

Lorsque l'armistice est signé et que les retours deviennent possibles, il faut trancher. A Paris, se trouvent les lecteurs, les abonnés, les locaux, les machines, mais à Paris se trouvent également les occupants pour qui (ou avec qui), fatalement, il faudra travailler.

Le premier choix est donc politique plus qu'économique ou sentimental. A côté des journaux dont les directions décident de ne plus paraître (*Aube, Intransigeant, Époque, Ordre, Populaire*), il y a ceux qui préfèrent végéter en zone libre où la presse de province leur fait une concurrence aisément victorieuse : *Figaro, Journal, Petit Journal, Temps, Action Française, Croix,* trente-neuf titres au total ; et ceux qui choisissent de revenir à Paris ou qui, leurs équipes ne s'étant pas totalement dispersées, reparaissent quelques heures après l'arrivée des Allemands, comme le feront *Le Matin* et *La Victoire.*

En vérité, dans chaque ville occupée, naît, très vite, non un journal mais une feuille d'informations. La pénurie de nouvelles, en un temps où la radio est liée à l'électricité et où l'électricité, souvent, est coupée, rend indispensables ces bulletins faits pour annoncer, sur format réduit, d'immenses bouleversements.

Mais, rapidement, les quotidiens revenus dans la capitale ne se contentent plus des communiqués de la Préfecture sur le ravitaillement, de l'heure du couvre-feu, du cours du mark, des reportages sur la reprise de la vie quotidienne. Ils font de la politique, une politique qui ne peut être que favorable à l'Allemagne.

L'Œuvre reparaît à Paris le 21 septembre et son premier éditorial affirme à la fois l'indépendance et la dépendance du journal. « Nous remercions les autorités allemandes d'avoir facilité le retour de *L'Œuvre* à Paris. Elles ne nous ont rien demandé. Nous ne leur demandons rien que d'exprimer, dans la loyauté réciproque, les idées qui sont les nôtres depuis toujours... Il faut que les peuples de l'Occident s'alignent sur ceux du centre de l'Europe, il faut que, comme eux, ils rajeunissent et renaissent. » Ainsi, dès les premiers mots, les options sont-elles prises. Pourrait-il en aller autrement ? Les Allemands ne l'admettraient pas. La presse de zone occupée, et surtout celle de Paris, doit se mettre au service de leur propagande. Qu'il se trouve dans les journaux parisiens des équipes de qualité, des hommes qui n'ont nul besoin d'être achetés pour être conquis, qui écrivent ce qu'ils pensent plus que ce qu'on leur souffle facilite évidemment la tâche de l'administration allemande, mais ne modifie pas ses objectifs.

Le cas de Marcel Déat et celui de Rebatet illustrent ce propos.

Alors que *L'Œuvre* paraissait jusqu'à la fin de septembre en zone non occupée, Déat revient à Paris, car il étouffe dans l'atmosphère confite de Vichy.

Rebatet partage ses sentiments et sa fureur. Dans le désordre des premiers jours, il a cru qu'allait naître un ordre nouveau dont il serait le serviteur et le propagandiste. N'est-il pas installé dans une chambre de l'Hôtel du Parc en compagnie de Georges Hilaire, de Laubreaux, d'Henri Poulain, de quelques autres rescapés de *Je suis partout* à qui on a imprudemment accordé la responsabilité de la radio ? Mais que faire à Vichy « parmi les frères lais et les sous-juifs des journaux repliés [47] » ? Rebatet est exaspéré et il exaspère. Des hommes comme Du Moulin de Labarthète ne peuvent supporter son intransigeance, ses colères, son anglophobie, son antisémitisme, bref qu'il se montre triomphant, résolu, fascisant au sein d'un petit monde attentif à garder, entre les belligérants, le plus strict équilibre.

Rebatet partira donc, et avec lui tous ceux que Du Moulin appelle les « jeunes squales ». Il partira autant qu'il sera chassé puisque Tixier-Vignancour, secrétaire général adjoint de l'Information et le colonel Barré, commandant du Palais... c'est-à-dire de cet Hôtel du Parc, Élysée modèle réduit, vont le priver et d'emploi et de chambre.

Paris l'appelle.

C'est à Paris qu'il pourra s'exprimer.

Librement. Du moins le croit-il, l'affirme-t-il.

Comme tous ses confrères parisiens, il a, en effet, licence de critiquer *librement* et vivement ministres et fonctionnaires de Vichy, au point que le gouvernement français, exaspéré de ne pouvoir contrôler et censurer la presse de zone occupée, finit par lui interdire de franchir

47. *Les Décombres.*

la ligne de démarcation, ce qui conduit les Allemands à fermer la frontière aux journaux de zone libre.

Comme tous ses confrères, il peut *librement* dénoncer l'influence des juifs, des francs-maçons, des hommes de la IIIe République ; accabler l'Angleterre ; célébrer les vertus guerrières de l'armée allemande et le génie de son chef.

Les services de propagande et ceux de l'ambassade d'Allemagne flattent le talent des talentueux, exploitent l'enthousiasme des convaincus, pressent les attentistes de s'engager, déjouent les ruses des sceptiques, entrent dans des détails d'apparence si anodins que, jusque dans leur mise en page, des quotidiens rédigés en français sont, pour la politique, l'économie, la stratégie, pensés et ordonnés par des cerveaux allemands.

C'est le 18 juillet 1940 qu'a été créée la Propaganda Abteilung. Au début, peu de monde : trois hommes au Majestic.

Rapidement, le service va s'étoffer. Il aura trois grandes directions régionales et des directions départementales qui interviendront d'une manière insoupçonnée dans la vie des journaux par le biais de consignes et de conférences presque quotidiennes.

Possédant, pour un quotidien de province, une centaine de comptes rendus de ces conférences[48] concernant les six derniers mois de l'année 1941, j'aurai, dans les ouvrages qui suivront, l'occasion de les utiliser, mais voici quelques extraits qui donnent une idée valable de la façon dont les plumes sont guidées.

Le 26 juillet 1941, plus d'un mois après l'attaque allemande contre l'U.R.S.S., le lieutenant Dornemann réunit, comme il le fait presque chaque jour, les représentants de la presse bordelaise dans les locaux de la Propaganda Staffel, situés rue Judaïque. Au menu, plusieurs sujets.

Indochine : Dornemman indique à ses auditeurs qu' « un long papier sera transmis par le fil, œuvre d'un commentateur sérieux, qui devra inspirer les commentaires qu'il est souhaitable de voir reproduire ».

Attentisme du gouvernement français : « Le gouvernement français, déclare Dornemann, ressemble à ce voyageur de car qui descend sur la route à chaque incident et exige, chaque fois, qu'on s'arrête pour le reprendre. Une fois, le conducteur exaspéré force l'allure et l'aban-

---

48. Inédites.

donne à son sort. » Le lieutenant Dornemann espère que les journaux bordelais s'inspireront de cette petite fable dans la critique qu'ils ne manqueront pas de faire de l'attentisme vichyssois.

Guerre germano-russe : La France au Travail publie une information sur le limogeage d'un maréchal bolchevique. A reproduire. Par contre, il est interdit de parler des mutilations que font subir les Russes aux prisonniers allemands.

France-Angleterre : La Pariser Zeitung publie un papier « Churchill contre la France » dont l'esprit devra être retrouvé dans une note des journaux de Bordeaux ».

Photo Roosevelt dans une assemblée maçonnique : « A publier au plus tôt. »

Consigne formelle : « Ne rien publier en matière économique : stocks, matières premières ou alimentaires, industrie chimique, centre de production industrielle, trafic ferroviaire, commerce extérieur. Ne pas donner de précisions sur la durée du travail dans les entreprises. »

L'esprit des journaux : « Les événements (en Russie) se précipitent. Il ne faut plus que certains journaux, dont la bonne volonté doit être reconnue, gardent une attitude d'expectative. Leur devoir est d'enseigner leurs concitoyens. Il faut enfin pouvoir compter sur eux. »

Les Allemands règnent sur la presse parisienne moins par la terreur que par la persuasion et la corruption. L'ambassadeur Abetz, qui, parallèlement à la Propaganda, mène le jeu, possède d'ailleurs tous les moyens de la séduction. Chaque semaine, en supplément aux réceptions du mercredi organisées à l'intention des journalistes, se tiennent des réunions « informelles » où le monde de la presse, du théâtre, du cinéma, des affaires, se retrouve sous le patronage, ou en compagnie, d'Allemands francophones et parfois francophiles, amateurs de musique, de littérature et de plaisirs, sans inquiétude encore sur le sort de la guerre, affichant une apparente ouverture d'esprit, une négligence amusée, un détachement trompeur qui permettent d'abuser des intellectuels flattés d'être dans les bonnes grâces de vainqueurs à qui ils prêtent volontiers les sentiments des généraux de Frédéric II, puisqu'ils se disent les descendants de Voltaire.

Que la « société » soit allemande est, pour beaucoup, moins important que de se trouver négligé ou ignoré par la société...

L'argent ? Sans doute l'argent joue-t-il un rôle mais moins important qu'on ne le croit. Le ministre Schleir a estimé à un milliard de francs 1939 les sommes mises à la disposition d'Abetz pour la propagande culturelle, jusqu'à la fin de l'année 1943[49], mais de cette somme — prise sur les frais d'occupation — 300 millions seulement seront employés qui, tous, n'iront pas à une presse constamment réduite dans sa pagination, donc dans ses frais de composition, de rédaction, de papier[50], d'expédition si bien qu'il ne lui est pas difficile de couvrir ses dépenses sans avoir, à quelques exceptions près et qui concernent principalement les hebdomadaires, recours aux subventions allemandes[51]...

La mainmise de l'Allemagne sur la presse, qu'elle s'exerce par des moyens de persuasion ou de censure, est grandement facilitée par la possession des sources d'information. Dès octobre 1940, les occupants ont fondé une Agence Française d'Information de Presse (A.F.I.P.) dont les journalistes sont français mais les consignes allemandes. Toutes les nouvelles étrangères passent obligatoirement par le canal

---

49. Interrogatoire de Schleir par la 3e armée américaine (15 mai 1945).

Schleir déclare « se souvenir » des paiements suivants : « Agence Havas (et probablement aussi Hachette), 70-80 millions; Librairie Rive gauche, 10-65 millions ; *l'Effort* (Lyon), 50 000 par mois ; Union Française, 50 000 par mois ; Expositions proallemandes, 30-40 millions, etc. »

Dans la liste fournie par Schleir, on trouve beaucoup plus de mouvements politiques et de théâtres que de journaux, mais cette liste est imprécise, sujette à caution. Rudolf Rahn, chef du rayon presse à l'ambassade d'Allemagne, interrogé à Dachau le 28 février 1947, à la question :

— L'ambassade elle-même a-t-elle subventionné des entreprises de presse ? répondit :

— La seule création de l'ambassade, datant de ce premier temps (40-41), fut la revue *La Gerbe*.

50. Les prélèvements allemands en papier journal furent de peu d'envergure (19 000 tonnes en quatre ans), mais, faute d'importations, les attributions de papier se trouvèrent sans cesse réduites. En zone occupée, ces attributions étaient décidées par le Dr Klecker. Une première réduction (15 %) fut décidée en octobre 41, une autre (35 %) en novembre 1943. De quatre pages, six fois par semaine, les journaux « grand format » passèrent à deux pages trois fois par semaine, puis deux pages quotidiennement. C'est également pendant l'occupation que furent supprimées la parution et la distribution du dimanche.

Le prix du journal passe de 0,75 à 1 F en mai 1941, puis à 1,50 F et 2 F en 1944.

51. Sauf exception, la presse de province est infiniment moins politisée que la presse parisienne. Elle pratique la politique de « l'édredon ». En province, les censeurs se montrent généralement de tempérament conciliant et, dès que la guerre contre l'Union soviétique est déclenchée ou, plus exactement, dès qu'elle prend mauvaise tournure, ils évitent tout ce qui pourrait attirer l'attention sur eux et pourrait ainsi les entraîner jusque sur le front de l'Est.

des agences de presse allemandes. Maîtrisant la distribution ; « s'intéressant » directement à un certain nombre de journaux et revues (une cinquantaine) ; chassant les journalistes juifs, francs-maçons ou anglophiles, les Allemands, qui ont également le contrôle total de la radio, peuvent se croire en possession des moyens politiques et psychologiques qui leur permettraient de transformer l'esprit du peuple français, de lui faire accepter la suprématie hitlérienne et de lui faire admettre les inconvénients d'une occupation qui, initialement, à défaut d'être invisible, se veut légère.

Les soldats qui entrent en France s'efforcent en effet, les combats terminés, de donner d'eux-mêmes une image idéalisée : courtois dans le métro avec les vieilles dames ; amateurs de fruits et d'omelettes dans les auberges de campagne, mais respectueux de la propriété privée : attentifs au bien-être des populations laborieuses et, en mai 1941, encore, le « Train bavarois » distribue, chaque jour, 150 000 rations aux mineurs du Nord et du Pas-de-Calais ; pleins d'admiration pour l'héroïsme des poilus de 1914 et se mettant spontanément au garde-à-vous sous l'Arc de Triomphe ; conquis, et le faisant savoir, par leur conquête si bien que les Français, qui ont lu Horace et qui veulent justifier intellectuellement la collaboration, murmurent parfois « La Grèce subjuguée subjugua son farouche vainqueur... »

Il faut se garder, cependant, de toute exagération.

S'il existe, en juin 1940, un grand décalage entre l'image que le peuple français se fait des envahisseurs et la réalité [52] ; si la troupe aisément victorieuse, bien nourrie, disciplinée, n'est animée d'aucun esprit de vengeance, d'assez nombreux incidents se produiront cependant, avant le grand hiatus de juin 1941, lorsque l'engagement total des communistes donne à la lutte antiallemande un caractère différent.

---

52. « 22 juin... Les Allemands continuaient à défiler en nous dévisageant. La plupart saluaient d'un geste en souriant... Et il faut avouer que le village entier au bord de la route contemplant les arrivants, et les filles et les enfants qui agitaient la main, ce n'était pas très édifiant. Mais, bah ! nous sommes bien près de l'armistice. Les Maziérois sont soulagés d'un lourd poids : les Allemands ne sont pas des sauvages de l'âge des cavernes. »

Extrait du *Journal d'une mauvaise Française*, de Frédérique Moret, née en 1920 dans les Ardennes et réfugiée à Mazières-en-Gâtine.

Incidents qui montrent toute la violence dont est capable une armée lorsque craque le vernis bon enfant.

Le 24 août 1940, un israélite polonais, Leizer Korp, réfugié à Bordeaux, se précipite, armé seulement d'un bâton, sur le tambour-major et les musiciens qui défilent devant la gare Saint-Jean. On l'arrête et, trois jours plus tard, il est fusillé !

Fusillés également des saboteurs, des auteurs d'attentats contre des sentinelles allemandes, des garçons qui veulent gagner l'Angleterre, des gardes civiques coupables, à l'appel du gouvernement Reynaud, d'avoir, en juin 1940, abattu des parachutistes allemands.

Il y a certes des hommes qui, avant d'être fusillés, connaissent les raisons de leur mort. Des prisonniers, des condamnés qui, dans leur cellule, ont conscience d'avoir, fût-ce légèrement, amoindri le potentiel militaire allemand. Mais, en assez grand nombre, il existe aussi des victimes du hasard.

Tués, le 25 mars 1941, à Dammarie-les-Lys, M. André Marlin qui se trouvait dans un café aux lumières mal camouflées ; M. Le Cosquer, à Saumur, interpellé par une patrouille et qui a cru qu'il pouvait s'échapper ; M. Gaby, dans le café de Nevers où quatre soldats, pris de boisson, font leur entrée ; Mlle Barbier, une institutrice de Haute-Saône, victime d'une unité S.S. en route pour la Yougoslavie.

Poursuivies par deux soldats ivres jusque dans l'église de Neuvy-sur-Barangeon, dans le Cher, quelques fillettes qui sortaient de l'école libre ; arrêtés et frappés dans la nuit du 27 mars plusieurs centaines de Brestois... sans autre motif que leur excessive et naturelle curiosité car ils ont eu le tort de sortir sur le pas de leur porte au passage d'une patrouille allemande qui manifestait son excitation en tirant des coups de feu...

Quoi qu'il en soit, lorsque la délégation française de Wiesbaden dresse le tableau des condamnations à mort prononcées par les tribunaux allemands, elle dénombre 25 exécutions pour 93 condamnations. Sans doute ce tableau comporte-t-il quelques erreurs, mais il n'en donne pas moins une idée exacte des motifs pour lesquels, pour la première année d'occupation, les Allemands condamnent et exécutent des Français.

MOTIFS	Condamnations à mort	
	Prononcées	*Déjà exécutés*
Arrestation de parachutistes allemands [1]	2	1
Tentative de départ pour l'Angleterre	20	2
Incidents avec des militaires allemands (attentats, rixes, menaces)	27	14
Sectionnement de câbles	14	2
Sabotage de matériel allemand	4	3
Espionnage et propagande antiallemande	10	1
Propagande communiste dans la Reichswehr	1	
Détention d'armes de guerre	2	1
Asile à prisonniers français ou à ressortissants anglais	4	
Passeurs à la ligne de démarcation	5	
Motifs inconnus	4	1

1. Pour ce même motif, 57 arrestations sont, en outre, signalées dans les départements de l'Oise, la Seine-Inférieure, la Haute-Saône, la Somme, la Nièvre (jugements non prononcés).

En un an, des centaines, plutôt que des milliers, d'incidents grands et petits qui viennent ainsi rappeler à une population traumatisée le poids de la présence allemande. Et qui l'incitent à se tourner vers le gouvernement de Vichy pour lui demander sa protection. Car, si les interventions et protestations françaises sont, en apparence, relativement peu efficaces[54], le temps n'est pas encore venu où, dans tous les domaines, comme ils le font déjà pour l'Alsace, les Allemands n'en prendront pas connaissance ou même interdiront qu'elles leur soient présentées !

54. Le général Doyen, président de la délégation française de Wiesbaden écrit ainsi une longue lettre au général Vogel le 17 avril, lettre dans laquelle il énumère plusieurs incidents et demande que l'armée allemande reçoive l'ordre formel de ne plus tirer sur des civils sans défense. Cette lettre fait suite à bon nombre d'autres protestations.

4

LA VIE AU JOUR LE JOUR

On est parti. Il faut rentrer.

Et ce n'est pas toujours facile.

Des hommes et des femmes qui ont mis trois jours pour descendre dans le Sud mettront trois mois, ou davantage, avant de regagner leur domicile.

Dans une saisissante image poétique, Jean Giraudoux, après avoir évoqué l'exode : « Chacun croyait que le secret était de faire pénétrer chaque Français dans un autre jusqu'à ce qu'il n'en restât qu'un seul, inaccessible, invincible, par lequel tous seraient sauvés » [1], montre la France et les Français, comprimés, se dépliant « et déjà, sous nos yeux mêmes, ces groupes qui se défont, ces adieux qui se font, c'est le Lillois qui sort du Tourangeau, l'Ardennais du Gascon, pour le premier pas vers l'ancien travail et vers l'ancien foyer, vers ce colza ou vers ce sorbier, moins fidèles ou plus forts, qui, eux, ont refusé de se plonger dans le tamaris et dans l'if ».

Dans la vie quotidienne, les choses ne sont pas aussi simples qu'en littérature.

Les familles ont été éparpillées par le grand désordre de l'exode. Les entreprises — autre famille qui permet de faire vivre la famille — également.

Regardez les journaux publiés dans la zone libre d'occupation allemande. Les petites annonces de chiens et de chats perdus ont été

1. « Et ils n'avaient pas tout à fait tort, ajoute Giraudoux, pétainiste, lui aussi, en 1940, celui-là existe, chacun le connaît. Celui-là déjà s'ouvrait la poitrine. »

remplacées, et combien plus abondamment, par des annonces d'hommes et d'enfants perdus.

Une ville est un tout. Architecture équilibrée, où chacun est nécessaire à chacun, la voici éclatée. Le 2 juillet, tandis que les services de la mairie d'Orléans sont à Nontron, en Dordogne, le proviseur du lycée campe à Mérignac, dans la banlieue bordelaise, M. Evesque, l'inspecteur d'Académie, a trouvé refuge chez son collègue de Tulle, la succursale de la Banque de France est repliée à Millau, celle de la Société générale à Aurillac, celle du Comptoir national d'escompte à Dax.

On trouve à Saint-Pierre-de-Chignac le directeur de l'enseignement du Loiret, un peu partout autour de Toulouse, Tonneins et Marmande cadres et ouvriers de la Manufacture des Tabacs du même département.

Les fidèles sont séparés de leurs pasteurs, les pasteurs de leurs fidèles. L'abbé Avelard s'est retrouvé dans le Tarn-et-Garonne, au Sacré-Cœur de Caussade, le pasteur Nercier habite provisoirement en Charente, près de La Roche-Chalais.

Ce qui est vrai pour Orléans est vrai pour toutes les villes dont les habitants ont fui dans un ordre approximatif, masse qu'il a suffi de quelques bombes pour disperser et dont les éléments ont pris ensuite des routes dictées par le hasard de rencontres, par la menace de la bataille, par l'existence dans un Sud hospitalier, et protégé encore, de familles ou d'amis...

On est parti dans le désordre.

On va s'efforcer de revenir en ordre.

Donc de se regrouper. De gré ou de force.

Il existe, un peu partout, des camps où sont installés des réfugiés en instance de rapatriement. Leur gestion est double parfois. Ceux de Bonnières et de Mantes, par exemple (800 places dans les deux), sont dirigés par l'Oberstleutnant Dörr. L'autorité allemande assure le ravitaillement des réfugiés ainsi que l'approvisionnement en essence des voitures, 2 médecins français et 22 infirmiers surveillent l'état sanitaire, tandis que, sous la direction de l'adjudant Jacob, 30 gardes mobiles font la police de la circulation et veillent au maintien de l'ordre.

A Ivry-la-Bataille, où 4000 réfugiés ont été rassemblés, en majeure partie à la sucrerie, on trouve un médecin-commandant français,

2 médecins-lieutenants, 2 infirmières allemandes et 16 françaises. A Saint-Pierre-de-Nemours (6000 réfugiés), l'Hauptmann Zenner dirige aussi bien ses propres troupes que les médecins français, les 20 gardes mobiles de l'adjudant Salmanad et les 13 soldats employés à la police du camp.

Tous les réfugiés dont ils ont la responsabilité sont, comme des millions d'autres, impatients de retrouver des foyers abandonnés en mai ou en juin et dont ils restent sans nouvelles.

Mais, pour circuler, il faut de l'essence. Il n'y en a pas. Ou très peu. Et c'est par les trafics sur l'essence que, d'abord, commencera le marché noir.

Il faut que les trains puissent rouler. Or, des centaines de ponts ont sauté, 1300 gares sont détruites par la bataille, des milliers de kilomètres de voies ont été hachés si bien qu'à la fin du mois de juin, dans les départements touchés par le désastre, une seule grande ligne fonctionne encore : Paris-Vierzon.

Les travaux de reconstruction sont menés rapidement. Si rapidement que, le 12 septembre 1940, François Piétri, ministre des Communications, fera parvenir au maréchal Pétain une lettre de quatre pages dans laquelle il dressera à la fois le bilan de ce qu'il fallait faire et de ce qui fut fait.

« Six mille ouvrages d'art détruits, parmi lesquels sept cent cinquante grands ponts de routes ou de chemins de fer ;

« — Un réseau routier encombré de dizaines de milliers de voitures, de camions et de tanks démolis, et dégradé par le passage des convois ;

« — Des canaux obstrués et embouteillés et, notamment, dans le Nord, le Nord-Est et le Sud-Est, fermés à la navigation par la destruction des écluses et des ponts. Une batellerie privée de trois mille péniches et remorqueurs ;

« — Des ports ravagés par les bombardements ;

« — Un matériel ferroviaire amputé de vingt-cinq mille wagons et de deux mille locomotives avec des gares détruites et de nombreuses voies coupées ;

« — Un service postal bouleversé par l'amoncellement des correspondances... des kilomètres de lignes télégraphiques et téléphoniques coupées ou à terre... »

Or, au début du mois de septembre, la ligne de démarcation est franchie, chaque jour, par 35 trains et 4000 voitures ; presque tous les grands ponts détruits ont été remplacés par des passerelles provisoires ; la moitié des ouvrages d'art démolis est refaite ; les routes sont déblayées ; les trains circulent sur les deux tiers environ des parcours du temps de paix et la vitesse moyenne des express est passée de 45 kilomètres à l'heure en juillet à 70. Enfin, la poste, le télégraphe, le téléphone fonctionnent presque normalement partout où l'occupant n'en limite pas l'usage [2].

Les chiffres ont une manière de sérénité. Plusieurs milliers de wagons détruits, plusieurs centaines de ponts coupés, pour les Français de juillet 40, cela veut dire : incertitude, fatigue, dépenses accrues.

Un train pour Paris devient un événement.

Qu'il parte de Bordeaux, de Limoges ou de Vichy.

On dit « le premier train » comme les prisonniers diront « la première lettre ». Un train qui roule fait beaucoup plus que réunir deux villes séparées par les ruines de la guerre, beaucoup plus que rapatrier des hommes et des femmes (des hommes d'abord), il permet surtout d'établir des communications entre deux mondes qu'il avait suffi de quelques jours de bataille et de désordre pour rendre totalement étrangers l'un à l'autre.

Il arrive que l'opération « premier train » se déroule dans le plus grand secret. C'est le cas à Vichy, le 6 juillet. Ce « premier train » emporte, en effet, sous la direction du commissaire divisionnaire

---

2. La lettre de Piétri est écrite à la veille de son départ du ministère. Dans sa réponse (le 21 septembre 1940), le Maréchal rendra hommage au « personnel des Ponts et chaussées, de la S.N.C.F. et des services postaux, télégraphiques et téléphoniques qui, notamment au cours du mois de juin et depuis le mois de juillet, ont donné, par leur labeur et leur attitude, un magnifique exemple ».

Sur l'œuvre de reconstruction entreprise, sans grand tapage mais avec efficacité, au lendemain de la défaite, on peut lire l'ouvrage d'Yves Bouthillier, *Le drame de Vichy*. Bouthillier précise qu'après 1918 le ministère des Travaux publics avait mis dix ans pour refaire quelque 2000 ouvrages mais qu'à la fin de 1941, « sur 2500 ponts détruits, 1300 étaient rendus à la circulation par des dispositions provisoires, 600 étaient reconstruits ». « Nous constations donc, malgré la défaite et l'occupation, que les travaux étaient conduits à une allure deux fois plus rapide qu'à l'issue de la précédente guerre, au lendemain d'une victoire éclatante, à une époque où le gouvernement français avait sa pleine et haute liberté. »

Berthelot de son côté (*Sur les rails du pouvoir*) met particulièrement en valeur l'effort de la S.N.C.F.

Louit, licencié d'allemand, plusieurs commissaires et inspecteurs parlant allemand ainsi que quelques dizaines de fonctionnaires.

Les trains qui circulent sont réservés d'ailleurs en priorité aux fonctionnaires, aux ouvriers qualifiés, aux employés de banques, bref à tous ceux dont la fuite avait entraîné le départ des foules, à tous ceux dont le retour va permettre de réorganiser la vie collective.

Quittent Bordeaux pour Paris, dans la journée du 18 juillet, 1700 cheminots, 728 ouvriers de chez Peugeot, 450 employés des usines d'aviation, 264 de l'Air liquide, 106 de l'Électro-Mécanique, etc. Les banques, repliées pour la plupart en Auvergne, vont regagner Paris le 10 juillet au terme d'un voyage qui aura duré quarante-huit heures.

Lorsque les « anonymes » sont enfin admis à voyager, on leur recommande de ne pas s'encombrer de bagages importants. Seuls sont acceptés les bagages à main et les bicyclettes. Au cours de l'exode, on s'est d'ailleurs considérablement allégé pour fuir un bombardement, marcher plus longtemps ou parce que la voiture n'avait plus d'essence.

Les bagages et colis perdus ou abandonnés ont été si nombreux que la S.N.C.F., au mois de mars 1941, pourra dresser une liste de 13000 propriétaires qui n'ont encore rien réclamé.

Les maires des communes encombrées de réfugiés sont priés d'établir des listes de départ, afin d'éviter tout désordre. Ainsi, chaque grande gare parisienne verra-t-elle, dans les derniers jours de juillet et les premiers jours d'août, refluer des rapatriés en nombre quotidiennement presque identique. A la gare de Lyon, 5000 à 6000 par jour, à Austerlitz 22000 à 23000, à Montparnasse 17000 à 18000[3].

En vingt et un jours — du 26 juillet au 15 août —, ce sont près d'un million de Parisiens, de banlieusards ou d'habitants des départements du Nord qui arrivent dans trois gares. Tandis que les Français qui habitaient le Pas-de-Calais et la partie nord de la Somme, l'Eure, la Seine-Inférieure, la Marne, les Ardennes, la Haute-Marne, les Vosges, etc. sont envoyés dans des camps d'accueil (Verneuil-l'Etang, Brétigny, Versailles)[4], les Parisiens ont le droit de regagner leur domicile.

3. Chiffres moyens. A la gare de Lyon, entre le 26 juillet et le 15 août, le chiffre le plus bas fut de 2500 le 29 juillet, le plus élevé de 10700 le 3 août ; à la gare d'Austerlitz de 9040 le 29 juillet et de 41000 le 26 juillet ; à Montparnasse de 12375 le 15 août et de 22450 le 31 juillet.

4. Les Allemands interdisent ces retours dans le cadre de leur politique de colonisation (Est de la France) et de lutte contre l'Angleterre (départements du Nord).

Cependant, en octobre 1940, on n'en comptera toujours que 1 867 115 alors que le recensement du 8 mars 1936 en dénombrait 2 871 429[5].

Paris, soudain, n'est plus cette capitale d'où tout rayonne, dont tout dépend. Ce n'est plus qu'un astre mort, une déconcertante planète vers laquelle montent des explorateurs intimidés.

L'écrivain Maurice Sachs : « Nous arrivâmes à Paris le 29 juin 1940. Il était 4 heures de l'après-midi. Des sacs de sable obstruaient en chicane les artères d'entrée aux portes de la capitale. Et, dans les avenues d'approche, tout au plus voyait-on parfois pisser un chien, trottiner une concierge. Nous eûmes la curiosité de faire un tour de Paris. Il y avait un peu de monde au Quartier latin, quelques filles attablées chez Capoulade avec des officiers allemands, quelques passants encore boulevard Saint-Germain, mais, rue de Rivoli, place de la Concorde, personne que de rares Allemands et, surprenants, au premier coup d'œil, les grands étendards rouges à croix gammée flottant au centre de la cité. C'était une ville morte, spectacle assez beau d'ailleurs, et comme d'une civilisation détruite. »

Georges Adrey, ouvrier de la « Radio-mécanique », dont le train arrive à 22 h 30, une demi-heure après le couvre-feu[6], et qui « rouspète » parce qu'il lui faut camper dans son wagon une nuit encore :

« Après une nuit d'insomnie, nous quittons la gare d'Austerlitz à 5 heures du matin. De nombreux commissionnaires attendent les réfugiés dans la rue et dans la cour avec des voitures à bras, des poussettes, voire même des diables. Et ces véhicules, en plus ou moins bon état, nous changent tout de même du spectacle fastidieux des innombrables voitures d'enfants sans roues abandonnées sur la route pendant l'exode.

« Saint-Marcel ! Le métro ! Nous poussons un soupir de soulagement... Mais, à côté de l'animation qui régnait tout à l'heure, à la gare, que Paris est triste et désert ! On dirait que, pour fêter notre retour, il s'est cru obligé de se mettre en deuil. »

---

5. Langeron, préfet de police, indique qu'au 27 juillet il y avait 1 100 000 Parisiens et 800 000 banlieusards contre 3 et 2 millions avant la défaite.
6. L'heure du couvre-feu évoluera suivant les villes et les circonstances. A Paris, il sera fixé à 22 heures puis à 23 heures le 5 juillet.

Le cardinal Gerlier à qui les Allemands ont accordé, au début du mois de juillet l'autorisation de se rendre à Paris[7], revient-il, ses impressions, communiquées à la presse, ressemblent au rapport du voyageur retour d'un pays lointain. « Les moissons s'annoncent fort belles, mais plus encore qu'en temps de paix il manque du monde pour le travail des champs. Même impression de vie ralentie à Paris où la population est très restreinte... Un grand nombre de magasins et de cafés sont fermés... Plusieurs curés ont pu organiser, avec le concours des communautés religieuses, des soupes populaires à bon marché. Pour 2,75 F, on peut avoir une soupe, une portion de viande avec légumes et un dessert. La plus grande souffrance de nos compatriotes est de se sentir sevrés de nouvelles... »

Pour les journaux, les lettres arrivées de Paris tiennent lieu d'articles ; de modestes commerçants, des fonctionnaires se retrouvent hissés au rang de grands reporters, de vedettes de la presse et leur texte est lu avec plus d'attention, mille fois plus commenté que s'il parvenait de Chine. D'ailleurs, pour les Français de zone non occupée, et pour les Parisiens réfugiés, c'est un monde neuf qu'il décrit. Voici avec quel éclat le 6 juillet — trois semaines après l'occupation de la capitale — *Le Journal* annonce l'une de ces lettres-révélations. « Voici des nouvelles de Paris, où se promènent le Dr Goebbels et les soldats allemands transformés en touristes. Un de nos collaborateurs a reçu d'un de ses amis parisiens resté dans la capitale une lettre qui apporte de nouveaux détails sur la vie de Paris occupé. »

Et lorsque le premier train de Paris arrive à Limoges, le 14 juillet, quel événement !

« Sans être annoncé ; on devine que c'est lui à sa seule allure, une allure de rapide dont le trafic de ces derniers temps nous avait déshabitués. Quai D. Une locomotive électrique, un wagon poste, un fourgon, trois wagons de troisième[8]. »

Le reporter interroge, mais, parmi les passagers, nul n'est monté à Paris. Tout de même, débarque un agent de la S.N.C.F., en mission.

— La vie là-haut ?

On dit « là-haut » un peu comme, dans l'autre guerre, on parlait du front.

---

7. Lyon fut occupé quelques jours (19 juin-7 juillet), puis libéré, les conventions d'armistice n'englobant pas la ville dans la zone d'occupation.
8. *Le Journal*, 15 juillet 1940.

— Triste, monotone, contenue. Peu de monde, peu d'autobus, pas de taxis, circulation inexistante.

— Le ravitaillement ?

— Grandement amélioré depuis quelques jours, depuis que les chemins de fer ont repris leur exploitation. Je n'ai pas quitté Paris quand les Allemands l'ont occupé. Et, au début, ce fut très dur : tous les magasins fermés et jusqu'aux boulangeries...

— Et maintenant ?

— On trouve du pain, de la viande, de l'épicerie, à condition, bien entendu, de prendre son tour dans la file à la porte des boutiques.

— Et les prix ?

— Le coût de la vie est resté à peu près le même qu'avant l'invasion.

— Voit-on beaucoup d'Allemands ?

— Si l'on en voit ? Dites qu'on en voit partout. Au café, dans les cinémas rouverts, sur les boulevards. Eux seuls gardent à la ville un aspect vivant.

Il existe, à Paris, une homme qui, chaque jour, note avec satisfaction ou amertume les progrès de la vie quotidienne : c'est le préfet Roger Langeron.

Lorsque Hitler vient, le dimanche 23 juin, visiter la ville « en touriste », il signale qu'il a la fantaisie de redescendre à pied, en compagnie de deux gardes du corps, le boulevard Saint-Michel mais que la population est trop peu nombreuse, dans ce quartier, naguère si animé, pour prêter attention aux trois personnages.

Par contre, les Parisiens présents se sont pressés dans les églises.

Ce même dimanche 23 juin, 800 réfugiés sont rentrés par la porte d'Orléans, 600 par la porte d'Italie, 300 par la porte de Choisy, 60 par la porte d'Ivry.

Cinq salles de cinéma fonctionnent sur les Champs Élysées : « Les Portiques », « Le Triomphe », « Le Colisée », « Le Petit Journal » et « Paris-Soir ».

Les musées nationaux ouvrent à nouveau leurs portes dans la semaine du 23 au 30 juin, les banques également ainsi que plusieurs magasins d'alimentation, avec un personnel très réduit il est vrai, et des stations de métro. Le 8 juillet, un millier de postiers arrivent de Montluçon pour rétablir le service postal, mais il faudra attendre encore plusieurs semaines pour que les mandats parviennent aux destinataires[9].

Le 15 juillet — un mois et un jour après l'entrée des Allemands à Paris —, les communications téléphoniques officielles sont rétablies entre les hauts fonctionnaires en poste dans la capitale et le gouvernement installé à Vichy.

Le 16, Langeron note que les Allemands ont réquisitionné Gnome et Rhône, Simca, Blériot, Hispano-Suiza, Matford, l'Alsacienne et que Citroën prépare sa réouverture. Le 18, le Rectorat annonce que 700 écoles, plusieurs lycées et de nombreuses écoles primaires supérieures, professionnelles ou pratiques vont fonctionner à nouveau. Une session du baccalauréat est annoncée, signe évident de retour à la normale. De temps à autre, des musiques militaires allemandes donnent des concerts en plein air : le 21 juillet, sur le parvis de Notre-Dame : 1 000 spectateurs environ ; le 24 juillet, place de la République, 2 000 badauds ; le 29, place de l'Opéra, peu de monde cette fois.

Le 28 juillet, il fait très beau sur Paris et, dans les rues, sur les quais, les promeneurs sont nombreux.

Presque tous commentent cet événement : les signaux lumineux de circulation fonctionnent à nouveau.

Pour bien peu de voitures.

Mais qui pourrait imaginer que 7 000 seulement seront autorisées à circuler au 1er novembre 1940 ?

7 000 pour tout Paris.

En 1977, plus de 1 800 000 circulent... ou stationnent dans les limites de la ville.

Que de curiosités envers Paris malheureux ! *La Montagne*, du

---

9. Tout dépend, naturellement, des régions. Il ne faut pas oublier cette notion lorsque l'on évoque les premiers mois d'occupation. Par suite des destructions la France est alors découpée en plusieurs dizaines de zones ayant toutes des conditions d'existence différentes. Le 20 juillet, le journal *La Montagne*, imprimé à Clermont-Ferrand, écrit : « A plusieurs reprises, nous avons signalé les améliorations du trafic postal... Mais, s'il est réconfortant de recevoir des nouvelles des êtres chers, il est aussi indispensable que les secours que nous leur envoyons leur parviennent.

« On apprend que des millions, des centaines de millions ont été envoyés vers des soldats, des femmes, des enfants de la région occupée.

« Les mandats sont bien partis. Mais pourquoi ne sont-ils pas arrivés ? »

7 juillet 1940, reproduit même la copie de deux journalistes italiens. — MM. Alfando et Bollini — qui annonce que la viande manque totalement dans la capitale (imaginez la surprise à Aurillac ou à Saint-Flour !), mais que l'on trouve encore conserves et charcuterie [10]. Les achats des Allemands étonnent, « j'en ai vu, écrit Pierre Mille, acheter trois cents paires de bas de soie et deux cents boîtes de cirage [11] », avant de scandaliser. On les considère un peu encore comme l'hommage de la pauvreté allemande à l'abondance (bien relative) française.

Les Français de zone non occupée, parmi lesquels bon nombre de Parisiens réfugiés, savent tout du « dernier métro », celui qu'il faut absolument « attraper » si l'on ne veut pas être arrêté par les patrouilles, au début indulgentes, qui contrôlent l'observation du couvre-feu.

Mais, si historiens et chroniqueurs ont abondamment rendu compte des premiers jours de l'occupation à Paris, comme du retour des réfugiés, la vie en province est moins connue. Voici un document sur Besançon. Le texte a été écrit par un étudiant. *La Montagne* le publiera, avec quelque éclat [12], un mois après l'armistice, ce qui fournit une preuve supplémentaire de l'ignorance des Français non occupés sur la situation en zone occupée. La censure l'autorisera malgré ses critiques contre l'armée allemande. Enfin, l'auteur, amateur de « choses vues », a accumulé des notations du plus vif intérêt.

« Dans l'ensemble, les Allemands se montrent très corrects pourvu qu'on n'essaie pas de leur résister systématiquement, mais il convient également d'adopter à leur égard une attitude digne et ferme, sans bassesse. Leur premier soin fut la reconstruction en bois des ponts détruits, cependant que deux ponts de bateaux et un service de barques assuraient le passage du Doubs. Les occupants firent rouvrir les magasins fermés et se précipitèrent dedans pour acheter ce qu'ils purent trouver. En peu de jours, on ne trouva plus non seulement d'articles masculins (chemises, caleçons, chaussettes, costumes), mais même d'articles de femmes (bas, robes, tissus, corsets...). Je vis même

---

10. A deux ou trois reprises, les journalistes italiens notent la réserve de la population française face aux manifestations allemandes d'amabilité : concerts, films de propagande, etc.
11. *La Dépêche* de Toulouse.
12. Dans son numéro du 26 juillet.

certains soldats allemands, désireux de guider la vendeuse sur la taille d'une robe, aller jusqu'à montrer la photographie de leur femme !

« Les magasins furent littéralement vidés en peu de jours ; à 20 F le reichmark, c'est chose facile ! Des difficultés de ravitaillement sont également survenues : la carte de pain est en vigueur depuis plus d'un mois, d'abord 200 g par jour et par personne, puis 300 g à Besançon. Cette ration varie d'ailleurs suivant les villes : 100 g à Montbéliard, par exemple. Dans les Vosges, où je me suis rendu peu après, la population a droit : à Épinal à 250 g, à Neufchâteau à 200.

« Dans la Côte-d'Or, les Dijonnais ont droit à 300 g de pain par jour. Si la viande est facile à trouver, les œufs et le beurre, par contre, ne se trouvaient pratiquement plus en dernier lieu. Il en est de même pour les pommes de terre ; inutile de chercher des conserves et on fait la queue devant les épiceries, seul attroupement permis. L'essence est denrée rare et chère (20 F le litre dans certaines régions)... Que vous dirai-je de plus sur cette occupation ? Que la vie est assez triste. La poste marche lentement et par endroits seulement. Les chemins de fer ont été la première administration (hormis les administrations municipales et départementales) à fonctionner et on circule facilement, sans contrôle, à l'intérieur de la zone occupée... »

Il n'y a pas de vérité. Il n'existe que des vérités.

Depuis Sainte-Hermine, en Vendée, le préfet des Ardennes adresse, le 8 juillet, un rapport au président du Conseil au terme d'une tournée rapide qu'il a pu effectuer dans son département.

Il estime que, le 5 juillet, 1 200 personnes environ étaient de retour à Mézières, Charleville, Mohon [13], agglomérations qui en comptaient 52 000 avant la guerre. La préfecture est inhabitable, toutes les maisons ont été pillées et, depuis Sainte-Hermine, un groupement d'alimentation, récemment constitué, s'efforce de faire parvenir du ravitaillement aux habitants revenus ou restés dans des cités durement touchées par la bataille et où l'administration allemande, dès le

---

13. Voici les chiffres exacts, à la date du 12 juillet, d'après le procès-verbal de la réunion franco-allemande qui eut lieu en présence du major Paetcher, commandant la place de Charleville, du Dr Bridoux, maire de Mézières, revenu la veille, Bogaert, maire provisoire de Charleville, de quelques adjoints et fonctionnaires. Charleville, 960 habitants ; Mézières, 160 ; Mohon, 150.

premier jour, a si totalement remplacé l'administration française qu'elle a publié, sous forme d'« avis » des recommandations pour le ramassage immédiat des récoltes.

« Tous les hommes, femmes et enfants de plus de quatorze ans, aptes au travail, doivent venir en aide avec la meilleure volonté, n'importe quelle profession, d'après les instructions des autorités allemandes et françaises. Il faut travailler pendant la récolte de bonne heure jusqu'à la nuit tombante, tous les jours même le dimanche. Au cas où l'on refuserait de travailler, des sanctions les plus rigoureuses seraient prises à l'égard des récalcitrants... »

Les propriétaires de machines agricoles et de chevaux doivent « faire la récolte des absents » qui sera « réquisitionnée par les autorités allemandes au profit de la population civile ».

A Rethel, Le Chesne, Attigny, Carignan, les dégâts aux habitations sont si importants qu'agriculteurs et commerçants ne peuvent envisager de rentrer avant plusieurs mois. Au mois d'août, le préfet, M. Edmond Pascal, se trouve seul dans sa préfecture avec son secrétaire général. Son témoignage est d'une éloquente tristesse : « Dans ce véritable désert qu'était le département, toutes les maisons présentaient le même aspect de pillage et de destruction. Il n'en est pas une seule — même dans les hameaux les plus éloignés — qui n'ait été l'objet des mêmes déprédations. » Le 28 août, 3 000 personnes habitent inconfortablement Charleville, Mézières, Mohon. En septembre, il pleut, il pleut en abondance et les immeubles non couverts, ce sont les plus nombreux, se dégradent. Produits d'épicerie et vin font également défaut. En novembre, les médecins civils ne sont toujours pas rentrés et ce sont les médecins militaires qui soignent — on leur accorde 80 litres d'essence par mois — la population. Ils devront attendre décembre [14] pour obtenir l'autorisation de téléphoner dans les cas urgents — et depuis la Kreiskommandantur, car le téléphone n'est pas rétabli — à un chirurgien de Reims.

Le 2 janvier 1941, à Rethel, les écoles ouvrent enfin.

Lentement, la transfusion se poursuit mais, en septembre 1941, le département ne comptera encore que 180 000 habitants contre 290 000 avant le drame.

14. A Vouziers du moins.

A Verdun, où il n'y a pas eu de combats et où, le 15 juin, les seuls incendies sont ceux qui ont été allumés par les Français en déroute dans les dépôts de vivres de la place du Commandant-Galand, où les seules explosions, écho très lointain de toutes les explosions et des grandes canonnades de l'hiver et du printemps 1916, ont été celles qui ont marqué la destruction de la centrale électrique du moulin Couton et des ponts, 5000 à 6000 évacués, qui ont été rattrapés dans leur fuite par l'armée allemande, reviennent dès le 21 juin. Ils prendront leurs repas, en compagnie du sous-préfet Jean Giraud, à la roulante de l'orphelinat Saint-Maur où des cuisiniers, prisonniers de guerre, ont été détachés.

Le 1er juillet, quelques bouchers et boulangers ouvrent leurs portes. Les boulangers sont aidés par trente-quatre prisonniers de la caserne Niel. Ce sont des prisonniers encore qui rassemblent les bêtes errantes, qui vont chercher, dans un vieux fiacre, du lait pour les enfants à cinq kilomètres de la ville. Ce sont des prisonniers, toujours, qui rédigent *Le Bulletin officiel d'information de l'arrondissement de Verdun*, devenu, le 31 août, *L'Information de l'Est*, bulletin qui, pendant longtemps, sera le seul trait d'union des Verdunois entre eux et leur seul moyen de connaître ce qui se passe « ailleurs ».

Dès le 1er septembre, gaz et courant électrique, cependant, ont été distribués à peu près normalement ; la bibliothèque municipale est ouverte aux lecteurs le 21 octobre ; le musée de la Princerie aux visiteurs le 15 novembre...

« Ouvert. » En juillet, août, septembre, octobre 1940, le mot revêt une ampleur insoupçonnable. Il signifie qu'une étincelle de vie brille ici et là, que des hommes et des femmes, après avoir vaincu bien des peurs et des obstacles, ont réussi à regagner leurs foyers et leur travail.

Mais combien piétinent toujours dans les villes et les villages où l'exode les a jetés ?

Avec le temps qui passe, la charité s'émousse. On avait accueilli de pauvres gens. On supporte (mal) des indésirables.

Mme V..., qui a fui de Pompey le 13 juin dans la 9 CV Citroën 8395 KU 4 achetée d'occasion 17000 francs trois ans plus tôt [15], et que

15. Il peut (pour la petite histoire) être intéressant de savoir que Mme V..., dont la voiture avait été réquisitionnée pour le transport de blessés le 17 juin 1940, obtiendra des dommages de guerre, une indemnité de 143500 francs. Le dernier versement aura lieu le 8 avril 1955, soit près de quinze ans après la réquisition.

la bataille rattrapera à Raincourt, dans la Haute-Saône, devra vivre trois semaines « dans ce pays... où le monde n'est pas accueillant ». Il lui faudra se plaindre aux Allemands pour obtenir du pain.

— Même deux jours sans pain, cela compte. Un matin, je me revois interceptée par une grosse bonne femme, avec qui je suis allée. Nous étions une dizaine, quand un officier passe, la femme s'en approche, lui parle, il ne comprend pas, mais avise un jeune Allemand à lunettes, qui parle français assez mal. En parlant lentement, la femme se fait comprendre, sa demande est transmise et l'interprète nous fait savoir que le maire sera contacté, que nous aurons droit à la boulangerie... Heureusement, nous avions trouvé au passage à niveau, entre Raincourt et Jussey, d'énormes fromages genre Port-Salut et provenant d'un train bombardé. Ma belle-mère a eu la bonne idée d'en faire un choix et nous revenions avec deux fromages de taille. Ils nous ont drôlement rendu service. C'était dommage que la chaleur du début nous ait obligés à les manger rapidement...

Mme V... se souvient également « d'un bon ragoût de lapin dans un chaudron de fonte », ragoût abandonné par des soldats français au moment de la bataille. Mais impossible d'acheter des légumes qui, les réfugiés le constatent avec dépit, sont cependant vendus aux Allemands cantonnés dans la petite ville. Et le maire, comme des centaines d'autres maires paysans exaspérés par la présence de ces réfugiés dont ils ne savent plus que faire, répond souvent :

— Retournez chez vous.

Partout c'est la même double préoccupation : la nourriture, le retour. Un *Guide civique des Français,* publié sans doute dans les derniers jours de l'été 40 indiquera à ceux qui rentrent leurs droits et surtout leurs devoirs.

« Dès son retour au lieu de sa résidence ordinaire et *sans laisser s'écouler le moindre délai,* le réfugié, et par réfugié il faut entendre toutes les catégories — particulier, commerçant, industriel, cultivateur, fonctionnaire —, devra s'inscrire à la mairie et s'y faire inscrire « rentrant »...

« Pour Paris, même, il est ordonné à toute personne, devant s'absenter *un minimum de trois jours,* de le signaler à la mairie de son arrondissement et de s'y faire inscrire à nouveau dès son retour. »

A la mairie le « rentrant » doit faire valider les diverses cartes d'alimentation en sa possession. Il est également mis au courant des dispositions qui régissent désormais la vie quotidienne en zone occupée. Couvre-feu : « Bon nombre de gens ont subi des désagréments du fait qu'ils ne se sont pas conformés au règlement de l'heure de police fixée actuellement à 23 heures. Le désir de prendre l'air, le soir, aussi longtemps qu'il est possible n'est que trop compréhensible. Mais il ne faut pourtant pas oublier que la ville de Paris est occupée... »

Occupée... ce qui signifie d'abord « que la population française [doit être] au courant des prescriptions allemandes concernant le camouflage des lumières » qui doit se faire (et être absolu) dès le coucher du soleil et être observé jusqu'au lever du jour[16].

Ce qui signifie qu'il est interdit, sous peine des sanctions les plus graves, de posséder des fusils de chasse ou de guerre, des revolvers, toutes les armes devant être déposées « munies d'une étiquette solide » portant le nom et l'adresse du propriétaire à la gendarmerie ou au commissariat de police. Gardes-chasse, gardes champêtres, veilleurs de nuit, encaisseurs qui avaient obtenu, avant la guerre, le droit d'être armés se voient retirer cette autorisation.

Ce qui signifie qu'il est nécessaire de prendre connaissance et d'observer scrupuleusement les décisions de l'autorité française et surtout les ordonnances allemandes.

« Plus que jamais le précepte « Nul n'est censé ignorer la loi » que chaque Français connaissait sans jamais, d'ailleurs, en tenir compte, entre en vigueur. Il nous paraît utile de rappeler à ceux qui méconnaîtraient les menaces que ce simple adage peut contenir les sanctions auxquelles ils s'exposent et les regrets qu'ils pourraient exprimer à ne pas en avoir pesé la sagesse. »

Le *Guide civique des Français* indique ce qu'il faut savoir sur les relations postales, notamment avec les prisonniers de guerre, le Code de la Famille, la déclaration obligatoire, au moins à Paris, des jeunes gens et jeunes filles de 14 à 20 ans[17], sur les impôts, la circulation, la prime de démobilisation et les indemnités de chômage, la surveillance

16. Les phares d'automobiles doivent être camouflés de telle sorte qu'ils présentent seulement un rayon de lumière horizontal de cinq à huit centimètres de longueur et d'un centimètre et demi de hauteur.

17. Arrêté préfectoral des 12 et 18 juillet ainsi que du 3 août 1940 ordonnant cette déclaration « dans les mairies dans le but de favoriser la meilleure orientation de la main-d'œuvre susceptible d'être fournie par la jeunesse ».

des prix et le droit de réquisition des autorités allemandes, mais il ne peut entrer dans l'infiniment petit de la vie quotidienne.

Ceux qui reviennent éprouvent souvent de douloureuses surprises. Maisons pillées, maisons incendiées, maisons occupées. Grands malheurs et petites déceptions difficiles à oublier.

Mme V... se souvient que sa maison de campagne de Morey avait été occupée par des soldats en déroute :

— Il y avait beaucoup de noyaux de cerise un peu partout. Les lits avaient été dédoublés. J'ai retrouvé sur le coin du buffet ma brosse à dents qui m'avait tant manqué. Mais la montre Zénith de mon beau-père, et qui marchait si bien, la merveille, avait eu des ailes.

Ici une montre envolée.

Là, et c'est dans l'île de Batz, Mme Le Guen, marchande de coquillages à Brest, ne retrouve pas les deux boîtes de fer-blanc enterrées dans son jardin au moment de l'exode et contenant chacune 2000 francs en pièces de 10 et 20 francs. M. Euzen, cultivateur à Ti-Guen, qui avait pris la précaution de recouvrir d'une couche de terre, ensemencée comme le reste du champ, plusieurs dizaines de boîtes de conserve est également bredouille à son retour d'exode. Un voleur a creusé au bon endroit.

Pillages. Innombrables. Et que l'autorité allemande réprime souvent plus sévèrement que l'autorité française. A Montdidier, par exemple, c'est une patrouille allemande qui arrête, en octobre, un civil français alors qu'il prenait la fuite dans une voiture pleine d'argenterie et de tableaux volés.

Meulan a été la proie de plusieurs bandes de pillards. Lorsque les commerçants sont de retour, ils découvrent leurs magasins vides ; 44 voleurs sont arrêtés dans les premiers jours de juillet. Parmi eux, un septuagénaire, « honorable » personnage, organisateur de concerts, qui s'était servi chez un marchand de cycles, chez un pharmacien, chez un tailleur... Près de Provins ce sont trois trains abandonnés, qui seront « débarrassés » des bagages dont ils étaient chargés, par des habitants de Saint-Loup-de-Naud. Pillage de vivres, d'objets d'art, de linge, de vêtements... de légions d'honneur et de médailles militaires. Pompon N... et quelques-uns de ses amis avaient, à Longpont, fouillé une camionnette de la Monnaie abandonnée le 13 juin. Elle transportait vers le Sud une demi-tonne de décorations. Pompon N..., pour sa part, s'est attribué vingt kilos de médailles, ce qui, selon les jours et l'humeur, lui permettra de changer croix et couleurs tout en faisant plaisir à quelques amis.

Montent à la surface des histoires dramatiques auxquelles la rapidité de l'exode, l'évanouissement des populations n'avaient pas permis de prêter attention.

Ce n'est que plusieurs mois après la défaite que sera connu le scandale des infirmières qui, à Orsay, ont tué plusieurs malades pour fuir plus vite [18].

C'est au mois de novembre que l'on découvre que les deux cents malades et blessés de l'hôpital d'Argenteuil ont été abandonnés par tous les responsables à une infirmière extérieure à l'établissement. Les cercueils manqueront bientôt et il faudra, tant les morts sont nombreux, utiliser des sacs de farine pour les inhumations.

Il faudra attendre mars 1941 pour savoir comment, dans certains villages, la population, privée de toutes les structures de la vie administrative, a rendu une justice parfois fort expéditive. C'est ce qui s'est passé près d'Arpajon, à Bruyères-le-Châtel, où, un soir de juin 1940, fit son apparition un redoutable personnage, Raphaël J... Cet évadé de la prison de Corbeil menaçait de tuer sa femme et ses sept enfants. Ne les trouvant pas, il mit le feu à sa maison. On se saisit de lui. « On », c'est-à-dire des voisins, puisque, à Bruyères-le-Châtel, comme dans dix mille autres villages, les autorités ont décampé, et lorsque, à coups de pied, il commence à démolir le « violon », « on » décide que c'en est assez.

« Que faire d'un tel individu ? Les autorités locales, les autorités judiciaires, la prison de Corbeil avaient été évacuées et le maire intérimaire (M. Louis C..., conseiller municipal) était fort embarrassé. J..., les jambes entravées et les poings liés, fut emmené à la mairie, mais, en cours de route, la foule voulut le massacrer. C'est alors qu'une sorte de cour martiale tint conseil et les personnes présentes... décidèrent sa condamnation à mort. M. Lo..., 54 ans, fut alors désigné pour l'exécuter de trois balles dans la tête. J... fut inhumé dans la fosse commune. »

---

18. Voir *Le peuple du désastre* dans lequel j'ai raconté (p. 417-420) ce drame qui explique bien l'époque et s'explique par l'époque.

Le journaliste de *La France au Travail,* qui rapporte cette aventure, se demande si le maire par intérim, Louis C..., a « commis un abus de pouvoir aux termes de la loi ». « La réponse est affirmative mais il faut se mettre dans l'ambiance : à l'époque, c'était le désarroi le plus complet ; la prison et la gendarmerie avaient été évacuées, il n'y avait plus de magistrats, alors fallait-il attendre que le crime fût commis ? A Bruyères-le-Châtel, tout le monde est unanime pour approuver ce geste. »

Se mettre dans l'ambiance... Il est indispensable de le faire pour comprendre et juger l'année 1940 comme les années qui vont suivre.

Il faut vivre. Donc travailler. Or, malgré l'immensité de la tâche à accomplir, la multiplicité des ruines à relever, il n'y a pas de travail.

Malgré l'absence de près de 2 millions de prisonniers, on dénombre officiellement au mois d'octobre 1940 — et sans doute les chiffres officiels sont-ils quelque peu en retrait par rapport à la réalité — 1 100 000 chômeurs de nationalité française dont plus de 500 000 pour la région parisienne où sont concentrées usines métallurgiques et usines d'automobiles aujourd'hui arrêtées [19].

La situation est si sérieuse que l'on entendra même le Generalfeldmarschall von Brauchitsch dire sans ironie à l'ambassadeur Scapini, chargé par Pétain de veiller au sort des prisonniers, que toute libération massive de prisonniers serait redoutable pour l'économie française déjà affaiblie par le nombre des chômeurs [20].

Dès le 14 juillet, *La Montagne* signale que l'immense majorité de la population clermontoise est sans travail. Un privilégié, c'est celui qui « besogne » deux ou trois jours chaque semaine et, lorsque l'on consulte les offres d'emploi des quotidiens, on s'aperçoit vite qu'elles sont négligeables : à Paris, dans *L'Œuvre* du 16 décembre 1940, une seule offre mais elle intéresse, il est vrai, trente charpentiers, vingt cimentiers boiseurs, vingt-cinq manœuvres spécialisés. Par contre, rien

---

19. Industries mécaniques et métallurgiques : 300 000 chômeurs ; commerce, 100 000 ; habillement, 50 000.

20. Scapini cite cette intervention de von Brauchitsch dans une lettre à Abetz en date du 4 novembre 1940. Après avoir écrit qu'il comprenait « parfaitement l'objection » du feldmarschall allemand, il explique à Abetz qu'il ne présentera pas une demande de libération massive, mais un « programme systématique » qui permettrait la remise en marche des rouages essentiels.

les 17, 20, 21, 22, 23 décembre. Une offre d'emploi le 18, deux le 19 dont l'une concerne « un très bon professeur d'allemand, aryen, et si possible d'origine allemande », une encore le 24. On le voit, c'est misérable...

Pour lutter contre le chômage, ou en amoindrir les effets, on utilise des remèdes classiques et quelques remèdes originaux.

Classique, la « réorganisation » des bureaux de placement et la création, le 29 octobre, d'un commissariat au chômage.

Classique, l'allocation chômage, mais elle est faible et un lecteur de *L'Œuvre* se plaint, en octobre 40, de ne toucher, pour cinq personnes, que 26 francs par jour, c'est-à-dire, précise-t-il, la même somme qu'en 1932.

Classiques, les grands travaux, mais, s'il faut beaucoup reconstruire ou construire (Froideval, chef de cabinet de René Belin, ministre du Travail, parle même d'autostrades à réaliser), les matières premières font défaut et les transports sont, sinon paralysés, du moins très ralentis. Le 5 octobre, au cours d'un Conseil de cabinet, où sont étudiées, sous la présidence de Pierre Laval, plusieurs mesures antichômage, la décision est prise de ne choisir ni les travaux les plus intéressants, ni les procédés d'exécution les plus économiques mais de revenir aux anciens procédés de construction, gros consommateurs de main-d'œuvre. On aménagera la Zone autour de Paris, on irriguera la Camargue et la Crau et l'on commencera l'équipement de la vallée du Rhône à Génissiat. Ici et là, également, et même dans des villes respectées par la guerre, des travaux décidés par les municipalités permettent de diminuer le nombre des chômeurs. C'est ainsi qu'à Saint-Denis où le chiffre passe de 20600 le 31 août à 12985 au début de décembre, les salles de classe des différents groupes scolaires sont repeintes, le marché Saint-Denis refait, les boulevards Jules-Guesde et Carnot aménagés. Il n'en reste pas moins que les soupes populaires fournissent quotidiennement, dans la ville, 5000 portions à des hommes et des femmes au bord de la misère.

Mesure classique encore celle qui consiste à donner la priorité aux ouvriers français par contingentement de la main-d'œuvre étrangère (loi du 17 septembre)[21] mais on découvre vite que, pour certains

21. Cette loi aura été précédée parfois de décisions prises dans certains départements. C'est ainsi que le conseil économique départemental de Lyon, réuni à la préfecture, décide, en août 1940, que « dans toute entreprise publique et privée la priorité devra être accordée aux ouvriers français ».

départements, le Nord par exemple, et pour certains travaux comme l'arrachage des betteraves, la main-d'œuvre étrangère demeure indispensable.

Comme on découvre assez vite que l'on a fait une erreur en renvoyant dans leurs foyers les femmes mariées. Un texte du 14 octobre prévoit, en effet, la mise à la retraite d'office de toutes les femmes fonctionnaires âgées de plus de cinquante ans, ainsi que la mise en congé sans solde de « toute femme mariée qui n'a pas trois enfants et dont le mari subvient aux besoins du ménage ». Dès le 7 juillet, d'ailleurs, un télégramme du ministre de la Production et du Travail aux préfets avait invité les entreprises industrielles et commerciales à licencier progressivement les femmes qui n'étaient ni veuves de guerre, ni soutiens de famille, ni célibataires privées de ressources, ni épouses de soldats non encore démobilisés.

Ces mesures [22] ainsi que l'interdiction de toute embauche féminine ont sans doute, dans les jours qui ont suivi la défaite, été réclamées par la presse (« l'homme seul travaillera et cela fera de la place pour d'autres » [23]), elles n'en sont pas moins, lorsqu'elles deviennent officielles, vigoureusement dénoncées par une partie des journaux parisiens, notamment par *L'Œuvre* de Marcel Déat qui, après avoir montré le ridicule de formules trop absolues, écrit qu'elles peuvent favoriser le concubinage, « puisque le mariage signifie la perte automatique d'un salaire ou d'un traitement sur deux... Souhaitons seulement que cette belle formule « la mère au foyer » ne signifie pas seulement « la femme à la cuisine » et que tant d'attentions délicates à l'égard de la femme mariée n'aboutissent pas à la démarier ».

Dans un pays en proie au chômage, et où les lois sont résolument antiféministes, les femmes sont victimes de toutes les escroqueries. Titanya, qui écrit dans *La France au Travail* a joué le jeu. « Une annonce « situations lucratives et honorables pour les femmes ayant de l'initiative... » On me reçoit et m'offre, en effet, différentes « situations » : copier des enveloppes à 1 franc le cent, habiller des poupées à 12 sous la poupée, décorer des coffrets en bois à 3 francs le coffret ;

22. Il y en a d'autres : ainsi toute jeune fille qui se marie avant l'âge de 28 ans bénéficie, si elle abandonne son emploi et s'engage à ne plus travailler pendant la durée de son mariage, d'un pécule pouvant atteindre 10000 francs.

23. *La Montagne*, 4 juillet 1940.

pendant qu'il parle, je calcule que chacun de ces métiers, pratiqué 8 heures par jour, me rapportera environ 12 francs.

« Soudain, mon interlocuteur me propose à brûle-pourpoint :

« — Voulez-vous faire du nu ?

« Six cents francs par mois et un repas [24]. »

Bien sûr...

Aux chômeurs français, on offrira bientôt d'aller travailler en Allemagne ou dans certains pays satellites comme la Roumanie qui, au début de l'année 1941, embauche des soudeurs autogène spécialisés dans la canalisation de gros diamètre et à qui l'on assure un salaire horaire moyen de 18 francs et d'importants frais de déplacement.

La vie économique, tout entière, est, d'ailleurs, immédiatement placée sous le contrôle des Allemands qui utilisent, on le sait, les ressources de l'économie française pour leur industrie de guerre, comme ils utilisent le territoire français pour base de départ contre l'Angleterre, comme ils jouent de la ligne de démarcation, des prisonniers, de la pénurie de vivres pour faire pression sur le gouvernement de Vichy et tenter d'orienter sa politique.

Omniprésents en zone occupée, influençant la zone libre, intervenant jusque dans les détails de la vie quotidienne, il aurait fallu, en vérité, ne jamais isoler leur action du récit consacré à l'existence terre à terre de nos compatriotes. Mais, ce chapitre déjà abondant aurait été considérablement alourdi et j'ai préféré étudier séparément, on l'a vu, l'importance de la présence allemande dans la vie quotidienne française, tout en rappelant une fois encore aux lecteurs de 1977 ce que n'ont pas oublié les hommes de 1940 : que les Allemands se trouvent à l'origine de mille décisions administratives, de la pénurie et des souffrances ; qu'ils éprouvent également, avant que l'intensification de la guerre ne les détourne de ces projets moralisateurs, le besoin de réformer une France qu'ils jugent charmante et corrompue.

La ligne de démarcation sera avec la rapine allemande — et beaucoup plus que le blocus anglais [25] ou que la frénésie d'achats des

---

24. *La France au Travail,* 27 novembre 1940.

25. Les Français ignorent qu'avant la guerre la Métropole recevait annuellement 7 à 8 millions d'hectolitres de vin d'Algérie ; 300 000 tonnes de céréales,

Parisiens dans les premiers mois d'occupation — tenue pour responsable des privations en tous genres dont vont souffrir les Français.

Il existe des prévoyants. C'est ainsi que l'écrivain — et vieux garçon — Léautaud, qui vit en banlieue et travaille à Paris au *Mercure de France*, achète, le 26 juin, 11 paquets de tabac en trois fois, 8 autres le 28 juin ; puis 22 le 2, et le 6 juillet, car il estime que la guerre sera longue et dure, à nouveau 22 paquets.

Le 18 septembre, en prévision de l'entrée en vigueur de la carte de pain, il se procure plusieurs kilos de pain qu'il fait sécher dans les bureaux du *Mercure de France*.

Dans son journal, qui constitue un témoignage aussi précieux pour l'historien de la vie quotidienne que pour l'historien de la vie littéraire, Léautaud note ainsi achats, menus, difficultés éprouvées pour se nourrir, et nourrir les bêtes qui lui tiennent compagnie, car il ne dispose que d'un traitement de 1000 francs par mois, le *Mercure de France* ayant, après la défaite, réduit les salaires de tous ses collaborateurs.

Le 30 août, il lui reste un œuf pour toute provision. Le 13 octobre, il déjeune de deux pommes cuites et d'un peu de pain, et, le 26 décembre, il écrit à son ami le docteur Le Savoureux :

« Cher Monsieur,

« Bon moment à passer

« Rien à manger et le froid chez soi

« N'avez-vous pas dans vos parages des lascars qui débitent du bois et en vendent ?

« Je me précipiterai pour en acheter.

« L'eau gèle dans mon pot à eau et impossible d'écrire trois lignes. »

Le 2 janvier, il note : « Rien à manger. Pas même de pain. Fait de la panade avec de vieilles croûtes ».

C'est un amoureux du café. Mais le café est sévèrement rationné et, tandis que les journaux signalent — en novembre — que les

---

200000 tonnes de fruits en provenance d'Afrique du Nord, 600000 tonnes d'arachides d'Afrique Noire, 150000 tonnes de sucre des Antilles, sans parler du bétail et de tout ce que nous achetions à l'étranger.

consommateurs n'auront bientôt plus le choix qu'entre le haricot grillé, la fève cuite, l'orge ou le gland à cochon, Léautaud remarque avec mélancolie que le moindre grain de café tombé de la table ou du moulin est traqué jusque sous le buffet ou sous l'armoire...

Un bourgeois bordelais, qui rédige également son journal, M. Brouillard, signale qu'on a vendu du marsouin le 13 novembre sur les marchés de Bordeaux, que les gâteaux « sont devenus un plat » et il donne, à la date du 24 février 1941, le menu du wagon-restaurant sur la ligne Bordeaux-Paris, wagon-restaurant que ne peuvent fréquenter que les privilégiés de la fortune, c'est-à-dire du marché noir. Pour 27 francs, on obtient « une tasse de bouillon, un petit morceau de bœuf pour lequel on prend un ticket de 250 grammes, une salade de carottes, rutabagas et pommes de terre et une orange. Le vin fourni par Eschenauer est à 13,50 F la demi-bouteille. Pas de carafe d'eau, mais des eaux minérales à 6 francs. »

Combien de Français cependant voudraient bénéficier quotidiennement de pareil menu ?

Dans les chroniques des Halles qui paraissent dans les journaux parisiens, il est surtout question du rutabaga, légume qui a fait son apparition sur les marchés dans l'automne de 1940 et qui représente souvent, c'est le cas du 9 janvier 1941, les deux tiers des apports en fruits et légumes ! « Approvisionnement constitué principalement de rutabagas : 40 tonnes, 16 tonnes de navets, une tonne de choux-fleurs, infime quantité de primeurs algériennes, méridionales et nantaises ». Voici pour le 12 janvier 1941[26].

Le 18, des rutabagas encore, 45 tonnes, 27 tonnes de navets, une tonne de salade « avec 400 kilos de volailles ».

Aux périodes de pénurie, succèdent parfois de très courtes vagues d'abondance... relative. C'est ainsi que plusieurs navires, chargés d'œufs du Maroc, étant parvenus au port le même jour, ou presque, 2 649 colis d'œufs marocains sont en vente à Paris le 18 février 1941, tandis que, sur le même marché, il ne se trouve que... trois colis « d'œufs du pays ».

Les Français ont droit (23 septembre) à 350 grammes de pain par jour, 500 grammes de sucre, 300 grammes de café par mois, 360 grammes de viande par semaine, 140 grammes de fromage par mois. Dès le 1er septembre 1940, le sucre, les pâtes, le riz et le savon sont

26. Ce jour-là cependant, il y a, par exception, 60 000 kilos de viande.

rationnés. A partir du 23 septembre, de nouvelles mesures touchent la viande et les matières grasses. M. Caziot, ministre de l'Agriculture, donne, le 12 octobre, les raisons de ces restrictions supplémentaires. Besoins de l'armée allemande, nettement soulignés à plusieurs reprises dans son discours [27], notamment lorsqu'il s'agit de l'établissement de la ration de viande « longuement et laborieusement discutée avec les autorités occupantes » ; mauvaises conditions climatiques en zone occupée ; diminution du nombre des vaches ; difficultés du ramassage du lait faute d'essence ; semis de betteraves à sucre perdus dans la proportion de 80 % ; blocus maritime maintenu par l'Angleterre qui nous prive de 60 % de nos ressources en corps gras, de la presque totalité du riz et du café.

Au fil des mois, le rationnement sera toujours plus sévère. Voici donc ce que « touche » en mai 1941 un Parisien appartenant à la catégorie A (adulte) : pain, 275 g par jour ; viande, 350 g, fromage, 70 g, matières grasses, 100 g par semaine ; sucre, 500 g, riz, 200 g, pâtes alimentaires, 250 g par mois. En avril, une distribution d'un kilo de pommes de terre a eu lieu contre les tickets DA et DB de la feuille de « denrées diverses ».

Le 3 mars 1941, la pâtisserie et les pâtes alimentaires fraîches ont été supprimées à Paris. Le 12 avril, trente départements ont été frappés d'une interdiction temporaire d'abattre et de consommer la viande de bœuf. En juillet, on rationne le chocolat et le poisson frais. En octobre, les légumes secs. Le 1er août, le tabac, ce tabac que de grands fumeurs, comme Léautaud, avaient si précautionneusement stocké, est contingenté : hommes et femmes n'auront droit qu'à six paquets de cigarettes par mois ou trois paquets de tabac. En août, le vin, ce vin que nous imaginions posséder en abondance, n'est plus accordé que parcimonieusement : un litre par semaine au lieu de deux.

Cependant, en septembre et octobre 1940, les journaux de zone occupée avaient annoncé que Paris ne manquerait pas de vin, les

---

27. Dans le même temps, et sur ordre, la presse s'efforce de « détruire une légende ». « Les troupes d'occupation, écrit le *Nouvelliste de l'Allier* ne prélèvent sur notre production que le blé nécessaire à leur pain et une partie de la viande qui leur est indispensable. Les corps gras, le sucre, les pommes de terre leur viennent d'Allemagne. D'autre part, nos prisonniers qui se trouvent en Allemagne sont nourris au moyen de produits alimentaires prélevés sur les stocks allemands. » Dans *La France au Travail* du 21 septembre 1940, les mêmes arguments sont repris avec les mêmes mots.

autorités allemandes ayant autorisé le retour en zone libre d'un nombre « appréciable » de wagons-réservoirs (2000 environ) dans lesquels serait chargée une partie de la récolte 1940 estimée à 60 millions d'hectolitres alors que la consommation se monte à 50 millions d'hectolitres[28] !

Le 9 juillet 1940, le journal *La Montagne* prévoyait les temps difficiles : « Nous sommes à la belle saison. Nous vivons encore sur nos provisions, sur les fruits, les légumes, les récoltes ensemencées avant la terrible surprise et que porte encore la terre de France.

« Mais les mauvais jours, l'hiver et le froid viendront vite et les approvisionnements : blé, pommes de terre, viande, denrées coloniales, charbon menacent de s'amenuiser dangereusement. »

Nous y sommes.

L'hiver 40-41 restera, dans les mémoires, comme le plus rude de tous car les Français, mal préparés par des années d'abondance et de sécurité à en subir toutes les rigueurs, n'ont pas encore découvert toutes les ressources du système D et du marché noir.

Dans les journaux de 40 paraissent alors des recettes qui, plus tard, feront sourire : « Savez-vous éplucher vos légumes ? Les asperges : les peler, elles cuiront mieux et pourront être mangées entières, ce qui est plus avantageux... les carottes, simplement les gratter...[29]. » Mais lorsque ni asperges, ni carottes ne paraîtront plus sur les marchés ?

On enseigne aux Français ce que « l'on peut tirer d'une volaille » :

« 1. Faire, avec les abattis et divers légumes, un potage ; les légumes seront consommés à part et formeront ainsi un plat, tandis que les abattis seront mis à part.

« 2. Avant de faire cuire la volaille en cocotte, en retirer la graisse qui servira ultérieurement, bourrer le poulet de marrons ébouillantés et servir avec un peu de graisse de poulet. Seules les cuisses et les ailes seront mangées à midi, par exemple, le soir des légumes seront servis cuits dans le jus du poulet... »

Le troisièmement concerne l'utilisation des abattis mis à part ; le quatrièmement, la carcasse et les blancs du poulet destinés à être servis

28. A quoi il faut ajouter 20 millions d'hectolitres produits par l'Algérie.
29. *Résistance, Croix de Morlaix*, 6 septembre 1940.

en ragoût ; le cinquièmement, les os qui, « enveloppés dans une mousseline, donneront encore du goût au prochain potage ».

Mais lorsque, sur le marché, il n'y a ni poulet ni légumes ?

Il est vrai que petits élevages et jardinets ont été multipliés.

Et avec eux les livres de conseils pratiques. Livres à succès assuré.

Comment se nourrir au temps des restrictions ? L'ouvrage, qui date de la fin de l'année 40, a pour auteur Mme Francisque Gay dont le mari, ascétique à souhait, deviendra, plus tard, ministre de Charles de Gaulle ; *Jardinage et petits élevages au temps des restrictions,* un livre de Mlle Trouard-Riolle, docteur ès sciences, annoncé ainsi : « Tout Français doit être jardinier. Une consigne vient d'être donnée à tous les Français : faire rendre au sol le maximum... »

A partir du premier dimanche d'avril 1941, un cours public et gratuit de culture potagère est ouvert à Arcachon, de 10 heures à midi, sous la direction d'un horticulteur, M. Boudou. A Caudéran (Gironde), dès août, à Pauillac (Gironde), dès septembre 1940, des prairies communales sont mises à la disposition de la population pour la création de jardins familiaux.

En janvier 1941, M. Porte, préfet de l'Allier, en poste à Moulins, décide de réactiver une société de jardins ouvriers de 57 parcelles n'occupant alors que 2 hectares. Il réussit à convaincre l'autorité militaire de lui céder le champ de manœuvre de Bressolles (11 hectares) sur lequel 330 jardins seront bientôt implantés. A la fin de l'année 1941, ils seront 689 sur 25 hectares ; en 1942, 1 015 sur 34 hectares ; en 1943, 1 418 pour 46 hectares. Le 25 février 1942, le préfet de l'Allier prend d'ailleurs un arrêté faisant bénéficier la culture légumière d'une priorité absolue sur toutes les autres cultures dans un rayon de huit kilomètres de la mairie, « dans les villes de Moulins, Montluçon et Vichy ».

Retour à la terre. Slogan et nécessité. Retour à la terre dans lequel certains voient d'abord une façon de régénérer les âmes polluées par la ville. « Comment ramener aux travaux pénibles des champs, à la vie austère et prévoyante les habitants des bistrots, cinémas et autres lieux ? » demande le rédacteur, par ailleurs professeur de faculté, d'un journal catholique de Bordeaux[30]. « La nécessité, ajoute-t-il dans sa

30. *La Liberté du Sud-Ouest,* 29 juillet 1940.

conclusion, reconduira au sens du travail les âmes françaises dévoyées. Et le travail par lui-même est moralisateur ».

Retour à la terre encouragé par le maréchal Pétain, non seulement parce qu'il souhaite améliorer le ravitaillement, « casser » le développement des grandes villes ouvrières, mais aussi parce qu'il aime profondément les agriculteurs, en fils de paysan qui a toujours rêvé d'une retraite campagnarde qui ne serait pas de fantaisie. Aussi, dans ses audiences, accorde-t-il volontiers un « tour de faveur » à ceux qui arrivent de la campagne française. Et lui en parlent.

M. Gaston Boiteux, cultivateur à Aubagne, est-il reçu par le Maréchal, avec quelques-uns de ses amis, voici le récit qu'il fait au *Petit Provençal :*

— Le vainqueur de Verdun était devant nous, grand, les yeux bleus, vêtu d'un costume gris clair, il nous a offert un siège à ses côtés et aussitôt la conversation s'est engagée. Le Maréchal nous a questionnés sur notre genre d'exploitation, sur les engrais que nous employons, sur leur qualité... La terre, a-t-il poursuivi, récompense toujours ceux qui se penchent sur elle avec ténacité.

Encore faut-il qu'ils soient assez nombreux.

Dans une « Prière au Maréchal » en forme d'éditorial, publiée par un petit hebdomadaire de province, le 12 janvier 1941, l'auteur de la supplique commence ainsi son article, excellent témoignage des sentiments de l'époque.

« Donnez-nous aujourd'hui notre pain de chaque jour et ne nous laissez pas succomber aux tentations de la faim, mais délivrez-nous de ce mal comme vous nous avez délivrés de la guerre, l'autre fois, par la victoire, cette fois par l'armistice. Ainsi soit-il !

« Mais, pour qu'il en soit ainsi, nous vous supplions de considérer que l'action de votre gouvernement doit intégralement s'appliquer à la fourniture de ce pain quotidien aux trente-neuf millions de Français de la métropole qui ne l'attendent plus que de vous. »

Le journaliste rappelle alors que, sur les 1 800 000 prisonniers de 40, plus de 1 200 000 sont cultivateurs et il supplie le Maréchal de rendre « à leur terre » les jeunes gens de la classe 40, envoyés dans des camps de jeunesse aux réalisations incertaines, d'amener à la terre les ouvriers, de ne laisser, dans les usines, que ceux qui sont indispensables « à la fabrication des outils nécessaires à la culture. Le moment n'est plus et n'est pas encore revenu de fabriquer des tracteurs et des autos. Faites-nous des instruments aratoires. Formez-nous des artisans ruraux capables de réparer sur place nos outils et nos maisons... Labourer, herser, bêcher, sarcler ne sont pas choses inhumaines ni au-dessus des capacités et des forces d'un jeune ouvrier débutant ».

Les raisons de la pénurie sont innombrables.

Les Allemands nous prennent beaucoup.

Et, lorsque nous sollicitons, ils se montrent réticents.

Réclamons-nous, en octobre 40, 600 000 tonnes de pommes de terre, 500 tonnes de graines de betteraves, 100 000 tonnes de sucre, ils réservent leur réponse. Et, en février 1941, ils ne seront pas émus par un tableau établissant des comparaisons entre rations françaises et rations allemandes qui leur est officiellement adressé par le gouvernement français. Il est vrai que le travailleur de force allemand dispose de 700 grammes de pain par jour, 1 200 grammes de viande par semaine, 1 200 à 1 500 grammes de sucre par mois contre 400 grammes de pain, 360 de viande, 500 de sucre à son homologue français, mais l'Allemagne n'a-t-elle pas gagné la guerre ?

Le blocus anglais, les difficultés de franchissement de la ligne de démarcation, l'absence des prisonniers, les difficultés de circulation des marchandises, le sous-équipement agricole, la paperasse administrative, le marché noir, les prix taxés trop bas qui poussent à la fraude, tout, ici, a son importance. Dix causes au moins à la pénurie. Il est impossible de les résoudre toutes à la fois. Impossible, même, d'en éliminer totalement une seule.

Les prix ont naturellement bondi dès le mois de juillet 1940. C'est ainsi que les petits pois, vendus en gros 3 F le kg à Clermont-Ferrand, passent, d'un jour à l'autre à 4,50 F. Le gouvernement a bien décidé, en novembre 1940, que les prix devaient être alignés sur ceux de septembre 1939, les prix n'écoutent pas les ministres ! Au début du mois de novembre, en effet, le lapin qui se vendait 8 F la livre en 1938 en vaut 19. La botte de carottes est passée rapidement de 1,75 F à 4,50 F, le bœuf est à 22 F la livre, le cheval à 25 F.

Lorsque le ministère des Finances ordonnera une enquête sur l'augmentation des prix d'achats de produits de première nécessité, entre août 1939 et août 1941, le résultat sera une hausse moyenne de

54 %. En vérité, les services de statistique ne prenant pas en compte les prix du marché noir, la hausse est infiniment plus importante. A ces augmentations, a correspondu, en mai, une augmentation générale des salaires pour tous ceux qui touchent moins de 30 000 francs par an : 125 à 200 francs par mois, suivant les régions. Maigre compensation !

La fixation autoritaire (et pour les besoins de la statistique) de prix trop bas compromet le ravitaillement. Qu'arrive-t-il, en effet, lorsque le lapin facturé 25 à 27 francs, au départ des Deux-Sèvres, ne peut être vendu aux Halles de Paris que 26 francs et 29 francs au détail ? Lorsque le poulet, acheté par le grossiste 34 francs, ne doit pas être vendu au détail plus de 40 francs ? Tout simplement que les ménagères ne trouvent ni lapins ni poulets sur les marchés[31].

Certains préfets — c'est le cas de celui du Var au début de 1941 — se conduisant en potentats interdisent toute sortie de primeurs de leur département et, en janvier 41, le gouvernement sera obligé de décider que tous les départements producteurs devront, en dehors des quantités nécessaires à la consommation locale, expédier leur bétail dans la région parisienne, ce qui ne modifiera guère la situation alimentaire de la capitale car les ordres sont peu ou mal respectés.

Les efforts en faveur de l'agriculture, faits notamment par M. Caziot, ce ministre de Vichy qui, dès 1926, avait déclaré que l'appauvrissement de la paysannerie française conduisait « à la mort, lente d'abord, puis se terminant en catastrophe d'un très grand pays », seront évidents, qu'il s'agisse de l'amélioration de l'habitat rural, du remembrement, de la création de petites exploitations autonomes, du développement de l'enseignement agricole et d'opérations limitées comme la rénovation de la Sologne, la mise en valeur de la Crau ou la mise en culture des exploitations et des terres abandonnées[32].

Évidents mais insuffisants.

---

31. Ces prix sont pour novembre 1940. 7 000 poulets ayant été mis en vente un samedi, sur le marché de Parthenay, il n'en arriva que 500 aux Halles de Paris.

32. Toutes ces mesures sont décidées par des lois adoptées entre octobre 1940 et juillet 1941. La paysannerie française a été organisée en corporation (le nom a été choisi par le maréchal Pétain) par une loi du 2 décembre 1940. Trois principes, selon Caziot, régissent cette organisation. 1° Il ne doit exister aucun rapport entre la corporation et les nécessités immédiates du ravitaillement. 2° Toute division verticale de la corporation est écartée. 3° La corporation sera établie en partant de ce qui existe déjà et en rassemblant, dans un seul ensemble, toutes les branches de la production agricole.

Les Français devront donc avoir recours au marché noir.

En septembre 1940, dans *La Gerbe,* Lucien Hervieux publie un reportage sur ceux qu'il appelle « les Français de la Petite France ». Sans gaieté.

Le journaliste, qui vient de Paris, prend son petit déjeuner en gare de Lyon : pas de beurre et pain rassis obligatoire.

« Mais où sont les temps des croissants chauds ? »

A Marseille, il entend raconter l'histoire du 70 %.

— Il n'y a pas de beurre à Marseille ?

— Té ! c'est le 70 % parbleu !

— Quel 70 % ?

— Oh ! Comment, vous ne savez pas ? Voyons, que vous êtes naïf, mon bon ! Les Allemands réquisitionnent 70 % de tous les produits. C'est pour ça que nous manquons d'huile, d'essence, de savon.

A Vichy, on lui sert, dans le cadre de la Brasserie Alsacienne, une pomme à l'huile sans huile, une choucroute minuscule, des prunes noires, celles qu' « avant » l'on donnait aux cochons, le tout pour 48 francs.

Alors, le marché noir.

Arnaud et Christine de Maigret ont enquêté, en novembre 1940, pour *La Gerbe.* Dans tous les milieux. Chez un baron, ils rencontrent un revendeur qui travaille pour un Grec qui « garde toute sa camelote » dans une valise.

— Il n'est pas seul, il a des copains, toute une bande. Ils se renseignent : ils vont trouver les démobilisés sans ressources, les sans travail... Moi, je ne pouvais toucher le chômage, parce que j'avais toujours travaillé au jour le jour ; alors, de deux choses l'une : ou ça, ou voler... Quand on n'a rien à se mettre sous la dent, on n'envoie pas valser un type qui vous offre du boulot, même s'il n'est pas très en règle avec les gendarmes.

L'article, par ailleurs, est vigoureusement antisémite. Que les persécutions débutent n'empêche nullement Arnaud et Christine de Maigret d'accuser les Israélites d'être et les inventeurs et les profiteurs du marché noir.

« Comme tout bon juif, écrivent-ils, ils se revendent entre eux : le frère profite et le cours monte... L'huile d'olive passe, de l'un à l'autre, de treize à vingt-cinq, puis à cinquante francs... Et en gros, naturellement : pas moins de cent litres. Au détail, je doute qu'on la trouve à soixante balles. »

En vérité, le marché noir est l'affaire de presque tous. De presque tous ceux qui ont quelque chose à vendre. De presque tous ceux qui possèdent l'argent nécessaire pour acheter. A Vienne, dans l'Isère, au mois de novembre 1940, les condamnations atteignent aussi bien des restaurateurs, des épiciers accusés d'avoir vendu le saucisson 68 francs le kilo, le bleu d'Auvergne 6 francs plus cher que la taxe, qu'un modeste marchand ambulant de Chavanoz. Il existe naturellement des industriels du marché noir, ainsi ce Gaston M..., habitant, à Paris, passage Delille, chez qui le commissaire Duval découvre 3 000 boîtes de pâté de porc, 1 000 boîtes d'anchois, 200 boîtes de sardines, 170 kilos de chocolat, 90 kilos de sucre, 30 litres d'huile, 50 kilos de riz.

Il existe des privilégiés. Les paysans dont on pourra écrire, sans soulever de grandes protestations, qu'ils accumulent d'énormes provisions. « Les pommes de terre sont cachées, les œufs dissimulés, le lait mis en fromage dans une cave... Si vous payez au-dessus du cours, vous trouverez tout ce que vous voudrez » [33].

Encore faut-il nuancer. Dans certaines régions de monoculture, les paysans sont aussi dépourvus que les citadins. Voici la petite commune de Tournissan (423 habitants), située dans l'arrondissement de Carcassonne. La vie, en juin 1941, n'y est pas facile. Dans les champs, on ramasse, pour les faire cuire, des salsifis et des asperges sauvages. Chez Antoine Noguerra, il arrivera que l'on mange une grosse couleuvre. Et chez Amparo Semper un hérisson. Rat, renard, blaireau, pie ont été, une fois ou l'autre, au menu des uns et des autres. Quant à Manuel et Louis Jouve, ils se souviendront toujours d'avoir, de bon appétit, dévoré du chat.

Le pain (noir ou gris) est trop sévèrement rationné pour des hommes, des femmes, des enfants dont l'équilibre alimentaire est très différent de celui que nous connaissons aujourd'hui. Les habitants de Tournissan s'efforcent de le remplacer par de la bouillie de maïs ou par des galettes de son cuites au four. Les enfants sont privilégiés : ils touchent quotidiennement 50 grammes de plus que la ration officielle. Et ce n'est pas un mince cadeau ! Pour obtenir ce supplément, distribué avant la récréation de l'après-midi, les enfants légèrement

33. *La France au Travail*, 30 octobre 1940.

souffrants ou paresseux se font violence et prennent volontiers le chemin de l'école.

En avril 1941, Janine Roux, une écolière de 13 ans, a raconté « la cérémonie du pain » à Tournissan. Son récit permet d'échapper aux généralisations hâtives qui font de *tous* les agriculteurs les bénéficiaires du marché noir.

« A l'aide d'un bon qu'il reçoit chaque mois de l'Inspection académique, notre maître fait prendre le pain chez le boulanger. Chaque élève a droit à un supplément de 50 g, il y a 58 élèves à l'école, le boulanger donne donc 2,900 kg de pain tous les jours, mais les jours de classe seulement ; nous n'en avons pas en supplément les jours de congé ou de vacances ou quand nous manquons l'école. Notre maître calcule la ration de chacun en divisant 2,900 kg par le nombre de présents ; comme il y a toujours quatre ou cinq absents, nous avons 52 à 54 g pour chacun, au lieu de 50. Notre maître découpe alors le pain en morceaux grands comme la main, les pèse et les dispose sur un linge et, en allant en récréation d'après-midi, nous passons à la file devant la table et nous recevons chacun notre morceau. Nous mangeons ce pain avec plaisir, la plupart sec, sans rien, quelques-uns apportent à l'école des verres, des tasses, contenant un peu de confiture faite avec du moût de raisin vendu par la Cave coopérative, car il n'y a pas de sucre pour faire des confitures.

« A la fin du mois, notre maître calcule ce que nous lui devons pour le pain que nous avons reçu. Cela a fait 3,60 F pour chacun de ceux qui n'ont pas manqué dans le mois de mai, soit environ 0,16 F par jour. »

Les commerçants, quel que soit leur commerce, sont naturellement privilégiés : ils possèdent une monnaie d'échange.

Et les cheminots se « débrouillent » assez bien. En gare d'Aulnoye, la police saisit, en mars 1941, plus de 12 000 kilos de pommes de terre que des cheminots malins avaient fait venir en les baptisant « semences ». Puisque tout est rationné, on trafique sur tout. Sur le cuivre, sur l'huile, la viande, le sucre, le plomb, le papier, le vin, le lait... Malgré leur faible pagination, le peu de place qu'ils accordent aux faits divers, les quotidiens français multiplient donc les récits les plus extravagants.

Rue Cadet, « à deux pas du Grand Orient », précise *Le Cri du peuple*, qui relate l'histoire, un charcutier avait installé quatre porcs, six truies et huit porcelets dans sa cave. Les bêtes étaient si maigres que l'on dut les envoyer se « refaire »... en province afin de pouvoir les sacrifier quelques mois plus tard.

Histoire de ces pillards d'une cave de Lille dont l'un fut retrouvé mort « le goulot d'une bouteille dans la bouche » et dont un autre « décéda chez lui, des suites d'une formidable cuite », tandis que leurs compagnons s'emparaient de vins et liqueurs pour un million de francs.

D'ingénieux trafiquants empoisonnent les corbeaux — la chasse ayant été interdite en zone non occupée — pour les vendre sur les marchés du Puy-de-Dôme. Et d'ailleurs. Les « tueurs de pigeons » sont nombreux. Lorsqu'elle les surprend — c'est le cas de Jules H..., habitant rue Thouin —, la police verbalise.

Histoire de cimetière. Au Vésinet, un caveau a été transformé en resserre où des gardiens entassent — au frais — les marchandises achetées en Normandie avant de les revendre avec bénéfice. L'opération paraît d'autant moins risquée que quatre membres de la municipalité se trouvent associés aux bénéfices. La police intervient cependant comme elle intervient pour arrêter cette femme qui, au volant d'une camionnette, près d'Hazebrouck, brûle tous les barrages et n'hésite pas à enfoncer les barrières d'un passage à niveau. Dans la camionnette stoppée sur la voie, 3 porcs, 45 kilos de beurre, 550 œufs, du blé, des carottes, des pommes de terre, des lapins, des poules. Mme C..., « qui n'est même pas commerçante », précisent les journaux, se voit infliger sur l'heure quinze procès-verbaux, mais ses malheurs ne découragent aucun trafiquant.

La nourriture domine la vie quotidienne.

Écrivant les *Chroniques des saisons amères,* Georges Duhamel place certes la journée de « Simonne, la Parisienne » sous le signe des restrictions en tout genre. Mais le souci du « quelque chose à manger » domine tous les autres.

Le gaz est rationné. « Comment faire griller les tartines de pain de Jean qui est revenu malade, après son temps de captivité ? » Le café sera amélioré grâce à une pincée de chicorée que Simonne a pu obtenir en offrant un rouleau de pellicules photographiques 6,5 × 9 et en payant, « bien évidemment », le prix normal du paquet ; après la cérémonie du café « sans café, sans beurre et sans confiture », lorsque père et enfants sont partis, Simonne dresse les plans de la journée qui s'ouvre. « D'abord, la charcutière, puis les cartes du mois, puis l'épicerie, puis les conserves. Ensuite, le pharmacien. Puis, bien évidemment, il faudra passer rue La Bruyère chez ce papetier qui vend des anchois... »

Chez la charcutière, aucune répartition, pas le plus petit morceau de boudin au sang de bœuf ; pas la moindre tranche de pâté d'abats ; Simonne arrive devant la boutique du fruitier-épicier. « Elle écoute parler les hommes et les dames de la queue. C'est sa manière à elle de lire le journal. »

Il est vrai que les journaux de l'époque sont bien vite lus.

Voici, par exemple, pour un jour comme les autres de l'automne 1940, le 5 novembre, la physionomie du *Petit Parisien* qui coûte cinquante centimes. Quatre pages. Les têtes de colonnes, en première page, sont consacrées à la prochaine élection du président des États-Unis, à l'installation de M. Magny, nouveau préfet de la Seine, aux efforts du *Petit Parisien* pour rendre à leur famille des gosses perdus pendant l'exode. Le communiqué allemand se trouve en milieu de page ainsi que l'annonce du prochain voyage du maréchal Pétain à Toulouse, mais les deux informations les plus lues ont été certainement l'annonce de remises d'impôts et de délais pour les contribuables démobilisés ainsi que les quelques lignes signalant la création de tickets pour le savon à barbe. En page 2, la rubrique des spectacles : 25 théâtres, 12 salles de variétés, 8 cabarets, 12 cinémas. Un roman populaire, *Chérubin du Faubourg,* des mots croisés, quelques échos.

Page 3, sur deux colonnes, le journal annonce de nouvelles restrictions de ravitaillement ainsi que des sanctions prises par le comité de surveillance des prix ; la fermeture d'une vingtaine de magasins ; les peines qui frapperont ceux qui écoutent la radio anglaise : 16 à 100 francs d'amende mais aussi de six jours à six mois de prison.

La quatrième page est consacrée au sport, à la Bourse, à la publicité. « Savon de ménage à faire chez vous. Renseignements contre un franc en timbres-poste ».

Dans d'autres numéros, on trouvera des publicités pour des stores de camouflage, des marmites norvégiennes... ainsi que pour des pancartes « Entreprise juive ».

Rien, on le voit, cependant, rien, dans les journaux de guerre, qui permette de passer agréablement le temps lors des « queues » qu'il faut faire devant chaque boutique, dans le froid, sous la pluie ; files d'attente que le gouvernement décide de temps à autre, de supprimer, qui renaissent dans l'heure et susciteront au moins un livre, celui de Me Pierre de Félice : *Le droit des gens qui font la queue...*

La Simonne de Georges Duhamel ne manque pas de chance... Elle « tombe » sur le dernier chou-fleur en vente dans l'épicerie. Elle « se fait inscrire » pour le poisson... dont la dernière distribution date de sept semaines, va à la laiterie où elle reçoit, en cachette, un quart de lait écrémé, « à la condition toutefois d'acheter un paquet de lessive ». On lui promet également des œufs pour dans cinq semaines. Ou sept. Comment savoir ?

Après Simonne, voici, toujours sous la plume de l'académicien Georges Duhamel, un Grégoire « qui entreprend des démarches pour trouver un poulet » dont sa famille veut honorer un généreux cousin de province. Trouver un poulet, à Paris, en février ou mars 1941, demande autant d'ingéniosité que de relations. Grégoire aura son poulet par l'intermédiaire d'un papetier recommandé par un pharmacien !

« Ce papetier vend des journaux, des cahiers et des cartes de visite. Mais il peut, s'il est prévenu d'avance, trouver au besoin un poulet... Ce n'est pas du marché noir, mais c'est malgré tout très cher ».

Tous les Français n'ont pas l'argent nécessaire, fût-ce pour acheter, les jours de fête, un poulet à ce marché noir qui n'est pas tout à fait le marché noir.

La misère des petits fonctionnaires, des mères de familles nombreuses, des retraités, des vieux, de ceux qui n'ont rien à vendre, rien à échanger, qui ne peuvent pas trafiquer, que leur morale ou leur absence d'audace empêche de se lancer, comme les autres, dans ces spéculations où il y a beaucoup à gagner pour les audacieux sans scrupules, oui, la misère des humbles est grande.

Que peut faire cette mère de douze enfants vivants — elle en a eu dix-sept — qui ne dispose que des 185 francs mensuels donnés par son mari, marchand des quatre-saisons, malade depuis plusieurs mois, et du salaire (140 francs par semaine[34]) d'une de ses filles ? Au

34. Au mois de novembre 1940.

mur, des diplômes. Mais « la mère méritante de Paris » meurt de faim.

185 francs par mois, c'est également ce que touchent beaucoup de « petits vieux ».

— On pousse une porte basse, dans un couloir qui ressemble à un égout. Derrière cette porte, il y a un lit avec un couvre-pied d'une blancheur de miracle. Dans un lit, un spectre est couché : le spectre vous dit : « J'ai 86 ans... Oui, je suis de l'assistance obligatoire... Je touche 185 francs par mois... Je sors de l'hôpital. Je ne peux plus marcher. S'il y a longtemps que je suis ici ? 45 ans. Je suis la concierge. Ce qu'il y a, c'est que je n'ai pas de charbon et qu'il fait froid... Je prends un demi-litre de lait par jour et je le paie 23 sous... [35] ».

Le gouvernement du maréchal Pétain a bien accordé cette retraite des vieux sur laquelle la IIIe République avait ouvert tant de débats sans conclusion, mais 3 000 francs par an cela ne fait que 8,22 F par jour. Peut-on vivre avec si faible somme ? Bien des Français, ravalant leur orgueil, devront demander à la charité ce que n'apporte pas le travail.

Le maréchal Pétain a lancé, le 11 novembre 1940, un appel à la solidarité nationale. « Vous réunirez couvertures, chaussures, linge, sous-vêtements, chandails, chaussettes, en un mot tous les effets, même les plus usagés.

« Vous les apporterez soit à la mairie de votre village ou de votre ville, soit à la sous-préfecture ou à la préfecture si votre résidence en est plus proche.

« Vous les remettrez aux équipes de jeunes gens qui passeront à cet effet devant vos demeures.

« On attend votre don ; l'hiver, lui, n'attend pas [36]. »

Lorsque le Secours national publiera son bilan pour 1941 (zone occupée seulement), on découvrira qu'il a distribué aux sinistrés et réfugiés 65 000 meubles, 40 000 cuisinières, 1 200 000 articles de cuisine, 85 000 mètres de tuyaux de poêle, mais également servi 40 millions de rations dans 3 700 cantines scolaires.

---

35. Reportage de Germaine Decaris dans *L'Œuvre*, du 14 novembre 1940.

36. Georges Ripert, secrétaire d'État à l'Instruction publique, adresse à tous les recteurs et inspecteurs d'Académie une circulaire leur recommandant de donner connaissance aux élèves de l'appel du Maréchal et d'organiser la réception et le stockage des vêtements apportés.

Pour ceux, les plus nombreux dans les grandes villes, qui ne disposent pas des ressources financières exigées par le marché noir, il existe des restaurants bon marché comme ce « Relais d'Antin » où le repas « léger » — légume, couvert et pain — coûte 2,25 F. Boulevard Raspail, 400 personnes pour le déjeuner, 300 pour le dîner viennent également prendre des repas à 2,75 F dans l'ancien Foyer des Étudiants transformé en œuvre d'entraide, où se retrouvent ouvriers, employés, petits-bourgeois désargentés, chômeurs et artistes malheureux.

« Voici, raconte le journaliste de *La France au Travail*, dans un reportage paru le 14 octobre 1940, voici le vieux peintre aux longs cheveux dont nous avons vu, à quelques pas d'ici, l'exposition en plein vent. A côté de lui, deux midinettes, plus loin toute une famille : père, mère et sept gosses, clients assidus depuis la fondation.

« Pas besoin de papier pour entrer, tout le monde est reçu et servi...

« Dès l'arrivée, un premier bureau : « Vos tickets S.V.P. » ; les habitués les donnent une fois pour toutes, au début de la semaine : 1750 grammes de pain, 240 grammes de viande, 60 grammes de matière grasse.

« Aujourd'hui, le menu comporte des tripes à la mode de Caen, des carottes et de la compote de pommes. »

Les restaurants communautaires, « les Rescos », créés à l'intention des salariés dont les revenus n'excèdent pas 3000 francs par mois finiront par nourrir 200000 Parisiens quotidiennement cependant que des milliers d'autres emportent des « plats cuisinés » vendus à petit prix par des organisations charitables. Ou même distribués gratuitement. Du 9 au 31 décembre 1940 le Secours de solidarité de la Communauté bordelaise fournira ainsi 152265 soupes gratuites.

Entre les gargotes où le repas est à 2,75 F ou à 5 F et les établissements de « classe exceptionnelle », où l'addition évolue entre 50 et 100 francs puis, à partir de 1943, entre 100 et 250 francs, existe la même différence qu'entre la misère décente et le luxe ostentatoire, un luxe qui se moque des restrictions ou, plus exactement, dont les restrictions et la pénurie semblent fouetter les exigences.

Il faut lire les souvenirs de Galtier-Boissière pour avoir une bonne idée de la valse des prix... que ne suivent que de très loin les salaires.

Pénurie de tabac, on le sait. Le tilleul, l'armoise, la barbe de maïs ne sont que de piètres produits de remplacement. Aussi s'attache-t-on, tout orgueil disparu, à récupérer les « mégots » et même à les ramasser.

Ne rien laisser perdre, faire durer... deux grands principes sans cesse rappelés par la presse quotidienne.

« Pour faire durer votre savon.

« La réglementation donne chaque mois, à chaque consommateur, un savon de toilette qui pèse 100 grammes... Comment arriver à n'utiliser qu'*un* gramme ? » La recette est simple : il suffit de tremper longuement les mains dans l'eau, puis de « faire tourner quatre ou cinq fois au maximum » le savon entre les mains sans insister pour le faire mousser. « A ce moment-là, il dissout les graisses et les impuretés qui tombent en gouttes grises sur le bord de votre lavabo [37]. »

Le système D triomphe. Les recettes de « bonne femme » sont remises à l'honneur. « Je n'ai pas de colle. J'épluche une gousse d'ail et j'en frotte soigneusement les parties à recoller. Je les ajuste et les maintiens en place à l'aide d'une ficelle, suivant l'objet. L'ail en séchant soude aussi fortement que de la colle forte [38]. » « Pour la réparation instantanée des chambres à air de vélo sans DISSOLUTION, sans ESSENCE, sans RIEN... RUSTINES manufactures Rustin [39]. » « Fausse huile. Achetez chez le pharmacien 10 grammes de lichen blanc et 10 grammes de graines de lin. Posez le tout dans une casserole, ajoutez un litre d'eau, laissez bouillir dix minutes, versez sur un tamis. Écrasez les graines au pilon. Recevez le liquide. Laissez-le refroidir. Servez-vous de ce liquide en guise d'huile, pour accommoder la salade [40]. »

Les Français ne peuvent plus ignorer que les glands du chêne palustre sont presque aussi riches en huile que les graines de soja ; que les viandes de mauvaise qualité « convenablement traitées et échaudées deviennent acceptables en vue de l'alimentation humaine » ; qu'il est possible de faire, comme au XVIIIe siècle, un véritable chocolat de châtaignes ; qu'en délayant de la farine de châtaignes (encore) dans de

37. Il existe bien entendu des contrefacteurs, comme cet Édouard M... qui façonnait de la glaise en forme de savon. Chaque morceau était revendu, en janvier 1941, 8 francs pièce.

38. *Système D*, juillet 1941.

39. Publicité parue dans *La Semaine*, du 23 octobre 1941.

40. Docteur de Pomiane, *Cuisine et restrictions*.

l'eau, en laissant fermenter le mélange et en distillant ensuite, on obtient une excellente eau-de-vie[41].

Le dimanche 20 octobre 1940 est proclamé « journée nationale de ramassage des faines ». En grand nombre, les jeunes, sous la conduite de leurs instituteurs, sont conviés à récolter ce fruit comestible — et peu consommé — du hêtre.

Le Bordelais Brouillard note, le 2 juillet 1941 : « On me refuse un tube de dentifrice parce que je ne rapporte pas le tube épuisé. »

Il y a plusieurs mois, déjà, que le troc est recommandé avant de devenir obligatoire. Dans *La Petite Gironde* du 1er décembre 1940, a paru, en effet, cette petite annonce : « Vieux culots lampes électriques usées sont repris 25 centimes, même en petite quantité, par la lampe S.I.A.L.E. Agent : M. Briand, 128 *bis*, rue Guillaume-Leblanc, Bordeaux. »

Il fait froid et le ramassage du bois mort est interdit ; les gardes conduisent au commissariat un homme « qui fut fortuné et n'a gardé de son aisance que sa cravate de commandeur dans la Légion d'honneur. Avec sa femme ; ils revenaient dans leur petit logement, portant deux sacs remplis de bois ramassé près de Bagatelle »[42].

Personnage hors du commun, qui a droit à « l'honneur » du fait divers, mais pour un que l'on signale combien de ces petits voleurs sombrent dans un oubli total ? Cependant, les vols n'ont jamais été aussi nombreux. Vols de charbon, devenu denrée si précieuse que Georges Duhamel a vu un passant ramasser un petit morceau de charbon près d'un soupirail, le considérer avec une attention respectueuse « comme on ferait d'un objet de prix », puis, tirant de sa poche une vieille enveloppe, y enfermer sa conquête[43].

---

41. Exemples tirés du numéro 93 de *Que sais-je ?* sur les produits de remplacement.
42. *Le Petit Parisien*, 4 novembre 1940.
43. En octobre, les journaux « inspirés » ont annoncé que, malgré la diminution de moitié de notre production de charbon (25 millions de tonnes contre 50 millions auxquels il fallait ajouter 20 millions d'importation), les besoins des consommateurs privés seraient couverts, l'industrie n'ayant plus que des demandes réduites. Bien entendu, la pénurie sera aussi sévère dans ce secteur que dans les autres.

On vole des bicyclettes en nombre. A Paris, 22 000 en trois mois de 1940.

Le préfet du Loiret signale, chaque semaine, à la Feldkommandantur d'Orléans[44], les vols, incendies, arrestations pour propagande politique et accidents de voiture survenus dans son département.

Du 17 au 20 mars 1941, 12 vols de bicyclettes, 4 vols de volailles, 2 vols de vêtements, 7 vols de porte-monnaie et portefeuilles, 14 vols d'objets divers. Un seul incendie, 7 accidents de voiture dont l'un, à Villemandeur, provoqué par un camion allemand qui a continué sa route, a causé la mort d'un cycliste.

Pour deux mois — avril et mai 1941 —, on recensera 42 vols de bicyclettes, 36 vols de volailles, 26 vols de porte-monnaie et portefeuilles, 16 incendies, 9 accidents de voiture.

Au fil des semaines et des mois, les vols de bicyclettes seront d'autant plus fréquents que le vélo est devenu le véritable moyen de locomotion des Français. Il est rare, convoité, contingenté. Jalousement surveillé. Pour le soustraire aux tentations, nul n'hésite à lui faire partager son appartement pour la nuit, même s'il faut le hisser jusqu'au quatrième ou cinquième étage. Vélos introuvables sur le marché de l'occasion. G. de la Fourchardière, 54 *bis*, rue Michel-Ange, passera à cinq reprises, dans *L'Œuvre* de novembre 1940, une petite annonce pour faire savoir qu'il désire acheter une bicyclette d'enfant. Et la moindre bicyclette de fonctionnaire endommagée retient l'attention des conseils municipaux. Dans sa séance du 8 octobre 1940, le conseil municipal du Havre accorde ainsi 130 francs d'indemnité à M. Santeuil, qui habite 30, rue des Pervenches, 600 francs au brigadier Chabbert, 300 francs au brigadier d'octroi Duval dont les engins ont été volés ou accidentés.

Dans les statistiques, les vols en tout genre iront donc croissant.

De 35 029 en 1938, ils passent à 103 046 en 1941 et 114 905 en 1942 ; en 1942, sur 34 695 mineurs jugés pour crimes ou délits, 26 035 le seront pour vol, 26 000 contre 7 820 en 1938 ! Dans le temps où augmentent les vols, conséquences des restrictions, diminuent par rapport à 1938 presque tous les autres délits. Les années d'occupation verront moins de crimes, moins d'incendies volontaires, moins de viols que les années heureuses.

---

44. Depuis le 13 mars 1941. Renseignements inédits.

Comment les Françaises sont-elles habillées et chaussées ?

Chaussures à semelles épaisses et talons plats. Bas de soie, les derniers bas de soie, en attendant les teintures qui, sous le nom de « Filpas » ou de « Teint doré », auront la prétention de donner le change. Chaussures et bas qui, en effet, n'échappent nullement aux restrictions. En novembre 1941, pour la seule ville d'Arcachon (13 102 habitants), le contingent attribué n'est que de 192 paires de chaussures pour les adultes, 95 pour les enfants et 371 paires de galoches alors qu'il y a 2 516 demandes insatisfaites. Quant aux bas, une chronique du *Journal d'Arcachon*, le 26 octobre 1940, donne une idée exacte des préoccupations des Françaises et des tabous de l'heure. « Portera-t-on des bas ou ira-t-on jambes nues ?... On sait avec quelle facilité — pour ne pas dire désinvolture — beaucoup de femmes ont, depuis un certain temps, résolu le problème... L'hiver est proche, il s'agit de se vêtir... Il en est, ce sont les jeunes et les courageuses, qui ont décidé d'affronter les intempéries et d'aller jambes nues, comme d'autres sont nu-tête. D'autres, plus sensibles au vent du Nord, ont adopté un pantalon masculin dont le port n'est pas toujours la suprême élégance. »

Les femmes adoptent, le plus souvent, des jupes plissées ou en forme, des « chemisiers de garçon », des manteaux amples et sous lesquels on peut empiler les chandails qui permettent d'affronter le froid des demeures[45].

Sur la tête un turban. Au bras, toujours un vaste sac pourvu d'anses (on l'accroche au guidon de la bicyclette), sac dans lequel se trouve le portefeuille contenant les tickets et la petite boîte où sont les morceaux de sucre économisés ou les pilules de saccharine, indispensables lorsque l'on est invitée à « prendre le thé ».

Les grands couturiers continuent, eux, malgré défaite et restrictions, à faire triompher Paris sur une Europe réduite à l'univers de l'armée allemande, des seigneurs du marché noir, de leurs femmes et de leurs maîtresses. Lucien Lelong, Robert Piguet, Coco Chanel, Maggy Rouff travaillent aujourd'hui comme ils et elles travaillaient hier. L'époque

45. Froid pour les pauvres — Froid pour les riches. Fabre-Luce raconte que la comtesse Greffulhe a fait installer une guérite chauffée dans son salon et qu'elle en sort revêtue d'un manteau de fourrure pour se promener « parmi ses lambris comme dans un décor de plein vent ».

les inspire comme la drôle de guerre les avait inspirés. Pour garnir ses robes, Marcel Rochas utilise des fournitures d'ameublement tels que glands, galons et vieilles dentelles. La popularité de la bicyclette redonne gloire à la jupe culotte. Paquin crée des « jupes habillées » qui ne dépassent pas la hauteur de la cheville et permettent de rouler sans être crottée... du moins l'affirme-t-on. Quant à Lucile Manguin, elle propose simplement une jupe courte sur laquelle, grâce à des boutons-pression, s'adapte un volant conservé, jusqu'à utilisation, dans le sac aux richesses[46].

Quoi qu'il en soit, occupation et restrictions feront rapidement évoluer les mœurs dans le domaine du costume.

Au temps où l'on recherchait à notre défaite les causes les plus extravagantes, des préfets (celui des Alpes-Maritimes notamment) avaient interdit « le port de costumes masculins par des personnes du sexe féminin ». Ni short, ni pantalon, la France humiliée ne voulait voir ses filles qu'en jupes et robes ! En novembre 1940, l'arrêté sera rapporté pour les skieuses à qui l'on accorde enfin la permission de porter le pantalon.

Les restrictions atteignent toutes les catégories sociales. Elles revêtent parfois des formes inattendues. C'est ainsi qu'en Ille-et-Vilaine le notaire de Plédéliac, Me Martin, dans l'impossibilité de faire l'offrande du « pain bénit » en nature, par suite de l'entrée en vigueur de la carte de pain, dépose une aumône de 18 francs : le prix de six kilos de pain.

Dès le 12 juillet 1940, *L'Aquitaine,* bulletin diocésain, invite « MM. les curés » à réduire au minimum le nombre des cierges et bougies employés pour les cérémonies de la messe, des vêpres et du salut du saint sacrement. Le 9 août de la même année, les prêtres sont conviés, devant les restrictions d'essence, à revenir à la marche à pied ou à l'usage de la bicyclette, les demandes de pneumatiques — jamais deux enveloppes et deux chambres à air pour le même attributaire — devant être adressées au chanoine Touvet. Le vin de messe est fourni, lui aussi, contre inscription et, pour laver le linge d'église, il faudra, à

46. Au début de l'année 1941, une décision officielle interdit aux maisons de couture de présenter des collections de printemps supérieures à soixante-quinze modèles et d'été supérieures à vingt-cinq.

partir de janvier 1943, se contenter de potasse attribuée par l'intermédiaire des curés doyens, à la place du savon qui a totalement disparu.

Revenu à Paris après l'exode, Edmond Dubois note : « Nous imaginions un Paris replié sur lui-même, imperméable à l'occupant, fermant ses volets au passage des fanfares militaires.

« Ils nous racontent, eux, tout le contraire : les théâtres fonctionnent, les boîtes de nuit regorgent de clientèle, les restaurants affichent des menus à faire pâmer d'envie. » C'est vrai. Paris qui n'a pas été touché par la bataille s'est d'autant plus rapidement repris à vivre d'une vie superficielle et nécessaire que les Allemands y viennent, autant en souvenir des longues et dures batailles de 1914-1918 qu'en récompense des victoires éclairs de 1940 et veulent profiter de leur conquête. Il n'est pas question que la ville des plaisirs se refuse et elle ne se refusera pas. Ou fort peu.

Plus tard, beaucoup plus tard, il sera de mode (on en fera même un film)[47] de critiquer ceux qui ont écrit, joué, chanté, dansé, couché dans le Paris des Allemands[48]. Beaucoup de monde.

Moins de monde cependant que du côté de ceux qui souffrent de la faim, du froid, qui ont mal à l'âme, non pas en côtoyant les Allemands dans un restaurant de luxe, cela ne leur arrive guère, mais en les frôlant dans le métro, en passant près de ces drapeaux à croix gammée qui ornent le fronton des bâtiments officiels et des hôtels occupés, en entendant le pas des troupes en marche dans toutes les avenues.

Le 22 août 1940, les lecteurs de *Gringoire*, publié en zone libre où

---

47. *Chantons sous l'occupation.*

48. Ces critiques rejoignent, sans le savoir, certains critiques vichyssois aux yeux de qui la « reprise » a été trop soudaine et qui trouvent que Paris se distrait excessivement. *La Gerbe* du 15 août 1940 fera écho à ces querelles.

L'Orchestre national, qui se trouve à Rennes depuis l'exode, ayant manifesté l'intention de regagner Paris pour s'y produire, le gouvernement de Vichy s'y oppose. « Pourquoi, écrit le journaliste de *La Gerbe,* cette lamentable et triste guérilla entre Français ? Parce que *l'autre côté* est désespéré de voir que Paris revit... Il nous considère comme de mauvais citoyens parce que nous ne nous terrons pas dans nos maisons... parce que nous nous permettons d'essayer d'oublier nos chagrins, et leur pitoyable esprit, en nous rendant dans une salle de spectacle. »

l'hebdomadaire s'est réfugié, apprennent que les Allemands en poste à Paris sont matinaux, eux.

« Les officiers des services sédentaires (Kommandantur, Propagande et Presse, Parti nazi, Gestapo, etc.) sont déjà à leur bureau à 7 heures du matin, heure solaire et il faut bien que la ville s'éveille. »

« Les chiffonniers n'ont même pas le temps, dans l'aube blême, de récupérer chiffons, papiers et ferraille que déjà la rue Royale, les Tuileries, l'Obélisque voient arriver en camions la 1re Compagnie du 1er bataillon de la « division de semaine ». Car chaque division est appelée à venir à tour de rôle garnisonner dans Paris, qu'elle parcourt du matin au soir, sous la conduite des guides-conférenciers. En fin de journée, ce roulement touristique conduit d'ordinaire les « feldgrau » à l'Arc de Triomphe où, après avoir ranimé la flamme [49], ils ont enfin campo pour le restant de la soirée. »

Et le restant de la soirée c'est le « Gay Paris », vite « ressuscité » après l'évanouissement de l'exode.

Deux jours après l'occupation de la capitale, alors que la bataille pour la France se poursuit, que des soldats français tombent en défendant, avec les ponts de la Loire, une civilisation qui ne peut être celle des plumes au derrière, deux boîtes de Pigalle, « Ève » et « Le Paradis », reprennent leur activité à l'intention d'hommes en uniforme. Que l'uniforme diffère de celui auquel patrons et filles étaient accoutumés semble sans importance !

Dans le domaine des cabarets, deux hirondelles font le printemps. Moins de quinze jours après l'armistice, la vie nocturne, en effet, bat son plein. Le couvre-feu ne gêne pas les fêtards. Il suffit, lorsque les spectateurs sont allemands, de prolonger la soirée jusqu'à l'aube et de ne sortir qu'au petit matin frais. Les occupants ont dressé, à l'intention de leurs soldats, une carte des lieux où l'on s'amuse. « Don Juan », « Ève », « Le Lido », « Le Tabarin », « Chez Elle », rédigent donc leurs placards publicitaires, en allemand, à l'intention de la *Pariser Zeitung* comme, quelques mois plus tôt, ils les rédigeaient en anglais.

Et, à Paris, il existe au moins une maison de plaisir qui n'aura pas chômé le 14 juin, jour de l'entrée des Allemands. Qu'elle soit close par principe ne change rien à l'affaire. Dans une ville déserte, où passent les premières patrouilles de la Wehrmacht, sur laquelle tombe encore la suie des incendies des réservoirs de pétrole, où les rues sont

49. Notation inexacte.

jonchées des débris de l'exode et de la peur, où les habitants encore présents se calfeutrent dans l'attente des cavaliers de l'Apocalypse, la sous-maîtresse du « Chabanais » affiche sur la porte : « La maison sera réouverte à partir de 15 heures. » Bientôt les putains qui avaient fui vers la province dans des convois de bonnes sœurs et de ménagères craintives regagneront Paris où il y a beaucoup d'argent à gagner avec des amateurs de chair fraîche, officiers et soldats pour lesquels la Wehrmacht a réquisitionné une quarantaine de bordels.

Il serait faux d'imaginer Paris tout entier aux pieds du vainqueur. L'activité artistique est intense. Cinémas, théâtres, expositions font des recettes miraculeuses. Les livres s'arrachent et certains, consécration suprême, se vendent au marché noir. La cause de ces étonnants succès tient, tout simplement, à la difficulté des transports, à la pénurie d'essence, au couvre-feu, à la monotonie de la radio de guerre devenue une radio de propagande. Les Français venaient à peine de découvrir les congés payés qu'ils les perdent dans le grand tumulte de juin en même temps que d'autres biens infiniment plus précieux. Casaniers par obligation, comment ne se précipiteraient-ils pas sur les rares distractions encore possibles ?

Sacha Guitry, revenu à Paris le 3 juillet, joue *Pasteur* à la Madeleine, *Pasteur,* pièce dans laquelle les acteurs crient « Vive la France ! » et où se trouve cette réplique : « Faites-moi penser à renvoyer demain à l'Allemagne mon diplôme de docteur. »

En août, il monte un nouveau spectacle à l'aide de bandes d'actualité consacrées à Rodin, Monet, Renoir, Edmond Rostand, Lucien Guitry et Sarah Bernhardt, spectacle vite interrompu car les Allemands n'admettent pas que l'on fasse l'éloge de la juive Sarah Bernhardt. Il faut toutefois beaucoup plus qu'une interdiction pour décourager Sacha Guitry d'être Sacha, d'écrire, de jouer, d'inviter, d'inventer, de paraître, personnage hors du commun, que les guerres et les révolutions semblent ne pas déranger dans la mesure où elles sont occasion de bonnes fortunes, de rencontres, de situations et de mots, dans la mesure où il lui est possible de choisir non en fonction de la nationalité ou de l'uniforme mais de l'intelligence et de convier à sa table aussi bien Jünger, Eptig, Speidel que Jean Cocteau, René Benjamin, Arletty, Gaston Baty, Yves Mirande, comme si la guerre de

1940 ressemblait à l'une de ces guerres du XVIIIe siècle où, les morts enterrés, les adversaires se retrouvaient autour de tables richement garnies et dans les salons où les réconciliations étaient facilitées par les jeux de l'esprit. On fera comprendre à Sacha Guitry, en 1944, qu'il s'est trompé d'époque. En attendant, il brûle les planches. Il n'est pas le seul.

Musset avait clos la saison de la Comédie-Française en juin 40 avec une pièce au titre de circonstance *On ne saurait penser à tout.* Entre juin et septembre, date d'ouverture de la nouvelle saison, les Français ont eu le temps de penser aux chars comme aux avions absents. Ils reprennent donc, le 8 septembre, le chemin de la Comédie-Française où Musset les accueille à nouveau. On joue *Un Caprice.*

L'Odéon reprend ses représentations avec *L'Arlésienne,* d'Alphonse Daudet, Dullin remonte *L'Avare,* Baty *Les Caprices de Marianne,* Jouvet *L'École des femmes.* Au total, pour la saison 1940-1941, 75 reprises et 31 créations parmi lesquelles *Léocadia,* d'Anouilh, qui connaîtra un légitime succès.

On donne la comédie. Et l'on danse. A l'Opéra, Serge Lifar, à propos de qui l'on écrira que « la chronique des ballets parisiens entre 1940 et 1944 pourrait presque se circonscrire à sa seule activité tant elle déborde de dynamisme »[50], va créer ou reprendre 60 spectacles, patronner des expositions, inventer des mariages entre la musique, la poésie et la chorégraphie, lancer Janine Charrat, Ludmilla Tcherina, Renée (qui deviendra Zizi) Jeanmaire. On danse aussi sur la scène de L'Alcazar rebaptisé Palace[51], du Casino de Paris, des Folies-Bergère, de Tabarin, du Lido, où les tutus sont remplacés par des aigrettes, des plumes, du strass, des paillettes. La guerre ne semble gêner personne : ni actrices, ni spectateurs. Quelle guerre d'ailleurs ? Paris n'est pas vaincu. Les affiches n'annoncent-elles pas *Toujours Paris, Paris en fleurs, Paris fredonne*?

Paris reste bien Paris puisque Maurice Chevalier et Mistinguett font les beaux soirs du Casino de Paris et que, dans tous les cabarets montmartrois, les chansonniers sont fidèles au poste, Martini, Dorin, Souplex, Jean Rigaux et les autres, ceux qui font pâture de l'actualité et qui, s'ils ne peuvent attaquer ni Pétain, ni Laval, ni Vichy, ni Hitler,

---

50. H. LE BOTERF, *La vie parisienne sous l'occupation.*
51. Les Allemands ont exigé ce changement de nom, l'Alcazar de Tolède ayant été, pendant la guerre d'Espagne, l'un des hauts lieux du franquisme.

ni les Allemands[52], se rattrapent sur les semelles de bois, les mégots, les costumes en fibre de bois qui « fleurissent au printemps », les topinambours, les rutabagas, les vélos-taxis, le marché noir, Sacha Guitry, ce qui ne change guère, Maurice Chevalier et Tino Rossi, ce qui permet aux habitués de septembre 1940 de se croire encore en septembre 1939. On brocarde ici et là, sans courage, puisqu'ils sont en prison, Blum, Herriot, Reynaud, têtes de Turc à qui la défaite et les persécutions du nouveau régime ont permis de ne pas tout à fait quitter l'actualité.

Ces Français qui vont au théâtre, au cinéma (autant de films produits qu'avant la défaite lorsque la France était la deuxième « puissance », derrière les U.S.A. [53]), dans les expositions, qui dévorent des milliers de livres[54] inspirés le plus souvent des sentiments patriotiques et conformistes que le désastre a mis à la mode, ces Français qui s'intéressent surtout aux problèmes de plus en plus aigus de la vie quotidienne : la lettre du prisonnier, l'arrivée d'un colis de province, le charbon qui s'épuise, l'huile qui baisse, le lait introuvable, les tickets qui font défaut, les enfants qui maigrissent, le pardessus à faire retourner, les salaires qui n'en finissent pas de courir derrière les prix et ont d'avance match perdu, sont, pendant les premiers mois qui suivent l'armistice, tout sauf des hommes politiquement révoltés.

En présence de la situation morale la plus dramatique qu'il leur ait été donné de vivre, ils n'attaquent pas les hommes au pouvoir, et surtout pas Pétain, mais les ministres d'hier les hommes déchus, ceux qui sont tenus pour responsables de l'entrée en guerre comme de la déroute militaire.

---

52. H. Le Boterf cite quelques exceptions à cette règle générale. Mais, si la censure allemande permettait de légères attaques (le plus souvent au détriment de l'allié italien) et si, au détour d'une phrase, le chansonnier pouvait risquer une drôlerie à résonance anticollaborationniste, la satire politique demeurait obligatoirement très limitée.

53. La censure se montre doublement vigilante puisque Vichy et Berlin interviennent également. C'est ainsi que la censure de Vichy interdira « La Garçonne » « Le Ruisseau », etc. fera couper dans « Cavalcade d'amour » les scènes « où l'on voit un moine intervenant dans une question d'argent et lançant une œillade scandaleuse à une femme ».

54. Dans les bibliothèques municipales, le nombre des prêts va doubler passant à 2 230 166.

La vie quotidienne en 1940-1941, la difficile vie quotidienne, avec ses mauvaises surprises, ses épuisantes courses au ravitaillement, sa peur du lendemain, contribue au triomphe du pétainisme. Les Français ont de trop nombreux soucis pour y ajouter ceux de la politique, à une époque où ne brille aucune lueur d'espoir de libération proche. Opprimés, désabusés, tombés du ciel de leurs certitudes, du petit paradis et des petits bonheurs qui étaient les leurs, engourdis moralement plus encore que physiquement, ils voient tous en Philippe Pétain, et ceux-là mêmes qui ne l'admirent pas, l'homme, le seul homme capable, non point de dissiper leurs misères, mais de les atténuer quelque peu...

DEUXIÈME PARTIE

L'ASSEMBLÉE DES FIDÈLES

La position à genoux est la moins fatigante.

André WURMSER.

Ce n'est pas impunément qu'un peuple peut voir, en si peu d'années, tant d'hommes traités, tour à tour, en héros et en traîtres, en grands patriotes et en agents de l'étranger. De qui peut-on ne pas douter ?

Pierre GAXOTTE.

5

QUELQU'UN A AIMER

Premier août 1941. Le Dr Ménétrel écrit à Mme Pardee [1] :

« Impossible d'avoir des cheveux du Maréchal. Quant aux foulards, je crois pouvoir vous dire que c'est en bonne voie. »

Dans une lettre précédente, Ménétrel avait annoncé à la même correspondante que les foulards seraient d'ailleurs vendus sans tickets « dans les centres de propagande de la Révolution nationale ».

Ils feront partie de la panoplie des « gadgets » pétainistes. Avec « l'épingle de cravate « Pétain », en lettres tricolores entourées d'un cercle d'étoiles », vendue 7,50 F ; le plumier « Bâton de Maréchal » auquel on espère que les écoliers feront bon accueil ; des cendriers de porcelaine, des mouchoirs, des assiettes murales, des porte-mines, vendus 3,50 F pièce aux sections de la Légion qui ont droit à un franc de bénéfice par pièce, des thermomètres, des protège-cahiers.

Et puis des portraits. Par millions, les portraits.

Symbole pour les uns, le visage de Pétain est devenu affaire pour les autres.

Devant cette marée iconographique, qui est le fait des « bons commerçants » autant que des « bons Français », le gouvernement en viendra à créer une commission de contrôle.

Ils ont donc reçu l'imprimatur, ces portraits que l'on vend dans les rues en 1941 et que les soldats et officiers allemands, la presse le

---

1. Mme et M. Pardee, amis du Maréchal, avec lesquels il a entretenu une longue correspondance et qu'il venait voir à Cannes lorsqu'il se rendait à Villeneuve-Loubet.

signale, achètent parfois par abandon devant la grâce des quêteuses, habitude de la quête dominicale, souci, pour quelque temps encore, de cette « correction » qui est l'une des armes psychologiques de l'occupant, en attendant que le goût lui en passe après les premiers attentats.

Le Bordelais Brouillard note, le 14 février 1941, dans son journal : « On a eu la bonne idée de faire distribuer des portraits du Maréchal par le postier. On a le choix entre cinq portraits et ça coûte 5 francs pièce. » Et le 28 février : « Vais chez l'encadreur pour faire faire un cadre au portrait du Maréchal... Il y a un élan extraordinaire ; de toutes parts, on fait encadrer, mais le verre manque. Ils ont un travail fou à cet égard. » Le 13 mars enfin : « Questionné facteur au sujet distribution portrait du Maréchal. Ce qu'on prend le plus, c'est le n° 2 (profil à gauche nu-tête) et le n° 5 (profil à droite coiffé). Très gros mouvement ; beaucoup de gens achètent les cinq portraits pour 25 francs. D'après la radio, c'était le n° 3 (Maréchal en pied) qui était le plus demandé. »

Au bout de quinze jours, les facteurs annoncent 1 368 420 portraits vendus pour la zone non occupée. Encore quelques semaines, et il y aura compétition ouverte entre les villages. A Saint-Martin-le-Supérieur, dans l'Ardèche, les 314 habitants ont acheté 27 portraits, soit un pour douze, ce qui constitue un beau résultat.

Les journalistes parisiens qui débarquent à Vichy notent que non seulement tous les boutiquiers ont en vitrine le portrait du Maréchal, mais que chacun « a fait de son mieux pour l'encadrer, le fleurir, l'entourer, le faire parler en reproduisant ses paroles...[2] ».

Les portraits ont été précédés par une carte postale, vendue à dix millions d'exemplaires, le 24 et le 30 décembre 1940, par les écoliers de zone non occupée, qui ont fourni, malgré le froid, plus de « volontaires » que le Secours national n'en réclamait.

Portraits et photos sont souvent l'objet d'un véritable culte qui, dans les territoires occupés, va à la patrie blessée autant qu'au Maréchal.

Les conférences des jeudis et samedis littéraires, créées à Bordeaux par Louis-Georges Planes, inaugurent leur « saison » 1940-1941 par une conférence sur Philippe Pétain. Voici le compte rendu qu'en donne un hebdomadaire local.

2. *La Gerbe*, 5 décembre 1940.

« Le rideau se leva sur un magnifique portrait en pied du Maréchal. De toutes parts, des loges aux galeries, les applaudissements fusèrent et ce n'est pas sans raison que Georges Planes, qui le premier prit la parole, demanda à l'auditoire, étreint par l'émotion, de conserver un calme qu'il ne se proposait sans doute d'abandonner que pour mieux manifester son enthousiasme patriotique. »

Aussi José Germain — conférencier de l'après-midi — est-il acclamé lorsque, avant même de saluer les autorités présentes, il se tourne vers le tableau et s'écrie :

— Monsieur le Maréchal !

L'idolâtrie l'emporte.

A l'occasion d'une exposition, Pétain peut bien se moquer :

— Qu'est-ce que tous ces messieurs ?

— Mais c'est vous, Monsieur le Maréchal !

— Oh ! Quelle horreur !

Rien ne peut freiner la passion des foules ni l'habileté des fabricants.

Après les tableaux, les bustes.

Les journaux du 29 mars 1941 annoncent que le buste du Maréchal réalisé par le sculpteur François Cogné — « franc-maçon notoire », remarque aigrement Du Moulin — remplacera, dans les établissements publics, celui de la République. Le cabinet du Maréchal a beau signaler, quelques jours plus tard, que « le Maréchal n'a jamais donné d'ordre de cette nature », le mal est fait. A la satisfaction d'hommes comme l'écrivain Henry Bordeaux, heureux de voir le portrait ou le buste du Maréchal prendre la place de cette « femme anonyme et sans caractère », la République[3].

Le Comité de censure, chargé d'éliminer ce qui est excessif ou de mauvais goût, laisse publier cet étonnant *Abécédaire* dans lequel chaque lettre illustre un épisode de la vie de Philippe Pétain.

A comme Amour : le Maréchal embrasse le drapeau du 33e R.I. ; B comme Blé : Pétain face à un paysan porteur de gerbes blondes ; C comme Caresse et le chef de l'État promène sa main sur l'un de ces agneaux qui sont d'obligation dans tous les voyages officiels ; F comme Fleur et c'est le muguet d'un 1er Mai paisible ; J comme Jeu avec les petites Ménétrel ; K comme Képi ; M comme Maréchal ; R comme Revue ; V comme la Voiture qui porte le Maréchal à travers les foules,

3. Henry BORDEAUX, *Images du maréchal Pétain.*

W comme le Wagon qui ramène en France les prisonniers libérés ; Y comme les Yeux du Maréchal et Z comme le Zèle que le peuple, partout, met à l'acclamer !

Dans les milliers de lettres qui arrivent chaque semaine à l'Hôtel du Parc[4], il y a naturellement de tout. Des suppliques, des recommandations, des demandes d'intervention en faveur des prisonniers, des lettres de fous qui transmettent par exemple au Maréchal « la parol de Dieu qui mes aspirés par lesprit du cristianisme » mais aussi de nombreuses lettres d'enfants dont la plume, guidée ou non, sera, malgré le temps qui passe, plus fidèle que celle des adultes.

« Mazères, le 19 décembre 1941.

« Monsieur le Maréchal...

« Comme vous avez demandé d'être loyaux, francs et travailleurs.
« Depuis le commencement de l'école, je commence, je m'applique à bien travailler et à bien m'appliquer, à ne pas voler, à ne pas tricher aux compositions, ne pas copier sur les camarades, ne pas mentir. Alors, Monsieur le Maréchal, je m'appliquerai à être comme vous le demanderez. Je veux vous faire plaisir ; vous en faites tant pour nous...

Alberte M... Adresse : Mazères, par Langon (Gironde) »

4. D'après Du Moulin, dans les premiers mois de Vichy, il arrive chaque jour 1 200 lettres à l'intention du Maréchal. Les deux tiers réclament le retour des prisonniers et, note Du Moulin, « aucune plainte ne s'élevait contre l'ordre intérieur ».

Environ 250 à 350 lettres réclament quotidiennement des secours et le cabinet du Maréchal envoie chaque jour une centaine de mandats pour une somme qui représente entre 500 000 et 800 000 francs par mois.

« Meaux, 22 décembre 1941.

« Monsieur le Maréchal,

« Je travaille très bien, je vous aimerai très bien, je serai bien sage en classe jai coûterai a ma métraisse jai écouté votre discour.

Colette C...
85, rue du Marché à Meaux, Seine-et-Marne »

Les trois enfants Morin, dont la maison de Toucy a été bombardée, écrivent aussi.

Paul, qui a 9 ans : « Dans notre maison, on a une photo de vous et je trouve que vous avez une belle figure. Quand je serai grand, ça me plairait d'être maréchal comme vous et je tâcherai de diriger aussi bien que vous. »

Pierre, 8 ans, écrit au Maréchal pour lui « donner du courage... on écoute le poste et puis on vous entend causer ; vous causez bien ».

Quant à Bernadette, elle tient le langage de ses 6 ans.

« Mon cher maréchal Pétain,

« Je vous aime bien fort parce que vous êtes bien gentil. Je voudrais que vous veniez parce qu'on vous a jamais vu ; on vous a vu seulement sur une image. Vous êtes bien joli. »

A Clairefontaine, calme village en marge de la forêt de Rambouillet, ce sont tous les gosses de l'école qui adressent un message au chef de l'État. Ils veulent lui faire « une petite surprise ». « A l'approche de Noël, on nous avait proposé un beau goûter avec des tas de bonnes choses. Cela allait coûter assez cher, au moins 100 francs ! » Ils décident donc de renoncer au goûter et d'envoyer les 100 francs au Maréchal « pour les petits Lorrains qui n'ont pas de cheminée ».

Lorsque Alain Saint-Ogan a l'idée, en novembre 1940, de demander aux enfants de France d'envoyer un dessin au Maréchal, cela fait sourire les milieux officiels. Mais, à la veille de Noël, 200 sacs postaux de 60 à 65 kilos sont parvenus à l'Hôtel du Parc et il en arrive d'autres chaque jour. On estimera finalement à plus d'un million le nombre des envois, presque tous accompagnés d'une petite lettre.

L'un des enfants, Jean G..., qui songe peut-être à une collection d'autographes, écrit : « Si vous ne voulez pas conserver mon dessin, veuillez me le renvoyer avec votre signature que je garderai comme souvenir. » Mais André J... s'est contenté de planter un drapeau tricolore au cœur d'un cœur : « Je vous donne mon cœur comme vous avez donné le vôtre à la France. »

En Indre-et-Loire (et sans doute dans d'autres départements) le concours de la Caisse d'Épargne, qui existait depuis 1938, et s'adressait aux enfants des écoles, détourné de son objet est consacré, en décembre 1941, à la vie et aux idées du Maréchal.

On le compare à Henri IV souvent, mais plus souvent encore à Jeanne d'Arc, si bien que *L'Éclaireur de Nice* peut tout naturellement proposer aux jeunes de sa zone de diffusion le sujet suivant : « De Jeanne d'Arc à Pétain, la France continue. Dites pourquoi et indiquez les raisons de votre confiance dans le renouveau et dans les destinées de la Patrie. » Le jury qui doit départager 15 000 concurrents est présidé par le duc de La Force. Le premier prix (1 000 francs) ira, chez les garçons, à Patrice Vouillemin, élève du lycée de Grasse ; chez les filles, à Vitaline Gasiglia, du lycée de filles de Nice, habituée d'ailleurs, depuis des années, à remporter tous les concours de rédaction.

Les enfants ne sont pas les seuls à chanter les louanges du Maréchal.

Maurice Rostand, dans une ode écrite en novembre 1940, trouve cette formule inattendue :

Vous avez su vraiment faire de la défaite
Comme une Victoire du cœur.

Et Paul Claudel joint sa voix au concert :

France, écoute ce vieil homme sur toi qui se penche et qui te parle comme un père.
Fille de Saint Louis, écoute-le ! et dis, en as-tu assez maintenant de la politique.
Écoute cette voix raisonnable sur toi qui propose et qui explique
Cette proposition comme de l'huile, et cette vérité comme de l'or[5].

5. Voulant se justifier plus tard et bien qu'il ait écrit, avec des mots aussi gonflés, un poème à la gloire du général de Gaulle, Paul Claudel publiera, en

La grande musique de Claudel, mais aussi des vers de mirliton.

Voici paraître, petites sœurs jalouses de ce « Maréchal, nous voilà » trop connu pour être à nouveau cité et dont l'auteur, André Montagnard, s'était illustré précédemment par « Un pastis bien frais », voici paraître *La Française,* musique d'André Gailhard, paroles de Jean Thouvenin et Marc-André Fabre.

Français, suivons le Maréchal,
Unis dans une foi nouvelle,
Par lui notre France Immortelle
Ira vers son pur idéal.

Voici l'œuvre du ménage Delaluque, lui, Georges, parolier, elle, Rose, musicienne :

Pour nous guider nous avons un pilote
Obéissons toujours à son signal.
Nous savons bien qu'il n'est pas un despote
Avec amour suivons le Maréchal.

Et voici encore :

Notre Père qui êtes
à notre tête,
Que votre nom soit glorifié,
Que votre règne arrive,
Que votre volonté soit faite
sur la terre pour qu'on vive ;
Demeurez sans retour
Notre pain de chaque jour,
Redonnez

1945, dans *Poèmes et paroles durant la guerre de Trente ans,* son poème « Paroles au Maréchal », suivi d'une note qui ne fait pas grand honneur au courage de l'auteur. « Note : Ce poème a été composé à l'occasion d'une représentation à Vichy de *L'Annonce faite à Marie*. Je l'ai conservé comme un monument élevé à la fois à la naïveté et à l'imposture. Sa date lui sert d'excuse : la radio nous avait annoncé que, le 13 décembre, Pierre Laval avait été renvoyé et arrêté... »

Or « le Figaro » du 10 mai 1941 publie in extenso sur 4 colonnes, composé en corps 12, les « Paroles au Maréchal » en précisant que le poème a été dit la veille par Mme Ève Francis au cours d'une représentation à Vichy de *l'Annonce faite à Marie*. On était bien loin du 13 décembre...

l'existence
à la France ;
Ne nous laissez pas retomber
Dans le vain songe
Et le mensonge ;
Et délivrez-nous du mal,
Ô maréchal.

Un instituteur algérien — on dit alors indigène — de Sidi-Bel-Abbès compose un hymne à la France.

Pétain ! Espoir du pays !
Ô lion généreux de Verdun.
Sans toi les hommes n'auraient suivi
Qu'un chemin faux, détourné...

Un Roumain « engagé volontaire, ex-traducteur officiel de la cour de Roumanie » profite du voyage que le Maréchal effectue à Pau pour aligner 75 vers.

Qu'il est beau de voir se lever en vous un pasteur d'hommes
Qui aime ses brebis sans chercher le pouvoir.
Votre pure humanité nous touche, nous attire
Et nous sommes
Confiants dans votre foi,
Enracinés en vous.
Comme dans notre terroir.

Le *Bulletin de la Légion* d'Annemasse publie l'acrostiche « Vive Pétain » dont voici les derniers vers :

Partout, dans le château, la maison, la chaumière,
Écoutez tous la voix de paix et de lumière,
Triste mais résistant à l'angoisse des jours,
Apportant des raisons de justice et d'amour,
Illustre et grand soldat, éclairant pour la France
Notre cruelle nuit de deuils, mais d'espérance.

Un barde breton chante ses louanges dans *Résistance, Croix de*

Morlaix[6] et lui promet une fin digne des plus grands héros : « Plus tard, Napoléon l'accueillera au Panthéon et, au ciel, le Seigneur Dieu le couronnera comme un Souverain. »

L'Almanach de la Légion pour l'année 1941 publie « Le Credo du Français » par René Brugey :

Je crois en le chef aux yeux de ciel
Qui pour la rédemption lente et sûre,
Ayant attaché son nom à la victoire,
Accepte de le voir
Iniquement
Enchaîné au désastre.

A côté des rimailleurs, à côté des exaltés (« Soyez notre bon Dieu, Monsieur le Maréchal », écrit Francine Lorée-Privas), des écrivains comme Henry Bordeaux, René Benjamin, Louis Gillet qui cisèlent des phrases où l'écriture est en liberté surveillée par le conformisme, où se presse le troupeau des adjectifs flatteurs ; des prélats, on le verra[7] ; des journalistes, aussi[8], qui, notamment à l'occasion des voyages du Maréchal dans ce qui reste de France non occupée, multiplient les mots nobles et riches.

Ainsi, Toulon sera « frémissante », la nuit d'Avignon « lumineuse » et, bien sûr, toutes les journées sont « inoubliables ».

« Tout s'harmonisa dans une dominante d'inégalable pureté : un ciel qu'on eût dit paré de la main pieuse qui avait pavoisé nos maisons ; une foule aussi attendrie que son ciel, gentille et frémissante avec ce je ne sais quoi d'ému, de grave, de spontané, d'enthousiaste et de pathétique où se gravaient en accents d'infinie noblesse une ardeur qui gardait sa mélancolie, une effusion mêlant sur un fond douloureux tous les espoirs et tous les regrets, les fiertés meurtries et les volontés farouchement redressées ; bref, autour du Père acclamé et du Chef exalté, une image palpitante de l'union française proférant les mêmes vivats, faisant les mêmes gestes, versant les mêmes larmes, secouée des mêmes frissons, passant d'un sentiment à l'autre avec un tel ensemble que les âmes en cette incomparable symphonie pareille au mouvement

---

6. Numéro du 13 juillet 1940.
7. Chapitre 7. « Saint Philippe ».
8. Voir particulièrement encore les pages 226 à 231.

des flots sur l'immensité de la mer semblaient conduites par un seul et invisible chef d'orchestre... »

Voici un passage de l'éditorial anonyme du *Petit Provençal* du 4 décembre 1940 au lendemain de la visite du Maréchal. Sans mettre en doute la sincérité du rédacteur de ce texte, qui partageait les sentiments de ces dizaines de milliers de Marseillais dont les photos prouvent la présence et les films l'enthousiasme, il serait bon (par-delà le « joli », le « bien écrit » et le « forcé ») de considérer ces lignes comme le témoignage d'une époque où une extrême humiliation entraînait une admiration extrême pour le seul homme autour de qui paraissait pouvoir se regrouper l'immense majorité des Français.

Comme il serait bon d'étudier des titres ruisselant d'adjectifs :

DANS TOULON FRÉMISSANTE
LE MARÉCHAL A CONNU L'ADHÉSION
FERVENTE DE LA MARINE GLORIEUSE

LE MARÉCHAL PÉTAIN
SOUS LES VIBRANTES OVATIONS
D'UNE FOULE RECONNAISSANTE
A CONNU A LYON
UNE SECONDE JOURNÉE TRIOMPHALE

DANS LES RUES DE TOULOUSE, SUR LES ROUTES,
A LALANDE, A LACOURTENSOURT, A SAINT-JORY,
A LESPINASSE, A CASTELNAU-D'ESTRÉTEFONDS,
A ONDES, COMME AU COURS DES VISITES ET
DES RÉCEPTIONS QUI ONT MARQUÉ LA JOURNÉE
D'HIER, LE CHEF DE L'ÉTAT A ÉTÉ, PARTOUT,
L'OBJET D'OVATIONS CHALEUREUSES ET DE
MANIFESTATIONS DU PLUS VIBRANT PATRIOTISME.

Quoi encore ?

Comme tous les chefs d'État, Pétain reçoit des cadeaux.

Mais des cadeaux inattendus, parfois, pour un chef d'État.

La misère des temps fait qu'on lui envoie ce qui, d'habitude, était réservé aux pauvres.

Je possède l'inventaire des biens du Maréchal, trouvés à la Libération dans les appartements qu'il occupait à l'Hôtel du Parc (pièces 123, 124, 125). Plusieurs pages, naturellement, mais rien qui puisse scandaliser si certaines mentions peuvent surprendre. On trouve ainsi, à côté de statuettes en bronze, de cannes et parapluies, de vases et de diplômes divers, de caisses de vin[9], 171 boîtes de bonbons[10], 11 boîtes de confitures, 5 boîtes de biscuits Brun, 5 452 écheveaux de laine rose, 1 034 langes[11], 74 layettes complètes qui, bien entendu, constituent le fonds du service des layettes et des œuvres sociales mais proviennent, le plus souvent, de dons ou sont achetés avec l'argent des dons.

Du Moulin parlera avec quelque agacement de la cérémonie des cadeaux. « Le Maréchal aimait les cadeaux. Il aimait, surtout, à les recevoir et sa façon de remercier les donateurs : paysans du Puy-de-Dôme ou du Gers, petits ouvriers de Thiers ou d'Aubusson, ferronniers d'art, dentellières, avait quelque chose d'inimitable. Mais la « cérémonie des cadeaux » prenait, à chaque voyage, une place plus importante. Elle se prolongeait, outre mesure. Je protestais, souvent, vainement. « Cela leur fait tant de plaisir ! » répondait le Maréchal. C'était possible. Mais les préfets trop stylés s'ingéniaient à susciter de longues théories de « bienfaiteurs », qui se fussent sans doute résignés à garder, par-devers eux, leurs fromages, leurs galettes ou leurs oies ».

A Lyon, le Maréchal recevra notamment, au cours de sa visite à l'École des métiers des industries métallurgiques, une branche de roses en fer forgé et une petite marmite de cuivre poli dans laquelle, affirme-t-il, en riant, il fera désormais sa soupe. A Tulle, des « tourtours » présentés par des jeunes filles en costume local, un cochon de lait, deux moutons, des coffres de jouets, un accordéon, des corbeilles de conserves de fruits et de légumes. En Arles, le marquis de Baroncelli lui a remis un trident d'honneur réalisé par l'artisan ferronnier Blatières. En Avignon, la reine du Félibrige lui offrira l'ébauche de la *Mireille* de Frédéric Mistral.

---

9. La cave du Maréchal en août 1944 se compose de 45 caisses environ de vin de qualité (540 bouteilles) parmi lesquelles du Château Olivier, du Château La Tour Blanche (1937), du Pichon Longueville (1929), du Nuits-Saint-Georges. Ce vin avait été, le plus souvent, offert au Maréchal.

10. Ces bonbons seront remis en octobre ou novembre 1944 à des familles nécessiteuses de prisonniers et de déportés.

11. Une faible partie des écheveaux de laine et des langes (5 à 6 %) sera volée entre le 18 et le 20 octobre 1944. Le représentant du Secours national prendra livraison de l'ensemble le 23 novembre 1944.

A Marseille, alors qu'il visite le Foyer du Marin, un maître s'avance et lui dit :

— Monsieur le Maréchal, pendant notre séjour dans les camps d'Angleterre [12], nous pensions à vous. Cela nous donnait confiance. Mes camarades vous demandent d'accepter ce modeste souvenir gravé par l'un de nous là-bas.

Et il tend une canne sculptée, tandis que le Maréchal, en retour, offre la sienne.

Huit garçons des chantiers de jeunesse, qui travaillent dans l'Ariège, lui envoient un missel enluminé ; quinze autres réalisent à son intention une maquette du cuirassé *Dunkerque ;* l'Est lui offre une magnifique épée de cristal, mais également un marteau de forgeron au manche usé par le travail.

Les cadeaux seront si nombreux qu'on en viendra à les rassembler dans un grand salon de l'Hôtel du Parc. Les figurines de plomb apportées à Vichy par Sacha Guitry, qui les a démaillotées avec amour et en se livrant, pour chaque personnage, à d'éblouissants commentaires, figurent-elles dans ce bric-à-brac où l'admirable (rarement) côtoie le quelconque ? Je l'ignore. Mais, pour le Maréchal, l'envoi sentimentalement le plus précieux reste, sans doute, ce drapeau fait de trois mouchoirs grossièrement cousus, grossièrement teints, et qui a flotté, pendant les premières semaines d'une longue captivité, sur un stalag d'Allemagne.

Et puis on débaptise... pour baptiser. Les municipalités sont enthousiastes... ou serviles.

C'est à qui aura sa rue, son avenue, sa place « Maréchal-Pétain ». A Vichy d'abord où la rue du Parc devient rue Maréchal-Pétain... tandis que la rue Maréchal-Pétain s'appellera rue Maréchal-Lyautey.

L'opération est d'ailleurs souvent très ambiguë. Si, pour les uns, il s'agit simplement, en effet, de rendre hommage au chef de l'État, pour d'autres ces changements de noms de rues sont l'occasion d'assouvir de vieilles et tenaces rancunes. C'est ainsi que l'hebdomadaire *Gringoire,* publié en zone libre, a ouvert, sous le titre « Service de la voirie », une rubrique spécialisée qui attaque, applaudit ou dénonce.

12. Après l'armistice, les marins français qui se trouvaient en Angleterre ont été internés pendant quelques semaines à la suite de la capture de leurs navires par les forces britanniques.

Quel scandale ! Toulouse a conservé sa rue de l'Orient qui conduit au Temple maçonnique ; à Lyon, on a bien rebaptisé les rues du Parfait-Silence et Roger-Salengro, mais il reste Albert-Thomas, Reinach, Herriot, Ferdinand-Buisson. Dans l'Hérault, à Montagnac, la place de l'église « par une délicatesse exquise porte le nom d'Émile Combes ». A Istres et à Montpellier, Salengro — le ministre socialiste contre lequel *Gringoire*[13] avait mené une si violente campagne et qui se suicida — a toujours son nom sur les plaques bleues et l'hebdomadaire s'en indigne. Comme il s'indigne de la position de quelques maires. Celui d'Annecy qui a refusé « de supprimer des plaques des rues les noms indésirables et de graver, sur l'une d'entre elles, le nom du Maréchal Pétain ». Celui de Chambéry qui, dans un communiqué à la presse, a fait connaître à la population qu'il n'était pas « légalement permis de donner le nom d'une personnalité vivante à une rue, dans l'état actuel de notre législation qui exige la consécration du temps ». « La consécration du temps ! Pour Pétain ! » L'indignation de Paul Lombard, responsable de la chronique, est à la mesure de cette rarissime rébellion.

Dans l'immense majorité des cas, en effet, il n'est nul besoin de presser les maires pour qu'ils fassent voter la mutation des plaques bleues.

A Douarnenez, c'est à l'unanimité que la municipalité décide que la rue Louise-Michel s'appellera rue du Maréchal-Pétain. Dans le même mouvement, la place Lénine redevient la place de la Croix ; au mois de janvier 1941, trois cents maires de la Gironde ont déjà fait savoir que le nom du chef de l'État serait donné à la rue la plus importante de leur commune ; à Marseille, le quai du port s'appellera Maréchal-Pétain au lendemain de la visite du chef de l'État[14] ; à Tours, c'est M. Cheniaux, préfet d'Indre-et-Loire, qui décide que la place Jean-Jaurès portera désormais le nom de place du Maréchal-Pétain ; à Alger, Jaurès est chassé comme le sont Camille Pelletan, Jules Guesde, Emile Zola. Jean Chiappe, Charles Péguy, Edouard Drumont et le général

13. Articles de *Gringoire* dans les numéros du 28 novembre et du 5 décembre 1940.

14. Sur proposition du préfet et après vote unanime de la Délégation spéciale qui remplace le conseil municipal dissous par le gouvernement de Vichy. M. Boude, président de la Chambre de commerce, annonce également au chef de l'État que le bassin Mirabeau, en construction, portera son nom.

Marchand prennent pour un moment leur place, le boulevard de la République devenant boulevard du Maréchal-Pétain [15].

Il faut lire le compte rendu du conseil municipal de Menthon-Saint-Bernard, en date du 17 novembre 1940, tel qu'il paraîtra dans *Le Nouvelliste* trois jours plus tard. Non parce qu'il sort de l'ordinaire. Parce qu'il n'en sort pas.

Hommage au Maréchal Pétain

« Au cours de la réunion du conseil municipal du 17 novembre, M. le président a invité ses collègues à écouter debout la proposition suivante.

« En témoignage de fervente admiration et d'infinie gratitude pour la noble personne du Maréchal Pétain, qui incarne les plus pures vertus et les plus hautes qualités de notre race, M. le maire propose de donner son nom à l'avenue qui longe le lac d'Annecy sur toute l'étendue de la commune de Menthon, d'une longueur totale d'environ 1 200 mètres, et de l'appeler « Promenade du Maréchal-Pétain ».

« Le conseil municipal de Menthon, par de chaleureuses acclamations, adopte avec enthousiasme et à l'unanimité cette proposition et forme les vœux les plus ardents pour que M. le Maréchal Pétain, si respectueusement aimé de tous les vrais Français, puisse mener à bien son œuvre courageuse et magnifique de rénovation de la France ».

Poèmes, articles éperdument flatteurs, lettres mystiques, cadeaux multipliés malgré la pénurie, rues débaptisées, tous ces témoignages de vénération paraissent aujourd'hui, à beaucoup, procéder d'une étrange perte de contrôle de soi du peuple français, tandis que les attitudes, les appels, discours et messages du Maréchal, la philosophie et la morale qu'ils sécrètent sont, pour les mêmes observateurs, d'une indigence de la pensée « qui touche à la misère », « d'une vaste, profonde et satisfaite bêtise », et l'on pourrait s'étonner qu'ils aient cependant « retenu, captivé et occupé les Français », si l'on ne savait

---

15. Il existe cependant des modérés de l'ostracisme. C'est ainsi qu'à Valence le maire, M. Pécherot, reçoit une lettre du colonel Tessier, président de la Légion de la Drôme, qui lui demande « dans un but d'union conforme à l'esprit de la Légion qui rassemble les anciens combattants venant de toutes les anciennes associations » de *ne pas* débaptiser la place Aristide-Briand.

que des circonstances exceptionnellement tragiques rendent les peuples sensibles au vocabulaire le plus simple.

Sous le titre *Les pousse-au-jouir du maréchal Pétain,* M. Gérard Miller, a décortiqué, on le sait, avec vaillance, intelligence et méchanceté des textes qui prêtent, en effet, à critique facile et démolition efficace.

Il est seulement regrettable que son analyse ne l'ait pas conduit à examiner le cas d'autres « héros » populaires. Il aurait vu, alors, que les mots, pour exprimer l'amour patriotique, sont, à travers l'histoire, et quel que soit le personnage adulé, toujours les mêmes. Il se moque des comparaisons abusives, de l'avalanche des cadeaux. Soit.

« On envoyait des caisses de bonbons, venues de tous les grands confiseurs du monde, des caisses de champagne, des vins fins de tous les crus, des fruits, du gibier, des objets d'art ou d'utilité... Quant aux lettres, il y en avait de toutes les écritures, écrites dans tous les jargons, lettres attendries, reconnaissantes, débordantes d'amour, imprégnées d'adoration... Des milliers de petits enfants prenaient la plume en cachette de leurs parents et lui écrivaient pour lui dire leur amour : la plupart le nommaient « Notre Père ».

Pétain ? Non, Joffre en 1914 [16].

« De tout notre cœur, nous proclamons notre amour ardent pour [lui] et nous l'assurons de notre confiance inébranlable. » Message d'admiration adressé à Pétain ? Non, message de Maurice Thorez à Staline le 21 décembre 1949 à l'occasion de son 70e anniversaire.

Lorsque Staline meurt, en mars 1953, *L'Humanité* est pleine de phrases d'adoration type « gloire immortelle », « mémoire qui vivra éternellement dans nos cœurs », « géant de la pensée et de l'action », « celui que nous aimions le plus », « le meilleur des amis et le meilleur des hommes ».

L'Humanité du 7 mars publie en page 5, sur deux colonnes, un portrait de Staline (la légende est en russe) précédé de ce titre « Staline dans chaque foyer », suivi de ce texte : « En témoignage de gratitude et de respect envers le grand Staline, chacun voudra posséder ce magnifique portrait. Reproduction artistique en quatre couleurs sur un support cartonné, format 19 × 26 cm, prix de l'exemplaire : 50 francs. »

---

16. Anecdotes rapportées par Jean de Pierrefeu, *G.Q.G., secteur I.*

MM. Duclos, Lecœur, Fajon, Billoux, Cachin signent de leur côté un texte dont les mots sont de vieilles connaissances. Ils ont servi chaque fois que des hommes se sont abandonnés corps et âmes à l'envoûtement d'une dictature. Dans le message qu'ils adressent, au nom du comité central du P.C.F. au comité central du P.C. de l'Union Soviétique, Staline est assuré d'une « gloire immortelle » et la mémoire « du guide bien-aimé des travailleurs » « vivra éternellement dans [les] cœurs ». Le texte s'achève ainsi : « Le nom de Staline illumine de ses resplendissantes clartés les chemins à suivre pour réaliser le plus beau rêve de l'humanité : le communisme [17]. »

Relus à quelques années de distance, ces éloges trop nombreux, ces promesses trop solennelles, ces adjectifs trop riches, soudain désaccordés des sentiments, paraissent dans tous les cas, et quel que soit le chef qu'ils aient flatté (Mao Tsé-toung ou Mussolini, Staline ou Pétain), insupportables, ridicules ou risibles.

Ils ne sont compréhensibles que dans la chaleur de l'instant.

Et, s'agissant de Pétain, ils ne sont explicables que par l'ampleur du désastre militaire et la solitude morale dans laquelle, brutalement, se trouvent plongés les Français.

Dans son ordinateur à déchiffrer, à décortiquer la passion populaire et le discours pétainiste, M. Gérard Miller a oublié de faire entrer ces ingrédients : défaite, exode, ligne de démarcation, prisonniers, occupation, restrictions, qui expliquent les sentiments naïfs et faiblement intellectualisés de l'époque, sentiments qui se retrouvent, identiques, chez tous les hommes bouleversés par la catastrophe.

Vichy n'innove en vérité ni dans la philosophie, ni dans la thérapeutique. Des péchés dénoncés aux remèdes conseillés, tout se trouve avoir été dit et écrit.

« Nous avons remplacé la gloire par l'argent, le travail par l'agiotage, la fidélité et l'honneur par le scepticisme. » Ce n'est pas de Pétain mais du républicain Jules Simon, le 26 octobre 1871, le même Jules Simon qui affirme que la France a calomnié « les actes et les doctrines pour se dispenser d'admirer, d'obéir et de croire ».

« Tout était faux : fausse armée, fausse politique, fausse littérature, faux crédit et même fausses courtisanes. » Elle est de Gustave Flaubert cette dénonciation des « mensonges » et Louis Veuillot, en

17. Pour ces différentes citations, on peut se reporter à *L'Humanité* des 5, 6, 7 et 11 mars 1953.

1871, exaltera, infiniment plus que ne le fera le pétainisme, « ces écrasements terribles » qui, s'ils tournent à la confusion des esprits forts, sont bénéfiques au salut des âmes.

« Depuis des années, des années lourdes, des années longues, la France n'avait personne à aimer...

« Aujourd'hui la défaite nous ayant touché de son aile noire, nous avons quelqu'un à aimer. Nous avons quelqu'un à admirer. »

Ces phrases révélatrices de beaucoup de solitudes morales ont paru, le 20 octobre 1940, dans un hebdomadaire de faible tirage, *Le Réveil de l'Ouest.* Elles seront reprises, le 3 décembre 1940, à l'occasion d'un voyage de Philippe Pétain, par un journaliste du *Petit Marseillais :* « La France a enfin un homme à aimer. »

C'est vrai et « les voyages » constituent d'abord une merveilleuse occasion de défoulement, de don de soi pour des foules en proie à la morosité de la défaite et à la rigueur des privations.

Un adversaire déterminé — Albert Bayet — a fort bien vu cela. Décrivant le voyage à Toulouse, Toulouse la rouge, la citadelle « de l'abominable ancien régime » [18], pour adopter le langage des journalistes parisiens, il montre comment cette ville, de tradition radicale et laïque, peut, pour un moment du moins, perdre son titre de capitale de l'opposition pour devenir capitale de l'adhésion.

« Le gouvernement nouveau ne comptait guère. Il était enfermé dans Vichy ; mais Pétain voyagea. On l'envoya d'abord à Toulouse. Le premier jour, le contact fut réservé. Mais celui dont le nom rappelait encore Verdun et l'autre victoire avait toujours son regard bleu et droit. Un curieux, un gamin, s'écria ravi : « Bien, moi y m' plaît, il a une bonne tête. » Pétain plut à la foule qui ne demandait qu'à vibrer de nouveau. Comme naguère aux Armées, le vieux soldat s'adressa aux braves gens, d'homme à homme. La foule aime les chefs d'allure digne et simple. Pétain dans la foule a de la modestie et de la majesté... La seconde journée de Toulouse fut une ovation... On lui fit confiance parce qu'on avait besoin de retrouver la confiance. »

Un autre adversaire, sans sectarisme celui-là, Henry Frenay, qui prendra une part importante à la résistance, a vu avec stupéfaction les foules de Vichy et les foules de Marseille.

18. *Le Cri du peuple,* du 26 novembre 1940.

« Toutes les classes sociales sont là. Je regarde ces visages, ils respirent le bonheur et parfois l'extase au point que j'en suis gêné. Les hommes se découvrent, des yeux sont pleins de larmes, un jour tous les membres d'une même famille se signent. Quelques rares cris « Vive le Maréchal ! » mais généralement le silence, un silence d'église. »

Voici pour Vichy et, à Marseille, le 3 décembre, ce sont les mêmes mots qui se trouvent sous sa plume pour décrire les mêmes attitudes : « Cette ferveur quasi religieuse, je ne l'ai jamais vue. Je n'en soupçonnais pas la puissance émotionnelle. Trente ans plus tard, je ne peux m'empêcher de penser que, si le Maréchal avait lui aussi connu le référendum et l'usage qu'on en peut faire, bien des choses auraient été changées en 1945, à commencer par son procès. Pouvait-on faire celui de la France [19] ? »

Paul Reynaud n'avait pas dit autre chose, au procès du Maréchal, lorsque, le 24 juillet 1945, pressé par Me Isorni qui lui demande comment il peut concilier sa position contre l'armistice « acte contraire à l'honneur de la France » et la lettre pleine de révérence qu'il a écrite, le 8 juillet 1940, au maréchal Pétain [20], il finira par déclarer : « Si on avait fait voter les Français à ce moment-là, les Français croyaient au maréchal Pétain », et encore : « A ce moment-là, il n'est pas douteux que, s'il y avait eu un référendum, la majorité des Français auraient voté pour le maréchal Pétain... »

Ces témoignages permettent de mieux comprendre les excès de plume d'un René Benjamin, par exemple, qui n'a cessé de décrire en

---

19. Henri FRENAY, *La nuit finira.*

20. Me Isorni a demandé à M. Paul Reynaud :

— Monsieur Paul Reynaud, vous avez considéré qu'en signant l'armistice ou en demandant l'armistice, le maréchal Pétain avait commis un acte de trahison.

Comment se fait-il que, le 8 juillet 1940, vous lui ayez écrit — surtout lorsqu'on sait tout ce que vous avez articulé contre lui dans votre déposition :

« Monsieur le Maréchal,

« Ayant appris qu'un membre du gouvernement m'aurait mis en cause au cours d'une réunion de sénateurs, je suis venu ici [à Vichy] malgré l'ordre formel de mes médecins [Paul Reynaud a été blessé dans un accident d'auto qui a coûté la vie à Mme de Portes] pour répondre aux critiques qui me seraient adressées.

« Je n'ai pas besoin de vous dire que je serais heureux de répondre à celles qui auraient pu être déposées dans votre esprit... »

Voilà la phrase que je vous demande d'expliquer :

« J'ai gardé de notre travail en commun un tel souvenir qu'il me serait odieux qu'il pût en être terni par un soupçon. »

phrases emphatiques, mais dont on finit par penser qu'elles sont plus exactes que ne veut bien l'admettre notre scepticisme, la joie de ce peuple vaincu, dont le comportement, en présence de Pétain, grâce au magnétisme de Pétain, devient celui d'un peuple vainqueur, uni, enfin uni.

Parlant des réactions de la foule, Benjamin évoque le bonheur qu'éprouvent des milliers de Français « d'être serrés, pressés et de prendre leur part ensemble d'un grand sentiment national qui les élève et les soulève »[21].

Il a raison, mais cette communion n'était pas fatale.

Au début, malgré le « galop d'essai »[22] de Lalizolle, à une quarantaine de kilomètres de Vichy, où le Maréchal a parlé aux seuls enfants de l'école, les sceptiques sont nombreux et, sur son journal, le général Laure, secrétaire général du chef de l'État, note le 17 novembre : « Ce soir, débuts d'un voyage officiel à Lyon qui durera deux jours. Nous serons, aux côtés immédiats du chef de l'État, M. Baudouin, M. Chavin, directeur général de la Sûreté, et moi-même. Nous retrouverons à Lyon le général Huntziger. Toutes les mesures sont prises pour la sécurité et la police ; nous comptons que le programme se développera sans incidents. »

Il n'y aura d'incidents que ceux que peuvent créer l'enthousiasme et la passion. Maurice Martin du Gard se frotte les yeux, regarde en intellectuel à qui « on ne la fait pas », en philosophe blasé, et va plus loin que René Benjamin, l'écrivain toujours séduit : « A Lyon, ville mystique, le voyage du Maréchal fut, comme à Toulouse, un triomphe. La canonisation : Saint Pétain ! Non, plutôt : l'entrée à Jérusalem. Dans un atelier de l'usine Ciba, le Maréchal aperçoit une ouvrière qui pleure d'émotion, il va vers elle, il lui prend la main : elle s'écroule. On vit le visage d'un aveugle ruisseler de larmes quand il apprit d'un voisin amputé que la main qu'il tenait dans la sienne était celle du Maréchal. Chacun voulait toucher sa capote, dans la foule, où il entrait familièrement écartant les gardes mobiles. Un jour, il marchera sur l'Allier si cela continue[23] ! »

---

21. René BENJAMIN, *Le Maréchal et son peuple.*
22. Le mot est de Peyrouton, alors ministre de l'Intérieur.
23. Maurice MARTIN DU GARD, *La Chronique de Vichy 1940-1944.*

Ce qui n'empêchera pas Maurice Martin du Gard de consacrer dans *La Dépêche* un très élogieux article à Philippe Pétain lors du voyage de Toulouse. Recevant les journalistes, le Maréchal leur demandera de transmettre ses remerciements à l'auteur de tant de louanges bien écrites.

Martin du Gard ricane. Le général Laure laisse éclater son contentement. Journal du 20 novembre : « La réception a dépassé en enthousiasme ce que nous espérions d'une ville réputée froide : celle-ci s'est littéralement donnée... Les acclamations n'ont été qu'un long cri. »

Tous les voyages se ressemblent par l'ordonnance. Tous diffèrent dans le détail.

Voici, pour l'exemple, l'analyse de celui qui se déroule à Marseille les 3 et 4 décembre 1940.

A la gare Saint-Charles, décorée et fleurie de drapeaux, comme sont décorées et fleuries la plupart des maisons de la ville, les personnalités officielles se trouvent en place bien avant l'arrivée du train : l'amiral de la Flotte Darlan, ministre, secrétaire d'État à la Marine ; M. Viguié, préfet des Bouches-du-Rhône, administrateur extraordinaire de la ville ; le général d'armée Olry, commandant le 1er groupe de divisions militaires à Avignon ; le général Dentz ; le vice-amiral Moreau, commandant l'amirauté à Marseille ; le général Mendigal, commandant la région aérienne ; Mgr Delay, évêque de Marseille ; Xavier Vallat, secrétaire général des Anciens Combattants ; Henri Ripert, président de la délégation spéciale municipale ; Lavire, président du Tribunal de commerce, cinquante ou cent autres encore.

Et des journalistes. *Marseille-Matin,* du 5 décembre, donne les noms de tous ceux qui ont « couvert » pour lui le déplacement, tant à Marseille qu'à Arles, Toulon et Avignon : André Agnel, Henri Becriaux, Auguste Coulange, Fénelon-Revest, Henri Froidfond, Louis Gautier, Louis Girard, André Ollivier, André Remacle, Maurice Ricord, Jean Robert, Fernand Veran, sans oublier le photographe René Simon. Des dizaines de journalistes donc, attentifs à l'événement puisque, pour la presse de zone libre rationnée, censurée, les voyages du Maréchal sont pratiquement les seules occasions de titres et d'articles importants.

Dans le train spécial, accompagnant le Maréchal, « l'illustre chef », le général Laure ; Du Moulin de Labarthète ; le commandant Bonhomme ; le capitaine de vaisseau Krantz, de la maison militaire ; le Dr Ménétrel ; le vice-amiral Fernet, secrétaire général de la présidence du Conseil ; Peyrouton, ministre d'État à l'Intérieur.

Une fillette de deux ans, « vêtue d'un petit ensemble bleu, blanc et rouge et ceinte d'un ruban tricolore », tenant d'une main un bouquet tricolore, de l'autre un compliment dont les religieuses du centre Sainte-Marie lui avaient appris tous les mots mais dont, soudain, elle a tout oublié, s'avance vers le Maréchal qui est descendu de son wagon et, intimidée, demeure un instant entre le sourire et les larmes.

Dans toutes les églises de la ville, les cloches sonnent. Sur l'esplanade de la gare, les musiques militaires et un détachement du 43e R.I. attendent le chef de l'État qui, dès son apparition, est salué par des acclamations qui ne cesseront plus. Debout un moment dans sa voiture, Pétain répond, de la main, aux cris et aux bravos. La première halte est pour le monument des Mobiles au pied duquel le Maréchal dépose la gerbe d'œillets que lui a tendue le brigadier Vérot. Sonnerie « aux morts », puis fanfares éclatantes de la musique du 25e bataillon de chasseurs alpins.

Devant la préfecture, depuis des heures, la foule se rassemble. Foule disciplinée des délégations de la jeunesse, de la Légion des Combattants qui débouche par la rue Armeny avec, à sa tête, le Dr Bouyala et le Dr Arnould. Et foule mêlée, indisciplinée, colorée, des milliers de Marseillaises et de Marseillais qui crient « Vive Pétain, vive la France ! » dès que la houle des vivats les atteint. Arrivant par le boulevard Salvator, la voiture du Maréchal débouche sur la place de la Préfecture. Bousculant le protocole, Philippe Pétain, dès que le véhicule est arrêté, pénètre dans la foule des légionnaires, parle quelques instants aux uns et aux autres, se penchant vers les mutilés de l'autre guerre avant de s'incliner devant les drapeaux et de gagner la préfecture, puisqu'il est prévu qu'il assistera, depuis le balcon, à la cérémonie de prestation de serment de la Légion.

Combien sont-ils ? 10000, dit *Le Petit Provençal,* 15000 affirme *Marseille-Matin.* Fort nombreux et leurs voix, lorsque à trois reprises ils crient « Je le jure », fait un grand bruit de vagues.

La cérémonie du serment achevée, Philippe Pétain se découvre et, son képi à la main, en un grand geste, plusieurs fois répété, salue la foule qui, spontanément, entonne *La Marseillaise.*

Dans les salons de la préfecture, a lieu ensuite la présentation des corps constitués.

Les corps constitués ! Rene Benjamin les a décrits. Et qu'il ne s'agisse pas de Marseillais n'a, ici, guère d'importance, les notables étant interchangeables...

« Ils attendent sous un brillant plafond peint. Certains, dans l'espoir de se distraire, lèvent les yeux ; mais le peintre sans inspiration s'est ennuyé le premier à exécuter sa commande. Il a peint une Justice morne et une fausse Vérité. L'une tenant un glaive et des balances, l'autre un miroir où elle ne se reconnaît pas. Elles sont assises sur des nuées d'orage. Les notables bâillent en les regardant...

« C'est étonnant une ville assemblée de cette façon. C'est tout le répertoire de la comédie humaine. On y distingue le magistrat et l'officier ministériel figés dans la solennité du droit et de la justice, l'avocat dont le sourcil, le cheveu, le bras ont l'élan de l'éloquence, le fonctionnaire timoré, plein de désirs refoulés et qui, trop pâle ou congestif, ne connaît pas le bonheur du sang qui circule bien. »

Philippe Pétain salue les présidents, les directeurs, les délégués, mais il s'attarde avec un particulier plaisir devant ceux du bout du rang : les responsables des œuvres hospitalières et charitables. Au frère Élysée, qui ne peut loger tous les miséreux qui frappent à sa porte, il fait verser immédiatement 10000 francs par Bernard Ménétrel ; il distribue également des dons aux sœurs de Saint-Vincent-de-Paul, à l'orphelinat Vitagliano, à l'œuvre de l'abbé Fouque, à d'autres encore. Puis il a un quart d'heure d'entretien avec M. Gourret, directeur des ports, qui expose l'état des travaux en cours à la gare maritime et au bassin de la Joliette, ainsi que les projets de construction du bassin Mirabeau.

Par le cours Pierre-Puget et le boulevard de la Corderie, le cortège du chef de l'État se dirige ensuite vers le monument aux Poilus d'Orient. La foule, épaisse, qui connaît par cœur les itinéraires de la journée, et sur laquelle flotte partout du tricolore, va ainsi, par larges ondulations, d'une cérémonie à une autre.

Retour à la préfecture pour le déjeuner qui ne peut débuter avant que le chef de l'État, du balcon, n'ait salué ceux qui l'acclament encore et le réclament. Trente-deux convives pour la bouillabaisse, la longe de veau provençale, le foie gras au naturel...

Le repas achevé, le Maréchal se retire pendant quarante minutes environ dans la chambre dite de l'Empereur (Napoléon III) tapissée de satin moiré de couleur violine. Un peu avant 15 heures, il se met en route pour la prise d'armes qui se déroulera sur le quai des Belges. Passent le 12ᵉ régiment de cuirassiers motorisés, les élèves des écoles de Saint-Cyr et de Saint-Maixent, le 43ᵉ R.I., les 24ᵉ et 25ᵉ bataillons de chasseurs de Fréjus et d'Hyères, un escadron de la Garde républicaine mobile, le 7ᵉ régiment de chasseurs à cheval, venu de Nîmes, enfin un détachement du 10ᵉ régiment d'artillerie coloniale.

Ces débris d'une armée vaincue en quelques semaines ont si fière allure que la foule les acclame comme s'ils revenaient en vainqueurs de la plus longue des guerres et elle s'illusionne un moment, se grise de fausse puissance, alors que les troupes qui défilent sont sans blindés, ni canons modernes.

Par la rue de la République, le Maréchal et sa suite se rendent, après la prise d'armes, à la Joliette pour la visite du port qui sera effectuée à bord du baliseur des Ponts et Chaussées, l'*Adolphe Guérard.* Le retour au Vieux-Port, sous un soleil couchant dont « les derniers rayons éclairaient l'eau mauve » fut, si l'on en croit les chroniqueurs, « l'apothéose de cette belle journée ». Journée que Pétain prolonge encore. Il désire en effet, en supplément au programme, se rendre à la foire aux santons, où il s'attardera longuement, bavardant avec Jeanne Martini, Nathalie Gaubert, Joséphine Aicardi ; avec Bosco, Junoy, Girard, suscitant, sur son passage, des réflexions naïves et enthousiastes que se hâtent de noter les journalistes.

— Qu'il est beau ! C'est vraiment dommage qu'il ne reste pas à Marseille !

— C'est dommage, remarque une autre santonnière, qu'on ne nous ait pas prévenus plus tôt. Nous lui aurions fait cadeau d'une belle crèche.

Tout de même, il repartira avec un « rémouleur », avec « Margarido », « lou boumian » et, bien entendu, avec « le petit Jésus ».

Retour à la préfecture, devant laquelle stationnent toujours des milliers de Marseillais que le Maréchal salue à nouveau et à qui il tient un petit discours de père, ou de grand-père[24]...

On dînera à la Chambre de commerce de 20 h 15 à 21 h 30 mais, là encore, « de nouvelles manifestations se produisent. La foule réclame le Maréchal avec insistance. Il paraît et, aussitôt, sa silhouette robuste, découpée par les feux des projecteurs, est saluée par les clameurs de la foule qui bientôt entonne *La Marseillaise*[25] ». Et, lorsqu'il revient à la préfecture pour regagner enfin sa chambre — il a quatre-vingt-quatre ans et sept mois —, il lui faut saluer de nouveau des hommes et des femmes qui ne se décident pas à s'éloigner dans la nuit de décembre.

Le 4 au matin, brouillard froid sur la ville. Le Maréchal, qui descend pour assister à la relève de la garde, a noué, autour de son cou, un

---

24. Voir p. 233.
25. *Marseille-Matin.*

foulard kaki. Il passe en revue un détachement de fusiliers marins, puis va saluer le personnel de la préfecture rassemblé, avant l'ouverture des services, dans la cour d'honneur. Avant de prendre place dans sa voiture, le chef de l'État pénètre dans la foule des Marseillais « qui ne savent alors plus comment témoigner leur reconnaissance devant tant de simplicité dans la grandeur. Des mains se tendent : le Maréchal les serre, donnant ainsi, à chacun, son bon sourire et son regard lumineux. Il fait ainsi un long trajet loin du cortège officiel, répondant aux invites de tous ceux qui manifestent le désir de s'approcher de lui et d'emporter le souvenir de sa poignée de main ». Une heure ensuite en compagnie des blessés de l'hôpital de Montalivet. Le cortège passe de salle en salle. De douleurs en douleurs. Les diagnostics tombent : « amputé... éclat d'obus dans le genou... amputé... fracture grave du tibia gauche ». Les journalistes notent, sans doute en les améliorant, des mots qui seront toujours qualifiés de « sublimes ». Celui d'un manchot qui, ayant entendu parler de la possibilité d'une nouvelle guerre, s'écrie : « Il ne me reste qu'un bout de bras, j'irai le faire couper. »

Il est 10 h 15, lorsque le Maréchal arrive à la cathédrale où Mgr Delay l'attend, entouré de ses vicaires. De chaque côté du porche, derrière les scouts formant la haie, les délégations provençales en costume. Des scouts, encore, des deux côtés de l'allée centrale, encadrant les représentants de toutes les congrégations missionnaires installées à Marseille.

Devant l'autel, au milieu du chœur, un drap mortuaire et un drapeau français reposant sur deux faisceaux de fusils. Groupés sur les degrés du chœur, les drapeaux des anciens combattants et ceux de dix-huit régiments récemment dissous.

Après une assez longue allocution Mgr Delay quitte sa cathèdre, et la chorale, que dirige le chanoine Charbot, entonne le *De Profundis,* puis l'évêque de Marseille donne l'absoute. Enfin, sur l'air de la *Coupo Santo,* s'élève une cantate de circonstance, à la gloire de la Provence, de Marseille et du Maréchal.

A la fière main qui guide
Nos destins si compromis,
Nous reconnaissons le guide
Que chacun s'était promis.

Il reste encore au chef de l'État à se rendre à l'hôtel de ville où l'accueille Me Henri Ripert, président de la délégation spéciale, ancien de la 37e division d'infanterie, qui a combattu sous Verdun et qui commence naturellement son discours en évoquant ce souvenir. Réponse du Maréchal qu'au-dehors la foule ne cesse de réclamer. Pétain paraît au balcon, et c'est une clameur qui l'accueille, puis le silence se fait et le Maréchal prononce quelques mots de remerciement d'une extrême simplicité, mais qui n'en soulèvent pas moins une tempête d'applaudissements, de « Vive Pétain ! » « Vive la France ! » tempête dont les journalistes écriront qu'elle « se hausse jusqu'aux limites du possible ».

Enfin, toujours entre deux haies de Marseillais enthousiastes, le Maréchal gagne la gare Saint-Charles. Détachement du 31e R.I., drapeau devant lequel le chef de l'État s'incline. Légion des Combattants. « Vive le Maréchal !... Vive Pétain !... Merci... » *Marseillaise.* Derniers mots aux personnalités dans le salon tendu de rouge et d'or. Puis le train [26] s'éloigne vers Toulon où le Maréchal recommencera les mêmes gestes et dira les mêmes mots devant des foules également passionnées.

Il n'existe pas, en effet, de différences essentielles d'un voyage à l'autre. A peine des variantes locales... Comme l'on trouve des cuisines locales. A Marseille, foire aux santons, à Lyon visite d'un atelier de canut, à la Croix-Rousse où M. Valentin reçoit le Maréchal (après avoir arrêté la pendule à 11 h 02, heure désormais « sacrée »...) et lui explique le fonctionnement du métier. Les cadeaux reflètent, eux aussi, les traditions et richesses locales, mais les voyages du Maréchal sont, toujours et partout, occasion d'exalter la trilogie sur laquelle est fondé le nouvel État français et d'abord la patrie.

Lorsqu'il étudiera quarante « Appels et Messages », M. Gérard Miller découvrira que le mot France est cité 170 fois, le mot Français 128 fois (159 si l'on ajoute le mot Française), les mots pays, État, nation, patrie additionnés 223 fois. Les Lyonnais, Marseillais, Toulousains n'ont nul besoin d'ordinateur pour savoir qu'ils sont d'abord conviés à une manière de grand-messe en l'honneur de la France. La

26. Le Maréchal utilise le wagon qui était celui du président de la République. Les Allemands ont donné l'autorisation qu'il soit transféré de zone occupée en zone libre.

grand-messe qu'ils attendent. Dont leurs souffrances morales ont besoin.

Les prises d'armes, défilés militaires, cérémonies de prestation de serment de la Légion, visites aux blessés des hôpitaux occupent certainement la moitié du voyage. Les villes se parent de tricolore. Les hommes et les femmes aussi. Librement. Car, il faut le noter, et les photos en portent témoignage, les décorations officielles ne sont rien à côté des décorations individuelles dont chacun (ou presque), et dans les endroits les plus reculés de la ville — ceux où Pétain ne passera *certainement* pas —, a tenu à orner son domicile. Le voyage de Pétain est d'abord occasion pour la masse traumatisée de s'affirmer tricolore, patriote, unie face à l'ennemi allemand qui occupe les deux tiers d'une France dans l'impossibilité, celle-là, d'exprimer ses sentiments et de hisser son drapeau. L'armée qu'on acclame, on voit bien qu'elle est démunie de matériel moderne, on sait bien qu'il s'agit d'une armée battue, mais, et la présence du vainqueur de Verdun y invite, on veut, en se souvenant des victoires passées, la consoler des défaites récentes. La foule, en vérité, ne songe pas aux termes exacts de l'équation militaire. Ces pauvres bataillons de fantassins, qui ne pèseraient pas lourd dans un conflit contre la Wehrmacht, sont sublimés : c'est « l'armée de demain ». Demain. Le mot est employé notamment par tous les journalistes qui rendent compte des défilés où passent les écoles d'officiers, ces jeunes officiers qui étudient pour « préparer l'armée de demain ».

Les Allemands ne s'y tromperont guère que n'inquiètent pas mais qu'irritent ces manifestations, ces défilés, cette débauche de tricolore, ces ordres du jour aux troupes dont la bonne tenue est presque assimilée à une victoire et qui trouvent place à la première page des journaux[27].

Avec l'armée, le travail et la famille sont honorés, privilégiés au cours de ces voyages où Pétain, beaucoup plus longuement qu'aux

27. Ainsi le télégramme de félicitations adressé, après le voyage à Lyon, par le général Huntziger, commandant en chef les forces terrestres, ministre secrétaire d'État à la Guerre, au général Frère, commandant la 14e division militaire à Lyon, télégramme qui sera publié à la première page de *Paris-Soir,* suivi d'un texte du général Frère qui, pour la circonstance, lève d'ailleurs toutes les punitions d'une durée inférieure à quinze jours de prison.

autorités conventionnelles, s'intéresse à ceux qui sont là, d'habitude, pour faire nombre, occupent d'humbles places dans la hiérarchie et se trouvent soudain promus à l'honneur d'un entretien dont les journalistes recueillent pieusement tous les mots sans, apparemment, se montrer sensibles à leur prodigieuse banalité.

A ceux qui l'acclament, Pétain dit en effet des mots de grand-père plus que des mots de chef d'État.

Dans la soirée du 3 décembre 1940, comme les Marseillais réclament qu'il paraisse une fois encore au balcon de la préfecture, il cède aux demandes et déclare :

« Mes chers amis,

« Je vous remercie pour votre accueil si vibrant de la journée. J'en garderai un souvenir inoubliable.

« Il est tard, la température est fraîche : il ne faut pas s'attarder dans les rues. Je vous dis bonsoir et à demain. »

Ce souci des rhumes et bronchites possibles, est-ce un trait de génie politique, la réaction d'un vieil homme qui ne veut pas prendre froid ou la réflexion du général qui s'est toujours occupé du sort de ses soldats et confond aujourd'hui la foule et la troupe ? Il est impossible de se prononcer.

Les sépare-t-on du contexte, ces dialogues qui s'échangent entre peuple et chef d'État sont d'une consternante banalité ou d'une déconcertante médiocrité dans l'éloge. Mais, quoi, il en va ainsi dans tous les voyages et du moins le « courant » passe-t-il suffisamment [28] pour que ces naïvetés méritent, un quart de siècle plus tard, de servir à l'explication psychologique d'une époque.

Dans la forêt de Tronçais, le Maréchal est venu « marquer en réserve » un chêne vieux de deux cent soixante-dix ans, haut de quarante-deux mètres.

— Il est toujours jeune et vivace, comme vous, Monsieur le Maréchal, dit Jacques Chevalier, secrétaire général à l'Instruction publique.

Réplique de Pétain :

28. « La simplicité de sa tenue, son air direct, la façon dont il salue, dont il va aux hommes, dont il leur parle, ses manières qui ont séduit tous ceux qui les ont éprouvées ont captivé Marseille », écrit Gérard Bauer dans *Le Figaro*, daté du 4 décembre 1940.

— Je ne me figurais pas que cet arbre fût aussi vieux ; j'imaginais que son âge était voisin du mien ; je vois bien, maintenant, que jamais je ne le rattraperai... mais à quoi sert de faire des comparaisons...

Il est interrompu à cet instant par un bûcheron qui s'écrie :

— Le Maréchal est aussi grand que le chêne.

Voici la conversation qu'il échange avec Mme Larenaudie, directrice de l'institution Jeanne-d'Arc à Tulle, telle qu'elle la rapporte à un journaliste.

— Quel âge avez-vous ? me dit le chef de l'État.

— 76 ans.

— Vous n'êtes qu'une enfant, me rétorque-t-il. J'ai dix ans de plus que vous.

— Oh ! ça ne fait rien, vous êtes un jeune, parce que vous agissez et pensez en jeune.

— C'est le plus beau compliment que j'aie reçu. Qu'enseignez-vous ?

— J'enseigne l'histoire et la géographie.

— Oui, me déclare le maréchal Pétain, mais il est plus important encore d'enseigner à vos élèves la vertu. N'oubliez pas que Jeanne d'Arc était une vierge...

Mme Larenaudie reste silencieuse, puis elle continue :

« Je ne me souviens plus de rien. Subitement, j'ai eu le sentiment d'être secouée de la tête aux pieds. Quel dommage que tous les Français ne puissent le voir. »

A une volontaire de la Croix-Rouge, « toute menue, un ravissant petit Tanagra », qui pilote un camion de cinq tonnes, il demande :

— Et combien faites-vous de kilomètres par jour ?

— Jusqu'à 450, Monsieur le Maréchal.

— 450 kilomètres au volant d'un cinq tonnes, je vous félicite encore davantage. Mais connaissez-vous la mécanique ?

— Oh ! oui, Monsieur le Maréchal.

— Savez-vous changer une roue ?

— Certainement, Monsieur le Maréchal.

A M. Cabot, contrôleur des prix, le Maréchal dit :

— Si, un jour, la Révolution nationale devait échouer, c'est le marché noir qui en serait cause.

A Mme Humbert, une femme toute mince qui a donné son sang vingt-huit fois :

— Arrêtez-vous !

Mais, comme elle est sage-femme, il ajoute :

— Donnez-nous beaucoup d'enfants et donnez-nous surtout des jumeaux.

A Mgr Chassaigne :

— Si j'avais été là un dimanche, je serais allé à la messe pour donner l'exemple.

A un ouvrier dont *Le Nouvelliste* n'a pas recueilli le nom :

— Êtes-vous satisfait des récentes mesures sociales que j'ai prises ?

— Oh ! oui, Monsieur le Maréchal.

— Je tâcherai de continuer dans cette voie, si on me fait confiance.

A M. Allemand, greffier en chef du tribunal de Vienne :

— Vous étiez officier ?

— J'ai commencé la guerre comme sergent.

— Je vous en félicite doublement.

A ceux qui remettent le cochon de lait, les moutons, les pâtisseries locales, les jouets, les conserves, les légumes et les fruits, offrandes qui tissent ses jours et dont la tradition vient du fond des siècles, il dit les mêmes phrases banales et inoubliables.

Prisonnier au Portalet en 1945, le Maréchal aura ce mot à l'égard du jeune médecin qui, avant de quitter son poste, a demandé à venir le saluer.

— Il a raison, ce garçon. Je vais l'oublier, mais ça lui fera des souvenirs.

Ça leur fait des souvenirs. La main qui a touché la main du Maréchal devient une main glorieuse que l'on médite de ne plus jamais laver. L'aveugle soupire : « Ah ! si je pouvais y voir, y voir pendant quelques minutes seulement... Ce serait la plus grande joie de ma vie. » Les mots de tous les jours (on a dit « des mots de comice agricole », mais ils n'en ont ni le gonflant ni l'ampoulé), gravés dans les mémoires et dans les cœurs à l'instant où il les prononce, deviennent, à l'échelle des familles, des mots historiques.

Mme Humbert, la sage-femme de Tulle, à qui il a demandé de donner « beaucoup de jumeaux », est encore tout émue lorsqu'on l'interroge le lendemain. Ce qui compte, pour elle, ce n'est pas ce que le Maréchal a dit (et tant pis si les historiens trouvent plus tard ces mots ordinaires ou ridicules), mais qu'il lui ait parlé. Si elle avait pu répondre... mais tous les sons s'arrêtaient dans sa gorge.

« Non, pas une syllabe n'est sortie de ma bouche, et c'est à peine si j'ai pu lever les yeux sur lui. Pourtant, j'aurais voulu le fixer afin de graver ses traits pour toujours dans ma mémoire... Quand je suis revenue chez moi, je devais avoir quelque chose de changé sur le visage, car ma petite fille s'est jetée dans mes bras en s'écriant :

— Maman, maman, tu as l'air si contente !

Les minutes que j'ai passées auprès du chef de l'État m'ont bouleversée, autant que les plus grandes joies ou les plus grandes peines de ma vie. »

Et Mme Humbert ajoute, à l'intention du journaliste qui recueille et transmet son témoignage.

— Quel pouvoir ! Je suis sûre qu'après s'être montré à la foule il aurait pu demander à la masse n'importe quel sacrifice, elle aurait répondu... Comme je voudrais que tous les gens soient aussi contents que moi.

Existe-t-il un secret ?

Dans sa solitude londonienne, il arrive que le général de Gaulle fasse projeter les actualités en provenance de Vichy, comme pour prendre une idée exacte de la popularité du Maréchal, de la naïveté des foules désemparées et des gestes capables de les toucher.

— Le Maréchal est le plus grand acteur, dit-il à l'un de ses compagnons que le spectacle de Pétain, vieux médaillé militaire face à un vieux médaillé militaire, a bouleversé.

Et de rappeler qu'il avait été invité par Pétain à assister à une messe célébrée pour l'anniversaire de Verdun.

« Nous prenons le petit déjeuner ensemble. Le Maréchal ne se levant pas de table, je me permis de lui rappeler l'horaire du programme.

« — Laissez-moi faire, me répondit-il.

« — Il regarde sa montre. A l'instant choisi par lui, nous montons en voiture et nous arrivons à la cathédrale. Mais le Maréchal, au lieu de pénétrer par le portail central s'ouvrant sur la nef, entre par une porte latérale, donnant accès sur le chœur.

« Le clergé, les généraux, le préfet, les autorités, les parlementaires en écharpe, les porte-drapeau des anciens combattants, la foule se voient alors obligés d'opérer un demi-tour.

« On crut à une erreur. Non. C'était une mise en scène. Le Maréchal voulait faire son entrée, et non l'entrée prévue. C'est le plus grand acteur de notre temps, un artiste[29]. »

Vraiment ?

Grand acteur, grand metteur en scène ? N'est-ce pas excessif et peut-on prétendre, comme certains le feront à l'occasion du voyage de Lyon, qui suit le voyage à Toulouse, que « la méthode s'affirme » ?

En vérité, je crois qu'il y a beaucoup moins affirmation d'une méthode, observation de règles dictées par un entourage de techniciens de la communication, que répétition de gestes simples, une demi-douzaine, moins sans doute, dont Pétain a testé l'influence et qui sont « dans sa ligne » de chef de guerre devenu chef d'État, mais ayant su rester sobre dans son vêtement, son style de vie, son vocabulaire, continuant à s'intéresser ouvertement au sort des humbles comme il avait la réputation de s'intéresser au sort des plus modestes de ses soldats.

Oui, simplement quelques gestes, quelques mots.

A Toulouse, il a pressé le drapeau contre sa poitrine et la foule fait un triomphe à ce geste. Il le répétera au hasard de ses tournées. A Montauban. A Pau où il dit, après avoir embrassé le drapeau des prêtres anciens combattants :

— J'embrasse, en même temps, tous les prêtres de France pour les services qu'ils ont rendus au pays.

Ce drapeau dont il se sert comme d'un encensoir (« il balance ce drapeau sur les têtes et on dirait qu'il les bénit », écrira René Benjamin) devient un signe de ralliement pour des foules qui, dans les querelles nées du Front populaire, en avaient fait un signe de contradiction. Elles crient leur joie, leur émotion, bousculant les barrages. Pour un temps, les voilà rassemblées. Alors, Philippe Pétain leur fait chanter *La Marseillaise*. Non pas ce premier couplet, que savent tous les Français et dans lequel passent des rumeurs d'armées en marche et des appels à la guerre révolutionnaire, mais le quatrième dont il dit :

— C'est le plus beau. On n'y égorge personne. Et il commence par « Amour sacré de la Patrie ! »

A Lyon, il répète à des enfants d'une école professionnelle :

— Chantez souvent ce couplet, je vous le recommande car, pour

29. Rapporté par Tournoux.

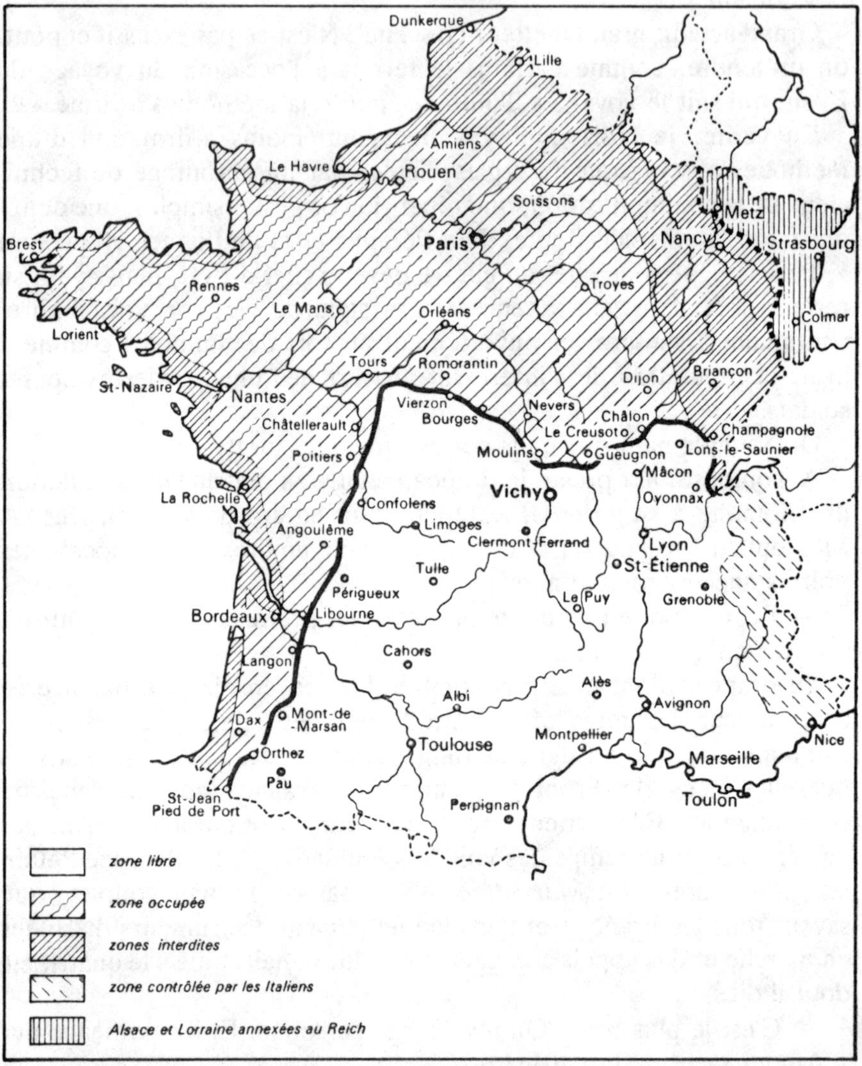
Dunkerque
Lille
Amiens
Le Havre
Rouen
Soissons
Metz
Brest
Paris
Nancy
Strasbourg
Rennes
Troyes
Le Mans
Orléans
Colmar
Lorient
Tours
Romorantin
Dijon
Briançon
St-Nazaire
Nantes
Vierzon
Bourges
Nevers
Châlon
Châtellerault
Le Creusot
Champagnole
Poitiers
Moulins
Gueugnon
Lons-le-Saunier
Mâcon
Vichy
Oyonnax
La Rochelle
Confolens
Limoges
Angoulême
Clermont-Ferrand
Lyon
St-Étienne
Tulle
Périgueux
Grenoble
Le Puy
Bordeaux
Libourne
Cahors
Langon
Alès
Albi
Avignon
Dax
Mont-de-Marsan
Nice
Toulouse
Montpellier
Orthez
Marseille
Pau
St-Jean
Pied de Port
Toulon
Perpignan
zone libre
zone occupée
zones interdites
zone contrôlée par les Italiens
Alsace et Lorraine annexées au Reich

rétablir les liens entre les hommes et la concorde dans les esprits, il est mieux que les premiers. Dans la situation où nous sommes, cela nous fera beaucoup plus de bien que de chanter la haine.

Au bout de quelques mois, tout le monde connaît les préférences du Maréchal. A ceux qui les ignoreraient, la Légion se charge de les faire savoir.

« *La Marseillaise.* Les couplets de *La Marseillaise* qu'on a l'habitude de chanter ne correspondent pas à la situation actuelle. D'ailleurs, le Maréchal a laissé comprendre que ses préférences allaient à celui-ci :

Amour sacré de la Patrie,
Conduis, soutiens nos bras vengeurs !
Liberté, Liberté chérie,
Combats avec tes défenseurs ! (bis)
Sous nos drapeaux, que la victoire
Accoure à tes mâles accents !

« C'est ce couplet-là qu'entonneront les légionnaires lorsqu'ils auront à chanter *La Marseillaise.* Il serait à souhaiter que tout le monde en fasse autant et tout particulièrement les enfants, puisque cela fait plaisir au Maréchal. »

On a beaucoup parlé des « bains de foule » du général de Gaulle. Mais Pétain a commencé avant lui. Au « grand émoi », disent les journalistes, de ceux qui sont chargés d'assurer sa protection. « Le chef de l'État, en regagnant sa suite... expose tout le plaisir que vient de lui procurer ce cœur à cœur d'un « bonjour » populaire[30]. »

Ces contacts permettent aux journalistes de recueillir ces « mots », de raconter ces gestes qui feront beaucoup — à une époque sans faits divers avoués, ni vedettes célèbres — pour la popularité du Maréchal.

Dans la petite gare de Rives, près de Grenoble, on l'a vu parcourir, au petit matin, deux cents mètres pour rejoindre des ouvriers qui l'acclament. « A force d'agiter frénétiquement sa casquette, un ouvrier la laisse tomber sur le ballast : le Maréchal, à qui rien n'échappe, la recueille et la rend à son propriétaire, bouleversé d'émotion. »

---

30. *Marseille-Matin,* 5 décembre 1940.

En trois lignes, tout est dit par un propagandiste plus habile que si sa phrase avait été fabriquée par la Propagande officielle : le Maréchal est salué par des OUVRIERS (et la casquette symbole joue ici son rôle), il a l'œil à tout (« rien ne lui échappe »), enfin, malgré son grand âge, il est svelte, agile, vigoureux.

Les artisans de la légende Pétain insistent toujours sur les mêmes caractéristiques d'un homme que ses familiers, ses intimes, décrivent volontiers égoïste et secret et qu'ils peignent, eux, généreux et attentif. Les deux attitudes, celle de la vie quotidienne et celle adoptée à l'occasion des voyages, ne sont d'ailleurs pas incompatibles. Sans qu'il y ait pour autant machiavélisme.

Il donne, écrira un chroniqueur, « trois fois plus qu'il ne dépense pour lui-même dans un mois ».

— Avez-vous des enfants ? demande-t-il à un ancien de Verdun.

— Oui, Monsieur le Maréchal.

— Eh bien ! je veux faire quelque chose pour eux ; je veux leur donner à chacun un livret de caisse d'épargne. Combien en avez-vous ?

— Sept, Monsieur le Maréchal.

— Sapristi, c'est beaucoup, mais je vous félicite ; vous allez recevoir vos sept livrets.

Informé du drame de la famille Giraud qui habite rue du Moulin-Vert, et dont les cinq enfants ont été asphyxiés, il fait transmettre à Mme Giraud un message personnel accompagné d'une petite somme d'argent et de l'assurance qu'il prendra à sa charge, dans le cimetière, la concession trentenaire dans laquelle les cinq petits corps reposeront.

Les voyages sont, il est vrai, occasion de faire appel à la charité populaire et l'argent distribué par Philippe Pétain est de l'argent reçu.

Dans certaines villes, on remet entre les mains du chef de l'État un bâton de Maréchal bourré de billets de banque. A Pau, le président de la Chambre des métiers offre une bourse tricolore de soie brodée aux sept étoiles d'or contenant 27 000 francs destinés au Secours national, et la municipalité d'Oloron, imaginant que le Maréchal se rendrait dans sa bonne ville « s'il s'y sentait moralement obligé », rassemble plusieurs centaines de milliers de francs.

A Marseille, Philippe Pétain a remis 50 000 francs pour les pauvres, 10 000 francs pour l'établissement hospitalier de Saint-Jean-de-Dieu, mais sa venue provoque un afflux de dons pour le Secours national.

Humbles dons, en général[31], envoyés, par exemple, au journal *Marseille-Matin* accompagnés de phrases très courtes mais qu'il n'est pas sans intérêt de citer : « Pour la santé du Maréchal et ma famille, A. E... 18 francs. » « Jeanne d'Arc et Pétain, 10 francs. » « Pour que vive la France, vive Pétain, 100 francs. » « Collecte à deux fenêtres d'où l'on a acclamé le Maréchal, 200 francs. »

L'apparat des voyages du Maréchal, qui n'a rien de comparable cependant avec celui des voyages des présidents de la République, n'est pas de son fait. Lorsqu'il part, son entourage est peu nombreux : une cinquantaine de familiers, y compris le personnel des voyages officiels. Le service d'escorte est réduit : quinze motocyclistes (à Pau) sous les ordres d'un lieutenant. Peu de convives aux repas officiels : entre trente et quarante.

Et sans doute, comme à Tulle, un porcelainier de Limoges met-il ses plus riches collections à la disposition du préfet, et sans doute trouve-t-on pour son lit « un rarissime drap » tissé à l'île de la Réunion et que les religieuses du Carmel voudront laver et repasser elles-mêmes, mais, dans les demeures les plus fastueuses, Pétain se déplace toujours avec le bagage le plus modeste.

A la préfecture de Lyon, son appartement a été installé par le décorateur Ducarroy. Lit et armoire en chêne blanc verni de Hongrie ; sur le lit, une couverture tête-de-nègre. De chaque côté de la porte, tendue de peaux de buffle, des glaces de Venise sculptées. Des peaux d'hyène jonchent le parquet de chêne clair et d'ébène. Partout des gerbes de fleurs et, dans un coin, une petite valise, le sac de cuir, sac et valise de « célibataire », d'officier habitué aux changements de garnison et qui, même au sommet de la hiérarchie, ne laisse à personne le soin de « boucler » des bagages qu'il a peut-être préparés en consultant le petit aide-mémoire qui ne le quitte pas[32].

Tunique, pantalon
Képi, gants, col, ceinturon
Bottines vernies

31. Cependant, il y a des exceptions. Dans la 22e liste de souscripteurs, je trouve « Louis-Dreyfus et Cie, 50 000 francs ; Banque Ottomane, 5 000 francs... »
32. Aide-mémoire aujourd'hui en ma possession.

6 mouchoirs
1 chemise, caleçon
2 chaussettes
Souliers
Chemise de nuit
Gilet de laine
Trousse de toilette
Gants civils
Manteau bleu
Sabre
Bâton

Signalée, exaltée, célébrée par tous, la simplicité de Pétain est réelle. C'est au retour de Montoire, sans doute, qu'elle s'exprimera le mieux. Le Maréchal, après avoir rencontré Hitler, regagne la zone libre. Dans sa voiture, Du Moulin de Labarthète et le Dr Ménétrel ont pris la place qu'occupaient jusqu'alors un général allemand et von Doernberg, chef du protocole. On arrive à Amboise.

— Quel magnifique endroit ! dit le Maréchal. Si l'on s'y arrêtait.

Il va s'asseoir sur un banc et voici qu'une dizaine de femmes, deux ou trois vieillards, trois enfants, s'approchent.

— Comment, c'est vous, Monsieur le Maréchal ?

— Mais oui, mes amis.

— Qu'est-ce que vous venez faire ici, en zone occupée ?

— Vous dire bonjour.

— Vous ne voulez pas rester avec nous? On vous ferait à déjeuner [33].

— Mais non. On m'attend de l'autre côté de la ligne.

— Quel dommage. Ah ! Si vous saviez combien on est malheureux. On n'a pas de nouvelles. On est privés de tout. Ils nous en font voir de toutes les couleurs. On aurait voulu vous dire cela...

33. Un journal de Lyon, rendant compte de cette halte, en termes différents de ceux de Du Moulin dont je suis le récit car il était témoin direct, note que Pétain aurait dit à ses interlocuteurs : « Je suis obligé de partir... car vous ne m'avez pas invité à déjeuner, mais soyez patients, je reviendrai vous voir. »

6

AMBITIONS ET LIMITES DE LA LÉGION

Peu d'actes publics d'un chef d'État sont régis par le hasard. Pétain ne fait pas exception. Et lorsqu'il se déplace, si, à l'occasion de quelque « bain de foule », il lui arrive de rencontrer un instant des hommes et des femmes « ordinaires », le plus souvent il se trouve en face d'un adhérent de la Légion des combattants, c'est-à-dire d'un partisan, d'un propagandiste, d'un choriste de la tragédie française.

La Légion des combattants ! Rien à voir avec le parti nazi, avec le parti fasciste, ni avec la Légion des volontaires français contre le bolchevisme. Dissipant immédiatement les confusions, rassurons ceux qui prennent le serment légionnaire pour le salut nazi, et rappelons qu'au début de 1944, l'Assemblée consultative d'Alger, peu suspecte d'indulgence, se refusera à inscrire la Légion sur la liste des organisations « antinationales » [1].

Quelques mois après la défaite, François Valentin, directeur général adjoint, s'expliquera d'ailleurs très clairement sur « le climat » qui a présidé à la naissance de la Légion.

« Je ne sais pas trop, dira-t-il aux délégués devant lesquels il prononce un discours qu'il annonce comme devant être « très libre », je ne sais pas trop ce que vous faisiez au mois de juillet 1940. Je pense qu'un certain nombre d'entre vous étaient prisonniers ou, dans un coin quelconque de France non occupée, un peu ahuris par le coup de la

1. Par un arrêt de 1948, le Conseil d'État a jugé que le fait d'avoir occupé une fonction, même de direction, dans un organisme de la Légion ne pouvait être retenu comme une justification de sanctions administratives et, a fortiori, pénales.

défaite. Or, à Vichy, à ce moment, dans le grouillement d'une capitale où l'on trouvait tous les débris de l'ancien régime et où émergeaient quelques hommes qui allaient devenir les principaux serviteurs du nouveau régime, il y avait déjà des gens pour se préoccuper de la constitution d'un mouvement qui pût assurer d'une façon valable et permanente la liaison entre l'homme qui venait de prendre le gouvernement par la force des choses et l'opinion ».

Marcel Déat est le meneur de jeu d'une entreprise qui vise à créer, sur les décombres du passé, un Parti unique, mais, à côté de Déat, on trouve aussi bien Xavier Vallat, homme de droite, que le socialiste Spinasse et l'indépendant Bergery. Au bout de quarante-huit heures, les difficultés apparaissent plus grandes que les enthousiasmes. Au bout de quinze jours, tout le monde est fixé : il n'y aura jamais de parti unique en France[2], les partis n'ayant pu se résigner à sacrifier leurs états-majors, les chefs n'étant nullement décidés à s'effacer et l'opinion, désabusée, ne manifestant aucun goût pour la politique dont on lui répète quotidiennement qu'elle est responsable des ruines, du désastre et des morts, Pétain, surtout, et son entourage, ne voulant pas d'un parti unique dont Laval ou Déat pourrait prendre la tête et qui constituerait une menace pour la royauté, encore précaire, du Maréchal.

Or, le problème reste posé dans la mesure où le nouveau pouvoir a besoin d'intermédiaires entre le pays et lui. Valentin l'explique très nettement : « Il était indispensable qu'entre cette révolution par le haut, faite légalement par suite de l'adhésion de l'Assemblée nationale, et le pays qui devait en être non pas seulement le bénéficiaire mais l'artisan, il y ait un lien étroit, confiant et généreux. Ainsi serait assurée la liaison dans les deux sens : du chef vers le peuple qu'il n'a pas l'intention de conduire par la contrainte, mais dont il veut obtenir l'adhésion, et de ce peuple vers le chef, pour que ce dernier soit informé de ses réactions profondes, de ses préoccupations, parfois même de ses oppositions. »

Ce « lien » sera donc formé par la masse des anciens combattants de

---

2. Dans le même discours, Valentin précisera bien que « la notion même du Parti qui impose aux administrations publiques sa volonté, qui est la notion adoptée en Italie et en Allemagne, surprend et heurte l'esprit français... Donc, dans la conception actuelle, la Légion n'apparaît pas comme le Parti Unique, comme le parti vainqueur équivalent des partis majoritaires et prenant les décisions que doivent exécuter ceux qui sont aux leviers administratifs ».

1914-1918 et ceux, moins nombreux, car près de 2 millions d'entre eux sont prisonniers, de 1939-1940, qui, absorbant tous les mouvements existants, ayant pour chef naturel le maréchal Pétain, seront regroupés en une Légion homogène donc puissante.

L'idée n'est pas neuve. Le 12 novembre 1939, un congrès commun de l'Union fédérale et de l'Union nationale des combattants avait déjà proposé le regroupement et avait trouvé pour nom un nom très voisin de celui qui sera adopté plus tard : Légion des Combattants français [3].

Le 10 juillet 1940, Maurice Dormann, parlementaire qui a perdu les deux jambes à Verdun, s'écrie devant l'Assemblée nationale réunie à Vichy : « Si le Maréchal avait été ici, je me serais permis de lui dire : M. le Maréchal, en 1914-1918, les combattants français ont lavé une tache de l'histoire de leur pays, celle de la défaite de 1870-71 ; est-ce qu'on leur contestera aujourd'hui le droit de vouloir servir de nouveau en essayant de toutes les forces qui leur restent d'effacer cette nouvelle tache qui vient de se faire sur l'histoire de notre pays ? »

Sans doute la perspective de cette « nuit du 4 Août » ne fait-elle pas plaisir à tous les dirigeants et trouve-t-on, surtout dans les milieux parisiens de la Fédération nationale, des opposants [4], mais si peu nombreux, si peu susceptibles de se faire entendre que, le 28 août, Xavier Vallat, secrétaire d'État aux Anciens combattants, peut exposer au Maréchal, avec le maximum de chances, le projet qu'il a mis sur pied après l'échec de constitution d'un parti unique. Pétain l'écoute avec satisfaction.

— Je souhaitais justement avoir dans chaque commune de France un homme respecté et de bon jugement qui aurait été mon homme de confiance.

— Avec la Légion, réplique Vallat, c'est un groupe d'hommes de confiance que vous aurez dans chaque village.

— Mais cela va être un mouvement très important. Avez-vous réfléchi à l'homme qu'il faudra mettre à la tête ?

— Oui, Monsieur le Maréchal, j'ai pensé qu'un nommé Philippe Pétain, doyen des médaillés militaires de France, ferait sans doute l'affaire.

---

3. L'Union Fédérale de l'Ardèche demandera, le 9 juillet 1940, la création d'une seule association.

4. Qui mettent, comme les rares opposants de l'époque, toujours en avant la même thèse : Pétain est admirable, son entourage trahit ses intentions.

Le Maréchal est séduit et, quelques heures plus tard, c'est d'un ton négligent qu'il déclare devant le Conseil des ministres :

— J'ai là un rapport de Xavier Vallat, que je trouve tout à fait bien, sur la fusion des anciens combattants. Si nous en avions le temps, je me serais fait un plaisir de vous le lire. On va vous donner lecture du projet de loi qui suit... Pas d'opposition. Adopté[5].

La loi paraîtra, en effet, au *Journal officiel* du 31 août.

Que le Maréchal ait été désireux d'assurer l'unité entre anciens combattants de la Grande Guerre (il existe 74 associations différentes à Toulouse), c'est certain. Qu'il ait voulu, comme le lui proposait également Vallat, faire cesser l'hostilité existant entre pères et fils, entre anciens de 14-18 et jeunes de 39-40, c'est également évident. Mais il vise plus loin. Dans le discours dont j'ai cité des extraits, François Valentin insiste en effet sur « le but nettement et consciemment politique » de la Légion, créée non point dans une intention folklorique, non point pour servir de masse de manœuvre lors des voyages du Maréchal, mais pour se substituer, en vérité, aux anciens partis, les empêcher de renaître et jouer un rôle politique subtil, « étant entendu qu'il fallait commencer par une première phase où ce rôle politique ne serait pas mis en évidence, mais simplement préparé par la formation progressive d'un esprit commun partant de l'esprit combattant et faisant disparaître peu à peu l'esprit partisan de chacun des constituants de base ».

Ainsi naît, dans son apparente simplicité et sa redoutable complexité, la Légion française des combattants.

Le maréchal Pétain, président, est assisté de trois vice-présidents nommés : Jacques Péricard pour l'armée de terre, le colonel Heurteaux pour les aviateurs, le commandant Lapébie pour les marins. Un directeur général, Pierre Héricourt, fantassin des deux guerres, et un directeur général adjoint, François Valentin, soldat héroïque de 40, assurent la marche d'une association accueillie d'abord avec enthousiasme. Au-dessous d'eux, un directoire de vingt membres où, autour des présidents régionaux, siègent le président des Aveugles de guerre, le président de la Fédération des amicales de chasseurs à pied et un représentant des Mutuelles d'anciens combattants.

Quatre grands services sont chargés de la Propagande (Loustaunau-

---

5. Xavier Vallat dit tenir ce récit du ministre François Piétri.

Lacau en aura la responsabilité pendant deux mois), de l'administration, de l'Action civique et de l'Action sociale.

Les chiffres font preuve.

A la date du 28 février 1941, la Légion comptera en zone libre 668 801 adhérents. Les « gros » départements sont alors les Bouches-du-Rhône (35 000 légionnaires), l'Isère (35 000), les Alpes-Maritimes où l'on dénombre 30 000 légionnaires, 15 000 amis de la Légion et 4 000 jeunes, le Rhône, etc. A la fin de l'année, les adhérents auront beaucoup plus que doublé et, en 1943, ils seront 1 700 000 malgré des départs et des épurations.

Un peu partout, la Légion se fonde dans l'enthousiasme, mais c'est sans doute le 6 octobre 1940, à Nice, que l'élan est le plus grand, car l'animateur de la manifestation, Darnand, héros des deux guerres, décoré le 28 juillet 1918 de la médaille militaire par le général Pétain, prisonnier récemment évadé [6], est de ces hommes qui, pour le meilleur ou le pire, entraînent derrière eux d'autres hommes dans tous les combats et toutes les aventures.

Les paroles qu'il lance à la foule réunie au Casino municipal [7] ne sont ni tièdes, ni banales. Elles contiennent en germe son action, son drame et sa condamnation.

— Nous avons assez pleuré. Nous avons assez souffert en silence des malheurs de la France... Nous avons besoin maintenant que les vrais Français patriotes remplacent les métèques, les juifs et les étrangers (Applaudissements enthousiastes, note le reporter de *L'Éclaireur de Nice*.)

« Il faut chasser les faux Français qui ont mené le pays à la ruine. Nous allons rompre avec des hommes qui nous ont exploités et perdus... Il faut que les fautifs soient châtiés. Le Maréchal l'a promis.

---

6. Qu'il fût resté « sagement » captif et son destin eût été modifié. « Je n'avais qu'un but, m'évader, dira Darnand à un journaliste de *L'Éclaireur de Nice* en août 1940. Dans les circonstances présentes, il ne m'est pas possible de révéler les détails de ma fuite. Tout ce que je peux vous dire c'est que, parti le 23 juillet en auto, vers 10 heures du matin, je suis arrivé en zone libre vers 16 heures, après un trajet de trois cents kilomètres. »

A son procès, Darnand rappellera qu'à Nice la Légion comptait 80 000 inscrits, que des mouvements de jeunes rassemblaient 10 000 garçons et filles et que les manifestations étaient nettement anti-italiennes.

7. 7 à 8 000 personnes à l'intérieur, 5 000 à l'extérieur.

Il est pour nous la vraie lumière dans la nuit noire où des misérables nous ont plongés... »

Sur l'estrade, sans doute applaudit-on plus fort encore que dans la salle. Et sur l'estrade, à côté de Darnand, de Gallet, de Robert, de Bassompierre, de Fromrich, est assis le R.P. Bruckberger, compagnon d'armes de Darnand pendant la drôle de guerre, qui dira, lors du procès Darnand : « Il m'a demandé de travailler avec lui pour rassembler nos camarades, les anciens combattants, pour rassembler autour de lui... ceux avec lesquels on pouvait faire quelque chose pour faire échapper notre pays aux mains des politiciens, pour, enfin, le redresser et le jeter à nouveau, un jour, dans la guerre. »

Ce côté antiparlementaire, qui, à cet instant, fait pratiquement l'unanimité française, se marque dans la décoration de la salle où des panneaux proclament : « 1429, Jeanne d'Arc chasse les Anglais. — 1916, Verdun, Pétain arrête l'envahisseur », mais aussi : « 1940, Daladier, Gamelin, Reynaud laissent passer l'envahisseur », comme dans beaucoup de discours et de commentaires.

Lorsque Darnand a terminé son allocution, il donne lecture du serment que devra prêter tout membre de la Légion.

« Je jure de continuer à servir la France avec honneur, dans la paix comme je l'ai servie sous les armes.

« Je jure de consacrer toutes mes forces à la Patrie, à la Famille, au Travail.

« Je m'engage à pratiquer l'amitié et l'entr'aide vis-à-vis de mes camarades des deux guerres, à rester fidèle à la mémoire de ceux qui sont tombés au champ d'honneur.

« J'accepte librement la discipline de la Légion pour tout ce qui me sera commandé en vue de cet idéal[8]. »

Alors, la salle, spontanément dressée, entonne *La Marseillaise*. Et la foule, massée à l'extérieur, reprend l'hymne national. Le 11 novembre, des milliers d'hommes se retrouvent devant le monument aux morts. Il y a là, sous la direction de M. Brasseur, les six cents légionnaires du Ier arrondissement ; les huit sections du IIe arrondissement que commandent respectivement le capitaine Jouve, les lieutenants Dubost, Paul Bert, Eche et Faitonti ; l'adjudant-chef Marantier et M. Charles Albert ; les légionnaires des IIIe, IVe, VIe arrondisse-

8. Xavier Vallat écrira que Loustaunau-Lacau aurait voulu que le serment fût un serment personnel au maréchal Pétain.

ments, qui sont arrivés par rangs de huit. Et une centaine de compagnons de France et la troupe de l'école Masséna-Stanislas, conduite par son aumônier, l'abbé Perrot, le clan Bayard, des élèves du lycée de Nice en nombre, des anonymes par milliers. Quatre coups de canon les immobilisent tous, les têtes se découvrent pendant que le clairon sonne « au drapeau », puis « aux morts » et Michel Melandri s'avance pour lire la formule du serment.

« D'un geste unique, écrit *L'Éclaireur de Nice,* qui rend compte de la cérémonie, tous les bras se lèvent, d'une seule voix, quelque six mille hommes résolus crient « Je le jure »...

« Vive Pétain ! Vive la France ! Vive le Maréchal ! Par ces mots sont affirmés encore la fidélité confiante, l'attachement affectueux de la Légion à la patrie et à son chef. »

« Vive Pétain ! » C'est l'unique mot d'ordre de la Légion. Nul ne songe à le discuter.

Les légionnaires se veulent les gardiens du Temple, les prêtres de la légende.

Pour eux, le Maréchal est incontestablement « notre Sauveur »[9], il détient « la vérité politique » et « travaille pour la renaissance »[10]. Comme Pétain a fait don de sa personne à la France, le légionnaire doit faire don de sa personne à sa section[11], être « à tous les instants de sa vie » un propagandiste des idées du Maréchal. Liés à lui par des souvenirs qui ont pris naissance à Verdun, acquis à l'idée qu'il existe entre le Maréchal et le plus humble des légionnaires un lien personnel de nature presque mystique, les hommes de la Légion sont encouragés dans leur foi par une propagande aux arguments sommaires mais fréquemment répétés.

Voici, par exemple, ce qu'ils entendent à la radio le 10 juin 1941. Phrases cadencées destinées à pénétrer loin dans les consciences.

« Il n'y a pas de Chef sans règle morale,
Il ne suffit pas que le caractère soit trempé.
Il ne suffit pas que l'esprit soit cultivé, que l'expérience soit certaine.

---

9. *La légion de l'Indre et du Loir-et-Cher,* 15 janvier 1942.
10. *Le Combat légionnaire* (Aix-en-Provence), décembre 1941.
11. *La Légion,* 5 décembre 1940.

Il faut une conscience pure et forte.
Sur le faisceau des qualités il faut un bouquet de vertus ;
Il faut ces vertus majeures sans quoi l'homme n'est pas à la mesure de l'humain.
Car être Chef, cela veut toujours dire aussi être un exemple.
Le Chef exemplaire, la Légion le possède,
La France le possède :
C'est le Maréchal Pétain. »

Et le 23 juin 1941 :

« Paysan légionnaire
Il y a d'abord le Maréchal
Il est ton Chef
Ne laisse pas mal parler de ton Chef.
Il est un Chef. Il a revendiqué toute la responsabilité. »

Lorsque Pétain dit « il s'agit de me suivre », les légionnaires ont donc pour devoir de suivre sans hésiter, sans protester, sans réfléchir, devoir rappelé par les journaux de la Légion qui développent une argumentation qui puise ses comparaisons dans le Nouveau Testament.

« Pas de regards en arrière ! Pas de regrets sur le passé ! Les yeux fixés sur l'avenir, avec le Maréchal pour guide.

« ... Tout comme les bergers et les rois mages, guidés par les étoiles, triomphèrent du désert et parvinrent à Bethléem jusqu'à l'Enfant Jésus.

« Un sauveur était né. Il n'a pas dépendu de lui seul que les hommes fussent meilleurs. Leur méchanceté a eu raison de sa charité.

« Un sauveur a été donné à la France, au lendemain d'une tragédie sans pareille dans son histoire. Il ne dépend pas de lui seul que la France soit meilleure. »

La Légion sera donc, pour les petites comme les grandes choses, au service exclusif du Maréchal.

Elle jouera un rôle essentiel dans les voyages. Elle sera la masse humaine, sans armes mais ordonnée, toujours présente à l'appel du Chef, lui faisant face lors des grandes cérémonies populaires, répondant dans un grondement qui fait illusion, une rumeur de voix quinquagénaires, « Je le jure » aux formules du serment.

25 000 légionnaires pour accueillir le Maréchal à Lyon, 30 000 à Marseille, des milliers partout ailleurs qui veillent au respect des traditions et des rites.

Un bon légionnaire paie sa cotisation [12], arbore son insigne sans se laisser influencer par un sentiment de timidité ou de crainte, aménage et entretient des panneaux de propagande, en tout point semblables, on le lui rappelle, à ceux qu'utilisaient les marques de spiritueux interdites par la législation et qui peuvent être utilisés d'ailleurs « avec le seul consentement du propriétaire ». Il diffuse des tracts, commente les articles parus dans *Le Légionnaire* ou *La Légion* [13], adresse son témoignage à l'*Almanach de la Légion* qui veut rassembler les documents nécessaires à la réalisation d'une « vie populaire du Maréchal », prévoit et organise des fêtes locales « qui peuvent être bonne occasion de propagande ». A sa disposition, tout un matériel : cartes postales du Maréchal, affiches et affichettes, brochures, au nombre de quinze, ardoises tricolores, biographies du Maréchal.

Dans sa commune, il participe à toutes les manifestations patriotiques et notamment à celles qui célèbrent les anniversaires de la Légion.

A Vichy, le 28 août 1941, trois jours avant le premier anniversaire, le Maréchal a allumé trois flambeaux qui partent l'un dans la direction de Clermont-Ferrand et des Pyrénées, l'autre vers Lyon et les Alpes, le troisième vers Limoges [14]. Le transport de la Flamme — à 12 à l'heure — incombe aux sections des départements sur le territoire desquels elle passe. Chaque porteur de torche est suivi d'ailleurs de deux cyclistes munis de lampes-tempête afin qu'en aucun cas la Flamme ne reste éteinte plus de quelques secondes.

Raymond Grasset, président de la Légion du Puy-de-Dôme, consacrera, dans le numéro 5 de *La Légion,* un émouvant article à cette nuit du 30 au 31 août 1941. Il dira la course nocturne des jeunes sur les chemins déserts de son département :

---

12. Qui passera de 16 à 20 francs au début de 1942.

13. *Le Légionnaire,* journal mensuel sur six pages ; *La Légion,* revue illustrée de 32 pages. Les deux premiers numéros (gratuits) du *Légionnaire* seront tirés respectivement à 780 000 et 830 000 exemplaires, le troisième à 600 000. En juin 1941, le tirage (il y a 40 éditions) atteint un million.

14. D'autres flambeaux sont également transportés par avion en Corse et en Afrique.

« Au passage, l'auto inconnue ralentissait ; une voix jetait :

« — Relais ? »

« — Prêt, répondait le garçon en s'immobilisant dans un garde-à-vous impeccable.

« Je les ai vus « prêts » ainsi pendant plus de cent kilomètres, huit heures et demie durant. »

Il dira les légionnaires alignés avec leurs drapeaux et leurs décorations ; les femmes qui prient ; les petits monuments aux morts illuminés avec des guirlandes électriques ; et, au chef-lieu de canton, ces hommes qui approchent leur lampe de mineur, ces femmes qui inclinent des bougies afin de ramener chez eux « la Flamme du Maréchal ».

Les légionnaires ont l'ordre de réaliser, pour le 31, un important effort de propagande et de pavoisement. Les instructions données, dès le 15 août, par Brassié, chef de la Propagande, sont longues, précises et formelles.

« 1° *Véhicules...* Pas un véhicule ne devrait circuler, le 31 août, qui ne fût orné de tricolore ou d'écussons légionnaires.

2° *Centres de rassemblement.* Y multiplier les écussons légionnaires à profusion, ... vous devez également prévoir un immense portrait du Maréchal derrière la tribune des orateurs...

3° *Itinéraire...* sur le chemin que suivront les coureurs, pavoisez *toutes* les maisons. »

Il est recommandé également — commandé serait le mot exact — de tendre à travers les rues des banderoles portant des slogans « Pensez et agissez Français », « Avec la Légion, pour la France », « Un seul chef : le Maréchal » ; d'édifier des arcs de triomphe de verdure ; de décorer la mairie, la gare, l'école ; de poser partout des papillons portant pour slogan « Ni à droite, ni à gauche, tout droit derrière le Maréchal » ; de solliciter les commerçants afin qu'ils placent dans leur vitrine des portraits du Maréchal. Enfin, de réaliser un défilé « impeccable », dont toutes les phases auront été minutieusement répétées.

Pour le deuxième anniversaire de la Légion, chaque section prélèvera « en tel point qui lui paraît le plus digne d'être choisi » une poignée de terre de son terroir. La terre provenant de ces prélèvements sera rassemblée au chef-lieu du département puis transportée sur le plateau de Gergovie, haut lieu où prit naissance le sentiment national, mêlée, en présence du Maréchal, à un peu de terre recueillie à l'emplacement du bûcher de Jeanne d'Arc et de la tombe du père de Foucauld.

Si elle avait borné son action à des manifestations patriotiques, sérieusement préparées, qui bouleversent toujours les cœurs, la Légion se serait attiré moins d'inimitiés et, à la Libération, ses présidents départementaux auraient été victimes de moins de vengeances. Mais, dans la mesure où toutes les structures administratives sont affaiblies, dans la mesure où elle naît et se développe dans l'improvisation, le désordre et l'enthousiasme, elle cherchera à accroître sans cesse son importance et à faire dire davantage aux mots qui l'ont fait naître et ont, plus ou moins bien, défini ses buts.

La Légion remplace toutes les associations d'anciens combattants, ce qui irrite certains dirigeants parisiens qui écrivent, le 18 septembre, au maréchal Pétain pour lui demander de laisser aux associations leur indépendance et le libre choix de leurs dirigeants [15] ; ce qui irrite les responsables du P.S.F. et, notamment, le colonel de La Rocque qui précise — par une note du 16 septembre — l'attitude que ses adhérents doivent avoir envers la Légion. Elle est de réserve totale. « Vous n'y verrez pas le nom d'un seul de nos amis, vous y relèverez les noms d'un certain nombre d'hommes qu'on dirait avoir été choisis parmi ceux qui, en toutes occasions, ont manifesté leur haine à mon égard et à l'égard de mon œuvre [16]. »

---

15. Lettre signée de MM. Randoux, secrétaire général de l'Union Fédérale, et Jean Goy, président général de l'Union nationale des combattants, ainsi que du père de Lumeley, délégué de la Conférence des Présidents.

La thèse exprimée est la suivante : si les associations ne sont pas dissoutes, si les responsables élus continuent de diriger, il n'y aura pas de « déchets » et les associations d'anciens combattants pourront mieux soutenir l'œuvre du Maréchal. Car ceux-là mêmes qui se dressent contre la Légion affirment alors qu'ils ne le font que pour aider plus efficacement le chef de l'État. Témoin ce paragraphe de la lettre du 18 septembre : « Guidés par vous, vers l'Idéal que vous nous proposez et que vous avez si lumineusement défini, nous vous demandons d'aller de l'avant, mais dans notre ancienne organisation, plus fraternellement unis que jamais. »

A Bordeaux déjà, le bruit de la dissolution des associations d'anciens combattants avait couru au moment de l'armistice et le Maréchal n'avait pas détrompé la délégation (Rivollet, l'abbé Bergey, le chanoine Dufraisse) qui était venue lui demander ses intentions.

16. Les mêmes directives précisent que, si les membres du P.S.F. doivent observer une « discipline formelle derrière le maréchal Pétain », ils doivent se

La Légion peut être un instrument antiallemand : le creuset où se fondront toutes les énergies ; le grand rassemblement des vainqueurs d'hier et des vaincus d'aujourd'hui, les uns apportant leur expérience et leurs vertus, les autres leur jeunesse ; le mouvement destiné à maintenir vivant le patriotisme, mais aussi à faire circuler des mots d'ordre qui, de pacifiques, peuvent, en un instant, devenir militaires ; le vivier enfin où des chefs puiseraient, le jour venu pour la révolte, des troupes dont les esprits, au moins, n'auraient jamais été démobilisés.

Les Allemands — qui ont l'expérience du réarmement clandestin — craignent qu'il en aille ainsi et, dès le 22 septembre 1940, ils interdiront la Légion en zone occupée après l'avoir fait attaquer par les journaux qu'ils contrôlent, notamment par *La France au travail* qui, dans son numéro du 9 août, critique et dénonce les anciens combattants non sans une pointe de vulgarité [17].

La Légion doit être au service de la Révolution nationale aussi bien que du Maréchal. Elle est, écrira André Gervais, président de la Légion de l'Allier, « une élite nationale, rassemblée autour des combattants, aux ordres du Maréchal, pour entreprendre et mener à son terme la Révolution nationale ».

Soit, mais la définition de la Révolution nationale est mouvante. « La Révolution nationale, écrira le maréchal Pétain, signifie la volonté de renaître, affirmée soudain au fond de notre être, un jour d'épouvante et de remords. Elle marque l'ardente résolution de rassembler les éléments du passé et du présent, sains et de bonne volonté, pour en faire un État fort, pour recomposer l'âme nationale, dissoute par la discorde des partis, pour lui rendre la conscience aiguë et lucide des grandes générations privilégiées de notre Histoire. »

C'est donc au service d'une Révolution nationale « à la française », aussi éloignée des partis que du Parti unique, s'inspirant des leçons du passé plus que des exemples du présent que se trouvent placés les hommes de la Légion.

---

tenir « à l'égard de son gouvernement, de *tous* les membres de son gouvernement » sur une réserve « absolue ». Le colonel de La Rocque rappelle que ses instructions datent du premier jour.

A l'occasion des voyages du Maréchal, le P.S.F. manifestera, mais isolément. C'est ainsi que, le 18 et le 19 novembre (voyage à Lyon), les membres du P.S.F. sont convoqués à cinq reprises. On leur recommande de mettre leurs insignes.

17. Sous le titre *Ils regrettent ça*, « Ils, ce sont les anciens combattants, ceux de l'avant-dernière. Ils auraient eu grand intérêt à se faire oublier, etc. »

En principe. Car les tentations seront grandes.

Répondant à la question :

— La Légion est-elle le fascisme ?

François Valentin, l'un de ses chefs les plus lucides, déclarera :

— Il n'est pas douteux que la Légion est un essai français en réponse à un problème qui se pose dans tous les États modernes et dont le premier exemple s'est manifesté en Italie, en 1922.

« Est-ce à dire que c'est la même chose ? Certainement pas, car, si nous cherchions des exemples, nous n'avons pas dit que nous les chercherions là, et nous risquerions fort de ne pas trouver une formule vraiment française, pour résoudre un problème qui, dans ses données, est spécifiquement français. Hier encore, la question a été posée au Maréchal de savoir s'il fallait, sur certains points pratiques, s'inspirer d'expériences étrangères et si l'on pouvait admettre, grosso modo, une solution dite totalitaire. Le Maréchal s'y est opposé avec force, en déclarant que ce ne serait ni conforme à ses tendances, ni à ce qui lui paraît souhaitable pour la France. »

Et au début, c'est vrai, les options politiques des responsables départementaux — nommés, je le rappelle — compteront moins que leur passé militaire.

C'est ainsi, Xavier Vallat en tirera gloire plus tard, que, dans le Puy-de-Dôme, le Dr Grasset, conseiller général radical-socialiste, préside aux destinées de la Légion. A Toulouse, elle est dirigée par le franc-maçon Delrieu, en Saône-et-Loire par le sénateur Maupoil, inscrit à la gauche démocratique, futur déporté à Neuengamme, dans les Pyrénées-Orientales par le lieutenant-colonel Ruffiandis, directeur d'école publique. Pour les Landes, Vallat proposera au Maréchal la candidature du député radical-socialiste Lassalle, ignorant que celui-ci, engagé volontaire des deux guerres, a été blessé mortellement au combat.

Au début, la Légion accueille les juifs anciens combattants, malgré les protestations qui sont vives, surtout dans les départements d'Afrique du Nord [18] ; au début, il existe effectivement une volonté de rassemblement de toutes les bonnes volontés et de tous les courages quels que soient origines, partis ou confessions, mais, très vite, dans

18. A partir de juin 1941, la Légion acceptera seulement les juifs qui sont « relevés de leur incapacité » par la loi : il faut qu'ils soient titulaires de la carte du combattant 14-18 ou décorés de la Légion d'honneur ou de la croix de guerre.

beaucoup de départements, la Légion dépasse les bornes qui lui avaient été très imparfaitement fixées.

Elle ne veut pas seulement être la brigade des acclamations ; il lui faut jouer un rôle beaucoup plus étendu. On a souhaité qu'elle soit les yeux du Maréchal. Elle voudra également en être les bras[19].

Ce qui suppose, dès lors que l'on sort des brouillards de la littérature politique, une organisation qui côtoie, parfois, l'organisation policière.

« Formez-vous donc en petits groupes. C'est par le petit groupe, et seulement par le petit groupe, que nous pourrons observer, contrôler, bâtir... Tous les coins, même les plus éloignés ou les plus cachés, tous les responsables de notre destin, même les plus modestes, seront ainsi sous notre regard. »

Traduit dans la vie quotidienne, ce texte, publié par *La Légion,* le 5 janvier 1941, légitime, par exemple, aussi bien la dénonciation des véhicules « roulant sans nécessité »[20] que l'action contre les maires qui critiquent le gouvernement ou gênent le développement de la Légion. M. Bailles, maire de Saint-Armou, dans les Basses-Pyrénées, sera ainsi révoqué pour avoir « cherché à contrecarrer l'action de la Légion française des combattants », M. Grèze, maire de Saint-Georges dans le Cantal, également et bien d'autres avec eux.

Au terme d'un premier voyage d'inspection en province, le général Laure, secrétaire général du chef de l'État, notera, dans un rapport de dix-neuf pages, daté du 15 mai 1941, que les responsables de la Légion cherchent, presque tous, à imposer, avec une certaine violence, LEUR idée de la Révolution nationale et accusent à tort et à travers.

Le Maréchal a dit aux dirigeants, dans les premiers jours de la Légion, « Vous en serez, en quelque sorte, mes Préfets moraux » et, de ces paroles imprudentes, ils n'ont pas retenu les réticences. Le « en quelque sorte » gommé, oublié, ils se veulent des préfets... à l'échelle du village mais à part entière.

Le rapport du général Laure est riche en exemples de débordements de compétence. La Légion de la Dordogne, émue du réveil des

---

19. « Légionnaires et Amis de la Légion
Vous êtes les yeux et les bras du Maréchal
Vous êtes son réconfort
Sa consolation. »
Émission du 2 juin 1941.

20. A Nice, en juillet 1941.

« anciennes activités politiques », stigmatise l'attitude de M. Yvon Delbos et du sous-préfet de Sarlat. La Légion de l'Allier soupçonne le préfet, M. Porte, de vouloir maintenir à la mairie de Vichy — de Vichy ! — M. Léger, « vieux politicien, ayant appartenu à la franc-maçonnerie ».

Dans le Var, c'est le préfet Lahilonne que les légionnaires attaquent, dans l'Aude le préfet Alapetite. A Lézignan, la section locale réclame le départ « du député-maire Castel, politicien radical avéré et marquant », ce n'est qu'une question locale — ajoute le général Laure —, mais elle prend une telle importance aux yeux de toute l'Union départementale « que son règlement, conforme au vœu général, amènerait un heureux apaisement dans l'ancien pays de Léon Blum, que la Légion est fière d'avoir ramené au sens national ». Même son de cloche à Albi. Là, c'est le maire Camboulive qui est visé. « L'Intérieur, à mon retour, écrit le général Laure, m'a promis sa révocation qui est attendue avec impatience par la Légion et le préfet. » Quant aux Bouches-du-Rhône, Laure signale « le cas Bouisson, maintenu maire de La Ciotat malgré les demandes formelles de l'Union », Bouisson étant considéré « comme le modèle des anciens politiciens indésirables ».

La Légion est d'ailleurs fondamentalement antiparlementaire.

« ... Essentiellement, le parlementarisme est diviseur et corrupteur... il n'est pas sérieusement perfectible. » Ces mots se trouvent sous la plume d'un ancien parlementaire de droite, Le Cour Grandmaison, et dans le premier numéro de *La Légion*. On dénoncera donc, et de plus en plus violemment, « ce régime sans tête ni cœur », la République, dont l'émission légionnaire du 14 juillet 1941 donne une idée caricaturale.

« Légionnaires et amis de la Légion,

« Vous vous souvenez tous des 14 juillet de la IIIe République, des flonflons et des pétards, des revues et des défilés colossaux.

« On allait à l'hippodrome, ou au Bois de Boulogne.

« On criait « Vive la France ! Vive le président ! »

. . . .

« Tout le monde se congratulait, tout le monde était satisfait, tout était pour le mieux dans le meilleur des mondes !

« Le 14 juillet 1940, nous avons senti cruellement, en reportant nos souvenirs vers le passé, tout le vide de cette fausse gloire républicaine. »

L'hostilité à la République, encouragée aussi bien par les Maurassiens qui voient, non dans la défaite, mais dans « la grande liquidation » du régime et dans le triomphe des « honnêtes gens », l'accomplissement de leurs vœux que par les vaincus du suffrage universel qui trouvent, en étant désignés, l'occasion de s'imposer enfin à ceux qui ne les ont pas élus, s'exprime, parfois, d'étrange façon.

Puisque « Marianne, personnification de la Troisième République a vécu », que l'on remplace son buste par celui de Jeanne d'Arc et que l'on en finisse avec ce 14 juillet qui célèbre une Révolution sans commune mesure avec la Révolution nationale puisqu'elle a détruit tous les principes que cette dernière s'efforce de remettre à l'honneur ! C'est du moins ce que proposent certains légionnaires.

Le 10 juillet 1941, le préfet du Lot signale, en effet, au cabinet de l'amiral Darlan que « le président de la Légion des combattants du Lot a reçu de son service de propagande une lettre circulaire lui annonçant que le 11 juillet, anniversaire de la nouvelle constitution (actes constitutionnels n° 1, 2 et 3) en même temps que de l'entrée en fonctions du maréchal Pétain, comme chef de l'État Français, devrait être désormais jour férié, avec le pavoisement et les illuminations habituelles, et même avec une retraite aux flambeaux.

« Par une conséquence logique, la fête du 14 juillet devait cesser d'être une fête nationale... »

Alerté, Darlan écrit au général Laure pour lui dire que l'action de la Légion « n'est pas conforme aux décisions du Maréchal en ce qui concerne la fête nationale » et M. Brassié, chef des services de propagande de la Légion, sera immédiatement désavoué.

Opposée à la République, même si elle le nie mollement, la Légion est opposée à ceux qui en sont, depuis l'origine, les défenseurs.

Tout d'abord aux francs-maçons, puisqu'elle s'est donné pour tâche de « débarrasser la France de l'emprise maçonnique », aux francs-maçons qui, pendant quatre-vingts ans, se sont patiemment assurés « tous les leviers de commande, grands et petits » et freinent aujourd'hui « l'œuvre révolutionnaire nationale, voulue par le Maréchal et à laquelle la Légion s'est passionnément attachée »[21].

21 Émission légionnaire du 31 juillet 1941.

Aux francs-maçons, on associe bientôt juifs et communistes et, le 31 août 1941, le Dr Bouyala, chef départemental de la Légion des Bouches-du-Rhône, lance à ses troupes les mots d'ordre pour l'hallali.

« Vous attendez de moi des consignes, les voici :

« Traquons sans merci les francs-maçons qui ont mis la France en coupe réglée au seul profit de leurs amis et de leur secte.

« Traquons les communistes. Il y en a peut-être qui sont sincères mais leurs chefs se sont mis à la solde d'une puissance étrangère et n'ont qu'un but : la ruine de notre pays.

« Traquons parmi les juifs, les sans scrupules et sans pudeur, ceux qui n'ont pas de patrie et ont fait de notre France une caverne de voleurs.

« Traquons tous ceux qui suivent des chefs criminels, traîtres à leur pays et qui ne veulent pas comprendre que, pour nous, seule la France compte et que nous voulons enfin vivre, penser et agir uniquement français... »

Francs-maçons, communistes, juifs, gaullistes sont ainsi dénoncés avant d'être traqués. Mais, au moins à travers les paroles du Dr Bouyala, on devine qu'il existe, dans l'esprit de certains dirigeants, sinon des différences de traitement, du moins des différences dans l'opprobre[22].

On s'efforce en effet de distinguer, dans l'espoir de les dissocier, les chefs de leurs troupes. C'est vrai pour les gaullistes à qui une émission du 15 mai 1941, par exemple, explique notamment que, si de Gaulle a été un héros sur le champ de bataille et si son geste de Juin 1940 symbolisait effectivement « la volonté de se battre quand même et malgré tout », il divise cependant la France, dresse « les uns contre les autres les meilleurs, les plus purs » et fait le jeu de l'étranger.

C'est vrai également, dans les premiers mois du moins, pour les communistes. Ceux-ci, d'ailleurs, loin de s'opposer à la Légion, et dans l'incapacité de freiner le mouvement qui entraîne leurs électeurs avec bien d'autres, s'efforcent de mettre à profit une situation qu'ils ne contrôlent pas, surtout lorsque les premières défaites de la Russie soviétique provoquent une recrudescence de la propagande légion-

22. Ces différences s'estomperont très vite. En septembre 1941, on peut lire dans *La Légion :* « Au reste, en frappant les communistes, les juifs et les francs-maçons, il (le Maréchal) a déjà décapité les gaullistes militants. »

naire en direction de leurs troupes désorientées[23]. Dans une note secrète de juin 1941, le Parti communiste préconise le travail à l'intérieur de la Légion afin de l'empêcher de « converger vers un but unique », ce qui sera d'autant plus facile, précise-t-il, avec réalisme, que, dans chaque section, il existe « une quantité de « m'as-tu vu » qui rêvent tous d'être quelque chose, de commander, de gouverner...[24] »

Mais les francs-maçons, eux, sont toujours jugés sans excuses.

Les dirigeants de toutes les sections de la Légion ont à leur disposition un questionnaire dont les réponses leur permettent de dénoncer mensuellement ceux qu'ils trouvent hostiles ou tièdes. On leur demande, en effet, s'il existe, dans leur localité, une propagande adverse, et par qui elle est faite, quelles sont leurs relations avec le maire, le curé, l'instituteur.

Ils ont à leur disposition encre et plume.

Voulant se mêler de tout, se considérant, ils le disent le 27 février 1941, « comme la lumière et l'aide des pouvoirs publics pour tout ce qui concerne l'application des principes de la Révolution nationale », s'accordant « un rôle d'instruction, d'animation, le cas échéant, de contrôle », désirant être partout et protestant, par exemple, s'ils ne se trouvent pas représentés, au même titre que les pères de famille nombreuse[25], dans les conseils municipaux désignés par le pouvoir, ayant assez souvent de vieilles vengeances familiales, professionnelles ou politiques à assouvir, comment ne céderaient-ils pas à la tentation de la délation ?

---

23. Une émission radiophonique du 20 juillet 1941, plus spécialement destinée aux communistes, à ceux qui ont lutté pour ce qu'ils croyaient « la plus noble des causes », dénonce les mensonges de Staline et la désertion des chefs. « Vous êtes aujourd'hui déçus, vous souffrez, vous êtes amers. Votre devoir est de vous ressaisir, de réfléchir, de vous convaincre qu'il ne faudra plus jamais séparer l'idée révolutionnaire de l'idée nationale... Écoutez la Légion... elle cherche inlassablement, malgré la puissance des trusts, contre le capitalisme international, à réaliser la justice sociale. »

24. Ces tentatives de noyautage par le P.C. seront dénoncées à plusieurs reprises par les dirigeants de la Légion. Tout d'abord, dans une émission du 24 juin 1941, mais encore en décembre 1942, où il est précisé que les communistes ont reçu l'ordre de se montrer « bons légionnaires » mais aussi « d'exploiter le patriotisme et de lancer des appels constants à la Libération ».

25. Pour qui la représentation est obligatoire. Dans chaque conseil municipal nouveau, doivent se trouver une femme et des représentants des organisations professionnelles.

Et d'autant plus aisément que leur mouvement s'est gonflé d'éléments incertains, qu'on a demandé aux anciens combattants de 1914-1918 et de 1939-1940 de recruter des femmes puisque « l'élément féminin est doué d'une grosse influence qu'il convient donc de ne pas négliger », puisque les Volontaires de la Révolution nationale (300 000 à 350 000) ont répondu à l'appel d'hommes dont ils ne partageaient cependant ni les souvenirs ni les motivations[26].

François Valentin dira, un jour, aux chefs légionnaires assemblés, que la délation est une « maladie française de l'heure et là, précise-t-il, où la Légion n'existe pas, en zone occupée, il n'y a pas moins de délation et plus misérable qu'en zone libre ».

— Ce qui est dangereux, poursuit-il, et à condamner, c'est l'état d'esprit de celui qui, sous prétexte qu'il est légionnaire, pense qu'il a le droit d'écrire au Maréchal ou au préfet pour lui dire que son voisin écoute la radio anglaise, ou a dit ceci ou cela. C'est un mal qu'il faut par tous les moyens extirper. Je puis vous dire que nous avons prononcé des sanctions allant jusqu'à l'exclusion à l'égard de quelques légionnaires qui n'avaient pas voulu comprendre ce qu'il y avait de bas et de dangereux pour l'esprit public à employer de tels procédés.

Valentin explique ensuite que tous les renseignements présentant un intérêt de caractère général seront désormais transmis par la voie hiérarchique et qu'ainsi n'importe qui ne se croira plus autorisé à écrire n'importe quoi.

Et les rappels à l'ordre, c'est vrai, seront fréquents.

De la part de l'entourage du Maréchal et des ministres qui, pour la plupart, cachent si peu leur hostilité envers la Légion que Xavier Vallat pourra dire un jour au Maréchal sans s'attirer de démenti :

— Ici, à l'Hôtel du Parc, il n'y a que le garçon de l'ascenseur et moi à porter l'insigne de la Légion.

De la part de l'amiral Darlan qui développe devant le Maréchal les notes qu'il a jetées sur un papier. « Dans sa forme actuelle, la Légion ne représente pas le pays. Trop souvent, par son attitude partisane, son sectarisme, sa participation aux querelles locales, la Légion éloigne d'elle beaucoup de gens. Elle a parfois tendance à vouloir se substituer aux représentants des pouvoirs publics, alors qu'elle doit simplement, et sur leur requête, les aider » et finit par obtenir une instruction en

26. Les volontaires de la Révolution nationale sont recrutés parmi des jeunes gens qui n'ont pas participé aux combats.

date du 30 avril 1941 destinée à préciser la collaboration de la Légion avec les représentants du pouvoir central que l'on espère ainsi dégager du « trop grand nombre de correspondances ou de visites qui y aboutissent encore en dehors des voies hiérarchiques normales »[27].

En vérité, il existe autant de « Légions » que de départements, presque que de sections, chacun interprétant à sa façon les consignes du Maréchal[28]. Et l'on trouve de tout dans les textes et les actes de la Légion. Elle s'oppose, à Nice, à une conférence d'André Gide, mais un article littéraire de son journal comporte des mots flatteurs pour Aragon, compté au nombre de ceux dont les œuvres « sont capables de nous rendre la foi en des jours meilleurs », comme pour Jean-Paul Sartre.

A côté de l'entreprise de délation — indéniable — existe, non moins évidente, l'œuvre positive en faveur des prisonniers et de leurs familles qui va parfois (c'est à Nice) jusqu'à ouvrir, à l'intention des femmes qui ne savent pas écrire le français, un bureau d'écrivain public.

Mais, à partir de 1942, la situation se dégradera assez rapidement, les « durs » ne se consolant pas que la Légion ne soit qu'une cohorte pieuse, ne puisse jouer un rôle politique qui la ferait ressembler à ce que fut en Italie le parti fasciste, en Allemagne le parti nazi, se montrant prêts à suivre Darnand dès qu'il réclamera et imposera plus d'ardeur dans le combat anticommuniste ; les « mous » effrayés par les violences de l'époque, désorientés par le cours imprévu de la guerre, désertant les réunions et les manifestations si bien qu'en septembre 1943, la diminution des effectifs atteindra, par rapport à 1942, 40 % en Corrèze, 20 % dans l'Hérault et le Tarn, 15 % dans la Creuse et qu'au mois d'octobre 1943 le Dr Dillensenger, président de la Légion de l'Allier, précisera, dans un exposé fait devant le Maréchal : « Janvier : crise. Aujourd'hui : agonie. »

Nous n'en sommes pas encore là.

---

27. Cent exemplaires vont au ministère de l'Intérieur (pour notification au gouverneur général de l'Algérie, au secrétaire général des anciens combattants et aux préfets), 100 au ministère de la Guerre pour notification aux hautes autorités militaires jusqu'aux commandants de Département, 300 au directeur général de la Légion.

28. Darnand en fera la remarque lors de son procès. « Enfin, bref, cette Légion n'était pas animée, elle n'était pas commandée, chacun faisait ce qu'il voulait... »

Nous en sommes aux jours où la Révolution nationale demeure d'autant plus indiscutée que nul ne connaît parfaitement sa définition.

Aux jours des déclarations et des comparaisons mystiques. Où l'on entend Angeli, préfet de Lyon, demander aux enfants de « suivre le Maréchal comme les Hébreux suivaient la colonne lumineuse dans le désert ». Où l'aveuglement est recommandé comme la première de toutes les vertus pétainistes[29]. Où Maurras écrira : « Nous sommes, grâce au ciel, sortis de ce régime de la discussion dans lequel tout allait à vau-l'eau parce qu'il ne pouvait recevoir aucune directive continue, rien ne tenait à rien, ni autorité, ni responsabilité... Principe vital : que le chef puisse faire sa politique, dans les conditions optimes constituées par l'attitude et le mouvement du pays. Soutenons-le, acclamons-le ; il n'est point d'autre méthode pour aider à maintenir fermement le vaisseau de la France entre la zone de son plus grand bien, qui reste toujours atteingible et celle du moindre mal, dans laquelle il peut toujours se sauver. »

Où tout de Pétain est magnifié. Son regard, sa moustache, sa démarche. Sa voix. Pour François Mauriac, elle rend un « son intemporel ». Pour Alphonse de Châteaubriant, elle est « comme le chant clair et doux de la Loire, saluant ses coteaux avec son honnêteté sans mesure »[30].

Où les mêmes mots — confiance, travail, ordre, dignité, terre, patrie, reconstruction nationale, civilisation chrétienne — font l'unanimité des classes dirigeantes mais aussi, pour un temps, des classes dirigées et, pour très longtemps, des paysans, non point, comme l'écriront certains[31] parce que « la défaite et l'occupation, en raréfiant les denrées » leur donnent « des facilités de gain » et leur « valent une promotion sociale » mais parce qu'ils s'identifient aisément au vainqueur de Verdun.

---

29. « Oui, silencieusement, avec confiance, aveuglément, suivons le Maréchal », écrit *L'Avenir du bassin d'Arcachon* (18 mars 1941), qui se proclame « pour Pétain cent pour cent ». On trouverait sans peine d'autres exemples de cette propagande en faveur de l'aveuglement patriotique.

30. Dans une lettre au Maréchal, publiée par *La Gerbe* le 11 juillet 1940.

31. Marie GRANET et Henri MICHEL, *Combat.*

Où, de l'avis même des antipétainistes[32], les prisonniers de guerre comptent au nombre des « partisans ardents du Maréchal ». Non seulement parce qu'ils « s'imaginent difficilement que leurs vainqueurs pussent être à leur tour vaincus »[33], mais parce qu'ils croient, et leur famille avec eux, que le Maréchal est le seul à pouvoir obtenir des Allemands leur libération.

Où, à côté de la Légion, des Volontaires de la Révolution nationale, on va créer, en zone occupée et à partir de décembre 1940, « Les Amis du Maréchal », mouvements qui naissent un peu partout à la fois mais dont chaque responsable, croit avoir eu, le premier, l'heureuse initiative.

Où les enfants de France apprennent la vie et les hauts faits du Maréchal grâce à un petit ouvrage *Il était une fois un Maréchal de France,* dans lequel, qu'il s'agisse de la victoire de Verdun comme de la défaite de 1940, l'ennemi n'est jamais désigné, tout flottant dans l'irréel de la légende et jusqu'à la rencontre de Montoire ainsi racontée : « Le 24 octobre 1940, dans la petite gare d'un village de France tout entourée de coteaux riants, dans le département du Loir-et-Cher, à Montoire, près de Tours, où l'on dit que le poète Ronsard et le bon roi Henri IV séjournèrent, il rencontra le chancelier Hitler, chef de l'Empire allemand. Les drapeaux des deux pays décoraient la gare. C'était vers le milieu de l'après-midi, l'entrevue dura deux heures. Quand Pétain quitta le Führer, la nuit était déjà tombée et il regagna sa voiture à la lueur des torches... »

Oui, c'est le temps des masses enthousiastes sur les plus grandes places des villes, des journalistes et des écrivains qui bêtifient, racontant, par exemple, qu'à Marseille, abandonnant la foule qui l'acclamait, le Maréchal s'est approché d'un pauvre chien « qui avait l'air très misérable et qui semblait avoir très froid ». Il s'est approché, l'a caressé et lui a dit : « Ma pauvre bête, comment as-tu fait pour traverser ces barrages. Tu as l'air d'avoir bien froid. »

Le temps où les enfants sanctifient. Christian Pineau raconte avoir assisté, dans un train, à l'interrogatoire d'un gentil petit garçon blond, par des parents admiratifs.

— Où est papa ?

---

32. Le marquis d'ARGENSON, notamment. Voir son livre *Pétain et le pétainisme.*

33. D'ARGENSON, *op. cit.*

Des joies et des peines

Dans le petit village belge de Brûly-de-Pesche où il a installé son quartier général, Hitler apprend que les Français demandent l'armistice. Est-ce à ce moment qu'il a esquissé quelques pas de danse ?... Les nouvelles réjouissantes ne cessaient de lui parvenir comme les nouvelles tragiques ne cessaient de parvenir au maréchal Pétain qui, d'une voix brisée par l'émotion, annonce, le 17 juin, aux Français qu'il est désormais nécessaire de cesser le combat. *(Photo U.S.I.S. et coll. René Dazy.)*

Sur le petit théâtre de Vichy

Les Allemands ont occupé le Palais Bourbon et le Sénat... avec tout le reste. C'est donc dans la salle du casino de Vichy que, les 9 et 10 juillet, le régime nouveau se met en place, en partie grâce à l'action de Laval (que l'on voit sur notre photo prononçant une allocution). On a reconstitué « l'atmosphère » : tribune surélevée pour le président Herriot, questeurs, scrutateurs, huissiers ; tout est pareil... tout est changé.

Le premier ministère Pétain n'échappe pas à la photo traditionnelle. De gauche à droite, MM. Caziot, amiral Darlan, Piétri, Baudouin, Alibert, Pierre Laval, Marquet, Bouthillier, maréchal Pétain, Mireaux, général Weygand, Ybarnegaray, Lémery, général Pujo, général Colson.

Les institutions sont en place mais les choses ne s'améliorent pas pour autant — c'est d'ailleurs impossible : ravitaillement difficile et queues devant les magasins ; plus d'essence. Vive le vélo-taxi lorsqu'il s'agit d'enlever l'élue de son cœur ! *(Photos Keystone, Harlingue-Viollet et A. Zucca-Tallandier.)*

De la France occupée

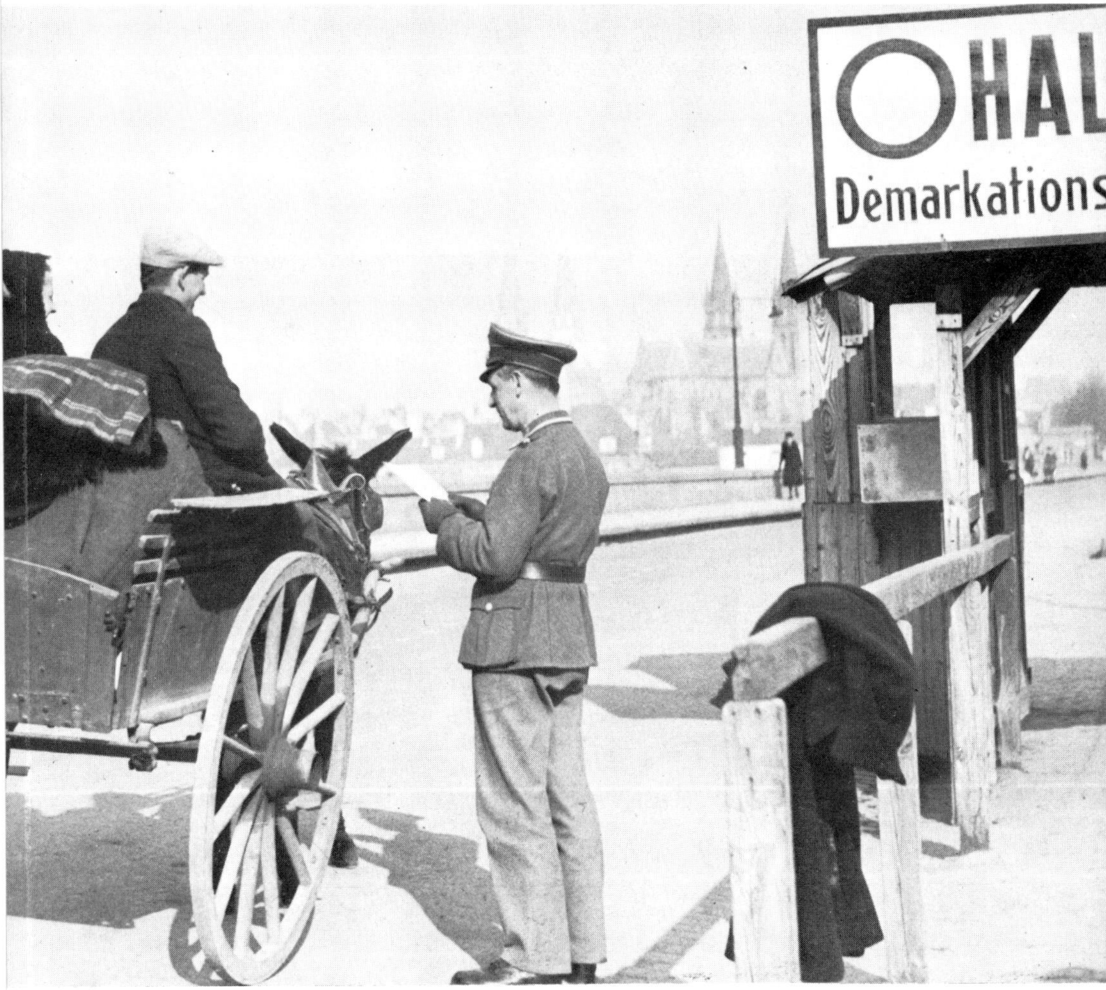

Moulins : ligne de démarcation... La France est coupée en deux par une inimaginable frontière tracée en fonction de l'avance allemande et des nécessités de la guerre contre l'Angleterre. La ligne de démarcation matérialise l'humiliation quotidienne de la France, comme la matérialise, sur les Champs-Élysées, et dans toutes les avenues de Paris, la relève de la garde — spectacle dont quelques Français ne se détournent pas assez. *(Photos Keystone et E.C.P.A.)*

à la France libre

14 juillet 1940, à Londres... Comment ceux qui participent à ce défilé de misère, alors que l'armée de la France Libre ne compte que quelques centaines d'hommes, ne penseraient-ils pas à ce 14 juillet 1939 lorsque, sur les Champs-Élysées, défilaient des troupes en masses qui faisaient illusion ? Mais de Gaulle, solitaire et sûr, au creux de la défaite sait déjà que le cours du destin changera. *(Photo Fox.)*

Je trouve cette photo plus bouleversante...

peut-être que les photos de cadavres. Victor Faynzylber deviendra cadavre comme des millions de juifs enfermés dans les camps ; mais, avant d'être arrêté puis déporté, il enverra au Maréchal sa photo de soldat de 40, décoré, mutilé, et victime, comme bien d'autres, de la fureur antisémite qui s'est emparée, à l'instigation des Allemands, et avec le concours des journaux de droite, de la France officielle. *(Photos C.D.J.C. et B.N.)*

— Là, montre le petit garçon en pointant son index vers son père, dont le sourire en dit long.

— Et maman ?

— Là.

Il ne se trompe pas.

— Et le Maréchal ?

Alors l'enfant, mettant le doigt sur son cœur, répond simplement :

— Là.

L'amour pour Philippe Pétain, qu'il soit le fait des enfants ou des adolescents, le respect pour le Maréchal, respect partagé par ceux-là mêmes qui hésitent à suivre la politique de son gouvernement et qui n'accordent aucun crédit à Pierre Laval ; l'adhésion envers un chef d'État que les ambassadeurs de presque toutes les puissances étrangères rejoignent à Vichy ; la passion collective de tout un peuple pour un homme seul et d'autant plus admiré qu'il a promis aux Français, abandonnés par tous, de ne jamais les abandonner, que son âge lui est une excuse qu'il n'a même pas besoin de mettre en avant et qu'il faut très longtemps pour se résigner à le charger de tous les péchés dont on charge aisément les hommes politiques ordinaires ; oui, tous ces sentiments que le peuple ne porte ni à Laval, ni à Darlan, ni à Déat, cet amour presque physique et cependant fondé sur une absence de raisonnement, serviront d'arguments à de nombreux accusés des procès de la Libération.

Sans qu'il y ait, de leur part, mensonge ou tricherie.

C'est parce qu'ils ont suivi Pétain, pour le meilleur, qu'ils se retrouveront parfois dans les pires situations.

C'est parce qu'on leur a demandé d'être aveugles qu'ils n'ont observé ni les changements de cap de certains hommes de Vichy, ni le cours que prenait la guerre, ni l'affaiblissement du pouvoir réel du Maréchal, diminué par l'âge, contrarié par les intrigues, paralysé par l'omniprésence allemande.

Au terme de son procès, à l'instant où le verdict est rendu, un vieux sous-officier, légionnaire devenu milicien, dira simplement : « Je suis allé au Maréchal Pétain comme l'eau à la rivière. » De Darnand à l'amiral Esteva, la phrase pourrait être répétée par presque tous ceux qui, de l'admiration, passeront à la collaboration en suivant une pente qui leur semblait logique.

7

SAINT PHILIPPE ?

La défaite est trop soudaine, trop absolue pour que l'on ne soit pas tenté de lui chercher d'autres causes qu'humaines et naturelles.

Immédiatement.

Il est donc entendu, et officiellement entendu, que les désastres de la guerre constituent une sanction de la justice divine. Ce n'est pas la France, « fille aînée de l'Église », qui a été bousculée sur les champs de bataille, humiliée et ruinée, mais la France hérétique et relapse, celle du bien vivre, du bien manger, du mal penser.

A lire les chroniqueurs de l'époque, on croirait notre pays habité uniquement de bons vivants, assez fortunés pour participer quotidiennement à ces fabuleux festins qui, avec la bouffissure des corps, entraînent la flétrissure des âmes.

Les débordements verbaux du Front populaire et les cortèges de rues ; quelques semaines de « fête » et de grèves ; la mystique, alors révolutionnaire, des congés payés, suffisent à défigurer la France traditionnelle aux yeux de ministres, d'écrivains, de prélats qui se trouvent d'autant plus à l'aise pour reprocher au peuple ses prétendus excès qu'ils vivent souvent dans un confort héréditaire.

Un éditorial d'*Ouest-Éclair,* grand journal catholique régional, tonne, dès le 15 septembre 1940, contre « l'immoralité publique ». Il dénonce, tour à tour, l'immoralité du livre, du théâtre, du cinéma, allant jusqu'à réclamer que l'on éclaire convenablement les fauteuils des salles de spectacles « afin que ces salles aveugles cessent définitivement de faire aux hôtels borgnes une concurrence déloyale » et achève par un appel à la mobilisation générale, à la levée en masse « contre l'Immoralité publique, la Bête immonde aux cent têtes qui ne s'engraisse que de l'ordure...[1] ».

Les nantis n'hésitent pas à fouetter rudement la France corrompue.

Pour Paul Morand, qui l'écrit le 31 janvier 1941, dans l'hebdomadaire catholique *Voix Françaises,* « le Français descendait dans son assiette ; il faisait corps avec la table. Grâce à quoi, il avait pris, il y a quelque vingt ans, un type rondouillard « après-guerre et stocks américains » qu'il n'a plus perdu... Ainsi nous endormions-nous... tournant le dos à l'hiver de la misère européenne, au fond d'une épaisse pelisse de chaude margarine qui nous protégeait et nous isolait... Il est bien triste d'avoir faim, mais il fallait que nous fussions touchés au ventre pour être sauvés... ».

« Touchés au ventre », les Français vont l'être très vite. Encore faut-il qu'ils soient, et plus vite encore, « touchés à l'âme », qu'ils se rechristianisent après s'être déchristianisés, puisque tous les maux dont ils souffrent ont été engendrés, paraît-il, par l'abandon des commandements de Dieu, plus encore que par des fautes stratégiques ou des insuffisances matérielles.

« Pour avoir chassé Dieu de l'école, des prétoires de la nation,
Pour avoir supporté une littérature malsaine, la traite des blanches,
Pour la promiscuité dégradante des ateliers, des bureaux, des usines,
Seigneur, nous vous demandons pardon...
Quel usage avons-nous fait de la victoire de 1918 ?
Quel usage aurions-nous fait d'une victoire facile en 1940 ?[2] »

---

1. Dans son numéro d'octobre 1940, l'*Écho paroissial* de Foissiat, dans l'Ain, cite un article de Mgr Guerry, coadjuteur de l'Évêque de Cambrai dans lequel je relève ce passage « Elle (la France) laissait se répandre un torrent de débauche, de dévergondage et de licence, une littérature qui la faisait paraître, dans le monde, comme une nation vicieuse, pourrie, uniquement tournée vers la jouissance ».

On sait, par ailleurs, que la Légion des Combattants interdira à André Gide, considéré comme le corrupteur de la jeunesse, de parler à Nice.

2. Idée qui sera reprise par un prêtre, l'abbé Menier, parlant à Dunières, dans la Loire, à l'occasion d'une cérémonie pour les morts « Imaginons-nous ce qui serait arrivé si la justice divine ne nous avait pas frappés. Encouragés par le succès de nos armées, nous aurions été confirmés dans notre orgueil, nous aurions oublié que ce triomphe, demandé à Dieu, avait été autorisé par Lui. Notre victoire eut été l'apothéose d'une nation devenue pratiquement athée ».

Ce mandement de Mgr Saliège, archevêque de Toulouse, publié dans *La Croix* le 28 juin 1940, n'est aucunement extraordinaire. Il correspond, au contraire, au style de l'époque. Avec plus ou moins de talent, plus ou moins d'intelligence de la situation, tous les bien-pensants se livrent à la même analyse. Le journal *La Croix*, en manchette, le 22 juin : « Faisons à Dieu, trop longtemps oublié, l'offrande de notre passion et de notre acheminement au calvaire. »

Mgr Gerlier, le 4 juillet 1940 : « La France a subi l'effet désolant de ses erreurs : l'oubli ou le mépris des vieilles traditions françaises de vie morale, des vertus familiales... ont affaibli la patrie. »

Mgr Gerlier, encore : « Victorieux, nous serions probablement restés emprisonnés dans nos erreurs. A force d'être laïcisée, la France risquait de mourir. »

Mgr Feltin, en juillet : « Une victoire miraculeuse n'aurait pas... mis fin à nos péchés, elle ne nous aurait pas décidés à entreprendre résolument l'œuvre de régénération intime, qui est la condition première de notre relèvement. »

Le curé de Foissiat, dans l'Ain, « La France, autrefois nation chrétienne par excellence, qui avait mérité le titre si élogieux de « Fille aînée de l'Église », avait été dévoyée, surtout depuis un demi-siècle. Toute une œuvre de destruction satanique avait été organisée, pour enlever aux âmes la foi et, avec la foi, la vie divine ».

L'abbé Gandillon, curé de Fleuri, dans la Vienne, qui signe ses éditoriaux du bulletin paroissial « votre curé bien dévoué », termine ainsi son texte de septembre « Payons, expions ».

« Payons, expions » Mgr Feltin, archevêque de Bordeaux, s'il le dit en termes plus mesurés et plus « politiques », ne dit pas autre chose dans le discours qu'il prononce à la primatiale Saint-André, le 25 juin, en présence du Président de la République, du maréchal Pétain, de presque tous les ministres et de beaucoup de généraux sans troupes. L'armistice vient d'être signé. Les Allemands sont aux portes. Le destin de la France paraît scellé. Avant de se replier, avec plus de bagages que d'armes, sur Clermont-Ferrand, puis sur Vichy, le gouvernement désire que la France prenne le deuil de la France.

Dans la cathédrale, partout des voiles noirs et, sur le catafalque, qui ne recouvre aucun mort, mais évoque des milliers de victimes, un immense drapeau tricolore. Plus tard, on discutera de la noblesse de la cérémonie, de la beauté des chants, de la ferveur du discours. Plus tard... Ce qui compte, aujourd'hui, c'est que la cérémonie de Bordeaux constitue à la fois un point d'arrivée et un point de départ.

Un point d'arrivée pour tous ceux qui pensent qu'en ce jour de deuil on enterre une certaine France : celle des lois laïques, des mœurs faciles, de « l'esprit de jouissance » pour reprendre le mot qu'utilisera Philippe Pétain, le jour même « L'esprit de jouissance a détruit ce que l'esprit de sacrifice a édifié. C'est à un redressement moral que d'abord je vous convie... ».

Pour tous ceux, également, qui, habités des souvenirs de la Commune, ou des souvenirs bien plus récents du Front populaire[3], avaient peur qu'à la défaite militaire ne succèdent dans l'instant l'anarchie, la désagrégation, « la révolution sous l'œil de l'étranger ».

Les mots seront écrits lorsque, en début de l'année 1941, des hommes d'ordre — car Vichy s'identifie d'abord avec l'ordre — traceront un premier bilan de la révolution nationale.

Un point de départ. Écoutons Mgr Feltin qui, tout au long des quatre années d'occupation, occupera, dans l'Église de France, une position « moyenne » ; éloignée de celle des prélats collaborateurs aussi bien que de celle des résistants. Le 25 juin, il fait parler les morts devant des vivants tout prêts à recevoir favorablement un langage, dont la plupart des politiciens n'avaient pourtant pas l'habitude. « Nos morts nous disent enfin : si nous avons été vaincus, malgré notre union fraternelle et notre courage héroïque, c'est que peut-être nous n'étions plus suffisamment soutenus, au fond de nos âmes, par ce triple idéal que sont trois grandes réalités, vraies forces spirituelles, et qui se nomment Dieu, la Patrie, la Famille. »

L'archevêque de Bordeaux développe alors son discours, insistant sur la nécessité de la reconnaissance officielle de Dieu comme sur l'abandon « d'un matérialisme déprimant et d'un égoïsme étroit ». Innove-t-il ? Nullement. Tout ce qui sera dit et écrit avec éclat, à partir du 25 juin 1940, avait été dit et écrit dans les mois et les années qui précèdent. Mais, aujourd'hui, ces propos ne rencontrent plus d'oppo-

---

3. L'Église a, le plus souvent, présenté, en 1936, les occupations d'usines comme une atteinte grave à l'ordre et à la propriété. « Ni de loin, ni de près, nous n'avons le droit de soutenir... les syndicats rouges », déclare Mgr Caillot, évêque de Grenoble le 23 juillet 1937.

sitions, ni de contradictions. Dans les journaux, à la radio, ils occupent une place telle qu'il est impossible de ne pas y voir également le reflet de la pensée du Maréchal Pétain et de la petite équipe qui, autour de lui, constitue le gouvernement.

On n'a jamais prêté assez attention, il me semble, au texte que le général Weygand remet au maréchal Pétain et à quelques membres du gouvernement le 20 juin.

Venant d'un catholique intransigeant sur les principes et d'un homme qui a une audience considérable, ce texte explique très bien, *avant même* la naissance de Vichy, quelles seront les idées forces de Vichy et pour quelles raisons l'influence de l'Église se trouvera constamment favorisée. « L'ancien ordre des choses, écrit Weygand, c'est-à-dire un régime politique de compromissions maçonniques, capitalistes et internationales, nous a conduits où nous sommes.

« La France n'en veut plus...

« La famille doit être remise à l'honneur.

« La vague de matérialisme, qui a submergé la France, l'esprit de jouissance et de facilité sont la cause profonde de nos faiblesses et de nos abandons. Il faut revenir au culte et à la pratique d'un idéal résumé dans ces quelques mots : Dieu, Patrie, Famille.

« L'éducation de notre jeunesse est à réformer.

« Ces réformes sont trop fondamentales pour qu'elles puissent être accomplies par un personnel usé qui n'inspire plus confiance. La France ne comprendrait pas qu'on la livre encore une fois à lui. Elle en perdrait toute foi en son redressement. A programme nouveau, hommes nouveaux.

« Le temps nous presse. Les vieux cadres responsables, qui craignent le châtiment, travaillent dans l'ombre pour reconquérir le pouvoir. L'ennemi occupe notre sol et cherche à s'y faire une clientèle. Demain, il sera trop tard.

« Aujourd'hui c'est une équipe composée d'un petit nombre d'hommes nouveaux sans taches ni attaches, animés de la seule volonté de servir qui doit, sous la direction du maréchal Pétain, chef reconnu de tous, proclamer son programme et se mettre à l'œuvre. »

Lorsqu'un personnage aussi important que Weygand plaide en faveur de Dieu, de la spiritualité, des réformes morales, comment l'Église ne se sentirait-elle pas encouragée ?

Elle ne fait, d'ailleurs, que réaffirmer sa doctrine.

Dans un article publié le 5 janvier 1940[4], donc avant la défaite, Mgr Feltin avait écrit : « Nous sommes en guerre pour défendre les principes de la civilisation chrétienne... mais, en même temps, nous restons un des rares peuples qui paraissent ignorer Dieu complètement. Le silence sur Son Nom est systématiquement gardé dans tous les discours officiels, au parlement comme à la radio. » Quelques mois plus tard, à la fin du mois de juin[5], alors que tout paraît consommé, il pose, à ceux qui réclament un miracle, les questions de toutes les Églises à tous les incroyants : « La France, aujourd'hui meurtrie, si douloureusement humiliée, n'a-t-elle pas abandonné les principes du christianisme ? Nos vies individuelles, familiales et sociales, n'ont-elles pas rejeté pratiquement les enseignements que le Christ a laissés ? La cité n'a-t-elle pas prétendu se construire sans Dieu ?

« Pourquoi exiger alors du Seigneur une intervention exceptionnelle, miraculeuse en notre faveur ? ».

Mgr Feltin avait commencé son texte par ces mots : « Dans les heures graves, la Foi assoupie se réveille. » C'est exact. Ce qui se passe à la fin de juin, ce qui se passera en 1940 et encore en 1941 n'est que l'épanouissement du fruit mûri dans la misère de l'hiver de 1939 et dans les malheurs de mai 40. Et comment l'Église ne s'en réjouirait-elle pas alors que, déjà, la crise des vocations est sévère ? Le péril a comme transformé le peuple français, peuple indifférent d'allure, mais aux racines chrétiennes, et qui passe volontiers de la satire de la religion au mysticisme à condition que l'élan mystique soit de courte durée et que l'on puisse en sourire ensuite. Ceux qui se moquent des cantiques de Vichy oublient trop souvent, en effet, que Paul Reynaud et Georges Mandel ont contribué à remplir les églises, à faire chanter les cantiques.

Tout commence lorsque se lève le grand vent de la défaite.

Alors, faisant appel à toutes les forces morales, et d'abord à celles auxquelles ils ne croient guère, les responsables du gouvernement français assistent, s'ils ne les organisent pas, à ces cérémonies de

4. Dans *L'Aquitaine,* Semaine religieuse de l'archidiocèse de Bordeaux et Bazas.

5. Le texte est publié dans *L'Aquitaine* le 21. Il a dû être écrit le 16 ou le 17.

prières qui ont lieu, en mai 1940, à Notre-Dame de Paris, à Saint-Étienne-du-Mont[6], comme dans toutes les églises de France, soudain trop petites pour contenir les foules venues prier « devant Jésus exposé... avec une ferveur et une confiance émotionnantes »[7].

S'il y a quelque hypocrisie chez les gouvernants, il n'y en a pas chez le peuple. La piété sera peut-être passagère, mais elle est réelle, si bien que Vichy trouvera le terrain préparé par la IIIe République agonisante.

Voici comment Mgr Martin, évêque du Puy, décrit, dans une lettre du début de juin 1940, les cérémonies de la confirmation qui se sont déroulées au mois de mai dans la région d'Yssingeaux. « Toute la population est présente. Ordinairement, le maire, le conseil municipal, les Anciens combattants sont à l'entrée du village ou de la ville. Il y a des arcs de triomphe et des banderoles. Les enfants des écoles font la haie. Toute la foule se presse. L'Évêque passe en bénissant sous un dais. A l'église, les séries sont ordinairement de 300 à 400 enfants à confirmer. Avec le rapport du curé, la réponse de l'Évêque, la cérémonie de la Confirmation, il faut compter une matinée. A la sortie, c'est l'écrasement !... Combien de fois ai-je vu les braves gens se mettre à deux genoux sur mon passage pour recevoir la bénédiction de l'envoyé du Bon Dieu !... »

A ces succès auprès des civils (Mgr Martin parle également de « vraies tournées triomphales ») correspond un « renouveau chrétien » — le mot est de l'abbé Chanut, prêtre-soldat — chez les Français mobilisés aux armées. « Vendredi dernier, jour de la fête du Sacré-Cœur, écrit-il, beaucoup de soldats ont assisté aux offices et nous avons consacré le régiment au Sacré-Cœur. » Et l'abbé Touvet, lui aussi mobilisé, : « Vendredi soir, pour la fête du Sacré-Cœur, nous avons eu une magnifique cérémonie dans l'église du pays, trop petite pour contenir tous nos hommes. Certains sont revenus sans avoir pu entrer dans l'édifice ».

Et l'abbé Laroza : « Hier, dimanche, tous les soldats ou presque (nous sommes, paraît-il, 2000) ont assisté à la messe[8]. »

---

6. Voir mon livre précédent *Le peuple du désastre.*
7. Ces mots sont de Mgr Feltin (*L'Aquitaine,* 31 mai 1940).
8. Ces trois témoignages ont été publiés par *L'Aquitaine.* Les deux premiers (abbés Chanut et Touvet) dans le numéro du 14 juin 1940, le troisième (abbé Laroza) dans celui du 3 mai 1940.

Avant de s'étonner, de s'émerveiller ou de se scandaliser que 275 communes du diocèse d'Arras aient été, avec l'approbation du maire, consacrées au Sacré-Cœur en 1942 ; que dans le seul Oflag IV D, 2218 officiers suivent, en 1941, une mission de trois semaines couronnée par une communion générale ; que, dans certains camps de prisonniers, on distribue plus de 200 communions quotidiennement ; que se déroule dans les rues de Vichy, le 15 août, une immense procession religieuse ; ou que le Maréchal Pétain soit célébré jusque dans des cantiques :

Bénis le grand chef tant aimé,
Ô Jeanne, ô grande Sœur,
Bénis le grand chef tant aimé
Héritier de ton cœur

et que l'hebdomadaire *Voix Françaises* défende la Saint-Philippe contre les journalistes mécréants de Paris, qui se moquent assez souvent des « bondieuseries » de Vichy, il faut se souvenir que la religiosité, constatée à partir de la défaite, plonge ses racines dans mille cinq cents ans d'une histoire d'où le christianisme n'a jamais été absent.

Cependant rien n'est simple. Ni la façon dont le régime va s'appuyer sur la religion, ni la façon dont l'Église va se servir du régime.

Lorsque *Voix Françaises* du 2 mai 1941 écrit « Vive la Saint-Philippe ! » les arguments du journaliste sont pour le moins curieux[9].

« Vive la Saint-Philippe » parce que « vous souhaitez bien la fête de votre papa et de votre maman », parce que « le chef de cette Allemagne moderne, contemporaire, quotidienne aussi... se voit fêté par les siens à son anniversaire », parce qu'enfin « nous avons été émasculés, énervés, privés de tout ressort, car nous n'avions à aimer qu'un buste de plâtre aux yeux morts... ».

Passons sur l'audace de certaines images utilisées par l'hebdomadaire catholique ! Mais retenons celle dans laquelle le journaliste montre la République « aux yeux morts » remplacée par Philippe Pétain « aux yeux clairs ». Il est bien évident que cette substitution jouera un rôle considérable dans l'évolution de la pensée de beaucoup

9. *Voix Françaises* a été fondé à Bordeaux le 17 janvier 1941. Son directeur, Paul Lesourd, est un ami du Cardinal Baudrillart.

de Français qui confondent soudain, assez puérilement, le Chef et le Prêtre.

Voici, par exemple, quelques lignes extraites d'un article publié, le 28 décembre 1940, dans un petit hebdomadaire local *L'Avenir du bassin d'Arcachon.* J'ai pris la responsabilité de reproduire en capitales les mots qui me paraissent refléter le mieux les sentiments d'une époque de contrition parfois simulée, le plus souvent sincère.

« *La bonne année du Maréchal,* car pour nous, nous ne comptons plus. Et nos ERREURS et nos FAUTES nous interdisent d'émettre, à notre endroit, quelque vœu que ce soit... Mais s'il en est un parmi nous qui compte et qui surcompte, n'est-ce pas le Maréchal ? N'est-il pas notre SEIGNEUR et notre SAUVEUR ?

« De l'ABÎME profond de nos INIQUITÉS, que notre APPEL vers lui soit au moins écouté, que nos vœux pour lui soient par le CIEL exaucés !... Qu'il nous parle en PÈRE et en CHEF, douce ou grave écoutons sa voix. Élevons nos ÂMES à la hauteur de son REGARD et mettons nos pas dans les siens pour rude que soit la voie où il nous engage. »

Des dizaines de millions de Français ont signé sur le livre d'or du pétainisme. Parmi eux, cardinaux, archevêques, évêques en tête, presque tout le peuple catholique.

A l'égard du Chef de l'État, les catholiques utiliseront un langage dépassant le respect légitime. Les mots seront ceux de la vénération et presque de l'adoration, des mots normalement réservés à la seule divinité.

Qu'il y ait « erreur sur la personne » c'est évident mais alors, nul ne veut y prêter attention. Pour tout un peuple malheureux, Pétain est élevé à la dignité d'un homme choisi par la Providence en témoignage d'amour — malgré tout — pour une France qui a subi une défaite méritée par une longue suite d'infidélités mais se relèvera si elle se transforme moralement.

Peuple sentimental, c'est en sentimentaux que nous concevons en effet nos rapports avec l'histoire, avec les triomphes et les désastres : 1940 n'échappe pas à cette loi.

Or ce Philippe Pétain, dont on fera parfois saint Pétain[10], est très

10. A Beaulieu-sur-Mer en 1919, déjà, l'abbé Sartore avait reçu de Mme de Pulido un vitrail représentant saint Maurice le Centurion, saint Maurice ayant alors les traits du Maréchal.

vraisemblablement — car il est très difficile de percer le secret des consciences — l'un de ces nombreux « indifférents sympathisants » qui s'estiment satisfaits par les gestes, s'interrogent rarement mais n'aiment ni que l'on ridiculise l'Église, ni qu'à travers elle, on attaque l'ordre social établi.

Pour écrire *Pétain avant Vichy*, j'ai lu en 1966 plusieurs centaines de lettres, alors toutes inédites, lettres écrites entre 1912 et 1940 à Mme de Hérain que le Maréchal allait épouser en 1920. Dans ces documents qui, certes, n'étaient pas destinés à passer à l'histoire, pas une fois, je crois, ne sont évoqués Dieu, l'âme, l'au-delà. De 1914 à 1918, les circonstances inclinaient, cependant, à méditer sur le sort de tant d'hommes massacrés et les carnets du général Fayolle, par exemple, sont ceux d'un chrétien que la guerre, dans sa cruauté comme ses incertitudes, blessait quotidiennement. Chez Pétain, rien de pareil. La victoire acquise, le Maréchal participe d'assez près à des cérémonies susceptibles de provoquer des réactions d'âme. On enterre tous ceux, amis ou adversaires, qui furent ses compagnons d'armes. Ses méditations tournent court, elles prennent simplement l'allure de recommandations à Mme Pétain sur l'ordonnancement d'obsèques toujours souhaitées modestes.

Écrivant cela, je n'oublie ni la pudeur de Philippe Pétain, ni son goût du secret, mais j'ai l'impression de toucher à la vérité d'un homme qui, respectueux des institutions mais éloigné de toute pratique et vivant, notamment sur le plan sentimental, en marge des règles, ne reviendra à l'Église de son enfance que dans les derniers jours d'une très longue vie.

Il n'empêche. Il sera adopté plus, il me semble, qu'aucun roi de France, vivant, ne l'aura été. Sans doute l'Église sait-elle que, s'il prend des libertés avec la lettre, il est attaché à l'esprit. La dénonciation de la « jouissance », du farniente et d'une certaine forme de bonheur en qui beaucoup d'hommes, formés à l'école de la paysannerie, de la guerre et d'un rigorisme moral apparent ou réel [11], voient les causes de la déchéance de la France, ne date pas de juin 1940 chez Philippe Pétain. Elle fait partie de ce que l'on appellera, plus tard, son

11. Relisant les premières pages des *Mémoires d'une jeune fille rangée* de Simone de BEAUVOIR, j'y ai trouvé une excellente description de ces familles traditionalistes françaises d'entre les deux guerres qui, naturellement, épouseront le pétainisme.

pessimisme. En 1938, le discours qu'il prononce à Metz suscite dans *La Voix du Combattant* un éditorial intitulé « Avec Pétain » et ces lignes que l'on pourrait aussi bien dater de l'automne 1940. « Ce discours fut notre confession publique, la confession des péchés individuels et collectifs dont les plus graves ont été commis ces années dernières. »

Comment un homme aussi persuadé que la France a « péché », aussi prompt à dénoncer l'excès des plaisirs matériels, à prôner les vertus morales, et d'abord celles de la famille, ne serait-il pas loué par une Église qui ne s'aperçoit même pas, pour s'en tenir à un seul point, que le Maréchal est resté très longtemps célibataire, n'a pas d'enfant et n'a jamais tenté de passer pour un modèle de chasteté ?

Église enchaînée, à Pétain, au système et, par voie de conséquence aux Allemands ? La question a été souvent posée. Et dans un climat passionnel qui empêchait tout jugement serein.

Le 3 septembre 1946, un débat a lieu à l'Assemblée nationale. Il s'agit d'établir la Constitution de la République française et de discuter notamment de l'article 1er : « La France est une République indivisible, laïque, démocratique et sociale. » C'est, on le devine, le mot « laïque » qui se trouve au cœur de la discussion. M. Maurice Schumann, qui occupe la tribune, évoque le rôle de l'instituteur « qui ne peut pas séparer sa personne de sa parole » et, ce faisant, rallume la querelle, encore très vive, de l'école confessionnelle en donnant, pour exemple de non-respect de la vérité, donc de la laïcité, une précédente intervention du communiste Garaudy, qui a manipulé et tronqué des textes extraits d'un livre d'histoire recommandé dans les collèges de l'enseignement libre [12].

M. Fajon, député de la Seine, lui répondra en évoquant l'idée que le parti communiste se fait de la laïcité et comme Maurice Schumann a parlé des prêtres morts en déportation, des évêques arrêtés, il en profitera pour dire « une fois de plus » que, si les communistes confondent « dans le même hommage tous ceux qui sont morts dans la

12. Il s'agit d'un manuel d'histoire de H. Guillemain et de l'abbé Le Ster, manuel dont M. Garaudy avait cité, le 29 août, quelques passages concernant notamment Louis XVI, Marie-Antoinette et les premières campagnes des armées de la République, en les découpant et tronquant d'une façon qui les rendait choquants et ridicules. M. Schumann allait relever l'altération sans recevoir de démentis.

lutte contre l'ennemi, qu'ils aient été communistes ou non communistes, athées ou croyants » ils considèrent en revanche « comme outrageante pour la mémoire [des] morts toute comparaison qui pourrait être faite entre le parti qui les a formés et la hiérarchie épiscopale, qui a été collaboratrice dans son immense majorité ».

Collaboratrice des Allemands ? Certainement pas. A quelques exceptions près.

Collaboratrice de Philippe Pétain et de son gouvernement, au-delà de ce qui est habituel à l'Église qui, toujours, respecte l'ordre légalement [13] établi ? Oui, certainement.

Le 31 janvier 1941, Mgr Feltin écrira dans *L'Aquitaine* ces lignes qui résument bien, il me semble, la ligne politique de l'Église dans les premiers mois de Vichy.

« Les catholiques fidèles à la doctrine de l'Église doivent donc, mieux que tous les autres, respecter l'autorité légitimement établie dans la Patrie.

« Et quand celui qui la détient a reçu l'investiture officielle d'une Assemblée nationale, quand il a été librement choisi ; quand il a répondu à ce choix par le don total de sa personne au pays, quand il a manifesté dans le passé une héroïque vaillance et dans le présent un sens politique avisé, qui pourrait lui refuser respect, obéissance loyale et confiance ? »

A l'adhésion de principe des catholiques pour tout gouvernement légitime et dans les domaines qui ne touchent pas au dogme, s'ajoute donc une adhésion personnelle, une adhésion du cœur d'autant plus vive que Philippe Pétain a souvent été le chef de ces évêques et de ces prêtres, anciens combattants pour la plupart, et que ce qu'il dit paraît presque « parole d'évangile ».

M. Warin, curé de Foissiat, dans l'Ain, l'affirme à ses paroissiens, en septembre 1940 : « Depuis la victoire, l'esprit de jouissance l'a

---

13. Et sur la légalité du pouvoir, personne, dans l'été de 1940, ne s'interroge, ou presque personne ; la légalité semblant garantie aussi bien par le vote de l'Assemblée nationale que par la présence, à Vichy, des représentants des États-Unis, de l'U.R.S.S., du Vatican, etc. Mgr FELTIN, dans *L'Aquitaine* du 26 juillet 1940, rappelle qu'au mois de septembre 1939, déjà, il avait écrit qu'il était nécessaire de faire confiance « à ceux qui portent les lourdes et graves responsabilités du pouvoir (Daladier alors).

« Quelques-uns pourront estimer que sur ce point nous nous sommes trompés et que ceux-là ne méritaient pas la confiance que nous leur avons donnée. Nous n'en voulons pas discuter. » L'Église confirme ainsi son attachement à la légalité.

« emporté sur l'esprit de sacrifice. On a revendiqué plus qu'on n'a « servi. On a voulu épargner l'effort ; on rencontre aujourd'hui le « malheur. » Frappées en maximes dignes des sages de la Grèce et des prophètes de la Bible, ces lignes du maréchal Pétain méritent de passer à la postérité, gravées dans le marbre des temples et le cœur des hommes. » Pour M. Gaubert, curé de Flavin, la phrase sur « l'esprit de jouissance » paraît « tombée d'une chaire d'église ». Dans la paroisse de Saint-Sauveur, à Aix-en-Provence, ce sont les quêteuses du Denier du Culte qui distribuent, dans toutes les maisons visitées, les Appels du Maréchal Pétain. « Pourquoi, demande le pasteur, pourquoi, à la veillée, ne pas les faire lire à haute voix [14] ? ».

La Semaine religieuse de Valence publiera également, pendant quatre ans, tous les messages du Maréchal et Mgr Caillot, évêque de Grenoble, dans son sermon du 14 juillet 1941, parle de Pétain comme d'un « modèle de travail, de clairvoyance, de persévérance, de fermeté, de sérénité, notre seule chance et notre unique espoir ».

Unanimité donc au moins pendant les douze ou quinze mois qui suivent la défaite. Message de Mgr Gosselin, évêque de Versailles, à lire le troisième dimanche de décembre 1940 à tous les offices célébrés dans son diocèse. « Tous les Français se doivent de s'unir dans un parfait loyalisme autour du Maréchal Pétain qui a entrepris, avec une admirable maîtrise, l'œuvre de redressement de la France. » Du même Mgr Gosselin, en avril 1941 : « Son passé glorieux (celui de Philippe Pétain), ses déclarations récentes et les premiers actes de son gouvernement nous inspirent une pleine confiance. Nous ne pouvions avoir dans nos malheurs actuels une consolation plus grande, un espoir mieux fondé. » Mgr Petit de Julleville, le 30 décembre 1941, message qu'il ne répétera pas en décembre 1942 : « Nous avons été sauvés par un vieillard, héros victorieux de l'autre guerre, auquel nous devons être reconnaissants de son esprit de sacrifice. Grâce à lui, le Pays reste debout... »

Mgr Delay, évêque de Marseille, celui-là même qui, à l'occasion du voyage du Maréchal, en décembre 1940, a invité les fidèles à « pavoiser largement leurs demeures [15]... avec ce drapeau auquel le vainqueur

14. J'ai trouvé d'utiles renseignements dans les bulletins paroissiaux conservés à l'annexe de la Bibliothèque Nationale qui se trouve à Versailles. Fort bien classés, ils ne sont que rarement (pour ne pas écrire jamais) consultés.

15. Il a été entendu. A Marseille, tous les stocks de drapeaux ont été enlevés en quelques heures.

de Verdun a ajouté tant de gloire et que les malheurs de la patrie nous rendent plus cher que jamais ». « Les sept étoiles du Maréchal de France, chef de l'État, forment une constellation brillante qui, elle aussi, montre la route : c'est la bonne route. »

Le cardinal Baudrillart, recteur de l'Institut catholique, en novembre 1940, avant qu'il ne s'engage véritablement dans les voies de la collaboration et ne patronne la L.V.F. : « Cependant, au ciel de la France de 1940, ciel chargé de tempêtes, une bienfaisante lumière s'est levée et a réveillé les espoirs. Cette lumière, ce furent les paroles d'un homme, grand par son héroïque passé, par une ténacité victorieuse sur les champs de bataille, par un sens humain qui jamais ne se démentit. »

Mgr Saliège, archevêque de Toulouse, avant que ses prises de position contre l'antisémitisme n'en fassent une grande figure de la résistance[16] : « A qui devez-vous de ne pas être dans un territoire occupé ? A un homme, à un Français, qui a fait don de sa vie au pays. S'il n'avait pensé qu'à lui, il aurait continué à jouir en paix d'une gloire justement acquise. Ses réactions sont nationales, son cœur nous appartient. Il vit et il travaille pour la patrie. Nous sommes en route, nous arriverons[17]. »

Et lorsque, à l'audience du 25 janvier 1945, Charles Maurras, attaquant pour se défendre, anticipe sur les reproches de conformisme laudateur que l'accusation va lui adresser, que dit-il ?...

— Messieurs, je ne suis pas un plagiaire, j'ai l'habitude de laisser à chacun ce qui lui appartient. Eh bien, le « miracle Pétain » n'est pas de moi, mais de quelqu'un de beaucoup plus compétent pour parler de miracles, il est du pape lui-même. C'est le pape Pie XII qui, avec son expérience des choses surnaturelles, mais aussi avec sa grande sagesse naturelle, l'a dit... Le « miracle Pétain » c'est un terme du pape.

---

16. Et dont certains, qui l'ont bien connu et pratiqué (Jean Guitton par exemple), écriront en faisant allusion à certaines variations : « Là encore, on peut introduire la question que pose parfois sa conduite. Comment s'accordait-il avec lui-même ?

« Ce qui a été dit de son caractère et de sa méthode pour concilier les contraires doit être rappelé ici. On s'étonnera toujours du cardinal lorsque l'on prendra telle ou telle de ses paroles, de ses actes, de ses conseils, sans les rapporter à l'unité de sa pensée et de sa personne. Il tenait tout l'entre-deux et les deux bouts de la chaîne, alors même qu'on le croyait seulement à l'un des deux bouts. »

17. Lettre sur la Communauté nationale, 12 janvier 1941.

Ces prises de position personnelles ne sont naturellement que le reflet des prises de position officielles de la hiérarchie. Comment pourrait-il en aller autrement ?

Le 9 juillet 1940, le cardinal Gerlier, archevêque de Lyon, et le cardinal Suhard, archevêque de Paris, depuis deux mois à peine, se concertent rue Barbet-de-Jouy [18] et passent en revue les problèmes qui assaillent l'Église de France, désorganisée comme toutes les institutions sont alors désorganisées. Prêtres prisonniers (2800) ; prêtres toujours mobilisés ; diocèses privés de leurs pasteurs qui, sur ordre souvent, ont participé à l'exode ; clergé alsacien et lorrain soumis aux premières tracasseries qui annoncent les premières persécutions ; mouvements d'action catholique menacés par la coupure de la ligne de démarcation ; écoles libres privées de ressources et de maîtres ; les problèmes sont nombreux et c'est au cardinal Gerlier qu'il appartient de les exposer, dès le 16 juillet, au maréchal Pétain, qui le reçoit très chaleureusement.

Assez vite, cardinaux et archevêques de zone occupée vont s'efforcer de définir une unité de doctrine sur l'attitude à tenir face au régime nouveau. D'une réunion qui a lieu le 15 janvier 1941 naît une lettre au pape dans laquelle quelques principes essentiels sont proclamés. Nécessité pour l'Église « d'éviter tout agissement politique ou partisan » [19] mais « loyalisme complet envers le pouvoir établi du gouvernement de la France », contacts plus suivis avec le peuple pour partager sa misère mais également pour « lui apprendre la valeur rédemptrice du sacrifice ».

Les archevêques de la zone non occupée s'associent, le 6 février 1941, aux sentiments exprimés par leurs collègues de la zone occupée et à la suite de nouvelles réunions qui auront lieu le 24 juillet pour la zone occupée, le 5 septembre pour la zone libre, une

---

18. Où se trouve l'archevêché de Paris.

19. Ce principe, plus ou moins bien observé, sera souvent rappelé par l'Église, on le lui reprochera... C'est ainsi qu'en avril 1942, dans le *Journal d'un homme occupé,* Robert Brasillach s'élèvera contre ceux qui refusent de faire de la politique. « Ce n'est un mystère pour personne que le grand mot d'ordre, en plusieurs « milieux » c'est : « Pas de politique ». Pas de politique dit-on aux étudiants, aux lycéens et l'on punit même ceux qui portent l'insigne du Maréchal. Pas de politique, dit-on en chaire (je veux dire aussi bien chaire religieuse que chaire laïque). »

déclaration est adoptée, qui va plus loin que le texte du 15 janvier et qui, amplement répercutée, au moins dans sa partie politique, aura un grand retentissement puisque, pour beaucoup d'esprits simples, elle paraît sceller l'union de l'Église et du pouvoir représenté par le maréchal Pétain à qui est fait l'hommage d'une vénération que d'autres n'auraient pas obtenue si aisément.

« Nous voulons que, sans inféodation, soit pratiqué un loyalisme sincère envers le pouvoir établi[20].

« Nous vénérons le Chef de l'État, et nous demandons instamment que se réalise autour de lui l'union de tous les Français. L'union, toujours, est principe de force.

« Nous encouragerons nos fidèles à se placer à ses côtés dans l'œuvre de redressement qu'il a entreprise sur les trois terrains de la famille, du travail, de la patrie, en vue de réaliser une France forte, unie, cohérente. Pour ce grand œuvre, nous leur demandons d'unir leurs efforts à ceux de leurs concitoyens.

« Nous renouvelons à ce sujet l'assurance déjà plusieurs fois donnée de demeurer en tant qu'Église, aujourd'hui plus que jamais sur le seul plan religieux, en dehors de toute politique de parti, malgré les appels qui pourraient nous être adressés de quelque côté que ce soit ».

D'autres paragraphes suivaient certes ces premières phrases. Ils rappeleront notamment le respect dû à la personne humaine, réprouveront « toutes injustices et tous excès envers qui que ce soit », mais ils auront moins d'influence sur les consciences, lorsqu'elles seront tentées de se libérer de « l'emprise » pétainiste, que les paragraphes qui prêchent l'obéissance.

Il ne faut pas oublier, en effet, la date de ce texte. Il est publié et répercuté le 24 juillet 1941, plus d'un an après l'armistice, neuf mois après Montoire, un mois après l'invasion de l'U.R.S.S. et alors que les grandes options du régime — et jusqu'à ses hésitations qui constituent une option — sont connues. Il a, et jusque dans la phrase où les évêques marquent leur volonté de rester sourds aux appels des partis, valeur d'engagement envers le Maréchal, et *envers lui seul,* les mots employés à son égard étant de ceux que l'on imagine d'autant plus

20. Que les mots « autorité légitime » ne figurent pas dans le texte, qu'ils aient été remplacés par « pouvoir établi » ont pu laisser croire à certains, peu avant ou peu après la Libération, il est vrai, que l'Église avait, en quelque sorte, reculé devant l'affirmation de la légitimité de Vichy. Je pense qu'il n'en est rien mais on lira avec profit, sur ce point, les pages 51 à 55 du livre de Jacques Duquesne.

scrupuleusement pesés et mesurés, qu'ils sont prononcés à un moment où bon nombre de Français s'interrogent.

Mgr Roques, archevêque de Rennes, fera d'ailleurs, le 6 septembre 1941, et la question et la réponse : l'Église suit-elle le Maréchal ? Oui, l'Église suit le Maréchal.

« Depuis quelque temps, des catholiques sincères, qui veulent suivre fidèlement les enseignements de l'Église, nous demandent de préciser si, au milieu du désarroi général, une attitude définie s'impose en face du pouvoir et singulièrement à l'égard du gouvernement actuel de la France personnifié par le maréchal Pétain.

« La réponse à cette question découle tout naturellement des principes de l'Évangile et de la doctrine de l'Église et la solution de la difficulté, si difficulté il y a, se trouve dans la récente déclaration des cardinaux et archevêques, qui se sont exprimés récemment avec tant de clarté que seuls pourraient demeurer encore dans l'hésitation ceux qui se laisseraient diriger par le caprice au lieu de suivre la raison. »

« Suivre la raison. » Les mots sont sans aucune ambiguïté. Ainsi, qu'ils se prononcent d'abord à titre personnel ou qu'ils prennent une décision collective, les responsables de l'Église de France se rangent en 1940, et en 1941 encore, au premier rang des fidèles du maréchal Pétain.

Plus tard, constatant avec amertume que les prélats ne se sont pas tous retrouvés au rendez-vous du procès de 1945, l'Association pour la défense de la mémoire du maréchal Pétain publiera [21] de très nombreuses citations qui prouvent que pasteurs comme fidèles ont été longtemps à l'aise dans le pétainisme.

---

21. Notamment dans son numéro de juillet 1955 : citations du cardinal Suhard, archevêque de Paris, du cardinal Liénart, évêque de Lille ; du cardinal Baudrillart, recteur de l'Institut catholique ; de Mgr Dubourg, archevêque de Besançon ; de Mgr Feltin, archevêque de Bordeaux ; de Mgr Roques, archevêque de Rennes ; de Mgr Gaillard, archevêque de Tours ; de Mgr Grente, évêque du Mans ; de Mgr Lamy, archevêque de Sens ; de Mgr Tissier, évêque de Châlons ; de Mgr Costes, évêque d'Angers ; de Mgr Harscouet, évêque de Chartres ; de Mgr Sembel, évêque de Dijon ; de Mgr Richaud, évêque de Laval ; de Mgr Villepelet, évêque de Nantes ; de Mgr Lefebvre, évêque de Troyes.

Les prises de position de l'Église sont répercutées favorablement par la presse, une presse qui ne s'est jamais montrée aussi attentive au fait religieux. Quelques notes discordantes cependant. On les trouve dans ces journaux de Paris, soutenus ou parfois fondés par les Allemands, et qui voient bien que la résurrection de la mystique du Chef conduit à la résurrection de la mystique de la Patrie, donc à la fatalité intellectuelle d'un désir de revanche. *La France au Travail* sera l'un des organes les plus acharnés à dénoncer la politique procatholique de Vichy. « Il manquait quelque chose au bonheur de la France. Dieu soit loué ! Les Jésuites reviennent !... L'armée et le clergé s'aimeront d'amour tendre... On entendra un bruit de bottes dans les sacristies. On respirera un parfum d'encens dans les casernes. On combattra sournoisement l'Ordre Nouveau au nom des vérités éternelles et l'on organisera dévotement la Revanche[22]. »

Ce même journal brocarde la procession qui a eu lieu à Vichy le 15 août, la messe pontificale de Clermont-Ferrand et après avoir ajouté : « Rien ne manque en Pétanie », demande : « A quand les calvaires expiatoires et les missions de la Congrégation ? ».

Il s'agit là d'exceptions, on s'en doute.

La presse catholique — et même celle qui n'est pas catholique mais qui entre dans le jeu — trouve généralement au Maréchal les mêmes vertus que les curés, les évêques et les cardinaux.

A Bordeaux, où il ne sera resté que quelques jours de juin, le Maréchal émeut suffisamment Louis-Georges Planes, éditorialiste de *La Liberté du Sud-Ouest,* quotidien soutenu par l'archevêché, pour que celui-ci, dès le 29 juin 1940, entonne un chant d'action de grâces qui, jusqu'à la Libération, ne cessera plus et vaudra à son auteur une excessive condamnation. « Le maréchal Pétain — qui est un octogénaire — est un homme nouveau parce que tous ses écrits témoignent qu'il a une vision prodigieusement claire de toutes les exigences de l'ère qui commence. » Voilà pour le 29 juin. Le 5 juillet, à propos de la réforme constitutionnelle : « Le maréchal Pétain, ce grand soldat qui a l'âme d'un paysan, saura donner à la France les institutions qu'elle réclame confusément. » Et le 24 janvier 1941, sous le titre « Le devoir des catholiques français » : « Actuellement la patrie s'incarne dans un homme : le maréchal Pétain ; les catholiques français ont donc

22. 6 septembre 1940.

le devoir d'accorder généreusement au chef de l'État leur affection reconnaissante, leur confiance sans réserve... Mais comme croyants, les catholiques français doivent en outre savoir gré au maréchal Pétain d'avoir compris que les malheurs du pays provenaient pour une large part du matérialisme où le pays s'était enlisé, au cours de ces dernières années... Il s'agit de rendre à la société l'armature morale et spirituelle sans laquelle (nous en avons fait l'expérience) tout s'effrite et s'écroule[23]. »

C'est cette lutte avouée contre le matérialisme qui, pendant de longues années, séduira de nombreux catholiques.

La Croix, elle-même, le plus souvent sous la plume de Marcel Gabilly, qui est installé à Vichy, alors que le journal s'imprime à Limoges, ne rompt nullement le « charme pétainiste ».

« Ce programme de rénovation française, écrit François Veuillot, dans le journal du 19 juillet, est nettement d'inspiration chrétienne. »

Sans doute le journal, dont les dirigeants se définissent parfois par opposition traditionnelle à l'Action Française[24], connaît-il quelques ennuis avec une censure, qui agit presque aussi sottement avec la prose des évêques qu'avec celle des laïques[25], mais c'est le lot de tous les journaux et de tous les journalistes.

Sans doute le journal ruse-t-il, utilisant pour la première fois, en décembre 1940, au bas d'articles sur la collaboration franco-allemande, rédigés par les services vichyssois de l'Information[26], la signature N.C. dont on espère que les lecteurs découvriront qu'elle signifie « Non Conforme », non conforme à la pensée profonde de la rédaction, mais tout le monde est abusé, y compris Radio-Londres, qui, pour ces textes, attaque *La Croix,* le 18 janvier 1941.

Si bien qu'après la guerre, Pierre Limagne, journaliste de *La Croix,* à

---

23. « Notre génération, dans sa masse, écrira un jeune combattant de 1940, cité par *La Presse* de Bayonne en juillet 1940, était une génération sans âme parce que cinquante ans de matérialisme ont tué ce qui donne une âme : les idées de Dieu, de Famille et de Patrie. »

24. Le père Merklen, rédacteur en chef de *La Croix* a été placé à ce poste en 1927 par Pie XI qui trouvait le journal catholique trop peu et trop mal engagé contre L'Action française.

25. Elle fait « sauter », par exemple, le 3 septembre 1940, ce passage « Et les Césars sont tombés, et morts les persécuteurs ». Elle interdit un message de Radio-Vatican, etc.

26. Et en plaçant ces articles dans la colonne de droite de la première page alors que l'éditorial est toujours à gauche.

qui l'on doit un véritable journal de bord du quotidien[27], pourra se demander s'il n'eût pas mieux valu se saborder « au lieu de livrer des batailles sans gloire, sinon sans péril ! ». Même si sa réponse est négative, même si *La Croix* se trouvera épargnée à la Libération, pour des raisons politiques plus encore que pour sa contribution à la Résistance, par les mesures qui s'abattent sur la quasi-totalité de la presse ayant paru sous l'occupation, il n'en reste pas moins qu'en posant la question, Pierre Limagne montre bien que la voie empruntée était semée d'embûches.

Ils sont nombreux alors ceux qui s'efforcent, sincèrement, de se couler dans le moule nouveau. Emmanuel Mounier, qui s'apprête à demander la reparution d'*Esprit*, écrit dans son journal, à la date du 4 août 1940 : « Est mort ce qui était mort, un nouveau visage est imposé à l'histoire qui nous attend, un visage autoritaire ; nous ne pouvons éluder ces oscillations à grande amplitude de l'histoire, ni travailler à contre-courant de ses données élémentaires ; il ne reste qu'à assurer les mêmes fidélités, avec des gestes et des formes nouvelles, dans la matière nouvelle. »

Il sera donc éditorialiste de l'hebdomadaire *Compagnons* qui célèbre le rassemblement de jeunes de toutes opinions, toutes religions, toutes origines. Il espérera sauver « à force de prières humbles, naïves » ce qu'il y a de beau dans le mot « républicain » ou le mot « socialisme » et que la marée des combinards et des « comitards » a recouvert. Il fera reparaître *Esprit*, luttant, lui aussi, contre la censure, retardant le moment où tout sera perdu et où il faudra disparaître[28] (ce sera le 15 août 1941 sur ordre de Darlan) mais, à l'instant où Hitler attaque l'U.R.S.S., Mounier, comme beaucoup de catholiques, se déclare prêt à saluer « la chute du sinistre régime stalinien » avec l'espoir, à peine dissimulé, qu'il pourra entraîner le régime hitlérien au fond du gouffre.

---

27. Publié sous le titre *Éphémérides de quatre années tragiques* (Bonne Presse).

28. A ceux qui l'accusent, en faisant reparaître *Esprit*, de laisser croire que la France de Vichy est libre, Mounier réplique : « La France est divisée en trois ou quatre tronçons. Et tous ceux qui collaborent à *Esprit* pensent comme moi qu'il faut maintenir français ce petit tiers dont nous avons la garde, y lutter contre les intoxications subtiles, y former des hommes pour demain. Si nous nous abstenons, tout cela risque de glisser lentement au nazisme. Or, nous sommes dans une situation encore ouverte, et nous continuons à la maintenir ouverte. »

L'Église est à ce point intégrée au régime, à la vie même de la nation, qu'en juillet 1942, lorsque sera terminé le dépouillement du « Concours-référendum national » organisé, à partir de décembre 1941, par le Centre national de coordination des mouvements familiaux, sur les causes de la dénatalité française, on découvrira que sur 500 000 participants, 223 123 ont mis au premier rang l'absence ou l'insuffisance de religion.

Il n'est pas inutile, d'ailleurs, de prendre connaissance de la plupart des quinze questions posées et, avec elles, des préoccupations et d'un style d'une époque proche de nous et déjà si lointaine.

1. Les jeunes ménages préfèrent aller au cinéma ou faire de l'auto
2. Divorce possible sans enfant, difficile avec enfants
3. Absence ou insuffisance de religion
4. Réduction du train de vie lorsqu'il y a des enfants
5. Les jeunes coquettes redoutent de perdre leur ligne
6. Travail de la femme hors du foyer : magasins, usines, etc.
7. Abandon des campagnes
8. Difficulté de loger une famille nombreuse
9. Les enfants coûtent trop cher
10. Crainte du partage de l'héritage et du morcellement des terres

....

14. Peur des souffrances de la maternité.

En 1938, par exemple, si les mêmes questions avaient été posées, je doute que la hiérarchie des réponses eût été identique. Mais il est dans la logique de l'époque et du système qu'en 1941 l'absence de religion soit tenue pour responsable de tous nos maux. L'Église, d'ailleurs, approuvera les initiatives prises par l'État en faveur de la famille et, dans ses bulletins diocésains, elle invitera souvent « Messieurs les Curés à prêter leur concours, dans la mesure où ils en seront priés, à [la] propagande familiale [29] ».

Ce main-dans-la-main se manifeste en cent occasions. Grandes et petites.

Depuis 1903 et 1905, il était interdit d'apposer des emblèmes

29. Mgr FELTIN, *L'Aquitaine*, 4 décembre 1942.

religieux dans les écoles, les monuments publics « ou en quelque emplacement public que ce soit ». En avril et juillet 1941, deux circulaires du ministre de l'Intérieur admettent que, sur décision du conseil municipal [30], le crucifix pourra désormais être placé dans les écoles et mairies. Dans le diocèse de Verdun, cent cinq crucifix seront ainsi posés dans les écoles avant la fin de l'année 1942 et les cérémonies se déroulent toujours en grande pompe, la procession religieuse allant de la mairie à l'école et le *Maréchal nous voilà* alternant avec le *Veni Creator,* tandis que drapeaux tricolores et bannières sont étroitement mêlés [31]. Cérémonies auxquelles presque toute la population participe avec le sentiment de faire, grâce à Dieu retrouvé, « avancer les affaires de la France ».

Du Moulin de Labarthète a noté cette « brusque remontée vers les sources ». Il en parle comme d'un retour au Moyen Age chrétien et l'image, avec ce qu'elle suggère de pèlerinages aux allures de cérémonies patriotiques, n'est pas fausse.

Qui oserait, d'ailleurs, faire profession d'athéisme dans la France de Pétain, dès l'instant que l'athéisme est rangé au nombre des maux directement responsables de la défaite ?

Cette conjuration des bien-pensants — presque tout le monde, dans la mesure où beaucoup de « mal-pensants » se « repentent »... ou se taisent — trouve, on l'a vu, son accomplissement au cours des voyages de Pétain en province.

Voyages dont l'Église n'est jamais absente.

La cathédrale est en effet l'un des hauts lieux où se rassemble le peuple pétainiste et où « le miracle » de la communion entre le chef et les fidèles se produit presque inévitablement.

Lorsque le Maréchal est à Lyon, en novembre 1940, et qu'il est reçu à la primatiale Saint-Jean, l'académicien Louis Gillet, le voyant passer sous la voûte en compagnie du cardinal Gerlier, a cette phrase [32] :

30. Il semble que le gouvernement ait cédé à la pression populaire qui se manifestait dans de nombreuses régions de tradition catholique. A la date du 15 avril 1941 (première circulaire) M. Brouillard, dont j'ai consulté le journal, remarque ainsi que « la mise du crucifix dans les mairies ou dans les écoles publiques se faisait dans certaines contrées petit à petit. *Voix Françaises* le signalait avec faveur, mais le gouvernement vient d'intervenir rappelant la neutralité des mairies et écoles publiques ».

31. J. Duquesne (*op. cit.*) cite le cas de Lieuran-Cabrières, petite commune de l'Hérault, où le maire, évoquant les luttes religieuses, salua « le retour de celui qui n'aurait jamais voulu partir ».

32. *Paris Soir,* 20 novembre 1940.

« J'avoue que je goûtais, avec une sorte de transport, cette minute historique : le Cardinal et le Maréchal, côte à côte, l'Église et l'État, ou plutôt, disons-le : l'Église et la France elle-même, amies et se donnant la main, quelle scène et chargée de quelle signification ! » Louis Gillet poursuit en écrivant d'ailleurs que le Maréchal et le Cardinal constituent une « double incarnation de la France immortelle ».

Et c'est au cours de cette cérémonie que le Cardinal prononcera des paroles auxquelles, alors, nul ne trouve à redire puisqu'elles sont le sentiment d'une opinion dont le prélat se fait seulement l'écho.

« Vous avez vu hier, sur cette place Bellecour, l'accueil que la foule a fait à cette admirable armée dont les malheurs, loin d'abolir la gloire l'ont au contraire grandie à ses yeux. Les cris de « Vive l'armée », « Vive la France », « Vive Pétain », se confondent, car la France c'est Pétain. Toute la France est derrière vous [33]. »

Ainsi, l'Église, de toute sa puissance, accrédite-t-elle la thèse de l'homme providentiel.

Mais si elle ne manque jamais de remercier le ciel d'avoir envoyé Pétain à la France, elle a, en ce qui la concerne, bien des raisons de remercier le Chef de l'État pour l'aide qu'il lui prodigue et la sollicitude qu'il lui manifeste.

Le 15 février 1941, une loi décrète le retour aux associations diocésaines des biens ecclésiastiques non encore attribués.

Cinq jours plus tôt, en la veille du jour anniversaire de l'apparition de la Vierge à Lourdes, et, on l'écrira bien sûr, « ce sera le cadeau de fête du Maréchal », le Chef de l'État décide que la grotte de Lourdes, la basilique et son domaine, attribués par un décret du 7 avril 1910 au bureau de bienfaisance et à la ville de Lourdes, seront remis à l'Association diocésaine de Tarbes et de Lourdes.

Quoi d'étonnant à ce que, au cours de son voyage à Lourdes, le 20 avril 1941, le Maréchal soit salué par Mgr Choquet avec des mots de reconnaissance et de ferveur...

« Reine de France, Notre-Dame de Lourdes vous accueille aujour-

33. Paroles qui, mutilées, simplifiées, détachées de leur contexte et de leur date, deviendront « Car Pétain c'est la France et la France c'est Pétain » pour être reprochées au cardinal Gerlier.

d'hui comme elle accueillait jadis, dans ses sanctuaires les plus célèbres, les souverains qui venaient la prier.

« Elle vous reçoit chez elle. Elle vous doit cette faveur puisque, tout récemment, vous lui avez rendu son domaine par un acte dont le monde religieux tout entier vous est reconnaissant, et que le Souverain Pontife a justement apprécié. Nous faisons des vœux pour votre personne, pour la France et pour tous ses fils. »

« Comme les rois. » La comparaison entre Philippe Pétain et les rois de France sera souvent faite par l'Église.

Le Maréchal s'arrête-t-il au Puy, le 2 mars 1941, après son voyage à Saint-Étienne, l'Église locale manifeste ainsi son orgueil : « Ce n'est pas à Lourdes, ce n'est pas à Fourvière, ce n'est pas à Chartres, c'est au Puy-en-Velay que la France a, depuis ses origines, prié la Mère de Dieu. Notre-Dame de France, c'est Notre-Dame du Puy, et c'est pourquoi le Maréchal Pétain, en des temps qui comptent parmi les plus troublés que la France ait connus, est venu aujourd'hui prier comme les rois aux pieds de la Vierge Marie. »

Ce même voyage au Puy inspire à *L'Aquitaine,* dans son numéro du 7 mars, ce commentaire : « Ainsi se renouait une tradition religieuse et patriotique, à laquelle les rois de France étaient toujours restés fidèles. »

Et lorsque Philippe Pétain arrive à la cathédrale, où l'attend Mgr Martin, évêque du Puy, entouré de Mgr Richaud, du vicaire général Vacher, du chanoine Faurie, mais aussi de Mgr Durieux, archevêque de Chambéry, de Mgr Piguet, évêque de Clermont, de Mgr Couderc, évêque de Viviers, quel est leur dialogue ?

— Monsieur le Maréchal, vous gravez aujourd'hui une nouvelle date dans l'histoire de cette cathédrale.

— Oui.

— C'est par ici que passaient autrefois les rois de France.

— Je n'ai aucune ambition de ce genre.

— Pourtant vous en continuez l'œuvre.

En continuer l'œuvre... Le mot est dit. Philippe Pétain, même si l'Eglise sait parfaitement que ses sentiments personnels ne l'inclinent pas à une très grande piété, abolit plusieurs décennies de laïcité officielle en reconnaissant avec éclat l'importance morale du catholicisme français, en facilitant son action par l'abaissement de ses adversaires, comme par l'aide matérielle et morale qu'il lui apporte de façon si éclatante qu'il y aura parfois confusion entre ce qui a été réalisé par la IIIe République finissante et ce qui sera l'œuvre de Vichy.

C'est ainsi que le retour des moines à la Grande Chartreuse sera porté au crédit du Maréchal[34] alors que la décision avait été prise, quelques jours avant la défaite, par Georges Mandel, ministre de l'Intérieur de Paul Reynaud.

Sans doute, si les événements n'avaient marché si vite, le gouvernement Reynaud, désireux de se concilier les catholiques, aurait-il poursuivi dans cette voie et abrogé, comme le réclamait l'Eglise, l'article 14 de la loi du 1er juillet 1901 qui frappait d'interdiction d'enseigner les membres des congrégations religieuses non autorisées et qui, même non appliqué depuis 1914, mettait les religieux en position de hors-la-loi. Mais c'est au maréchal Pétain qu'il appartiendra, par une loi du 3 septembre 1940, d'abroger les dispositions de la loi de 1901 par des textes qui seront d'ailleurs « améliorés » dans les années qui suivront par des mesures ponctuelles : prise en charge partielle des frais de bateau des missionnaires, crédits pour l'entretien des édifices cultuels, facilités d'entrée des religieuses hospitalières dans les établissements publics, restitution de certains biens religieux placés sous séquestre depuis trente-six ans. Jacques Duquesne verra justement qu'en réalité « l'ensemble de cette législation ne constitue pas un bouleversement radical dans les relations entre l'Église et l'État » et que plusieurs textes ne faisaient, au fond, que réaliser les vœux des dirigeants de la IIIe République. C'est évident ! Mais si le bouleversement n'est pas dans les faits, il se trouve dans la façon dont ils sont présentés à l'opinion et reçus par elle. Dans un climat politiquement « revanchard », ils prennent nécessairement allure de victoire de la droite sur la gauche.

Publicités pour des institutions religieuses de Bordeaux en septembre 1940. « Le cours Saint-Seurin se propose de préparer, pour la famille et pour la société, des femmes d'une piété éclairée, d'une vertu solide et d'une instruction assez étendue pour répondre aux exigences les plus légitimes du progrès actuel ».

---

34. « C'est le premier coup porté aux lois infâmes », écrira Paul Claudel.

« Cours Saint-André. Formation sérieuse à la vie chrétienne, à la vie de société. » « Institution du Parc. Sérieuse éducation religieuse et morale. »

En août 1940, traitant dans le bulletin diocésain *L'Aquitaine* du problème de l'école, Mgr Feltin a souligné le dénuement où se trouvent certains maîtres de l'enseignement libre et imaginé « une représentation proportionnelle scolaire... de telle sorte que chaque école reçoive des subsides officiels d'après le nombre des élèves qui la fréquentent ». Allant plus loin, il a demandé que « tout en respectant la libre volonté des parents, l'enseignement religieux ne soit plus rejeté [dans les écoles publiques] aux heures de loisirs ou après les fatigues d'une classe, mais qu'il prenne place dans l'horaire officiel ». Estimant que « la morale sans Dieu, sans obligation ni sanction, a fait faillite », il demande également qu'à l'école l'enfant « soit préservé d'idées et de promiscuités malsaines », qu'il ne soit pas soumis « à un enseignement qui critique sournoisement les vérités religieuses, ni à une gémination qui altère perfidement la délicatesse de son cœur ».

Ainsi épargné par le siècle, mis en présence d'un autre idéal que « celui de jouir matériellement et de gagner beaucoup d'argent », respectant Dieu et ses parents, ayant pour idéal de « glorifier » sa patrie, de soutenir « dans la justice et la charité, sous l'autorité du pouvoir légitimement établi » la société française, le jeune Français sera digne d'une France quelque peu intemporelle, plus proche de celle de Saint Louis que de celle de la Révolution.

Vichy va s'efforcer de combler le souhait de Mgr Feltin qui, en la circonstance, exprime le vœu de tous les évêques et prêtres de France.

Là encore, au début du moins, l'État français paraît se faire simplement l'exécuteur testamentaire de la IIIe République. La guerre incitait, en effet, à une réconciliation jugée, par presque tous, nécessaire, et à une demande d'aide financière à l'enseignement libre transmise par le cardinal Liénart, Jean Zay, ministre de l'Éducation nationale, qui sera cependant l'une des cibles de la presse de droite, avait répondu par une lettre aimable qui laissait espérer un accord proche.

Mais, là encore, Vichy ira plus loin que la IIIe République ne serait allée. Et chaque initiative nouvelle — c'est sans doute le plus important — sera présentée comme une victoire sur l'école laïque.

Lorsque les écoles normales sont supprimées, *La Croix* écrit sous la signature de Marcellin Lissorgues que cette mesure « atteint le mal dans sa source ». Car c'est par l'école normale « que les puissances ténébreuses empoisonnent la nation ». Cette citation explique dans quel esprit et dans quelle atmosphère sont conçus, promulgués et commentés des textes qui, tous, visent à affaiblir l'école laïque et à favoriser l'école libre, même s'ils sont reçus parfois avec une satisfaction mitigée par l'épiscopat, soit qu'il demeure encore insatisfait, soit qu'il soupçonne que l'État lui fait un cadeau empoisonné.

Il semble bien d'ailleurs que peu de Français aient alors été blessés dans leur conscience par les lois qui donnent (ou plutôt qui restituent[35]) aux enfants des écoles privées le droit d'être secourus par la caisse des écoles, qui autorisent les communes à aider, dans certaines conditions, les écoles privées, ou admettent que l'enseignement religieux puisse être donné « dans des cas exceptionnels, par exemple dans les communes de montagne » dans les locaux de l'école publique plutôt qu'à l'église, et que les élèves de l'école libre puisse participer au concours général. Il ne s'agissait là que de mesures de justice sociale ou d'apaisement, et la mauvaise volonté manifestée par certains maires (dans la Sarthe par exemple), qui refusent encore en 1941 des fournitures scolaires gratuites à des enfants indigents, sous le prétexte qu'ils fréquentent les écoles libres, ne sera qu'exceptionnelle.

Mais d'autres décisions vont beaucoup plus loin et bouleversent des esprits que les malheurs de l'époque inclinaient à la réconciliation nationale, mais qui ne peuvent admettre, au nom de cette réconciliation, que soient bafoués des principes auxquels ils sont fortement attachés.

Ces décisions auront pour inspirateur Jacques Chevalier, ministre de l'Instruction publique en septembre 1940, qui va mettre autant d'application à ramener Dieu à l'école que ses prédécesseurs en ont mis à le chasser.

Le 6 décembre, il annonce ainsi que, désormais, l'école publique enseignera, dans ses cours de morale, les « devoirs envers Dieu ». « Il ne s'agit pas, précise-t-il, d'une notion d'ordre confessionnel. Les instituteurs n'auront pas à enseigner un dogme aux enfants, comme on le fait au catéchisme... L'État, en inscrivant dans ses programmes les devoirs envers Dieu, en admettant ainsi la notion divine dans son

---

35. Restituent car c'est un arrêt du Conseil d'État de 1903 qui avait réservé aux enfants des écoles publiques le bénéfice des caisses des écoles instituées en 1867 pour tous les enfants nécessiteux.

enseignement, ne patronne pas une croyance ou une Église aux dépens des autres. Il ne fait que reconnaître — et c'est au fond son intérêt — l'une des acquisitions permanentes de la raison, celle que la pensée humaine a de tout temps posée comme la seule base possible de la morale... »

Jacques Chevalier ne l'avait pas emporté sans résistance de la part de certains de ses collègues (aussi bons catholiques que lui, mais infiniment plus avisés) qui faisaient remarquer qu'outre toutes les raisons de bon sens qui militaient contre la confusion du domaine du prêtre et du domaine de l'instituteur, il y avait quelque danger, ou quelque ridicule, à vouloir confier à des athées la tâche d'enseigner les devoirs envers Dieu, mais enfin il l'avait emporté et son successeur Jérôme Carcopino, recteur de l'Académie de Paris, aura beau, dès son premier Conseil des ministres, le 7 mars 1941, vouloir faire machine arrière, la façon dont sa « contre-réforme » sera accueillie montre bien que certains milieux traditionalistes n'ont rien appris, ni rien oublié.

Parce que Carcopino, afin de sauvegarder la dignité des instituteurs, remplace, dans le programme de morale des écoles, le mot « Dieu » par « les valeurs spirituelles, la Patrie, la civilisation chrétienne », parce qu'il refuse de faire entrer « au nom de la loi » le curé à l'école, on le dénonce comme soumis à la franc-maçonnerie.

« Il faut savoir, écrit Paul Lesourd, dans *Voix Françaises,* si la Révolution nationale sera influencée par les athées au détriment des chrétiens ou si elle sera l'œuvre de tous. L'Église repousse avec indignation toute idée de cléricalisme, mais les catholiques ne sont pas disposés à se laisser brimer et opprimer comme au temps du combisme, par une minorité sectaire ».

Étrange époque où les mots ne veulent plus rien dire et où ceux qui triomphent crient à la persécution !

L'école libre va être, en effet, la grande bénéficiaire du régime. Dès les premiers mois de 1941. A la suite de plusieurs rencontres et de longues tractations, Philippe Pétain écrit, en effet, le 18 juillet 1941 à Jérôme Carcopino, ministre de l'Instruction publique, en lui indiquant que si la forme de l'aide à l'enseignement libre lui importe assez peu, il désire qu'une « construction équitable et pratique » soit réalisée sans tarder. Il a même proposé la date du 26 juillet. Carcopino, qui trouve avec raison ce délai infiniment trop court, finit par obtenir — après une menace de démission — le temps nécessaire à une étude sérieuse du problème. Le 17 septembre, enfin, Carcopino va rendre visite au cardinal Suhard pour le mettre au courant des projets gouvernementaux d'aides dont le total pourrait atteindre 400 à 500 millions. Ces sommes seront distribués par le ministère de l'Intérieur aux évêques [36], formule qui, non sans réticence [37], est acceptée par l'assemblée des cardinaux et archevêques de zone occupée « en attendant que fût élaboré un statut qui rendra définitivement à toutes les familles le libre choix de l'école ».

En 1942, le gouvernement versera ainsi 386 millions aux écoles privées et, en 1943, le budget sera augmenté d'une centaine de millions. Aide importante et précieuse, mais dont l'effet moral ira décroissant et se retournera assez rapidement contre la hiérarchie accusée d'être intimement, et par l'argent, liée au pouvoir.

De tous les « bénéfices » que les catholiques obtiendront du Maréchal comme de son gouvernement, le plus important, cependant, est, sans conteste, la « disparition » (momentanée) de la maçonnerie, adversaire nº 1 de l'Église.

La satisfaction qui éclate à l'annonce des mesures gouvernementales prend parfois des allures de danse du scalp. Dans l'automne et l'hiver de 1940, on trouve des reflets de cette joie dans la plupart des bulletins paroissiaux.

Même si les articles contre les francs-maçons émanent souvent d'une agence de presse, ils valent la peine d'être cités puisqu'ils attisent, jusque dans les plus modestes villages, la haine antimaçonnique et aident à mieux comprendre les raisons profondes du « pétainisme » de certains catholiques.

Ainsi le bulletin paroissial du Fleix sous le titre « Une bastille vient

36. Ce qui, remarque Duquesne, a l'inconvénient de leur donner « un caractère évident de subvention politique ».

37. « Nous pouvons regretter le mode adopté pour l'attribution de ces subventions, écrit Mgr Feltin, dans *L'Aquitaine* du 9 janvier 1942. Nous eussions préféré, quant à nous, que les familles, avant tout responsables de l'éducation de leurs enfants, fussent directement intéressées à ces subsides... Mais ne récriminons pas inutilement ! Reconnaissons plutôt que les dispositions prises sont un progrès bienfaisant, qui facilite le respect dû aux convictions familiales. »

En 1942, des subventions seront également accordées aux instituts catholiques et aux trois facultés protestantes. En contrepartie (en ce qui concerne l'enseignement privé) l'État établit un contrôle et prévoit qu'à partir du 1er janvier 1947 les maîtres des écoles subventionnées devront être bacheliers.

de tomber » évoque, en novembre 1940, les principales lois anti-religieuses imputables à la Franc-Maçonnerie ; dans l'*Écho paroissial* de Foncine-le-Haut, Foncine-le-Bas, un article de deux pages félicite, en ces termes, le gouvernement d'avoir dissous la Franc-Maçonnerie. « *Enfin !* Oui, *enfin, la Franc-Maçonnerie* est supprimée ! Elle avait fait supprimer les congrégations religieuses et toutes les associations qui gênaient son action néfaste. Mais, elle, elle était tabou... »

Ils sont nombreux ceux qui pensent, avec Mgr Feltin, que les malheurs de la France datent en partie de 1884 lorsque « Dieu fut mis de côté » rejeté peu à peu « sous l'influence d'un laïcisme, entretenu sournoisement par les loges »[38].

Nombreux ceux qui se félicitent de la loi du 13 août 1940 portant dissolution des sociétés secrètes et qui voient, dans ce texte, comme une « réparation » nécessaire après une longue guerre civile, qui s'achève enfin par la victoire des catholiques. Que cette victoire intérieure n'ait été possible qu'au prix de la défaite de nos armes paraît à quelques-uns presque secondaire. Tant les passions et les haines sont vives.

Il ne faut pas oublier, en effet, que les adversaires s'étaient portés de rudes coups au fil des ans. Qu'en 1940 les souvenirs de l'expulsion des congrégations étaient aussi vifs dans certaines familles qu'avaient pu l'être, pendant plus d'un demi-siècle, les souvenirs des guerres de Vendée. Que Charles Maurras[39] et l'Action Française, qui voient dans le Maréchal Pétain un homme doublement providentiel puisque les événements lui ont permis de jeter bas la République et peuvent lui permettre de fonder, sinon un régime monarchique, du moins un régime basé sur les traditions et les règles qui firent la force de la monarchie, ont une audience considérable sur la partie la plus influente de la bourgeoisie et du clergé français.

Dans ces conditions, le texte du bulletin paroissial de l'église Saint-Joseph de Pau, s'il est crûment révélateur, reste dans la logique du moment. La logique de bien des Français catholiques...

---

38. *L'Aquitaine*, du 16 août 1940.

39. Maurras et l'Action Française avaient été condamnés par Pie XI mais la condamnation a été levée en 1939, Charles Maurras ayant exprimé des regrets pour les polémiques passées et pris l'engagement de ne plus blesser les consciences catholiques.

L'un des adversaires de Maurras, François Mauriac, était animé, en 1914, de la même haine contre les maçons qui « ont dupé l'ouvrier avec le spectre anticlérical ».

« *Il (le Maréchal) a enterré la République*
Régime qui est né dans l'assassinat
qui a vécu en semant la haine
en persécutant la Religion
en trahissant la Patrie
Il a supprimé la Franc-Maçonnerie
secte antipatriotique et antireligieuse
agissant dans les ténèbres contre les meilleurs Français
Il a rétabli la liberté d'enseignement
enlevée aux Religieux par les Francs-Maçons
Il a remis Dieu à sa place à l'École
d'où l'avaient chassé les Francs-Maçons
Il a rendu aux religieux les droits des Français
Pour nous catholiques
Il y en a là déjà plus qu'il n'en faut
pour que debout et à pleins poumons
nous clamions
Vive le Maréchal [40] ! »

Cette « sainte joie » est partagée par beaucoup de journaux non confessionnels qui trouvent d'ailleurs que les mesures prises ne vont jamais assez loin, ne sont jamais assez rudes.

Avant même de dénoncer les juifs, les spécialistes de la délation dénoncent donc les francs-maçons. Ou plus exactement, dans un premier temps, ils les unissent dans une même haine.

En juillet, en août, en septembre 1940, *Gringoire,* qui paraît en zone libre, multiplie les articles sur les sociétés secrètes. Et contre les sociétés secrètes.

La France va enfin « s'aligner » sur l'Italie, l'Allemagne, l'Espagne, la Bulgarie, dans la chasse aux maçons rendus, comme les juifs, responsables à la fois de la déclaration de la guerre, de l'impréparation militaire et de la défaite. Pour bien montrer comment la Franc-Maçonnerie gouvernait « ouvertement, sans pudeur, à visage découvert », la France, *Gringoire*, dans son numéro du 1er août 1940, cite quelques-uns de ces ministres qui, lors de la constitution du cabinet Chautemps, en 1937, « surgirent comme par enchantement des

40. Début de 1941. Texte cité par J. Duquesne.

cavernes du Grand Orient, de la Grande Loge, et du Droit Humain » : « Chautemps, 32e sublime Prince du Royal Secret ; Viollette, 32e Souverain Grand Commandeur Élu » ; Sarraut ; Yvon Delbos ; Daladier ; Vincent Auriol ; Pierre Cot ; Jean Zay ; Marius Moutet ; William Bertrand ; Rivière ; Monnet « 18e orateur de la loge le Phare Soissonnais ».

A Paris, l'hebdomadaire *Au Pilori* ne se contente pas de noms de ministres, il publie systématiquement, à partir du 29 novembre 1940, sous le titre « Ces hommes ont juré " la Haine " », la liste des 33e, 32e, 31e, 30e grades et la fait précéder d'un éditorial qui s'achève ainsi : « Français ! voilà les meurtriers de la France et leurs noms ! La liste commence aujourd'hui. Elle sera longue. Gardez-la. Nous en aurons besoin. »

Le 16 août, déjà, *Au Pilori* avait fait paraître dans ses colonnes les noms des francs-maçons appartenant à la loge de la Clémente Amitié et les lecteurs avaient pu découvrir, parmi ceux que l'on présentait comme orientant les destins de la France, un pédicure, un antiquaire, un médecin, un receveur des P.T.T., un comptable, un chapelier et plusieurs professeurs[41].

Qu'importe le peu d'importance réelle de la plupart des maçons.

Pour les besoins de la cause, on va en accroître le rôle et en grossir le nombre. Combien de francs-maçons en juin 1940 ? Les antimaçons écriront 100 000[42] comme les antisémites écriront qu'il existe, en France, plus d'un million de juifs. Mais nul n'en sait rien. Les archives les plus importantes, celles du Grand Orient, ont été transportées à Bordeaux en juin 1940, chez le Frère Pinèdre. Le contenu des sept caisses sera détruit dans le temple de la rue Ségalier et lorsque le Service des sociétés secrètes, installé dans les locaux du Grand Orient, voudra recenser, notamment pour publication au *Journal officiel*[43], les

---

41. On publiera également la liste des francs-maçons ayant appartenu au dernier cabinet de la IIIe République, celui de Paul Reynaud : Chautemps, Roy, Frossard, Rio, Monnet, Albertin.

42. « 100 000 membres au total, dont 46 000 payaient leur cotisation » écrira Du Moulin de Labarthète après avoir estimé à 29 000 les cotisants du Grand Orient et à 13 000 ceux de la Grande Loge de France.

43. La loi du 11 août 1941 qui renforce les rigueurs de la loi du 13 août 1940 prescrit, en effet, la publication au *Journal officiel* des noms des « dignitaires » de la franc-maçonnerie et l'interdiction pour ces dignitaires d'exercer des fonctions publiques.

noms des francs-maçons, il ne disposera d'aucun fichier à jour et devra se contenter de documents partiels ou partiaux[44].

Il semble — c'est tout au moins le chiffre qui sera officiellement donné le 17 septembre 1945 — qu'il y ait eu 30 000 membres du Grand Orient en 1939[45] et c'est contre eux, surtout, que s'abattra la répression décidée par la loi du 13 août 1940 (complétée par les lois du 11 août et 10 novembre 1941) qui ordonne la dissolution des sociétés secrètes, les prive de leurs locaux et oblige, sous peine de révocation, tout fonctionnaire à déclarer sur l'honneur qu'il n'adhère pas ou n'adhère plus à une société secrète, à prendre l'engagement de n'y jamais adhérer au cas où elle viendrait à se reconstituer.

Les lois contre les francs-maçons — et les manquements à ces lois — entraîneront un certain nombre de révocations. Il est difficile d'en indiquer le chiffre exact. Robert Aron estime que, dans les six premiers mois de Vichy, 2282 fonctionnaires de tous grades ont été « remerciés », mais, dans ce chiffre, il faut également compter les victimes des lois antisémites et de cette loi du 12 juillet 1940 qui interdit, à tous ceux qui ne sont pas nés de parents français, de faire partie d'un cabinet ministériel, comme de la loi du 17 juillet qui va infiniment plus loin, puisqu'elle leur ferme les portes de toutes les administrations de l'État, des départements, des communes et des établissements publics.

Plus que les révocations d'ailleurs, ce qui compte c'est la création par Vichy d'une catégorie de réprouvés (les juifs en sont une autre) et l'incitation à la délation, facteur de guerre civile. Lorsque le ministre Georges Ripert écrit, le 15 novembre 1940, aux recteurs et inspecteurs d'académie, qu'il a l'intention de prononcer, par application de la loi du 17 juillet, le relèvement de fonctions de ceux qui « ont consacré une partie de leur temps à une agitation politique contraire aux intérêts de la France... de ceux qui se sont livrés dans la presse à des manifestations publiques de désordre social de nature à faire disparaître leur autorité morale... [ou de] ceux qui ont été nommés aux fonctions qu'ils occupent par faveur politique et sans titres réels », il est bien évident qu'il vise principalement les francs-maçons. Il est bien évident également que les dénonciations de *Gringoire,* d'*Au Pilori,* de

44. Les archives de la Grande Loge de France ont, par ailleurs, été détruites à Niort.

45. Il en reste à peu près 8000 en septembre 1945 constatent les responsables du Grand Orient. Beaucoup, en effet, n'ont pas redemandé leur admission.

Je suis partout, des *Documents maçonniques* publiés sous la responsabilité de Bernard Faÿ et de vingt autres journaux encore, que les attaques de la Légion [46], que les condamnations des tribunaux, par exemple contre ce maçon, dignitaire de la loge la Justice de Thiers qui, selon *La France au Travail,* du 14 février 1941 avait tenté de « détourner les objets rituels, les oripeaux dont s'affublaient les Frères et les archives de sa loge [47] », ont des prolongements dans tout le pays.

Des prolongements hors de proportion avec les fausses déclarations d'appartenance (Du Moulin de Labarthète écrira qu'il n'en fut découvert que 357) et, sans doute, hors de proportion avec l'importance réelle de la maçonnerie dans la vie politique française.

Il est vrai que Pétain n'aime pas la Maçonnerie. On sait son mot « Un juif n'est jamais responsable de ses origines ; un franc-maçon l'est toujours de son choix. »

En avril 1934, alors ministre de la Guerre, il convoque le général Conquet et avant de lui offrir un poste important, lui demande s'il appartient à la maçonnerie. On dira même qu'en signant la loi du 13 août, que Du Moulin range cependant au nombre de ces lois signées à la hâte et presque sans examen, il a eu l'impression de satisfaire une revanche personnelle sur des hommes qu'il rendait responsables des lenteurs de son avancement... avant 1914 [48].

---

46. Notamment au cours d'un certain nombre de causeries radiophoniques qui débutent le 31 juillet 1941. Dans la première de ces causeries, le speaker explique qu'en « toutes circonstances où les intérêts français [avaient été] engagés et où ces intérêts s'opposaient à ceux de l'Angleterre, vous pouvez déterminer avec certitude, à l'avance, ce que pensera et dira le franc-maçon : ce sera à coup sûr, et dans tous les cas, pour l'Angleterre et contre la France ». Il soulignait aussi qu'en quatre-vingts ans la franc-maçonnerie avait « patiemment » conquis tous les leviers de commande.

47. Il sera condamné à 1000 francs d'amende par le tribunal correctionnel de Thiers.

48. Thèse avancée par PLUMYÈNE dans son livre sur Pétain. Il ne semble pas, cependant, que Pétain ait été de ceux qui aient souffert des « fiches ». Son avancement n'a pas été rapide, c'est vrai, mais il n'est nullement anormal et dans ses très nombreuses lettres, je n'ai pas trouvé trace d'une seule plainte.

Sur la franc-maçonnerie dans l'armée, cette réflexion de l'aviateur Jules Roy « Les francs-maçons connaissaient la disgrâce. Je m'en félicitais. Dans l'armée, avant la guerre (de 1939), pour avancer, il fallait posséder de solides appuis dans les loges. » (*Le Grand Naufrage.*)

A l'assemblée générale du Grand Orient tenue, par ailleurs, le 18 septembre

Il semble plutôt que l'attitude du Maréchal, et surtout de son entourage[49], soit le résultat de longues méditations et de fréquentes lectures. Les souvenirs de la Révolution française, ceux des « fiches », du combisme, des expulsions de religieux, d'une très vieille querelle en somme[50], mêlés aux rancœurs solides de candidats battus aux élections de 1924 et de 1932, comme au dégoût né de l'affaire Stavisky, suffisent à expliquer une réaction dont Du Moulin dira, un jour, qu'elle n'est que « souci d'hygiène civique ».

Pétain, on l'a vu, est hostile aux francs-maçons. Quelle est la position des francs-maçons vis-à-vis du Maréchal ? Weil-Curiel qui est venu de Londres en France, en mission pour de Gaulle, écrit que le gouvernement de Vichy par ses maladresses, se créait « tous les jours des opposants parmi un personnel qui, par servilité professionnelle, ne demandait qu'à être loyal ». Le jugement est sévère mais, fondamentalement, il est juste.

La Maçonnerie paraît en effet « se résigner à la défaite » (Weil-Curiel toujours). En tout cas elle ne prend nullement parti contre le maréchal Pétain. A peine Camille Chautemps, ancien président du Conseil, Vice-président du Conseil du gouvernement Reynaud et aussi du premier gouvernement Pétain, a-t-il connaissance aux États-Unis, où le chef de l'État l'a envoyé en mission, de la loi portant dissolution des sociétés secrètes, loi qui le touche personnellement, qu'il adresse ce télégramme au Maréchal.

1945, le Frère Villard, évoquant le problème des archives dira « Nous avions fait aussi un fichier militaire, pendant les hostilités, parce que toutes les loges nous demandaient s'il y avait un F.˙. dans tel régiment, dans tel état-major. Sans que l'esprit d'avancement pousse nos FF.˙., il y avait de leur part le désir d'établir un contact avec d'autres F.˙. dans une même formation militaire. Et, avec le F.˙. Baylot nous avions décidé d'établir un fichier militaire.

« Ce fichier était donc appelé à reconstituer l'ordre de bataille de toute l'armée française. Vous pensez bien que, s'il était tombé aux mains du gouvernement de Vichy, vous le sauriez maintenant. On nous aurait accusés une fois de plus d'avoir touché à l'organisation militaire de la France. »

49. Alibert se défendra d'avoir été à l'origine de la loi contre les francs-maçons, comme il se défendra d'avoir été à l'origine de la loi contre les juifs. Il affirmera que Marquet, ministre de l'Intérieur, « d'accord avec le Maréchal, a rédigé cette loi sans que le Conseil des Ministres l'y ait invité ».

50. Avant la guerre Xavier Vallat avait demandé à la Chambre des députés la dissolution de la franc-maçonnerie. Sa demande sera rejetée, mais un certain nombre de députés maçons (dont Louis Louis-Dreyfus, Candace et Chéron) se réfugièrent dans l'abstention au moment du vote, ce qui entraîna leur exclusion de la maçonnerie.

« En raison de la bienveillante amitié dont vous m'avez honoré, je désire vous informer personnellement de mon attitude. Celle-ci m'est inspirée par le seul sentiment du devoir patriotique, qui me fait écarter toutes considérations personnelles ou idéologiques.

« Parmi les premiers, j'ai reconnu la nécessité de placer la France malheureuse sous votre haute autorité. En échange de votre confiance, je vous ai offert mon esprit de discipline nationale. Je veux en donner un nouvel exemple en m'inclinant spontanément devant la mesure actuelle, dès lors que vous la jugez nécessaire au succès de votre lourde tâche.

« Je conseille à tous les intéressés d'observer la même attitude afin de donner la preuve de leur patriotisme et d'écarter de nouveaux sujets de dispute entre Français[51]... »

Les « intéressés » n'ont pas eu besoin des conseils de Camille Chautemps. Avant même que n'intervienne la loi du 13 août, deux membres du Conseil de l'Ordre, les Frères Groussier et Villard, ont, le 7 août, adressé au maréchal Pétain une lettre dans laquelle, après avoir rappelé les principes qui guidaient la Franc-Maçonnerie[52], ils décident, malgré l'impossibilité où ils se trouvent de réunir l'Assemblée ou le Conseil, mais s'appuyant sur la confiance qui leur a été maintes fois accordée, que le Grand Orient de France « cesse son fonctionnement et que toutes les loges qui en relèvent doivent immédiatement renoncer à poursuivre leurs travaux si elles ne l'ont déjà fait ».

Les Frères Groussier et Villard ont été précédés dans leur initiative par les trois Vénérables de Saint-Étienne qui, le 6 août, informent le préfet de la dissolution de leurs ateliers ; suivis, sans que leur décision soit connue encore mais parce que le vent est à une obéissance... anticipée, par les responsables des loges de Lyon (le 10 août) qui versent leurs documents à la Bibliothèque municipale de Villeur-

---

51. Télégramme cité au procès de Camille Chautemps devant la Haute Cour (audience du 25 avril 1947) et reproduit par Robert Aron (*Histoire de Vichy*).

52. « Elle (la Franc-Maçonnerie) succombe, victime d'erreurs à son endroit et de mensonges car, dans son essence, elle a le respect de la pensée libre, des convictions et des croyances sincères. Elle a toujours honoré le travail. Son but suprême est l'amélioration morale et matérielle des hommes dont elle voudrait poursuivre l'Union par la Fraternité. Elle a conscience, dans les événements que la France vient de traverser, de n'avoir failli ni à sa tradition, ni au devoir national. »

banne ; par ceux de Lons-le-Saunier, d'Albertville, d'Aix-les-Bains, de Grenoble qui, tous, décident une dissolution volontaire.

Et l'on trouverait sans peine, parmi tous ceux qui font voter ou qui votent des motions de confiance au Maréchal, des hommes aux attaches maçonniques évidentes. Ou des hommes qui mettent désormais le pétainisme avant la maçonnerie comme cet Alban Delrieu, président de la Légion de Haute-Garonne qui, ayant découvert son nom sur la liste des maçons ayant souscrit une fausse déclaration, écrit au Maréchal pour lui dire que son adhésion n'a été obtenue que « sous la pression d'une véritable contrainte matérielle et morale », qu'il n'a assisté qu'à six réunions et, depuis longtemps, il ne paye plus ses cotisations[53]...

Quoi qu'il en soit un an environ après la Libération de Paris, le problème de « la lettre à Pétain » sera porté devant l'Assemblée générale du Grand Orient. On en débattra notamment le mardi 18 septembre 1945. Et avec ardeur[54].

Deux thèses s'affrontent. Pour les uns, Groussier et Villard avaient utilement agi en écrivant au Maréchal puisque, dans leur esprit, il s'agissait de devancer des décisions que l'on savait imminentes, peut-être de les empêcher en démontrant leur inutilité, en tout cas d'aider les fonctionnaires francs-maçons menacés puisqu'ils pourraient, sans mensonge ni reniement, affirmer qu'ils n'appartenaient pas à une société secrète désormais sans existence.

Pour les autres, les auteurs de la lettre avaient eu tort de « prendre les devants » et surtout d'adresser au Maréchal une lettre empreinte d'un « respect » qui ne se comprenait plus, ou plus exactement, ne s'admettait plus, en 1945. C'est autour des formules de politesse et de l'adhésion apparente au « redressement moral » réclamé par le gouvernement du maréchal Pétain que tournera le débat de septembre 1945. M. Groussier expliquera, à cette occasion, non seulement sa

---

53. Le Maréchal lui répondra : « Aujourd'hui, la loi est donc respectée et il m'est permis d'user de mon droit de grâce vis-à-vis des bons serviteurs du pays. »

54. Et cependant tout en refusant d'en entendre la lecture.

« LE PRÉSIDENT : Notre F.·. fait une proposition. L'assemblée désire-t-elle entendre la lecture de la lettre au Maréchal Pétain (Non ! Non !)

Il n'y a pas lieu de la lire. »

position mais SURTOUT son état d'esprit en 1940. Et c'est ce qui compte pour nous.

LE F∴. GROUSSIER. — Je m'excuse de prendre la parole et d'allonger encore le débat ; mais il me semble nécessaire de revenir sur le fait de la lettre au Maréchal.

Un de nos FF∴. disait tout à l'heure qu'il la blâmait. C'est son droit. Mais je voudrais qu'on l'examine non seulement dans son texte, où l'on peut, comme le disait le F∴. Villard, critiquer certains termes, mais dans son esprit et surtout que l'on considère l'époque et les conditions dans lesquelles elle a été écrite.

J'attends que l'on me signale quels sont les Maçons auxquels cette lettre a pu porter préjudice et en quoi elle a pu desservir la Maçonnerie.

Lorsqu'on commence à blâmer cette lettre, c'est au F∴. Villard qu'on en a imputé l'initiative. On prétendait que j'avais simplement dû la signer. Or, c'est inexact. C'est moi qui ai eu l'idée de cette lettre et qui en ai rédigé le brouillon ; c'est moi qui suis responsable et si quelqu'un doit être blâmé, c'est moi et non pas le F∴. Villard.

On s'est particulièrement attaché à protester contre le fait que nous avons adressé l'expression de notre profond respect au Maréchal. Sans doute il était loin de nos idées, mais quelqu'un peut-il dire qu'au 7 août 1940, il croyait que le Maréchal n'était pas respectable ? *(Mouvements divers.)*

Rappelez-vous qu'on ne l'a vu supprimer la République que quelques mois plus tard.

UN F∴. — Et en Espagne ?

LE F∴. GROUSSIER. — C'est le gouvernement républicain d'alors qui avait introduit le Maréchal comme ministre de la Guerre. *(Interruptions.)*

Mes FF∴., je ne comprends pas votre passion. Je dis que le Maréchal avait été vice-président du Conseil dans le dernier ministère qui a précédé le sien et qu'à ce moment-là on ne le considérait pas comme étant indigne de respect.

J'ajoute que, dans ce ministère, il y avait un homme qui, je pense, s'il avait considéré le maréchal comme méprisable n'en aurait pas été : c'est le général de Gaulle lui-même.

Et comment voulait-on que moi qui, depuis de longues années, n'étais plus mêlé directement à la politique, je sache que c'était une faute d'adresser au maréchal cette formule de politesse ?

Voilà. En septembre 1945, alors que la France n'est sortie ni des passions de la Libération, ni des excès de l'épuration, et que passions et excès invitent à la prudence, comme au maquillage des faits, sinon au mensonge, il se trouve, à l'Assemblée générale du Grand Orient de France un homme assez courageux pour décrire avec exactitude et sincérité les sentiments de ces Français qui, dans l'automne 1940, aiment toujours la République sans détester ni mépriser Pétain et lorsqu'ils ont l'occasion de lui écrire, alors même qu'il va les frapper, l'assurent de « leur profond respect ».

Groussier devait ajouter encore qu'après l'envoi de la lettre à Pétain, il avait vu de nombreux Maçons, reçu quelques lettres de félicitations, mais que jamais « aucun Maçon [ne lui avait] fait même une observation amicale » ne lui avait dit qu'il avait commis une erreur. Les critiques ouvertes n'étaient venues qu'à l'instant de la Libération, et d'ailleurs un vote aura lieu le 18 septembre à la demande de ceux qui considèrent, en 1945, que la lettre à Pétain entache l'honneur de la Maçonnerie [55].

On votera donc sur le rapport moral présenté par M. Viaud, rapport qui approuve l'attitude des dirigeants de la Maçonnerie pendant la période 40-44, y compris leur lettre au Maréchal Pétain.

Scrutin particulièrement serré puisque, si 113 votants adoptent le rapport moral, 112 le repoussent [56].

Une voix de majorité donc, une voix seulement (mais, en 1945, le résultat pouvait surprendre) en faveur d'une politique qui, en 1940, n'avait jamais été antipétainiste.

Fallait-il inclure dans un chapitre sur le catholicisme cette longue parenthèse sur la Maçonnerie ?

---

55. « Puisque le Conseil de l'Ordre, en avalisant cette lettre, dira le F∴ Curie, a engagé l'honneur de la Maçonnerie, je demande que le Convent la désavoue. « Ce n'est pas à mes FF∴ que j'en veux. Je ne dis pas qu'il y a eu une faute commise. Je dis simplement que cette lettre entache l'honneur de la Maçonnerie et que le Convent doit, par un vote défavorable, la désavouer » (*Applaudissements sur divers bancs*) [Assemblée générale, 18 septembre 1945].

56. Il y aura également un bulletin blanc et 5 nuls.

Oui, dans la mesure où l'adhésion de beaucoup de catholiques s'explique par la rigueur des mesures gouvernementales anti-maçonniques.

Oui, dans la mesure où il n'était pas possible de négliger le courant de pensée que représente la maçonnerie, où il fallait dire l'évolution d'un mouvement et de Français que tout, d'abord, aurait dû incliner vers la résistance, fût-ce la résistance passive et qui, comme les autres mouvements et comme les autres Français, sont initialement emportés par la grande vague pétainiste.

On peut en dire autant de ces catholiques qui, par l'espionnage ou la propagande, portent les premiers coups aux Allemands sans pour autant se dissocier toujours du Maréchal.

Lorsque d'Estienne d'Orves, que la défaite trouve à Alexandrie, se met à la disposition du général Le Gentilhomme, il déclare au *Journal d'Égypte :* « Dieu, l'ami des Français, a trempé leurs âmes de telle sorte que les revers militaires ne peuvent éteindre la flamme qui les anime. Nous continuerons. On nous suivra. »

Mais son amour de la patrie, qui le poussera au sacrifice suprême, ne lui fera abdiquer ni son antirépublicanisme, ni son pétainisme [57].

Avec d'Estienne d'Orves, pour cette année 1940, on peut citer parmi bien d'autres catholiques résistants en France occupée, ou non occupée : Edmond Michelet, de Menthon, Pierre Henri Teitgen, le père Bruckberger, Gaston Tessier, secrétaire général de la C.F.T.C., Paul Petit, fondateur de *La France continue,* qui sera décapité à la hache à Cologne en 1944 et qui écrit dès juin 1941 : « Ne pouvant évidemment plus compter sur l'adhésion raisonnable des Français à sa politique, le Maréchal essaie de mobiliser à son profit leur religiosité et fait appel à leur foi [58]. »

Antiallemands, ces hommes ? Oui, ils sont antiallemands, immédia-

---

57. *Cf.* chap. « Les premiers résistants ».

58. Paul Petit sera certainement l'un des catholiques les plus hostiles à Vichy. Dans *La France continue* du 20 octobre 1941, l'un de ses articles est intitulé « Le singe de Dieu ». Paul Petit dénonce « l'atmosphère d'épaisse tartufferie qui règne à Vichy ». Il parle, reprenant un mot de De Gaulle, du « sultan de Vichy », met en cause le cardinal Gerlier, comme le cardinal Baudrillart, et achève ainsi : « Il n'y a qu'à Dieu le Père que le Maréchal n'a pas encore été comparé, sans doute parce qu'il n'a pas de barbe ».

tement, avec courage et constance. Sont-ils antipétainistes ? Pas encore. Malgré Montoire, et toutes les déceptions nées de Vichy, ils ne peuvent voir en Philippe Pétain, un complice, fut-ce passif, de cet ennemi qu'il avait, jadis, si fortement contribué à vaincre.

Ainsi, Pierre Dunoyer de Segonzac, jeune officier de chars qui a fondé, avec l'accord de Vichy, cette école de cadres d'Uriage, qui vit dans un climat de liberté et se distinguera par son esprit de résistance, peut, sans se trouver en contradiction avec lui-même, prononcer à Grenoble, dans l'hiver 40-41, une conférence appelant à la revanche et, le 11 mai 1941, comparer Pétain à Jeanne d'Arc qui accomplit autrefois « cette merveille de rendre vivante tout d'un coup une communauté nationale qui s'ignorait ou était dispersée ».

Certes, beaucoup de catholiques se détacheront lentement de Pétain.

Mais ils ne le feront, presque jamais, sans drames de cœur.

[illegible]

8
LE PEUPLE DES CAPTIFS

Avec la fin de la peur et de l'insomnie, la capture apporte d'abord la certitude d'une liberté prochaine. L'état de prisonnier ne sera qu'une parenthèse.

A rapide défaite, brève prison. Ils en sont presque tous convaincus.

— La guerre est finie. Dans quelques jours, nous rentrerons à la maison...

Des hommes capturés à Saint-Dié, le 23 juin, jettent tous leurs bagages dans les fossés comme pour rompre avec leur existence antérieure et refusent les vêtements civils offerts par des villageois.

— On est de la classe, c'est pas le moment de faire les idiots !...

Ici et là circule le nom des villes où aura lieu la grande démobilisation : Lille est souvent citée, Lille où il est entendu que l'on recevra un complet-veston bleu foncé, des papiers militaires en règle, un bon de transport et deux cents francs.

Les Allemands contribuent à entretenir une illusion qui maintient l'ordre dans les interminables colonnes de prisonniers.

« *Krieg fertig* » (« la guerre est finie »). Les mots ont servi d'appât dans les derniers jours d'une bataille qui n'en est plus une.

— Ils ont été très chics, fait dire, à l'un de ses personnages, Maestu de Boduer, auteur d'un *Retour de Stalag* en trois actes, « Braves Français, qu'ils nous ont dit. Vous, braves Français. Guerre finie pour vous. Guerre criminelle. »

Francis Ambrière a raconté que les Allemands encadrant sa colonne prodiguaient les promesses. A un soldat qui s'est rasé le crâne, il suffit qu'un gardien dise : « Vous aurez bonne mine, le mois prochain, quand vous rentrerez dans votre famille », pour qu'aussitôt déferlent tous les espoirs.

On s'accroche à des dates symboliques. Au 14 juillet, tout d'abord, comme si les Allemands pouvaient libérer près de deux millions de soldats français pour l'anniversaire d'une Révolution porteuse de guerre et de troubles parmi les nations !

Le 14 juillet enfin, on regarde vers le 11 novembre. « L'opinion, écrit, à la date du 2 novembre, le prisonnier de guerre Pierre Bost, ne se fait parmi nous et ne peut se faire que sur des rumeurs déformées et incontrôlables. Elles sont innombrables. Elles arrivent par vagues, avec des périodes de calme, où aucun bruit ne prend naissance ; et tout à coup ils sortent de partout à la fois, comme une invasion d'insectes. » Une photo d'Hitler et de Laval, publiée après Montoire dans un journal allemand, alimente les rêves. Tous les esprits, tendus dans la même espérance, découvrent avec passion les plus légers indices, en gonflent l'importance, méprisant les obstacles pour ne retenir que les symboles heureux. Et si fragiles.

Ici, c'est un adjudant français, rencontré par une corvée à Wiesbelsheim, qui « aurait » entendu à la radio l'annonce de la paix prochaine.

Là, c'est un chef d'équipe allemand, généralement bougon, qui « aurait » déclaré à « ses » Français :

— Alors, vous, contents aujourd'hui ?

— Contents, pourquoi ?

— La paix... signature, onze heures.

En novembre toujours, court, dans certains camps, le bruit qu'Hitler aurait accordé à Pétain la libération des prisonniers à condition que les écoliers allemands, pour échapper aux bombardements, soient hébergés dans des familles françaises. « Il n'en est pas un (parmi les prisonniers) qui ne discute des possibilités, ne revoie son intérieur, sa femme, ne calcule où loger les enfants et ne sente monter en lui un instinct paternel[1]. »

L'espoir en une paix rapidement conclue ; l'absence de haine pour les Allemands, sentiment que l'on voudrait voir payé de retour ; un

1. Noël B. de la Mort, *Vie des prisonniers.*

profond désintérêt pour une guerre sans but ; l'effondrement du gouvernement Reynaud emporté par la défaite et ne laissant derrière lui qu'un flot de promesses folles ; les paroles malheureuses par lesquelles Pétain annonce, le 17 juin, qu'il faut « cesser le combat », paroles « rattrapées » par la suite mais qui provoquent d'immenses ravages sur le moral d'une armée déjà démoralisée ; la décision de ne plus défendre les villes de 20 000 habitants qui légitime la prétention de centaines de maires paysans à arborer le drapeau blanc ; la certitude que l'Angleterre capitulera à son tour ; tout explique la confusion des derniers jours, la paralysie d'une armée qui, sur ordre, s'enferme dans les casernes et attend l'ennemi qui va la gober[2].

— Restons en place et dans un ordre parfait. Lorsque les Allemands viendront, ils verront que nous sommes une troupe disciplinée.

Ces mots ont été dits à Lorient où des pancartes suffiront bientôt à guider soldats et marins vers les camps. Et ailleurs...

A Lamballe, deux cortèges se sont croisés : celui des Allemands en armes allant occuper la ville, celui des Français de la garnison allant enfermer fusils et mitrailleuse dans les casernes. Et ailleurs...

A Clermont-Ferrand, des fuyards, regroupés pour la défense de la ville, profitent de la confusion pour se terrer et ne sortent de leur cachette qu'à l'annonce de la capture de la ville. Et ailleurs...

A Angoulême, et le journal *Le Trait d'Union* s'en fera l'écho avec satisfaction[3], les Français prisonniers de guerre peuvent circuler dans la ville et continuer à consommer dans les cafés puisque le colonel qui les commandait a reçu le premier détachement allemand en disant à son chef :

— Tous ces soldats n'ont plus d'armes ; je les ai seulement laissées aux hommes qui doivent vous rendre les honneurs !

Francis Ambrière a raconté que le commandant de son unité méditait de la rendre en ordre aux Allemands, il l'a entendu dire à un officier et à des hommes qui voulaient se battre encore :

— Dans ce cas, nous allons vous céder le terrain. Nous ne pourrions que vous embarrasser.

Il a vu, dans une auberge de Nayemont-les-Fossés, une poignée de

2. Entre septembre 1914 et septembre 1918 les Allemands n'avaient capturé que 410 000 Français dont beaucoup étaient blessés.
3. Numéro du 18 août 1940.

soldats danser et rire à l'annonce (prématurée) de la signature de l'armistice.

D'autres ont noté l'indécente satisfaction d'officiers que la capture libère de toutes les angoisses. « La face de l'un d'eux est hilare, note Robert Laplagne, et je ne l'ai jamais vu d'aussi bonne humeur. Il se sait à l'abri des coups, maintenant, et sa joie éclate par toutes les petites rigoles de sa figure ratatinée. J'approuve son attitude puisqu'elle est sincère... En défilant entre la double rangée de fantassins allemands, je me dis, moi aussi, que j'ai la vie sauve. L'ennemi nous le répète d'ailleurs et, pendant la première heure de marche vers l'arrière allemand, les combattants d'Hitler nous lancent :

— La guerre est finie pour vous.

Si la guerre est finie, pourquoi, alors, prendre le risque de l'évasion ?

Les soldats qui s'évadaient étaient blâmés, a noté le père Bruckberger, lui-même coupable... d'évasion.

C'est exact. Dans l'énorme pagaille des premiers jours, beaucoup d'évasions seraient faciles. D'autant plus faciles que les Allemands, dépassés par leur conquête, ne tiennent pour l'heure qu'une comptabilité approximative des captifs enfermés dans des usines désaffectées, des garages, des casernes ou, plus simplement, parqués dans des prés.

Certains profitent de la chance, même lorsque les premiers jours sont écoulés, comme ce soldat dont le journal *La Montagne* raconte, dans son numéro du 31 juillet 1940, l'aventure et qui, parti de Trèves, a vécu de carottes et de salades dérobées dans les jardins, avant d'arriver au canal du Centre, limite de la zone d'occupation. Il franchit la ligne grâce au propriétaire d'un petit café qui, à l'aide d'« une chopine de blanc », achète la complicité d'une sentinelle allemande [4].

Rares, cependant, sont ceux qui profitent du désordre, tant est forte dans les esprits l'idée qu'une évasion ratée compromettrait une libération prochaine.

C'est donc sans chercher à quitter la place que beaucoup de « prisonniers » circulent librement à Abbeville et déjeunent au restaurant. A Châteaubriant, où seul un fil de fer symbolique délimite

---

4. Quelques jours plus tôt (le 27 juillet), la censure de Vichy a demandé aux journaux de ne rien publier « sur les régions des camps de prisonniers ni sur les traitements auxquels ils sont soumis ». L'article de *La Montagne* est donc, en quelque façon, assez exceptionnel. D'autant plus exceptionnel qu'il souligne qu'un soldat allemand peut être « acheté ».

le camp, peu nombreux sont ceux qui fuient alors que les femmes et les enfants des villages voisins, qui leur transmettent des vivres, leur serviraient certainement de guides.

A Reims, vers le 15 septembre, P. Servagnat propose à un prisonnier, qui chaque jour vient à son domicile réquisitionné cirer les bottes de quelques officiers allemands, de le faire évader. Il fournira papiers, vêtements, argent... Mais « le bon Clovis n'était pas décidé... Il verrait dans quelque temps ». Sa réflexion ne fut pas assez rapide. Comme tant d'autres, il dut bientôt partir pour l'Allemagne.

Benoist-Méchin raconte avoir été surpris de voir surgir dans son camp de Voves des bouteilles de vin.

— Vous êtes étonnants, où avez-vous trouvé tout ça ?

— Au bistrot du coin, parbleu !

— Quel bistrot ?

— Celui qui est derrière l'usine, en face de la gare.

— Il y a un bistrot derrière l'usine ? Comment le saviez-vous ?

— C'est tout simple : il est à vingt mètres d'ici. On y est allé par la porte du fond. Elle est toujours ouverte...

— Comment cela, ouverte ?

— Mais oui. Elle a toujours été ouverte depuis qu'on est ici. On est passé bien des fois pour acheter du pinard.

— Comment ! Pendant tout le temps que j'ai été ici, il y avait une porte ouverte au fond de l'usine et je n'en ai rien su ? Il y avait une issue et personne n'en a profité pour s'évader ?

A cette anomalie, Benoist-Méchin trouve la seule explication élégante. La porte *ouverte*, par laquelle on va et on vient librement, ne crée aucune tentation. C'est une porte *fermée* qui eût provoqué des évasions !

Pourquoi s'évader alors que, bientôt, l'on sera libre ?

Motivation essentielle dans les premiers jours.

Il existe cependant d'autres explications à une aussi surprenante passivité. Très vite, en effet, les énergies sont brisées par la faim, la pluie, le chaud ou le froid, un engourdissement de la volonté, la promiscuité, le cancer du découragement général.

Lorsque Alain Le Diuzet arrive à Châteaubriant, où sont parqués plus de 45 000 prisonniers, il se trouve, en compagnie de milliers d'hommes, dans un pré couvert de déjections animales. Ni eau ni nourriture. Ce n'est qu'au bout de quarante-huit heures que les captifs reçoivent un pain de trois kilos... pour cent.

Faim.

Faim qui conduit des hommes à disputer aux chiens le contenu des poubelles mais aussi à se jeter sur les reliefs du repas d'un Allemand, à tendre la main dans l'espoir d'obtenir, du vainqueur l'aumône d'un morceau de pain.

Faim dont le père Rimaud, aumônier à l'oflag XB, dira qu'elle « endort, vide la tête », à propos de laquelle Francis Ambrière écrira que le plus dur n'est pas d'avoir faim sur la route, dans la fatigue et l'effort, mais dans l'oisiveté, lorsque l'esprit est exclusivement occupé des plaintes de l'estomac torturé.

Lorsqu'il arrive à Voves, Benoist-Méchin n'a pas mangé depuis six jours, c'est-à-dire qu'il se trouve dans un état d'affaiblissement général qui le laisse indifférent aux racontars qui, à midi, parcourent le camp[5]. « Il paraît qu'il y aura de la soupe tout à l'heure. Il paraît que quatre fourneaux fument dans un coin de l'usine. Il paraît que ça sent bon... » Quelques minutes plus tard, une corvée, envoyée aux cuisines, revient avec le festin : six pains et une bassine de fer-blanc pleine d'une soupe d'orge que les hommes reçoivent dans de vieilles boîtes de conserve ramassées dans un coin car, dans le désordre du combat, ou pour alléger leur marche, les soldats ont abandonné tous les ustensiles si bien que certains dégustent la précieuse soupe dans des pots de chambre ou des crachoirs.

Si quelqu'un lit une recette de *Marie-Claire*, tous écoutent religieusement des mots, hier familiers, mais qui, aujourd'hui, tiennent du rêve. « Bœuf en gelée. Prendre environ un kilo de bœuf, dans la tranche de préférence, désosser, parer, ficeler, dorer à la cocotte... »

Dorer à la cocotte... mystérieux prolongement des mots d'où naissent des images. Dans tous les camps bientôt, des hommes auront la nostalgie de la recette. Evoquer les nourritures terrestres, les noces, les communions, les « petits plats » mijotés par une mère ou une épouse attentive, les gueuletons entre copains ; échanger, au long d'une vaine compétition, des adresses de restaurants, établir des

5. Encore aura-t-il la chance de trouver un « bon » Allemand, une sentinelle qui s'approche et lui dit :

— Je m'appelle Karl Trübner. Je n'avais pas faim aujourd'hui. Je n'ai pas mangé ma ration. Vous avez très peu. Je vous ai apporté ma gamelle et aussi la moitié de ma ration de graisse. Prenez-les. Ce n'est pas grand-chose...

comparaisons de prix, ce n'est certes pas une façon de calmer sa faim, mais bien de ressusciter un monde perdu.

Evocations qui, avec le temps, ne cesseront nullement, mais évolueront.

Au début de la captivité, Lucullus dîne chez Lucullus. Dans les conversations, passent canards au sang, homards, dindes, puis, avec le temps qui fuit, le steak-frites occupe la première place avant d'être remplacé, dans la hiérarchie, par une simple omelette « mais bien baveuse, tu sais... » Quant à Marcel Haedrich, il écrit qu'il voit « devant la porte du camp deux œufs sur un plat flamboyant ».

La réalité est décevante : petites cuisines d'herbes, de pissenlit, soupes de farine de lin, bouillon où nage un peu de mou, nourritures obtenues au terme d'attentes de trois ou quatre heures dans la confusion, les « pousse-toi », « tu m'as pris mon tour » et sous les coups de gueule des soldats allemands.

André Meyzonnade, resté un mois à Neuf-Brisach avec ses compagnons de captivité, se souviendra toujours que son repas fut, un jour, constitué par deux cerises confites...

Vers la mi-juillet, cependant, les choses se stabilisent un peu et les prisonniers cantonnés à Strasbourg ont droit, par exemple, le 19, à un menu, merveilleux pour des affamés qui, pour la première fois, depuis longtemps, mangent de la viande, dérisoire si on le compare aux rations qui étaient celles de l'armée française quelques semaines plus tôt[6].

---

6. RATIONS DES PRISONNIERS FRANÇAIS A STRASBOURG LE 19 JUILLET 1940

Matin :
Café : 5 grammes ; sucre : 5 grammes ; marmelade : 10 grammes.

Midi :
Légumes : 10 grammes ; viande ; 50 grammes (il s'agit d'une distribution exceptionnelle).

Soir :
Café : 5 grammes ; sucre : 5 grammes ; marmelade : 10 grammes.
Pain : 250 grammes.

RATIONS QUOTIDIENNES DE L'ARMÉE FRANÇAISE EN MAI 1940

Viande : 350 grammes.
Légumes secs ou riz : 60 grammes.
Sel : 20 grammes.
Sucre : 32 grammes.
Café : 24 grammes.
Lard : 30 grammes.
Vin : 0,50 litre.
Pain : 600 grammes.

Les « menus » varient naturellement avec les camps, avec les jours.

Francis Ambrière note : Le matin, une cuillère à café de graisse ou de miel

Les repas quotidiens apportent 1 500 calories aux prisonniers, il en faudrait 3 000 à 3 200 pour des hommes jeunes qui voudraient plonger dans l'action de l'évasion.

Abrutissement provoqué par la faim.

Par la soif. Dans un camp (celui de Voves), un seul robinet pour 1 800 hommes.

Passée ou à venir, la nourriture mobilise toutes les conversations, occupe toutes les intelligences. Souvenirs. Souvenir de la première soupe, d'une boule de « kommissbrot » pour seize ; d'un peu de saindoux et de confiture mendiés à une roulante allemande ; de vin, de coco, de fruits offerts par les villageois charitables qui, sur les routes, voient passer fantassins, artilleurs, coloniaux, tous ceux qui avaient pour mission de les défendre et qui ne forment plus qu'une troupe sans nerfs, épuisée par des jours de marche vers la captivité succédant à des jours de marche pour échapper à la captivité.

Car il y a cela, encore. L'abandon des camps de France où l'on avait reconstitué un univers précaire, fait d'amitiés et d'habitudes neuves, la marche, l'interminable marche triste vers les camps d'Allemagne, tout cela a été remarquablement décrit par Francis Ambrière dans *Les Grandes Vacances.*

« Nous étions un peuple vaincu, le reste d'une armée qui s'était naguère acquis à bon droit la réputation de la première du monde, et nous nous en allions vers la servitude. Je songeais aux écroulements des empires, à ces grandes défaites du passé que la paresse de notre imagination enrobe de couleurs conventionnelles... Je me disais : « Voilà ce que c'est que l'Histoire. La fuite des Hébreux quittant l'Égypte, les légions de Varus dispersées, le lendemain de Pavie, la retraite après Sedan, toutes ces vastes catastrophes qui laissent un long sillage dans la mémoire des générations, vues de près et sur le moment,

---

synthétique et 350 grammes de pain, ration de la journée ; à midi, un demi-litre de soupe ; à cinq heures, un peu de fromage ou de margarine.

Dans son livre *Vie à l'Oflag,* l'abbé Flament indique que ses camarades de captivité recevaient une tasse de tisane d'orge grillée le matin ; une assiettée d'orge bouillie et de flocons d'avoine, plus sept à huit pommes de terre à midi ; une seconde tasse de tisane l'après-midi ; 250 grammes de pain. Casse-croûte : margarine, miel ou graisse végétale ou boudin de sang de bœuf. Soit l'équivalent de 1 364 calories.

c'est ce petit rougeaud qui geint et souffle, ce grand maigre qui se raidit dans sa fierté pour cacher son mal et qui regarde droit devant soi sans rien voir ; et ce personnage visqueux, qui fait déjà risette à ses vainqueurs et leur offre des cigarettes... Une défaite, c'était donc cette chienlit énorme, cette théorie de marcheurs hâves, étendue sur plusieurs kilomètres et monotone dans sa diversité même... Il y eut aussi le spectacle des champs de bataille tout chauds encore des traces de la lutte, qui nous rappelait que d'autres que nous, mieux commandés ou meilleurs peut-être s'étaient battus jusqu'au bout et étaient tombés en soldats... Entre ces rivages semés de cadavres et parmi ces exhalaisons funèbres, ainsi coulions-nous comme un fleuve sans fin. Le lourd piétinement de nos troupeaux en marche sillonnait toutes les routes à l'horizon et parfois des colonnes qui avançaient parallèlement à la nôtre, au flanc des coteaux, nous demeuraient visibles des heures durant. »

Lorsqu'ils passent le Rhin — cinquante par wagon souvent —, c'est comme une grande déchirure qui se fait dans leur vie. Aux visages attristés des villageois français, aux mots d'affection lancés comme une boule de pain, succèdent des visages hostiles ou goguenards. Ils sont un spectacle. Pas pour longtemps.

Les voici enfermés dans des camps où beaucoup d'entre eux — comment pourraient-ils le deviner[7] ? — resteront près de cinq ans.

Cinquante-six stalags (*Stammlager*) pour les hommes de troupe, quatorze oflags (*Offizierlager*) portant des numéros correspondant aux régions militaires et des lettres permettant de les différencier, à l'intérieur de la même région, les attendent. Ou tout au moins paraissent les attendre. Car, s'il est vrai que, « depuis le début du nazisme, les camps constituent un des aspects les plus familiers de l'Allemagne »[8] et que le régime est passé maître dans l'art de construire, partout, des baraquements, d'abord pour loger les hommes de l'organisation Todt et les jeunes appartenant à des formations politiques ou paramilitaires, le triomphe de juin 40, avec son énorme moisson de captifs (près de deux millions de Français auxquels il faut

---

7. Un ancien prisonnier belge m'a communiqué le long récit de sa captivité. « C'est le 1er novembre 1940, écrit-il, que je décidai de m'organiser pour cinq ans au moins... Ce fut le jour de la Toussaint et après avoir assisté à la messe que je pris cette résolution. » Rares sont ceux qui, avant la fin de 1940, imaginent cependant une aussi lointaine issue à leurs malheurs.

8. Pierre GASCAR.

ajouter les Belges, les Hollandais) n'était pas prévu aussi rapide, aussi vaste.

Baraques cinq ou six fois plus longues que larges, froides l'hiver, torrides l'été, mal protégées contre les pluies. On y pénètre par les deux extrémités. Au centre, le lavabo collectif et la buanderie. Chacune des demi-baraques est occupée par deux cents hommes environ qui, lorsque le soir tombe, vivent, tant la place est mesurée, dans le « tiroir » de couchettes à trois étages. Le camp est entouré de barbelés, dominé par des miradors, surveillé par des patrouilles. Il offre tous les aspects d'un monde clos dans lequel il va falloir s'habituer à vivre en compagnie de voisins que le hasard vous a donnés, que l'on doit supporter tels qu'ils sont avec leurs humeurs, leurs colères, leur nostalgie, leurs rêves, leurs insomnies. Leurs tricheries pour la nourriture distribuée par le chef de groupe mais si parcimonieusement attribuée que tout ce qui peut être pesé est pesé et qu'au « Salon des Arts décoratifs et ménagers » organisé à l'oflag IV D en octobre 1940 c'est la balance « toute en papier roulé avec son jeu complet de poids allant de 500 grammes à un dixième de gramme en sachets de papier emplis de sable et vraiment sensible à un dixième de gramme » qui recueillit les applaudissements. N'était-elle pas destinée à « servir d'arbitre dans l'opération capitale du partage du saucisson, du beurre ou du saindoux[9] » ?

On découvre les autres.
On se découvre.
Brutalement, le monde a changé de dimensions.
Les pas sont mesurés.
Bornées les ambitions.

La vie était un combat quotidien, à peine avait-on le temps de s'arrêter, de réfléchir, de méditer. Voici que des milliers d'heures sont offertes soudain au rêve ou à l'étude, à toutes ces tâches qui ne supposent pas la liberté du corps mais celle de l'esprit.

Si les hommes de troupe, très vite employés dans l'agriculture ou l'industrie allemande, finissent par trouver dans leur emploi un « divertissement » à leurs soucis, une nourriture pour les conversa-

9. *Le Trait d'Union,* 24 octobre 1940.

tions, il n'en va pas de même pour les officiers préservés de tout travail par les conventions internationales, mais dont les journées identiques ont la monotonie des plages monotones. Aussi ne faut-il pas s'étonner que des milliers d'hommes se passionnent soudain pour le théâtre, le droit, le bricolage, la poésie, l'histoire, les langues étrangères, que celui-ci mesure — par la pensée — le nombre de kilomètres des barbelés de son camp (600), que cet autre rédige un *Potager familial* déjà commandé par 4 500 officiers sur les 5 000 que compte son camp, que presque tous, je veux dire tous ceux qui sont doublement prisonniers, puisque jamais les portes ne s'ouvrent devant eux, fût-ce pour une corvée, découvrent ou redécouvrent la religion.

Le désarroi, la mélancolie de la défaite, la disparition de toutes les causes de dissipation, le temps accordé à la méditation, tout contribue d'ailleurs à expliquer l'épanouissement de la religion et de la religiosité.

Bien vite s'achèvera le temps des messes basses que l'on allait écouter, écrit Jean Guitton, « en cachette dans une baraque écartée, dont la terre battue, le bois, l'atmosphère humide rappelaient l'étable ».

Les prêtres qui, après l'effondrement des hiérarchies morales, ont indiscutablement joué un rôle de rassembleurs d'hommes, de conseillers, d'intermédiaires auprès des autorités allemandes, ont reçu de France des chapelles portatives [10] (478 en février 1941) et des images pieuses. Ils trouvent un auditoire fidèle et nombreux pour toutes les conférences qu'ils organisent sur la morale, l'Écriture Sainte, les mystères de la Foi, parmi des hommes que les tourments du monde ont abandonnés et qu'habite, pour reprendre le mot de Guitton, « le tourment de Dieu ».

Alors, toutes les fêtes religieuses (Noël bien sûr, mais également la Fête-Dieu) donnent naissance à d'immenses manifestations collectives

---

10. Ces valises, envoyées systématiquement à partir de décembre 1940 par l'abbé Rodhain, comprennent un calice, une patène, une pierre d'autel, un missel, des canons, une chasuble, une aube, le linge d'autel, un crucifix, une custode, un ciboire, des burettes, les saintes huiles, des hosties, du vin de messe, deux livres liturgiques et quarante missels. Une lettre au commandant du camp précise « de la part de Son Éminence le Cardinal Archevêque de Paris » que cet envoi est destiné à l'aumônier désigné pour le service du camp par les autorités allemandes. Sur les 2 884 prêtres faits prisonniers, 1 000 environ peuvent officiellement exercer leur sacerdoce.

auxquelles on se prépare longuement et pieusement. « Splendide procession de la Fête-Dieu, écrit en 1941 un officier de l'oflag IV D. Je ne crois pas exagérer en disant que les quatre cinquièmes du camp y ont participé. Que de dévouement et de piété ! Des prisonniers se sont privés de draps de lit pendant vingt jours pour les garder propres et utilisables pour la décoration des baraques. Aussi, sur plusieurs centaines de mètres, des tentures blanches à fleurs rouges ont agrémenté les tristes maisons brunes.

« Mais le plus beau c'étaient les trois autels monumentaux dressés dans les trois blocs ; avec des tables, des bancs, des couvertures, on est arrivé à faire des choses magnifiques. »

A ces processions, ne manquent ni les bannières, ni les statues portées sur les épaules de quadragénaires en uniformes d'officiers, ni les cantiques...

Vierge, notre espérance,
Étends sur nous ton bras,
Sauve, sauve la France,
Ne l'abandonne pas.

La France ! Tous en parlent. Tous y pensent.

D'autant plus ardemment qu'ils restent de longs mois sans connaître les événements qui s'y déroulent ou n'ont, de l'actualité, qu'une traduction sommaire et simpliste : celle que leur apportent des lambeaux de journaux allemands ou français.

Les lettres, on le devine, arrivent peu souvent et malaisément.

Au début de la captivité, nul, d'ailleurs, ne sait très bien où est qui.

C'est ainsi qu'au 20 octobre 1940 moins de la moitié des prisonniers français auront été « situés » par la Croix-Rouge.

Pour écrire, il faut donc savoir où se trouve le prisonnier. Plusieurs organismes, dont le Centre national d'information des prisonniers de guerre, répondent aux demandes[11]. Paraissent[12] des fascicules qui donnent, aujourd'hui encore, une idée de l'hétérogénéité d'une armée

11. Entre le 31 juillet et le 17 octobre, le Centre national répondra ainsi à 172 399 demandes d'information. Le 28 juillet, le gouvernement de Vichy a créé une Direction des prisonniers de guerre.

12. Sous la responsabilité du Centre national d'information.

française recrutée aux quatre coins du globe. Voisinent, en effet, des Abadie, des Dupont ; des Dupré ; un Paboundi Konkogo né au Soudan ; un Pascala Boleslav, d'Essen ; un Sanchez de Jimenado, en Espagne ; un Nguyen Van An, de Tam Duöng.

Lorsque les lettres arrivent enfin (en décembre elles mettront encore de quinze à quarante jours pour aller de France en Allemagne), elles ne disent rien de la vie politique française. Les censures allemande et française réclament que les correspondantes ne « s'étendent pas en vaines lamentations », « ne portent pas d'appréciation sur les événements », se bornent à donner « des nouvelles familiales ». Et c'est bien celles-là que l'on attend avec impatience. Et c'est à celles-là que l'on répond grâce à des lettres de vingt-cinq lignes ou des cartes de sept lignes (deux par mois, généralement, de chaque catégorie).

Nouvelles du foyer, des enfants, de la maison, du métier ou des champs. De la femme. Lues avec la volonté de découvrir, derrière des mots ordinaires, des messages d'amour ou avec la crainte de deviner l'atrophie des sentiments[13] ; lettres guettées ; dérobées à la curiosité des voisins de baraques ; relues en cachette, conservées précieusement même si, d'avoir été trop minutieusement composées par des femmes qui, ayant trop à dire, ne savent plus que dire, elles ne calment pas la faim sentimentale des prisonniers.

Comment les prisonniers sauraient-ils ce qui se passe en France et dans le monde en guerre ?

Les lettres, lorsqu'ils en reçoivent, ne les informent pas.

Les journaux qui arrivent — en petit nombre — sont des journaux imprimés à Paris dont le ton surprend des hommes qui, presque sans transition, sont obligés de passer de la presse anglophile de mai 1940 avec ses clichés conformistes à la presse germanophile d'octobre ou novembre 1940 avec ses clichés conformistes.

Il existe bien un hebdomadaire à l'intention des prisonniers. Mais *Le Trait d'Union* se place, d'entrée de jeu, lui aussi, au service des

13. D'assez nombreux ménages seront rompus par la captivité. Alors qu'on enregistre 27 056 divorces en 1938, il y en a 42 139 en 1945 et 70 525 en 1946. Pour la première fois de l'histoire, c'est l'homme qui obtient, le plus souvent, le divorce à son profit : 526 fois sur 1 000 en 1945 contre 319 à la femme et 538 fois contre 298 en 1946, alors que, pour la période 1936-1940, les chiffres sont respectivement de 370 et 481.

Vichy punit sévèrement « l'inconduite » des femmes de prisonniers. Vivre en concubinage est passible de prison.

Allemands. Il apprend aux prisonniers, dès le 21 août, qu'ils mangent à « leur faim » ; dénonce les réformes antirépublicaines faites à Vichy car il les juge insuffisantes ; publie les caricatures antisémites de *La Gerbe* ou de *La France au Travail;* décourage les prisonniers qui chercheraient à fuir (c'est une tentative « absurde », écrit-il à plusieurs reprises) ; célèbre la collaboration ; brise le moral des soldats en publiant, en décembre 1940, par exemple, d'atroces récits sur les bombardements des villes côtières françaises par l'aviation britannique.

Dans l'ignorance totale où ils se trouvent, imaginant que la défaite est définitive, ne voyant pas de terme *logique* à leur captivité, les prisonniers achèvent dans d'effroyables conditions morales cette année 40 qui, dans leur souvenir, restera la plus rude car les portes de l'espoir semblaient à jamais closes.

Apathie. Apathie que traduit le très petit nombre des sabotages. Ils ne représenteront jamais d'ailleurs que 3 à 4 % de tous les délits commis par les prisonniers français. Dans la première année de la captivité, sans doute sont-ils moins nombreux encore.

Apathie qui se traduit encore par le faible chiffre des évasions réussies : 16000 en 1941, soit 64000 tentatives si l'on compte, avec Pierre Gascar, un succès pour quatre tentatives[14].

Démobilisés au centre de Châteauroux, les évadés qui ont réussi à gagner la zone libre ne risquent cependant plus rien. Sauf dans un cas très précis. S'il est entendu, en effet, que les Français ne « rendent » pas à l'adversaire un soldat évadé, il est entendu aussi qu'ils « restituent » ceux qui ont violé leur serment.

En font l'expérience le soldat Forichon, qui s'est engagé sur l'honneur à ne pas s'évader et que le général commandant militaire du département de l'Allier fait remettre, en janvier 1941, aux autorités allemandes ; les soldats Henri Delmont et François Martin à qui le capitaine Hoeltge avait libéralement accordé une permission par-delà la ligne de démarcation (comme à d'autres prisonniers du camp d'Auvours, près du Mans) et qui en ont profité pour rejoindre leur domicile, ce qui provoque lettres et recherches sur ordre des préfets de la Loire et de l'Allier.

---

14. 16000 évasions réussies pour 1941, 19000 pour 1942, 33000 pour 1943. En 1944, la certitude de la victoire alliée tarit brutalement le flot : 3000 seulement.

Réduits à évoquer constamment le passé, tournant en rond dans leur camp et dans leurs souvenirs, les prisonniers ont pour seul lien commun la patrie perdue, une patrie dont la réalité ne se manifeste plus que par le drapeau qui flotte parfois sur le camp, les cartes postales punaisées sur les lits, les photos du Maréchal et les chants du soir.

Lorsque Jean Guitton reçoit, en mai 1942, la lettre d'une institutrice lui demandant de composer une dictée pour ses élèves, il rédige un texte dans lequel il raconte le premier lever des couleurs qui, dans son camp, eut lieu en août 1941. « A ce moment-là, cinq mille regards fiévreux montèrent vers lui (le drapeau). On se serait cru au Samedi-Saint lorsque, après le grand silence de la Passion, les cloches sonnent de nouveau. »

Sur les causes de la défaite comme sur les chances d'un redressement, les prisonniers, lorsqu'ils font des bilans ou des prévisions, se trouvent en accord avec l'immense majorité des Français. Le choc a été trop rude pour que, d'un bout à l'autre de cette France éparpillée des camps de Pologne ou de Prusse-Orientale jusqu'aux rives de la Bidassoa, les sentiments et jugements soient initialement différents.

« Tout était pourri dans la France, écrit Victor Dillard à son curé. Il n'y avait pas de respect, pas d'autorité, pas d'esprit de sacrifice, mais surtout pas de foi... Je crois que, dans un sens, c'est peut-être providentiel pour le pays que nous soyons prisonniers. Si on était rentré chez nous, on aurait repris les habitudes comme avant, il n'y aurait rien de changé. »

Lorsqu'ils voudront définir l'état d'âme des prisonniers, un certain nombre d'intellectuels libérés réunis, dans l'hiver 1941-1942 au château de Crépieux-la-Pape, près de Lyon, parlant en leur nom, mais aussi au nom de leurs camarades toujours captifs, adopteront des formules qui, depuis l'origine, sont celles de Vichy. Influence de la propagande ? En partie. Je préfère écrire influence de la situation.

« Le prisonnier a reconnu que la défaite était méritée, qu'elle n'était pas un accident imprévisible. La défaite militaire a hâté une décomposition déjà profonde, mais non encore consacrée, du tissu social français. En un certain sens, elle a heureusement mis fin à cette décomposition. Mais cette reconnaissance n'est pas du tout synonyme d'abandon... Reconnaître la défaite a conduit le prisonnier à une sorte d'examen de conscience... Cette volonté de transformation personnelle s'est traduite de deux manières dans nos camps.

1. Par une pratique de réflexion et de silence vis-à-vis de soi.

2. Par une habitude de travail et de vie en commun avec les autres. »

Dans ce texte — composé certes par des hommes de droite —, référence est souvent faite au Maréchal. Habitude ? Révérence obligée ? Clause de style ? Allégeance à un chef porteur d'idées réactionnaires ?

Il y a autre chose.

Dans l'ignorance de ce qui se passe en France, de ce qui se passe dans le monde, n'ayant pour les politiciens qui ont décidé la guerre, et qui l'ont perdue, que souverain mépris, ne connaissant rien de Charles de Gaulle et ne croyant guère aux chances anglaises, affamés, démoralisés, les prisonniers se « raccrochent » naturellement au Maréchal comme au seul homme capable d'obtenir des Allemands leur libération (ce qui explique que Montoire ne fut pas d'abord jugé sévèrement) ou, tout au moins, susceptible d'agir pour que leur sort soit amélioré.

A la vague de pétainisme qui déferle sur la France, correspond, dans les camps, une vague de pétainisme différente dans ses manifestations, mais non dans ses motivations.

A l'occasion des fêtes de Noël 1940, un prisonnier du stalag VII a noté que « d'immenses portraits du Maréchal », dessinés par les captifs ont été apposés aux murs et encadrés de tricolore et surtout que les cartes postales qui le représentent, épinglées sur le montant des couchettes, sont « fleuries » à l'aide de papier coloré, de buis ou de sapin.

L'abbé Flament, qui se montre sensible à toutes les réactions de ses compagnons, écrit, évoquant l'oflag II D que, « pour l'ensemble des prisonniers du camp, le Maréchal représentait alors (en 1940) la continuité nationale... Matériellement et moralement, le maréchal Pétain était celui qui se penchait vers eux (les prisonniers), qui leur adressait des paroles d'estime, de soutien, d'espoir. C'est pourquoi, très vite, il personnifia pour eux la Patrie ; il apparaissait comme un élément de ralliement national pour une masse exilée en terre étrangère ».

Le 1er mai — fête de la Saint-Philippe célébrée avec le maximum d'éclat — les 3000 officiers du II D adressent donc un message de vœux au chef de l'État. « D'une âme commune, tous prient Dieu de vous garder longtemps à votre haute mission et de rendre celle-ci légère à vos épaules chargées de toutes les gloires et de toutes les peines de la France de Jeanne d'Arc et de la France de Verdun.

« Anxieux, ils se tournent vers vous pour recevoir les consignes sacrées qui doivent les faire meilleurs et vous permettre de réaliser avec eux le redressement de la Patrie. »

Sans doute une plume suffit-elle pour rédiger les vœux de tous et 3000 hommes n'ont-ils pas une âme collective. Mais, en janvier 1942, lorsque la même « opération » se renouvelle et que les officiers du camp sont conviés à venir apposer leur signature sur un Livre d'or destiné au Maréchal, très peu se dérobent. Selon l'abbé Flament, l'adhésion, à trois exceptions près, fut unanime et nul ne songe à nier d'ailleurs — parmi ceux qui s'opposeront plus tard à Pétain — que, pour mille et une raisons, les camps aient été longtemps favorables au Maréchal [15].

Il y aura donc des « journées Pétain » ; des loteries de camps, dont la première tranche s'appellera « tranche Maréchal Pétain » ; des phrases du Maréchal dans certaines baraques et, parmi toutes les phrases reproduites, la plus souvent citée est sans doute celle qui ouvre sur l'espérance : « Prisonniers, mes amis, c'est sur vous que je compte pour être l'aile marchante du grand mouvement de redressement national, le véritable ciment de cette unité française que j'ai le devoir de maintenir. » Il y aura des messages lus, non seulement officiellement devant tous les captifs assemblés, mais encore commentés, au milieu d'auditoires généralement sympathisants, par des propagandistes bénévoles ou — cela arrive — par des hommes qui espèrent se faire « bien voir » et accélérer leur rapatriement ; des envois conformistes ou touchants, cannes sculptées, adresses de confiance enfermées dans un bâton aux sept étoiles, poèmes enluminés, maquettes de navires ou

15. Ce n'est qu'à l'occasion du 1er janvier 1944 que le nom de Pétain disparut de l'article traditionnellement publié par le journal du camp : *Écrit sur le sable*.

Le colonel Malgorn, doyen de l'oflag II D, remarque de son côté, dans un rapport sur le Cercle Pétain de son camp, qu' « à partir de novembre 1942... le courant d'opinion qui se dessinait dans le camp, sans prendre encore une forme active, sauf dans les conversations, eut pour effet de mettre en veilleuse le Cercle Pétain dont on conserva cependant les apparences extérieures, comme auparavant ».

d'avions qui ont, dans les salons de Vichy où sont rassemblées les « offrandes », la place d'honneur ; et cette montre, toute simple, cadeau des prisonniers du Doubs, que Philippe Pétain conservera avec lui jusqu'à la mort ; des fêtes de charité organisées à l'intérieur du camp, pour le Secours national, les captifs dépouillés se dépouillant à l'intention des pauvres de France.

La propagande éclate partout.

Grâce à cette chanson *Mon petit papa, quand tu reviendras*[16], émouvante, malgré sa naïveté fabriquée, dont le texte court les camps.

Mon petit papa quand tu reviendras
Ah ! la belle, la belle, la belle journée,
Je cueillerai des fleurs pour toi,
Tu me prendras dans tes bras,
Ce seront des rondes folles,
Chez nous le bon vin coulera,
Et chacun s'embrassera.

Chanson qui bouleversa jusqu'aux plus lucides et qui, imprimée, véhicule, au verso, quelques-uns des slogans de la propagande pétainiste.

C'est à un redressement intellectuel et moral que d'abord je vous convie

Philippe PÉTAIN

Groupons-nous et consacrons-nous à cette œuvre de salut de toutes nos forces

Nous maintiendrons
Pavillon HAUT !

Travail, Famille, Patrie
Telle est la tâche à laquelle nous vous convions

Tel est le but de
Pavillon HAUT !

16. Paroles de Jean Nohain, musique de Paul Misraki.

Des milliers, des dizaines de milliers de prisonniers écrivent au Maréchal. Parmi tant de lettres, voici celle de l'abbé Dillard, qui mourra dans un camp de concentration. Il écrit après Montoire et son message traduit, sans doute fidèlement, l'opinion de bien des deuxième classe, ses codétenus, pour qui la valeur d'un acte politique se juge à l'influence qu'il peut avoir sur la libération.

« Monsieur le Maréchal... C'est un poilu quelconque, un poilu inconnu prisonnier qui, du fond de son stalag, vous écrit... Voyez-vous, M. le Maréchal, je ne sais pas si je me trompe, mais je me fais de vous une image très familière... On peut bien dire que vous avez conquis les plus farouches. Vous êtes un chef, il n'y a pas de doute, vous savez parler en chef et mettre de l'ordre dans le pays. Il le fallait, il le faudra encore. Mais vous êtes un père aussi et vous savez parler en père.

« Et puis, nous autres, prisonniers, on se rend compte que vous pensez à nous... Vous ne vous êtes pas résigné à notre captivité... Si vous êtes venu à Montoire, si vous avez noblement « surmonté notre défaite » comme vous dites, pour tendre la main au vainqueur, c'est en pensant à nous que vous l'avez fait...

« Nous autres prisonniers, on ne sait pas grand-chose... Mais on vous fait confiance M. le Maréchal et vous pouvez compter sur nous. »

Ce sont des idées identiques qu'exprimera — en bien mauvais vers — un recueil de sonnets vendu en zone libre « au bénéfice des prisonniers de guerre ».

Le beau navire France *allait bientôt sombrer*
Sans pilote, il errait sur une mer démente
Des tas d'inconscients, sans force résistante
Et manquant à l'honneur, cherchaient à le livrer!
Parmi d'aigus récifs il allait s'enferrer
Quand Pétain se leva, tenace en la tourmente...

Ce sont des idées à peu près identiques que développent l'immense majorité des journaux de camps, beaucoup affichant en première page, près du titre, une photo ou un portrait du Maréchal. Ces journaux sont-ils inspirés, télécommandés ? Non, ils vont, simplement, dans le sens du vent. Francis Ambrière qui, avec quelques camarades, crée un journal [17] qui, jusqu'à sa suppression, au onzième numéro, le

17. *L'an quarante,* vendu dix pfennigs, quatre pages grand format. Tirage, 8000 exemplaires.

29 mai 1941, n'écrira jamais le nom de Pétain, ne fera aucune allusion à la collaboration ou à Vichy, pourra légitimement demander, en faisant allusion à son non-conformisme : « Combien de journaux de captivité pourraient en dire autant ? »

Bien peu, en effet...

Ce sont des idées naturellement conformistes que développent les « Cercles Pétain » qui se créent dans la seconde moitié de 1941 et dont le nom dit assez le but. Conférences sur la Révolution nationale, affichages, envois de messages de fidélité au Maréchal. L'activité des Cercles Pétain et leur orientation dépendent essentiellement, en vérité, du caractère et de l'opinion des officiers qui les dirigent. Dans tel camp, l'action est concentrée sur les questions sociales ou folkloriques ; les provinces se trouvant, à la suite de la défaite, et presque au même titre que la religion, remises à l'honneur. Dans tel autre, le bruit court qu'il suffit de s'inscrire pour être porté sur la liste des libérables.

Ici, les adhérents sont nombreux. Là, le journal du stalag X A signale — mais c'est en septembre 1942 —, alors que le nombre des inscrits dépasse 6500, que « trop de camarades restent indifférents [18] ».

Dans certains camps, il est décidé (II D), pour éviter toute tentative de « récupération » par des partisans de la collaboration, qu'il n'existera pas d'adhésion individuelle et que le Cercle sera implicitement constitué par tous les officiers et systématiquement dirigé par le doyen du camp.

Pour les uns, les Cercles Pétain constituent la meilleure manière d'aider et de soutenir le Maréchal mal entouré, soumis aux pressions allemandes. D'autres vont beaucoup plus loin. Le général Didelet qui arrive au camp de Stablack, en Prusse-Orientale, où 3500 aspirants prisonniers ont finalement été regroupés, leur dit, le 14 août 1941 : « Ce que l'on a fait, ici, pour la première fois, c'est d'affecter un général et des officiers à un camp de prisonniers pour permettre à un chef d'État d'exercer une action sur des hommes en captivité ; ce qui se fait aussi pour la première fois, c'est que le gouvernement français charge un général d'une action politique ; j'entends, bien entendu, ce

18. Gascar indique (mais ne précise pas les dates) que le Cercle Pétain du stalag XII A ne compte que 800 adhérents sur un effectif de 40000 hommes, celui du IX C 1000 sur 26000. « Il est difficile, il est vrai, ajoute-t-il, de recruter dans les petits kommandos isolés. »

mot « politique » dans son sens noble... C'est d'un cœur ardent que, dans toutes vos pensées et dans tous les détails de votre action journalière, vous devez suivre le chef de l'État. Il ne suffit pas seulement de crier « Vive Pétain », il faut vouloir ce qu'il veut et il faut se pénétrer de sa doctrine. » Mais il ajoute, après ces banalités d'usage : « C'est la première fois de l'Histoire européenne qu'un État français, dégagé, selon le mot de son chef, des amitiés et des inimitiés anciennes, c'est-à-dire dégagé du passé, négocie avec une Allemagne nationale-socialiste dont la conception du monde est quelque chose d'entièrement nouveau... Notez qu'en des temps antérieurs un vainqueur eût aimé voir la désunion et le désordre s'installer chez le vaincu... Aujourd'hui, rien de tel, l'Allemagne semble ne rien tant désirer que de nous voir tous groupés derrière Pétain[19]. »

A Stablack, les choses sont poussées si loin que, chaque jour, a lieu, dans toutes les baraques, « le quart d'heure Pétain » au cours duquel un aspirant explique à ses camarades les idées directrices de la Révolution nationale. A l'aide des textes officiels arrivés de France, les aspirants résument ainsi la doctrine sur laquelle vivra désormais la France nouvelle : Reconnaissance de la primauté de la famille, de la hiérarchie, de l'agriculture... et de la race.

Pétain présent. Sur les murs des baraques.

Et dans les esprits.

Ceux qui n'aiment pas Vichy et sa littérature mielleuse se protègent par l'ironie ou le refus mais ne nient aucunement l'importance du phénomène Pétain, même lorsqu'ils l'attribuent à d'autres causes que politiques ou sentimentales.

Ainsi Pierre Gascar en faisant, sans doute, référence à 1942 plus qu'à l'hiver 1940-1941. « Cheval de bataille de la politique de collaboration, Pétain pénètre dans les camps. En effigie. Des milliers de portraits du chef de l'État sont envoyés de France à l'intention des

19. Le général Didelet poursuit par une apologie de l'Allemagne nationale-socialiste et du chancelier Hitler, en évoquant sa visite à Paris en juin 1940. « L'a-t-il fait (ce voyage) pour ironiser sur certains aspects frivoles de la vie de notre capitale ou pour nous humilier par un triomphe ostentatoire ? Que non pas, il a été contempler les monuments de notre art, il est allé se recueillir devant le tombeau de Napoléon... » Le général Didelet, il faut le noter, constitue une exception.

prisonniers. Les biscuits de soldat, les chocolats, les boîtes de « singe », les paquets de cigarettes frappés de la francisque ont précédé cette iconographie et, on doit le reconnaître, inspiré aux prisonniers quelque reconnaissance pour ce vieillard si attentif à leur malheur ».

De son côté, Francis Ambrière, après avoir noté que l'influence du Maréchal « a obscurci le devoir et rendu confuses les notions les plus claires, jusqu'à celle-ci que l'Allemand fut l'ennemi », mais aussi qu'avec « trois ou quatre ardents gaullistes » il tolérait « avec une gêne obscure l'existence de l' « État français » et [n'était] pas loin d'envisager à de certains moments qu'entre Londres et Vichy il y eût connivence », signale l'influence des colis enturbannés d'images de propagande [20] et conclut en affirmant : « Lorsqu'on s'adresse aux gens par le ventre, on ne saurait en attendre des réactions éthérées. »

La seule reconnaissance serait-elle celle du ventre ?

Non, sans doute. Mais elle n'est pas négligeable chez des hommes manquant de tout et qui, de familles manquant souvent de tout, ne peuvent attendre qu'une aide précaire.

Sans doute a-t-on publié dans la presse des listes permettant de confectionner le colis idéal d'un ou de cinq kilos, celui qui fait voisiner quatre bouillons Maggi, une pipe, deux boîtes de maquereaux à l'huile, une savonnette, une boîte de biscuits « Gondolo », deux crayons, une boîte de marmelade, un passe-montagne [21], mais cette

---

20. « Si nous n'avions rien à redire, au contraire, à la bande tricolore qui enveloppait ces colis, le portrait du Maréchal qui se trouvait à l'intérieur éveilla notre méfiance. C'était vouloir gagner notre adhésion par les tripes et utiliser l'argent des Français à des fins de déification personnelle qui rappelaient fâcheusement les méthodes d'Hitler. Par la suite, ces photos se multiplièrent. Nous eûmes Pétain rose et or, à cheval ; Pétain tiré en noir, dans le parc de Vichy, en train d'embrasser une fillette ; Pétain en sépia, accoudé à son bureau et prononçant une apostrophe aux prisonniers autographiée sous le portrait ; Pétain en 9 × 11,5, Pétain en 16 × 18, Pétain en quart et demi colombier. » *(Les Grandes Vacances.)*

21. On indique également ce qui est interdit : argent, explosifs, armes, grands couteaux de poche, ciseaux, vêtements civils, boussoles, sacs de tourisme, cartes géographiques, lampes électriques, briquets, bougies, allumettes, encre, papier carbone, cirage, alcools, etc.

A partir de janvier 1941, les envois de colis qui se faisaient librement dans le cadre d'une réglementation assez souple sont strictement contingentés. Ils ne peuvent plus être effectués — en nombre limité, un colis de 5 kg ou deux de 2 kg par mois — qu'à l'aide d'étiquettes distribuées dans les camps.

litanie à la Prévert ne fait pas sourire des femmes qui se débattent dans d'effroyables difficultés financières, souffrent, comme tous les Français, de la pénurie de ravitaillement et sont souvent dans l'incapacité d'acheter « au noir ». A la fin de l'année 1940, en effet, une femme de prisonnier parisien, sans ressources et avec trois enfants, touche 28,50 F par jour de l'État (environ 30 francs de 1977). Comment vivre, comment se procurer les denrées du colis du prisonnier lorsque la viande de bœuf est à 22 francs la livre, la botte de carottes à 4,50 F ?

Même si le Maréchal, dont « toutes les misères touchent le cœur », comme l'écrit *Le Petit Parisien* du 7 décembre envoie des secours à quelques femmes de prisonniers. 1 200 francs, par exemple, à une mère de famille de quatre enfants qui n'a que 813 francs d'allocations par mois pour vivre, somme qu'il fait également porter à 1 013 francs. Le miracle de la charité et de l'amour sera tel, cependant, qu'au mois de décembre un seul stalag, le VII A, reçut 250 000 colis, certains envoyés par des écoliers et des écolières qui s'étaient institués parrains et marraines de prisonniers, récoltant à leur intention qui deux cigarettes, qui une barre de chocolat, qui, encore, trois morceaux de sucre...

Jours bénis que ceux où les colis arrivent en nombre ! Ils occupent une place de choix dans le journal que tiennent de nombreux prisonniers.

« *15 novembre.* Nous avons fait une orgie hier, dont voici le menu, écrit Roger Martin : potage Saint-Germain, Bourguignon bordelais (du singe avec des oignons, des lardons, de la sauce tomate et une boîte de cèpes), ensuite nouilles, fromage et crème au chocolat, c'est indécent !... »

Après avoir rétrospectivement évoqué les mauvais jours, les repas faits de bouillon clair, Martin ajoute : « Ce soir, j'ai pu me payer le luxe de ne pas manger ! »

Peu nombreux ceux qui peuvent en dire autant et il est bien évident que l'État doit compléter les envois des familles.

A l'instant du bilan, le député Scapini, à qui Pétain a demandé, à la fin de 1940, de devenir son ambassadeur auprès des prisonniers, malgré sa blessure de guerre (il est aveugle) ou à cause de sa blessure (« C'est un atout majeur, elle impose le respect », lui affirme-t-il), indiquera qu'au 1er janvier 1942, 750 000 couvertures, 620 000 paires de draps, 630 000 paires de chaussures avaient été envoyés dans les camps ; qu'entre le 1er septembre 1940 et le 1er juillet 1944 le gouvernement français a fait parvenir 97 875 tonnes de vivres à l'intention de captifs.

Ni le poids ni le nombre des photos de Pétain, n'ont été comptabilisés...

Mais s'il est vrai que la propagande est rarement absente des gestes de l'État, il est vrai aussi que les prisonniers sont sans cesse présents à l'esprit du Maréchal. En dehors des messages prononcés ou écrits à leur seule intention, Philippe Pétain évoque leur sort dans ses allocutions des 13 août et 8 octobre 1940, dans celle du 30 octobre, qui fait suite à Montoire et dans laquelle il peint en un peu plus bleu un ciel qui sera toujours plus noir : « Ainsi, dans un avenir prochain, pourrait être allégé le poids des souffrances de notre pays, amélioré le sort de nos prisonniers, atténuée la charge des frais d'occupation » ; dans son appel du 10 novembre, dans son message de Noël et dans celui de fin d'année.

Lorsqu'il affirme, le 8 octobre, « le sort de nos prisonniers retient en premier lieu mon attention », les mots traduisent certainement les intentions du cœur.

Déposant au procès du Maréchal, le général Campet déclarera que les prisonniers constituaient sa « préoccupation constante » et que, de leur côté, « au moins jusqu'en 1942 », ils ont envoyé « des milliers et des milliers de lettres de remerciement et d'attachement ».

Quant à Du Moulin de la Barthète, il estime qu'un tiers de l'activité du Maréchal allait aux prisonniers ; et ajoute : « Nous ne pensions qu'à leur seule libération prochaine (ce fut l'une des seules excuses de Montoire). Nous en pressions les étapes — pères de quatre enfants, cadres du service de santé, anciens combattants de 1914-1918, fonctionnaires des P.T.T., ouvriers mineurs, pupilles de la nation — avec une hâte fiévreuse. Il nous les aurait fallu tous et tout de suite. » Obstination qui n'est pas sans récompense. Sur les 427 000 prisonniers libérés entre 1941 et 1944, plus de 220 000 le furent dans la seule année 1941 et le Comité International de la Croix-Rouge, étudiant la situation des différents prisonniers de guerre durant les hostilités, place les Français en seconde position, immédiatement derrière ces « prisonniers privilégiés », ressortissants anglais ou américains dont les pays détiennent des prisonniers allemands. Viennent après les Français les Norvégiens, puis les Belges et les Hollandais, puis les Polonais, les

Yougoslaves, les Grecs, enfin, tout en bas de l'échelle des valeurs et des traitements, les Soviétiques.

Énumération qui ne donne qu'une piètre idée de la réalité et des différences existant entre des hommes appartenant tous au même univers des K.G.

Lors de l'épidémie de typhus de 1942, 100 prisonniers français succomberont... et 450 000 Russes !

9

L'ARMÉE DU SALUT ?...

« Avant d'examiner comment on se servira d'une armée, il faut d'abord en avoir une. »
Gerhard von Scharnhorst, en 1808.

Le lundi 29 juillet, le commissaire de police de Vichy fait enfoncer la porte du domicile de M. et Mme Véry dont, depuis plus d'un mois, la famille est sans nouvelles. L'homme et la femme sont étendus sur leur lit. Asphyxiés au gaz d'éclairage. M. Véry, négociant dans la vie quotidienne, mais officier de réserve, a revêtu son uniforme de capitaine. Près du couple, une lettre datée du 19 juin dans laquelle M. Véry explique ce double suicide : ni sa femme ni lui n'ont pu supporter la mort récente de leur fille non plus que le choc de la défaite...

A travers la France, du chirurgien Thierry de Martel à M. et Mme Véry, ils sont ainsi quelques-uns à préférer la mort à la honte du désastre.

Certains se suicident à l'annonce de l'armistice.

Beaucoup pleurent. D'autres, en plus grand nombre peut-être, qu'il s'agisse de ces soldats qui ont échappé à la capture ou de ces civils, dont l'armée allemande n'a pas atteint les refuges, se réjouissent ouvertement.

Le capitaine de Vibraye, qui appartient à la 3e division légère de cavalerie, écrit le 27 juin que la signature de l'armistice a été « appréciée avec bonheur et gaieté » par tous ses hommes. Gaieté... Le mot est bien écrit. Le lendemain matin, à l'aube, les mêmes soldats, si le terme s'applique encore, assistent, les mains dans les poches, débraillés, indifférents, au passage d'une longue colonne allemande qui va occuper ses positions sur la ligne de démarcation.

Quelques jours plus tard, sous la plume du même de Vibraye, qui accompagne le commandant de Talancé jusqu'à la gare d'Agen, la troupe, ou ce qu'il en reste, sera devenue « une foule ignoble ». « On a honte d'être encore en uniforme pour voir cette tourbe militaire que l'on sent à la fois exaspérée et habitée de tous les mauvais instincts de la bête humaine.

« C'est douloureux et profondément attristant ; nous nous demandons si, descendus si bas, nous n'assistons pas à une bravade à rebours... et si ces soldats ne font pas tous, entre eux, une surenchère à la déguenille et à l'air voyou.

Il y aura des officiers tués par leurs hommes au dernier moment... lorsqu'ils tentent de sauver l'honneur et que l'honneur n'est plus qu'un mot vide de sens pour des soldats qui lui préfèrent la capture. A l'exemple du canonnier Fernand B... qui, le 20 juin 1940, abat, près de Tantimont, le lieutenant-colonel Charly d'une balle dans le dos.

Charly, dont l'unité retraite depuis la ligne Maginot n'a-t-il pas donné l'ordre de mettre les pièces en batterie et, pour tirer sur les Allemands, d'aller à la recherche de munitions précédemment enterrées ?

— Je me trouvais dans un des camions chargés de la corvée, déclarera Fernand B... lors de son procès [1]. Tout à coup, un de mes camarades, dont je ne puis me souvenir, me tendit un mousqueton déjà armé en me disant : « Prends-le et descends le colonel, cela nous évitera le massacre ». J'ai épaulé, j'ai tiré sans me rendre compte de ce que je faisais. »

Le meurtre se déroule, en tout cas, sans susciter la moindre

1. Procès jugé en avril 1949. Fernand B... sera condamné à cinq ans de prison et à la dégradation militaire.

Le soldat Arnould, qui se trouvait dans le même camion que Fernand B..., viendra dire à la barre :

— Lorsque le coup est parti, je me suis retourné : B... était couché avec son mousqueton en main.

— Vous n'avez rien dit par la suite ?

— Non.

— Vous trouviez cela normal ?

— Les gradés étaient autour. Ils ont vu. Personne n'a rien dit. A dix mètres, quand on entend un coup, tout le monde se retourne, c'est instinctif. Il y avait des officiers, cela ne me regardait pas. Personne n'a réagi.

désapprobation des témoins directs (officiers et soldats), plusieurs dizaines d'hommes fatigués, battus avant de s'être battus[2], heureux d'être faits prisonniers quinze minutes plus tard par quatre ou cinq cyclistes allemands qui les délivrent du souci d'une enquête ou du poids d'un remords.

Il y a cela. Oui, il y a cela. Soldats fuyards. Officiers qui abandonnent leurs hommes. La déroute n'a jamais qu'un visage : hideux. Mais, et le drame de la mi-juin 40 le fait trop souvent oublier, la déroute a été précédée d'une rude bataille au cours de laquelle beaucoup ont fait leur devoir.

Parlant à Dakar, le 29 septembre 1940, devant les officiers de la garnison, le général Weygand dira :

— Nous ne connaissons pas le nombre de nos morts : quand nous le connaîtrons, nous verrons la grandeur du sacrifice.

Nous connaissons, nous, aujourd'hui, le nombre des soldats tués pendant les cinq semaines de la bataille pour la France : il s'élève à 92000. « Cadence » insupportable si elle s'était poursuivie. « Cadence » supérieure à celle de la Grande Guerre, puisque ce taux de perte représenterait un million de morts au moins pour une année de combats[3]. Ah ! certes, tous les soldats ne sont pas tués dans le corps à corps, à l'assaut ou encore au moment où leurs défenses sont submergées ; l'avion et la mort vont chercher certains très loin à l'arrière ou sur les routes de la fuite.

Il n'en est pas moins vrai que cette guerre perdue eut ses héros même si leurs visages sont brutalement effacés, en juin, par les visages gris de peur d'hommes qui abandonnent leurs armes ; en juillet, par les visages, rouges de bonheur et de vin, d'hommes que la mitraille et la capture ont épargnés et qui n'ont encore aucune idée de la honte et des malheurs à venir.

D'ailleurs, les morts se rappellent longtemps encore au souvenir des vivants.

---

2. L'unité de Charly n'a eu, le 20 juillet, ni tué ni blessé. Le colonel Charly a certainement menacé de Conseil de guerre des fuyards retrouvés dans une cave de Tantimont et peut-être certains de ses hommes qui ne voulaient plus obéir aux ordres sous prétexte que l'armistice allait être signé. L'officier responsable du groupe du canonnier Fernand B... ne fera même pas procéder à une inspection des armes.

3. La bataille de l'Artois qui se déroula pendant un même laps de temps (9 mai-16 juin 1915) nous coûta 35000 tués. Pour toute l'année 1915 l'armée française eut 309000 morts.

Sur toute la côte française, on fait une funèbre cueillette.

Le 13 juillet, sur la grève de Porspol, près de Plouarzel, on trouve les corps d'Amédée Le Berre, qui habitait Treffiagat ; de Robert Desmet, de Penn Ar Roz ; d'Henri Maréchal, de Paimpol ; de Louis Michard, de Vannes, tous matelots du *Vauquois ;* d'autres vont s'échouer au Conquet, à Ploumoguer. Il y a ceux qui ont un nom, pour qui on peut dire des prières, dont les tombes seront longtemps fleuries. Il y a les autres. Qui est l'homme sans vêtements, ni papiers, dont le corps est recueilli près de Plougastel ? Qui dira l'identité du cadavre décomposé que François Salaun et Guillaume Le Fourn ramenèrent à Portsall ? Cette guerre est riche en soldats inconnus devant lesquels nul ne viendra jamais s'incliner puisque la défaite recouvre tous les sacrifices et les barbouille de sanie.

Les citations qui continuent à paraître au *Journal officiel,* bien longtemps après que les armes se soient tues, et alors que nos troupes sont ou captives, ou renvoyées dans leurs foyers, ou réduites à des unités mal équipées, rendent un son dérisoire. Et pourtant il est vrai que le capitaine Quinche a, dans la nuit du 16 mai, effectué un raid audacieux dans les lignes allemandes et capturé six voitures avec leur équipage ; que le capitaine Larroque s'est emparé de plusieurs mitrailleuses légères ; que l'adjudant-chef Egloff a demandé à être relevé de son emploi de sous-officier de ravitaillement du bataillon pour prendre le commandement d'une section à la tête de laquelle il s'est admirablement battu ; que le 16, le 17, le 18 juin, alors que le sort du combat ne fait plus aucun doute, il se trouve toujours, dans toutes les armes, des volontaires pour des missions qui ont l'apparence de l'absurde puisque leur résultat ne peut plus modifier le cours de la guerre.

De l'orgueilleuse armée dont les détachements avaient défilé le 14 juillet 1939 sur les Champs-Élysées pour offrir le spectacle de sa puissance, et rassurer les Français plus qu'inquiéter les Allemands, et qui s'était mobilisée tout entière en septembre, moins d'un an plus tard, il ne reste que la moitié à peu près. En piètre état.

Lorsque l'armistice est signé, près de deux millions de Français sont prisonniers. Ceux qui ont échappé à la capture (1 700 000 à 1 800 000 environ) vont être aussi rapidement que possible démobilisés[4] puisque la défaite et les exigences allemandes rendent leur présence inutile.

Le 15 novembre 1940, l'armée de l'armistice est donc constituée. Les Allemands nous ont laissé 60000 marins, 40000 aviateurs et, pour l'armée de terre, 94200 hommes dont 54460 fantassins sans mitrailleuses lourdes, ni antichars, 12320 cavaliers privés de blindés[5] mais ayant retrouvé des chevaux, 12640 artilleurs servant presque uniquement le 75 modèle 1897. A qui il faut cependant ajouter 14500 hommes pour la D.C.A. et surtout 123000 soldats en Afrique du Nord et au Levant, 32000 en Afrique occidentale française, 10000 en Afrique équatoriale. Au total donc, non pas les 100000 hommes dont on parle couramment en faisant référence aux décisions allemandes primitives, calquées sur les décisions alliées de 1919, mais 350000 environ et sans doute davantage si l'on sait qu'en Afrique notamment des formations nouvelles vont être créées : polices locales, gardes-côtes, compagnies de travailleurs qui camoufleront des unités en voie de reconstitution et qu'en France même, afin de ne pas alourdir les effectifs des unités combattantes, tous les services seront « civilisés ».

L'armée de l'armistice implantée en zone Sud comprend huit divisions[6] respectivement fixées dans un même nombre de régions militaires : Bourg (7e), Châteauroux (9e), Limoges (12e), Clermont-Ferrand (13e), Lyon (14e), Marseille (15e), Montpellier (16e), Toulouse (17e).

Quels sont les moyens, les buts, les idées, les sentiments de cette force dérisoire par rapport aux forces immenses qui étaient nôtres le 10 mai, moins négligeable cependant qu'il n'y paraît, surtout si l'on songe qu'en Afrique et en Asie la France contrôle toujours de vastes territoires, importants dans la perspective d'une longue guerre ?

La tâche essentielle des chefs de l'armée consiste sans aucun doute à la tirer de son accablement, à lui redonner de la fierté à défaut d'une vigueur véritable.

---

4. Les difficultés de transport retarderont cette démobilisation qui ne sera achevée qu'en novembre.

5. A l'exception d'un escadron de huit automitrailleuses par régiment de cavalerie endivisionné.

6. A trois régiments d'infanterie, un régiment d'artillerie, un régiment de cavalerie, un bataillon du génie, un groupe de transmissions.

Et certains officiers s'y emploient d'instinct, sans attendre les ordres, comme si la défaite constituait une manière de tremplin qui allait leur permettre de rebondir vers des horizons plus clairs.

Ainsi agit le lieutenant-colonel Malraison qui réunit le 25 juin ses officiers à Brax (Haute-Garonne) pour leur dire :

« Messieurs, vous venez d'entendre, la gorge serrée, les poings crispés, l'annonce de l'armistice.

« Le premier acte du drame est terminé.

« Préparons-nous pour le suivant...

« Dès demain, être prêts pour la revanche ! Tel est le but, à vous le choix des moyens. »

C'est lui qui, son unité étant cantonnée dans l'Ain, datera ses lettres officielles de « Strasbourg, P.C. Belley », qui fera défiler son bataillon de chasseurs aux sons d'*Alsace-Lorraine* et qui répondra lorsqu'on lui en fera la réflexion (et le reproche) : « Cette marche ne saurait être manifestement hostile aux puissances de l'Axe puisque sa partition et ses paroles furent écrites trois quarts de siècle presque avant que l'Axe ne vît le jour. » C'est lui qui saisit toutes les occasions (14 juillet, 11 novembre, fête de Jeanne d'Arc) pour associer la population aux manifestations organisées par l'armée.

Elles sont nombreuses. Et bruyantes. Tellement bruyantes, inattendues peut-être, qu'en juillet certains parlementaires, réunis à Vichy, imaginent que l'on fait manœuvrer les troupes de Clermont-Ferrand pour les impressionner, les incliner à voter pour le Maréchal et que Léon Blum lui-même fera part, lors du procès Pétain, de l'émotion qui l'avait alors saisi[7].

Il est vrai qu'à Clermont-Ferrand, où le général de Lattre vient d'arriver avec son héroïque 14e division, pour prendre le commandement du département, les défilés vont se succédant.

Défilé le 4 juillet dans la ville où, vers 19 heures, pénètrent les premières troupes.

Défilé le 7, celui qui effraiera Léon Blum. Il s'agit, la presse locale n'a laissé sur ce point aucun doute, de « rendre un solennel hommage à Vercingétorix », héros qui « lutta désespérément contre l'envahisseur et qui succomba dans l'honneur ». Toute la population de Clermont-Ferrand, augmentée de nombreux réfugiés, est présente

7. L'émotion de Léon Blum a été évoquée dans le chapitre « Tous les pouvoirs, monsieur le Maréchal ».

place de Jaude. Pour la contenir, il faut la police municipale, la police parisienne, les gardes républicains et les pompiers de Paris. Elle acclame, comme en une journée de victoire, les troupes de la 14e D.I., dont chacun remarque qu'elles sont équipées à neuf, acclame de Lattre et plus encore Weygand qui dépose au pied de la statue une gerbe nouée de tricolore et portant l'inscription « Au héros arverne, la 14e division d'Alsace ».

Défilé le 14 encore ou, plus exactement, sous un ciel embué, cérémonie aux morts devant le monument qui rappelle les sacrifices de 1914-1918.

Il sera de bon ton de se moquer, un jour, de ces prises d'armes, de ces revues au cours desquelles des généraux battus décorent des officiers vaincus, de l'étalage bruyant et presque insolent de notre pauvreté militaire alors que, de l'autre côté de la ligne de démarcation, l'armée allemande n'a qu'un geste à faire pour disperser, en avançant de quelques kilomètres, cette armée que certains n'hésitent pas à dire armée d'opérette.

En vérité, les choses ne sont pas si simples. Les soldats que l'Allemagne nous a laissés, encore faut-il qu'ils soient tirés du désenchantement, de la veulerie, de la saleté, de tous les tristes maux qui accompagnent la défaite. Avant de songer à leur redonner des armes modernes, il faut leur refaire une âme.

Lorsque le colonel Schlesser, qui commande le 2e dragons, en garnison à Auch, fait nettoyer greniers et caves encombrés de détritus ; lorsqu'il fait laver et repeindre les chambrées ; dégager les berges de la rivière ; planter des arbres et des fleurs ; organiser un club photographique, une menuiserie, une boucherie, une imprimerie ; lorsque, ayant acheté trois fermes, il les fait cultiver par des hommes qu'il entraîne, par ailleurs, à la boxe, à la natation, à la gymnastique ; lorsqu'il dit à ses troupes : « Soyons nets, impeccables, élégants. L'élégance n'est pas seulement dans un pli bien fait du pantalon, elle est aussi dans l'allure, dans la démarche. Soyons contre tous les relâchements, haïssez le débraillé », il travaille effectivement, grâce à de très humbles moyens, à la renaissance de l'armée, pour un combat dont il ne peut dire à quelle date il reprendra mais dont il ne cesse d'assurer qu'il reprendra un jour.

C'est dans cette perspective qu'il faut replacer l'accueil réservé à Casablanca, en mars 1941, au sergent-chef Hamou Ben Naati qui a perdu une jambe et les deux bras lors de la défense d'un pont. Le général Noguès est venu lui donner l'accolade et sur le port, dans sa voiture d'infirme, il passe en revue un détachement du 8e R.T.M., son ancien régiment, avant d'avoir, le 24 mars, sa photo en première page du *Figaro*.

C'est dans cette perspective qu'est créé « Jeunesse et Montagne » qui aura pour ambition de regrouper près de Chambéry et de Grenoble plusieurs centaines, puis plusieurs milliers, de jeunes aviateurs sans avions mais qui découvrent les joies des cimes et du vol à voile et dont beaucoup vivent dans l'attente de la reprise des combats.

C'est dans cette perspective qu'il faut juger les efforts du général de Lattre, commandant la XIIIe région militaire, qui a restauré le village d'Opme pour y installer, presque fastueusement, oui fastueusement au milieu de la misère de l'époque, une école de cadres dont, orgueilleusement, il fait admirer les travaux, mentionnant qu'ils sont menés à un véritable rythme de guerre (quinze et même, parfois, dix-huit heures de labeur presque continu en période de pointe), entraînant ses visiteurs de la section de maquettisme à la section de jardinage, de la chorale à la section de composition typographique.

C'est dans cette perspective, encore, qu'il faut juger la fête militaire donnée, aux arènes de Nîmes, le 4 mai 1941 par le 7e régiment de chasseurs à cheval et le 10e régiment d'artillerie coloniale. Si l'on refuse de voir l'époque telle qu'elle est, et les Français tels qu'ils sont, on ne comprend rien à l'enthousiasme et à l'émotion des 25 000 spectateurs (chiffre énorme), émotion, enthousiasme hors de proportion avec le spectacle proposé : concours hippique, jeux équestres et même cette course de chars qui se déroule sur un sable qui en avait vu d'autres. En vérité, ce qui bouleverse les assistants, ce sont les présentations des étendards, les sonneries, les *Marseillaise*. « Outre son but de solidarité nationale[8], dit l'un des commentateurs de la journée, cette manifestation visait à éveiller chez les jeunes Nîmois le goût du sport hippique et à exalter chez tous les spectateurs l'amour de la patrie et la confiance en son avenir. »

En première page du programme, une photo du Maréchal.

Car l'armée est « maréchaliste ». Sans discussion.

Habitée par le souvenir de Verdun et de la guerre gagnée en 1918, comment ne verrait-elle pas, en 1940 et même plus tard, dans le

8. La fête est organisée au profit des Soupes d'entraide.

maréchal Pétain, le seul chef capable de travailler efficacement à sa renaissance morale, à sa reconstitution matérielle avant qu'elle ne puisse, un jour, reprendre un combat qui n'aura ainsi été qu'interrompu ?

L'armée épouse donc naturellement les mots d'ordre de la Révolution nationale. D'ailleurs, hiérarchie, ordre, discipline, ils ne sont guère différents des mots d'ordre habituels à toutes les armées du monde et de ceux que beaucoup d'officiers, déçus par la France de 1936, regrettaient de voir quotidiennement bafoués ou négligés.

Voici le compte rendu de la cérémonie du salut aux couleurs par le IIIe groupe du 2e régiment d'artillerie au Centre des jeunes travailleurs de Grenoble. Le style est un parfait reflet des ambitions et des illusions de l'année 1941 dans ce morceau de France que les Allemands laissent libre encore [9].

« Le matin était clair, le Centre en fête, le bâtiment décoré de drapeaux et de banderoles, les jeunes chômeuses en effervescence !

« Au milieu du jardin le mât est dressé. Les cent cinquante jeunes travailleuses, uniformément vêtues de robes claires, jambes nues, bras nus, têtes nues, soigneusement rangées, attendent.

« A l'heure exacte, la troupe débouche, superbe, au son des trompettes, s'arrête, fait face et présente les armes.

« L'impressionnante cérémonie se déroule.

« Deux jeunes chômeuses lorraines, immobiles au pied du mât, portent dans leurs bras les plis du pavillon.

« Un jeune lieutenant, ganté de blanc, va envoyer les couleurs.

« Les trompettes sonnent à l'Étendard.

« Les couleurs montent dans le ciel.

« Mais la cérémonie se poursuit · les jeunes filles et les canonniers alternent, en chantant ces chansons nouvelles, qui resteront liées dans l'Histoire à notre relèvement national.

« En quelques mots vibrants et simples, le chef d'escadron les commente une à une : La Fleur au chapeau, le Vieux Chalet, puis le couplet du Maréchal : Amour sacré de la Patrie.

« Quelle ardeur dans ces jeunes voix.

« Que de foi dans ces jeunes cœurs. »

Que dit le commandant de Vergeron dans son allocution ? Rien qui ne soit étroitement calqué sur la littérature du moment. Mais à

9. La cérémonie dont il est question eut lieu le 28 juin 1941.

l'écouter, tant son langage est naïvement cocardier, profondément pétainiste, on imagine qu'il laisse parler son cœur plus qu'il ne suit un canevas fabriqué.

Après avoir exalté l'armée nouvelle, qui ne ressemble nullement aux troupes défaites et débandées de juin 1940, « ayant tout abandonné, casques, armes, postes de combat et qui fuyaient chargées de bidons de vin et parfois d'un honteux butin », Vergeron célèbre la France de la Révolution nationale et trouve cette formule surprenante pour qui se souvient que le Maréchal est dans sa quatre-vingt-cinquième année.

« La France jeune renaît.

C'est la France du Maréchal ! »

Et puis voici sa conclusion. Elle ne s'adresse pas aux soldats mais aux jeunes chômeuses. L'armée se mêlant de tout dans un pays où, l'armistice signé, elle a, prenant prétexte de la désorganisation administrative, mis un général à la tête de chaque département, un colonel à la direction de chaque arrondissement, un commandant ou un capitaine dans chaque commune [10] ; où, par le biais des « écoutes téléphoniques », elle s'est instituée gardienne du moral de la nation ; où l'amiral Darlan place des marins aux postes essentiels [11] ; où le sacre du Maréchal a quelque peu rejailli sur tous les porteurs de galons, oui, l'armée se mêlant de tout, pourquoi ne s'occuperait-elle pas aussi de morale familiale dès l'instant qu'elle rejoint, ou croit rejoindre les vœux du chef de l'État ?

Voici, fortement martelées, les dernières paroles du commandant de Vergeron. Elles illustrent la devise « Travail, Famille, Patrie » et jettent, sur un passé récent, un jugement qui est celui des prêtres en chaire comme des professionnels de la littérature pétainiste.

« Devenez vite de bonnes ménagères,

« Soyez de généreuses jeunes Françaises.

« Il n'est pas de jeune fille saine, honnête, laborieuse et gaie qui ne trouve un bon mari.

« Et le soir, au retour de cette lutte quotidienne qui est pour

---

10. Interrogé sur ces nominations le 21 juin 1949, le général Weygand dira que ces autorités de substitution n'étaient pas restées longtemps en place, car elles étaient entrées « en conflit assez vite avec l'autorité civile ».

11. Pour mémoire, rappelons que l'amiral Decoux sera nommé gouverneur général de l'Indochine, l'amiral Esteva résident général en Tunisie, que l'amiral Bard deviendra préfet de police, l'amiral Platon ministre des Colonies, le vice-amiral Fernet secrétaire général de la présidence du Conseil, etc.

l'homme la vie de tous les jours, vous serez le réconfort de vos époux.

« Vous aurez conservé le foyer avenant.

« Vous aurez gardé votre fidélité, votre sourire.

« Vous serez la récompense après l'effort,

« Votre vie sera une vie de bonheur.

« Trop de femmes, voyez-vous, en France, ont méconnu ces devoirs ; leur influence sur les hommes a été désastreuse.

« Elles étaient molles, geignardes, volages, vaniteuses et trop souvent inféconds.

« Le résultat ne s'est pas fait attendre.

« La mollesse est devenue générale.

« L'égoïsme, la loi.

« Et la France s'est effondrée, réduite à l'esclavage.

« Est-ce ça que vous voulez ? Non ! Non !

« Vous serez tout autres, jeunes filles !

« Vous serez saines, honnêtes, énergiques, travailleuses et gaies.

« Vos foyers seront unis.

« Vos foyers seront féconds.

« Vous serez la Femme d'un seul Homme.

« Vous serez des épouses vaillantes.

« Vous serez des mères de soldats.

« Vous serez les mères des futurs héros.

« La situation l'exige.

« Le Maréchal vous le demande.

« Faites-le pour la France, jeunes filles,

« Et faites, en même temps, votre Bonheur ! »

La dénonciation du matérialisme n'est donc plus l'apanage des pasteurs ou de certains journalistes. Lorsque, en juillet 1940, le colonel Laborderie fait ses adieux à son unité réunie à Dunières (Haute-Loire), il va plus loin encore que le maréchal Pétain dans la dénonciation des erreurs passées et des mensonges « qui nous ont fait tant de mal ».

« Depuis cinquante ans[12], dit-il à ses soldats, une vague de

12. Cinquante ans... Le colonel Laborderie fait remonter, en se trompant de dix ans, les malheurs de la France au ministère Waddington (1879) qui procéda à de nombreuses épurations militaires et administratives et dans lequel Jules Ferry entreprit une lutte ardente contre le cléricalisme, lutte marquée notamment par l'expulsion des jésuites, et qui se poursuivra des années durant.

matérialisme a submergé la France en ruinant petit à petit les croyances les plus sacrées et en apportant un appétit de jouissance. Il n'y avait plus de devoirs, chacun ne parlait que de ses droits. »

Les soldats de 1914-1918 trouvent certes grâce devant lui mais très vite, estime-t-il, « le peuple français est retombé dans les mêmes erreurs ». « Aucun programme constructif et noble. » Les recettes? L'union, l'action constructive, la discipline « au service d'un idéal commun », et surtout la foi en Philippe Pétain.

Les mêmes thèmes sont repris par tous et partout.

Lorsque le 18e régiment d'infanterie cherche à recruter des jeunes gens, sur quel argument fonde-t-il sa propagande? Sur sa fidélité au Maréchal. « Il (le régiment) répond maintenant « présent » à l'appel du maréchal Pétain et travaille de toutes ses forces, de toute son âme au relèvement physique et moral du pays, à la Révolution nationale. »

Les directives du général de Lattre de Tassigny rendent — en septembre 1941 encore — un son parfaitement conventionnel... même si, militairement, leur esprit est assez révolutionnaire. Et c'est de Lattre que le ministre espagnol des Affaires étrangères, Serrano Suner, montre « visiblement empressé aux ordres du Maréchal » à l'occasion d'un séjour de quelques heures que Franco fait à Montpellier en 1941. Et c'est de Lattre enfin qui accueille, à Tunis, les soldats de Syrie, rapatriés en juillet et août 1941, par des paroles sans ambiguïté. « Rapatriés de Syrie, regagnez vos foyers, confiants dans les destinées de la France et de la Tunisie, et portez vos regards vers l'image sereine et magnifique du maréchal Pétain, notre guide et notre sauveur. »

Ce retour des soldats de Syrie constitue d'ailleurs une manière de plébiscite même si certains ont écrit que les rapatriés, 32 000 sur 35 000, 90 % des soldats, 85 % des officiers, ont choisi de ne pas rejoindre de Gaulle pour d'assez sordides raisons de retraite ou d'avancement. C'est au général Catroux qui, du 8 juin au 14 juillet 1941, a combattu, avec les Anglais, les troupes commandées par le général Dentz qu'il est préférable de demander son opinion sur des hommes dont il avait pu espérer, et dont toute la propagande gaulliste laissait entendre, qu'ils avaient été égarés et que, détrompés, ils rejoindraient massivement la France libre. Voici son témoignage : « Rares ont été ceux (des soldats de Vichy engagés en Syrie) qui reconnaissaient que leur patriotisme avait été abusé et que, inconsciemment et indirectement, ils avaient servi les desseins de l'Allemagne. Pour la plupart, ils restaient persuadés qu'ils avaient fait leur devoir en restant fidèles au maréchal Pétain qui avait leur serment [13]. Le Maréchal n'avait pu se tromper, ni les égarer. »

Jugement qui « recoupe » celui du lieutenant-colonel Malraison dont on a vu l'activité « résistante » dès les premières heures qui suivent l'annonce de l'armistice.

« Jusqu'en automne 1942, on peut affirmer que, à de très rares exceptions près, la totalité de l'Armée métropolitaine avait pour le Maréchal un culte d'idole. Nous avions la conviction que, par des moyens différents mais en plein accord avec la « dissidence », il nous menait habilement vers la libération et ne cessait de « rouler » l'occupant. »

Il y a cela, c'est vrai. En dehors de l'admiration, professionnelle en quelque sorte, vouée par l'armée à Pétain ; en dehors de la satisfaction de voir le régime du Maréchal rompre avec une phraséologie, des méthodes et des mœurs déconcertantes pour des militaires élevés souvent dans des traditions monarchiques et anti-républicaines [14] ; en dehors du peu de sympathie porté à de Gaulle que l'on accuse de rompre l'unité de l'armée, d'être trop à gauche et surtout d'avoir fait carrière grâce à des appuis politiques ; en dehors d'une hostilité contre l'Angleterre ranimée sitôt qu'assoupie par Mers el-Kébir, puis par l'attaque contre Dakar, et par les événements de Syrie, les officiers français imaginent que Pétain songe avant tout à préparer l'armée à la revanche.

Ils ne sont pas les seuls. Beaucoup d'Allemands le croient également.

---

13. Clause de style. Le serment ne sera obligatoire dans l'armée qu'à partir du 14 août 1941. (Acte constitutionnel n° 8 en date du 14 août.)

14. Le capitaine de vaisseau Féat, qui n'aime certes pas les Allemands, répond le 5 septembre 1940 à l'amiral Muselier qui lui a demandé de rejoindre les Forces françaises libres : « C'est avec joie que nous avons vu ce gouvernement (celui du Maréchal) remplacer la formule périmée qui ornait le fronton de nos monuments publics par un appel au Travail, à la Famille, à la Patrie. C'est avec joie que nous avons vu la C.G.T. chasser ses mauvais bergers et s'orienter vers un travail d'équipe constructif dans le cadre d'un État corporatif, que nous avons vu exiger la nationalité française des parents de nos fonctionnaires et de nos médecins. C'est avec joie que nous voyons nos religieux revenir d'exil et reprendre possession de leurs couvents, que nous voyons nos grandes colonies mises entre les mains de nos amiraux. »

Le général Hadler, chef d'état-major de l'armée allemande, tient naturellement son journal. Comment juge-t-il la situation après la victoire éclair de ses troupes ?

« *27 juillet.* Rapport sur la situation en France. Le gouvernement français n'est loyal qu'en apparence... Il faut compter que le Français utilisera toute possibilité de résistance et ne renonce pas à l'espoir de modifier sa situation.

« *1er août.* La position de Pétain est semblable à celle de Seeckt. »

Qui est ce Seeckt auquel Hadler compare Pétain ? Si les Français pouvaient lire le journal du chef d'état-major allemand, sans doute, à l'exception d'un certain nombre de militaires, ne réagiraient-ils nullement... à l'éloge. Ils auraient tort car ce général Hans von Seeckt, nommé le 5 juillet 1919 — huit jours après la signature du traité de paix — président de la Commission préparatoire de l'armée de paix, puis, en mars 1920, commandant en chef, fut le véritable réorganisateur de cette armée allemande que les Alliés s'imaginaient avoir anéantie en limitant ses effectifs à 100000 hommes, en privant ses soldats d'armes modernes. Von Seeckt réussit son œuvre, grâce à des officiers peu nombreux mais aguerris par des années de durs combats [15] et grâce à des méthodes dont certaines seront copiées par l'armée de Vichy. Il n'est pas possible, en effet, de ridiculiser en France ce que tous les historiens se sont accordés à trouver efficace en Allemagne... ces contacts permanents avec les anciens combattants, avec la jeunesse des écoles, l'exaltation des traditions, les défilés destinés non à prouver la puissance (inexistante) de l'armée d'armistice, mais à faire savoir aux foules qu'elle constitue déjà le creuset de l'armée future.

En deux années (juillet 1940-novembre 1942) et alors que la guerre continuait et s'étendait, Vichy ne pouvait accomplir le redressement que l'Allemagne avait mis dix-huit ans à réussir dans des conditions politiques très différentes, mais la direction suivie est identique à celle de von Seeckt, ou encore à celle de York, de Scharnhorst, de Gneisenau, de tous ces généraux prussiens, alliés à Napoléon par les vicissitudes de la défaite, qui travaillèrent secrètement puis ouvertement à la perte de leur vainqueur et furent les héros de ces « guerres

---

15. BENOIST-MÉCHIN dans son *Histoire de l'armée allemande* signale qu'en 1924 les 100000 hommes de la Reichswehr comprenaient 4000 officiers, 21000 sous-officiers, 30000 caporaux et seulement 40000 soldats, eux-mêmes pourvus d'une instruction qui, dans une autre armée, leur aurait valu le grade de sergent.

de libération » dont le souvenir reste toujours vivace dans l'armée allemande.

« Une nouvelle armée va naître, faible en effectifs et en moyens, elle devra préparer l'avenir et son rôle sera capital.

« Ce sont les volontaires allemands de 1813 qui ont préparé la chute de Napoléon à Waterloo.

« C'est l'Armée allemande de cent mille hommes imposée par le traité de Versailles qui a été le noyau primitif de ces Armées qui viennent de nous infliger une sévère leçon.

« Tirons de ces faits les enseignements nécessaires. »

C'est le lieutenant-colonel Malraison qui fait, dès le 25 juin, cette déclaration à ses officiers. Elle est symptomatique d'un état d'esprit comme est plus symptomatique encore l'ostentation avec laquelle le maréchal Pétain conserve auprès de lui l'œuvre de René Bouvier, *Le redressement de la Prusse après Iéna.* Petit livre de cent vingt-deux pages paru aux éditions Sorlot, à la fin de juin 1941, et qui n'est pas le fruit du hasard.

En un mois de 1806, la vieille armée allemande avait été détruite et la Prusse broyée comme, en un mois de 1940, la vieille armée française avait été détruite et la France broyée.

Six ans plus tard, le général prussien York, dont le corps avait fait partie de la Grande Armée et avait marché sur Moscou, fait alliance avec les Russes et, à la fin de février 1813, c'est le roi Frédéric-Guillaume qui lance un appel à la guerre de délivrance.

Rappelant les désastres qui avaient atteint la Prusse, les dépeignant en phrases qui auraient pu aussi bien dépeindre l'exode de juin : « La plupart des maisons avaient été pillées, on ne savait trop par qui : armées, fuyards, voisins? Des tas d'immondices emplissaient les villages » ; faisant allusion aux impôts levés par ce Corse qui « piétinait l'humanité », pour reprendre le mot de Stein, aux réquisitions qui « écrasaient les villes et les villages », comment Bouvier n'aurait-il pas fait songer ses lecteurs aux malheurs de la France occupée par Hitler ?

Évoquant les courbettes prussiennes, en 1808, au moment où le roi doit tout céder à Napoléon, citant la lettre que Stein écrit à Frédéric-Guillaume : « Si Votre Majesté signe le traité *pour le tenir,* ceci aura pour suite l'appauvrissement de la nation... Si, par contre, Votre Majesté signe le traité *pour le rompre à l'occasion...* Votre Auguste Personne ne se servira que d'une ruse contre une force brutale et scélérate », comment Bouvier n'aurait-il pas rappelé que la « collaboration » pouvait n'être qu'un acte précaire imposé par les circonstances, détruit par les circonstances ?

Enfin, étudiant, fût-ce très rapidement, l'œuvre matérielle et morale entreprise par Scharnhorst, par Gneisenau, par Grolman et par Fichte, œuvre qui portait aussi bien sur la rénovation de la petite armée laissée dédaigneusement à la disposition du vaincu que sur la résurrection d'âmes désespérées par la défaite, comment le livre de Bouvier n'aurait-il pas ranimé l'espérance, chez des militaires français nourris d'histoire napoléonienne ?

Il n'était d'ailleurs nul besoin d'un tel livre pour alerter les Allemands.

Songeant à tout ce qu'ils ont fait après 1806 comme après 1918, peut-être surestiment-ils nos ambitions et nos possibilités. Quoi qu'il en soit, et je l'ai déjà indiqué [16], ils s'inquiètent de la plus légère infraction aux accords d'armistice. A plus forte raison des infractions sérieuses. Le 11 octobre 1940, ils protestent ainsi contre l'inflation d'officiers dans l'armée de Vichy. Ils étaient 3771 le 31 août, 4601 le 10 septembre, les voici 5142 le 20 septembre alors que, selon les conventions, leur chiffre ne devrait pas dépasser 3584 [17].

Leur suspicion est attisée encore par une partie de la presse parisienne qui surveille les initiatives de Vichy et se révèle prompte à dénoncer tout ce qui peut ressembler à du camouflage d'armes et d'hommes.

Lorsque le directeur de l'École polytechnique annonce que les oraux d'examens, commencés à Bordeaux, en pleine débâcle, se poursuivront à Toulouse, *La France au Travail* [18] s'émeut. « Nous sommes inquiets et nous nous demandons si le gouvernement ne cherche pas à reconstituer une nouvelle Reichswehr formée d'officiers et de sous-officiers entraînés destinés, à quelque moment, à refaire les cadres d'une armée plus grande avec l'idée secrète d'une certaine revanche, idée qui est caressée, nous le savons, par beaucoup d'hommes politiques de la zone non occupée et même de la zone occupée... La

---

16. Dans le chapitre « Le poids des Allemands ».
17. La délégation française signale qu'en réalité il existe 6069 officiers dans l'armée d'armistice sans compter 906 officiers pour le commandement et 139 pour la garde mobile, mais que, « d'ici le 15 novembre, les officiers excédentaires seront rayés des cadres ».
18. Le 15 avril 1941.

France n'a pas à se saigner à nouveau pour entretenir une armée inutile avec des budgets de guerre impressionnants. »

Budgets de guerre impressionnants ? C'est relativement exact.

Pour 1939, la loi de finances du 31 décembre 1938 avait ouvert aux Départements militaires 39 milliards de crédits. En 1941, les crédits militaires atteindront 26 milliards, en 1942 plus de 34 milliards non compris les soldes des prisonniers (3,8 milliards), les secours aux familles des captifs (1,5), la liquidation des marchés de guerre (1,9). Sans doute, les nécessités d'une petite armée de métier, qui remplace l'armée de conscription, les exigences allemandes qui nous privent de matériel et de fortifications ont-elles inversé la répartition des crédits qui vont désormais surtout au personnel [19] mais il n'en reste pas moins que l'armée de la défaite bénéficie de crédits presque aussi importants que l'armée qui, en janvier 1939, se préparait à la guerre.

« Les cadres sont ce qu'il y a de plus précieux dans une armée. C'est par eux qu'il faut commencer. » Bouthillier, ministre des Finances de Vichy, écrit que le maréchal Pétain se plaisait à répéter le mot de Napoléon à Metternich.

Ce souci de préserver les cadres ; de conserver le contact après leur démobilisation ; de leur garantir un emploi ; d'en « camoufler » le plus grand nombre au sein d'administrations de circonstance est si évident qu'il n'échappe pas à un homme comme Marcel Déat qui, dans *L'Œuvre* du 25 décembre 1940, attaque le gouvernement de Vichy dont « le principal souci semble avoir été de recueillir, à bon escient,

---

19. En 1939 et en 1942, la répartition des crédits s'effectue de la façon suivante :

	1939	1942
Dépenses de personnel	17 %	42 %
Dépenses de matériel et d'entretien	16 %	31 %
Dépenses de constructions et de matériels neufs	65 %	23 %
Dépenses diverses	2 %	4 %

Le « prêt » du soldat passe de 0,50 par jour en 1939 à 10 francs en 1942.

Un effort important est fait en faveur des sous-officiers.

La solde annuelle des adjudants-chefs s'établit ainsi entre 12 240 et 18 000 francs, celle des adjudants entre 10 800 et 15 480, non compris les allocations familiales et indemnités diverses.

Les primes d'engagement sont de 3 500 francs pour un engagement de trois ans dans la métropole.

les milliers d'officiers de toutes armes, de sous-officiers de carrière, dont l'armée était obligée de se débarrasser, mais dont on était désireux de s'assurer les services, à des fins politiques tout au moins ».

Et, après avoir évoqué la création d'un service de la démographie qui emploiera 500 fonctionnaires, Déat pose quelques questions insidieuses. « Désire-t-on avoir, à tout moment, sous la main des renseignements utiles à des besognes de police ? Veut-on tenir en surveillance la totalité des Français, de leur naissance à leur mort ?... Est-ce un moyen ingénieux de remplacer d'un coup tous les bureaux de recrutement ? Est-ce une entreprise militaire ou civile ?... »

Il touche juste. Le Service de la démographie est, en effet, un rouage essentiel du vaste plan de remobilisation de l'armée conçu par l'état-major dans les jours qui ont suivi la défaite. Le contrôleur général de l'armée Carmille a mis en place un système de cartes perforées, ingénieux et neuf pour l'époque, qui permet de suivre chaque Français, à travers tous les événements de sa vie personnelle et familiale, et qui facilite donc, le cas échéant, une mobilisation rapide et secrète. Le Service de la démographie, créé comme organisme-paravent, sera chargé de remplir et d'utiliser les cartes perforées...

Sur Carmille, qui mourut en déportation à Dachau, Alfred Sauvy devait écrire cette phrase qui vaut pour la plupart des militaires : « Mettons-nous bien dans l'esprit du temps : comme bien d'autres patriotes, Carmille suivait alors celui qu'on n'appelait que « le Maréchal » et mettait sa confiance en lui ; la France devait passer par une phase d'accommodement, comme la Prusse vis-à-vis de la France, entre Iéna et Leipzig, et tant d'autres pays dans l'histoire. »

Ce fut, en tout cas, un grand jour pour Carmille que celui où le Maréchal, en compagnie du général Huntziger, ministre de la Guerre, et d'Yves Bouthillier, ministre des Finances, vint assister, à Clermont-Ferrand, à une sorte de répétition générale d'une méthode encore dans l'enfance mais bouleversante pour des hommes qui avaient connu les aléas des mobilisations de 1914 et de 1939.

En quelques minutes, en effet, les fiches individuelles complètes (profession, grade, spécialité militaire) des hommes d'âge mobilisable sont transcrites sur cartes perforées et « la fin de la mise en scène » comporte l'expédition des ordres de mobilisation dans des enveloppes déjà préparées.

A Carmille, appartient une conclusion qui bouleverse ses auditeurs.

— Vous mettez les enveloppes à la poste et, quarante-huit heures plus tard, vous avez une division motorisée !

Phrase certainement trop optimiste.

Comment ne séduirait-elle pas cependant des hommes qui, dès le 26 juin, ont été naturellement d'accord pour soustraire à l'ennemi le maximum de ce qui peut être soustrait et pour augmenter les capacités des faibles forces qui sont accordées à la France ?

C'est le 26 juin, en effet, — vingt-quatre heures après l'armistice — que sont envoyées, à tous les commandants d'unité, sous timbre officiel, des consignes de camouflage. Consignes renforcées par la suite, par le premier bureau de l'état-major [20] qui a reçu mission de généraliser des mesures d'abord improvisées et de préparer une mobilisation clandestine dont le principe reposait sur le doublement des huit divisions autorisées et sur la création de huit groupes mobiles pauvrement armés mais capables d'actions de guérilla.

Pour ces milliers d'hommes qu'il faudra transporter, équiper, armer, les responsables militaires dissimuleront 35000 voitures de tourisme, 11000 camions [21], 500 tracteurs, 65000 fusils, 9500 armes automatiques, 200 mortiers, 55 canons de 75, 18 de 47, 90 de 25 dans le seul hiver 1940-1941.

Lors du procès Pétain, le général Picquendar, l'un des principaux responsables de ces actions [22], pourra dire que la « récupération » aurait permis d'armer vingt-quatre divisions et que, grâce à l'appui moral du Maréchal, il put vaincre les réticences de certains services.

Armer. Renseigner. Une armée privée de service d'espionnage, ignorant les forces de l'adversaire, ses emplacements, ses déplacements, une armée aveugle, serait condamnée à l'échec immédiat. Le 27 juin, prévenant la mesure que les Allemands ne manqueront pas de prendre, le colonel Rivet décide de dissoudre le S.R... pour le reconstituer dans l'instant sous le nom de Bureau des menées antinationales, tandis qu'à Lyon s'installe, clandestinement, une « section allemande » qui, sous les ordres du colonel Sèvre, entrera très vite en liaison avec la résistance naissante.

---

20. Sous les ordres du colonel du Vigier.
21. Par le biais de compagnies de transport à qui l'armée « cédera » du matériel automobile à charge pour elles de l'entretenir et de le remettre rapidement, le moment venu, à la disposition des autorités militaires. C'est ainsi qu'en Dordogne la société Éclair passera de 5 à 687 camions.
22. Avec le commandant puis colonel Mollard.

Et, comme il n'est interdit ni d'espérer ni de rêver, le colonel Revers préparera, en mars et avril 1941, un plan de libération du port de La Pallice, près de La Rochelle, plan qui devait être exécuté par les divisions de Clermont, Châteauroux, Limoges et Toulouse dans la perspective d'un débarquement allié auquel on tendrait la main...

Évoquant toutes ces réalisations périlleuses et fatalement imparfaites, car les commissions de contrôle sont vigilantes, le général Weygand écrira avec raison qu'elles ont également permis d'augmenter le nombre, la puissance des troupes d'Afrique du Nord, leur donnant la possibilité de jouer à partir de décembre 1942, un rôle utile et glorieux.

« Pour la troupe, la première tâche est d'ordre moral et physique, plus que technique. Il faut sortir les hommes de l'obsession, suite de la défaite, et les mettre en état de devenir demain des combattants d'élite. »

La phrase est de Weygand s'appliquant à des hommes déjà façonnés par la vie militaire.

Imagine-t-on ce que la défaite représente pour les garçons mobilisés et incorporés en pleine déroute, qui n'ont connu de l'armée que le désordre des derniers jours, qui se sont trouvés jetés sans armes, mais avec des lambeaux d'uniforme, sur des routes de hasard ? Que fera-t-on de ces « soldats » de la classe 40 sans formation, sans domicile, sans travail, de ces errants à qui il arrive de se grouper en bandes de pillards ? L'armistice signé, l'armée les a rassemblés mais elle ne peut les enrôler et d'ailleurs ils aspirent presque tous au retour dans leurs foyers le jour où la circulation sera rétablie. On les gardera cependant, inventant pour eux ce qui deviendra « les Chantiers de la jeunesse », improvisation totale, réalisation de circonstance, devenue, sans doute, grâce aux qualités du général de La Porte du Theil, l'une des plus efficaces réalisations de Vichy, l'une de celles, en tout cas, qui a le mieux résisté au temps et dont les participants gardent, malgré (ou à cause) des rigueurs de la vie quotidienne, un souvenir finalement sympathique.

De quoi s'agit-il ? Tout d'abord d'arracher les jeunes à l'oisiveté de la défaite, de ces grandes vacances tristes ; de les associer, sinon au relèvement de la patrie, du moins à l'aide aux réfugiés ; de les soustraire à l'atmosphère des villes et des « bistrots », la lutte contre l'alcoolisme ayant été l'une des premières pensées et des premières préoccupations du gouvernement [23] dont la propagande, mêlant tout, affirme que c'est dans le « bistrot » « que se sont déroulées les campagnes électorales qui nous ont valu un régime électif dont le moins qu'on puisse dire est qu'il a fait faillite », mais aussi qu'il existe, en France, un débit de boissons pour 80 habitants contre un pour 270 en Allemagne, pour 430 en Angleterre, pour 770 en Suisse.

La doctrine viendra par la suite.

C'est ce que dit le général Colson, ministre de la Guerre, au général de La Porte du Theil, ancien commandant de la 40e division, lorsqu'il le reçoit, le 4 juillet, pour lui demander de prendre en main 90 000 à 95 000 jeunes.

— Faites ce que vous voulez, je vous fais confiance.

Les garçons arrivent donc par paquets de 700 à 800. Débraillés, sales, ayant souvent vendu leur équipement à des brocanteurs. Répartis, « au petit bonheur la chance », entre quarante groupements dont les Eaux et Forêts ont déterminé, de façon très imprécise, l'emplacement, puisqu'il est exclu que l'on séjourne dans les casernes, que l'on campe près des villes. Ils s'en vont donc dans des forêts, sur des terres incultes ; pour tout équipement, quelques haches, des scies, des serpes, des pioches ; pas de médecin ; un ravitaillement précaire et lointain ; des tentes qui laissent passer l'eau ; ici, une bougie par équipe et pour quatre jours ; là une boule de pain pour vingt ; ni journaux, tout au moins au début, ni radio, ni cinéma ; des vols, des pillages ; un désordre initial qui découragerait les plus optimistes et les plus courageux.

Mais, en faisant confiance au général de La Porte du Theil, on a misé sur un homme dynamique, habité de cette foi qui soulève les montagnes (image devenue réalité), riche des vertus du scoutisme et de l'armée. Les Chantiers de la jeunesse ne seront finalement ni camps scouts, ni camps militaires, leur originalité consistant à concilier les avantages (et parfois les défauts) des uns et des autres.

Dirigés par de jeunes officiers choisis parmi ceux qui viennent de prouver leurs qualités morales et physiques, les garçons des Chantiers vivent par équipes de douze, elles-mêmes rassemblées en « groupes »

---

23. Notamment par la loi du 25 août 1940 qui interdit la consommation des apéritifs titrant plus de 16 degrés. Pendant trois jours (mardi, jeudi, samedi), les alcools eux-mêmes sont interdits.

de dix équipes, dix ou douze « groupes » formant à leur tour le groupement (1500 à 2000 hommes), huit à dix groupements étant dirigés par un commissaire régional : Bousquet pour l'Auvergne ; Pourchet pour la région Alpes-Jura ; Le Mut en Provence ; de Saint-Rémy en Languedoc ; Gèze en Pyrénées-Gascogne ; Van Hecke en Afrique du Nord.

« La journée est en principe partagée en une demi-journée d'instruction et une demi-journée de travail, dit une note de propagande. Une grande place est donnée à l'éducation. La journée se termine parfois par une veillée. »

Et les horaires devraient être les suivants :

6 heures : réveil, toilette, culte religieux facultatif.
7 heures : salut aux couleurs, café.
8 heures : inspection du camp.
8 h 30 : jeux, chants, installation du camp, bricolage, séance d'hébertisme, bain, cuisine.
10 h 30 : conseil des chefs de patrouille.
11 heures : repas, temps libre.
13 heures à 18 heures : travail.
19 heures : repas.
20 heures : veillée.
21 heures : extinction des feux.

Mais il arrive bien souvent qu'ils soient bouleversés par les nécessités du ravitaillement, de l'aménagement du camp ou de ce travail de forestage qui constitue l'essentiel de la tâche de jeunes peu préparés et mal équipés pour ces travaux d'un genre nouveau[24].

L'apport de 85000 jeunes[25] à l'économie n'est pas négligeable. Il ne faut cependant pas en exagérer l'importance.

En 1942, alors que la période de rodage est depuis longtemps achevée, un seul groupement, sur 10, a 79 équipes occupées à la coupe de bois, 6 en ont entre 15 et 30, 2, 15 !

---

24. En 1941, les Chantiers produiront 451063 stères de bois de chauffage, 850172 en 1942 ; 2000 stères de bois de papeterie en 1941, 4895 en 1942 ; 7988 tonnes de charbon de bois en 1941, 13242 en 1942.

En 1941, 300000 hommes jour participeront aux travaux agricoles. Le nombre sera de 406623 en 1942.

25. Chiffres de septembre 1941.

Le général de La Porte du Theil ne cesse de presser son monde, rappelant à tous les exigences des boulangers qui manquent de bois pour leurs fours, des mineurs qui manquent de bois pour étayer les galeries, des Français qui manquent de bois pour leur hiver, mais il sait bien que le plus important n'est certes pas le travail effectué dans les forêts d'Auvergne.

Travail dont les journaux proallemands de Paris se moquent souvent. « Arracher des souches, combler des fossés, abattre des arbres, les trois quarts des jeunes flânent ou se promènent... ou étudient la possibilité de connaître, dans l'autre zone, une vie meilleure. » Comme ils se moquent de la nourriture, « matin : soupe aux choux et aux carottes ; midi : carottes et choux, le tout cuit à l'eau. De la viande ? Un repas sur quatre... », de l'installation sous la tente et surtout de la morale quotidienne, du « discours », sorte de prêche qui voudrait être à la fois un enseignement et une raison de vivre [26].

Enseignement, raison de vivre... dans la perspective de la Révolution nationale, ce sont, plus encore que le travail, les idées forces. Moins stricte que la discipline militaire, moins souple que la discipline scoute [27], la discipline des chantiers, « service national obligatoire auquel tout garçon de vingt ans est astreint pour une période de huit mois », s'est donné pour but de transformer les jeunes, d'en faire des hommes neufs. Par opposition, en quelque sorte, aux garçons débraillés, barbus (la barbe sera officiellement interdite aux Chantiers), veules dans leur tenue (on luttera contre les mains dans les poches, les vêtements négligés, les souliers sales), veules surtout dans leur philosophie, bref à l'image, bien conventionnelle, que la propagande du régime donne quotidiennement d'une jeunesse élevée dans les écoles sans Dieu, victime de l'alcoolisme et de la désunion familiale.

Par volonté de rénovation totale, par goût pour les expériences

---

26. *La France au Travail* du 25 novembre 1940. Le journaliste a interviewé un jeune qui a fui le camp Lyautey situé à Rochefort-Montagne et s'est « réfugié » en zone occupée.

27. Les brochures de propagande insistent toutes sur cette idée. Les Chantiers ne sont ni l'armée ni le scoutisme.

« *Nous ne sommes*
ni un chantier de chômeurs
ni une organisation paramilitaire
ni la milice d'un régime
ni un mouvement confessionnel
ni le libre rassemblement de volontaires groupés par une initiative privée. »

étrangères, et comme s'il s'agissait de réussir une transfusion d'âme, les chantres du régime nouveau offrent souvent, de la jeunesse, une image caricaturale.

Rien n'est épargné de ce qui était, hier, vérité.

Nul n'est épargné parmi ceux qui étaient, hier, respectables.

Un livre publié sous le titre *L'heure de la génération 40* critique violemment ET l'École, « enterrement ultime et définitif de tous les élans, de toutes les fraîcheurs », ET l'Armée « puissant instrument de désagrégation physique, morale, intellectuelle et sociale », ET la Paroisse, « froide distributrice de sacrements individuels ».

Que reste-t-il alors ? Et quelle tâche pour ceux qui, le pays aux deux tiers occupé, doivent refaire non seulement sa substance physique, mais, dans tous les domaines, sa substance morale !...

Que les instituteurs soient tenus pour responsables de la défaite c'est, on le sait, la thèse de la plupart des journalistes engagés [28].

Mais voici que les « femmes coquettes » sont, elles aussi, par les officiers, je l'ai dit [29], les professeurs, les ministres [30], les prêtres, mises au ban d'une société qui très officiellement entend lutter contre « les trois faux dogmes » : Liberté, Égalité, Fraternité, en s'appuyant sur « les trois réalités vivantes » [31] : Travail, Famille, Patrie.

A la jeunesse, Vichy offrira donc un idéal basé sur la famille, encouragée financièrement et moralement ; sur l'amour de la patrie, une patrie rendue en quelque sorte visible lors de ces cérémonies aux couleurs qui chaque jour ont lieu dans beaucoup d'écoles ; sur le développement de vertus viriles par opposition à la « vie douillette, à

---

28. Mais non de tous. Dans *Les Décombres*, par exemple, Rebatet célébrera le courage et l'honnêteté de certains instituteurs, officiers de réserve, et de gauche.

Par contre, dans *Au Pilori* (3 janvier 1941), A. de Puységur écrit : « La jeunesse de France a été pourrie jusqu'aux moelles par [l'] enseignement. Et, à l'heure de la grande bagarre, les vertus de courage, d'abnégation, de dévouement qu'elle tenait de ses ancêtres, se sont trouvées fortement amoindries. Il faut, de toute urgence, porter le fer rouge dans le ministère de l'Éducation nationale. »

29. *Cf.* p. 343.

30. Dans *Candide* du 4 septembre 1940, Joseph Barthélémy consacre un long article à « La Femme dans la France de demain », article dans lequel il s'élève contre les quarante heures et les week-ends, contre les études supérieures pour les femmes.

Parmi les très nombreuses brochures de propagande en faveur des familles nombreuses, on relève des phrases comme celle-ci : « La femme coquette, sans enfants, n'a pas sa place dans la cité... c'est une inutile. »

31. « Trois faux dogmes », « Trois réalités vivantes », les mots sont extraits d'un opuscule du Secrétariat général à la Jeunesse.

l'excellente cuisine, aux plaisirs frelatés », dénoncés comme à l'origine de presque tous nos maux.

A la jeunesse, enfin, Vichy proposera, avec insistance, l'exemple du Maréchal. Parce que Philippe Pétain rompt totalement en apparence avec un passé dont les jeunes méprisent le laxisme, le matérialisme, le scepticisme, seules raisons capables, d'après eux, d'expliquer l'effondrement de chefs qui ne portaient leurs galons que sur les épaules, il sera d'abord suivi d'enthousiasme par beaucoup de ceux que leur âge lancera ensuite dans la plus exaltante aventure de la résistance.

Il en va ainsi à Uriage [32], expérience qui a généralement trouvé grâce auprès de tous les censeurs de la Révolution nationale mais dont on oublie qu'avant sa condamnation par Pierre Laval, en décembre 1942, elle évolue dans le cadre d'un pétainisme tempéré par l'examen lucide et critique des réformes entreprises comme par le refus obstiné de toute collaboration, débordant du cadre d'un simple et nécessaire « modus vivendi ».

Aussi ne faut-il pas s'étonner que les enquêtes sociales menées par

---

32. L'École nationale des cadres naît dans l'été 40 de l'initiative de Pierre Dunoyer de Segonzac, officier de cavalerie de 34 ans, bouleversé par la défaite et qui se décide à quitter l'armée pour se consacrer à rendre une âme et des raisons d'espérer à la jeunesse.

Officiellement créée par une loi de décembre 1940, l'École nationale des cadres de la jeunesse s'installe au château d'Uriage près de Grenoble, château qui, selon Roger Stéphane, réunit « le charme des forteresses médiévales et des manoirs franco-italiens ».

Le rythme de vie de l'École associe sport et travail manuel aux exercices intellectuels et collectifs qui se prolongent en méditations fertiles d'où va naître « le style d'Uriage », style qui marquera profondément tous ceux qui passent par l'École, qu'ils y viennent comme stagiaires et futurs cadres pour les Écoles régionales de cadres ou, surtout, qu'ils participent à des sessions d'études, vécues dans un climat chrétien, mais dépouillé de tout sectarisme, au cours desquelles tous les problèmes de l'heure sont librement débattus. Dans un climat qui est, certes, celui de la Révolution nationale et Dunoyer de Segonzac, officier fidèle au Maréchal, n'admettrait pas qu'il en aille autrement, mais d'une Révolution nationale fidèle à ses origines. Si bien que toutes les évolutions politiques, tous les glissements vers le sectarisme, l'autoritarisme, l'antisémitisme, la collaboration politique avec l'Allemagne seront jugés et réprouvés, tandis que, sous l'impulsion notamment d'hommes comme Hubert Beuve-Méry, déjà engagé dans la résistance, les chances de l'Angleterre seront mieux appréciées, les difficultés de l'Allemagne mieux appréhendées.

A partir de 1943, les anciens de l'École entreront presque tous dans la Résistance. Dunoyer de Segonzac prendra, en 1944, le commandement des maquis du Tarn puis fera partie de l'armée de Lattre.

les jeunes d'Uriage, comprennent, à côté de renseignements sur le cadre de vie, l'habitat, la démographie, les ressources et les préoccupations de la population, un chapitre consacré à la Révolution nationale. « Quelle conception les gens se font-ils de la Révolution nationale ? Qu'en pensent-ils ? Leur attachement au Maréchal, aux membres de son gouvernement ?... A-t-on compris le sens de la Réforme intérieure demandée par le Maréchal ? Sens de la communauté française. Comment supporte-t-on les privations ? Que fait-on pour l'entraide entre Français ? Opinions sur le sens de l'autorité, de la liberté, du devoir, etc. »

Aussi ne faut-il pas s'étonner qu'en mars 1941, épousant les conformismes de l'époque, Dunoyer de Segonzac, après avoir dénoncé les étudiants « champions du cheveu trop long et trop gras, et en général filiformes, boutonneux et débraillés » et leurs maîtres « qui ne donnaient pas le meilleur exemple », demande que l'on désigne sans plus tarder les intellectuels de la Révolution nationale et qu'ils soient « de préférence en bonne condition physique, bons pères de famille et capables de sauter dans un tramway en marche », ni que dans un message à l'occasion de la fête de Jeanne d'Arc, il célèbre « la chance unique » que constitue, pour la France, le maréchal Philippe Pétain[33].

Si les hommes d'Uriage adoptent une position, à l'origine, aussi « classique », comment pourrait-il en aller autrement de ceux des Chantiers et de tous les autres mouvements de jeunesse qui trouvent dans les pensées et les paroles du chef de l'État comme le reflet de ce qui est (ou avait été) leur doctrine. Compagnons de France, qui ont organisé trente centres d'accueil et de mise au travail, quatorze centres de préapprentissage, trente-trois centres d'apprentissage, qui se sont donné pour tâche de faire revivre les villages abandonnés ou dépeuplés[34] et qui proclament « sur le grand chantier qui a nom « France », il y a de bons ouvriers, il y a un bon chef de chantier[35] ».

33. « Grâce à lui, poursuit-il, notre communauté surgira avec force dès qu'il y aura, en France, assez de vrais hommes pour la composer. Nous voulons, à Uriage, travailler à cela. »

34. Le chef des Compagnons de France est Guillaume de Tournemire qui fut le plus jeune capitaine de France.

35. Après avoir inspecté les Compagnons de France à Randan, le Maréchal leur dira, le 1er septembre 1941, dans un message : « Pour moi, vous êtes toujours à l'avant-garde de la Révolution nationale. » Dans le même message, Pétain faisait allusion « aux plaisirs fallacieux de la ville ».

Scouts de France, influencés par leurs aumôniers, les R.R.P.P. Doncœur et Forestier, et ne remettant nullement en cause une doctrine officielle qui s'inspire si largement de la doctrine chrétienne.

Mouvements divers évoluant désormais à l'ombre du secrétariat d'État à la Jeunesse qui, n'ayant pas d'illusion sur la « conversion » des adultes[36], place tous ses espoirs dans la jeunesse. « Parce qu'elle n'est pas encore sclérosée dans ses habitudes, parce qu'elle est une puissance et non pas encore un être défini. »

Philippe Pétain partage cette opinion.

Depuis toujours, il s'est passionné pour l'éducation.

En 1934, lorsque Doumergue lui a proposé un poste dans son ministère d'union et d'apaisement, c'est l'Instruction publique, et non la Guerre, qu'il aurait voulu obtenir. A la fin de cette même année 1934, au dîner de *La Revue des Deux Mondes,* il a dénoncé, dans un important discours, l'inquiétante situation de la jeunesse française face aux actions d'embrigadement menées avec succès en Italie fascite, en Allemagne nazie, en Russie communiste.

Entre 1940 et 1942, les champions du pétainisme, puis, à partir de 1945, ses détracteurs, se sont, avec une intrépidité égale, lancés, pour nourrir leurs thèses, sur ce discours ou, plus exactement, sur trois phrases qui mettaient en cause certains instituteurs français accusés d'élever les enfants « dans l'ignorance ou le mépris de la Patrie ».

C'était oublier que le discours constituait avant tout une mise en garde contre « les plus grandes tentatives d'éducation étatiste de l'Histoire », tentatives d'autant plus graves pour la France, mal préparée, matériellement et moralement, que la guerre moderne... « faisant participer la population tout entière aux angoisses et au danger, exige de tous, hommes, femmes, enfants, autant que des combattants, une forte préparation morale[37]. »

---

36. « Les habitudes des Français d'aujourd'hui sont telles qu'on ne peut raisonnablement espérer les amener à comprendre et à vivre les exigences de l'ordre nouveau. Les modes de pensée et de vie que suppose cet ordre nouveau sont si opposés à ceux qui ont fait la France d'hier que, pour passer des uns aux autres, une véritable « conversion » serait nécessaire. Il serait naïf de penser que cette conversion pourra être obtenue des Français adultes et habitués. » (Document du Secrétariat général à la Jeunesse.)

37. Un passage de ce discours sera vivement critiqué par la Fédération nationale des directeurs et directrices des Écoles publiques. Dans ce passage, Philippe Pétain avait déclaré : « Aujourd'hui, notre système pédagogique poursuit comme but unique le développement de l'individu considéré comme une fin

Traçant le programme d'une Éducation qui resserrerait les liens entre l'École et l'Armée, qui assurerait « à notre jeunesse le bénéfice d'une doctrine virile, exaltant l'effort collectif, l'intérêt national, les gloires et les destins de la patrie », le maréchal Pétain avait précisé qu'il ne s'agissait nullement d'imiter les expériences étrangères.

Chef de l'État, Philippe Pétain ne modifiera pas sa philosophie et c'est lui qui fera résolument échec à toutes les tentatives de mainmise sur la jeunesse, que certains auraient voulu rassembler dans un mouvement unique fortement politisé, à l'image de ce qui avait si bien réussi en Allemagne, en Italie, en U.R.S.S. mais n'avait pu réussir qu'après avoir brisé les individualités, les ambitions, les espérances.

Que pense le chef de l'État de la jeunesse ?

Il y a ce qu'il dit.

Et ce qu'il ne peut pas dire.

Au-delà de ce discours du 27 décembre 1940 dans lequel il affirme aux jeunes qu'il leur voue une « affection et une sollicitude particulière » et où, après avoir exalté l'effort, la joie, les vertus sociales et civiques, le don de soi, il déclare « je ne vous demande pas d'abdiquer votre indépendance : rien n'est plus légitime que la passion que vous avez », il voit certainement dans tous ces jeunes les troupes de l'armée future.

En évoquant le souvenir de ses rencontres avec le Maréchal, le général de La Porte du Theil m'a dit [38], faisant allusion à une journée passée en compagnie du chef de l'État dans la forêt de la Scize :

— A partir du moment où Pétain a compris que les chantiers

---

en soi. Voici même qu'ouvertement les membres du personnel enseignant se donnent pour objet de détruire l'État et la Société. Ce sont de tels maîtres qui élèvent nos fils dans l'ignorance ou le mépris de la Patrie. »

... Directeurs et directrices des Écoles publiques ayant fait savoir au Maréchal qu'ils étaient blessés par l'accusation d'antipatriotisme et que, tout en étant d'accord pour exalter l'intérêt national et la patrie, ils se refusaient à assimiler l'école à la caserne, le Maréchal leur fit répondre que, dans la phrase incriminée, « Ce sont de tels maîtres... », l'expression « de tels maîtres » avait un sens nettement partitif. Il développa ensuite son idée : l'École et la Caserne n'ont pas à être assimilées mais elles doivent, « dans le domaine de la formation morale, travailler dans le même sens ».

D'après Xavier Vallat, mais je n'ai pas d'autres précisions, il se serait inquiété de la très forte syndicalisation (à gauche) des instituteurs et institutrices.

38. En juillet 1966.

représentaient l'amorce de la reconstitution de l'armée, alors il a marché à fond. Au début de 1941, et dans les mois qui ont suivi, il m'a répété : « Refaites-moi une armée parce que j'en aurai besoin. Les Allemands n'iront jamais en Angleterre, mais les Anglais ne débarqueront jamais. Quand ils en auront assez, il faudra bien qu'ils s'arrêtent. On aura besoin d'un arbitre. L'arbitre, ce sera moi. »

Phrase en partie trop optimiste.

En partie seulement. Jamais Pétain ne sera l'arbitre qu'il avait imaginé pouvoir être.

Mais les jeunes des chantiers, ceux d'Uriage, qui n'ont jamais douté de la finalité militaire de leur service civique, comme les jeunes soldats de l'armée d'Afrique et de la petite armée de France, participeront à assez de combats pour donner raison à ceux qui s'étaient employés, malgré une extrême pénurie de moyens, à refaire une armée et des cadres moralement dignes des traditions françaises.

Loin de France, certains ne s'y étaient pas trompés.

Le général Giraud, par exemple, qui, en septembre 1940, depuis le camp de Kœnigstein où il est prisonnier, fait passer, clandestinement, à ses enfants ce message d'espoir : « Au début, il ne s'agit pas de heurter de front un ennemi qui s'est assuré la possession de notre sol et nous a totalement désarmés. Stresemann a défini la méthode à employer ; nous n'avons qu'à copier intelligemment.

« ... Rien ne ressemble au « service en campagne » comme l'instruction des scouts. Rien ne ressemble à un avion militaire comme un avion de transport[39]. »

C'était bien l'avis des Allemands.

En septembre 1940, toujours, une commission de contrôle allemande, circulant dans la région de Montluçon, aperçoit un groupe de compagnons de France « faisant des exercices militaires dans un champ ». A l'approche du convoi allemand, la petite troupe s'enfouit dans une forêt voisine, ce qui ne manque pas d'étonner les officiers de la commission de contrôle qui alertent les autorités supérieures. L'affaire est alors portée devant la commission d'armistice de Wiesbaden où les Français font tout pour la minimiser. Il ne peut s'agir, dit leur porte-parole, le colonel Vignol, que de jeux « de gamins » ;

39. Le général Weygand, de son côté, dira au général de La Porte du Theil : « Travaillez pour que ce soit une armée, mais surtout faites-le clandestinement, afin de ne pas attirer l'attention. »

d'ailleurs, les compagnons de France sont une association « dans le genre des scouts » et il ne peut exister « aucun rapport entre leurs exercices et les exercices militaires ».

Bon prince, le général Mieth, qui préside la séance, accepte l'explication... mais que l'on n'y revienne pas.

— Je suis convaincu qu'il s'agissait d'exercices plutôt sportifs, mais ce qui a frappé la commission c'est le fait que ces jeunes gens se sont cachés à l'approche des Allemands. Cela a produit un effet plutôt drôle et marque de la méfiance pour certains organes allemands. Je suis d'avis qu'il faudrait faire tout ce qui est en votre pouvoir pour éviter de pareils incidents...

TROISIÈME PARTIE

DES ADVERSAIRES BIEN ÉLEVÉS

... Qui d'autre pouvais-je appeler ? Je vous le demande ?

Paul REYNAUD.
13 juin 1947.

10

LES PREMIERS RÉSISTANTS ET PÉTAIN

Marseille. Le dix octobre 1940.

Un dominicain, le R.P. Bruckberger qui, pendant la « drôle de guerre » a combattu dans le corps franc d'Agnely et de Darnand, puis a été blessé devant Chantilly le 11 juin, s'est évadé, le 10 juillet, grâce à une soutane prêtée par un jésuite, et qui a rejoint Nice pour refaire « quelque chose » avec les rescapés de son groupe, se met à sa table de travail et commence une longue lettre à l'adresse du Dr Ménétrel mais, en vérité, à l'intention du maréchal Pétain.

La voici, intégralement reproduite. Pour la première fois. Document expliquant remarquablement, et l'époque, et les problèmes qui habitaient alors les consciences d'hommes qui, comme Bruckberger, vont évoluer et s'illustreront dans la Résistance...

R.P. BRUCKBERGER
Dominicain
35, rue Edmond-Rostand — Marseille
au
Docteur MÉNÉTREL

Monsieur,

« Je prends l'audace de vous écrire bien que j'aie une répugnance instinctive à embarrasser les gens, particulièrement les gens du Gouvernement. Je pense quand même que ce que j'ai à vous dire doit être dit. Pendant la guerre, j'ai été sergent-chef au Corps franc Agnely et Darnand. Ce dernier m'a demandé de participer dimanche dernier à la première assemblée de la Légion, à Nice. J'ai parlé des prisonniers et des morts. J'avais quelques titres à cela ayant été blessé grièvement près de Paris, puis fait prisonnier, puis évadé.

« Je ne crois pas beaucoup aux grandes assemblées. Celle de dimanche à Nice m'a profondément ému par le nombre et surtout par la gravité fière et humble de cette foule qui représentait tellement la France vaincue, mais qui ne s'abandonne pas. Quand on a hissé les couleurs ou quand on a évoqué les morts, l'unité de cette foule était faite. Il y a deux choses qui m'ont frappé : *les acclamations unanimes qui ont salué l'affirmation de notre attitude complètement antiparlementaire et contre les gens qui ont participé à ce système. La seconde chose qui m'a surpris par sa spontanéité et son ampleur, c'est l'ovation dont on a salué le nom du Maréchal. J'ai eu le sentiment que la personne du Maréchal était le seul lien vivant et réel entre l'État et le peuple de France. J'ai vu à ce moment — car j'en doutais un peu avant — que le Maréchal a toute la confiance de ce peuple, qu'il est seul à l'avoir et qu'il l'a d'une manière unique et fervente.*

« Voilà ce que je voulais vous dire. Je suis religieux dominicain. Je voudrais que mon Pays se sauve de l'affreuse détresse où il est tombé. De même que le Maréchal a fait accepter l'armistice, il est le seul à pouvoir imposer les sacrifices nécessaires et les épurations nécessaires. Je voudrais que tout cela se fasse dans la justice, une justice réelle, non verbale.

« Je suis sûr que les Légionnaires de Nice ont compris et qu'ils n'ont qu'un désir, c'est d'aller jusqu'au bout dans le service du pays. Il ne faut pas les amuser. Il ne faut pas les décevoir. Il faut les laisser parler et agir français.

« J'ai un ami à Radio-Méditerranée. Je sais que notre réunion de Nice a été soigneusement enregistrée dans l'intention d'en faire part au pays tout entier. J'ai été surpris que cela ne se fasse pas puisqu'on avait pris tant de peine pour l'enregistrement. J'en suis d'autant plus surpris que tous les Français, à l'écoute, auraient fait la même réflexion que moi et auraient communié à l'ovation qui a salué le Maréchal, comme à la réaction contre les parlementaires. Alors quoi ? Est-ce qu'on a peur, réellement peur que le peuple de France et le Maréchal soient trop unis ?

« J'admire profondément les allocutions du Maréchal. Je me permets de vous le dire bien que cette admiration ait peu d'importance. Dans la mesure de mes moyens, j'aimerais contribuer à la réalisation concrète de ce programme français. Puisque je suis religieux, je crois pouvoir être utile à une réformation (excusez le mot) chrétienne de la France. Si, éventuellement, je suis de passage à Vichy, j'aimerais pouvoir vous entretenir loyalement de ces projets. »

Vingt-neuf mars 1977. Le R.P. Bruckberger m'autorise à publier la lettre à Ménétrel et m'explique dans quel état d'esprit il l'a rédigée.

— Darnand m'a écrit chez ma mère où je soignais ma blessure. Il m'a demandé de venir le rejoindre, il voulait que l'on rassemble les combattants de la veille, que l'on reprenne la lutte contre les Allemands. Je suis allé le voir le 15 août ; il y avait Gallet, Bassompierre, d'autres encore. Nous avons parlé d'une action possible. J'ai beaucoup insisté pour que Darnand aille en Angleterre... Vous vous rendez compte, s'il était arrivé à Londres, il aurait fini général comme Kœnig. Ou il serait mort au combat et il aurait sa rue. Mais il m'a répondu qu'il devait demander la permission au Maréchal. J'ai répliqué : « Il ne vous la donnera pas. Il ne peut pas. » Pétain ?... Je ne peux pas dire que j'avais une grande admiration pour lui. Car Bernanos m'avait beaucoup influencé pendant la guerre d'Espagne mais, au début, je n'osais rien faire contre lui. Par loyauté.

« A Nice, il y a eu, au début d'octobre, la création de la Légion. Nous avons été quatre à parler. Darnand a obtenu un immense succès. Oui, immense. A la suite de la manifestation, il a voulu que le mouvement s'étende à toute la France non occupée. D'où ma lettre à Ménétrel. C'est dans l'hiver 40-41 que j'ai vu Darnand se rapprocher de Laval et des idées de collaboration. Je me souviens bien : Montoire m'avait bouleversé, nos discussions mensuelles étaient toujours plus vives. Un jour, un jour de mai 1941, c'était à la table de Madame Agnely, Darnand m'a dit : « Après tout, cette guerre était une guerre absurde, nous aurions dû nous entendre avec les Allemands. Ceux qui sont morts ont eu tort de mourir ainsi. » Je me suis levé, j'ai quitté la pièce... Mais tout de même je ne pouvais en rester là. Alors, je suis revenu, je me suis approché de lui, j'avais ma robe de dominicain. « Écoutez bien ce que je vais vous dire. Un jour, vous passerez en Haute Cour, vous serez condamné à mort et je serai assez con pour venir vous défendre. »

« Et puis je suis parti. »

Et puis je suis parti... Beaucoup de résistants non communistes[1] pourraient reprendre la phrase. Et dire le jour où ils se sont détachés du maréchal Pétain, l'événement (Montoire, la Syrie) qui les a fait basculer. A moins qu'ils aient été à la fois pétainistes et résistants ; le cas s'est produit bien plus souvent qu'on ne l'a écrit.

Alain Griotteray, qui fut parachuté en France, raconte qu'un de ses P.C. était situé dans un château béarnais dont les propriétaires se montraient fervents admirateurs de la Révolution nationale, ce qui ne les empêchait nullement d'accueillir des responsables locaux du parti socialiste et d'encourager leurs deux fils à faire de la résistance. Et, dans l'hiver 40, Rémy se trouvant au château de la Roque, d'où il va partir pour franchir la ligne de démarcation, entend son hôtesse dire, à l'instant où il vient de prononcer le nom du Maréchal :

— Ne dites pas de mal du Maréchal.

— Allons, Minette, proteste son mari.

— Non, répète-t-elle fermement. Je ne veux pas qu'on dise du mal du Maréchal.

Quant au capitaine Frenay, qui va créer l'un des premiers mouvements de résistance (et des plus sérieux), il fera longtemps confiance à Pétain. Lui-même l'écrira, bien plus tard[2], avec une honnêteté assez rare. « Dans ma famille, la ferveur pour le maréchal Pétain est grande ; je partage ce sentiment. Son passé, son prestige, son âge sont garants de son courage et de la rectitude de son comportement à la tête de l'État Français qui, sans qu'on y prît garde, venait de se substituer à la République. » Les manifestations populaires qui se succèdent, et auxquelles Frenay assiste, aussi bien à Marseille qu'à Vichy, l'émeuvent parce qu'elles expriment un désir collectif d'amour et de confiance, l'inquiètent parce que tous ces hommages irraisonnés vont à un homme faillible, mal entouré et âgé. Mais son premier manifeste de résistant antiallemand s'achèvera sur ces mots : « Puisse le maréchal Pétain vivre assez longtemps pour assister au couronnement de notre œuvre » et, bien après Montoire, il ne sera pas encore totalement détaché du Maréchal. Flottant dans une zone d'incertitude, mal dans sa peau, inquiet, passant de l'extrême abandon à l'extrême soupçon, il

1. Pour l'attitude des communistes, se reporter au chapitre 11.
2. *La nuit finira.*

sera semblable à tous ceux qui s'apprêtent à s'éloigner d'un être cher mais ne peuvent le faire sans drame. La mère de Frenay, qui voue au Maréchal une vénération totale, et qui sent vaciller la foi de son fils s'efforce d'ailleurs de le garder dans ce qui, pour elle, reste le droit chemin.

— Quel changement par rapport aux tristes jours de l'avant-guerre ! Te rappelles-tu les affaires Stavisky, Hanau, Oustric... c'était la boue ! Aujourd'hui, avec le Maréchal, c'est une vie nouvelle, propre, généreuse qui commence pour le pays. Vois-tu, la France a trouvé quand il le fallait l'homme dont elle avait besoin. Mais toi, mon fils, que peux-tu demander d'autre que la devise qu'il nous a donnée · Travail, Famille, Patrie ? Pourquoi n'as-tu pas, comme moi, la joie au cœur, quand notre pays se trouve tiré de l'ornière où l'avaient fait verser de mauvais bergers ?

— Maman, j'ai beaucoup de respect pour le Maréchal et je ne mets pas en doute ses intentions. Je ne doute pas davantage des tares du régime et des hommes qui nous ont conduits à la défaite, ni de la nécessité d'un vigoureux redressement politique et moral, mais que signifie une révolution nationale alors que le pays est occupé et sous le contrôle de l'Allemagne hitlérienne ?

En quelques mots, voici le problème posé à la plupart des résistants de la première heure, de tradition catholique, de formation militaire, puisque les partis de gauche sont hors du jeu et que les communistes demeurent paralysés par le pacte germano-soviétique. On fait confiance à Philippe Pétain, très peu à son entourage, pas du tout à Pierre Laval. On comprend l'idéologie de Vichy, beaucoup moins ses attitudes. La Révolution nationale est admise dans la mesure où elle doit servir à un redressement moral de la nation nécessaire à la révolte qui, dans l'ordre, et sous le contrôle de la hiérarchie, boutera, un jour, les Allemands hors de France.

Et que les premiers résistants aient été des hommes « de droite », j'en trouve, paradoxalement peut-être[3], la preuve sous la plume du socialiste Félix Gouin dans un document en date du 11 septembre 1942, rédigé depuis Londres à l'intention de Léon Blum, qui se trouve en prison en France. Il s'agit d'expliquer à Blum, *plus de deux ans après la défaite,* délai qui illustre les lenteurs et les hésitations de

3. Les communistes entre juillet 1940 et juin 1941 ont souvent reproché aux bourgeois d'être gaullistes.

l'évolution française, QUI est de Gaulle et surtout QUI sont les gaullistes. Félix Gouin est formel et sur de Gaulle, qu'il n'a vu qu'une demi-heure à Gibraltar[4] et sur les gaullistes. Son regard ne manque d'ailleurs pas de pénétration. Qui est de Gaulle ? Pour Gouin, un homme d'une très grande intelligence, dominé « par une conception très haute de lui-même et du rôle qu'il joue et sera appelé à jouer en France ». Qui sont les gaullistes ? Voilà où le diagnostic devient plus intéressant. Parmi les « très rares Français » qui, au début, ont suivi de Gaulle, il y avait, note Gouin, « quelques civils, mais davantage de militaires. La plupart étaient des gens de droite et d'extrême droite et ils ont transporté dans la maison leurs préjugés, leurs croyances ou leurs haines idéologiques. C'est un fait que, sous leur influence, qui était, dans le début du mouvement, prépondérante et sans contrepoids, ils ont constitué, ici, une sorte de copie en réduction du gouvernement Pétain ; mêmes tendances, mêmes outrances, mêmes conceptions autoritaires... Seule différait l'attitude à observer vis-à-vis de l'Allemagne... ». Voici pour les gaullistes de Londres. Mais ceux de France métropolitaine ? « Les premiers émissaires du gaullisme participaient à peu près tous de l'état d'esprit qui animait les adhérents de Londres.

« Vous savez, comme moi, qu'au début nous fûmes inquiets et troublés des liaisons que nous découvrions entre eux et tel groupement de droite et d'extrême droite.

« A la réflexion, cela peut s'expliquer, je crois, assez facilement. Les gens de droite étaient en général des hommes d'action, en lutte violente avec le conformisme régnant.

« Un mouvement à base non conformiste comme celui des [gaullistes] devait leur être a priori sympathique tant qu'on avait affaire, du moins sur le plan patriotique, à des éléments sains[5] ».

---

4. Mais il trace le portrait d'après les nombreux « on-dit » qui circulent à Londres.

5. Félix Gouin explique, dans la suite de son message, l'évolution du mouvement gaulliste qui, à la lumière de la passivité ou de la trahison, du « gros de la bourgeoisie libérale ou intellectuelle », se serait rapproché de conceptions « de plus en plus démocratiques ». Dans ce texte important, Gouin fonde également l'adhésion du parti socialiste au gaullisme sur deux critères : l'antihitlérisme et « l'acceptation par le mouvement gaulliste du fait démocratique, avec toutes les conséquences que cela entraîne ». Il reconnaît cependant que le « fait de Gaulle » domine tout l'ensemble de l'édifice de la résistance.

Plusieurs mois plus tard, dans une lettre du 7 juin 1943, lettre que je crois toujours inédite, lettre qui fait suite à un violent article antiparlementaire publié

Ainsi, les choses sont nettes. Et Félix Gouin vient confirmer ce qui avait été oublié, ou volontairement méconnu : l'origine sociale et la politique des premiers résistants : hommes d'action bouleversés par la défaite mais qui, tout en détestant l'entourage du Maréchal, s'efforcent, aussi longtemps que possible « d'atteler », au char de la France, et Pétain et de Gaulle.

Ce sont eux, souvent, qui feront naître, ou amplifieront, la légende de « l'épée et du bouclier », qui utiliseront, pour les besoins d'une thèse agréable à leur conscience, les rapports d'amitié Pétain-de Gaulle, oubliant qu'avec le temps, ils s'étaient dégradés ; les dédicaces flatteuses de Charles de Gaulle au Maréchal ; les définitions élogieuses qu'il donne de son action militaire et de son caractère dans ses livres consacrés à la guerre de 1914[6] et jusqu'à ces bruits incontrôlables, incontrôlés mais qui courront pendant toute la guerre parce qu'ils correspondent, chez les Français, à un amour de la concorde, à un goût paysan pour « l'arrangement », à la peur de la guerre civile, bruits qui vont jusqu'à faire de Philippe Pétain le père de Charles de Gaulle... ou, à tout le moins, le parrain de son fils.

On comprend mieux alors l'attitude de nombreux « résistants de 40 ». Je viens d'écrire le mot « nombreux » ; en vérité, ils se comptaient quelques milliers à peine. Devant l'afflux de 1944, et cet enthousiasme qui jette les masses dans le gaullisme comme il les a jetées dans le pétainisme, beaucoup de véritables résistants de 40, se rappelant les difficultés initiales et la profonde apathie populaire, reculeront scandalisés. Groussard, qui compte parmi ceux de 40,

---

dans le journal gaulliste de Londres, *La Marseillaise,* M. Gouin se plaindra au général de l'antiparlementarisme d'un texte dont il assimile l'auteur... à Doriot ou Déat. « Nous ne croyons pas nous tromper sur le sens profond de l'article que nous relevons dans *La Marseillaise,* en disant qu'il s'apparente curieusement à toutes les attaques contre le Parlement que nous avons relevées, depuis tantôt trois ans, dans les propos d'un Doriot, d'un Déat, d'un Laval, d'un Maurras ou d'un Pétain, traîtres par action ou par résignation !

« Or, nous ne pouvons pas oublier que c'est par le biais de l'*antiparlementarisme* que le fascisme a miné depuis vingt ans les institutions démocratiques, et c'est sous le couvert d'attaques généralisées, sans discrimination ni mesure, qu'il s'est efforcé de saper l'idée de République !

« C'est pourquoi nous tenons à formuler une protestation très nette contre l'esprit général dont procède l'article contre lequel nous nous élevons et, en même temps, à vous mettre en garde contre les conséquences qu'il pourrait comporter dans l'avenir pour l'unité morale de la France combattante. »

6. Et l'une des plus célèbres, qui se trouve dans *La France et son armée :* « Du jour où l'on dut choisir entre la ruine et la raison, Pétain s'est trouvé promu. »

l'écrit[7] et, avec lui, tous ceux qui entamèrent alors, en France, une action difficile et qui ne pouvait généralement pas se passer « de moyens officiels permettant d'assurer les bases d'action »[8]. Rémy, quant à lui, se souvient avoir connu la Résistance « à l'état de sentier où l'on ne pouvait avancer que pas à pas et en file indienne ». Avant que le sentier ne se transforme en large et très encombrée autoroute, bien des années passeront. Peu de monde donc, et c'est tout à l'honneur de ceux qui relèveront le gant[9]. Des hommes, la plupart du temps, socialement et politiquement conformistes qui n'envisagent nullement une rupture avec le maréchal Pétain en qui les uns voient un chef capable de les aider en secret, les autres un utile paravent à l'abri duquel ils pourront comploter.

L'époque abonde en ambiguïtés... parfaitement explicables si l'on fait effort pour se replacer dans le climat de cet été 1940 où tant d'esprits étaient égarés par une défaite à qui beaucoup voulaient donner couleur de sanction divine, où les cœurs ne pouvaient, en tout cas, s'accrocher qu'à de très fragiles et lointains espoirs.

C'est Loustaunau-Lacau, dont la mère partage l'admiration de celle de Frenay pour le Maréchal, qui reçoit de Philippe Pétain des subsides modestes qui l'aideront cependant à fonder le réseau Navarre[10] ; c'est Pierre et Marthe Massenet trouvant — le 12 octobre 1940 — que le

7. Dans son livre *Chemins secrets,* où il fait allusion aux « résistants » de 44. « Je suis sûr que, si l'on fouillait les titres de ces soi-disant résistants, on n'y trouverait que du vide en ce qui concerne l'année 1940 au moins. Je mets à part quelques exceptions dont d'ailleurs il conviendrait de préciser quel fut leur rendement concret. Mais ils crient ! Ils crient d'autant plus fort qu'ils ont rempli ce vide très tard, quelquefois jamais. »

8. Groussard.

9. Claude BOURDET écrit dans *L'Aventure incertaine* que le nombre de ceux qui ont participé « effectivement à la lutte clandestine ou qui ont, hors de France, fait partie des Forces Françaises Libres est extrêmement limité ; quelques dizaines de milliers au cours des années 40, 41, 42, quelques centaines de milliers en 1943-1944 ». Par ailleurs, mais bien entendu ces chiffres ne sont qu'un reflet très imparfait de la vérité et pour bien des raisons, l'association « Le résistant de 1940 » groupait, lors de la publication de sa quatrième liste, 387 membres. Une association ne peut prétendre rassembler tous ceux qui ont agi et beaucoup de ceux qui ont agi à partir de 1940 sont morts. Je donne cependant ce chiffre comme une indication.

10. Et qui viendra déclarer au procès Pétain que « le Maréchal, quoi qu'il ait fait par la suite, n'ignorait pas les buts de ce réseau ». Loustaunau-Lacau sera arrêté en Afrique le 22 mai 1941, pour dissidence, sur l'ordre du général Weygand. Évadé, repris, livré à la Gestapo, condamné à mort, il sera déporté à Mauthausen. Son réseau comptera 303 fusillés et 520 déportés non rentrés au 30 juillet 1945.

dernier message du Maréchal « comporte beaucoup de bonnes choses » ; c'est Stany Mangin, qui s'engagera dans les Forces Françaises Libres, disant en mars 1941 à Roger Stéphane que le Maréchal veut sans doute, grâce à Montoire, tirer « le meilleur parti possible » de notre dépendance à l'égard de l'Allemagne ; c'est le professeur Paul Rivet, l'un des premiers à se révolter, écrivant, le 14 juillet 1940 à Philippe Pétain, son ancien chef d'avril 1916, une lettre d'une grande noblesse patriotique, d'une grande intelligence de l'événement à venir, mais pleine de respect [11] ; c'est le général Cochet [12], résistant courageux

---

11. La thèse du professeur Rivet est la suivante : le Maréchal est trop âgé pour la tâche qu'on lui fait accomplir et cette tâche est indigne de lui comme du pays. Voici l'un des passages les plus importants de cette lettre dont le ton et la logique méritent l'attention.

« Ce que l'histoire retiendra, de cette affreuse tragédie, c'est la carence des chefs militaires et civils à l'heure la plus tragique de la destinée de la France.

« Et c'est parce qu'aucun homme nouveau n'a surgi dans l'effrayant désarroi qu'on s'est tourné vers le passé et qu'on a fait appel à vous, M. le Maréchal, espérant que vous seriez capable de refaire le miracle de 1916. Vous ne le pouviez pas ; non pas qu'il fût trop tard, mais parce que ces miracles ne peuvent être réalisés que par un homme dont les forces intellectuelles et physiques sont à leur maximum d'efficacité. C'était le général Pétain qu'il fallait à la France, celui de 1916 et non le maréchal Pétain de 1940.

« Vous avez cependant accepté cette tâche impossible à laquelle vous ne pouviez suffire, et l'atroce dénouement s'est produit. La France a subi cette dernière humiliation d'implorer la paix « le front bas » par la voix du grand vainqueur de Verdun. Puis les mêmes hommes qui s'étaient fait une protection et un paravent de votre prestige pour masquer leurs fautes, leurs faiblesses, leur médiocrité vous ont demandé de prendre la direction du pays pour le conduire vers l'avenir...

« Monsieur le Maréchal, pardonnez-moi de vous dire que vous vous trompez, ou que l'on vous trompe. Le peuple de France subira sans doute les gouvernants que vous lui imposez, mais n'attendez pas de lui une adhésion du cœur et de l'esprit comme celle que les armées de Verdun, marchant par votre ordre et à la victoire, vous ont si magnifiquement donnée autrefois.

« Monsieur le Maréchal, le pays n'est pas avec vous, la France n'est plus avec vous.

« Le peuple de France, dans sa détresse, acceptera pour un temps une constitution qui lui enlève les plus sacrés de ses droits ; mais à ses yeux elle gardera toujours le stigmate d'avoir été inspirée par le vainqueur.

« La liberté ne peut pas mourir dans le pays qui l'a vue naître et qui l'a répandue dans le monde. Le jour de la révolte viendra. Ne préparez pas, ne laissez pas préparer cet affreux avenir. Ne permettez pas que l'histoire associe le nom du héros de Verdun à une œuvre aussi funeste et périlleuse. Je vous demande, je vous supplie de tout mon cœur de Français de ne pas vous séparer de la vraie France, de rester le défenseur de son idéal sacré, et je vous prie, Monsieur le Maréchal, de bien vouloir accepter l'expression de mes sentiments les plus respectueux. »

12. Arrêté en août 1941, libéré, arrêté de nouveau en septembre 1942, évadé

des premiers jours, déclaré, presque « officiel », car il signe ses tracts, parlant, le 8 avril 1941, de la « finesse » et de la « netteté » du Maréchal, qu'il dissociera longtemps, même si c'est par tactique, de son entourage ; c'est le lieutenant de vaisseau Philippon, qui deviendra l'un des meilleurs agents de Rémy, qui découvre que l'on peut fort bien « passer » des renseignements aux Anglais, sans trahir en rien le serment qu'on lui a demandé de prêter au Maréchal ; c'est, enfin, le commandant d'Estienne d'Orves qui sera fusillé le 29 août 1941, achevant, quelques jours avant sa mort, son testament par ces phrases, qui ne sont, pour lui, nullement contradictoires. « Je n'ai jamais fait de politique autre que celle qui tendait à la libération intégrale de mon pays. Comme mes camarades, j'ai toujours respecté le Maréchal et tenu à maintenir l'intégralité de l'Empire français. Je ne me suis jamais occupé de la politique intérieure du gouvernement français.

« Je crois mériter l'honneur que l'on inscrive sur ma tombe à côté de mon nom : “ Mort pour la France ”. »

Que Philippe Pétain ne soit jamais, en 1940, confondu avec les Allemands et qu'il apparaisse à tous comme un recours, c'est une évidence.

Le 16 décembre 1940, M.C. Borione, dont la femme a été blessée par les Allemands au cours de la manifestation du 11 novembre, écrit à Pierre Laval... dont il ignore qu'il n'est plus, depuis trois jours, vice-président du Conseil puisque la censure a interdit que l'information soit reproduite par la presse parisienne.

Si la répression allemande de cette marche d'étudiants et de lycéens en direction de l'Arc de Triomphe n'a pas fait une douzaine de morts comme la rumeur populaire l'affirme [13], les blessés sont nombreux

---

le 26 novembre, rejoint l'Angleterre en passant par l'Espagne. Nommé délégué militaire pour la zone Sud en avril 1944.

Marcel Haedrich raconte avoir entendu le général Cochet, au terme d'une conférence publique, répondre à un étudiant qui s'étonnait de propos qui paraissaient critiquer le Maréchal qu'il « suggérait ce que le chef de l'État ne pouvait pas admettre officiellement ».

13. Le journal clandestin *Vérité* parle, lui, de « onze morts et des tas de blessés [qui] gisaient, semés devant l'Arc ». On sait que, si les blessés ont été nombreux, on ne relèvera aucun mort parmi les manifestants dispersés par la police allemande. Le 11 novembre, la statue de Clemenceau avait été fleurie ainsi

mais, naturellement, la presse en minimise le chiffre. Indigné par le silence des journaux ou, plus exactement, par les mensonges des communiqués officiels, M. Borione adresse donc à Pierre Laval une lettre assez vive de ton.

Voici comment, après avoir expliqué le drame vécu par sa femme, « condamnée à l'immobilité pour des mois, sans être certaine de pouvoir marcher normalement », il en vient à évoquer le maréchal Pétain.

« Nous sommes nombreux ici à faire au Maréchal une confiance totale ; nous sommes prêts à le suivre aveuglément, même jusqu'où, sentimentalement, nous n'aurions peut-être pas d'inclination à aller, mais il ne faudrait pas que cette confiance ait à subir souvent des épreuves comme celle que je m'excuse de vous avoir longuement exposée. »

Si certains résistants, des débuts de la Résistance, n'hésitent pas à affirmer aujourd'hui que la zone libre fut indispensable au développement des réseaux [14] et que Philippe Pétain, au moins pendant de longs mois, a mené une politique et un jeu qui permettaient toutes les interprétations et favorisaient toutes les ambiguïtés, il en est beaucoup d'autres dont la mémoire a faibli et qui ne se souviennent plus des gages qu'ils ont été amenés à fournir au nouveau régime. C'est un problème sur lequel j'aurai l'occasion de revenir le cas le plus remarquable étant sans doute celui du procureur général Mornet, accusateur, à la Libération, de l'amiral Esteva, du général Dentz, du maréchal Pétain et cependant, à partir du 6 septembre 1940, vice-président de la commission chargée, par Vichy, d' « épurer » les naturalisés de fraîche date c'est-à-dire, essentiellement, les juifs [15] !...

---

que la statue de Strasbourg place de la Concorde, dès le début de la matinée. La police allemande fit enlever les bouquets.

A Nantes, à Rouen, dans d'autres villes encore de la zone occupée, le drapeau tricolore fut hissé par des patriotes anonymes sur certains bâtiments publics.

Après la manifestation des étudiants parisiens, le recteur de l'Université de Paris fut relevé de ses fonctions et les facultés durent fermer leurs portes pour plusieurs semaines.

14. C'est la thèse adoptée par LOUSTAUNAU-LACAU (*Mémoires d'un Français rebelle*). Mais il ajoute que « Vichy n'a pas à tirer argument de ce fait », puisqu'il s'efforce de briser la résistance.

15. Pris à partie très vivement d'abord par Me Chresteil (procès Esteva), puis par Me de Vésinne-Larue (procès Dentz), enfin par Me Isorni (procès Pétain), le procureur général Mornet dira : « Oui, j'ai fait partie d'une commission sur la

La lenteur de l'évolution du sentiment populaire et la confusion régnant autour de la personne et des idées du Maréchal expliquent sans doute le ton prudent, pour ne pas dire plus, des quelques feuilles résistantes qui paraissent dans les premiers mois de l'occupation.

Après le 13 décembre, *Libération* prend, sous la signature de François Berteval (pseudonyme utilisé indifféremment par Christian Pineau, Jean Cavaillès et Jean Texcier), le parti du Maréchal [16]. Le 19 janvier 1941, il le peint sous les traits d'un « brave homme » malheureusement entouré de « fantoches » ; le 23 mars, il récidive. « Derrière la figure honnête et d'intelligence moyenne du Maréchal, se cachent les combinaisons d'affaires, les tractations de basse politique, l'assouvissement des rancunes personnelles et l'enflure des vanités réunies. »

C'est seulement un mois plus tard que le journal clandestin confond dans une même réprobation Pétain, ceux qui l'entourent et ceux qui le conseillent avant de publier le 18 mai, toujours sous la signature de François Berteval, un « Adieu, Monsieur le Maréchal » assez pathétique puisque l'article résume des mois d'espoir et des mois de déception. « En juillet 1940, nous vous avons fait confiance. Nous l'avons fait parce qu'après tous les politiciens sans scrupules qui avaient conduit la France à la défaite vous représentiez tout de même une figure honnête, un de ces hommes qu'un chèque ou un poste honorifique ne suffisent pas pour acheter.

« Pendant quelques mois, vous avez semblé soutenir Pierre Laval, ce politicien véreux qui fit sa fortune en se faisant le maquignon des

---

portée et sur le sens de laquelle on m'avait trompé, lorsque j'ai dit que j'accepterais d'en faire partie ; pour protester précisément contre les mesures dont on avait entendu parler, mais que je n'aurais pas cru qu'on appliquerait un mois après. Et, si je suis resté, c'est au su de tout le monde dans ce Palais et personne ne me démentira. C'est sur la prière même des persécutés, et je me félicite d'en avoir au moins sauvé cinquante pour cent » (Procès Dentz).

« Cinquante pour cent. » C'est exactement la thèse qui sera soutenue par beaucoup de « collaborateurs ». Ils ont collaboré, certes, mais, ce faisant, sauvé de nombreux Français. Le procureur Mornet justifie, en somme, le double jeu.

16. En ce qui concerne les communistes, *Libération* écrit, dans son numéro 5 (décembre 1940), qu'il y a, en France, « quelques milliers d'imbéciles qui... attendent de Staline le Pain, la Paix, la Liberté et beaucoup d'autres choses ».

Dans son numéro 10 (fin janvier), *Libération* appelle au sabotage de la production de guerre allemande en France, alors que les communistes demeurent encore silencieux.

richesses économiques et politiques de la France. Et nous avons à nouveau douté de vous.

« Vint le 13 décembre. Ce jour-là, dans un éclair de lucidité ou de conscience, vous avez chassé l'homme de l'ennemi... et nous nous sommes rangés, pour ne pas rompre l'unité de la France, sous votre étendard un peu fané.

« A l'avènement de Darlan, ce marin félon dont le nom sera, pour l'éternité de l'Histoire, la honte de la marine française, nous avons senti nos craintes se réveiller. Nous avons pensé à votre âge qui ne vous permet plus de travailler par vous-même comme devrait le faire un chef d'État ; nous avons pensé à votre entourage suspect... Mais, au bord même de l'abîme, nous avons voulu croire encore en votre honneur de Français et de soldat.

« Nous nous sommes trompés. Nous ne pouvons plus douter. En prenant la responsabilité de ratifier le honteux accord du 11 mai [17] qui livre la France, pieds et poings liés à l'Allemagne et nous entraîne à coup sûr vers les horreurs d'une nouvelle guerre contre ceux qui pouvaient nous libérer, vous avez définitivement prouvé que vous étiez incapable de gouverner la France... Vous n'êtes plus digne ou capable de diriger la France. Allez-vous-en !

« Adieu, Monsieur le Maréchal [18]. »

---

17. Le 3 mai 1941, l'Allemagne demande à la France d'aider, depuis la Syrie, alors sous mandat, les Irakiens révoltés contre la Grande-Bretagne. Le 6 mai, un accord est conclu entre Darlan et le général Vogel, accord équivalant à un véritable engagement aux côtés des Irakiens, c'est-à-dire des Allemands, engagement certes limité à la fourniture d'armes et de munitions, à des facilités de transit accordées aux appareils allemands, mais prévoyant, également, l'éventualité d'une campagne contre les gaullistes ! Les 11 et 12 mai, Darlan confère à Berchtesgaden avec le Führer et Ribbentrop et, quelques jours plus tard, prolongeant cet entretien, une véritable négociation s'ouvre à Paris, à l'ambassade d'Allemagne, négociation qui s'achève le 27 mai par l'élaboration de trois accords mettant en forme les modalités de l'aide militaire que Vichy va apporter aux Irakiens et aux Allemands.

Grâce à la vigoureuse intervention du général Weygand et de quelques ministres, le maréchal Pétain s'opposera à la signature des accords de Paris en réclamant des contreparties inacceptables par les Allemands car elles auraient eu pour conséquence de supprimer presque toutes les clauses de l'armistice. Mais, le 8 juin, des forces anglo-gaullistes pénètrent en Syrie et tous les problèmes prennent alors un tour nouveau.

18. Dès le 15 juin 1941, *Libération* diffusera certains jugements, émis sur Pétain au cours de la guerre de 1914-1918, par Poincaré, Joffre, Clemenceau et Foch, témoignages extraits du tome X des *Mémoires* de Poincaré.

Tous les journaux clandestins non communistes évolueront comme a évolué *Libération*. Mais « les prises de conscience » n'interviennent pas toujours aux mêmes dates, ni en fonction des mêmes événements. C'est ainsi que *Défense de la France* opposera longtemps Vichy à Paris et, le 1er janvier 1942, écrira encore que, lors de cette entrevue de Saint-Florentin [19], au cours de laquelle il a rencontré Göring, le maréchal Pétain avait pu se présenter « autrement qu'en vaincu ».

En décembre 1941, *Combat* publie plusieurs articles dans lesquels se trouve retracée l'évolution sentimentale des résistants qui rédigent ce journal clandestin. En juin et juillet 1940, bien que leur patriotisme les ait poussés vers ceux qui continuaient le combat, ils ont jugé que le Maréchal était « le seul homme capable de tirer le meilleur parti d'une situation compromise par la défaite et l'armistice ». La rencontre Pétain-Hitler à Montoire a porté un coup de hache dans leurs illusions.

« Dès ce jour, nous avons dit : Non !

Non ! parce que la parole de la France était reniée ;

Non ! parce qu'un homme, si grande que soit sa renommée, n'a pas le droit de lier le sort de son pays à celui du vaincu de demain...

« Notre attitude vis-à-vis du Maréchal est claire. En lui, il y a deux hommes : celui de la Grande Guerre que nous respectons. Celui de la Collaboration que nous nous refusons de suivre. D'ailleurs, ce n'est pas lui qu'il nous faudrait suivre, mais ceux de ses ministres à qui il a pratiquement délégué ses pouvoirs et vis-à-vis de qui il est dans l'impossibilité de faire adopter son point de vue. »

On le voit, *Combat* cherche encore des excuses au Maréchal et, parmi ces excuses, la plus classique : celle d'un détestable entourage, coupable de « détournement de vieillard ». Ce n'est qu'au mois de

---

19. Entrevue qui eut lieu le 1er décembre 1941 et se termina sans conclusion, Pétain ayant vainement demandé la cessation des exécutions d'otages, le renvoi des prisonniers, l'assouplissement de la ligne de démarcation cependant que Göring désirait obtenir la collaboration militaire de la France et la cession de bases africaines.

A propos de la collaboration, *Défense de la France* (fondé le 14 juillet 1941 par Philippe Viannay et plusieurs de ses amis) écrivait le 10 septembre 1941 : « Nous ne sommes pas naïfs. Nous savons qu'il est plus facile de critiquer que de gouverner. Il faut quand on est au gouvernement savoir céder aux circonstances. Et, si le gouvernement, le couteau sous la gorge, doit momentanément collaborer, qu'il collabore ! Mais on peut collaborer d'une main et résister de l'autre. Et agir en sorte que la droite ignore ce que fait la gauche. »

mai 1942, dans une « lettre au maréchal Pétain », écrite de la même encre que celle publiée par *Libération* un an plus tôt, que le journal clandestin coupera les ponts. « Il en était encore qui croyaient en vous. Vos cheveux blancs et vos manches constellées d'étoiles leur inspiraient confiance. Votre propagande leur faisait croire que, par un jeu subit (*sic*), vous rouleriez Hitler... La France, tout entière contre Laval, est désormais contre vous. Vous l'avez voulu. »

Résistance, dans son premier numéro paru le 15 décembre 1940, approuve lui aussi le récent renvoi de Laval « Puisse le Maréchal tenir bon pour une besogne et pour une attitude qui sont, cette fois, selon le cœur de tous les Français. » En septembre 1941, encore, et alors que tant d'événements se sont produits, le journal évoque l'estime que « bien des Français s'efforcent de garder » au Maréchal, mal conseillé, mal entouré. En décembre 1942, le Dr Marcel Renet, qui signe Marc-Antoine, ne parvient toujours pas à soupçonner Pétain du pire : « Le maréchal Pétain fut, sans contestation possible, l'un de ces défaitistes et, comme il en était le plus marquant, il en devint le chef *sans le vouloir peut-être*[20]. »

Il faudra attendre janvier 1943, alors que la zone libre n'est plus qu'un souvenir, pour lire enfin que l'équivoque est totalement dissipée aux yeux de ceux « qui s'étaient laissé duper par Vichy, pensant que le Maréchal pratiquait une politique de double jeu[21] ».

Politique prudente vis-à-vis du Maréchal. Si prudente que, de peur d'en mal parler, on en parle fort peu. Il arrive même que son nom ne soit pas cité. Le clandestin *En captivité,* vigoureusement anticollaborationiste et anti-Révolution Nationale, ne cite le nom du Maréchal ni dans son numéro du 16 février 1941, ni dans ceux des 23 février et 2 mars, ni dans celui du 16 mars qui prend à partie le cardinal Baudrillart, du 6 avril, très sévère pour l'amiral Darlan « qui

20. Je souligne intentionnellement. *Résistance,* 8 décembre 1942.
21. Dans les numéros qui suivront (de 5 à 14 notamment), il ne sera presque plus jamais fait mention du nom du Maréchal. Dans le nº 21 (25 janvier 1944), cette notation : « Beaucoup d'Américains... continuent à croire au prestige du maréchal Pétain. »

Résistance fut fondé par le groupe de résistance dit du « Musée de l'Homme » dont Boris Vildé et A. Lewitzky furent, à partir de décembre 1940, les animateurs. A plusieurs reprises — et dès février 1941 —, le groupe devait être durement touché par la répression allemande.

peut se glorifier d'être un bon serviteur du Führer »... *La guerre continue*, autre clandestin paraissant en 1941, n'attaque pratiquement jamais Philippe Pétain ; *Liberté*[22] lui demeure encore favorable en novembre 1940, donc après Montoire, et précise, dans son numéro du 10 janvier 1941 : « Nous savons les difficultés extrêmes au milieu desquelles le maréchal Pétain s'efforce, avec une admirable lucidité et une énergie intacte, de maintenir l'indépendance française, de sauvegarder toutes les espérances françaises. *Nous ne ferons rien qui puisse compliquer sa tâche présente.* Nous l'appuierons au contraire de toutes nos forces, en consolidant son autorité dans le pays, en accentuant si possible la vénération et la confiance que le peuple français lui prodigue. Avec lui, nous lutterons contre le communisme qui reste un danger sérieux ; avec lui, nous dénoncerons l'égoïsme et la lâcheté dont trop de Français font encore preuve[23]. »

Rares sont donc les journaux clandestins qui, au début de l'occupation, attaquent le Maréchal, même lorsqu'il s'agit de dénoncer la collaboration avec l'Allemagne. Pour excuser le chef de l'État, ils le soupçonnent de double jeu et chargent de tous les péchés cet entourage néfaste qui abuse des avantages que lui donne l'âge du « vieux soldat ».

Une exception toutefois. *L'Homme libre* refuse, en effet, de choisir entre Pétain et Laval. « Nous ne sommes ni avec l'un, ni avec l'autre. Nous sommes contre l'un et contre l'autre, avec tous les Français qui veulent la libération de leur pays, avec tous les démocrates et les travailleurs qui veulent le rétablissement de la RÉPUBLIQUE ET LA RÉSURRECTION DE LA LIBERTÉ. »

Au début de juin 1941, *L'Homme libre* écrit encore : « Honte à Pétain, honte à la sinistre équipe de Vichy ! Et vous, les braves gens qui persistaient (*sic*) à vouloir faire une distinction entre le Maréchal et les autres, êtes-vous fixés désormais ?

« Il y a beau temps que *L'Homme libre* a mis en garde les Français qui nourrissaient l'étrange illusion de vouloir faire un Dieu du Vieux Militaire. »

---

22. *Liberté* dont le premier numéro paraît le 25 novembre 1940 est publié d'abord à Marseille. Le journal est l'expression d'un groupe de démocrates-chrétiens parmi lesquels : F. de Menthon, Paul Coste-Floret, Rémy Roure, P.-H. Teitgen.

23. Le journal ajoute que le Maréchal, ligoté par les conventions d'armistice, ne pouvant pas tout dire, c'est lui, journal, qui, « acceptant tous les risques que cela comporte », s'efforcera de faire savoir ce qui reste caché.

L'Homme libre, il est vrai, n'est pas l'émanation de résistants sans attaches politiques précises, de militaires révoltés par la défaite, mais sentimentalement liés encore au Maréchal. Il reflète l'opinion du Parti socialiste de zone interdite. Fondé par Van Wolput, par Jean Lebas, par Augustin Laurent, il s'est, dès octobre 1940, date de son premier numéro, donné pour mission d'avertir « la classe ouvrière qu'elle (n'était) pas abandonnée » et que le Parti socialiste continuait. Ce parti qui, au même titre que les autres, avait souffert de l'épreuve de la défaite et ne s'était pas mieux comporté que les autres à Bordeaux et à Vichy puisqu'on ne le trouve, en tant que tel, nullement associé aux quelques tentatives de résistance parlementaire que l'Histoire enregistre ; puisque, avec l'accord de Léon Blum, il délègue deux de ses membres dans le premier cabinet Pétain[24], celui qui demande l'armistice ; puisque, enfin, le 10 juillet, à Vichy, de nombreux députés et sénateurs socialistes approuvent les textes défendus par Pierre Laval, textes dont on sait bien qu'ils remettent tous les pouvoirs entre les mains du Maréchal et scellent le destin de la République[25].

En octobre et novembre 1940, les rédacteurs de *L'Homme libre* constituent donc une très honorable exception. Mais une exception dont il faut trouver la cause dans leur fermeté idéologique et leur attachement à ce que fut leur parti. Un parti dont certains peuvent, en effet, se demander s'il en reste encore quelque chose dans un pays où l'hostilité populaire contre tous les partis, rendus également responsables des malheurs de la France, est intense.

Weil-Curiel parlera ainsi des « socialistes pétainistes » de Toulouse, Pierre Bloch pourra dire « Mon parti ne m'offrait rien » et Pierre Brossolette[26] : « Vous voyez où en sont les partis... Le Parti socialiste, dont je suis, est dans la décomposition. »

Ligou, dans son *Histoire du socialisme en France,* termine ainsi le chapitre intitulé « La ruine du parti » : « Ainsi donc, en 1940-1941, la situation est très grave pour le socialisme ou, du moins, pour son expression politique. L'ancien Parti est mort, mort de ses divisions mêmes beaucoup plus que tué par l'occupation et les mesures répressives de Vichy. Ceux de ses anciens membres qui se sont ralliés au régime nouveau n'ont ni les moyens, ni la possibilité, ni surtout la

---

24. Rivière et Février.
25. Sur 167 parlementaires socialistes 36 seulement ont voté « contre », le 10 juillet.
26. A Jean Cassou.

volonté de créer un Parti nouveau qui se partagerait immédiatement en « attentistes » et « activistes ». Les autres, les « résistants », sont peu préparés à la vie clandestine et leurs chefs sont à la fois impopulaires et trop menacés pour pouvoir immédiatement faire œuvre utile. Les simples militants sont désemparés par l'effondrement de la « machine » du Parti... »

De ce désarroi des partis, et avec eux des syndicats[27], du discrédit dans lequel les tient l'opinion publique, Édouard Herriot porte témoignage en une quarantaine de lettres inédites d'une très belle intelligence et d'une grande lucidité, envoyées, entre le 14 octobre 1940 et le 19 octobre 1942, à son ami Gaston Martin.

Le président de la Chambre des Députés était, il n'y a guère, l'un des hommes politiques les plus importants du pays. Chassé de sa mairie de Lyon, le Parlement réduit à rien, le voici réfugié à Brotel (Isère), philosophant sur la versatilité et l'inconstance des Français[28]. « Mon facteur rural, écrit-il le 4 décembre 1940, qui ne craint pas la neige, m'apporte votre lettre, l'unique du courrier au reste, car, alors que je recevais jadis une correspondance énorme, je suis maintenant réduit à trois ou quatre messages d'amis fidèles chaque semaine. »

En décembre 1941, toujours aussi délaissé, il aura cette réflexion d'homme qui croit avoir, enfin, surmonté toutes les déceptions et abordé aux rives de la philosophie : « Ma solitude me plaît. Elle m'a délivré de ces parasites qui m'assiégeaient et qui ont disparu comme des mouches, lorsque je n'ai plus eu de gâteau à leur partager. » Il relit Stendhal, Hugo, Voltaire, coupe son bois, mène une existence mélancolique dans ce petit village isolé du monde par le mauvais temps, où « l'on crie au triomphe, quand on a reçu deux œufs ou quelques pommes de terre ».

En 1941, lui aussi éprouve, pour Pétain, des sentiments qui sont

27. Les syndicats à tendance communisante ont été fortement ébranlés, déjà, à la suite du pacte germano-soviétique et des mesures d'interdiction qui en furent la conséquence. La C.G.T. qui avait cinq millions d'adhérents vers la fin de 1936 n'en comptait d'ailleurs plus qu'un million en 1939, avant le pacte.

28. « Je ne me plains pas, ajoute Édouard Herriot dans sa lettre du 4 décembre. Je sais que je suis atteint plus par la lâcheté que par l'ingratitude. La peur ! Ne croyez-vous pas, mon cher Gaston Martin, qu'elle explique une bonne part de l'histoire ? »

ceux de la grande majorité des Français. « Je respecte infiniment le Maréchal, écrit-il le 1er février, on ne peut pas oublier Verdun. Il me paraît qu'il lui manque autour de lui quelques bons Français de cœur simple et droit. Ne croyez pas que je pose ma candidature. Tout pour le Pays ! C'est pour lui que l'on souffre, le reste est une misère. »

Herriot écrira d'ailleurs à plusieurs reprises au Maréchal, non pour solliciter pour lui, mais pour défendre des hommes injustement attaqués, et sans doute ces missives, écrites longtemps sur un ton respectueux, eussent-elles mérité un autre accueil que celui, embarrassé et terne, qui leur fut réservé.

Que le Parti radical socialiste n'ait joué aucun rôle après le 10 juillet, même si des individualités ont, ici et là, pris quelques initiatives courageuses, c'est si évident que, dans un livre de 529 pages, consacré à l'histoire du radicalisme, Jean-Thomas Nordmann ne réserve que 16 lignes à la « résistance » radicale entre juillet 1940 et janvier 1942. Moins d'une ligne par mois !...

Le 15 juin 1941, une réunion de radicaux tenue à Valence se terminera d'ailleurs par un appel au Maréchal. Qu'il les y invite et voilà les radicaux tout heureux de contribuer à l'édification du régime nouveau. « Ce concours, nous sommes prêts à le donner sans réserve, affirment les auteurs de la motion, dans un esprit de désintéressement total et en pleine collaboration avec tous les éléments sains de la Nation, au rang que vous [M. le Maréchal] nous assignerez. »

Offres de service certainement sincères mais qui resteront sans réponse, le régime, sectaire, prenant comme plaisir à multiplier ses adversaires jusque parmi des hommes qui ne demandaient qu'à se rallier.

Reste Charles de Gaulle. Et les gaullistes qui sont à Londres. Encore est-il nécessaire de conserver bien des nuances. Par rapport aux hommes qui se trouvent près de lui, écrivent dans les journaux ou parlent à la radio du mouvement gaulliste, de Gaulle sera toujours à la pointe de l'antipétainisme.

Pétain et de Gaulle : les deux hommes se connaissent bien. Et c'est sous la plume du colonel Pétain, commandant le 33e R.I. qui tient garnison à Arras, que l'on trouve, dès 1912, écrit le nom du sous-lieutenant de Gaulle. Au chapitre des invitations. J'ai eu entre les mains le petit carnet où Pétain, célibataire méticuleux qui inscrit toutes ses dépenses, a noté que, le 8 octobre 1912, il a convié à déjeuner, le sous-lieutenant Charles de Gaulle ainsi que ses camarades Steff, Dumoulin, Bourquin... Nouvelle invitation le 6 septembre 1913.

La guerre qui éclate pousse Pétain vers les sommets alors qu'il se croyait proche de la retraite. En mars 1916, elle jette le capitaine de Gaulle, blessé pour la troisième fois et capturé devant Verdun, dans un camp de prisonniers. Mais Pétain n'a nullement oublié son subordonné. C'est lui qui signera une très élogieuse citation... à la mémoire d'un officier que l'on croit mort... car les Allemands ont occupé le terrain que sa compagnie défendait[29].

Ne nous y trompons pas. Malgré la différence d'âge et de tempérament, les deux hommes sont faits pour s'entendre... comme ils sont faits pour se brouiller. Ce sont également des novateurs en matière militaire, des soldats à contre-courant des théories et des idées reçues, des révolutionnaires à l'intérieur d'un corps social où les idées neuves sont brisées par les barrages successifs de la hiérarchie. Mais, si Pétain prêche, avant et pendant la guerre de 1914, l'américanisation (même si le mot n'est pas inventé) du combat ; le gaspillage des munitions de préférence au gaspillage des hommes ; la défensive intelligente, sans souci excessif des premières lignes à condition que les secondes, bien préparées, constituent l'obstacle où viendra se briser l'offensive ennemie ; s'il invente alors et innove, c'est à partir de 1934 que de Gaulle prend, en quelque sorte, le relais et, sans que ses idées trouvent plus grand écho que n'en avaient trouvé les idées de Pétain en 1910, commence à faire sortir de l'ombre la stratégie du futur et les moyens nécessaires à cette stratégie. Avant la guerre de 1940, il existe déjà, entre les deux hommes, un inévitable décalage : l'un n'imagine pas qu'il soit nécessaire de changer des recettes qui ont fait leurs preuves ; l'autre, à travers les leçons apprises chez Pétain, sait que les lois de la guerre évoluent avec l'évolution des techniques et que l'avenir ne recopiera le passé que sur un point : rien ne se passera comme prévu et aucun événement de la guerre à venir ne répétera ceux de la guerre victorieuse.

Profondément identiques et profondément différents, Pétain et de

---

29. « ... a enlevé ses hommes dans un assaut furieux et un corps à corps farouche, seule solution qu'il jugeait compatible avec son sentiment de l'honneur militaire. Est tombé dans la mêlée. Officier hors de pair à tous les égards. »

Gaulle vont voguer longtemps de compagnie... même si l'âge, et surtout la hiérarchie, maintiennent, entre eux, de notables distances. L'un protège sans cesse l'autre. Malgré son caractère ombrageux. Ou à cause de ce caractère difficile, orgueilleux et susceptible car Pétain se souvient sans doute avoir souffert, lui aussi, de l'incompréhension de chefs qui n'imaginaient, en 1912 encore, la guerre future que sous la forme du choc de masses humaines méprisant les feux d'artillerie et confiant leur sort à la baïonnette.

Pétain, l'anticonformiste d'avant 1914, soutiendra donc Charles de Gaulle, l'anticonformiste d'avant 1940. J'ajoute qu'il a également découvert en lui un « écrivain », un metteur en forme d'idées générales et que le Maréchal a toujours aimé avoir à ses côtés des hommes capables de rédiger des « papiers » dont, sabrant les épithètes et les adjectifs, il fera — sujet, verbe, complément — « du Pétain ». Situation inacceptable pour Charles de Gaulle, jaloux de ses adjectifs et se voulant unique propriétaire de ses textes. Situation dont on peut dire qu'elle sera à l'origine d'une brouille qui, en vérité, était dans la logique des caractères.

Quoi qu'il en soit, c'est grâce à la protection du maréchal Pétain que le capitaine de Gaulle peut le 7 avril 1927, à l'École de guerre, prononcer la première de trois conférences qui passeront à l'Histoire. Sujet : « L'action de guerre et le chef, le caractère et le prestige. » Élèves et professeurs de l'École sont présents. Au premier rang des assistants : Philippe Pétain, maréchal de France. Beaucoup de ceux qui écoutent — et qui n'aiment pas les grands airs de De Gaulle — remarquent que l'orateur a célébré comme il faut le Maréchal, c'est-à-dire à l'aide de mots retenus et pudiques qui débusquent et flattent l'orgueil secret que cache toujours une apparente modestie. Certains, alors, ne manquent pas de dire : « De Gaulle, c'est Pétain démarqué. »

En 1928 et 1929, de Gaulle, commandant le 19ᵉ bataillon de chasseurs alpins, qui tient garnison à Trèves, s'appuie, à plusieurs reprises, sur l'autorité du Maréchal et sur des liens d'amitié dont tout le monde connaît la force et dont beaucoup pensent, à ce moment déjà, qu'ils vont jusqu'au parrainage du jeune Philippe de Gaulle, pour se tirer de « mauvais pas », provoqués par l'humeur d'un homme affamé d'avoir toujours raison plus que par des fautes dans la conduite de son bataillon.

En 1932, c'est au maréchal Pétain que le commandant de Gaulle adresse l'exemplaire nº 1, sur velin pur fil Lafuma, de ce livre *Le Fil de l'épée* où, aux trois conférences prononcées à l'École de Guerre, il a joint deux chapitres nouveaux. Afin que nul n'ignore la qualité des rapports qui attachent de Gaulle au plus grand des chefs vivants de l'armée française, la page de garde porte, imprimée, la dédicace suivante :

« Au maréchal Pétain,
« Cet essai, Monsieur le Maréchal, ne saurait être dédié qu'à vous, car rien ne montre mieux que votre gloire quelle vertu l'action peut tirer des lumières de la pensée. »

A ces lignes, Charles de Gaulle ajoute de sa main : « Hommage d'un très respectueux et très profond dévouement. » J'ai eu entre les mains cet exemplaire sur lequel Pétain a biffé les mots « rien que votre gloire », tandis qu'il écrivait à de Gaulle pour lui demander d'en faire autant sur les exemplaires non encore tirés [30]...

On sait que Pétain et de Gaulle s'éloigneront l'un de l'autre à propos d'une assez banale querelle littéraire. Raymond Tournoux a raconté cet épisode et comment, en 1938, mécontent de voir de Gaulle utiliser pour les chapitres II à V de *La France et son armée* un travail d'état-major, rédigé suivant ses directives entre 1925 et 1927, le Maréchal se plaindra vivement de cette désinvolture dans une longue lettre adressée à M. Maurice Bourdel, président-directeur général de la librairie Plon [31].

---

30. Par lettre du 23 août 1932, de Gaulle acquiesce en précisant que « la gloire » disparaîtra « non, certes, de mon travail qu'elle imprègne, mais de la dédicace ». Il ajoute, pour rassurer la modestie du Maréchal que son œuvre se vendra peu. Erreur. Après la Libération, on publia de nombreuses éditions du *Fil de l'épée*. Mais la dédicace sera alors supprimée dans sa totalité.

31. TOURNOUX, *Pétain et de Gaulle* (t. II). Pétain avait commencé par interdire au colonel de Gaulle l'utilisation d'un travail d'état-major qui « ne lui appartenait pas ». Puis, « par mesure de bienveillance », il autorisait la parution du livre à condition qu'il soit précédé d'une dédicace imprimée à laquelle le Maréchal avait apporté tous ses soins, dédicace qui précisait la « collaboration » littéraire de Philippe Pétain en ces termes :
« A M. le maréchal Pétain — qui a bien voulu, au cours des années 1925-1927, m'aider de ses conseils pour la préparation des chapitres II à V de ce volume

C'est que, depuis plusieurs années déjà, Charles de Gaulle se veut inspirateur plus qu'inspiré. Sortant de l'ombre de Pétain, il est devenu le conseiller militaire secret de Paul Reynaud, homme politique solitaire mais dont il imagine, en grande partie parce qu'il épouse ses vues, qu'il bénéficiera d'un grand destin.

Il entrera certes quelque ingratitude dans la façon dont le général de Gaulle répétera, pendant l'occupation, que le Maréchal est « mort en 1925 », mais cette volonté de se détacher correspond surtout au désir de marquer que depuis longtemps il ne doit rien au chef avec lequel il est entré désormais en concurrence dans l'esprit des Français. En tout cas, en juin 1940, lorsqu'ils se retrouvent dans le ministère Reynaud, Pétain vice-président du Conseil, de Gaulle sous-secrétaire d'État à la Guerre depuis le 5 juin, plus rien ne les rapproche et, s'ils ne s'affrontent pas directement encore, ils le font par personnes interposées, de Gaulle soufflant à Reynaud les mots de la résistance, accusant le général Weygand de tout ce que, dans son cœur, il reproche au maréchal Pétain.

Dès qu'il a pris le parti de poursuivre, en Angleterre, la guerre perdue sur les champs de bataille de France, de Gaulle n'hésite nullement à critiquer violemment Pétain. C'est, suis-je tenté d'écrire, le premier des antipétainistes. Et le plus vigoureux. Sans doute parce qu'il a compris, immédiatement, quel était l'enjeu du conflit : la possession de l'âme française. Il n'en existe pas d'autres.

Pendant de longs mois cependant d'une lutte sans merci de Gaulle est considérablement défavorisé par rapport à Pétain.

(Ancien Régime, Révolution, Napoléon, D'un désastre à l'autre) —, j'adresse l'hommage de ma reconnaissance. »

A ce texte, de Gaulle avait préféré ces phrases, plus élogieuses et plus restrictives à la fois :

A
Monsieur
le Maréchal Pétain
qui a voulu que ce livre fût écrit,
qui dirigea de ses conseils
la rédaction des cinq premiers chapitres
et grâce à qui
les deux derniers sont l'histoire
de notre victoire.

Défavorisé en France où il demeure un inconnu si inconnu que les journaux, d'abord, hésitent sur l'orthographe de son nom, où Pétain, recueillant l'adhésion des foules, n'a même pas besoin de briser de molles résistances qui, pendant de longs mois, ne le visent presque jamais personnellement.

Défavorisé en Angleterre où Churchill attendait soit l'amiral Darlan qui, amenant avec lui la flotte, eût été accueilli avec enthousiasme, soit des hommes politiques connus dont les Anglais pouvaient espérer[32] qu'ils fassent contrepoids au prestige du Maréchal. De Gaulle arrive seul à Londres le 17 juin. Il va rester seul, ou presque seul, pendant de nombreux mois. Ce jeune sous-secrétaire d'État qui n'a que onze jours « d'expérience » politique, ce général de brigade à titre temporaire affirme et affirme très haut, représenter la France, ÊTRE la France mais, autour de lui, il ne groupe que très peu de Français, alors que presque tous se retrouvent derrière Pétain.

En attendant que les appels de De Gaulle incitent quelques courageux à rejoindre l'Angleterre en péril, du moins pourraient-ils retenir tous ceux qui se trouvent sur le sol britannique. Les Français y sont nombreux, en effet, en juin et juillet 1940 : diplomates, fonctionnaires de nombreuses missions, soldats évacués de Dunkerque ou retour de Norvège, marins, commerçants.

Or si tous sont bouleversés par les désastres français, bien peu sont sensibles au romantisme effrayant d'une guerre qui continue et dont le résultat paraît indécis à beaucoup. Aux Français mais aussi aux Américains puisque, selon un sondage, ils sont légèrement plus convaincus des chances allemandes que des chances anglaises[33]. Aux Soviétiques puisque, en juin, l'ambassadeur Ivan Maïsky demande à Molotov quelle devra être son attitude si les Allemands occupent Londres[34] ! En tout cas, cette guerre, les Français de Londres ne

---

32. A tort, vraisemblablement, tous les hommes politiques étant, en effet, discrédités mais, pendant plusieurs jours, la radio anglaise fit courir le bruit de l'arrivée imminente à Londres de MM. Blum, Mandel, Campinchi et Delbos.

33. Le 28 juin, écrivant à Lord Lothian, ambassadeur de Grande-Bretagne à Washington, Churchill se plaint en ces termes : « Jusqu'au mois d'avril, les Américains étaient tellement certains de la victoire des alliés qu'ils estimaient inutile de les aider. Aujourd'hui, ils sont tellement sûrs que nous allons être vaincus qu'ils ne jugent pas possible de venir à notre secours. »

34. *Memoirs of a Soviet Ambassador : The War 1939-1943.* Maïsky reçut une réponse de Moscou, mais n'en indique pas la teneur.

On peut ajouter qu'avant même l'armistice franco-allemand plusieurs person-

veulent pas la faire en « mercenaires » éloignés de leur famille, de leur maison, de leur patrie.

La mission économique que dirige Paul Morand compte 63 membres. 58 demanderont à retourner en France. Le 26 juin, des ouvriers d'arsenaux, qui ont quitté la France sur les navires sauvés, au dernier instant, des ports de l'Atlantique menacés, se révoltent parce que leur rapatriement se fait attendre et il faut des barrages de police pour les arrêter devant le consulat de France de Liverpool. Sur les 10000 familles françaises vivant habituellement à Londres, André Gillois écrit « qu'on peut compter sur les doigts de la main celles qui adhérèrent à la France Libre, du moins dans les premiers jours ». Les ralliements sont si peu nombreux, d'ailleurs, que de Gaulle prend la peine, parfois, de répondre par des lettres personnelles à ceux qui manifestent leur volonté de résistance[35]. Et si l'avocat Weil-Curiel, comme l'ancien directeur de cabinet de Léon Blum, Georges Boris, doivent se relayer pour assurer la permanence téléphonique, dans l'appartement de Seymore Place où de Gaulle s'est installé en compagnie du lieutenant Geoffroy de Courcel, son aide de camp, il n'est pas rare que le général réponde lui-même au téléphone.

Peu ou pas d'argent en caisse. Peu ou pas d'armes. Peu ou pas d'hommes. Sans doute moins d'hommes que d'armes. Une centaine, cent vingt peut-être, à la fin du mois de juin ; 7000 au début d'août. Et encore !

De Gaulle, désavoué dès le 19 juin par le gouvernement Pétain, qui précise qu'il n'a « aucune qualité pour faire des communications au public », qu'il a été rappelé de Londres « et a reçu l'ordre de rentrer en France et de se tenir aux ordres de ses chefs », de Gaulle, mal soutenu par les Anglais, qui ne le jugent pas sur son caractère ni sur sa volonté mais sur sa pauvreté de moyens, est bien cet homme seul que l'on ne peut suivre qu'en rompant tous les liens de la hiérarchie traditionnelle.

---

nalités britanniques, dont lord Halifax, chef du Foreign Office, avaient demandé à l'ambassadeur de Suède à Londres de sonder le gouvernement du Reich sur les conditions d'une paix de compromis.

35. Dans son *Carnet des jours d'attente*, Pierre BOURDAN évoque longuement la solitude des premières semaines.

Devenir un rebelle est moins facile que devenir un héros.

Du moins en juin 40.

Aussi, lorsque les militaires français présents en Angleterre reçoivent, par l'intermédiaire des autorités de Vichy, l'ordre de rejoindre les camps qui leur sont assignés, la grande majorité obéit et très peu, ensuite, rejoindront de Gaulle car rejoindre de Gaulle entraîne, avant les risques du combat, ceux de la désertion, de la suppression de solde pour les familles, de la perte de la nationalité française.

Dans le camp d'Elstree, la France Libre conquiert sept volontaires seulement. Dans le camp d'Arrow Park, il ne se trouve que cinquante hommes pour se ranger derrière le colonel Renouard, qui a décidé de poursuivre le combat du côté des Anglais. On entend parler « femmes, enfants, pensions, retraite, avancement » et aussi « devoir patriotique », car les Anglais n'ont nullement la cote d'amour. Mers el-Kébir, survenant après Dunkerque, a porté un coup terrible aux espoirs comme aux efforts de Charles de Gaulle. Des hommes qui hésitaient encore, et qui avaient l'habitude d'une longue collaboration avec les Anglais, basculent tout d'un coup devant un attentat dont Pétain soupçonnera longtemps de Gaulle de porter la responsabilité morale [36].

Voici l'exemple d'Henri Le Masson, qui appartient à la mission

---

36. C'est du moins ce qu'affirme Bouthillier dans son ouvrage *Le drame de Vichy :*

« Le Maréchal a toujours soupçonné le général de Gaulle d'avoir été l'instigateur de cet extraordinaire attentat. Il y eut quelque apparence. Le mouvement que l'ancien sous-secrétaire d'État du cabinet Paul Reynaud venait de lancer à Londres nous sembla une entreprise dirigée davantage contre la France du maréchal Pétain que contre l'Allemagne de Hitler. Le danger majeur pour le « gaullisme » naissant était l'établissement de relations confiantes entre Londres et Vichy. Son atout maître, dans le jeu qu'il allait mener pendant quatre ans, serait le sentiment que le Maréchal avait trahi le peuple anglais. Saura-t-on jamais le rôle exact du général, car ni M. Churchill, ni l'Amirauté anglaise ne livreront leur secret. Le Maréchal ne douta pas de l'action de son ancien collaborateur. Il m'en parla à plusieurs reprises avec une émouvante tristesse et chaque fois il citait l'exemple classique de la grammaire latine : *Sua ambitio perdet hominem.* Malheureusement, un fait est certain : le 2 juillet, dans une prosopopée devenue célèbre, le général s'adressa à de glorieux morts de la marine française, Duquesne, Tourville, Courbet, en les prenant à témoin qu'ils n'eussent jamais mis à la discrétion de l'ennemi leurs escadres intactes. Le lendemain, les obus du *Hood*, du *Barham*, de la *Resolution* et les bombes de l'*Ark Royal* répondirent. » En vérité les Anglais avaient préparé l'opération depuis plusieurs semaines déjà.

navale française à Londres. Entre le 19 juin et le 25 juillet, il écrit à sa femme un certain nombre de lettres qu'il ne pourra jamais envoyer mais qui, conservées, sont précieuses pour comprendre l'évolution des sentiments. Le Masson n'est pas « pétainiste » et il écrit même que le « speech » de Pétain, en date du 20 juin, « a fait mauvaise impression » sur tous ses camarades marins présents à Londres. Il n'est pas davantage « gaulliste ». L'entourage, trop politique, du général lui déplaît et, le 25, il parle des « chevaliers de la Gaule... des gaulistes ou gaulards ». Il est, comme la plupart des marins, passionnément attaché au sort de la Flotte et très vite, comme eux, s'irrite de voir naître et grandir les soupçons des Anglais envers la marine française. Soupçons qui conduiront à la capture de nos navires basés en Angleterre comme ils conduiront à l'attaque de Mers el-Kébir.

Près de 1300 tués et disparus, 351 blessés en deux jours de bombardement (3 et 6 juillet) contre nos vaisseaux à l'ancre et ces titres affreux de la presse anglaise. « *Good news...* Bonnes nouvelles, les meilleures depuis le sabordage du Graf von Spee [37]. » « *The stories of these great exploits* » lorsqu'il s'agit de raconter le massacre de marins sans défense. « *His finest hour...* Son heure la plus belle », lorsqu'il s'agit d'évoquer le discours dans lequel Churchill se justifie ; oui, toute cette boue sanglante contre l'alliée de la veille provoque chez les Français qui vivent en Angleterre de compréhensibles réactions d'hostilité.

Le Masson, le dimanche 7 juillet : « Ces gens-là (les Anglais) ne comprennent-ils donc pas ce qu'ils font, quel fossé ils creusent en ce moment entre tout ce qui, en France, pouvait être resté à la fois loyal au point de vue français-anglais et eux... Vraiment, si jamais j'ai pu penser un instant devenir « gauliste », les événements d'Oran m'auraient bien vite fait tourner casaque. »

Il ne sera pas le seul qu'ils découragent. A la fin de décembre 1940, 21000 hommes de la Marine nationale, 2000 marins du commerce, 7000 à 8000 hommes de l'armée de terre auront été rapatriés d'Angleterre en France malgré les sollicitations gaullistes incapables d'effacer le souvenir de Mers el-Kébir.

Le 14 juillet 1940 — un an après ce 14 juillet 1939 riche en illusions et feux d'artifice — les Forces Françaises Libres défilent à Londres.

37. *Evening Standard.*

Il y a là presque tout le monde.

Vingt-cinq légionnaires.

Une section de chars de combat.

Trente marins.

Quarante aviateurs.

Avec retenue, lenteur et gravité, donnant à la cérémonie le maximum de majesté, multipliant sans doute, en imagination, les rares soldats au garde-à-vous, de Gaulle passe ensuite devant le front des troupes. Nul sentiment de ridicule ne l'habite. Aucune tentation d'opposer le présent misérable au passé fastueux. Il y a trois mois, la France possédait plusieurs millions d'hommes sous les armes. Mais la France, aujourd'hui, pour Charles de Gaulle, est certainement représentée par ces quelques dizaines de guerriers que le hasard parfois a réunis et dont certains ne sont même pas français.

Au mois d'août 1940, les effectifs gaullistes sont les suivants : 98 officiers, 133 sous-officiers, 716 hommes de troupe, 1 118 civils en instance d'incorporation. L'Afrique Française partiellement ralliée amènera 17 000 soldats (en majorité indigènes) dans les semaines qui suivent mais ce qui compte, puisqu'il n'est pas question de songer à équilibrer, un jour, les énormes masses allemandes, c'est la qualité et c'est la foi des hommes recrutés.

Charles de Gaulle aura donc l'orgueilleuse amertume de sa solitude.

Elle lui imposera sa tactique et le conduira, en ce qui concerne Philippe Pétain, à une intransigeance immédiate et totale.

Il est trop faible, en vérité, pour se montrer compréhensif ou charitable.

Qu'il accepte la thèse du double jeu de Pétain, du Maréchal-trahi-par-les-siens, du vieux roi ignorant ce qui se fait de mal dans le royaume, thèse qui sera longtemps celle de la majorité des Français, et même celle des premiers résistants, et il perd la seule carte qu'il puisse jouer : celle de l'intransigeance.

Pour que de Gaulle, aux yeux des Alliés, aux yeux des siens, aux yeux même des Français occupés, devienne digne de confiance, il faut que Pétain perde tout crédit, ce qui exclut toute possibilité d'entente avec un Maréchal résolument jugé traître à la patrie.

Entre cent voici un exemple de cette politique.

Le 3 octobre 1940, Winston Churchill adresse un long télégramme au général de Gaulle, qui se trouve alors à Lagos après l'échec de l'expédition qu'il a menée, de concert avec les Anglais, pour rallier ou pour prendre Dakar. Churchill fait part à de Gaulle du message que vient de lui faire parvenir, par l'intermédiaire de l'ambassadeur de France à Madrid, Baudouin, ministre des Affaires étrangères du gouvernement de Vichy. Baudouin suggère que l'Angleterre lève partiellement le blocus maritime pour permettre à la France d'être ravitaillée par ses colonies, sans quoi, affamée, réduite à la misère, elle serait peut-être tentée de s'abandonner aux Allemands. Le gouvernement français s'affirme disposé, poursuit Baudouin, au cas où ce ravitaillement serait autorisé, à tout faire pour qu'il ne soit pas saisi par les Allemands. Tout ? Oui. La dépêche précise : « Au cas où les Allemands essaieraient de s'en emparer (du ravitaillement), le gouvernement français serait transféré au Maroc et la France s'unirait de nouveau à la Grande-Bretagne contre l'Allemagne. »

S'il croit à la valeur de cette promesse, Churchill devrait immédiatement lever le blocus et prier le ciel pour que les Allemands capturent ou détournent à leur profit toutes les marchandises ainsi transportées, ce qui devrait avoir pour effet immédiat de remettre la France dans la guerre...

Pourquoi ne pas tenter l'expérience ?

De Gaulle répond immédiatement à Churchill et le paragraphe III de son message constitue le point le plus important du télégramme. Le voici : « Même si le gouvernement de Vichy se transportait un jour en tout ou en partie en Afrique du Nord et proclamait qu'il veut reprendre la lutte, il ne pourrait avoir assez d'autorité et d'efficacité pour diriger la guerre. Après avoir subi aussi complètement la loi de l'ennemi et désarmé l'Empire, il ne lui resterait pas le prestige nécessaire pour conduire et entraîner ceux qu'il appellerait aux armes[38]. »

---

38. Par ailleurs, craignant qu'un arrangement de ce genre n'augmente l'influence de Vichy, de Gaulle suggère que le ravitaillement soit assuré par des œuvres d'assistance américaine et qu'il soit annoncé que ces œuvres agissent à l'initiative du général de Gaulle...

Le 12 octobre, de Gaulle, qui veut conquérir le Gabon défendu par les forces de Vichy adresse un autre télégramme à M. Winston Churchill, télégramme réclamant que la colonie soit strictement affamée. « Diverses informations reçues

Toujours la querelle du pouvoir suprême. D'autant plus âpre que de Gaulle n'ignore nullement que les Anglais, à la recherche de gros bataillons, ne désespèrent pas de convaincre Pétain, et surtout Weygand, de ramener la France au combat, et qu'il espère les détourner de poursuivre des tentatives dont le succès ruinerait son influence encore très faible.

Dès le début de l'aventure gaulliste, Charles de Gaulle s'efforcera donc de « démonétiser » Philippe Pétain.

Il ne se trompe jamais d'adversaire.

Quand tous attaquent l'entourage, lui prend immédiatement à partie le Maréchal qu'il accuse de sénilité puis de trahison. Les mots se trouvent déjà dans son discours du 13 juillet 1940.

Vieillesse. La vieillesse. Il utilisera sans se lasser l'argument de l'âge.

C'est que les quatre-vingt-quatre ans de Pétain, loin de les inquiéter, séduisent les Français. Journalistes, chroniqueurs, romanciers célèbrent son allure, son teint, sa résistance physique, sa vigueur intellectuelle. De Gaulle se chargera de démolir l'Image. Les images. Car Weygand est, presque au même titre que Pétain, son compétiteur[39]. « Les vieillards qui se soignent à Vichy emploient leur temps et leur passion à faire condamner ceux qui sont coupables de continuer à combattre pour la France. » (Discours du 3 août 1940.)

« Ils (l'ennemi et ses complices) avaient su répandre l'illusion que la présence au gouvernement d'un très vieux maréchal et de vieux généraux vaincus, et vaincus par leur faute, suffirait à neutraliser la haine et l'avidité des vainqueurs. » (Discours du 12 août.)

---

m'apprennent que la situation à Libreville est précaire en ce qui concerne la nourriture et les autres approvisionnements. Il est d'une importance vitale qu'aucun approvisionnement, ni renfort, de quelque espèce qu'ils soient, n'arrivent à Libreville ou à Port-Gentil. »

39. Que de Gaulle n'aime pas Weygand, il le montrera bien longtemps après la Libération. Weygand, général en chef, en mai et juin 1940, n'écoute pas les suggestions militaires que lui fait le général de Gaulle et celui-ci s'en trouve meurtri. Les deux hommes se sont heurtés également au moment de savoir s'il fallait, ou non, demander l'armistice. Dans le courant de l'automne 1940 et de l'hiver 1940-1941, de Gaulle ne cessera d'objecter à ceux, nombreux, qui placent leurs espoirs en Weygand, l'âge de l'ancien généralissime. « Weygand est trop âgé, trop ennemi du risque et trop compromis par sa défaite et par l'armistice pour être capable de prendre une position catégorique et de se séparer de Vichy. » (Lettre à Catroux, 6 novembre 1940.)

« Très vieux Maréchal », les mots sont répétés plusieurs fois dans le discours du 22 août. « Vieillard de quatre-vingt-cinq ans », l'argument est repris, le 17 mai 1941, après que Darlan eut conclu avec le gouvernement du Reich des accords que le Maréchal ne signera d'ailleurs pas. « ... 4) D'après les textes dits « constitutionnels » arbitrairement substitués à la constitution de la France, la source de l'autorité du « Gouvernement » de Vichy réside exclusivement dans la personne d'un vieillard de quatre-vingt-cinq ans dont il est notoire, depuis plusieurs années, qu'il est affaibli par l'âge. »

Le 18 juin 1941, enfin, un an après son Appel, et un an après la défaite, de Gaulle trouve pour résumer les événements et décrire les caractères des dirigeants de Vichy les mots les plus cinglants. « Le 17 juin 1940, disparaissait à Bordeaux le dernier gouvernement régulier de la France. L'équipe mixte du défaitisme et de la trahison s'emparait du pouvoir dans un pronunciamiento de panique. Une clique de politiciens tarés, d'affairistes sans honneur, de fonctionnaires arrivistes et de mauvais généraux se ruait à l'usurpation en même temps qu'à la servitude. Un vieillard de quatre-vingt-quatre ans, triste enveloppe d'une gloire passée, était hissé sur le pavois de la défaite pour endosser la capitulation et tromper le peuple stupéfait... »

Analysez les adjectifs : ils sont faits pour tuer dans l'esprit des Français non seulement un régime mais surtout celui qui le dirige. De Gaulle veut arracher les Français au magnétisme de Pétain, briser le phénomène Pétain, dissiper l'enthousiasme des foules, en finir avec ces ovations dont il perçoit l'écho et, dans sa solitude londonienne, reçoit les images...

Le discours du 18 juin 1941 sera donc un remarquable « condensé » de toutes les accusations portées depuis un an et qui sont allées, se précisant, se durcissant. Il a peint déjà « ces grands chefs militaires, démoralisés par leur propre défaite et jaloux que tout le monde s'effondre puisque eux-mêmes s'étaient effondrés[40] », ces hommes à qui il restait « assez de débris de prestige, assez de rognures d'autorité pour imposer l'opprobre aux autres[40] ». Il s'est moqué de ceux qui se disent ministres de l'Air, de la Marine, de la Guerre et qui ne font rien des armes que leur a données la Patrie. Contre ce vieux Maréchal qui a « rendu l'épée de la France », il a évoqué le fantôme de Foch, et

40. Discours du 25 août 1940.

publiquement fait serment d'obéir aux leçons du Maréchal mort plutôt qu'aux ordres du Maréchal vivant.

Même le renvoi de Laval, le 13 décembre, ne le fait pas un seul instant changer d'avis. Qu'en France les feuilles de la résistance applaudissent, félicitent le Maréchal et mettent de grands espoirs dans ce qui n'est qu'une petite comédie provinciale prouve simplement l'ignorance politique de ceux qui les rédigent.

Charles de Gaulle, et son discours du 16 décembre, en apporte une preuve supplémentaire, va jusqu'à refuser aux « gens de Vichy » la chance du plus léger repentir... repentir qui compromettrait, il est vrai, son œuvre et sa situation.

« Il paraît que les gens de Vichy, épouvantés par la sourde fureur du peuple cherchent à lui donner le change par quelques substitutions. Il paraît qu'à la cour du Sultan de Vichy une révolution de palais a chassé le grand vizir. Il paraît que Vichy a demandé l'investiture d'Hitler pour un successeur. Mais ces sortes de changement n'intéressent que la cour de Vichy, ses chambellans, ses valets, ses espions et ses eunuques. La France se détourne avec dégoût de telles intrigues et combinaisons [41]... »

En vérité, tandis que Vichy existe pour les Américains, pour les Soviétiques qui, après l'attaque allemande, font savoir au général de Gaulle qu'ils ne peuvent avoir, avec son mouvement, que des conversations de caractère privé puisqu'ils sont toujours représentés à Vichy, pour les Anglais qui, faute de relations officielles, « conversent » par le canal de l'ambassadeur du Canada ou par des intermédiaires en poste à Madrid et à Lisbonne, pour toutes les nations qui, dans la capitale de l'État français, entretiennent ambassades ou consulats, Vichy n'existe pas pour Charles de Gaulle.

Il l'a dit et prouvé dès les premiers jours de son aventure mais c'est à Brazzaville, le 27 octobre 1940, qu'il saute le pas en proclamant l'illégitimité de Vichy. « ... Il n'existe plus de gouvernement propre-

41. Le 20 décembre, le général de Gaulle adoucira son jugement et parlera des hommes de Vichy (ou plutôt de quelques-uns d'entre eux) qui « désireraient écarter l'ignoble calice », « prolonger l'équivoque », « se maintenir... dans l'illusion qu'ils travaillent pour la France et non pour l'ennemi », mais « l'ennemi se soucie peu de déshonorer un vieillard, fût-il Maréchal de France », et il pense que Vichy ne se dégagera jamais de tant de compromissions.

ment français. En effet, l'organisme sis à Vichy, et qui prétend porter ce nom, est inconstitutionnel et soumis à l'envahisseur. Dans son état de servitude, cet organisme ne peut être, et n'est en effet, qu'un instrument utilisé par les ennemis de la France contre l'honneur et l'intérêt du pays. Il faut donc qu'un pouvoir nouveau assume la charge de diriger l'effort français dans la guerre. Les événements m'imposent ce devoir sacré. Je n'y faillirai pas. »

De Gaulle se substitue donc à Pétain ou, plus exactement, niant Pétain, prend la suite du gouvernement Reynaud, démissionnaire à Bordeaux le 16 juin et crée, « au nom du Peuple et de l'Empire français », un Conseil de défense de l'Empire dont seront membres le général Catroux, le vice-amiral Muselier, le général de Larminat, le gouverneur Éboué, le gouverneur Sautot, le médecin-général Sicé, le professeur Cassin, le révérend-père d'Argenlieu et le colonel Leclerc, Conseil de défense qui a pour mission de « maintenir la fidélité à la France, de veiller à la sécurité extérieure et à la sûreté intérieure », mais aussi d'exercer, dans tous les domaines, la conduite générale de la guerre et de traiter « avec les puissances étrangères des questions relatives à la défense des possessions françaises et aux intérêts français »[42].

Quelques semaines plus tard — le 16 novembre —, le général de Gaulle, après avoir demandé au professeur Cassin une étude sur, ou plutôt contre, la Constitution de Vichy[43], complète par une longue déclaration organique, en vingt-deux paragraphes, le Manifeste du 27 octobre. Déclaration qui reprend, amplifie et fonde sur des arguments d'ordre constitutionnel et juridique la thèse de l'illégalité de

---

42. L'article 3 du texte portant création du Conseil de défense de l'Empire précise que « les décisions sont prises par le chef des Français Libres, après consultation, s'il y a lieu, du Conseil de défense ».

43. Étude qui s'achève sur ces mots : « En réalité, tout Français est délié du devoir d'obéissance envers le gouvernement de Vichy. »

Cette étude a été publiée dans *La France Libre*,numéro de déc. 40-janvier 41. Cassin fonde l'illégalité de « la nouvelle Constitution dite de Vichy » notamment sur les faits suivants : l'Assemblée nationale a été convoquée et a délibéré dans des conditions irrégulières ; elle a délégué à un « tiers sans qualité » une compétence qui lui appartenait : celle d'élaborer et de mettre en œuvre une nouvelle Constitution ; abus de pouvoir commis par le chef « du gouvernement de la République » en supprimant la forme républicaine de nos institutions.

Dès le 29 juillet, René Cassin avait dénoncé l'illégalité de l'Acte constitutionnel n° 11 permettant « au chef de l'État de négocier et ratifier les traités », mais, pour Cassin, Pétain demeurait encore un « vieillard illustre ».

Vichy, thèse qui, acceptée, consacre évidemment la légitimité de Charles de Gaulle.

Ce qui est clair et net pour de Gaulle l'est-il également pour ses partisans ?

En vérité, ils ne rejettent pas si facilement Pétain et Vichy dans les ténèbres extérieures.

Le 18 janvier 1941, le général de Gaulle adresse à tous les membres du Conseil de défense de l'Empire le questionnaire suivant.

« 1. Dans la situation actuelle, c'est-à-dire tant que Vichy acceptera de vivre sous le régime de l'armistice et de la collaboration, même mitigée, avec l'ennemi, estimez-vous que nous devons, en ce qui nous concerne, exclure toute espèce de relations avec Vichy ?

« 2. Si Vichy cesse d'accepter le régime de l'armistice et la collaboration et décide de se transporter hors du contrôle de l'ennemi, non pour y reprendre la guerre, mais pour y observer la neutralité, estimez-vous qu'en ce cas nous devrions continuer à ne pas reconnaître son autorité, quitte à entretenir avec lui certaines relations en vue de l'avenir ?

« 3. A supposer que le Gouvernement de Vichy décide de se transporter en Afrique du Nord et reprenne la guerre, quelles sont les conditions d'ordre extérieur ou intérieur que nous devrions poser pour nous joindre à lui ? »

Les réponses sont particulièrement intéressantes.

La question n° 1 ne faisait nullement référence au maréchal Pétain. Or, sur les sept membres du Conseil de défense interrogés, trois en parleront ; elle semblait mériter une réponse négative catégorique et unanime, or les avis vont être nuancés.

« Notre devoir est de ne pas attaquer le maréchal Pétain », écrit le général Catroux ; « Pas d'attaques actuelles contre Pétain », précise le professeur Cassin ; « Éviter de prendre à partie publiquement la personne du Maréchal », demande le capitaine de vaisseau d'Argenlieu ; et René Cassin, secrétaire du Conseil de défense de l'Empire, qui a la charge d'établir une note de synthèse, résume ainsi l'opinion de ses collègues face à Vichy et au Maréchal :

« *Résultat d'ensemble :*

« Plusieurs des membres du Conseil se prononcent en faveur de relations non officielles avec certains membres du gouvernement de Vichy, certains grands chefs ou gouverneurs et des gens de leur entourage. Mais la note dominante est celle de la prudence : contacts, relations non officielles. Il y a unanimité pour continuer à refuser d'admettre l'autorité de Vichy, sans polémiques personnelles contre le Maréchal. »

Que faudrait-il faire et quelles devraient être les réactions des Français Libres dans l'hypothèse où le gouvernement de Vichy se transporterait en Algérie mais conserverait une position de neutralité vis-à-vis des belligérants ? Cette fois, l'unanimité se fait aisément : aucun lien de subordination ne pourrait être admis à l'égard d'un gouvernement neutre, mais il serait possible d'entretenir avec lui des relations non officielles.

Et si le gouvernement Pétain installé en Afrique du Nord reprenait la lutte contre les Allemands ? Dès le 3 octobre, on l'a vu, de Gaulle a prévenu les Anglais de l'impossibilité où se trouverait, selon lui, le gouvernement du Maréchal, moralement dévalorisé par ses attitudes antérieures, de combattre un adversaire avec lequel il a, plus ou moins, pactisé.

Or, au mois de janvier 1941, et alors que la dépendance de Vichy n'a fait qu'augmenter, alors que Philippe Pétain s'est engagé dans la voie des réformes antirépublicaines, les plus proches collaborateurs du général de Gaulle ne partagent pas ses sentiments et, dans la perspective d'une rentrée de la France « officielle » dans la guerre, penchent pour un accord (presque un ralliement) avec un homme dont le chef des Français Libres n'a cessé de dénoncer la trahison et chez qui il a depuis longtemps déploré les dégats provoqués par le grand âge !

Le général Catroux souhaite ainsi que la France Libre « reconnaisse » Vichy (transféré à Alger) une fois repris le bon combat. Il va plus loin : il estime qu'il faudrait remettre au gouvernement Pétain les territoires ralliés à de Gaulle et combattre dans ses armées « sous la seule condition du rétablissement dans nos droits et qualités, mais sans engagement d'approuver ses actes de politique intérieure et extérieure une fois la guerre terminée ».

L'amiral Muselier adopte une position assez proche. A peine suggère-t-il que la fusion des territoires et des forces devrait s'opérer en plusieurs étapes et qu'il faudrait assurer au général de Gaulle « une place importante dans le gouvernement ». C'est également l'avis du général de Larminat et du capitaine de vaisseau d'Argenlieu.

Le colonel Leclerc, de son côté, réclame pour de Gaulle une place « capitale » dans un gouvernement d'union, l'élimination de tous les responsables de la défaite et de la collaboration, mais aussi la suppression des partis politiques et le maintien de « certaines mesures utiles » prises par le maréchal Pétain, « en particulier celles qui renforcent l'autorité centrale et qui favorisent la famille ». Quant au professeur Cassin, il désire, dans le cas où le gouvernement de Vichy reprendrait la guerre, que le général de Gaulle ait accès « à un poste de première importance », il demande enfin que les « amis de l'ennemi » soient écartés et rapportées « les mesures les plus iniques inspirées par les totalitaires contre des nationaux d'origine ».

Seuls le gouverneur général Éboué et le médecin général Sicé ont adopté une position assez proche des sentiments de De Gaulle : épuration des fonctionnaires qui ont obéi à Vichy, élimination de certains hommes politiques, nomination du général de Gaulle à la tête du gouvernement, écrit Sicé, de l'État, dit Éboué.

Résumant objectivement toutes les opinions, Cassin conclut, sur ce point capital, de la façon suivante.

« *Résultat d'ensemble :*

« Accord général pour que le mouvement « France Libre » joigne ses efforts à un gouvernement de guerre dans lequel son chef aurait un rôle important, qui reprendrait l'alliance, ratifierait les actes passés par la France Libre, etc.

« Accord, également, pour empêcher que le mouvement « France Libre » soit noyé et perde son dynamisme pour l'avenir.

« Divergences sur la méthode la meilleure pour atteindre ce but. Certains préconisent une alliance, laissant à la France Libre une certaine autonomie. D'autres pensent qu'il faudrait poser tout de suite les bases d'une fusion où la France Libre apporterait sa marque et son esprit dans un élan d'unité nationale contre l'ennemi. L'alliance se présenterait comme une seconde ligne, dans l'éventualité d'un échec de la fusion. »

Ce texte, reflet de l'opinion des fidèles de la première heure, n'a pas dû satisfaire de Gaulle et sans doute y songera-t-il à plusieurs reprises lorsqu'il se trouvera en face de compétiteurs qui prétendent lui disputer le pouvoir, lorsque les Américains, par exemple, mettront en selle Darlan et Giraud qui, face à la France Libre, disposent de troupes infiniment plus nombreuses, de moyens plus puissants, de territoires plus vastes.

Alors, quel que soit le déséquilibre des forces, de Gaulle refusera de se rallier comme il aurait refusé de se rallier si Pétain, entre 1940 et 1942, avait un jour tiré la leçon de toutes les exigences allemandes et rejoint l'Afrique du Nord.

Mais les réactions des membres du Conseil de défense prouvent que ceux qui suivent de Gaulle n'ont ni sa volonté de puissance, ni sa lucidité sur les hommes et le déroulement du conflit.

La radio « gaulliste » de Londres, j'écris « gaulliste » pour simplifier bien qu'elle soit travaillée de courants contradictoires qu'ignorent les auditeurs, partage, il me semble, les sentiments de la presse clandestine française. A moins qu'elle ne les inspire.

Peu d'attaques contre Pétain. Le plus souvent une indulgence apitoyée qui prend sa source dans les souvenirs de Verdun.

Le 24 janvier 1941, à 20 h 25, Maurice Schumann évoquant, dans l'émission Honneur et Patrie, le « retour en grâce » de Pierre Laval qui vient de rencontrer le maréchal Pétain à La Ferté-Hauterive et prépare ainsi sa rentrée au gouvernement, fait du Maréchal la victime de la plus odieuse machination. A travers le brouillage allemand, écoutez : « Jamais, dans le passé, pareille humiliation ne fut infligée à un maréchal de France. Le 13 décembre, le maréchal Pétain recueille la preuve que son ministre des Affaires étrangères est un scélérat aux gages de l'ennemi. Pire encore : qu'il a médité de le séquestrer pour le compte de ses maîtres, à la faveur d'un complot nocturne. Aussitôt, il le chasse et l'enferme. Depuis lors, Hitler s'est lâchement attaqué au plus *vénérable*[44] des soldats, par la ruse, la violence, la torture policière — chantage à la famine, chantage aux prisonniers — enfin et peut-être surtout par l'assaut concerté de ses mercenaires parisiens qui, moyennant quelques centaines de marks, traduisent en français les mots d'ordre de Goebbels. » Le 26 mars 1941 encore, Maurice Schumann parle de l'incontestable « bonne foi » du Maréchal, ajoutant cependant que la France, prise dans le terrible engrenage de la capitulation, ne peut se ressaisir, même si elle en a l'âpre désir.

Jacques Duchesne, l'un des commentateurs réguliers d'*Ici la France,*

---

44. Je souligne intentionnellement.

ne cache nullement son « pétainisme ». Hostile à Vichy, oui, et il ne cesse de dénoncer ceux qui se servent de Pétain, mais n'hésite pas à confesser publiquement son admiration pour le Maréchal. « Avant hier, dit-il le 15 août 1940, dans l'émission de 20 h 30, nous avons écouté le maréchal Pétain. Personnellement, je ne peux pas écouter le maréchal Pétain sans éprouver du respect et sans être naturellement ému. J'ai vu Pétain venir remonter le moral des troupes pendant la dernière guerre en 1917. Sa voix à la T.S.F. était évidemment la voix de l'honnêteté[45]... »

Le 30 octobre 1940, Pierre Bourdan qui n'aime pas de Gaulle, Duchesne le « pétainiste », Oberlé le « gaulliste » participent à cette émission qui deviendra célèbre sous le titre « Les trois amis ». Et voici ce que les Français de zone occupée et de zone libre peuvent entendre malgré les brouillages.

L'entrevue Pétain-Hitler, à Montoire, ne date que de quelques jours, l'allocution du Maréchal annonçant aux Français qu'il entre « dans la voie de la collaboration » de quelques heures.

C'est en se replaçant dans ce contexte historique qu'il faut écouter et juger ce débat, tout entier consacré aux suites de Montoire, débat dans lequel Duchesne défend la thèse d'un Maréchal humain, trop humain qui a peut-être eu l'espoir, les chances militaires de l'Angleterre lui paraissant définitivement compromises, de placer, malgré sa défaite, la France presque sur un pied d'égalité avec l'Allemagne et l'Italie.

J. DUCHESNE. — Mais enfin, dans tout cela, Pétain ou non Pétain, Laval ou non Laval, où est l'intérêt de la France ? Essaie-t-on d'inaugurer une politique de collaboration avec l'Allemagne parce qu'on considère l'Angleterre comme vaincue d'avance, qu'on n'a pas confiance dans l'intervention de l'Amérique, notre autre alliée de la dernière guerre et que l'on estime que la seule politique à suivre pour avoir une chance de sauvegarder la souveraineté de la France est cette entente avec l'Allemagne...

P. BOURDAN. — Mais il n'y a pas d'entente avec l'Allemagne, ce n'est pas une entente !

---

45. Duchesne ajoute qu'il a été troublé parce qu'il est pénible « d'entendre un vieux maréchal de France parler de défaite », ensuite parce que, « si nous sommes d'accord sur la nécessité d'une épuration des mœurs politiques françaises, nous ne pensons pas que cette épuration doit être conduite sur le ton de la pénitence nationale entraînant le pays tout entier dans le repentir et la détestation de son passé... »

J. DUCHESNE. — ... Cette entente avec l'Allemagne dont beaucoup d'hommes d'État français ont rêvé dans le passé. Est-ce que c'est cela le mobile ?

P. BOURDAN. — Moi je crois que tu fais beaucoup trop d'honneur aux gens qui dirigent la politique française.

J. OBERLÉ. — Moi aussi, je ne vois dans leurs actions aucun mobile noble ni même avantageux pour l'honneur de la France.

J. DUCHESNE. — Je ne parlais pas de l'honneur de la France. J'envisageais seulement qu'en s'efforçant de mettre la France sur un pied d'égalité avec l'Allemagne et l'Italie...

P. BOURDAN. — Mais est-ce que tu te fous de nous ? Est-ce que tu es assez bête toi aussi pour t'imaginer qu'il y aura un pied d'égalité...

J. DUCHESNE. — Je ne suis pas en train d'exposer mes opinions personnelles. Je dis qu'il peut y avoir un espoir, que je considère comme parfaitement illusoire, de mettre la France sur un pied d'égalité avec l'Allemagne et l'Italie en vue de l'avenir. Si c'est cela, primo la France perd l'honneur, car elle est obligée d'accepter un régime totalitaire alors qu'elle est partie en guerre pour détruire le nazisme. Deuxièmement, elle trahit son allié de cette guerre et du même coup son allié de la dernière guerre, l'Amérique. Troisièmement, elle risque, en opérant un véritable renversement des alliances, de porter un coup à l'Angleterre qui reste fidèle aux buts de guerre communs.

P. BOURDAN. — Mais, une fois de plus, ça n'est pas la question. Vous discutez constamment à côté de la question.

J. DUCHESNE. — Tu m'excuseras quand je te dis qu'on est au centre de la question...

Comment les Français qui souffrent, qui s'interrogent et qui espèrent que Montoire, même s'ils en trouvent le principe détestable, apportera quelque apaisement à leurs maux et provoquera la libération de nombreux prisonniers, comment les Français pourraient-ils absolument condamner Pétain lorsque, de Londres, arrivent des propos aussi ambigus ?

Comment ne penseraient-ils pas qu'il existe (et l'idée répond à leurs vœux) quelque accord secret entre Pétain et de Gaulle lorsqu'ils entendent, le 10 décembre, la lecture, faite depuis Londres, d'une lettre adressée par une Marseillaise au maréchal Pétain, lettre anti-allemande mais qui s'achève sur ces mots : « Nous restons confiants en nos amis (anglais), dans le général de Gaulle qui marchera la tête haute jusqu'au bout. Ayez aussi confiance, Maréchal, vous redeviendrez le seul et grand Maréchal de France... Celui que nous avions appris à aimer et à vénérer comme le héros de Verdun. Mais tenez ferme ! Courage à tous, vive la France, vive l'Angleterre ! »

« Cette Française, enchaîne le commentateur de la France Libre, exprime simplement ce que nous pensons ici : elle respecte le maréchal Pétain et elle souffre de voir le nom, la gloire du Maréchal mêlés aux tractations actuelles. »

Comment, lorsque François Quilici, le 7 février 1941, au cours de l'émission de 20 h 30 *Les Français parlent aux Français* s'indigne que sur « ordre d'Hitler » *Le Matin* insulte le vieux soldat et l'appelle « le père la faim » ce qui est, selon Quilici, « le fond même de la bassesse », comment ne partageraient-ils pas l'indignation venue de Londres[46] ?

Assez souvent, les émissions gaullistes opposent Pétain à Laval, comme le font beaucoup de Français pour qui le premier, évidemment sinon efficacement, lutte contre la volonté de collaboration du second. Jean Marin, le 9 février 1941, « félicite » ainsi le Maréchal de n'avoir pas cédé aux exigences de Laval qui n'entendait revenir au gouvernement qu'à un poste clef. « A l'impudent gredin qui voulait devenir Premier ministre, le maréchal Pétain a simplement offert — et encore cette offre ne s'explique-t-elle que par le caractère tragique de la situation — le poste de ministre d'État. Laval a décliné cette offre. D'ailleurs le communiqué qui annonce l'offre faite à Laval rappelle que le Maréchal s'en tient aux conventions de Montoire, c'est-à-dire qu'il refuse d'aller au-delà des termes de l'armistice. Il est difficile de mieux faire pour signifier que, si Laval a été chassé une première fois des Conseils du gouvernement, c'est donc parce que *lui*[47] trouvait que même le respect des termes de l'armistice ne suffit pas, parce qu'il veut que la France se range délibérément du côté de son oppresseur, parce qu'il ne conçoit pas que son pays s'en tienne à la notion de l'honneur national alors que *lui* a trouvé si commode et si profitable de faire litière de tout honneur... parce qu'il mise sans réserve sur la victoire allemande, parce que même à ses yeux cette victoire devient chaque

---

46. « Père la famine » le mot se trouvera dans les journaux communistes qui usent souvent du même vocabulaire que les journaux contrôlés par les Allemands, du moins jusqu'en juin 1941.

47. Dans le texte que j'ai sous les yeux, le mot « lui » est chaque fois écrit en italique. Sans doute l'orateur le marquait-il fortement, opposant ainsi vocalement Laval et Pétain.

jour plus difficile à atteindre et qu'il veut, pour qu'elle soit gagnée, que la France — dirigée par *lui* — intervienne, prête son sol, donne ses bases métropolitaines et impériales avant de livrer sa flotte. »

Analysez ces phrases et vous verrez combien Philippe Pétain, face à Laval, présenté par Jean Marin comme « l'agent de désintégration » d'Hitler à l'intérieur du gouvernement de Vichy, garde le beau rôle puisque c'est lui, le plus souvent, et lui seul, qui fait échec aux entreprises malfaisantes des collaborateurs.

Oh ! certes, tout évoluera. A Londres comme ailleurs.

L'entrevue Hitler-Darlan, les accords qui donnent aux Allemands, en mai 1941, un droit d'escale sur nos aérodromes de Syrie, nous obligent à aider l'Irak révolté contre la Grande-Bretagne et à ravitailler les troupes germano-italiennes de Libye, minent, en Angleterre aussi bien qu'en France, l'édifice de la confiance « malgré tout ».

Le 21 mars 1941, « 272e jour de la résistance du peuple français à l'oppression », Jacques Duchesne lance, en direction du gouvernement du Maréchal, un pathétique message d'adieu :

« Ce soir, il faut que je vous parle de choses graves.

« Depuis bien des mois, beaucoup d'entre nous ont passé par des alternatives d'espoir et de doute : espoir qu'un gouvernement qui représente notre pays dans le monde le représenterait dignement, doute, appréhension et crainte chaque fois que cet espoir était à nouveau déçu. Il a toujours été déçu et, malgré tout, nous avons toujours espéré. Nous avons espéré, lorsque Laval a été chassé. Nous avons espéré, lorsque le gouvernement de Vichy parlait collaboration, qu'il le faisait du bout des lèvres. Nous avons espéré, lors même que cette politique menait à des concessions, que le gouvernement de Vichy ne faisait que jeter du lest. Nous nous disions : « Peut-être qu'il se reprendra. Peut-être que ces concessions ne portent pas sur des points essentiels, peut-être qu'on les fait pour éviter le pire. Peut-être que ces dirigeants ne croient pas à l'Ordre Nouveau et qu'ils essaient seulement de faire traverser à notre peuple, sans sombrer, une période d'attente, une période d'attente au bout de laquelle la France se relèvera, avec les forces qu'elle a su garder intactes. »

« Nous avons espéré cela, malgré Montoire. Nous l'avons espéré, malgré les livraisons d'outillage et de matières premières faites à l'Allemagne. Nous l'avons espéré malgré les campagnes de presse contre nos alliés, contre nous, contre tous ceux qui pouvaient encore aider la France à se relever. Nous l'avons espéré même malgré les voyages à Paris de l'amiral Darlan. Nous l'avons espéré, malgré les infiltrations allemandes en Afrique du Nord. Nous l'avons espéré quand chacun de ces événements, et quand la somme totale de ces événements devait nous ouvrir les yeux, quand chacun de ces événements que nous voulions sous-estimer s'ajoutait pourtant à chaque autre pour faire un dossier terrible, pour dresser un réquisitoire contre vos chefs.

« Aujourd'hui, la mesure est comble. Le dossier est là, dans toute son aveuglante clarté. Et, si je crois avoir le droit de vous en parler, c'est parce que j'ai été l'un de ceux qui espéraient contre tout espoir, qui engageaient les autres à espérer contre tout espoir[48] ».

Et Maurice Schumann, le 30 mai 1941, évoquera le drame de la France de Philippe Pétain en termes qui, par leur justesse de ton, bouleversent plus sûrement ses auditeurs que les diatribes enflammées. Après avoir affirmé : « Nous respectons trop la mémoire du vainqueur de Verdun pour faire état de toutes les inscriptions qui apparaissent sur les murs de nos villes et nos villages », il évoque le « pauvre Maréchal », à la voix marquée par « la douleur et le remords », se laissant « grignoter » par les parasites qui l'entourent et qui se sont placés, pour la plupart, au service de l'ennemi.

Le temps est passé, affirme-t-il en conclusion, « où les jeunes se laissaient berner par des mythes ou par des phrases. Aucun nom, si grand qu'il ait été jadis, aucun faux dogme... aucune de ces idoles érigées par les profiteurs du désastre ne contraindra la jeunesse à courber devant elle sa dignité et son espérance ».

Conclusion qu'adoptent bien des hommes de Londres et beaucoup de résistants de l'intérieur.

Il aura fallu un an, cependant, pour que la plupart des liens soient coupés[49]...

---

48. Le dossier auquel Jacques Duchesne fait allusion est celui du ravitaillement de la France compromis, on le sait, par le blocus. Duchesne reproche à l'amiral Darlan de vouloir faire escorter les navires marchands chargés de produits coloniaux et faisant route vers la France. En forçant le blocus, Darlan, explique-t-il, souhaite provoquer un grave incident naval franco-anglais susceptible d'entraîner une guerre.

49. M. Maurice Schumann, au début, croyait, lui aussi, à un accord Pétain-de Gaulle. Le général de Gaulle le détrompa le 30 juin en répliquant « Si ce que vous

Cette lenteur, cette mollesse dans le désengagement pétainiste s'expliquent, en partie, par des causes extérieures à la France Libre.

En septembre et octobre 1940, se sont produits plusieurs événements qui, loin d'augmenter la tension entre Vichy et Londres, comme on serait en droit de le croire, puisque octobre est le mois de Montoire, détendent au contraire l'atmosphère et calment les querelles.

Trois mois se sont écoulés, en effet, depuis la chute de la France. Et beaucoup d'illusions ont disparu, ruinées par l'événement. Chaque pays se trouve placé devant une situation différente de celle qu'il était en droit d'imaginer à la fin de juin.

L'Allemagne, qui n'a pas gagné la bataille aérienne, sait désormais qu'elle ne réussira pas à envahir les îles britanniques et que, pour arriver à Londres, il lui faudra emprunter les routes les plus longues, celle de Suez, et celle de Dakar d'où son aviation pourrait intercepter tous les navires anglais en marche vers Le Cap.

Mais ce qui aurait peut-être été réalisable, en juillet, sous l'effet de surprise d'une immense victoire, se révèle, en octobre, infiniment plus difficile. L'Espagne franquiste, meurtrie par la récente guerre civile, tributaire des États-Unis et de l'Angleterre pour son ravitaillement, ne peut, malgré une littérature cocardière qui donne le change, envisager « à froid » contre Gibraltar et le Maroc français une opération qui n'a pas été tentée « à chaud » au moment où l'Angleterre, isolée et bombardée, semblait condamnée.

La France de Vichy, qui ne pesait guère dans les préoccupations d'un Hitler triomphant, devient indispensable dans la perspective d'une longue et lente manœuvre africaine. Que l'Empire sur lequel elle étend son pouvoir et qui, de l'Atlantique à la Méditerranée, représente une partie importante du continent africain, bascule dans un camp ou dans l'autre et toutes les cartes de la guerre s'en trouveront modifiées. L'Allemagne le sait et, maladroitement, elle s'efforcera d'agir en conséquence.

Quant à l'Angleterre, si elle a évité le pire, c'est-à-dire une invasion dans la foulée de Dunkerque, comment pourrait-elle ignorer — fût-ce à

---

dites était vrai le surhumain serait trop facile ». M. Maurice Schumann devait également me dire que le général de Gaulle n'avait jamais exercé de pression sur lui pour qu'il modifie une position qui, à l'origine, n'était pas anti-pétainiste.

cause des leçons d'une longue histoire — que le conflit durera longtemps et qu'elle devra l'alimenter, comme elle l'avait fait au temps où Napoléon la menaçait, grâce à la révolte des peuples continentaux occupés ?

Mais, en octobre 1940, dans l'attente de la décision américaine, et alors que l'U.R.S.S. se trouve toujours dans le camp allemand, il semble qu'elle ait provisoirement fait le « plein » de ses alliés. Pitoyables alliés, débris d'armées et de gouvernements, tout ce qui reste de la grande coalition du printemps de 1940.

Elle n'a pas réussi à rallier la France de Vichy qui ne pouvait naturellement être convaincue par Mers el-Kébir et par le blocus alimentaire.

Faut-il la maltraiter davantage ? Faut-il pousser à bout Pierre Laval dont Londres n'ignore sans doute pas que, le 26 août, il a offert au maréchal von Brauchitsch le concours de l'aviation française et qu'il a, le 30, suggéré, au Conseil des ministres, que la guerre soit enfin déclarée à l'Angleterre ? Faut-il désespérer le Maréchal, son entourage, ces millions de Français qui détestent l'Allemagne sans, pour autant, aimer beaucoup l'Angleterre ?

Par la propagande, le blocus, l'attaque des colonies fidèles, faire basculer Vichy dans le camp puis, peut-être, dans l'alliance allemande (que se passerait-il en effet si Hitler, plus intelligent encore que généreux, libérait les prisonniers et faisait évacuer les territoires non indispensables au conflit ?) n'est-ce pas prendre le risque mortel de perdre sûrement la guerre ?

Ces préoccupations hantent les Anglais à qui de Gaulle n'a nullement apporté ce qu'ils attendaient. Certes, quelques-uns d'entre eux, dont Winston Churchill, sont sensibles à sa passion patriotique, mais il n'a réuni que peu de troupes et, après une première série de succès, obtenus au Cameroun, au Tchad, en Afrique Équatoriale, voici qu'il vient de subir, et de faire subir à la flotte anglaise engagée avec lui, un grave échec devant Dakar. Que la marine et les coloniaux soient restés fidèles à Pétain, aient repoussé, par le feu, Anglais et gaullistes, montre les limites de l'influence de la propagande de la France Libre et constitue un événement qui, en détruisant momentanément les espoirs placés en de Gaulle, incite les Anglais à rechercher, avec Vichy, un accord plutôt qu'une querelle nouvelle.

Et la France ?

A la fin de juin 40, ceux qui la dirigent pouvaient, sans déraison, imaginer une guerre courte se terminant par la conquête de l'Angleterre ou, plus vraisemblablement, par un traité germano-anglais au terme duquel l'Angleterre aurait reconnu l'hégémonie allemande sur l'Europe continentale, donc sur la France, principale victime de l'arrangement entre Berlin et Londres.

A la fin de septembre, il serait fou de songer à autre chose qu'à une interminable guerre, la bataille étant portée partout dans le monde.

Pétain, comme Churchill, comme Hitler, agit donc dans la perspective d'une guerre longue, mais la situation de la France n'étant, naturellement, comparable ni à celle de l'Angleterre, ni à celle de l'Allemagne, d'une conception identique des événements, il tire des enseignements originaux. L'Angleterre et l'Allemagne veulent élargir le champ de bataille et porter notamment la guerre sur les terres de l'Empire français. Pétain souhaite non seulement préserver autant que faire se peut la métropole et ses colonies de toute extension du conflit mais atténuer les conséquences de la défaite, desserrer les deux branches de l'étau qui se referment sur la France. Aussi n'est-il nullement étonnant que son action s'exerce aussi bien en direction des Anglais que des Allemands. A Montoire, souhaité par Pétain avant d'être voulu par Hitler, correspondent donc de nombreux contacts entre ambassadeurs et « officieux » français et anglais à Madrid, à Lisbonne, à Tanger, ainsi que l'envoi à Londres du professeur Louis Rougier. Il part avec l'accord total de Pétain, qui l'a reçu le 20 septembre, non seulement pour rencontrer son ami Lionel Robbins, et plaider auprès de lui le dossier de la France, mais surtout pour demander à Churchill d'assouplir le blocus, de mettre fin aux attaques contre nos territoires coloniaux et de modérer une propagande qui s'exerce contre un gouvernement en majorité hostile aux entreprises de Pierre Laval.

Rougier sera reçu par Churchill... au moment même où Pétain et Hitler se rencontrent à Montoire et il n'est pas sans intérêt de noter que c'est à la suite de la visite de Rougier que, malgré Montoire, sera mis un frein aux attaques contre Pétain et son gouvernement.

Certes, Londres a d'abord cru qu'Hitler venait d'offrir au Maréchal une paix « douce » et, dans un télégramme à de Gaulle, en date du 28 octobre, le Foreign Office a indiqué au Général les grandes lignes de ces propositions supposées qui mettraient les bases navales africaines sous le contrôle de l'Axe [50], mais, trois jours plus tard, les Anglais, détrompés et rassurés, préviennent de Gaulle, qui se trouve à Brazzaville, de leur volonté de ne rien envenimer désormais. Que de Gaulle et les gaullistes ne donnent donc aucun prétexte à Vichy afin que la balance ne penche pas du mauvais côté « particulièrement en ce qui concerne la question primordiale de la flotte et des bases navales ».

Sans même solliciter l'accord de De Gaulle — à qui l'on fait payer son échec de Dakar —, les Anglais « censurent » immédiatement informations et commentaires émanant des gaullistes et transmis par la B.B.C.

Voici comment de Gaulle sera mis au courant le 31 octobre.

« Étant donné les circonstances et le fait que nous n'avions pas le temps de vous consulter, nous avons été dans l'obligation de prendre des mesures pour empêcher votre organisation de publier, à la radio et dans la presse, la dénonciation du Gouvernement de Vichy ; celle-ci aurait été amplement justifiée au cas où la trahison aurait déjà été un fait acquis. Nous avons estimé que vous ne pouviez pas être informé des aspects de la situation d'une manière aussi complète que le Gouvernement de Sa Majesté.

» Nous espérons que vous approuverez notre intervention qui a eu effet d'éviter une divergence indésirable dans les grandes lignes suivies par le Gouvernement de Sa Majesté et les Forces Françaises Libres, en ce qui concerne la presse et la propagande. »

De Gaulle répondra le 2 novembre, depuis Brazzaville, en s'efforçant d'expliquer pourquoi l'attitude anglaise envers Vichy volontairement, et peut-être légitimement, indulgente, ne saurait influencer l'attitude gaulliste, volontairement et tout aussi légitimement, intransigeante.

Mais les Anglais disposent des studios de radio et des émetteurs, ce

---

50. D'après ce télégramme, les propositions allemandes « seraient » les suivantes : « L'Alsace-Lorraine et certaines parties du Maroc (dont une part pour l'Espagne) iraient à l'Allemagne ; Tunis irait à un condominium franco-italien ; Nice, la Corse et les autres possessions d'outre-mer resteraient à la France ; les bases navales et « l'artillerie aérienne aux colonies » iraient à l'Axe ; Hitler, Mussolini, Pétain et Franco feraient à la Grande-Bretagne une offre combinée de paix, avec des conditions de « générosité », comprenant le renoncement à la Hollande et à la Belgique. Ces offres seraient faites avant le 5 novembre, de façon à influencer les élections présidentielles aux États-Unis d'Amérique. »

sont donc eux qui imposent aux émissions, sinon leur style, du moins un certain style.

Toutefois, la censure, seule, serait impuissante à tout orienter dans un pays aussi libéral, même en temps de guerre, que la Grande-Bretagne[51]. Aussi, la position des journalistes gaullistes de Londres, vis-à-vis du Maréchal, résulte-t-elle moins d'un ordre que d'une intime conviction.

---

51. Il ne faut pas oublier qu'à l'entretien Rougier-Churchill succède, le 9 décembre (donc quelques jours avant le renvoi de Laval), l'accord Halifax-Chevalier. Lord Halifax, alors secrétaire d'État au Foreign Office, et Jacques Chevalier, secrétaire d'État à l'Instruction publique, amis de très longue date, ont, par l'intermédiaire de Pierre Dupuy, ministre du Canada en poste à Vichy, mis sur pied, depuis le 4 décembre (et à l'instigation d'Halifax), un texte aux conséquences importantes, texte connu seulement du côté français par le Maréchal, Jacques Chevalier bien sûr, Paul Baudouin, Pierre-Étienne Flandin qui succèdera à Laval et le prince Xavier de Bourbon, intermédiaire entre Pierre Dupuy et Jacques Chevalier.

Le « mémorandum Halifax », remis par le Maréchal à Pierre Dupuy le 6 décembre portait sur les points suivants, ici résumés.

1) La France et l'Angleterre maintiendraient entre les deux pays un état de « froideur artificielle ».

2) Les colonies passées à de Gaulle ne seraient pas attaquées par les forces de Vichy.

3) La flotte se saborderait plutôt que de tomber entre les mains des Allemands ou des Italiens.

4) La radio anglaise s'abstiendrait d'intervenir dans les affaires intérieures de la France.

5) Le ravitaillement par mer de la France serait facilité et le blocus considérablement soulagé.

6) Les troupes françaises stationnées dans les colonies s'opposeraient à toute tentative d'invasion « d'où qu'elle vînt ».

Les parties contractantes s'engageant à tenir les clauses de l'accord rigoureusement secret, le Maréchal brûla le texte, qui avait reçu son approbation et celle des Anglais, après l'avoir lu attentivement.

L'existence de l'accord Halifax-Chevalier fut révélée par Pierre-Étienne Flandin, lors de son procès, en 1945 ; puis par le Maréchal dans une note du 8 juin 1945 ; enfin, le prince Xavier de Bourbon, dans son livre *Les accords secrets franco-anglais de décembre 1940*, comme dans un article du *Figaro* en date du 7 avril 1953, confirma la teneur de l'accord qui, selon lui, aurait été revêtu des « plus hautes signatures officielles », c'est-à-dire, vraisemblablement, de celle, notamment, du roi d'Angleterre George VI qui n'avait jamais désespéré de l'alliance franco-anglaise.

Lord Halifax a donné une préface au livre du prince Xavier de Bourbon dans laquelle il écrit : « Il se peut que, sur quelques points de l'Histoire telle que l'expose ici le prince Xavier de Bourbon, tous ne soient pas entièrement d'accord, mais son témoignage sera une contribution capitale à la connaissance exacte des faits. »

Dans sa courte note du 8 juin 1945 (7 lignes) le Maréchal écrivait : « J'ai fait négocier un traité devant demeurer secret avec Churchill. Ce traité dont la négociation a commencé le même jour que Montoire — ce rapprochement donne à Montoire son véritable caractère — a inspiré ma politique, même lorsque les Anglais semblaient s'en écarter. Je ne peux fournir d'indications sur ce traité, tant que le gvt anglais n'aura pas donné son consentement.

« Je ne peux pas vous dire si le traité a été signé ou s'il est demeuré à l'état de projet. La chose est trop ancienne. Voir M. Flandin. »

11

L'ÉVOLUTION DES COMMUNISTES

— C'est une canaille !
— Je dis que ce monsieur est une canaille.
— Lâche !
— Lâche ! Lâche !
— Vous êtes un lâche de la plus basse espèce.

Assemblée nationale, séance du 5 décembre 1947. Ces injures s'adressent à Pierre de Chevigné, député M.R.P. des Basses-Pyrénées, compagnon de la Libération, l'un des premiers Français à avoir continué la bataille perdue, puisque c'est le 17 juin que ce capitaine, blessé près de Rethel, décide, malgré les interdits médicaux, de fuir l'hôpital de Dax où il est hospitalisé, pour rejoindre l'Angleterre. Ce qu'il fera quelques jours plus tard.

Il n'importe. Pour les communistes, qui, depuis leurs bancs, l'insultent et l'insulteront à nouveau le 9 et le 11 décembre, c'est un lâche, un « flic », un calomniateur, pire, un agent de la Gestapo ! Quel crime a donc commis Chevigné ?

Dans cet hiver troublé de 1947 où, à l'instigation du Kominform [1], grèves et manifestations s'enchaînent en France, où des gares, des commissariats de police sont pris d'assaut par des commandos communistes, parfois aidés par des C.R.S. complaisants, le Parlement n'est

1. C'est du moins ce qu'affirme M. Jules Moch, alors ministre de l'Intérieur. « Les vagues (de grèves) de 1947 ont été lancées simultanément en France et en Italie, donc dans les deux seuls grands pays d'Occident à P.C. puissants, d'ailleurs convoqués peu avant à une réunion du Kominform, consacrée à l'agitation en Occident. » Jules Moch, *Une si longue vie*.

pas le théâtre de débats sérieux, mais offre aux Français, secoués par la guerre froide, un festival d'injures.

Alors qu'à la tribune Mme Denise Ginollin, député communiste de la Seine, évoque avec passion les événements de Valence où, pendant l'assaut de la gare, trois manifestants ont été tués, Mme Duvernois, député communiste, a entendu, et en fait part à ses collègues, Pierre de Chevigné demander s'il était exact que Mme Ginollin avait été arrêtée par les services du préfet de police Langeron, dans les jours qui ont suivi l'occupation de Paris, et dans quelles conditions elle avait été libérée [2].

C'est immédiatement une explosion de fureur et de passions.

En 1947, il existe, pour le Parti communiste, de nombreux sujets tabous. La désertion de Thorez est l'un d'eux. La demande d'autorisation de parution de *L'Humanité,* le 20 juin 1940, sollicitée auprès des Allemands par Mme Ginollin et deux de ses camarades, en est un autre. Le 6 décembre, Mme Ginollin intervient donc en séance. En quelques mots, elle parle de son arrestation « en 1940 ». En quelques mots, de sa libération « en juillet [3] ». Aucune précision sur les raisons de l'une ni de l'autre ; elle affirme seulement qu'elle a été relâchée « avec un groupe de femmes de la prison de la Roquette arrêtées pour propos dans les queues ou faits de ce genre, sans aucune intervention de personne ».

Puis, portée par les vagues d'applaudissements de ses amis, elle évoque sa nouvelle arrestation au mois de janvier 1943, les tortures subies, sa condamnation à mort par un tribunal allemand, sa déportation à Schweidnitz, à Ravensbrück et à Mauthausen, et elle ressuscite les visages de quelques-unes de ses camarades de captivité qui, jamais, ne sont revenues.

Tout pourrait s'arrêter là. Tout aurait pu s'arrêter là si les passions avaient été moins vives ou si Mme Ginollin avait dit la vérité, ses

2. C'est du moins ce qu'en séance M. de Chevigné affirme avoir dit. Mme Duvernois, député communiste (à qui son parti a peut-être reproché d'avoir eu l'oreille trop fine), prétend, par contre, avoir entendu le député M.R.P. assurer que Mme Ginollin avait été libérée par la Gestapo.

3. Elle a, en réalité, été arrêtée par la police française le 20 juin 1940 et libérée le 25 juin (et non « en juillet »).

« erreurs[4] » (commises sur ordre d'ailleurs) étant, alors, comme effacées par ses souffrances de 1943 et 1944.

Mais, comme la France est déchirée par la guerre froide, comme elle n'en a pas fini d'une épuration pour laquelle les communistes ont fourni des procureurs acharnés, il n'est pas possible d'avouer que le Parti a collaboré ou tenté de collaborer. Les communistes nieront donc avoir sollicité une autorisation de reparution pour *L'Humanité*.

Lorsque Pierre de Chevigné monte à la tribune, le 9 décembre, tout ce qu'il dit sera farouchement contesté, avec la même sincérité apparente que sont alors niés les massacres de Katyn par l'armée rouge, les camps de concentration staliniens, la terreur dans les pays occupés[5].

Il apporte cependant des documents accablants.

Et des preuves.

De quoi s'agit-il ?

D'abord de la déposition de Mme Ginollin, en date du 21 juin 1940, au lendemain de son arrestation par l'inspecteur Clevy, chargé de surveiller les Français fréquentant les bureaux allemands installés depuis quelques jours à peine dans Paris.

« Il est tout à fait exact, a déclaré Mme Ginollin au commissaire Lafon, qu'avec deux camarades, Mme Schrodt et M. Tréand, j'ai songé à faire paraître régulièrement le journal *L'Humanité*, nous avons eu cette idée lorsque nous avons vu publier divers journaux tels que *Le Matin* ou *La Victoire*.

---

4. « Erreur ». J'utilise, on le verra, le mot qu'utiliseront *beaucoup plus tard* les dirigeants communistes (Duclos et Tillon notamment) lorsqu'ils avoueront la démarche de Tréand et Denise Ginollin.

5. « Les documents que vous utilisez, dira le 11 décembre Mme Ginollin, Monsieur de Chevigné, sont des faux dignes des officines de la Gestapo. Tous ont été fabriqués pour la mauvaise cause que vous servez aujourd'hui. »

A la question précise de M. Robert Bruyneel, le 9 décembre,

— Oui ou non, Mme Ginollin a-t-elle fait les démarches dont on a parlé ?

Le député communiste Marcel Servin répondra, malgré ce qui vient d'être dit et ce qu'il ne peut ignorer :

— Non, vous le savez bien.

L'indignation manifestée en séance par les communistes ne se retrouve pas dans *L'Humanité* des 10 et 12 décembre qui fait écho, avec une prudence surprenante pour des innocents, aux protestations parlementaires communistes.

L'Humanité du 12 écrit que Mme Ginollin avait précisé qu'en juin 1940 « elle fut arrêtée par la police française pour son activité illégale contre le gouvernement de trahison »... ce qui ne manque pas de sel lorsque l'on connaît les motifs exacts de l'arrestation.

« Je me suis adressée à cet effet, il y a deux ou trois jours, au service de presse de la Kommandantur, 12, boulevard de la Madeleine à Paris.

« J'ai été reçue par le lieutenant Weber à qui j'ai exposé le dessein de mes camarades et le mien. Il m'a répondu qu'en principe rien ne s'opposait à la publication d'un journal, sous réserve de se conformer aux instructions qui seraient données...

« Je suis retournée le voir le lendemain, c'est-à-dire hier. Il m'a fait attendre toute la matinée et s'est borné à m'inviter à repasser l'après-midi, le résultat de la conférence de presse n'étant pas encore connu.

« Dans l'après-midi, à quatre heures environ, il m'a reçue et, après m'avoir donné les consignes générales dont j'ai parlé [6], il m'a déclaré que *L'Humanité* pouvait paraître, ajoutant même qu'elle devait le faire le plus tôt possible.

« Il était entendu que tous les articles devaient être préalablement soumis à la censure de la Kommandantur... »

Poursuivant la lecture du procès-verbal, Pierre de Chevigné apprend, à ceux des députés qui l'ignoraient encore, que Mme Ginollin et ses deux amis avaient pris contact avec M. Dangon, 123, rue Montmartre, ex-imprimeur de *L'Humanité,* à qui une somme de 50 000 francs avait été remise le 20 pour couvrir ses premiers frais. Il lit également l'interrogatoire de Tréand, âgé alors de trente-neuf ans, membre du Comité central du parti communiste, « un habitué, écrit Claude Angeli, des besognes illégales et des liaisons clandestines de l'Internationale communiste [7] », qui confirme ce qu'a dit Denise Ginollin et déclare qu'elle a agi suivant ses instructions. Ayant appris, en effet, que plusieurs journaux communistes paraissaient en Belgique « avec autorisation des autorités allemandes [8] », Tréand a conclu

6. Interdiction de nouvelles de caractère militaire, des bulletins météo, « des appels à des rassemblements et, d'une façon générale, tous articles pouvant créer une certaine agitation ».

7. Dans leur livre *Les Partisans arrivent,* Claude Angeli et Paul Gillet affirment que Maurice Tréand, un homme « chaleureux, sympathique mais secret » (1,90 m, un visage poupin, des cheveux courts) avait, pendant la guerre d'Espagne, facilité le passage des hommes et des armes en direction des forces républicaines.

8. A Bruxelles l'expérience tentée par *La voix du Peuple* « journal central du Parti communiste » n'a duré qu'un mois (22 mai-22 juin). A Anvers, par contre, l'hebdomadaire *Ulenspiegel,* d'inspiration communiste, aura une vie de plusieurs mois. En Norvège et au Danemark, également occupés, des journaux communistes reparurent dès la victoire allemande. Comme *L'Humanité* clandestine ils adoptèrent une attitude longtemps favorable à l'Allemagne et hostile à l'Angleterre.

« que, seules, les autorités locales d'occupation pouvaient trancher les questions relatives à la publication du journal ».

Quelques minutes après cette déposition, « la nommée Reydet, femme Ginollin, la nommée Lacloche, femme Schrodt, le nommé Tréand Maurice, la nommée Roux, femme Grunenberger » sont inculpés d'infraction au décret du 26 septembre 1939 portant dissolution des organisations communistes et au décret du 24 août 1939 en vertu duquel *L'Humanité* a été suspendue par Daladier à la suite de la signature du pacte germano-soviétique.

Mmes Ginollin, Schrodt et Grunenberger restent donc emprisonnées à la Petite-Roquette ; Maurice Tréand à la Santé. Quatre jours plus tard — le 25 juin — coup de théâtre. M. Fritz, conseiller supérieur de l'administration militaire allemande, dont on se demandera toujours par qui il a été alerté, ordonne la libération immédiate des détenues à qui il déclare :

— Je tiens à vous dire, mesdames, que la police française vous a arrêtées, mais que la police allemande vous libère !

Voici d'ailleurs la note que le directeur de la maison d'arrêt de la Petite-Roquette adresse, le 26, au procureur général près la Cour d'appel de Paris.

« J'ai l'honneur de vous rendre compte qu'au cours d'une visite des autorités allemandes, hier 25 juin, à la prison de la Roquette, la détenue désignée ci-après a été libérée sur ordre de M. le docteur Fritz, conseiller supérieur près le chef de l'administration supérieure allemande à la Chambre des députés.

« Reydet Églantine, Denise, femme Ginollin, âgée de trente-deux ans, inculpée d'infraction au décret du 26 septembre 1939 et publication irrégulière d'un périodique, mandat de dépôt de M. le juge d'instruction Pihier du 22 juin 1940. »

Pour les autres inculpés, des lettres ont été rédigées en termes presque identiques.

La réaction des Allemands est normale. Dès leur arrivée à Paris, ils ont libéré plusieurs communistes arrêtés pour « propos défaitistes » par la police de Daladier ou de Mandel. Ils les considèrent alors comme des alliés objectifs et Marcel Déat écrira dans *L'Œuvre* du 29 août 1940 que « les occupants ont le plus vif souci de ne pas dresser contre eux les éléments ouvriers, de ne pas perdre le contact » et que ce souci les incite à ne jeter « aucune exclusive... contre qui que ce soit ».

En zone occupée, il faudra attendre plusieurs mois avant que les journaux de province reçoivent des consignes anticommunistes et, à Wiesbaden, commission d'armistice allemande et délégation française ne parlent qu'UNE seule fois en six mois des communistes... encore s'agit-il de communistes que les Allemands veulent que Vichy libère et pour arriver à leur but ils arrêtent en août, à Bordeaux, M. Lagarrigue, chef de la Sureté et le commandant Abadie[9] ! Quant à la zone libre, voici l'ordre envoyé, le 24 août, à la presse par la censure de Vichy et le commentaire qui l'accompagne. « Pas d'attaques violentes contre l'U.R.S.S. et Staline. On devine les raisons d'ordre diplomatique qui ont pu imposer cette recommandation, mais il ne faut pas en conclure que le silence doit être fait sur la responsabilité si grande que le Parti communiste français a pris dans l'excitation à la guerre. »

Aussi n'est-il pas surprenant que, dès le 25 juin, c'est-à-dire dès la sortie de prison de Tréand, les négociations reprennent pour la reparution de *L'Humanité*. « *L'Humanité* publiée par nous, écrivent[10] Tréand, le député communiste Catelas et l'avocat Foissin, qui fait la liaison avec l'ambassade soviétique (favorable sur instructions de Moscou à la reparution), se fixerait pour tâche de dénoncer les agissements de l'impérialisme britannique qui veut entraîner les colonies françaises dans la guerre... Elle se fixerait pour tâche de poursuivre une politique de pacification européenne et de défendre la conclusion d'un pacte d'amitié franco-soviétique qui serait le complément du pacte germano-soviétique. »

Rien, on le voit, qui puisse inquiéter les Allemands vainqueurs.

Bien au contraire.

Abetz fera allusion à ces démarches, il dira même avoir reçu, à l'ambassade, de « très hautes personnalités du Parti communiste français », et il est presque certain[11] qu'au mois d'octobre 1940 elles seront toujours en cours.

---

9. Je possède, pour les années 1939-1945, plusieurs « Cahiers de consigne » de journaux de province. Ces consignes étaient envoyées plusieurs fois par semaine, par les autorités allemandes. Dans celui de *La Petite Gironde,* éditée à Bordeaux, les communistes ne sont *pas mentionnés* jusqu'au 10 décembre 1940, date de cette consigne : « Jusqu'à nouvel ordre, ne pas parler des arrestations de communistes ni en zone occupée, ni en zone non occupée, sauf ce qui est donné par Havas. » Le 28 janvier, nouvelle consigne : « On peut parler des « affaires communistes », mais seulement dans éditions intéressées. »

10. Au conseiller d'État allemand Turner.

11. Voir sur ce point Roland GAUCHER : *Histoire secrète du Parti communiste français,* p. 310 et 311.

Des années durant cependant, les communistes devaient persister dans leurs dénégations. Ils n'avaient rien sollicité des Allemands. Et surtout pas la reparution de *L'Humanité*.

Agissant, comme ils avaient agi et agiront en d'autres circonstances [12], ils refuseront de reconnaître la vérité tant que l'aveu pourrait leur être moralement et électoralement dommageable. Ils n'accepteront l'évidence de juin 1940 que vingt, ou même trente ans plus tard lorsque, émoussée par le temps, présentée à des lecteurs qui n'ont pas vécu le drame français, elle aura perdu tout dynamisme et toute force de scandale.

Voici comment, en 1975, l'histoire des jours troubles de juin et juillet 1940 est écrite dans la préface « officielle » aux numéros de *L'Humanité* clandestine publiés, sous le patronage de Jacques Duclos et sous la direction de Germaine Willard [13], par les Éditions Sociales, qui appartiennent au Parti.

« Dans la France de la fin juin, il n'y avait pas de pouvoir politique organisé. A Paris, en particulier, il n'y avait plus d'autorités françaises, plus d'armature policière française, alors que les occupants n'ont pas encore installé leur propre appareil de répression. Ce vide politique, la confusion qui régnait alors, et cette passivité momentanée de l'occupant contribuèrent à laisser penser, en France comme dans d'autres pays d'Europe, qu'il était possible de demander aux autorités d'occupation la reparution légale de journaux communistes. C'est dans ce cadre qu'une démarche fut faite pour que *L'Humanité* puisse paraître légalement. Cette démarche fut une erreur. Elle fut fermement désavouée par la direction du Parti. »

Le « ferme désaveu » n'était cependant pas encore intervenu (du moins officiellement) sept ans après l'erreur, plus de trois ans après la

---

12. Il en ira ainsi au moment des événements de Hongrie, de Tchécoslovaquie, des révélations sur la répression en U.R.S.S. et la vie dans les camps, etc.

13. S'agissant de l'été 40, Duclos a rédigé une longue préface lénifiante. Et la chose est importante. En effet, le « triangle » de direction du P.C. (Duclos, Tillon, Frachon) ne s'étant retrouvé à Paris que vers la fin août 1940, Duclos était le seul membre de la direction du Parti présent à Paris en juin-juillet. « Ce qui signifie, écrira Pierre Daix, que Duclos faisait figure au moins de caution — si ce n'est de responsable — de la ligne de coopération avec l'occupant ! »

Ce qui explique aussi que, passé le temps des indignations lorsqu'il était de bonne guerre de tout nier, Duclos et les siens aient présenté les événements (et notamment la demande de reparution de *l'Humanité*) de la façon la plus anodine possible. Voir sur ce point Pierre Daix, *J'ai cru au matin*, p.308-309.

libération de Paris, puisque, au cours des fameuses séances de l'Assemblée nationale de décembre 1947, MM. Duclos, Cogniot, Yves Péron et Mme Ginollin, qui étaient parfaitement au courant de la vérité, affirmèrent avec une assurance digne d'une meilleure cause que les textes produits par M. de Chevigné n'étaient que des faux sortis des officines de la Gestapo [14].

Il est vrai que les communistes ne pouvaient reconnaître avoir sollicité les Allemands sans voir s'effondrer leurs prétentions aux premiers actes de résistance.

L'explication des mensonges de 1947 se trouve là, en grande partie.

Les communistes affirment avoir résisté aux Allemands dès juin 1940. Les anticommunistes disent qu'il a fallu l'attaque contre l'U.R.S.S. pour jeter le Parti dans la lutte anti-hitlérienne et le faire sortir des chemins boueux de l'attentisme. Deux manichéismes vont s'affronter dès la Libération et, dans la mesure même où leur position est fragile, les communistes se pareront avec éclat, d'abord, de toutes les vertus du patriotisme.

Or, leur attitude a comporté de nombreuses nuances. Il est faux d'écrire que les communistes ont pris position contre l'occupant dès le mois de juin 1940.

Il est aussi faux d'écrire qu'ils ont attendu le 22 juin 1941.

Tout comme les autres Français, ils ont évolué.

Évolué face à Pétain, face à Hitler.

Et c'est une évolution passionnante à suivre et observer.

A la fin du mois de juin 1940, dans le grand trouble de la France et le grand vide parisien, les communistes français n'échappent ni aux drames de l'exode ni aux traumatismes provoqués par la défaite. Leur vie quotidienne est bouleversée au même titre que celle des autres Français. Leurs soucis sont identiques.

La communiste Simone Gillot dit bien qu'arrivée dans la banlieue de Tarbes, où s'étaient réfugiés bon nombre d'ouvriers de l'usine Hispano, elle avait organisé, avec quatre camarades du Parti, une

---

14. M. de Chevigné avait proposé aux communistes de demander à la justice de se prononcer sur la valeur de ses affirmations. Sa proposition ne fut jamais acceptée. « Dans cette enceinte de justice, devait-il déclarer, si les faits ne sont pas reconnus exacts, c'est moi qui serai condamné, s'ils sont reconnus exacts, nul doute qu'il sera ouvert une instruction pour intelligences avec l'ennemi contre Mme Ginollin et contre son parti au nom duquel elle a agi. »

première réunion de cellule, qui allait être suivie, entre juillet et septembre, de nombreux petits meetings, mais elle ajoute que le ravitaillement constituait pour tous la préoccupation première, que les habitants, bouleversés, étaient peu disposés à entendre glorifier (ou justifier) le pacte germano-soviétique et que les chefs communistes locaux, traqués, arrêtés ou prudents, demeuraient introuvables.

Car il y a cela aussi. A l'instant où il devra prendre quelques-unes des décisions les plus importantes de son histoire, le parti communiste est amoindri par les arrestations ordonnées par Daladier puis par Mandel, arrestations qui ont atteint presque tous ceux, parlementaires, maires, journalistes, qui s'étaient signalés par leur notoriété, leur talent, leur imprudence ou leur courage.

Il existe également bon nombre de communistes parmi les prisonniers de guerre. Inutilisables pour la décision comme pour l'action.

Le chiffre des communistes « se trouvant dans la capitale ne dépassait pas *quelques dizaines* » et l'on ne savait pas « quel était l'état d'esprit de ceux qu'on pourrait contacter, comme on disait alors ». Cette précision a été apportée par Jacques Duclos, l'un des seuls dirigeants, qui, avec Gaston Monmousseau se trouve encore en liberté [15], et Roland Gaucher [16] pourra écrire qu'au début de l'occupation le Parti communiste c'est « quelques milliers d'individus ». Les trois cent mille adhérents de juillet 1939 ont fondu. Les régions sont coupées de Paris. Lorsque Auguste Lecœur, secrétaire du Pas-de-Calais, après s'être échappé de son camp de prisonniers, revient chez lui pour rétablir les contacts avec la direction du Parti, il découvre que, des deux militants choisis depuis longtemps pour maintenir les liaisons et préparer les cachettes, l'un a renié le communisme, l'autre s'apprête à gagner la zone libre. Louis Pichouron, dont l'action se déroulera en Bretagne, note qu'au début de l'occupation il n'existait que TROIS communistes actifs pour un département. Au début d'avril 1941, alors que les événements ont marché, à peine en recense-t-il une trentaine.

Les historiens communistes, lorsqu'ils évoquent, aujourd'hui, l'été 40 ne manquent pas d'insister sur l'apathie de la population française,

15. Relative. Duclos et Monmousseau, condamnés par contumace, n'ont naturellement pas l'entière liberté de leurs actions et de leurs mouvements. Ils doivent se cacher et changer de planque.

16. *Histoire secrète du Parti communiste français.*

au moral brisé par le désastre militaire, prise dans les charmes du pétainisme, et ils ne manquent même pas de signaler la « correction » des occupants offrant leurs places aux femmes dans le métro[17].

Ils peuvent ainsi mieux expliquer les incertitudes et les faiblesses de l'action communiste, mais un remarquable rapport, que le communiste Joseph Epstein adresse à l'Internationale *à la mi-juin 1941, donc quelques jours avant l'attaque contre l'U.R.S.S.*, texte qui n'a pas été écrit pour l'Histoire, montre avec plus de précision encore combien, dans une France bouleversée par la défaite, la résistance gaulliste est d'abord l'affaire de la bourgeoisie et comment les communistes cherchent toujours leur voie.

Il faut citer les passages essentiels du rapport d'Epstein sur la situation matérielle et morale en France un an après l'armistice[18]. Après avoir évoqué les privations dont souffrent les Français, Epstein écrit qu'en ce qui concerne les Allemands, ils sont passés de la sympathie à la haine.

« Les raisons de ces revirements dans l'opinion, il faut les chercher dans la situation économique du pays, dans la situation misérable du peuple, condamné à la famine. (Si, pour le moment, on ne connaît pas encore la famine en France, l'hiver prochain s'annonce comme très dur.)

« Si une partie de la bourgeoisie française (autant que j'aie pu le constater, la minorité) est pour la « collaboration » avec le IIIe Reich, on constate dans les masses populaires un réveil du sentiment national, un développement considérable de la haine contre l'armée d'occupation, des sentiments antiallemands très violents.

« *Même des membres du parti* (*de la base*) *et de bons sympathisants en sont influencés...* »

Je souligne cette phrase d'Epstein importante pour expliquer l'évolution du Parti qui, à ce moment-là, loin de guider l'opinion se trouve quelque peu à la remorque. La suite du texte est plus instructive

---

17. Germaine Willard, historien communiste, dans son livre *La drôle de guerre et la trahison de Vichy*, écrit notamment : « Les soldats allemands donnent leurs places aux dames dans le métro ; les autorités allemandes affectent de ne s'occuper en rien des affaires françaises et la fiction d'un gouvernement français « libre » à Vichy les y aide puissamment... Cela permet aux occupants d'étaler à bon compte leur démagogie. Ainsi, certains prisonniers détenus pour « propagande pacifiste » sont libérés en juillet. »

18. Claude Angeli a publié la totalité de ce texte.

encore. « Ce sentiment (antiallemand) est partagé par une grande partie de la bourgeoisie, liée par ses intérêts au bloc anglo-saxon et craignant d'être spoliée au profit de la bourgeoisie allemande. Il prend chez elle la forme gaulliste la plus violente, elle ne cache pas sa sympathie pour l'Angleterre... Ce mouvement antiallemand (que Radio-Londres essaie de canaliser au profit de l'Angleterre de M. Churchill) se manifeste tous les jours par des inscriptions sur les murs... et le sabotage de la production organisé souvent par les directions des usines et des entreprises ».

Epstein note également la faiblesse des mouvements et journaux favorables à la collaboration, la baisse de la popularité de Pétain, la reprise de contact du Parti avec les masses.

« Au début, on l'entourait (le Parti) d'un mur de silence. Personne n'en parlait. On feignait de l'ignorer. Tous les échos anti-communistes du *Cri du Peuple* de Doriot étaient censurés [19].

« On arrêtait les communistes, mais on n'en parlait pas.

« Depuis quelque temps, Darlan ayant donné le signal, les attaques ont recommencé...

« Des mouvements ont eu lieu dans les usines. Évidemment, des mouvements faibles, car les ouvriers sont encore sous l'impression de la force allemande, beaucoup n'osent pas encore bouger, mais, néanmoins, dans de nombreuses usines (Citroën, Thomson) de la région parisienne, des délégations dirigées par des camarades du Parti sont allées réclamer une augmentation des salaires et souvent elles ont obtenu satisfaction. »

Epstein conclut sur quelques remarques qui prennent toute leur importance lorsque l'on se souvient qu'elles datent de la mi-juin 1941.

Il note, en effet, que, si « le mécontentement est énorme... la masse bouge difficilement », il note aussi que la propagande allemande fait croire « que l'U.R.S.S. est l'alliée du IIIe Reich » et que, pour de nombreux Français, le pacte « allemano-soviétique » demeure un acte de trahison.

Il ajoute ceci : « Si, un jour, l'U.R.S.S. entre en guerre contre

19. Par les Allemands, bien sûr ! Il y a eu, pendant plusieurs mois, un étrange « donnant, donnant », les communistes ne s'attaquant pas à l'armée d'occupation, les Allemands ne disant mot des communistes. Ce « troc », est confirmé par un passage d'un article de *L'Humanité,* du 20 juin 1941 : « Pendant des mois, les personnages officiels, les agents hitlériens ont évité de parler du communisme. »

l'Allemagne, elle aurait avec elle l'immense majorité du peuple français. »

Il aura raison quelques heures plus tard... mais ce n'est pas la Russie qui entrera en guerre, c'est l'Allemagne qui prendra la responsabilité d'une agression, surprenant d'autant plus aisément les Soviétiques qu'ils se croyaient protégés par la rigueur et les scrupules avec lesquels ils respectaient les clauses économiques du pacte germano-soviétique.

Dans le rapport d'Epstein, aucune allusion à des attentats contre les Allemands, à des sabotages, et les mouvements de grève qu'il signale semblent avoir eu pour but unique des revendications de salaires.

Aussi les historiens les plus sensibles aux affirmations communistes, lorsqu'ils évoqueront les premiers mois de l'occupation, citeront toujours les mêmes noms (moins d'une quarantaine) [20] à l'appui de la thèse d'un Parti immédiatement résistant. Ils feront état des mêmes tracts dont assez souvent il leur est impossible d'indiquer la date et des mêmes actions assez vagues.

Étudiant, dans son *Histoire de la Résistance* les mois de juillet, août, septembre 1940, Henri Noguères consacre dix-neuf pages sur quatre-vingt-quatre à ce qu'il faut quelque indulgence pour appeler alors l'action « antiallemande » du Parti. Encore s'agit-il, pour l'essentiel, de pages évoquant cet « Appel du 10 juillet », texte qui ne sera diffusé qu'en août, mais que les communistes voulaient faire « coller » pour l'Histoire à la séance du 10 juillet au cours de laquelle les parlementaires votèrent, à Vichy, la mort de la IIIe République [21].

Au chapitre des actes antinazis, Noguères, qui a opéré un vaste

20. Notamment ceux de Marcel Paul, Pierre Villon, André Tollet, Rol-Tanguy, Pierre Hervé, Francis Lescure, Lucie Aubrac, et de Jules Dumont placé en octobre à la tête de l'organisation spéciale (O.S.) de combat du Parti, chargée d'abord de protéger les orateurs qui, sur les marchés ou dans les gares, s'adressaient à la population, avant de prendre une part active à la résistance.

21. Mme Willard, historien communiste, écrit : « Ainsi, l'Appel de juillet 1940 fait incontestablement du Parti communiste l'initiateur de la résistance sur le sol français. » Après avoir tenté, en 1946, de déposséder de Gaulle de la priorité de la résistance — notamment en donnant une importance considérable à des tractations, révélées à la fin de 1943, qui auraient eu lieu dans les jours qui précédèrent la chute de Paris, tractations selon lesquelles les communistes désiraient, autour du 6 juin et contre certaines concessions, s'associer à la défense de la capitale —,

recensement à travers les livres et témoignages communistes (comme à travers les autres), cite avec précision, pour juillet, le geste de Marcel Paul qui, en Bretagne, fait tirer à 2000 exemplaires un tract disant : « Il ne faut pas désespérer, il ne faut en aucune façon aider l'ennemi, rien de définitif n'est joué, les hitlériens seront finalement vaincus. » Et la récupération, par Maurice Romagon, d'armes dans la région de Troyes.

Pour août, le sabotage, signalé par Henri Rol-Tanguy[22], de matériel de guerre dans les usines Renault, Gnome-et-Rhône.

Pour septembre, la difficile et dangereuse « récupération » par Marcel Paul, au sud de Nantes, d'une soixantaine de fusils modèle 37, l'affirmation par Maurice Gastaud[23] que les tracts, édités à l'intention des militants syndicaux, fixaient les responsabilités « des gouvernements qui avaient amené la France dans cette situation (la défaite), ainsi que celle des *occupants* et du gouvernement collaborateur Pétain-Laval », la mise en place, en Alsace annexée, d'un appareil clandestin.

C'est tout. Strictement tout. Honnêtement tout ce qu'il recense pour

---

les communistes entendent, du moins, avoir eu l'initiative de la résistance sur le sol de la patrie, de Gaulle demeurant, à leurs yeux, un exilé.

On a parfois contesté la réalité de « l'Appel du 10 juillet », dans la mesure où *L'Humanité* dans ses numéros de 1940 n'y fait jamais référence, dans la mesure également où il est antidaté, comporte des variantes et a été censuré par Maurice Thorez le reproduisant dans *Fils du Peuple*. Son authenticité cependant ne paraît pas douteuse.

Mais on a beaucoup plus souvent encore discuté pour savoir s'il constituait, ou non, un véritable appel à la résistance. Emmanuel d'Astier, peu suspect d'anticommunisme systématique, écrira en 1964 que ce texte ne comportait « aucune condamnation du fascisme ou du nazisme, ni aucun appel à la résistance contre l'occupant allemand », phrase qui provoqua naturellement de vives réactions communistes.

Sur ce point, on lira avec profit le livre de Noguères (tome I, p. 53-57).

Personnellement, je pense que, si « l'Appel » avait constitué le vibrant appel à la résistance dont n'ont cessé de parler les communistes, il est surprenant que *L'Humanité* clandestine n'y ait pas fait écho et se soit comportée, on le verra, comme si, matériellement, et surtout moralement, il n'existait pas. En 1977 le débat se poursuit toujours...

22. Sabotage signalé de façon très imprécise, quant à la date, par Rol-Tanguy, si bien que le fait d'avoir rendu inutilisables 1 100 camions Renault sur 1 500, mis du sable dans des boîtes d'essieux de machines à vapeur aurait pu aussi bien se produire en novembre 1940, ou en 1941, qu'en août 1940. Noguères a placé arbitrairement en août le témoignage de Rol-Tanguy parce que Rol est de retour à Paris le 19 de ce mois, mais, dans son texte, jamais Rol-Tanguy n'indique de date pour les faits qu'il cite. Acceptons août cependant.

23. Affirmation qu'aucune citation ne vient étayer.

ces trois premiers mois. A quoi il faut ajouter la circulaire aux cadres de la région Sud-Ouest écrite par Charles Tillon, membre du Bureau politique, circulaire comprenant nettement des mots d'ordre anti-hitlériens et analysant lucidement — surtout si l'on songe au trouble de l'époque — la situation de la France occupée et vaincue[24]. Donc infiniment peu, alors que des hommes et des femmes qui ne disposent ni des moyens (même réduits par la répression), ni des techniques communistes éprouvées ont déjà écrit, agi, ont été arrêtés par la Gestapo. Et condamnés.

Face à ces récupérations de fusils par Marcel Paul, à ces quelques sabotages sans date vérifiable, il faut placer l'arrivée en France du premier agent de la France libre (en juillet), Jacques Mansion, puis, quelques jours plus tard, de l'aspirant Moreau qui montera bientôt un embryon de réseau ; la diffusion par Edmond Michelet de tracts qui, incontestablement, eux, appellent à la résistance ; la confection de faux papiers par le même Michelet, en faveur d'Allemands antinazis ; la note confidentielle par laquelle le capitaine Noutary, commandant le 1er bataillon du 47e régiment d'infanterie coloniale, demande, à tous ses commandants de compagnie, de faire aux hommes des conférences sur le thème de revers possibles des Allemands qui permettront la reprise des combats ; l'action de certains officiers de l'armée de Vichy et la création par le général Colson, ministre de la Guerre, d'un service ayant vocation de camoufler le maximum d'armes et d'hommes[25] ; la reconstitution de nos services de renseignements et de contre-espionnage toujours orientés vers, et contre, l'Allemagne ; des sabotages de câbles téléphoniques entre Rennes et Fougères ; la parution des *Conseils à l'occupé* de Jean Texcier ; la création à Paris comme à

24. Circulaire dans laquelle se trouve cette phrase très nette : « Notre devoir à tous est de nous unir pour conquérir notre patrie, de nous unir pour libérer son territoire de tous les oppresseurs et exploiteurs, pour en chasser à la fois les capitalistes, leur tourbe de valets et de traîtres et les envahisseurs auxquels ils ont livré l'indépendance du pays, de nous unir pour aider à la défaite de tous les impérialismes... En territoire occupé par Hitler, comme en territoire occupé par la cinquième colonne vendue à Hitler, c'est une même lutte de libération nationale que nous mènerons ensemble... »

Ce texte a été cité pour la première fois par Claude Angeli et Paul Gillet.

25. Le réseau de camouflage, dirigé par le colonel Mollard, sera connu des huit généraux commandant les régions militaires de zone Sud grâce à des lettres *manuscrites* du général Colson, lettres envoyées les 5 et 6 juillet.

Rouen, des premiers réseaux ; des départs en direction de l'Angleterre et de Charles de Gaulle.

Voici pour juillet. Et, pour août, la constitution de filières d'évasion de prisonniers de guerre, à Strasbourg, à Épinal, à Troyes ; le démarrage de ce qui deviendra un jour « Ceux de la Libération », l'arrivée en France du capitaine Fourcaud ; les contacts pris par Frenay. Et, pour septembre, les appels à la résistance *signés* du général Cochet[26], ancien chef du 2e bureau, commandant les forces aériennes de la Ve armée au moment de l'armistice, qui s'est manifesté dès le 17 juin et ne se trouve nullement gêné, encore, par son uniforme et sa position officielle ; le rassemblement, par Frenay, des hommes qui le seconderont au sein de ce mouvement que, déjà, quatre ans avant l'événement, il a appelé de « Libération nationale » ; la création par Paul Dungler de la « 7e colonne d'Alsace » ; l'activité, toujours plus grande, des réseaux d'évasion de prisonniers de guerre ; l'activité, à Grenoble, du doyen René Gosse, en liaison avec des Polonais reliés à Londres ; des coupures de câbles à Royan, Nantes, Rennes ; l'exécution, le 7 septembre, de Pierre Roche, auteur du sabotage de Royan, condamné à deux ans de prison par un tribunal français mais fusillé par les Allemands qu'a irrités trop de mansuétude.

Aucune comparaison, on le voit, ne peut être établie entre les deux résistances.

Ici, comme là, il s'agit d'ailleurs d'individus agissant davantage sur inspiration personnelle, par réaction patriotique que sur ordre. C'est plus vrai encore des communistes que de ceux que l'on appelle à peine les gaullistes.

En 1955, après une lecture de l'*Appel,* Vercors écrira au général de Gaulle pour lui reprocher de s'être associé dans ses *Mémoires* « aux calomnies ordinaires » dont on accable les communistes et d'avoir accrédité la thèse d'une résistance commencée seulement en juin 1941. Le 9 février 1956, de Gaulle lui répondra : « Qu'est-ce qui vous fait avancer que j'aie méconnu la contribution de leur parti à notre combat dès lors que l'Union soviétique fut attaquée par Hitler, après avoir traité avec lui ? Comment contester que, sous réserve de ce que firent des individualités, leur parti, jusqu'à l'été 1941, ne s'engagea pas dans la lutte ? »

---

26. Les textes du général Cochet sont d'une totale absence d'ambiguïté. Dans celui du 6 septembre 1940, on lit notamment : « En résumé, un seul ennemi : le boche et, avec lui, tous ceux qui l'aident ou l'appellent. »

« Individualités », le point de vue du général de Gaulle est formel. Jean-Louis Vigier, homme politique de droite, résistant de la première heure, condamné à mort par les Allemands, coauteur avec le socialiste Noguères et le communiste Degliame-Fouché de *l'Histoire de la Résistance en France*, partage le même point de vue et écrit qu'il reste convaincu « que la direction du Parti communiste ne contrôlait pas ceux de ses membres qui ont accompli avant juin 1941 des actes de résistance à l'occupant ».

Dans son livre *Les F.T.P.* [27], Charles Tillon a recensé utilement, notamment en consultant la presse des premiers mois d'occupation, les actes antiallemands les plus modestes ou les plus importants : coupures, assez fréquentes, de câbles téléphoniques qui parfois entraînent la mort de leur auteur ; détention d'armes et de munitions ; destruction d'affiches ; outrages aux autorités allemandes ou même impolitesse de « jeunes de moins de vingt ans » [28].

Il ajoute alors cette phrase qui résume parfaitement, je le crois, le véritable climat de l'époque : « On a constaté, dans le relevé de la presse de fin 1940, qu'il s'agissait alors d'actes individuels et il est impossible de déterminer d'après ces informations non pas à quelle classe sociale mais à quelle famille politique appartient la victime de la répression. »

Le texte de Tillon, paru vingt-deux ans après l'événement, fait preuve, il me semble, d'une assez grande objectivité. Il est vrai, qu'entre-temps, les communistes, pour avoir voulu établir sur des bases fausses une infaillibilité politique et une vertu patriotique dont ils attendaient des suffrages supplémentaires, avaient provoqué un examen scrupuleux de leurs faits et gestes, une analyse attentive de leurs écrits comme de leurs déclarations et qu'ils avaient dû, par la force des choses et des documents, rabattre de leurs prétentions.

Ayant compté, tout au long des années de guerre, de nombreuses

---

27. Publié en 1962. C'est en 1952 que Charles Tillon a été chassé du Parti communiste.

28. C'est ainsi que, le 17 août 1940, le maire de Soissons fait publier dans *L'Éclaireur de l'Est* le texte suivant : « Il a été signalé que des jeunes gens de moins de vingt ans circulant sur un trottoir dans une rue de notre ville, les mains dans les poches, ont obligé des officiers allemands d'un haut grade et beaucoup plus âgés qu'eux à se déranger pour les laisser passer.

« Les officiers allemands sont d'autant plus sensibles à de pareilles infractions aux règles les plus élémentaires de la politesse et de la bonne éducation qu'elles sont inconnues chez eux et, d'ailleurs, n'y seraient pas tolérées. »

victimes et de nombreux martyrs, les communistes auraient pu replacer leur attitude hésitante dans le contexte d'une époque trouble, dans le cadre d'une évolution parfaitement légitime et explicable. Pour ne l'avoir pas fait, ils ont été taxés de duplicité par leurs adversaires politiques qui se sont servis de toutes leurs erreurs jusqu'à les accuser d'avoir été entre juin 1940 et juin 1941, simples spectateurs (complices puis passifs) de l'occupation. Ce qui est aussi faux que de prétendre qu'ils furent, dès les premiers jours, des résistants véritables[29].

Passionnante lecture que celle de *L'Humanité* clandestine. Et stupéfiante, à bien des reprises, lorsque l'on imagine qu'elle est lue par des militants communistes dans un Paris occupé où théâtres, cinémas, magasins, rues sont « habités » de soldats ennemis, dans un Paris sur lequel flotte le drapeau nazi ; et que les militants communistes doivent cependant attendre le 16 novembre 1940 pour trouver une maigre allusion à des arrestations de communistes par les hitlériens[30], le 30 décembre 1940 pour voir écrit, *pour la première fois,* à ma connaissance, depuis la défaite, le nom d'Hitler. Et sans aucune épithète[31].

J'ai lu avec scrupule tous les numéros (ils ne sont pas quotidiens mais bi-ou trihebdomadaires) qui couvrent la période allant de juin 1940 à juin 1941, attentif au moindre mot, à tout ce qui reflète un changement de consignes et de politique car les textes de *L'Humanité* ne sont ni le fruit du hasard ni celui de l'imagination libre de leurs rédacteurs.

Le Français « occupé » qui lit le numéro du 1er juillet 1940 ne découvre *rien* contre les Allemands. A la vérité, le mot *n'est même pas écrit. Rien contre* les Allemands dans ceux des 4, 7, 13, 17, 20, 21, 24, 27 juillet. Au contraire, à trois reprises — 4, 13, 27 —, *L'Humanité*

---

29. Fabre-Luce qui veut faire publier en zone occupée son *Journal de la France* raconte que le censeur le lui rendit avec « zébrés au crayon rouge » tous les passages anticommunistes.

30. Ce qui détruit la thèse de la résistance en juillet, août, septembre, etc. Voici le texte : « Avant le 23 août 1939, le gouvernement allemand faisait figure de croisé de l'antisoviétisme, mais, au moment de se lancer dans l'aventure, il recula et signa le pacte germano-soviétique. Aujourd'hui, en France, dans les Kommandantur où l'on conduit les communistes arrêtés, des officiers insultent grossièrement le pays des soviets, les communistes et se livrent à des rodomontades antisoviétiques. » Le 7 décembre, enfin, *L'Humanité* met en cause la Gestapo.

31. « Quand Pétain et Hitler, Abetz et de Brinon collaborent, c'est pour imposer le triomphe de la réaction. »

clandestine se félicite des bons rapports existant entre soldats et population. Voici l'article du 4 juillet. Devenu presque célèbre tant il a été souvent cité.

TRAVAILLEURS FRANÇAIS ET SOLDATS ALLEMANDS

« Il est particulièrement réconfortant, en ces temps de malheur, de voir de nombreux travailleurs parisiens s'entretenir amicalement avec des soldats allemands, soit dans la rue, soit au bistrot du coin.

« Bravo, camarades, continuez, même si cela ne plaît pas à certains bourgeois aussi stupides que malfaisants[32].

« Là fraternité des peuples ne sera pas toujours une espérance, elle deviendra une réalité vivante. »

Au mois d'août, RIEN n'est écrit qui puisse rappeller que la patrie se trouve aux deux tiers occupée par une armée de plusieurs centaines de milliers d'hommes[33].

Il n'est pas parlé des Allemands dans le numéro du 22 août. Pas davantage dans celui du 2 septembre où il est fait seulement allusion à « l'ombre des baïonnettes étrangères ». Le tract publié le 3 septembre 1940, pour le premier anniversaire de la déclaration de guerre, long texte signé Maurice Thorez et Jacques Duclos, n'est, en réalité, qu'une apologie de la politique menée par les Soviets. Les rédacteurs du texte (ou le rédacteur puisque Thorez se trouve à Moscou) n'ont pas trouvé un mot de pitié pour les Français malheureux, pas un mot de haine contre Hitler et les nazis.

« Autorités allemandes occupantes », les mots apparaissent pour la première fois dans le numéro du 14 septembre mais ils ne sont nullement pris en compte par le journal communiste puisqu'ils se trouvent dans l'*extrait* d'un journal italien[34] reproduit par *L'Humanité*.

---

32. Bourgeois antiallemands, anglophiles sans doute... donc résistants. Si elle avait exploité cette phrase, la bourgeoisie aurait pu se vanter d'avoir été, par le Parti communiste lui-même, et fût-ce bien involontairement, placée au premier rang de la résistance !

33. A l'exception, au verso d'un tract, sans date précise mais daté « août », par les éditeurs de la collection de *L'Humanité* clandestine, de ce slogan :

Ni soldats de l'Angleterre
avec de Gaulle
Ni soldats de l'Allemagne
avec Pétain.

34. Nuova Italia.

Le 16 septembre cependant, *L'Humanité* proteste contre les charges financières de l'occupation (400 millions par jour), « alors qu'on se contente de 500 millions en tout et pour tout pour les grands travaux dans vingt-six départements... Les communistes français qui ont protesté au péril de leur liberté contre les charges imposées au peuple allemand par le traité de Versailles disent : Non, non et non, il n'est pas possible que de pareilles charges soient imposées au peuple français, accablé de misère, tandis que les capitalistes profitent de la guerre.

« A bas l'exploitation d'un peuple par un autre peuple. »

Cette critique est reprise le 19 septembre [35]. Dans le numéro du 30 septembre, il est bien fait allusion à la situation en Alsace, mais le texte publié a des allures de banal constat.

« En Alsace-Lorraine.

« On sait que le territoire du Luxembourg a été annexé à l'Allemagne et la presse vient d'annoncer qu'en Alsace-Lorraine, comme au Luxembourg, les tarifs postaux du régime intérieur de l'Allemagne entrent en vigueur [36]. »

Le 7 octobre, après l'arrestation, à Paris notamment, de nombreux communistes par la police française [37], *L'Humanité* ne met nullement en cause les Allemands. « Tout se passe comme si Daladier était au pouvoir », écrit-elle seulement. Le 12 octobre, le lecteur de *L'Humanité* apprend que « nos matières premières seront envoyées ailleurs » mais nul n'indique vers quel « ailleurs » et lorsque, le 30 décembre, pour la première fois, une précision sera donnée, *L'Humanité* parlera seulement du charbon français expédié à raison de 10 000 tonnes par jour, EN ITALIE « pendant que des millions de Français grelottent de froid dans des logements sans feu ».

Dans le même numéro du 30 décembre, un texte demande « où

---

35. Dans plusieurs numéros de l'automne et de l'hiver 1940, ce chiffre de 400 millions sera à nouveau cité.

36. En décembre 1940, un tract édité par le Parti publiera une déclaration, datée de novembre, qui s'élève contre l'annexion de l'Alsace décidée sans une consultation « honnête et contrôlée du peuple alsacien » et il voue au mépris de « tous les Français dignes de ce nom le gouvernement de misère, d'esclavage et de trahison qui laisse annexer l'Alsace sans dire un mot ».

37. Dans un tract de novembre, il sera dit toutefois : « Dans les premiers jours d'octobre, de nombreuses arrestations ont été faites, d'après les policiers, sur ordre des autorités d'occupation. »

passe donc le bétail français ? » comme s'il était difficile de fournir une réponse exacte.

Enfin, pour la période qui s'étend de juin à décembre 1940, c'est en vain que l'on cherche, dans *L'Humanité* clandestine, une consigne antiallemande.

Pas d'appel au sabotage mais, au contraire, à plusieurs reprises, la dénonciation des patrons qui refusent d'ouvrir des ateliers et des usines qui, fatalement, travailleront pour les armées allemandes. Ce sont des « saboteurs », écrit *L'Humanité* du 24 juillet 1940 et, le 10 août, *L'Avant-Garde,* organe des jeunesses communistes, éditée également clandestinement, développera ce thème de la réouverture des entreprises[38], thème également exploité en Belgique où, à la même époque, c'est le député communiste Lahaut qui appelle le plus fort à la reprise du travail.

« Des milliers de jeunes gens sont sans travail, après avoir gagné des millions sur notre dos pour leurs patrons ; il y a des machines, il y a des hommes, il y a des matières premières, il y a des possibilités de vente ; travaillons et ouvrons les usines[39]. »

Pas d'appel à la grève. Pour le moment[40].

---

38. Ce qui permettra à M. Charles Serre, rapporteur de la Commission d'enquête parlementaire sur les événements survenus en France de 1933 à 1945, de déclarer le 24 juin 1948, après avoir cité *L'Avant-Garde* du 10 août 1940 : « Il y a eu, à ce moment-là en France, et en France occupée, immédiatement après l'armistice, dans ces journaux clandestins du Parti communiste, un appel au travail pour l'ennemi. »

Le numéro de *La Vie ouvrière* du 10 août ne parle pratiquement pas des Allemands, évoque seulement les « Soupes Populaires Allemandes » devant lesquelles les travailleurs doivent faire la queue, mais réclame également la réouverture des usines... ce qui s'explique car le chômage est important. Le titre du journal est d'ailleurs le suivant : « Assez de bavardages ! Ce que nous voulons, c'est du travail ! C'est vivre ! »

Par ailleurs, au cours de son audition devant la Commission parlementaire d'enquête le 24 novembre 1949, l'ingénieur principal Martignon évoquera le cas de deux dirigeants syndicaux communistes de l'usine d'aviation de Levallois qui « se sont présentés aux autorités d'occupation en disant : Nous mettons l'usine à votre disposition ».

39. Dans un autre numéro de *L'Avant-Garde,* celui du 1er septembre 1940, il y aura même plus stupéfiant ; cette phrase : « Le speaker de Radio-Paris (de Radio-Paris sous contrôle allemand) a exalté le courage des jeunes communistes qui ont subi la torture des policiers à Daladier, Reynaud et Cie. »

40. C'est au mois d'avril 1941 (le 5) que, dans les consignes transmises par les Allemands à *La Petite Gironde,* on trouve une allusion à des grèves : « Ne rien publier sur des grèves, quelles qu'elles soient, sans consulter la censure. » Il s'agit des grèves du Nord.

Aucune mention des actions que Marcel Paul affirme avoir commises contre l'Allemagne. Le ramassage et le camouflage des armes abandonnées sur le champ de bataille, le sable dans les essieux des locomotives, tout cela est passé sous silence...

Un tract de novembre 1940[41], édité à l'occasion du vingtième anniversaire du Parti communiste, reste muet sur la lutte antiallemande ; pas une phrase n'incite les Français à manifester le 11 novembre et une manifestation a-t-elle lieu à Paris, à laquelle s'associent plusieurs étudiants ou lycéens communistes, *L'Humanité* du 21 novembre y fait seulement allusion en écrivant : « L'Université de Paris est fermée à la suite de manifestations d'étudiants. » Contre qui les étudiants ont-ils manifesté ? Quels sentiments les ont guidés ? Aucune précision n'est fournie.

En vérité, presque jusqu'à la fin de l'année 1940, c'est-à-dire pendant les *cinq premiers mois* qui suivent la défaite et l'occupation de la France, *L'Humanité* ignore le nazisme. C'est « Hitler, connais pas ».

S'il est exact que la résistance communiste a commencé dès le mois de juin 1940 ce fut donc une résistance doublement clandestine puisque *L'Humanité,* dont on ne peut croire qu'elle ait été bien longtemps dirigée et rédigée par des « irresponsables »[42], n'en fait nullement mention pas plus qu'elle ne fait mention d'arrestations de militants par la Gestapo.

Les responsables de l'édition de *L'Humanité* clandestine se tireront de ce fâcheux pas en affirmant que, dans l'été 1940, « l'occupant » se tenait « ostensiblement à l'écart des affaires françaises »[43].

---

41. Reproduit dans la collection de *L'Humanité* clandestine.

42. La thèse de « l'irresponsabilité » des rédacteurs de *L'Humanité* a été évoquée pour quelques numéros par les responsables communistes eux-mêmes, par exemple pour ce numéro du 3 juillet 1940 qui demande aux militants de s'adresser « aux autorités » (d'occupation, naturellement) pour réclamer la reparution de *L'Humanité,* numéro qui exalte l'action des communistes partisans, en mai et juin 1940, d'arrêter « une résistance aussi meurtrière qu'inutile », « ce qui est une contre-vérité », affirme audacieusement le commentateur communiste des numéros de *L'Humanité* clandestine (p. 182). Il poursuit : « Il s'agit donc là d'une initiative individuelle ou de quelques militants qui, à l'encontre de la décision du Parti communiste, demeurent partisans de la reparution légale de *L'Humanité,* moyennant un compromis avec l'occupant. » En appel de note, il est suggéré que ce numéro du 3 juillet est peut-être l'œuvre de l'avocat Foissin dont l'exclusion fut portée à la connaissance des militants par *L'Humanité* en septembre 1940.

43. Page 183, du tome I de l'édition de *L'Humanité* clandestine (Éditions Sociales Françaises).

« C'est le temps, ajoute le commentateur, où les soldats allemands sont « corrects », le temps de « l'offensive du sourire », où la presse parisienne vante les charmes du national-socialisme, présenté comme la réalisation du vrai socialisme. Sauf dans quelques régions où le poids de l'occupation se révèle immédiatement (la région du Nord, certains ports de l'Atlantique), la tutelle de l'occupation paraît *discrète et légère*[44], en même temps qu'on la croit provisoire : beaucoup de Français sont persuadés de la défaite rapide de la Grande-Bretagne et de la signature d'une paix qui permettra de revenir à une situation normale. »

Cette peinture rose d'un été noir vise à excuser les silences communistes alors qu'avaient déjà crépité les salves des pelotons d'exécution mais règle définitivement la question de la résistance du Parti dans les six premiers mois d'occupation. S'il y a eu effectivement résistance de communistes, ce fut l'affaire d'hommes et de femmes agissant spontanément et dont les actes ont été « récupérés » plus tard.

Qu'en est-il dans les mois qui suivent ? A partir de janvier 1941, par exemple ? Gaucher, par anticommunisme, escamote dans son *Histoire secrète* cette période, se contentant de mettre au compte de la détérioration des rapports germano-soviétiques les quelques modifications qu'il note cependant dans l'attitude des communistes français.

Les choses ne sont pas si tranchées. Lentement, par touches successives, le Parti communiste, à travers *L'Humanité,* modifie son attitude envers des occupants dont il ose, enfin, écrire le nom.

D'abord, celui d'Hitler cité, le 30 décembre, puis le 4 janvier. Le Parti découvre aussi, le 13 janvier, que le charbon français est envoyé non seulement en Italie mais également en Allemagne ; enfin, il dénonce, le 10 mars, les arrestations commises par la Gestapo[45].

---

44. Je souligne volontairement.

45. Sous le titre « On assassine les prisonniers politiques », *L'Humanité* évoque le sort des prisonniers enfermés à Clairvaux, Fresnes, la Santé, Bourges et ajoute : « Tout cela se fait par ordre de la *Gestapo* qui fait en zone occupée une besogne semblable à celle que fait dans la zone dite libre la police de l'amiral Darlan, premier geôlier de France.

« Les profiteurs de guerre, les voleurs, les prévaricateurs sont en liberté, mais les honnêtes gens sont enfermés *par le gouvernement réactionnaire de Vichy qui est aux ordres de la Gestapo.* »

Le 13 janvier 1941, les occupants sont mis en cause. Ils contribuent au marché noir, prélèvent, aux Halles, une part des arrivages et leurs officiers font la noce « pendant que le peuple crève de faim ». Il y a mieux encore. Un article intitulé « A bas les affameurs du peuple » dénonce le « pillage de la France par les occupants », qu'il met d'ailleurs en parallèle avec « le blocus criminel dont se servent les impérialistes anglais », et réclame le libre commerce entre les deux zones et l'interdiction d'exportation de denrées alimentaires et de charbon hors du territoire français.

De numéro à numéro, il y a ainsi escalade dans l'antinazisme affiché. En avril 1941, un article[46] énumère les mauvais traitements subis par les prisonniers de guerre.

« Est-il vrai que, pour avoir réclamé du pain, des prisonniers ont été attachés vingt-quatre heures à un poteau sans boire ni manger ?

« Est-il vrai que, dans certains camps, ils ne touchent par jour qu'une boule de pain noir et un peu de graisse ?

« Est-il vrai que des prisonniers reçoivent des coups de cravache à la figure ? »

Le 12 avril 1941, *L'Humanité* proteste contre « les crimes de Pétain et des occupants » en vérité beaucoup plus contre les « crimes » de celui-là (arrestation de communistes) que de ceux-ci.

Si *pas une seule* des seize consignes données par le Parti à l'occasion du 1er mai 1941 ne vise l'occupant *dont le nom n'est même pas écrit*, il faut noter toutefois, dans ce même tract, un vigoureux article contre la collaboration dénoncée, plus parce qu'elle favorise le capitalisme que parce qu'elle humilie la nation, mais dénoncée cependant[47], ainsi que des notes signalant un arrêt de travail aux aciéries Martin de Neuves-

---

46. Publié, non dans *L'Humanité*, mais dans un tract.

47. « Les capitalistes ont la trahison dans la peau. Ils le montrèrent en 1815 quand ils se mirent à plat ventre devant les « alliés » qui occupaient la France ; ils le montrèrent en 1871 quand ils se placèrent sous la protection de Bismarck pour défendre leurs coffres-forts et abattre la Commune de Paris.

« Ces messieurs n'ont pas changé et, aujourd'hui, ils se mettent à quatre pattes devant les occupants qu'ils saluent en protecteurs de leur privilège de classe... C'est la fierté et l'honneur du Parti communiste d'être traqué par les autorités d'occupation alors que les chefs de tous les autres partis vont chercher prébendes et directives à l'ambassade d'Allemagne. »

L'Humanité du 1er mai 1941 s'en prend vivement au mouvement gaulliste et à de Gaulle, « ce général à particule » (qui) veut le triomphe des intérêts impérialistes.

Maisons, en Meurthe-et-Moselle, où les ouvriers entendaient protester « contre l'arrestation d'un de leurs camarades par la Gestapo », des manifestations de femmes à l'ambassade d'Allemagne et à l'Hôtel Matignon, « chez le fameux de Brinon [pour] revendiquer la libération des emprisonnés politiques que Pétain, Darlan et Abetz affament dans les prisons, les camps de concentration et qu'ils veulent envoyer mourir au Sahara ».

Le 17 mai, le journal signale que, « le jour de la fête de Jeanne d'Arc, on a crié, place des Pyramides : *A bas Hitler* », se moque « des âneries grotesques et prétentieuses débitées à la radio par des bonimenteurs nazis », ainsi que d'un « discours ignorantin » de Rosenberg et affirme que les nazis « déshonorent le peuple allemand ».

Gabriel Péri et Jean Catelas ayant été arrêtés, le 26 mai, paraît sous le titre « A bas la répression hitlérienne », un texte qui met en cause la Gestapo « qui poursuit et complète la besogne répressive de Daladier et du traître Georges Bonnet ».

Dans ce même numéro, on reproche aux « gouvernants de Vichy » d'avoir fait interner, sur ordre de Berlin, plus de cinq mille juifs.

« Et, tandis que l'on déportait ces travailleurs juifs au milieu des pleurs de leurs parents, des Français disaient ouvertement : « *Que veut-on de ces pauvres juifs ? Quelle honte de voir ça en France !* » A quoi les déportés répondaient : « *Ce ne sont pas les Français qui font ça, ce sont les occupants.* » Non, ce ne sont pas des Français dignes de ce nom qui font ces vilenies ; c'est Hitler et ce sont ses agents français. On commence à mettre les juifs dans les camps de concentration en attendant d'y mettre des millions de Français. Dressons-nous tous contre la barbarie Hitler-Pétain-Darlan et luttons tous ensemble pour ouvrir les portes des prisons et des camps. »

Ainsi, peu à peu, *L'Humanité,* qui reflète les sentiments de la direction communiste, se transforme, passant de l'indifférence presque complice vis-à-vis de l'occupant à l'hostilité mesurée.

L'ouvrier parisien qui a, entre les mains, le numéro du 20 juin (deux jours avant l'attaque de la Russie) peut lire, sous un long titre, dans lequel est évoquée la grève des mineurs du Nord et du Pas-de-Calais, ainsi que la guerre en Syrie[48], un article à la gloire du Parti

48. « Les traîtres de Vichy font tuer des Français en Syrie pour l'Allemagne tandis que de Gaulle et Catroux en font tuer d'autres pour l'Angleterre. »

communiste : « Seul à lutter contre la guerre impérialiste et... seul à lutter aujourd'hui contre *l'oppression nationale* qui accable notre pays. »

Déat, « l'espion nazi » est stigmatisé. Avec lui Gitton, Clamamus, Brout qui ont abandonné le P.C. au moment du pacte germano-soviétique.

Dans la bataille qu'ils ont livrée « pour l'augmentation des salaires et pour l'obtention d'un meilleur ravitaillement » (il n'est pas soufflé mot de lutte contre l'occupation), les mineurs s'opposaient, apprend-on, aux « magnats de la mine » que soutenaient « la Gestapo », « les chefs réformistes » et aussi « les ingénieurs gaullistes ».

Le numéro qui précède l'attaque de la Russie soviétique est toutefois l'un des plus ternes, des moins antinazis de tous ceux qui couvrent la période janvier-juin 1941.

Une note d'inquiétude cependant. On la trouve en première page. C'est la répétition d'articulets du même style qui sont allés se multipliant depuis que l'Allemagne pousse ses avantages et ses troupes en Bulgarie, en Roumanie, en Grèce, en Yougoslavie, occupe des pays sur lesquels la Russie, depuis toujours, étendait ou souhaitait étendre son influence.

« Sous la direction de notre grand Staline, l'U.R.S.S. veille au grain et, si elle veut la paix, elle suit les agissements de ceux qui voudraient étendre la guerre et qui paieraient cher une agression contre le grand et puissant pays des Soviets. »

Encore quelques jours et *L'Humanité* se transforme, éclate, prend parti hardiment. Avant le 22 juin 1941, Hitler n'était que « M. Hitler », à partir du numéro du 8 juillet il devient « chef de gangsters », « nouvel Attila », « lâche et cruel ». Il est « l'anormal de Berchtesgaden », semant partout « la désolation, la famine et la mort ».

Jusqu'au 22 juin 1941, le nom d'Hitler n'avait *jamais* paru dans un titre de *L'Humanité* clandestine. Il en va tout autrement dans les numéros des 2, 14 et 17 juillet, des 3, 7 et 21 août. C'est lui que l'on met en cause et que l'on prend à partie. Les Français n'avaient *jamais* été incités au sabotage. Ils le sont dès le 2 juillet 1941. « Quand un train de munitions en partance pour l'Allemagne se trompe de direction ou va se perdre sur une voie de garage, c'est un point de marqué dans notre lutte pour la libération de la France.

« Quand la production du charbon et des engins de guerre diminue,

n° du 20 Juin 1941.

l'Humanité

Fondateur : JEAN JAURES
Rédacteur en chef (1926-1937) : VAILLANT COUTURIER

N° 118 - 20 JUIN 1941

ORGANE CENTRAL DU PARTI COMMUNISTE FRANCAIS (S.F.I.C.)

Les mineurs du Nord et du Pas de Calais en faisant la grève, ont montré le chemin de la lutte revendicative aux travailleurs de France qui exigent unanimement l'augmentation des salaires et un meilleur ravitaillement.
Pétain avoue la peur que lui inspire le communisme
Les traîtres de Vichy font tuer des Français en Syrie pour l'Allemagne, tandis que de Gaulle et Catroux en font tuer d'autres pour l'Angleterre.
A bas la guerre impérialiste !
Vive la liberté et l'indépendance des peuples coloniaux
Vive le front national de l'indépendance de la France !

LE COMMUNISME VIT, IL LUTTE, IL VAINCRA !

Pendant des mois, les personnages officiels, les agents hitlériens, ont évité de parler du communisme. Ils pensaient qu'en faisant le silence autour de notre

AU PAYS DU SOCIALISME.

L'emprunt soviétique de 9 milliards de roubles, lancé le 1er juin dernier, a été couvert, à la

l'Humanité

ORGANE CENTRAL DU PARTI COMMUNISTE FRANCAIS (S.F.I.C.)

Vive STALINE !

HITLER SERA BATTU

DISCOURS du camarade STALINE

prononcé à la Radio de Moscou le 3 Juillet 1941

« L'U.R.S.S. ne se bat pas seulement pour sa liberté, mais pour la liberté de tous les peuples opprimés par le fascisme allemand. »

A quelques jours de distance on voit, par ces deux numéros de *L'Humanité* clandestine, combien le Parti communiste a raidi sa position. Avant le 20 juin (numéro du haut) il attaquait et Pétain et de Gaulle.

Avec l'autorisation des Éditions sociales françaises.

c'est un point de marqué dans notre lutte pour la libération de la France.

....

« En résumé, tout ce qui sert Hitler dessert la France et tout ce qui nuit à Hitler sert la cause de la France en même temps que la cause de l'U.R.S.S. »

Voilà. Les mots essentiels sont écrits. « Cause de l'U.R.S.S. »

« Pas un homme, pas un sou, pas un effort productif pour la guerre criminelle d'Hitler contre l'U.R.S.S. » Jamais, dans la phraséologie communiste, la guerre qu'Hitler menait avec succès contre la France et les Français n'avait été qualifiée de « criminelle ». Dans leur amour pour la Russie soviétique[49], les communistes, qui désiraient que les Français ne meurent « ni pour l'Allemagne avec Pétain », « ni pour l'Angleterre avec de Gaulle » sont d'accord pour qu'ils meurent pour l'U.R.S.S. En août 1941, un mois et demi environ après l'attaque contre l'U.R.S.S., ils diffuseront « le Père Milon » de Maupassant, « histoire d'un garçon de chez nous qui, en 1870, la nuit, autour de sa ferme, tua seize uhlans » et lanceront ce mot d'ordre qui, venu plus tôt, leur eût évité tout soupçon : « Francs-tireurs de 1941 debout pour chasser l'ennemi du sol sacré de la patrie. »

Ce brutal changement de tactique et de vocabulaire, qui date effectivement de juillet 1941, a contribué à détourner l'attention des six premiers mois de 1941 qui ont cependant marqué une évolution, une plus exacte prise de conscience du péril allemand, six premiers mois pendant lesquels, sous la pression des circonstances, comme grâce à la volonté de certains hommes qui négligent les prudences de la direction du P.C., les attitudes et le langage des communistes ont évolué.

Faire des douze mois qui vont de juillet 1940 à juillet 1941 un « bloc » constitue donc une erreur puisque, à défaut d'initiatives globales importantes, il y a eu au moins des initiatives personnelles non

49. Dans chacun des numéros parus après la défaite, *L'Humanité* (période juin-décembre 1940) parle infiniment plus souvent de l'U.R.S.S. que de l'Allemagne. L'U.R.S.S. a profité des victoires allemandes pour envahir sans déclaration de guerre un certain nombre de territoires. *L'Humanité* n'a pas assez de mots pour décrire la joie des populations... occupées par l'Armée rouge. Le 10 septembre, paraît un texte sur « l'U.R.S.S. pays de liberté » ; le 7 novembre, le numéro, dans sa presque totalité, est consacré à l'U.R.S.S. ; enfin, très souvent, on oppose l'abondance qui règne au pays des Soviets à la misère des nations capitalistes.

négligeables ; elles naissent souvent d'un sentiment de gêne devant l'attitude officielle du Parti [50].

Lorsque l'instituteur Roger Pannequin, un socialiste du Nord, qui deviendra communiste après la guerre, rencontre, au début de 1941, Louis Dobel et Julien Hapiot, il s'entend expliquer par ces militants communistes qu'il existe de profondes différences de conception entre les communistes vivant en zone interdite et ceux qui se trouvent à Paris.

— Oui, *L'Humanité* paraît en numéros clandestins, mais, à Paris, les problèmes ne sont pas les mêmes qu'ici (dans le Nord, en zone interdite). Nous sommes dans une situation particulière. Nous avons affaire aux Allemands et les camarades de Paris s'en prennent surtout à Vichy. Nous préférons faire nos tracts nous-mêmes...

Julien Hapiot devait expliquer longuement ensuite à son ami Pannequin les raisons qui lui faisaient croire « qu'une victoire de l'Angleterre capitaliste aurait créé de meilleures conditions révolutionnaires qu'une victoire de l'Allemagne nazie », puis il conclut :

— Ça c'est le point de vue, ici, que nous partageons avec quelques camarades quand nous nous réunissons à Lens. Nous l'avons écrit à Paris, mais ils ne sont pas d'accord avec nous. Ils ne veulent s'en prendre qu'au gouvernement de Vichy.

Et Julien Hapiot, après avoir montré à Pannequin l'un de ces numéros de *L'Humanité* où il ne se trouve « pas un mot, pas un seul contre l'occupant » [51] d'ajouter :

— Tu vois, elle est là leur erreur, ils ne comprennent pas qu'il faut tuer le maître avant de tirer sur le chien.

Le maître allemand.

Le chien vichyssois.

D'après Pannequin, Hapiot demeure assez isolé et la majorité des dirigeants du Parti, notamment ceux qui se trouvent à Bruxelles [52], pensent toujours que c'est « dans les conditions imposées par une

---

50. Attitude que les journaux socialistes clandestins ne manquent pas de relever. C'est ainsi que *L'Homme libre*, en mars 1941, s'étonne que la littérature communiste réserve presque toutes ses flèches aux socialistes.

51. C'est Pannequin qui l'affirme.

52. Faisant partie de la zone interdite, plusieurs départements du Nord étaient militairement et administrativement rattachés à la Belgique, ce qui explique que, dans le livre de Pannequin, il soit fait souvent référence aux communistes de Bruxelles avec qui la liaison était relativement facile !

victoire d'Hitler, provisoire peut-être, mais lui assurant une très longue hégémonie sur l'Europe, qu'il fallait agir ».

Pierre Daix, lui, sera au nombre de ceux, bien rares, qui, avant la défaite, ont milité (il réside alors à Rennes) « comme si le pacte germano-soviétique n'eût rien changé à notre engagement antinazi ».

Venu à Paris après l'arrivée des Allemands, retrouvant sa famille[53] et ses études, il découvre que les choses ne sont pas si simples. Il a reçu l'ordre de reconstituer le Club des étudiants du Centre laïque des auberges de la jeunesse et, après l'arrestation de Paul Langevin et la destitution de professeurs juifs, décide, avec quelques-uns de ses camarades, une manifestation devant le Collège de France pour le 8 novembre, manifestation peu fournie mais dont il écrit qu'elle fut « le détonateur » de celle du 11 novembre. Il ne sera pas de ceux, étudiants, lycéens surtout qui, vers 17 heures, afflueront vers l'Arc de Triomphe avant d'être rapidement et brutalement dispersés par des policiers français et allemands. Comme, semble-t-il, à la plupart des militants communistes, le Parti lui a transmis la consigne de ne pas bouger[54]. Et, quelques jours plus tard, il se fait passer un « savon » par un responsable qui lui reproche, ainsi qu'à tous ses camarades étudiants, d'avoir « donné droit dans une provocation ». « Oui, une provocation, alors qu'on essayait de faire sortir les copains emprisonnés ! Nous nous étions laissé entraîner par les gaullistes. Le peuple français ne voulait pas remettre ça pour les beaux yeux des banquiers de la cité de Londres. »

---

53. Son père, qui n'est pas communiste et ignore l'engagement, mais non les sympathies, de son fils, se montre surpris par l'attitude du Parti. « Dans toute la banlieue Sud, le Parti se manifestait au grand jour, demandant qu'on lui rende ses mairies. Il se targue même de son opposition à la guerre. « On dirait qu'ils sont assurés de l'impunité », grommelle mon père. Je lui réponds qu'il faut bien défendre les intérêts de la population que le gouvernement de Vichy abandonne aux Allemands. J'essaie de me persuader. qu'il est juste de revendiquer qu'on rouvre les usines pour que les ouvriers aient du travail. Mais comment éviter que ce soit pour la machine de guerre hitlérienne ? C'est-à-dire, en fait, contre l'U.R.S.S., car nous sommes tous persuadés, aux « Étudiants » — c'est ainsi que nous appelons entre nous l'organisation, ce qui a pour avantage de pouvoir être dit en public — que la guerre ne peut manquer d'éclater bientôt entre l'U.R.S.S. et Hitler. » Pierre DAIX, *J'ai cru au matin.*

54. Mais, par ailleurs, il est incontestable que de jeunes communistes (minoritaires) dont Pierre de Lescure ont participé à la manifestation dont il ne faut pas oublier le caractère improvisé.

Comme Pierre Daix n'a pas vingt ans, que son caractère est rugueux et qu'au surplus il est « intellectuellement » persuadé d'avoir raison, il continue son action et la maintient dans une ligne résolument antihitlérienne.

Quelque part dans son livre *J'ai cru au matin,* Daix écrit qu'il préférait un parti déchiré, tiraillé, plein de contradictions, à l'image d'Épinal que l'on voulait offrir aux populations. Et c'est grâce à ces contradictions, à ces déchirements que l'on peut écrire que les communistes, *s'ils ne sont certainement pas les premiers résistants, n'ont cependant pas attendu juin 1941 pour se manifester.*

Les huit militants communistes arrêtés en janvier à Blois et Vendôme pour diffusion de tracts antiallemands ; les saboteurs du terrain d'aviation de Ferne, en Seine-et-Oise ; les vingt-deux résistants condamnés, en février, par le tribunal français de Saint-Dié pour « récupération » d'armes de guerre, ont incontestablement fait acte de résistance même si le journal du Parti n'a pris encore que des positions patriotiquement fort discutables [55].

Les grèves des mines en mai et juin 1941, grèves qui ont touché environ 100 000 mineurs, n'ont eu, en apparence, je l'ai écrit, et la lecture de *L'Humanité* comme de *L'Avant-Garde* [56] le montre bien, que des raisons d'ordre économique. Et même, lorsque *La Vie du Parti,* du quatrième trimestre 1941, c'est-à-dire plusieurs mois après l'attaque contre l'U.R.S.S., se félicite des succès obtenus par les mineurs, elle évoque seulement des victoires sur le plan des salaires et de l'amélioration des conditions de travail [57]. Le Parti communiste

---

55. Il faut noter également la prise de contact, en avril 1941, entre le communiste Moranne et le gaulliste Léo Hamon. Moranne souhaite « monter en zone sud », pour lutter contre l'avachissement et l'avilissement, un mouvement de résistance « le Front national ». Léo Hamon lui répondra que, rendu méfiant par l'expérience récente du pacte germano-soviétique, il se refuse à travailler dans une organisation « où les communistes seraient seuls en tant que parti », les non-communistes ne s'y trouvant qu'à titre individuel. Il veut donc collaborer non pas d'homme à parti mais de formation gaulliste à formation communiste. Après avoir fait quelques réserves, Moranne promettra de reprendre contact.

56. *L'Avant-Garde* datée « juin 1941 ». Le numéro a été publié quelques jours après l'attaque contre l'U.R.S.S. A la lecture, il semble qu'il ait été rédigé en deux temps et que la partie concernant la grève des mineurs, partie dans laquelle il est fort peu question de l'occupant comme si la lutte était antipatronale beaucoup plus qu'antiallemande, ait été écrite avant le 22 juin 1941.

57. Les Allemands sont peu intervenus, surtout dans les premiers jours. « Que de légendes autour de cette grève ! écrira, bien plus tard, le communiste Pannequin. On a parlé de tanks allemands dans les corons, de mouvement

attendra plusieurs années avant de « récupérer » cette grève, de la placer, à la Libération, sous le patronage de Thorez, qui n'y fut pour rien ; de leur côté, les gaullistes ne la célèbrent pas comme une manifestation patriotique, de Gaulle n'en dit pas un mot dans ses *Mémoires* et, jusqu'au 7 mars 1943, il n'en fut pas question à la B.B.C., comme s'il ne s'était agi que d'une banale manifestation syndicale.

Mais, en vérité, la grève des mineurs avait ceci d'*extraordinaire* qu'elle se déroulait en pays occupé, dérangeait l'ordre allemand, perturbait, fût-ce modestement et momentanément, une production utile à l'Allemagne. Elle constituait surtout un exemple. Que cet exemple n'ait pas été suivi, qu'il y ait eu si peu de grèves pendant l'occupation, que les statistiques du ministère du Travail n'en portent pas trace, n'enlève rien aux organisateurs et participants des événements de mai et juin 1941.

Vichy, lui, analyse correctement la nature réelle du mouvement. Dans le journal que tient Pierre Nicolle, conseiller économique et social, représentant du patronat, on trouve ceci à la date du 7 juin : « Dans la matinée, la nouvelle de graves événements dans le Nord se répand à l'Hôtel du Parc. Les grèves sont déclenchées dans les houillères. On craint que le mouvement ne gagne le textile. Les éléments gaullistes et communistes ont partie liée ; les Allemands, paraît-il, restent spectateurs. Les préfets disposent de peu de moyens pour enrayer ces mouvements [58]. »

A partir des premiers mois de l'année 1941, d'ailleurs, il y a eu, ici et là [59], assez d'actes antivichyssois et, parallèlement, antiallemands pour

savamment organisé et préparé de longue date, en accord avec des services étrangers ! En réalité, les Allemands ne donnèrent pas signe de vie pendant la première semaine. » Ils réagiront par la suite et condamneront à cinq ans de travaux forcés onze mineurs, à deux et trois ans Micheline Bowenzack et Florence Guettier.

58. *Cinquante mois d'armistice.*

59. Tout dépend, en effet, des régions. Le préfet du Loiret adresse chaque semaine un rapport à la Feldkommandantur d'Orléans « sur les vols, incendies, arrestations pour propagande politique et accidents de voiture ». *Même après* le 22 juin 1941, en face de la mention « propagande politique », la mention « néant » est portée le plus souvent. Il faut attendre le 24 septembre 1941 pour que le préfet signale l'arrestation de six distributeurs de tracts communistes. Par contre, les vols de bicyclettes (une quinzaine par semaine) et de volailles sont nombreux.

que les anticommunistes farouches, habitués à débusquer l'adversaire, ne s'y trompent pas.

Un seul exemple, mais sans ambiguïté. Dans un numéro de l'hebdomadaire P.P.F., *L'Assaut,* en date du 11 mai 1941, le rédacteur en chef Pierre Thurotte évoque « le danger communiste » et, s'il se félicite que des « repentis » aient été libérés des camps, il dénonce ceux qui poursuivent l'agitation, se dressent « contre toute tentative de rapprochement entre la France et l'Allemagne » et distribuent des tracts dans lesquels on attaque le Maréchal « en des termes ignobles *et on (y) incite les populations de la zone occupée à se dresser contre les troupes d'occupation*[60] ».

« Le Parti était enfin tel que je voulais qu'il fût. Nous avons connu alors le premier vrai bonheur depuis le pacte germano-soviétique. » (Pierre Daix, quelques jours après l'entrée des Allemands en Russie.)

« Dans la matinée du 22 juin, dès que l'odieuse agression hitlérienne fut connue, un immense mouvement de confiance envers l'Union soviétique souleva notre Peuple et sa Jeunesse. Des groupes de discussion se formaient, les passants s'interpellaient et, depuis bien longtemps, les visages n'avaient été ainsi éclairés et apaisés. En quelques heures, les résidus des calomnies déversées à flots depuis des années contre le pays du socialisme furent balayés... » (*L'Avant-Garde,* numéro spécial de juin 1941.)

Une page, et quelle page, est tournée.

Au grand soulagement des communistes dont beaucoup apprendront la nouvelle de l'agression allemande en prison.

A Fresnes, par exemple, où il est enfermé, Henri Souque entend chanter *La Marseillaise, L'Internationale,* puis la porte s'ouvre brutalement et un gardien lance :

— Ça y est ! Les Boches vont prendre une branlée. Ils ont attaqué la Russie ![61]

Tandis que Jacques Duclos, dans l'appartement qu'il occupe porte de la Plaine, songe aux numéros de *L'Humanité* qu'il faut rédiger, imprimer, diffuser sans tarder, Charles Tillon ouvre les *Mémoires* du

60. Je souligne intentionnellement.
61. André Tollet, également prisonnier à Fresnes, confirme que la nouvelle de l'attaque a été transmise par les gardiens.

comte de Ségur et médite un instant sur les pages qui racontent les souffrances de l'armée napoléonienne. Quant à Raymond Losserand, qui est allé chercher du pain à une boulangerie du XIXe arrondissement, il harangue la petite foule qui serpente, comme d'habitude, devant la boutique, cependant que des millions de Français, pour qui le passé, toujours, influence le présent, affirment déjà avec une belle assurance qu'Hitler ne peut évidemment réussir, là où a échoué Napoléon.

Des milliers de militants communistes, qui ont été « élevés » dans la certitude de l'invincibilité de la « glorieuse armée rouge », invincibilité exaltée dans de nombreux numéros de *L'Humanité* clandestine et qui aux jours des plus grandes défaites restera article de foi [62], partagent cette conviction qui, pour l'instant, ne se nourrit que de défaites dont on espère seulement qu'elles seront toujours plus coûteuses pour les Allemands.

Pour quelle raison, dans un ouvrage consacré au pétainisme des Français, avoir accordé une place si importante à l'attitude du Parti communiste face aux Allemands ?

Pour une raison essentielle, même si elle n'a été que rarement mise en valeur.

En se privant d'attaquer Hitler et l'hitlérisme pendant six mois environ, le Parti se prive d'un argument capital dans sa lutte contre Philippe Pétain et son gouvernement. Il ne dénonce, en effet, que très modestement, *lorsqu'il la dénonce,* la collaboration. Et comment pourrait-il le faire puisqu'il ne s'en prend officiellement jamais à « M. Hitler » ?

Elle est du 11 novembre 1940 cette lettre adressée à « Monsieur le maréchal Pétain, chef de l'État français à Vichy », par Virgile Barel, « ex-député des Alpes-Maritimes, détenu à la prison de Valence (Drôme) », lettre qui, comme toutes celles qui seront adressées presque dans le même temps et presque dans les mêmes termes par six

62 *L'Humanité* y aidera en propageant des chiffres faux mais acceptés d'enthousiasme par tous ceux qui haïssaient les occupants et se méfiaient de leur propagande. C'est ainsi qu'au mois d'août le journal communiste annonce que la Russie a perdu 600 000 hommes, 4 000 avions, 5 000 chars, les Allemands 1 500 000 hommes, 5 000 avions, 6 000 chars, ce qui ne correspond nullement à la réalité.

autres ex-députés communistes[63], ne contient pas un mot contre la collaboration pourtant scellée à Montoire quelques jours plus tôt. Barel rappelle la lutte que son parti a mené en 1939 « contre la guerre impérialiste », c'est-à-dire contre la guerre faite à Hitler, et, puisque Daladier et Reynaud « sont accusés (dans le cadre du procès de Riom) d'avoir voulu et déclaré illégalement la guerre dont notre pays subit et subira les terribles conséquences », se mettant au service de la justice du Maréchal, il demande à être entendu « comme témoin à charge » à la barre du tribunal suprême de Riom.

Le combat mené par les communistes contre Pétain, contre ce Philippe Pétain, à qui Barel et ses six autres camarades viennent de demander « d'agréer l'expression de [leurs] salutations les plus distinguées », ne diffère donc guère par le ton et les arguments du combat précédemment engagé contre Daladier et Reynaud. Sans doute est-il d'abord, *moins violent,* oui, simplement moins violent.

Il faudra du temps, en effet, pour que « le vieux maréchal » devienne « le criminel octogénaire » et *L'Humanité* écrira « le misérable Blum » bien avant d'écrire « le misérable Pétain ». En septembre 1940, d'ailleurs, par un étrange rapprochement des extrêmes dans la haine, je trouve le « misérable Blum » dénoncé par *L'Humanité* clandestine et « l'infâme Blum » insulté par *Je suis Partout.*

Alors « pétainistes » les dirigeants communistes ? Certainement pas. Mais certainement sensibles à l'influence que le « mythe Pétain » exerce sur leur clientèle comme sur les autres Français. Sensibles donc et prudents vis-à-vis du Maréchal. Dans un premier temps, ne le mettant pas d'abord en cause, attaquant Vichy et Laval et l'entourage plus que le chef de l'État, marchant à pas comptés même si, pour des raisons que je dirai, ils iront finalement plus vite dans la lutte contre Vichy que contre les Allemands[64].

Plus tard, lorsque seront passées les années chaudes de l'après-libération, où beaucoup de vérités n'étaient bonnes ni à dire ni à reconnaître, les responsables du Parti communiste feront des six derniers mois de 1940 un portrait assez fidèle.

---

63. MM. Billoux, Berlioz, Cornavin, Costes, Levy et Midol.

64. Lettre du communiste Sadoul à Pierre Laval le 4 septembre 1940 « ... bien entendu, le Français moyen ne doute encore ni de la loyauté, ni de la bonne volonté, ni du désintéressement du maréchal Pétain. Mais il croit de moins en moins que ce « grand soldat » soit particulièrement qualifié par son passé et par son âge pour « refaire la France ». » Dans une lettre en date du 11 novembre, Sadoul prévoit l'entrée des communistes dans la lutte ouverte contre l'hitlérisme.

Dans le texte qui précède ou encadre la publication des numéros de *L'Humanité* clandestine, ils reconnaîtront en effet que « le mythe du maréchal Pétain sauveur et protecteur » demeurait solide. Dans une situation, qui apparaissait irréversible au plus grand nombre, Pétain n'était-il pas « le seul capable d'obtenir du vainqueur concessions et ménagements qui permettent au pays de vivre[65] » ?

Donc, vis-à-vis de Pétain, *L'Humanité* clandestine ne va pas d'abord à contre-courant de l'opinion publique française. Elle le peint victime de son entourage, prisonnier (13 juillet) de « Laval-le-Pourri, Laval véritable catin de la politique ». Dans les numéros de juillet, il est d'ailleurs presque aussi rarement cité que les Allemands. Il est beaucoup plus souvent question, alors, du sort heureux de la « Bessarabie libérée » par les Soviétiques que de la France occupée par les Allemands, du gouvernement de Vichy ou de son chef !

Ici et là, cependant, à partir d'août, quelques critiques, mais cependant moins vives que celles décochées par une partie de la presse parisienne sous contrôle allemand. « Après la défaite de 1870, le maréchal Mac Mahon, le Pétain de l'époque, casait les généraux battus qui avaient fait dire de l'armée française « des liens[66] commandés par des ânes ». Aujourd'hui, Pétain fait de même, il distribue décorations et sinécures à tout un tas de généraux incapables, bambocheurs et imprévoyants. »

C'est du 9 août 1940. La critique est sans véritable férocité. L'*Œuvre,* de Déat, par exemple, qui paraît à Paris sous contrôle allemand, sera, sur le même thème, infiniment plus violente.

14 août. *L'Humanité* note que « l'on entend dire fréquemment » : « Le gouvernement Pétain-Laval ne représente pas le peuple, c'est un gouvernement d'usurpateurs, un gouvernement de profiteurs de la défaite. »

Dans un texte du 2 septembre intitulé « Comment nous sauver », pas un mot contre Pétain, ni contre les Allemands d'ailleurs. Le journaliste de *L'Humanité* ne voit de salut que dans la fin du régime capitaliste. L'article aurait pu aussi bien paraître en 1938, tant son auteur témoigne d'indifférence envers les événements et l'occupation.

---

65. Ce texte vise également les premiers mois de 1941. Dans le même article, il est souligné qu'en décembre 1941 encore « malgré tout, le personnage de Pétain demeure, dans la population, l'objet d'illusions ».

66. Pour « lions ».

« Vieux maréchal » le 14 septembre, puis « vieux maréchal politicien » le 25 octobre, Pétain n'est véritablement attaqué qu'à partir du mois de novembre et notamment dans un tract qui, d'ailleurs, plus que la personne du Maréchal[67], critique la politique de Vichy dans le domaine de l'emploi, de la jeunesse, de l'enseignement, du ravitaillement...

Enfin le 7 décembre, sous le titre « le beau travail de M. Pétain », le véritable tir de barrage est déclenché.

« Le maréchal Pétain va venir à Versailles prendre la place que Foutriquet-Thiers occupa en 1871 sous la protection de Bismarck.

« Aujourd'hui, les successeurs de Bismarck protègent M. Pétain et leurs journalistes à gages, les Déat, Doriot et autres Diodati-Dieudonné, répètent chaque jour, d'ordre de l'étranger, que le devoir des Français est de suivre le vieux maréchal...

« Pétain, flanqué de cette fripouille de Laval, porte de terribles responsabilités. Il laisse déporter les chômeurs français en Allemagne sans mot dire ; il organise lui-même leur déportation à l'intérieur du pays ; il laisse déporter des milliers de Lorrains en violation du traité d'armistice sans élever la moindre protestation... »

Le 13 décembre et le renvoi de Laval seront présentés comme un simple épisode « dans une lutte sordide de gangsters » et entre ceux qui sont proches de l'Allemagne et ceux qui espèrent la victoire anglaise, *L'Humanité* se refuse toujours à choisir.

Dans quel camp range-t-elle Pétain ? Notamment à cause de son entourage, résolument, dans le camp anglo-américain. Les choses sont dites assez nettement, aussi bien dans un numéro du 29 janvier 1941, que dans un tract de la même époque. Mais qu'importe ? Ce n'est pas une circonstance atténuante. En janvier 1941, les rédacteurs de *L'Humanité* entendent tenir encore la balance égale entre les deux impérialismes. « De toute façon, les deux solutions que les impérialistes offrent à la France, c'est la guerre, *la guerre sous le signe de la collaboration ou la guerre sous le signe d'une prétendue résistance à l'oppresseur*[68].

« Nous nous élevons contre de telles éventualités, décidés que nous sommes à lutter de toutes nos forces contre la guerre impérialiste.

---

67. « Le peuple ne s'y trompe pas ; il aperçoit derrière Pétain les inquiétantes figures du gangster Laval, des réactionnaires Tixier-Vignancour, Montigny... » L'article est publié sous la signature de Maurice Thorez.

68. En italique dans le texte du tract communiste de janvier 1941.

« Ni la guerre avec l'impérialisme allemand, ni la guerre avec l'impérialisme anglo-américain. »

Mettant à profit, cependant, les difficultés du ravitaillement, les communistes intensifieront leurs attaques contre celui qui devient, sous leur plume, le 28 avril 1941, « le maréchal-famine ».

« Pétain mérite bien le titre de maréchal-famine ; c'est ce vieux criminel qui, flanqué de Darlan et du vendu Belin, interdit l'augmentation des salaires, car tel est le désir des capitalistes.

« Peu importe à ce vieillard au cœur sec que des petits êtres innocents meurent de faim ; il n'a sans doute pas d'enfants et il se moque, avec 10600 francs qu'il touche chaque jour, de l'affreuse misère qui règne dans les foyers ouvriers. »

Le 1er mai, nouvelle escalade. Le « maréchal-famine » se mue en « vieillard sinistre ». Comparé à Napoléon le Petit, appelé « maréchal-flic », « maréchal-tortionnaire », le 20 juin 1941, le voici identifié à Bazaine, il n'est plus qu'un « méprisable traître », « réduit à bafouiller sur sa « non-culpabilité », un « vieux criminel aux mains rouges de sang »[69].

La guerre entre la Russie et l'Allemagne libérera totalement les injures et outrances que le désir de ne pas heurter les lecteurs avait d'abord tempérées. Pétain sera très vite ce « criminel octogénaire qui, en 1917, fit fusiller un soldat sur dix[70] », qui « lèche les bottes du caporal Hitler », un « vieillard sinistre qui ne pense pas français, mais pense et agit boche »...

En vérité, si l'offensive anti-Pétain a commencé assez tôt — beaucoup plus tôt que l'offensive anti-Hitler —, il existe une raison essentielle à cette hostilité : les communistes exigent en effet de Pétain la libération de leurs militants emprisonnés par Daladier et Mandel. Faute de l'obtenir (ou de suffisamment l'obtenir), ils intensifieront sans cesse leurs attaques.

69. Allusion aux événements qui se déroulent en Syrie. La presse communiste est d'ailleurs aussi sévère pour de Gaulle que pour Pétain. Tous deux (l'un parce qu'il attaque la Syrie « pour les Anglais », l'autre parce qu'il la défend « pour les Allemands ») sont considérés comme des « assassins des travailleurs ».

70. 15 août 1941.

Combien sont-ils ceux que l'exode a conduits dans les prisons de la France non envahie, ceux qui demeurent encore à la Santé ou à Fresnes, ceux qui viennent les rejoindre ou que l'on entasse dans les camps ?

Il n'existe pas de chiffres certains. En mars 1940, le total des emprisonnés atteint 18 000 environ. La défaite, l'exode, les bombardements, propices à quelques évasions, les libérations décidées, ici et là, par les Allemands, ont certainement fait diminuer sensiblement le chiffre des détenus. Mais, on le voit bien au moment où elle arrête Denise Ginollin et Tréand suspects de vouloir faire reparaître *L'Humanité,* la police française demeure fidèle aux consignes reçues en août et septembre 1939. La présence des Allemands ne freine ni n'accélère son activité de routine. Elle a de l'esprit de suite et s'en vante dans un communiqué de novembre 1940 que toute la presse publiera.

« La Préfecture de police poursuit sans répit, à Paris et dans le département de la Seine, la lutte engagée, au lendemain de la dissolution du Parti communiste [71], contre la propagande clandestine.

« Depuis juillet dernier, les opérations effectuées par les services de M. Langeron ont abouti à :

548 arrestations sur flagrant délit,

328 internements administratifs.

« La découverte de 35 organisations d'impression et de diffusion de tracts.

« De nombreux élus : députés, conseillers généraux de la Seine, conseillers municipaux de Paris, maires et conseillers de banlieue, ex-secrétaires de grandes fédérations... ont été ainsi mis hors d'état de nuire. »

Hors d'état de nuire... Le mot est affreux. Mot de guerre civile pour la guerre civile entamée en août 1939, dès qu'a été connu le pacte germano-soviétique. Et Vichy agit en ne tenant aucun compte des liens qui unissent Soviétiques et nazis. La mécanique mise en route par Daladier continue à broyer du communiste. Les communiqués de « victoire » se succèdent : arrestation du maire d'Oyonnax, Nicod ; découverte d'une organisation clandestine chez les étudiants parisiens après les événements des 8 et 11 novembre 1940 ; coup de filet du 5 octobre et des jours qui suivent au cours duquel plusieurs dizaines de

71. Donc d'après les ordres donnés par Daladier et alors que le P. C. s'était fait l'allié objectif d'Hitler.

responsables du Parti sont arrêtés. Ce qui suscite dans *L'Humanité* du 12 octobre, sous le titre « A bas la répression », un article contre « le pire des régimes de réaction ».

« De nombreuses arrestations ont eu lieu ces jours derniers, dans la région parisienne : Grenier, député de Saint-Denis, Michels, député du XVe, Léonard, conseiller général d'Aubervilliers, Le Bigot, maire de Villejuif, Semat, secrétaire de la Fédération des produits chimiques, tout récemment démobilisé, ont été arrêtés ainsi que de nombreux autres camarades travailleurs.

« Les généraux battus reçoivent des prébendes et des sinécures, mais ces honnêtes hommes, dévoués à la cause du peuple, sont arrêtés par ordre d'un gouvernement d'embusqués à la Laval et à la Belin.

« Mais ces arrestations, en application du décret Daladier, ont été faites.

« Les criminels qui nous traitaient, voici un an, d'agents de l'Allemagne bénéficient aujourd'hui des faveurs des occupants (tels MM. Doriot, Déat, Jean Piot et Cie...), mais les communistes sont traqués aujourd'hui comme ils l'étaient sous Daladier et sous Mandel. »

En effet... 16 octobre 1940. Il est 15 heures. A la station de métro Alma-Marceau, André Tollet va monter dans un wagon lorsque, saisi par les bras et le corps, le voici entraîné par quelques policiers qui, afin de se concilier le public [72], questionnent brutalement :

— Où est le sac que tu as volé ?

Tollet se retrouve à la Préfecture de police, fouillé, interrogé, et s'interrogeant aussi sur les circonstances de sa capture dont il rendra responsable Clément [73], l'un de ses camarades de Parti, qu'il accuse d'avoir dénoncé des hommes qui prenaient, il est vrai, fort peu de précautions.

Très vite d'ailleurs des consignes de rappel à la prudence seront lancées. Très vite également *L'Humanité* intensifiera son action en faveur des emprisonnés (anciens ou nouveaux).

Pendant de longues semaines, les communistes reprocheront donc

72. C'est la version de Tollet.

73. Clément collabora plus tard au *Cri du peuple* de Doriot et sera tué le 2 juin 1942 par un commando communiste.

presque uniquement à Pétain le maintien des leurs en prison. C'est le grief essentiel.

Ainsi, le 26 août, Pétain est-il attaqué parce qu'il fait « mourir à petit feu » des milliers de militants communistes. Nouvel article le 2 septembre 1940 contre les camps de concentration de Vichy et la livraison de prisonniers politiques, internés à l'île d'Yeu « par les autorités de la zone occupée [74] », à Laval et à Marquet, alors ministre de l'Intérieur. Presque tous les numéros de *L'Humanité* réclament la libération des communistes emprisonnés, citent des noms et des faits, protestent également contre les conditions de détention trop douces accordées à Daladier, Gamelin, Paul Reynaud, Mandel et Blum internés au château de Chazeron et lancent des appels à l'union des travailleurs.

« Les députés communistes sont emprisonnés au droit commun au Puy et à Valence ; on leur interdit de recevoir des colis, on leur retient 70 % de l'argent qui leur est envoyé ; on leur donne 200 g de pain et deux soupes de rutabagas par jour. A ce régime, la tuberculose guette ces élus du peuple que Pétain et sa clique assassinent à petit feu.

« A Clairvaux, des hommes comme Racamond, Hénaff, Henri Raynaud sont enfermés sans jugement et on leur fait revêtir la tenue des forçats.

« A la Santé, les prisonniers crient du fond de leurs cellules « nous avons faim » et un père de cinq enfants, Serge Turotte est mort sans soins dans une cellule de cette sinistre prison [75]. »

« Pourquoi n'y a-t-il en prison que des responsables de gauche ? »
« Libérez-les ! Encore un otage ! »

---

74. Autorités allemandes naturellement, mais la précision n'est pas fournie. Ce grief sera repris plusieurs fois, notamment le 10 septembre. Les communistes considèrent alors que les Allemands sont moins sévères que les autorités de Vichy. Il est vrai que la Gestapo reste, pour l'instant, dans l'expectative et ne se mêle pas d'arrêter les communistes qui ne la dénonceront que dans les dernières semaines de 1940. En vérité, on est en pleine confusion. C'est ainsi que, tandis que les arrestations de communistes reprennent en octobre 1940, des militants qui ont fait appel devant le tribunal de Versailles voient, toujours au mois d'octobre, leurs peines réduites (un mois de prison avec sursis au lieu de quinze mois fermes, suppression de l'amende de 100 F). Me Zévaes, qui défendait ces deux distributeurs de tracts (Aillerie et Charles Fouché), avait plaidé la caducité des décrets-lois de septembre 1939.

75. *L'Humanité* du 10 mars 1941.

L'Humanité ? Non, *La France au Travail*[76], journal paraissant à Paris avec l'agrément des Allemands et même avec leur complicité puisque, dans une note du 30 juillet 1940, Abetz, pour faire échec à la résistance naissante, dont il prévoyait qu'elle trouverait appui dans « le clergé, l'armée et le Comité des forges » ; comme à une trop grande extension du communisme français, dont il ne mentionne les démonstrations « d'amitié » envers les Allemands que pour en dénoncer l'hypocrisie, déclare souhaiter la création d'un journal populaire que « les ouvriers prendraient... pour une feuille communiste », ce qui les rendrait « de prime abord plus accessibles aux articles qui y [seraient] publiés ».

Ce sera *La France au Travail,* journal de ton révolutionnaire... rédigé par des journalistes de droite mais si parfaitement exercés à leur rôle qu'à plusieurs reprises *L'Humanité* clandestine mettra sévèrement ses lecteurs en garde. « On fait courir le bruit dans certains milieux que des communistes collaborent à *La France au Travail* dont, par ailleurs, nous dénoncions les attaques anticommunistes. C'est là une contre-vérité, aucun communiste ne collabore à *La France au Travail*[77]. »

C'est exact. Il y a là, sous la direction du Suisse Georges Oltramare, qui signe Charles Dieudonné[78], une douzaine de journalistes dont Jean Drault, Henry Coston, Paul Albert, Jacques Ditte, beau-père de Paul Reynaud, Jacques Dyssord, Titayna et d'assez nombreux pigistes. Mais l'avocat Picard, créateur du journal, qui, pendant la « drôle de guerre » a défendu plusieurs communistes, est un étonnant mélange d'homme de gauche et de militant de droite, sensible à la misère humaine ; c'est lui qui, avec Juliette Goublet, également avocat,

76. Ces citations sont extraites des numéros du 11 octobre 1940 et 24 février 1941.

77. *L'Humanité* du 9 août 1940. Le tirage de *La France au Travail* dépasse 100 000 exemplaires, puis décroit en 1941.

78. Georges Oltramare député nationaliste de Genève en 1932 avait dirigé l'hebdomadaire suisse *Le Pilori.* Il venait peu au journal et laissait les coudées franches à ses collaborateurs. Éliminé par Jean Fontenoy, il fit une chronique radiophonique sous le titre *Un neutre vous parle.* Oltramare était par ailleurs mal vu dans certains milieux de la collaboration. C'est ainsi que, le 13 mars 1942, le capitaine Sézille, qui dirige l'Institut des questions juives, refuse une invitation à un déjeuner organisé par Oltramare. Il écrit au capitaine allemand Dannecker : « Ce journaliste est un homme taré et de mauvaise renommée... Il serait bon que son Excellence Monsieur Rudolf Schleier soit averti de la mauvaise renommée ainsi que de l'action communiste qu'a menée Oltramare, avant guerre, en Suisse. »

également défenseur en 1939 de communistes, notamment de Pierre Georges, futur « colonel Fabien », sera l'inspirateur de la campagne menée en première page, *pendant plusieurs mois et en plein Paris occupé, pour la libération des prisonniers politiques, communistes compris, bien sûr,* puisqu'ils représentent la quasi-totalité des internés.

Le fait est passé presque inaperçu. Il n'est pas inutile de le signaler cependant, fût-ce pour illustrer l'état de confusion dans lequel se trouve la France à la fin de 1940 et au début de 1941. Tandis qu'une partie de la presse de zone libre réclame l'arrestation des communistes et que Vichy poursuit, sur ce point, la politique de Daladier, une partie de la presse parisienne [79] contrôlée, voire fondée, par les Allemands, exige la fermeture des camps d'internement.

Violemment. Fréquemment.

Les articles de *La France au Travail* sont généralement publiés en première page, souvent en tête de page et il arrive qu'ils paraissent quatre ou cinq fois par semaine, puisqu'il s'agit, sous un titre alors toujours le même, « Libérez-les », d'une véritable campagne de presse.

« Libérez-les ! » demande *La France au Travail* le 25 janvier 1941, les 9, 10, 14, 15, 16, 19, 21, 24, 26 février. Qui faut-il libérer ? Non seulement les « renégats », ceux qui ont abandonné le Parti au moment du pacte germano-soviétique ou de la guerre de Finlande et

---

79. Dans *L'Œuvre,* de Marcel Déat, par exemple, paraîtront quelques articles en faveur des prisonniers politiques. Alexandre Zévaès signe celui du 14 octobre consacré à l'apaisement : « Ils sont, à cette heure, quelque cent mille hommes et femmes qui, répartis soit dans les cellules des maisons centrales, soit dans les baraques ignominieuses des camps de concentration, expient le crime de non-conformisme. » Zévaès n'hésite pas à comparer les tribunaux militaires de 39-40 aux tribunaux versaillais qui opérèrent après la chute de la Commune.

Un article paru également dans *L'Œuvre,* le 28 décembre 1940 réclamait encore la libération des politiques.

« Voici venir le premier jour de la nouvelle année : traditionnellement, c'est celui des mesures de grâce et de pardon, par une décision qui est le plus beau privilège du chef de l'État. Mais s'agit-il de faire grâce ? Ou bien de rendre justice et de réparer d'intolérables erreurs, d'insupportables abus ?...

« Si le Maréchal [savait] ce qui se passe dans les camps de concentration pour détenus politiques, il aurait un sursaut immédiat d'indignation. »

Le Cri du Peuple, organe doriotiste, demandera, quant à lui, la grâce des communistes « repentis » : par exemple, Fernand Soupé. « Revenu à la liberté, il expliquera à ses compagnons de travail les raisons profondes et nobles de son évolution » (10 novembre 1940). Avec Piginnier, Gitton, Declercq, Valat, tous anciens députés communistes, Soupé donnera son adhésion au Rassemblement pour la Révolution nationale.

qu'une administration imbécile maintient toujours derrière les barreaux, mais aussi les communistes orthodoxes. Et le journaliste de *La France au Travail* (il signe le plus souvent Frédéric Pachain, pseudonyme sans doute de l'avocat Picard[80]) va parfois beaucoup plus loin dans la violence de ton que celui de *L'Humanité* clandestine, lorsqu'il s'agit de juger et de condamner les hommes de Vichy[81].

« Le grand patriote qu'est le maréchal Pétain devrait comprendre que les hommes dont il s'est entouré sentent à plein nez le gibet et le charnier. Ce vieillard est trop droit et trop sincère pour déceler la tartufferie de ces messieurs. C'est à toi, peuple de France, d'imposer ta volonté. Et, à l'heure où l'on parle sans cesse du coup de balai nécessaire, je sais qu'on peut compter sur toi. Si le balai ne suffit pas, tu sauras prendre la trique. »

(8 août 1940.)

« Les Français se disent qu'il y eut des réalisations, mais qu'ils ont faim. Aussi se sentent-ils sceptiques quant aux réalisations de demain. Ils se disent aussi qu'à l'occasion de la défaite tels profiteurs de gauche, tels exploiteurs juifs, tels écornifleurs d'extrême gauche ont été mis en prison. Merci bien ! Continuant d'observer, ils notent que les généraux responsables de la déroute remplacent les préfets responsables de l'exode affolé. Que des capitaines de vaisseau remplacent des secrétaires généraux de gauche... Ils ne voient pas très bien la différence entre le profiteur d'hier et le profiteur de demain. »

(11 octobre 1940.)

Et ceci le 9 novembre. « Libérez-les ! et faites qu'il ne soit plus possible à un préfet roitelet dérisoire de prononcer des ukases aussi absurdes et sauvages que celui-ci, qu'édicta le préfet de Haute-Garonne.

« Sont susceptibles d'être internés administrativement :

1. Tout individu pris en flagrant délit d'activité communiste.
2. Tout individu ayant eu une activité communiste.
3. Tout individu ayant ou ayant eu des relations avec les deux catégories d'individus ci-dessus indiquées. »

La thèse de *La France au Travail* est simple. Elle est répétée

---

80. Ces articles étaient également signés Jacques Mongin. Henry Coston se souvient en avoir écrit certains et, en tout cas, avoir reçu des femmes de communistes emprisonnés qui venaient exposer leurs problèmes.

81. A dates identiques, naturellement.

constamment et, le 3 septembre 1940, un dessin de G. Pavis la résume correctement. Deux prisonniers discutent dans un camp, symbolisé par quelques barbelés et par la silhouette de gendarmes français.

— Et toi, quel est ton crime ?

— D'avoir été clairvoyant.

Le « clairvoyant », c'est le communiste.

A l'occasion du premier anniversaire du pacte germano-soviétique, la chose a été nettement précisée d'ailleurs par *La France au Travail,* journal publié, je le rappelle une fois encore, sous contrôle allemand :

« Il y a un an éclatait, comme un coup de tonnerre, la nouvelle de la signature du pacte de non-agression germano-soviétique. Toutes les ploutocraties hurlèrent au scandale et à la trahison... Mais le prolétariat français avait d'instinct compris que ce pacte était une suprême tentative pour barrer la route à la guerre que, depuis Munich, les gouvernements Daladier et Chamberlain avaient secrètement décidée.

« Et quand le Parti communiste et quelques esprits indépendants se dressèrent pour défendre le Pacte... la fraction parlementaire du P.C., presque entièrement composée d'anciens combattants, fut jetée en prison, au régime de droit commun ; ses organisations, ses journaux, ses réunions furent interdites et ses militants traqués, poursuivis, internés...

« [Or] le pacte [germano-soviétique] est loin d'être un accord provisoire et de circonstance... Tous les travailleurs manuels et intellectuels français, et plus particulièrement ceux de la zone occupée par les armées allemandes, doivent tirer pour la construction de la France de demain les leçons qui sont incluses dans le Pacte d'amitié entre le Reich et l'U.R.S.S. »

Cet éditorial du 24 août 1940, signé *La France au Travail,* permet, me semble-t-il, de mieux comprendre la position ambiguë des communistes français comme des Français pro-allemands pendant ces mois d'août, de septembre, d'octobre où le destin hésite, où les mystères ne sont pas dissipés et où l'Allemagne et l'U.R.S.S., joueurs masqués, trompent encore leurs partisans en leur laissant croire à la pérennité de leur alliance. Trompent si bien les naïfs de tous bords que l'on peut lire dans *La France au Travail* du 25 janvier 1941 ces lignes surprenantes :

« Ils furent internés administrativement ces pacifistes, ces révolutionnaires, parce qu'ils voulaient la paix et parce qu'ils réclamaient la cessation immédiate des hostilités contre l'Allemagne.

« Cette guerre... a pris fin voici déjà plus de dix mois en même temps que s'annonçaient les prémices de la Révolution. Ce fut pour eux une grande joie.

« — Nos idées sont au pouvoir, songeaient-ils. Nous allons pouvoir enfin participer à cette Révolution que nous attendions depuis des années.

« Mais les portes de leurs prisons restèrent hermétiquement closes et, de nouveau, le désespoir étreignit leurs cœurs. La Révolution se faisait sans *eux*. Donc, contre *eux*. »

Stupéfiant article et qui anticipe sur une phrase qu'écrira Cousteau dans *Je suis partout,* le 3 décembre 1943, alors que l'Allemagne nazie et, avec elle, ceux qui ont collaboré paraissent condamnés. « L'idéal — je reconnais que c'est de la poésie — serait de refaire la France avec les ultras des deux partis. » Communistes et fascistes alliés dans une même haine des bourgeois et du capitalisme, bien sûr, c'est un rêve, mais un rêve, cette conjuration des extrêmes, que certains ont caressé dans l'été 40 sans paraître ridicules[82].

Dans les faits, il existe, souvent, parallélisme entre les protestations de *La France au Travail* et celles de *L'Humanité.* L'un de ces journaux, différence capitale, paraît au grand jour. *La France au Travail* proteste donc contre l'emprisonnement au bagne d'Aincourt de Pierre Dadot, mutilé à 100 % et, « comme M. le maréchal Pétain, chef de l'État, médaillé militaire »[83].

Son crime ? Il fut député communiste et conseiller général de Versailles.

Contre l'arrestation de Carpentier, autre médaillé militaire, autre communiste que les Allemands ont libéré de l'île d'Yeu, mais que les Français ont repris pour l'expédier au camp de Riom-ès-Montagnes, puis au camp de Saint-Paul-d'Eyjeaux.

Contre le maintien à la Roquette, en compagnie de prostituées et de voleuses, de femmes emprisonnées pour leurs idées politiques, c'est-à-dire communistes.

---

82. « C'était leur politique (celle des communistes) qu'avait faite le Maréchal en signant l'Armistice, écrira le marquis d'Argenson, et l'équité lui commandait de rendre la liberté, sinon d'offrir des faveurs à ceux qui avaient voulu le précéder sur une voie qu'il proclamait juste et honorable. »

83. 10 février 1941.

Lorsque les communistes prisonniers sont transférés de zone libre dans des camps d'Afrique du Nord, la fureur est aussi grande dans *La France au Travail* que dans *L'Humanité* clandestine.

« La nouvelle nous a frappés comme un coup dans le dos : des internés politiques viennent d'être embarqués pour l'Afrique du Nord ! Nous espérons encore que l'information est erronée, qu'il y a erreur... Il fallait Cayenne pour mettre le comble à l'injustice, il fallait Cayenne pour que la torture soit plus infâme encore. » (*La France au Travail* du 11 mars 1941.)

« L'envoi des prisonniers politiques en Afrique où, d'ordre de Pétain-Darlan et de la Gestapo, on veut les assassiner lentement mais sûrement à la faveur de la construction du Transsaharien, soulève l'indignation et la colère des honnêtes gens contre le régime de bas-empire que subit notre malheureux pays. » (*L'Humanité,* du 30 mars 1941.)

« Arrêtez ! Il est incroyable que des déments aient pu faire admettre au gouvernement de la France, fût-il vichyssois, qu'il importait au salut de la patrie que des milliers de ses fils fussent déportés en Afrique...

« Arrêtez ! ! Français, hommes de Vichy qui êtes quand même des Français, vous ne pouvez pas faire cela !

« Arrêtez ! ! Monsieur le Maréchal, vous ne pouvez pas laisser faire cela. Cela est une inhumanité qui risque d'entacher votre nom. Cela est aussi une lourde erreur politique. » (*La France au Travail* du 14 mars.)

« Le 31 mars dernier, les députés condamnés à cinq ans de prison pour avoir, le 1er octobre 1939, demandé la discussion immédiate du problème de la paix par le Parlement, furent embarqués à Marseille [84].

« Le vieux Pétain veut un nouveau bain de sang. Cet assassin veut faire mourir là-bas, sur les chantiers du Transsaharien, d'héroïques représentants et défenseurs du peuple. » (*L'Humanité,* du 12 avril.)

L'ardente campagne en faveur des communistes emprisonnés ne peut naturellement être ignorée des Allemands qui contrôlent toute l'information.

L'ont-ils suscitée dans l'espoir de mieux tromper le monde ouvrier

84. Virgile Barel a raconté les conditions de transport. Elles furent indignes.

sur leurs intentions anticapitalistes, dans la volonté que *La France au Travail* devienne un instrument efficace de pénétration politique ?

La chose est vraisemblable.

A-t-elle été développée pour donner aux Soviets un gage de bonne volonté politique, comme les Allemands en avaient donné d'autres, par exemple en facilitant le passage par leur territoire de communistes français traqués par la police de Daladier ? La chose est possible comme il est possible que *La France au Travail,* avec ses tirades anticapitalistes, ait également servi à inquiéter Vichy, à faire planer sur la capitale invertébrée et provisoire la menace du Paris ouvrier, éternel combattant, éternellement combatif [85] ?

Quoi qu'il en soit, examinant la vie quotidienne et les évolutions du Parti communiste, dans les mois qui ont suivi la défaite, je me devais de signaler les ponts lancés dans sa direction par Allemands et pro-Allemands et l'étrange identité existant entre certaines revendications de *L'Humanité* et de *La France au Travail,* produit de la Propagandastaffel...

Après l'attaque allemande contre la Russie, *La France au Travail* ne consacrera naturellement plus un seul article charitable aux communistes arrêtés.

Le jeu avait changé.

La miséricorde n'était plus de mise.

---

85. Menace prise au sérieux. Le gouvernement de Vichy demande ainsi à ses représentants auprès de la Commission d'armistice d'intervenir pour que soient modérées les attaques de *La France au Travail.* Quant à Bouthillier, ministre des Finances, qui a l'air d'ignorer les origines du journal, il écrit, en faisant allusion à des textes parus dans *La France au Travail* du 3 juillet 1940 : « Les organisations d'extrême gauche furent les plus outrancières dans leur propagande. »

12

LE MARÉCHAL DES JUIFS

Et non les juifs du Maréchal.

Dans les centaines de milliers de lettres envoyées à Philippe Pétain, un bon nombre ont été écrites par des juifs. Avec respect et parfois avec vénération pour l'homme, le chef de guerre (beaucoup d'expéditeurs signeront « votre soldat »), le chef d'État.

J'ai sous les yeux plusieurs de ces lettres épargnées par les destructions qui ont ravagé les archives de Vichy. Elles témoignent, malgré l'évidence de la répression et l'ampleur du drame, d'une grande confiance en Philippe Pétain, chef de l'État français, à qui les persécutés ne cessent d'en appeler. Que les Allemands traquent et arrêtent, ils sont dans leur rôle, que les furieux du *Pilori* et du *Cri du peuple* hurlent à la mort, ils sont dans leur rôle encore, mais, lorsque tous les recours paraissent épuisés, c'est au Maréchal que l'on s'adresse et on le fait d'autant plus naturellement que, dans son message du 11 octobre 1940, il a déclaré que « l'ordre nouveau ne (pouvait) être une imitation servile d'expériences étrangères ».

Lettre de Sarah Boruchowitz, 13 ans et demi. Cinq pages tirées d'un cahier d'écolier. Datée du 3 octobre 1942.

« Monsieur,

« Ma main tremble, ma voix est perdue. Vers la porte qui n'a d'autre écho que le vent, quatre menottes se tendent désespérément en un double cri de détresse : Maman, Maman.

« Mais la voix douce, qui savait tout consoler, n'a pas répondu.

« Nous étouffions dans notre douleur sans éclaircie quand une lueur plus vive a passé telle un éclair, une main noble et forte s'est montrée.

« Cette main, oh ! Monsieur, c'est vous, c'est notre Maréchal. Si votre vie n'a été que la noblesse d'un conte puissant, la nôtre a été celle d'une famille simple qui a souffert.

« Il y a vingt ans de cela. Papa, alors âgé de 18 ans, respirait pour la première fois l'air de France. Il épousa maman un an après.

« Tous deux venaient de Pologne. Leur vie commença calme et tranquille. Tailleur de son métier, papa devint habile dans sa profession. Maman l'aidait. Ils eurent un enfant, ma sœur aînée âgée de 18 ans, cinq ans après je vins au monde... »

Sarah poursuit en racontant l'arrestation de son père le 20 août 1941. Dix mois de Drancy, puis la déportation destination inconnue. « La vie devint dure mais maman était courageuse... Mais, maintenant, maman n'est plus près de nous. Jeudi, à 3 heures, elle est allée changer sa carte d'identité.

« Elle n'est revenue qu'à 8 heures, avec un agent, avec un inspecteur.

« C'était fini, maman partait. Nos deux petites sœurs hurlèrent. Elles ne voulurent pas quitter maman. Mais maman fut noble et courageuse. Elle nous cacha ses larmes.

« Nous sommes restés seuls. Le temps des fées est passé, le temps de Dieu et de l'homme est resté.

...

« Oh ! Maréchal !

« Oh ! Maman ! Comme elle doit penser à nous comme en un frisson, elle doit entendre pleurer les petites la nuit.

« Oh ! Maréchal, arrêtez ses angoisses, rendez à une mère ses enfants, rendez une maman à ses enfants. »

Nouvelle lettre de Sarah le 9 ocotbre.

« ... Peut-être semblons-nous trop empressé. Par là aussi nous montrons-nous impoli. Mais notre détresse est si grande que chaque jour loin de maman n'a pas de fin... En vous nous avons placé toute notre foi, notre courage.

« En vous nous espérons[1]. »

Ils sont nombreux à espérer. Ce vieil Alsacien qui écrit au Maréchal, en juin 1941, pour le supplier de mettre fin aux persécutions. « Ce sera un titre de plus à ajouter à votre gloire. » Cet inconnu qui termine sa

1. La lettre de Sarah a peut-être été dictée par un tiers mais elle n'en reste pas moins très émouvante.

lettre — en décembre 1942 — par ces mots : « Non, la France ne permettra pas le massacre de Français de n'importe quelle religion. Vous avez la parole, M. le Maréchal, vos enfants sont à vos côtés. Vive la France. » Cette Mme Mathilde Moisse, de Saint-Dié, dont le mari et la belle-sœur, bien que convertis, ont été arrêtés. « Je sais que ce n'est pas en vain qu'on fait appel à votre générosité et c'est pourquoi, Monsieur le Maréchal, je viens vous supplier de vouloir bien intercéder... afin d'obtenir pour eux la fin d'un supplice qu'ils ne méritent réellement pas. » Et elle signe, Mathilde « votre servante. »

Les humbles ne sont pas les seuls à écrire et à décrire les problèmes de leur vie quotidienne de victimes dans leur orthographe émouvante : « Mon bon Maréchal Pétain... Mon Dieu il faut donc bien avoir de la misère sur la terre... Vous, mon Maréchal Pétain, ayez pitié de moi. Rendez-moi, je vous en prie, je vous en supplie. Pour la grâce de Dieu, rendez-moi mon prisonnier [2], je vous demande de tout mon cœur, de toute mon âme, la délivrance de mon Prisonnier. »

Plusieurs personnalités israélites, notamment Pierre Masse, avocat à la Cour, le professeur Robert Debré, membre de l'Académie de médecine, Léon Lyon-Caen, conseiller honoraire à la Cour de cassation, le professeur Louis Halphen, membre de l'Institut, Edmond Bloch, le secrétaire général de l'Association générale des mutilés de guerre rédigent un projet de lettre à l'intention du maréchal Pétain. Ce projet, où la date fait défaut mais que l'on peut situer, par référence, en mars 1941, contient notamment ces phrases :

« ... Nous faisons appel, sans hésiter, au chef vénéré, en qui s'incarne aujourd'hui l'Idée même de la patrie une et indivisible [3] et, dans le déchirement de nos consciences, lui demandons d'intervenir pour éviter les conséquences tragiques d'une décision cruelle entre toutes.

« Il n'est pas possible que la Patrie blessée, mais tout entière unie derrière son chef, abandonne sans mot dire à un sort aussi injuste des milliers de ses enfants. »

Ce texte mérite examen dans la mesure où ceux qui le rédigent, hommes de science et d'intelligence, vont plus loin que ne le réclament la courtoisie et l'habileté. Les mots employés ici pour parler au

2. Lettre manuscrite du 26 novembre 1941. L'auteur n'a pas signé, son mari, juif, est arrêté.
3. Sur le brouillon, un point d'interrogation a été mis au crayon en face de ces mots.

Maréchal du Maréchal correspondent très vraisemblablement à un sentiment sincère chez ceux qui interviennent au nom du peuple des persécutés.

Pétain est donc « le chef vénéré », il a, derrière lui, la patrie « tout entière unie », on lui demande avec « confiance », au nom de « la grande majorité des israélites de France de sauver encore une fois l'unité française ». Les rédacteurs, après avoir utilisé des mots et des images que ne désavouerait aucun pétainiste, et qui sont dans ce que l'on pourrait appeler, avec Robert Aron, le style du « premier Vichy », celui de l'été, de l'automne et même de l'hiver 1940, après avoir, eux aussi, comme il était habituel à l'époque, rapproché 1916 et juin 1940, font au Maréchal l'hommage de « leur fervent respect ».

Et, dans un passage de cette lettre à Pétain, il est naturellement fait allusion aux anciens combattants, non seulement aux rescapés des batailles perdues mais à ceux, de plus de poids et de plus de mérite pour le Maréchal, on l'espère du moins, qui ont jadis combattu sous ses ordres.

Xénophobes ou antisémites, les lois françaises prévoient d'abord, il est vrai, des exceptions pour les anciens combattants.

Ainsi, la loi du 17 juillet 1940 décidant que nul ne peut être employé dans les administrations de l'État, des départements, des communes, s'il n'est pas né de père français, n'est-elle pas applicable à ceux qui ont servi (ou dont les pères ont servi) dans une unité combattante en 1914 ou en 1939.

La loi du 3 octobre, portant statut des juifs et qui étend la liste des interdictions, les chasse de l'armée, de la fonction publique, de l'édition, du cinéma, excepte ceux qui sont titulaires de la carte du combattant ou ont été cités au cours de la guerre de 1914, ceux qui ont été cités au cours de la campagne de 1939-1940, les décorés de la Légion d'honneur à titre militaire et de la médaille militaire[4].

---

4. Avec le temps, il y aura « racornissement » des exceptions. Le statut du 2 juin 1941 complique les choses par rapport à la loi du 3 octobre. Ainsi, le fonctionnaire qui avait été cité au cours de la campagne 14-18, mais qui n'avait pas la carte de combattant (par exemple parce qu'il n'était pas resté assez longtemps au front) ne pourra plus conserver son poste. En ce qui concerne Légion d'honneur et médaille militaire, il fallait, d'après le statut de juin 1941, être décoré pour faits de guerre et non plus seulement à titre militaire.

En zone occupée les autorités préfectorales françaises interdiront aux Israélites d'apposer sur leurs magasins la mention « ancien combattant ». (Lettre du préfet de la Gironde en date du 25 nov. 1940.)

Légitimement à la recherche de tout ce qui pourrait émouvoir Philippe Pétain, ceux qui lui écrivent ne manquent donc jamais de mettre en avant les services militaires de leurs frères, de leurs parents, de leurs amis. Puisque les lois de Vichy permettent au sang versé de tenir lieu de caution de « francité », dans la mesure où, chez les plus déterminés des persécuteurs, la croix de guerre, la médaille militaire, la Légion d'honneur l'emportent encore sur l'étoile jaune[5], la guerre de 1914 ou de 1939 (mais surtout celle de 1914) va être utilisée comme passeport pour éviter le pire. Non sans débats qui tournent parfois au sordide.

On discutera ainsi longuement du nombre des juifs combattants en 1914-1918. Combien ? Se fondant sur une statistique, publiée en 1921 sous l'autorité du Grand Consistoire, Vallat dira qu'il y a eu 3300 juifs morts pour la France, « ce qui suppose un chiffre global de 10000 juifs ayant droit à la carte de combattant », mais, un an plus tard, un article de *La Légion* ramène à 1365 le nombre des morts et réduit en proportion le chiffre des combattants.

Il faut, en effet, diminuer au maximum le chiffre de ceux qui sont tombés si l'on veut mieux frapper ceux qui ont survécu.

Écrivant *Les Décombres,* ce pamphlet où le talent le plus grand est mis au service de la fureur la plus violente, Lucien Rebatet allait raconter la fin de sa guerre de 40 dans les rangs de la 107e compagnie du 19e train, l'unique « corps de troupes françaises qui eût pu se prévaloir du sceau de Salomon pour insigne ». Et de dépeindre « les juifs parisiens, invertis sucrés, snobs d'une insolence caricaturale », les « juifs algériens, boudinés, huileux ou saurs, les juifs bessarabiens, hongrois, l'œil glaireux, l'échine inquiète, le teint moisi », tous voués à la plus honteuse des fuites dans la moins glorieuse des défaites.

Les juifs de 1941 savent bien, et s'ils ne le savaient pas la presse antisémite se chargerait de le leur rappeler, qu'on leur reproche avant tout d'être des « affairistes », des « combinards », des « profiteurs de guerre », vautrés à l'arrière pendant que les Français de souche, éternellement dupes, se font tuer sur tous les champs de bataille d'Europe.

---

5. L'étoile jaune n'est pas obligatoire lorsque la plupart des lettres citées ici sont écrites. Elle sera imposée en zone occupée le 29 mai 1942. Mais elle existe déjà dans plusieurs pays occupés. Les antisémites en parlent, célèbrent son efficacité, la réclament pour « leurs » juifs. Il m'est donc permis de l'évoquer avant l'heure comme elle fut évoquée à l'époque.

Aussi lorsque, le 11 août 1941, dix-huit anciens combattants israélites rendent visite à Xavier Vallat pour lui demander que cesse, dans les journaux de la Légion[6], la propagande antisémite, mettent-ils en avant tous leurs titres militaires : 25 blessures, 56 citations, 12 légions d'honneur à titre militaire, 2 médailles militaires.

Et, dans les lettres au Maréchal, les juifs persécutés évoqueront d'abord services, citations, blessures, médailles.

« Mon frère est français, il a fait son service militaire à Hyères au 3e R.I.A., puis il est parti comme volontaire au T.O.E. Il a été mobilisé pendant la guerre comme sous-officier. Donc, tant au point de vue militaire qu'au point de vue civil, il a accompli son devoir et rempli ses obligations[7]. »

André Gerschel, dont le père, juif et franc-maçon, a été privé de son poste de maire de Calais, fait état dans la lettre qu'il adresse au Maréchal, le 10 décembre 1941, des mérites militaires de la victime. L'une de ses citations ne porte-t-elle pas la signature du général Pétain ?

« Et maintenant André Gerschel ayant, à 62 ans, perdu tout moyen d'existence, menacé dans sa vie, est en Bretagne avec sa femme auprès de sa fille dont le mari juif est tombé glorieusement devant Sedan le 16 mai 1940... Je pense non sans fierté à ce qu'a fait pour notre pays mon père juif et franc-maçon... On ne force pas la réponse d'un maréchal de France, il suffit de lui parler Justice. »

La citation de M. Frank a également été signée par le général Pétain en août 1918. Mme Frank le rappellera au Maréchal en lui signalant que le « jeune officier d'une bravoure exceptionnelle » qu'il avait décoré jadis est aujourd'hui interné à Drancy[8].

Henri Manchoulas, médaille militaire, croix de guerre avec trois

---

6. « Dites-nous, demandent-ils à Vallat, si nous devons inviter nos camarades à se tenir à l'écart de la Légion où ils subiraient trop d'atteintes à leur dignité. A ceux d'entre eux qui, en grand nombre, obéissant par discipline à la voix de notre chef, sont entrés à la Légion, devons-nous conseiller de se retirer ? » « En grand nombre »... « La voix de notre chef » et nous sommes dans l'été 1941 !

7. Lettre de Gaston I... au maréchal Pétain. Son frère et sa belle-sœur ont été arrêtés (nuit du 8 avril 1943) par la Gestapo.

8. A Pithiviers, en mai 1941, sur 1 800 internés, on dénombrera 350 anciens combattants, étrangers en majorité. A la fin de décembre 1941, sur 4 700 internés juifs à Drancy, il se trouve 1 200 Français dont plus de 400 anciens combattants. Au cours de l'occupation, près de 4 000 anciens combattants juifs ont été déportés.

palmes, intervient en faveur de son camarade Charles Dreyfus, pilote de chasse comme lui, qui a été arrêté lors d'une rafle, place de la République. « Uniquement parce qu'il était juif, il a été interné au camp de Drancy où il est toujours. Charles Dreyfus, médaillé militaire, croix de guerre avec palme et deux étoiles, est, comme moi, un homme qui a fait son devoir en temps de guerre... Ancien combattant, je demande justice pour un autre ancien combattant[9]... »

Claude Weyl, qui se trouve en janvier 1942 aux Chantiers de jeunesse, met « toute sa confiance et son espoir » en Philippe Pétain pour obtenir la libération de son père et de son beau-père arrêtés le 12 décembre 1941. « Ma famille n'est pourtant pas française de fraîche date... », écrit-il en conclusion d'une lettre dans laquelle il énumère des états de service de la guerre 1914-1918 comme de la guerre 1939-1940.

Lorsque, à peu près à la même date[10], Paul Meyer, médaillé militaire de 1917, cité par le général Pétain, plaide en faveur de son frère Albert, blessé trois fois à Verdun, en 1916, interné à Drancy puis à Compiègne, il le fait avec les mots dont il pense qu'ils peuvent le mieux toucher l'ancien chef des soldats de Verdun. « J'ose espérer, Monsieur le Maréchal, qu'en raison de nos antécédents français et militaires, vous seul étant notre ancien et glorieux chef, vous voudrez bien considérer avec bienveillance ma requête et faire demander aux autorités occupantes sa libération. »

C'est presque toujours le même ton. Un ancien officier, qui a servi quarante-quatre ans durant, assure le Maréchal du « très profond respect » qu'il éprouve pour lui depuis qu'il a eu « le très grand honneur » de combattre sous ses ordres pendant la guerre[11]. Une veuve de guerre, mère de dix enfants, dont trois ont été arrêtés dans les rafles de Marseille, achève ainsi sa lettre : « Monsieur le Maréchal, vous aimez et protégez les petites gens et la famille, ayez pitié de moi, que Dieu vous bénisse. » L'ancien combattant René Dhervillers, qui intervient en faveur de la femme d'un de ses amis juifs, engagé volontaire en 1914, après avoir recopié le texte de la citation à l'ordre de l'armée qui lui avait été accordée par le général Pétain, achève ainsi : « Rendez cette bonne dame à ses enfants, M. le Maréchal, vous qui êtes le père de tous les Français de bonne volonté... »

9. Lettre du 27 novembre 1941, Charles Dreyfus a été arrêté le 22 août.
10. Lettre du 7 janvier 1942.
11. Lettre du 10 novembre 1942.

Lorsque, le 8 décembre 1941 — alors que tant d'événements et de drames ont eu lieu —, J. Helbronner, président du Consistoire, écrit au Maréchal, « à celui qui m'a toujours montré tant de bonté et de confiante affection » [12], au « Père de la Patrie », pour lui demander d'arrêter l'affreuse campagne antijuive qui « augmente injustement les souffrances de Français qui pleurent avec vous les malheurs de la Patrie » il ajoute : « Vous êtes avec Son Éminence le cardinal Gerlier, dans ces heures désolantes, le seul réconfort, le seul soutien que je puisse trouver et je vous demande de garder pour vous seul ce cri de mon cœur angoissé. »

Parmi tant de lettres adressées par des juifs au maréchal Pétain (plusieurs milliers sans doute), bien peu ont un ton indigné, bien peu fouaillent et cinglent.

Il en existe cependant. La plus connue est certainement celle écrite par l'avocat Pierre Masse, citée, au bénéfice du talent et de la colère, par tous ceux qui ont évoqué les années d'occupation.

« Monsieur le Maréchal,

« J'ai lu le décret qui déclare que tous les israélites ne peuvent plus être officiers, même ceux d'ascendance strictement française.

« Je vous serais obligé de me faire dire si je dois aller retirer leurs galons : à mon frère, sous-lieutenant au 36e régiment d'infanterie, tué à Douaumont, en avril 1916 ; à mon gendre, sous-lieutenant au 14e régiment de dragons portés, tué en Belgique en mai 1940 ; à mon neveu, J.-F. Masse, lieutenant au 23e colonial, tué à Rethel, en mai 1940.

« Puis-je laisser à mon frère la médaille militaire gagnée à Neuville-Saint-Vaast, avec laquelle je l'ai enseveli ? Mon fils Jacques, sous-lieutenant au 62e bataillon de chasseurs alpins, blessé à Soupir, en juin 1940, peut-il conserver son galon ?

« Suis-je enfin assuré qu'on ne retirera pas rétrospectivement la médaille de Sainte-Hélène à mon arrière-grand-père ? »

On sait également que Mme Nerson, la tante de l'aspirant Jacques

12. Il existait d'anciennes et cordiales relations entre le Maréchal et J. Helbronner.

Cohen, écrivit, le 27 janvier 1941, au Maréchal pour l'informer qu'en application de la loi du 3 décembre 1940 son neveu venait d'être révoqué de son poste de chef de cabinet de la préfecture de la Côte-d'Or par M. Peyrouton, ministre de l'Intérieur.

« M. le ministre aurait dû se renseigner avant de prendre cette mesure, ajoute-t-elle ; il aurait appris que l'aspirant Jacques Cohen a été tué, le 20 mai, et inhumé à Abbeville. Il a suivi les glorieuses traditions de ses cousins, morts pour la France en 1914-1918, l'un comme chasseur alpin, l'autre comme officier du génie, à l'âge de vingt-quatre et vingt-cinq ans, nos deux seuls fils, et dont les mânes ont dû tressaillir d'horreur devant un pareil traitement [13]. »

Beaucoup moins connue, j'imagine, la lettre par laquelle Roger Dreyfus, lieutenant-colonel de réserve, refuse la légion d'honneur qui vient de lui être décernée.

« J'ai appris, récemment, écrit-il au Maréchal le 20 juin 1942, par la gendarmerie de Clermont-Ferrand, que, par arrêté ministériel du 4 octobre 1940, la croix de chevalier de la Légion d'honneur m'était concédée comme : Chef de bataillon, commandant le Génie de la 70e D.I.

« J'ai l'honneur de vous demander, Monsieur le Maréchal, de bien vouloir annuler cet arrêté ministériel qui ne peut être dû qu'à une erreur regrettable.

« En effet, j'appartiens à une catégorie de Français qui ont été dotés récemment du qualificatif de « juifs » qui veut être péjoratif et que diverses lois de l'État français ont pratiquement rejetés de la communauté française. Dès le mois de juillet 1940, j'apprenais, dans un camp

---

13. Du Moulin de La Barthète, directeur du cabinet civil du Maréchal, répondit le 31 janvier 1941 :

« Madame,

« Le Maréchal a lu la lettre que vous lui avez adressée au sujet de votre neveu. Il en a été d'autant plus ému que l'un de ses collaborateurs s'est trouvé avec M. J. Cohen, le 20 mai, quelques heures avant qu'il fût frappé.

« Le maréchal Pétain va demander à M. le ministre de l'Intérieur de reconsidérer la mesure qu'il avait prise à l'encontre de votre neveu.

« Veuillez agréer, Madame, mes hommages respectueux. »

de prisonniers, que j'étais renié par ma patrie ou, du moins, par le nouveau gouvernement français...

« ... Ainsi je serais admis dans l'ordre de la Légion d'honneur par un gouvernement qui, dans le même temps, me déclare indigne d'être officier, que dis-je indigne de servir la France comme soldat...

« Non merci !

« J'ai une trop claire conception de l'honneur pour accepter sous de tels auspices une décoration qui resterait toujours marquée à mes yeux d'une tache indélébile. Si je dois un jour, suivant en cela les traditions de ma famille [14], entrer dans l'ordre de la Légion d'honneur, ce sera sur un pied d'égalité parfaite avec mes camarades de guerre. Il faudra auparavant que je sois redevenu un Français parmi les Français. »

Savez-vous, Monsieur le Maréchal ? Savez-vous que l'on arrache les enfants à leur mère[15] ? Que des hommes et des femmes partent, en longs convois, pour des destinations inconnues ? Qu'on veut les marquer au cœur afin de mieux les signaler aux chasseurs de juifs ? Que toute vie civile leur est pratiquement interdite ?

Le Maréchal sait-il l'histoire de Liberman, l'une des plus atroces qui soient ? Blessé devant Sedan, alors qu'il servait un canon de 25, Liberman reste quarante-huit heures sans secours, puis il est blessé à nouveau et fait prisonnier. Les Allemands le libèrent le 27 février 1941 et le voici accueilli en héros en zone libre. A l'hôpital de Bouy-lès-Valence, on lui remet cérémonieusement médaille militaire et croix de guerre. Ce qui n'empêchera pas son père — médaille militaire pour 1914-1918 — de se suicider en octobre 1941, car il n'a pu résister au choc moral des persécutions antisémites, sa mère d'être arrêtée, internée à Drancy et, malgré les efforts du « héros de Sedan », déportée vers « une destination inconnue ».

Comment le Maréchal connaîtrait-il l'histoire de la famille Liberman ?

Dans l'esprit de la grande majorité des persécutés, il est entendu que Philippe Pétain, comme un monarque mal conseillé et mal entouré,

---

14. Roger Dreyfus précise que sept de ses parents sont décorés de la Légion d'honneur.

15. « Je viens vous supplier, écrit une Niçoise, que chaque enfant soit rendu à sa mère » (1er septembre 1942).

tenu à l'écart des décisions condamnables prises toutefois en son nom, ne sait pas, *ne peut pas savoir.*

On le lui répète. Un long texte — sept pages sans interlignes — que j'ai sous les yeux, et qui a vraisemblablement été écrit en octobre 1940, l'affirme de façon assez pathétique comme si de porter, enfin, à la connaissance du Maréchal tous les malheurs dont souffrent les juifs suffisait à bien vite les dissiper.

« Tout ce qui se commet, écrivent plusieurs israélites [16], en zone occupée ou ailleurs, vous l'ignorez, ce qui révolterait votre sensibilité on vous le cache. »

Qu'en est-il exactement ? Dans quelle mesure le Maréchal est-il au courant d'actes déshonorants et de situations désespérées ? Dans quelle mesure lui dissimule-t-on la vérité ? Voici un témoignage bouleversant qui permet de mieux comprendre le drame moral de Vichy et celui du Maréchal qui, ayant accepté de s'engager dans la répression antisémite, répression qui n'était pas *fatale,* que l'on pouvait considérablement atténuer, on le sait par l'exemple italien [17], perdra tout droit à la plus petite intervention auprès de la puissance occupante et plaidera en vain, lorsqu'il le fera, les dossiers portés à sa connaissance.

Le 24 novembre 1941, une jeune Marseillaise, Mlle Ginette Bess, écrit au Maréchal. C'est la seconde fois qu'elle s'adresse au chef de l'État.

« Oh ! ne m'en voulait pas, car ce que j'entretiens avec vous est grave, vous rappelez-vous M. le Maréchal que, dans ma lettre précédente, je vous parlais de mon papa qui était de parents juifs et que l'on craignait la loi du 2 juin 1941. Eh bien, ce que l'on craignait est arrivé. Mon papa ne travaille pas et c'est avec une profonde émotion que je vous en informe. On a licencié mon papa. Je croyais tant qu'il y avait une exception, mon papa est marié à l'église, maman et moi sommes catholiques, maman est catholique de génération en génération. Papa n'est pas un gros riche et ne fait ni commerce, ni politique, papa est un ouvrier qui n'avait que son modeste salaire pour subvenir à nos besoins.

---

16. Dont il ne m'a pas été possible de retrouver les noms.
17. Même si l'Italie est souveraine alors que la France est vassale, il est bien évident que la politique antisémite italienne se montrera infiniment plus douce que la politique pratiquée par Vichy.

« ... Je fais appel à vous, vous qui secourez les enfants malheureux, je vais peut-être le devenir, conseillez-moi, dites-moi si vous ne pouvez rien pour moi M. le Maréchal. Papa cherche du travail tous les jours, mais il ne trouve rien.

« J'ai oublié de vous dire, M. le Maréchal, que mon papa était employé à la S.N.C.F., dépôt de Blancarde (Marseille). »

Presque immédiatement, la lettre de Ginette Bess est transmise par le général Campet à Xavier Vallat qui dirige le commissariat aux Questions juives.

Sur la lettre, la mention suivante a été portée : « Peut-on invoquer un titre militaire ? Sinon, rien à faire, sinon ne pas attirer l'attention sur lui. »

Le 1er décembre, Vallat répond personnellement à Mlle Bess. Il ne peut rien pour son père victime de la loi qui chasse les juifs de l'administration, mais il écrira sans tarder à l'un de ses amis pour qu'il fasse tout son possible « pour trouver une place dans l'industrie privée » à l'homme que l'administration vient de renvoyer. Effectivement, le 6 décembre, Vallat écrit à M. André Daner, 30, cours Pierre-Puget, à Marseille : « Tu serais bien aimable... si tu pouvais réussir à faire embaucher ce modeste ouvrier victime d'une rigueur de la loi qui n'était pas destinée à des cas comme le sien. »

J'ignore la fin de l'histoire, mais il est certain que ceux-là mêmes qui avaient déclenché la répression et l'orage s'efforcèrent parfois de réparer pour des *individus* ce qui avait été conçu contre la *foule* anonyme des juifs vivant en France.

Qu'il y ait des interventions émanant du cabinet du Maréchal, c'est certain. Parfois suivies d'effet. Mme Wolff, 15, rue Keller, à Paris, dont les Allemands ont arrêté le mari aveugle et qui écrit au Maréchal, en décembre 1941 : « Esse notre faute si nous sommes juifs. Notre pay, ces la France. Nous na vont pas d'autre pays et prendre un homme inoffensif comme ils le font ces un crime », verra revenir son mari, libéré trois mois plus tard, sur intervention de l'Hôtel du Parc[18].

18. Dans presque tous les procès de la Libération — celui de Xavier Vallat notamment —, les accusés affirmeront, et leurs dires seront confirmés par des témoins, qu'ils ont essayé, dans de nombreux cas, d'adoucir les souffrances des juifs.

Scapini, ambassadeur des prisonniers, interviendra souvent auprès des Allemands et obtiendra la libération de soldats israélites arrêtés quelques semaines ou quelques mois après leur retour de captivité comme il réussit à faire libérer, en juillet 1942, les *femmes* des prisonniers de guerre internées au Vel d'Hiv, mais non leurs *mères* ou leurs *enfants*[19].

Dans les dossiers de De Brinon, ambassadeur de France, on trouvera également de nombreuses lettres émanant du cabinet du Maréchal. Il en a signé personnellement certaines comme celle qu'il adresse, le 24 avril 1941, à de Brinon pour lui demander d'intervenir en faveur d'un M. Schuman.

Mais, très vite, les Allemands refusent purement et simplement de recevoir ces messages. Ils demandent même qu'ils ne leur soient plus transmis par leur agent de liaison naturel, le commissariat général aux Questions juives. « J'ai l'honneur de vous informer que les Autorités d'occupation nous ayant invités à ne plus leur soumettre des interventions de cet ordre (les demandes de libération ou même de renseignement), il ne m'est pas possible de donner une suite favorable à votre requête. » La formule servira à répondre aussi bien aux ministres de Vichy qu'aux parents des emprisonnés et des déportés[20].

Que pense donc Pétain du problème juif ? Et des persécutions ?

Il ne l'ignore pas. Il ne peut pas les ignorer. C'est lui qui a signé les lois antisémites et la première, celle du 3 octobre 1940, qui « porte statut », définit la qualité de juif, interdit ou réglemente l'accès aux différentes professions[21]. Dans le même temps, c'est à lui que

---

19. Interné à Chazeron, mais pensant au sort de ses coreligionnaires, Léon Blum écrira le 19 octobre 1940 à Scapini pour lui demander de veiller sur les officiers juifs : « On ne va pas, j'imagine, les condamner pendant la captivité à la dégradation militaire par l'ennemi ? Je ne supporte pas cette pensée atroce... »

Parmi les cas où le tragique et le ridicule se mêleront, celui de Daniel Galassen, libéré du stalag II, a comme aîné de quatre enfants en bas âge et fils d'un mutilé de guerre, qui sera arrêté quelques mois plus tard comme israélite et, à ce titre, envoyé à Drancy.

20. Répondant à plusieurs interventions en faveur de M. R. Zung, Xavier Vallat écrit, le 4 février 1942, au père Aubourg avec beaucoup de résignation et peu d'espoir : « ... Je ne puis que signaler sa situation aux autorités d'occupation, sans me faire beaucoup d'illusions sur la portée de cette démarche. »

21. Avant la loi du 3 octobre deux autres lois, au moins, concernent plus ou moins directement les Juifs : la loi du 27 août 1940 portant abrogation du décret-

s'adressent d'abord les victimes comme ceux qui plaident en faveur des victimes.

Un de ses intimes, René Gillouin, lui envoie à plusieurs reprises des notes sur la question juive, dans lesquelles il insiste sur le fait que la législation antisémite française est plus rigoureuse et plus arbitraire que la législation allemande. Ayant assisté, à Vaison-la-Romaine, à une rafle, il lui écrira même sur l'instant ces phrases terribles :

« Le gouvernement français, incapable de s'arrêter sur la pente des concessions, des soumissions et des démissions, a fait un pas de plus dans la honte. Non content de persécuter des hommes au-delà de toute humanité, il a consenti à se faire bourreau de femmes, tortionnaire d'enfants... Vous rendez-vous clairement compte, Monsieur le Maréchal, de ce qui en résulte et pour la nation et pour vous-même ? Il en résulte pour la nation une possibilité permanente de guerre civile, que la moindre étincelle allumera. Il en résulte pour vous la fin imminente du rôle magnifique et bienfaisant de clef de voûte de l'unité nationale que l'histoire vous avait assigné. A moins que...

« A moins que vous ne preniez avant qu'il ne soit trop tard la décision, la force et le courage de vous désolidariser des infamies que l'on commet en votre nom. »

Lettre, écrit tristement Gillouin, qui, si elle ne demeura pas sans écho, allait rester sans effet.

Philippe Pétain, par ailleurs, ne peut ignorer les prises de position favorables aux juifs de plus en plus nombreuses, qui, à partir du printemps 1941, se manifestent au sein des Églises françaises et, d'abord, de l'Église réformée[22].

Quelles sont ses réactions ? Henri du Moulin de Labarthète, qui vécut près de lui, témoin de premier rang et bon écrivain, ne consacre pas, au total, trois pages dans son œuvre *Le temps des illusions*[23] au

---

loi du 21 avril 1939, modifiant les articles 32, 33 et 60 de la loi du 29 juillet 1881 sur la liberté de la presse, décret-loi communément appelé Marchandeau et qui visait à réprimer — sans que le mot soit prononcé — les attaques antisémites et la loi du 10 septembre 1940 prévoyant la nomination d'administrateurs provisoires des entreprises privées de leurs dirigeants... juifs le plus souvent mais, la précision n'est pas apportée.

22. J'évoquerai longuement ces protestations et l'attitude des Églises dans le tome IV de mon œuvre générale.

23. Qui couvre la période juillet 1940-avril 1942.

problème juif. A peine signale-t-il que Pétain ne lui semble pas avoir été marqué par l'affaire Dreyfus[24]. A peine note-t-il l'avoir entendu opposer juifs et francs-maçons pour préférer les premiers. A peine précise-t-il que beaucoup de lois — « les lois sur les juifs et sur les francs-maçons par exemple » — se trouvaient signées, en fin de séance du Conseil au milieu du bruit des chaises, dans la fumée des cigarettes, et que le Maréchal, impressionné par l'attitude de ses ministres, « les contresignait souvent sans les lire ».

Au fil des pages, Du Moulin, après avoir honnêtement précisé que l'Allemagne n'avait pas été à l'origine de la législation antijuive de Vichy, « spontanée », « autochtone » en quelque sorte, écrira : « Le Maréchal n'avait signé ces décrets qu'à contrecœur. Il les regretta très vite et fit l'impossible pour atténuer la rigueur du sort de ses nombreux amis juifs : MM. Helbronner, le colonel Stern, la baronne de L..., la marquise de V...[25]. Une douzaine de hauts fonctionnaires, MM. Pierre Léon et Armand Mayer entre autres, dont les services de guerre ou les titres scientifiques étaient connus de la France entière, furent, à sa demande, relevés immédiatement des interdictions visées par la loi du 3 octobre. »

Du Moulin voit bien les griefs que l'on peut faire à un système dans lequel les outrages ne sont que très faiblement réparés et seulement pour quelques privilégiés de la renommée ou de l'amitié. « Tandis que le Maréchal s'attachait à des situations particulières, la législation antijuive de Vichy accentuait chaque jour ses discriminations et ses ravages. » Il charge des plus grandes responsabilités Xavier Vallat qu'il peint honnête et loyal, antiallemand, mais entraîné par logique et esprit de synthèse, comme d'obéissance à des textes qu'il réprouve parfois, dans des rigueurs excessives et plus encore l'entourage de Vallat décrit sous le jour le plus noir : intellectuels « plus ou moins désaxés », professeurs au chômage, militaires en bordée, escrocs et

24. « Nous ne pouvions, comme officiers, dira-t-il un jour devant Du Moulin, donner tort aux tribunaux militaires. Mais nous sentions que le problème était mal posé. J'ai toujours cru, pour ma part, à l'innocence de Dreyfus. Mais pourquoi cet animal-là s'est-il aussi mal défendu ? »

25. Lorsque fut imposé, en zone occupée, à partir du mois de juin 1942, le port de l'étoile jaune, trois personnes (dont la comtesse d'Aramon et la marquise de Chasseloup-Laubat) furent, à la demande du Maréchal, demande en date du 12 juin 1942, exemptées du port « de l'étoile juive ».

ruffians, donnant au commissariat aux questions juives l'aspect d'une sentine et le renom d'un coupe-gorge [26].

Voyons Vallat. Il sera le premier dirigeant du commissariat aux Questions juives, créé par l'amiral Darlan, qui lui proposera le poste le 29 mars 1941, après que les Allemands eurent exigé son départ du secrétariat général aux anciens combattants. Xavier Vallat a, dès sa nomination, rendu visite au Maréchal, afin, devait-il expliquer lors de son procès, de lui exposer ses conceptions sur le problème juif, conceptions anciennes et fondées sur l'insociabilité supposée, « l'inhibition à s'assimiler » et le sentiment de supériorité affiché selon lui par les juifs, qui tendent ainsi à devenir un super-État dans les États. Au nom de ces conceptions, Vallat pensait qu'il était nécessaire de prendre des mesures de protection « contre une influence juive dans un certain nombre de secteurs », grâce à une législation qui, si elle comportait des interdictions, devait également comprendre des dérogations en faveur des anciens combattants et de leur famille.

On ignore quelle fut la réaction du Maréchal aux propos de Vallat et si, dans l'instant, il en eut une. Quelques jours après la promulgation du statut des juifs, Philippe Pétain demandera cependant à l'ambassadeur de France auprès du Vatican, M. Léon Bérard, de solliciter l'opinion du Saint-Siège sur les mesures antijuives prises par son gouvernement.

La conscience du chef de l'État sera-t-elle rassurée par les affirmations contenues dans la lettre de M. Léon Bérard en date du 2 septembre 1941, longue lettre dont les tours et détours consacrés à l'examen minutieux du « pour » et du « contre » sont résumés en une phrase trop catégorique et capable, finalement, d'excuser les persécutions : « comme quelqu'un d'autorisé me l'a dit au Vatican il ne nous sera intenté nulle querelle pour le statut des juifs [27] » ? Très vraisemblablement, oui, cette lettre calme les inquiétudes du chef de l'État.

---

26. Xavier Vallat, héros de 14-18, grand mutilé, était, lui-même, d'une parfaite intégrité. Lors de son procès (2 décembre 1947) le président Noguères tiendra à le préciser, « il n'y a absolument aucun enrichissement de Xavier Vallat pendant toute la période sur laquelle les recherches ont porté, et il n'y en a jamais eu à aucun moment… Aucune situation de fortune et aucun enrichissement ne peut être à la charge de Vallat ». En fait de propriété immobilière, il ne possède en effet, en indivision avec ses quatre frères et sœurs, qu'une bicoque inhabitée d'une valeur de 12000 francs (1947) en Ardèche.

27. On trouvera cette lettre reproduite notamment dans *Le Procès de Xavier Vallat* (Éditions du Conquistador). M. Léon Bérard précisait : *a*) Que l'Église

Il est certain d'ailleurs que les mesures prises par Vichy, si elles précèdent parfois et suivent souvent les mesures allemandes, ne les épousent pas toutes, qu'elles divergent dans l'application et que beaucoup de juifs français réfugiés en zone libre seront épargnés, Vichy s'étant attaché, aussi longtemps que possible, à maintenir une distinction — plus que discutable sur le plan humain mais bénéfique à beaucoup — entre les nationaux et les « autres ».

Quant au maréchal Pétain, sa position personnelle — encore que les éléments de preuve fassent bien souvent défaut — dut osciller entre le besoin qu'il éprouvait d'établir une juridiction à l'encontre d'une fraction de la nation française et surtout de ces Français de fraîche date — 295 000 naturalisations de 1933 à 1940[28] — dont son entourage lui décrivait abondamment les manœuvres funestes, et l'amitié qui le liait à d'assez nombreux israélites, avant que le sentiment d'impuissance, face aux événements, ne l'emporte sur tous les autres[29]. En somme, comme beaucoup de Français, légèrement antisémites, Pétain avait ses « bons juifs ». Eux, volontiers, se seraient tous raccrochés à lui.

était depuis toujours opposée au racisme et il citait de longs extraits de l'Encyclique « Mit Brennender Sorge » (14 mars 1937) sur le national-socialisme ainsi que d'autres textes de Pie XI. *b*) Que l'Église reconnaissait que, parmi les traits distinctifs de la communauté israélite, il entrait des particularités non pas raciales mais ethniques, ce qui l'avait conduite, dans le passé, à recommander à la fois que les juifs soient traités charitablement et qu'il soit pris des mesures propres à borner leur influence, notamment dans le domaine de la vie politique et universitaire. *c*) Que le Saint-Siège considérait les mesures prises en France non occupée (exclusion des fonctions publiques, numerus clausus pour la plupart des professions) comme ne donnant aucune prise à la critique, la puissance spirituelle n'ayant pas à s'ingérer dans la police intérieure des États. *d*) Que la loi du 2 juin 1941 fait référence à la race, ce qui est en contradiction avec la loi religieuse. *e*) Mais (et voilà où se trouve la choquante pirouette intellectuelle) que, l'Église ayant toujours fait la distinction entre la thèse « où le principe est invariablement affirmé et l'hypothèse où s'organisent les arrangements de la pratique », le Vatican ne trouvait rien à redire à nos lois à condition qu'il ne soit ajouté aucune disposition touchant au mariage et qu'il soit tenu compte dans l'application des textes « des principes de justice et de la charité ».

28. Tous les naturalisés de la période 1933-1940 n'étaient certes pas des juifs, mais la propagande xénophobe le laissait croire.

29. Le pasteur Boegner qui, l'un des premiers, s'élèvera contre les persécutions antisémites — ce qui lui sera reproché par certains de ses coreligionnaires — a dit que le Maréchal, à l'évocation des persécutions, lui avait paru très ému mais impuissant à empêcher des mesures qu'en son for intérieur il réprouvait.

« Je me suis demandé souvent s'il n'y avait pas, derrière ce désintérêt d'un homme dont je connaissais la générosité, l'action non pas tant de quelque chose que de quelqu'un, et je crains bien d'avoir deviné de qui. »

La phrase est de Gillouin qui accuse nettement le Dr Ménétrel chez qui, affirme-t-il, l'antisémitisme était une tradition de famille, son père, excellent médecin et médecin du Maréchal, étant connu à « Paris pour ne pas vouloir de juifs dans sa clientèle ». Gillouin, en tout cas, rapporte avoir été sollicité d'intervenir auprès de Xavier Vallat par la Maréchale, qui avait de nombreuses amies israélites et n'en faisait pas mystère [30].

— Bien entendu, Madame la Maréchale, je ferai tout ce que vous voudrez, répondit-il après avoir entendu la requête, mais il me semble que vous êtes mieux placée que quiconque pour une intervention de ce genre.

— Bien sûr, mais je ne pourrais agir à l'insu de Bernard et, quand on parle de juifs devant lui, il voit rouge.

Peut-être, mais des hommes aussi avertis que l'amiral Darlan demanderont à Ménétrel d'intervenir en faveur de juifs persécutés [31] et Ménétrel sera, comme la majorité de l'entourage de Pétain, traité « d'enjuivé » et « d'anglophile » par toute une partie de la presse de Paris pour laquelle Vichy ne va jamais assez loin dans la chasse aux innocents.

Alors, si Ménétrel n'est pas responsable, ou pas seul responsable, qui ? Dans son livre *Le nez de Cléopâtre*, Xavier Vallat accuse très nettement Raphaël Alibert, garde des Sceaux du gouvernement de Vichy, d'initiatives qui devancent les désirs allemands en matière de législation antijuive, puisqu'il est tristement vrai que Vichy, dans ce domaine, prit des mesures que ne réclamait pas encore l'occupant.

L'arrêt de la Haute Cour de Justice contre Alibert [32], en date du

---

30. La maréchale Pétain préviendra certains de ses amis au début de l'année 1941 (pour qu'ils le fassent savoir) que, bientôt, la situation des juifs vivant en zone occupée deviendra intenable. Philippe Erlanger rapporte avoir été mis en garde (de la part de la Maréchale) par Germaine Dulac, qui arrivait de Vichy.
31. J'ai eu en main la demande d'intervention de Darlan.
32. Le condamnant à la peine de mort par contumace.

7 mars 1947, est formel et comporte des accusations précises « considérant qu'il a... introduit en France la législation raciale, conforme aux principes hitlériens afin d'écarter les juifs de la vie nationale, que le cardinal Gerlier ayant eu avec lui un entretien le dix novembre mil neuf cent quarante a pu, le lendemain même, dire au témoin Huisman [33] que le ministre de la Justice lui avait donné le sentiment de prendre entièrement à son compte la législation raciale qu'il jugeait opportune... » Alibert rejettera ces accusations dans un long manuscrit [34] et tentera de dévier, vers Peyrouton, ministre de l'Intérieur, la responsabilité des lois antisémites du 3 octobre et du 20 novembre 1940.

Même s'il n'est pas totalement crédible, son récit est intéressant, car il apporte une preuve supplémentaire du désordre dans lequel étaient prises, à Vichy, quelques-unes des décisions les plus importantes pour la vie matérielle et morale de la nation.

« Le 10 septembre, à la fin du Conseil des ministres, et alors que la question n'était pas à l'ordre du jour, Peyrouton, ministre de l'Intérieur, déclara à l'improviste que, les agissements des juifs étant de nature à causer des difficultés, il convenait de prendre des mesures à leur égard.

« Le Maréchal n'ayant pas bronché, et personne n'ayant demandé la parole, Peyrouton me pria de lui procurer la définition du juif, donnée par la législation étrangère. Et la séance fut levée.

« Deux ou trois jours après, je remis à mon collègue le renseignement qu'il m'avait demandé et ce fut le terme de ma collaboration.

« C'est Peyrouton, et Peyrouton seul, qui a rédigé la loi portant statut des juifs, après en avoir pris l'initiative, et qui l'a rapportée devant le Conseil des ministres. Et, comme je lui faisais observer — mais oui ! — que les exceptions prévues étaient trop étroites, j'entends encore sa réponse : « Vous voulez donc conserver tous ces salopards [35] ? »

---

33. Alibert niera qu'il ait été question du problème juif entre le cardinal Gerlier et lui. Au cours du déjeuner du 6 novembre — et non 10 affirme-t-il — chez le préfet du Rhône, il dit n'avoir parlé que quatre ou cinq minutes au cardinal Gerlier ajoutant que le gallicanisme avait constitué l'essentiel du propos.

34. Inédit à ma connaissance.

35. Alibert écrit également qu'il « n'adhère pas aux théories raciales » et qu'il suffisait que les Allemands eussent pris chez eux l'initiative des mesures antisémites pour l'en détourner. Il ajoute qu'ayant soumis au Conseil des ministres

Dans sa déposition au procès Pétain — une prodigieuse partie de cache-cache des hommes avec leurs responsabilités —, Peyrouton niera, en une seule phrase rapide et sèche (« je n'y suis absolument pour rien ») toute responsabilité dans l'établissement des lois raciales, ce qui excitera plus encore les fureurs d'Alibert[36], mais ne permettra pas de se prononcer sur des responsabilités qui sont, pour le moins, partagées.

D'ailleurs, malgré les sévérités de leur législation antisémite, Pétain et Vichy gardent, dans toute cette affaire, et au moins pendant plusieurs mois, bonne conscience.

La persécution contre les juifs est, par essence, liée à la poursuite des responsables de la défaite française : francs-maçons, parlementaires, juifs donc et surtout juifs étrangers. Le sentiment de trahison, commun en juillet et août 1940, impliquait naturellement l'existence des traîtres aisément identifiables. Lorsque les parlementaires, parmi lesquels plusieurs israélites[37], quittent Bordeaux le 21 juin, à bord du *Massilia,* ils sont injuriés par un équipage déchaîné et qui ne veut d'ailleurs pas abandonner la France : « Salauds, vendus, juifs, lâches. »

Du Moulin écrit de son côté, et il faut le croire, que les délégations

---

un mouvement au Conseil d'État il avait décidé de nommer Julien Reinach maître des requêtes, mais que sa proposition fut repoussée par Laval.

Par contre, lorsqu'il est seul maître du choix, il ne s'embarrasse pas de la loi du 3 octobre et nomme « un auditeur juif de première classe, Pierre Laroque, maître des requêtes ».

36. « Il (Peyrouton) a menti comme un effronté ; et son mensonge a été criminel.

« Ce mensonge ou, plutôt, ce faux témoignage, est un des éléments du mauvais coup monté contre moi par certains hommes de Vichy, Peyrouton en tête.

« Peyrouton, en entrant le 6 septembre 1940 dans le gouvernement, avait réalisé la manœuvre du cheval de Troie : radical-socialiste, franc-maçon notoire, gendre de l'ancien ministre Malvy, il avait reçu mission de dissocier le gouvernement Pétain et de modifier son orientation. Il ne pouvait réussir qu'en simulant une évolution politique qu'il était bien décidé à ne pas faire, mais dont l'apparence lui était nécessaire pour s'imposer aux ministres venus d'horizons différents et pour endormir la droite favorable au Maréchal. »

Extrait du mémoire manuscrit en défense écrit par Raphaël Alibert.

37. A bord du *Massilia,* qui se trouve au môle d'escale du Verdon dans l'embouchure de la Gironde, vingt-sept parlementaires prendront place : parmi eux, MM. Mendès-France, Mandel, Salomon Grumbach, Levy-Alphandéry.

qui, dans les premiers jours de Vichy, se succédaient chez le Maréchal « n'avaient à la bouche que les mots de répression sommaire, de chambres ardentes, de pelotons d'exécution. Nous avons été trahis, disait-on, il faut punir les traîtres. La France entière s'associait à ce cri ».

L'important, pour les hommes qui règnent à Vichy, est moins, alors, de faire souffrir les juifs, ou de les supprimer physiquement (il n'en est pas question), que de les empêcher d'exercer une influence sur la politique et la vie de la nation. Maurras, qui n'avait nul besoin d'être physiquement présent à Vichy pour avoir de l'influence sur Vichy, expliquera aussi bien dans *La seule France*, publié en 1941, que dans de nombreux articles la logique d'un antisémitisme « à la française », d'État et non de peau, dans le droit fil de celui que s'était efforcé de développer Édouard Drumont dans ce journal *La Libre Parole* qui portait en épigraphe ces mots « devenus tout à fait actuels en 1940 », écrira Maurras : « La France aux Français. »

Antisémitisme qui vise à « protéger » la nation, à travers les professions qui ont pour vocation de commander, d'enseigner et de soigner, de l'invasion des « métèques » puisque, toujours selon Maurras, « il n'est écrit nulle part, entre les étoiles du ciel ni dans les profondeurs de la conscience, qu'il soit offensant pour une personne humaine de ne pouvoir accéder à la direction ou à la gérance d'un théâtre ou d'un cinéma, d'une publication ou d'une université[38] ». Thèse qui sera souvent reprise par les « minimalistes » de Vichy face aux extrémistes de Paris[39]. Par Gattino, par exemple, dans son *Essai sur la révolution nationale :* « Si le juif doit subir des disciplines, des interdictions particulières, ce n'est pas parce qu'il a une valeur d'homme inférieure à celle du non-juif, c'est parce qu'il est l'étranger. » Et lorsque Vallat, au moment de son procès, dira qu'il avait été indigné de voir que, pour 350 000 israélites, il existait 14 députés d'origine juive tandis qu'un million de Français de parents italiens n'étaient représentés à la Chambre que par un seul parlementaire, il exprimera, au fond, un sentiment partagé, en 1940, par de nombreux responsables de l'État français (et sans doute par le maréchal Pétain),

38. *La seule France.*

39. Des hommes comme Doriot trouvent le statut juif « modéré ». Pour eux, il s'agit, à la fois, de fermer aux juifs certaines professions : médecine, barreau, finance et de leur ouvrir largement les portes d'autres professions, d'en faire des dockers, mineurs, forgerons...

responsables qui ont d'ailleurs la certitude que leurs mesures sont en retrait, non seulement sur les mesures allemandes mais également sur les mesures réclamées par une partie de l'opinion parisienne sensibilisée au problème juif depuis l'arrivée massive de nombreux juifs allemands entre 1934 et 1938, opinion également excitée par une presse dont les violences, loin d'être canalisées ou surveillées, sont encouragées et qui, étant seule à paraître, n'a plus à craindre de ripostes.

Dès son premier numéro publié sous l'occupation, en juillet 1940, l'hebdomadaire parisien *Au Pilori* attaque les juifs avec une si grande violence qu'il s'attire des réactions, protestations, menaces de procès de la part d'aryens dénoncés comme juifs. A ceux qui écrivent et s'indignent, l'hebdomadaire répond dédaigneusement en réclamant l'envoi d'actes de naissance, acte de naissance des parents, grands-parents en lignes paternelle et maternelle[40] ! En septembre, Jean Lestandi, directeur du journal, annoncera le licenciement de plusieurs collaborateurs responsables d'attaques injustifiées, mais le ton des articles ne sera nullement modifié.

Le 9 août, *Au Pilori* inaugure une série d'articles sur le thème « Les juifs doivent payer la guerre ou mourir », entame la publication des « firmes juives » par la rubrique de l'alimentation, de la mode et des parfums ; demande au préfet de la Seine et au préfet de Police d'inviter, dans un but de « salubrité », tous les propriétaires de magasins à mettre de façon apparente sur leurs boutiques leur nom et leur prénom.

Les numéros qui suivront constitueront un annuaire de noms juifs célèbres : sont cités, en effet, en concurrence avec des noms de francs-

---

40. *Au Pilori* n'est pas le seul à dénoncer à tort et à travers. Et les ripostes ne manquent pas. Jean Servoingt, directeur de *L'Espoir français*, estimant que l'on n'est jamais mieux servi que par soi-même, publiera dans son journal un billet qui débute ainsi : « Je ne suis pas juif. Mes parents sont tous deux originaires d'Auvergne et leurs ancêtres sont de la même source... Ma mère nommée Bedaine est née à Clermont-Ferrand... S'il est vrai qu'être auvergnat c'est être deux fois français, je ne risque pas d'être juif. » De son côté, Sacha Guitry, tenu pour israélite par *La France au Travail*, fit venir ses détracteurs. « Tenez : consultez ce dossier... les pièces qui attestent mes origines, je suis allé les dénicher dans des mairies de province. J'ai pu ainsi découvrir mes ancêtres. Pas un juif, mais, en revanche, trois généraux, un chanoine et deux évêques. »

maçons, tous ceux qui, de près ou de loin, ont occupé un poste, joué un rôle ou même exercé un métier (propriétaire d'une salle de cinéma, fourreur, bijoutier, etc.). *Au Pilori*[41] et, avec lui, en zone occupée, d'autres journaux du même type et du même ton, se veulent et se disent les avant-courriers de la révolution antisémite. Ils alertent, dénoncent et, le moment venu, comptabilisent ce qui a été fait, à leur instigation, affirment-ils.

« Les 31 janvier 1941, 14 février 1941, 14 mars 1941, 21 mars 1941 et le 10 avril,

« *Au Pilori* disait

« Bloch est en prison !

« Le 11 avril 1941, les quotidiens annoncent

« Bloch est arrêté

« à Thiers et incarcéré à la prison de Riom[42]. »

Le 15 mai 1941, le journal se félicite que les exclusions qu'il avait réclamées soient enfin effectives grâce à l'ordonnance du 7 mai et après avoir égrené le chapelet de ses revendications[43], il exige plus encore de Vichy : le port d'un brassard, l'annulation de tous les changements de noms depuis 1930, l'annulation de tous les contrats officiels ou cachés passés par des juifs depuis 1940, la création d'un ghetto où seraient rassemblés tous les juifs parisiens, l'annulation des créances en possession des juifs et la vente de tous leurs meubles.

Comme le slogan d'*Au Pilori* est « Mort au Juif », que les articles font toujours appel à la haine la plus basse, aux pulsions les plus

---

41. *Au Pilori* paraît être le principal support de presse des « Gardes Françaises » et du « Jeune Front », mouvements antisémites et antimaçons nés immédiatement après l'entrée des Allemands à Paris. La mission de la Garde Française est de « débarrasser le pays de la clique maçonnique et juive ».

42. *Au Pilori*, 17 avril 1941.

43. « Nos résultats ! Voici les dates auxquelles nous avions demandé que les juifs soient exclus de certaines activités économiques :

— Commerce de gros et de détail : 7 mars.
— Restaurants et industrie hôtelière : 3 avril.
— Navigation : 24 janvier, 17 février.
— Expéditions et entrepôts : 28 février.
— Banque, bourse, change : 31 janvier, 7 février.
— Entreprises de prêts sur gages : 1er mai.
— Agences de publicité : 14 février.
— Transactions sur appartements : 24 avril.
— Intermédiaires (agents, courtiers, grossistes) ; 24 avril, 8 mai.

violentes, utilisent les arguments les plus immondes : « Le juif n'est pas un homme, c'est une bête puante. On se débarrasse des poux... on lutte contre les parasites... Il faut extirper de la nation tout ce qui est juif. C'est une nécessité vitale. C'est la seule condition de renaissance possible [44] », il est bien évident que les mesures prises par Vichy, paraissent toujours insuffisantes à la direction du journal qui, dans son numéro 2, n'hésite pas à attaquer Pétain, Weygand et Pierre Laval, « prototype du profiteur de cette démocratie enjuivée », et demande même que le Maréchal ne vienne pas à Paris « exhiber son équipe sous l'œil narquois des Allemands ».

Le 4 octobre 1940, *Au Pilori* titre ainsi :

2 OCTOBRE
DATE HISTORIQUE
Du fait de la carence de
notre autorité compétente,
se dérobant devant
l'obstacle comme un cheval vicieux,
le chef de l'administration militaire en
France a édicté les mesures suivantes

Ces mesures sont celles qui ordonnent ce grand recensement des hommes, des femmes, des enfants et des biens qui rendra aisées, par la suite, déportations et spoliations.

Les diatribes antisémites s'expriment parfois en poèmes et chansons. Comme dans *La France au Travail,* du 19 août 1940, où, sur l'air de *La Chanson des blés d'or,* les lecteurs sont invités à fredonner :

Sur une France décadente
Le juif, tel un chancre rongeur
Aux relents d'humeur purulente,
Exhalait sa mauvaise odeur.
Il se montrait plein d'arrogance,
Sa face blême était partout
Dans les journaux, dans la finance,
Dans les arts, il corrompait tout.

---

44. *Au Pilori,* 14 mars 1941.

Elles utilisent le fait divers. Celui-ci, par exemple, que publie *Le Cri du peuple*[45] du 23 octobre 1940. « Hermann Isaac... a tué un brave chrétien de Français, Louis Chérot, qui s'était avisé de traverser la rue Manin, près des Buttes-Chaumont, devant la voiture que conduisait Isaac. Devant les juges de la 13e Chambre, il gémit : c'est une habitude raciale... Le jugement est remis à huitaine... Ce n'est pas facile à un brave chrétien d'obtenir un S.P.[46]. Y aurait-il encore des grâces d'État, des interventions de Jéhovah pour les fils de Sem ? »

Elles exploitent le goût des citoyens pour les dénonciations. Sur cinq bouchers de Villers-Cotterêts, l'un est juif. En voilà assez pour le désigner à la vindicte des populations. « Pas encore d'affiches jaunes », celles qui doivent obligatoirement, depuis l'ordonnance allemande du 27 septembre, désigner au chaland les entreprises juives, écrit *Le Cri du peuple* du 8 novembre 1940, pas encore d'affiches jaunes à Paris chez un marchand de meubles de la rue Monge, sur un magasin de chemises pour hommes du boulevard Saint-Michel, à Versailles sur la boutique d'un tailleur de la rue Georges-Clemenceau. On dénonce pêle-mêle les juifs qui écoutent la radio anglaise, ceux qui empoisonnaient la France par le cinéma au « même titre que les apéritifs, la démagogie pacifiste, la morphine et les clubs »[47]. On informe la population de la toute-puissance des juifs dans les métiers les plus divers. N'occupent-ils pas 86 % de la casquetterie, 81 % de la confection, 70 % de la maroquinerie, 68 % de la chaussure, 65 % des industries de mode ? Les noms des médecins juifs qui exercent encore à l'hôpital Saint-Antoine et à Bicêtre sont publiés, suivis de ce commentaire : « Qu'attend-on pour désenjuiver réellement la médecine et tant d'autres corporations françaises[48] ? »

Qu'attend-on ? Qu'attend-on ? Le cri est dans tous les journaux qui, à Paris, sont proches du nazisme et reprochent à Vichy ses complaisances, ses mollesses.

« On ne se débarrasse pas des rats et des cancrelats en imprimant du papier. Les juifs ne sont pas moins odieux que ces parasites et bien plus malfaisants... Nous les avons laissés trop longtemps libres et impunis,

---

45. Quotidien du P.P.F. de Doriot lancé le 19 octobre sous la direction d'Henri Lèbre, Albert Clément, assassiné en juin 1942 par les communistes, en étant le rédacteur en chef.
46. Autorisation de circuler.
47. *Au Pilori*, 27 septembre 1940.
48. *Le Cri du peuple*, 7 décembre 1940.

menant sur tous les terrains leur besogne destructrice... La preuve est désormais faite : les textes antisémites de notre gouvernement, si bien pensés et argumentés soient-ils, sont un remède très insuffisant. » Ces phrases sont de Rebatet. Il ne fait que répéter, dans *Le Cri du peuple* du 6 décembre, ce qu'il a dit la veille. Des ordonnances ont été prises pour contrôler le commerce juif. Fort bien. Mais les juifs « n'en restent pas moins les grands maîtres du marché noir ». Comme il déplore et dénonce l'astuce des commerçants, Rebatet déplore et dénonce l'astuce des médecins, des professeurs, de tous ceux qui se découvrent « des titres qui les rendent indispensables à la science et à la culture française ».

Pour *La France au Travail,* Vichy c'est « la ville du retour écœurant » qui a vu accourir « les combineurs, les froussards, les attachés à tous crins et à toutes caisses. — La France aux Français, mon cher, et les conducteurs de la tribu qui mènent les chameaux et ceux qui portent le chandelier à sept branches sont arrivés humblement, tendant le dos à la bastonnade en attendant de reconnaître la route des caisses officielles où demeurent les caissiers fidèles [49] ». C'est la ville où « les juifs et les anglophiles complotent autour des sources [50] ».

Et, lorsque la « poésie » s'en mêle, voici le résultat :

Est-ce un cloaque, est-ce un taudis
Vichy, notre station thermale ?
Pour certains, c'est un Paradis
Qui met à l'abri du scandale,
Ils y sont entre renégats,
On couvre leur ignominie,
On y blanchit les scélérats,
C'est la lessive, en Pétanie [51].

Xavier Vallat, commissaire de Vichy aux Questions juives, est bientôt accusé de n'en pas faire assez par les furieux de Paris. *La Gerbe* du 24 avril 1941 demande ainsi l'extension de TOUTES les mesures antijuives (c'est-à-dire des mesures allemandes) à la France non

49. *La France au Travail,* 8 août 1940.
50. *La France au Travail,* 14 janvier 1941.
51. *La France au Travail,* 26 août 1940. Il existe quatre couplets encore. De la même encre. Signés J. Varisa.

occupée ; l'élimination immédiate de tous les juifs se trouvant dans les départements des Alpes-Maritimes, du Var et des Bouches-du-Rhône ; l'envoi des juifs dans des cantons pauvres à défricher ; la déportation, la paix revenue, des israélites à la Guyane « pour la coloniser » ; enfin, l'extension et le développement de l'action antijuive « dans la presse de Paris et de nos provinces ».

Le 17 juin 1942, les dépositaires de *La Petite Gironde*, qui est diffusée dans le Sud-Ouest, recevront avec les journaux, des exemplaires d'un tract que les autorités d'occupation ont donné l'ordre de distribuer encarté dans chaque journal. Seize pages[52]. Destinées à semer l'inquiétude, à exciter la colère populaire.

« En 1320, les juifs étaient 120 à Paris. En 1789, 45 000. En 1808, la France comptait 46 663 juifs sur 28 millions d'habitants. En 1942, 1 200 000 juifs pour 42 millions de Français... Si la colonisation juive se développe selon cette forme, on verra, dans un siècle, la France en pleine décroissance démographique, compter 10 à 15 millions d'habitants juifs contre 20 à 25 millions d'authentiques Français !... »

Combien de juifs en France ? Lorsque débutent occupation et persécutions, nul n'en sait rien. Les chiffres varient au gré de la haine : tel écrit 800 000, tel autre plus d'un million. Il semble, en vérité, qu'ils aient été, en 1939, 350 000 environ, dont 300 000 en région parisienne. Mais la défaite et l'exode ont bouleversé cette implantation géographique. Ils sont partis comme les autres. Ils sont partis plus rapidement que les autres poussés par la menace qui a déjà fait fuir leurs coreligionnaires d'Allemagne, d'Autriche, de Tchécoslovaquie ; alertés par les récits des drames qui ravagent déjà les communautés de Pologne. Plusieurs milliers d'entre eux — les plus riches, les plus avisés — sont passés en Espagne entre le 10 et le 25 juin 1940 : 5 080 diront les services antijuifs avec ce sens administratif de la précision qui déconcerte toujours un peu le chroniqueur. Beaucoup d'entre eux, les

52. Ce tract est destiné à « populariser » et justifier l'institution de l'étoile jaune. On appelle au secours Philippe le Hardi, Philippe V, Charles V, Louis XIII, Louis XV, Louis XVI, Napoléon, Voltaire, Ernest Renan, Zola et Céline, plus quelques papes dont les textes sont sollicités dans un sens favorable à la persécution.

combats terminés, « remontent » tout de même à Paris. Il y a la boutique à tenir, le bureau à ouvrir, l'appartement à réoccuper. Au cœur de la plupart, un incroyable optimisme.

La « race élue » s'imagine assez volontiers que la France, pays « élu », lui aussi, ne *peut* subir le même traitement que la Pologne, la Tchécoslovaquie, la Hollande.

Si, deux mois après l'armistice, les Allemands n'avaient pas avisé les autorités françaises que le Führer interdisait définitivement, et sans exception, l'entrée des juifs en zone occupée, ils auraient pris, c'est certain, presque tout le monde au piège de la confiance et de la béatitude.

« Et si quelqu'un me trouve naïf et sot, qu'il sache que tous les juifs étaient pareillement naïfs et sots », écrit Georges Wellers[53] après avoir raconté l'histoire du Dr Garfunkel, son compagnon de captivité à Auschwitz, qui lui raconte avoir demandé au S.S. « trieur » d'envoyer son fils de quatorze ans rejoindre sa femme et sa fillette, car il imaginait qu'un sort plus doux était réservé aux femmes, aux enfants, alors que, pour eux, la chambre à gaz se trouvait au bout de la route.

L'histoire des juifs dont tant de textes affirment qu'ils sont nés malins, rusés et retors, est donc, bien souvent, pendant les premiers mois d'occupation, l'histoire d'une grande crédulité et, pour les juifs français, notamment pour les anciens combattants, l'histoire d'une confiance émouvante, mais souvent déçue, en la personne et la parole de Philippe Pétain.

Après le 29 août 1940, date à laquelle les Allemands interdisent à tous les juifs de zone libre l'entrée en zone occupée, la communauté israélite est pratiquement scindée en deux parties presque égales. A la suite du recensement ordonné en octobre 1940, les Allemands trouveront, en effet, 160 000 juifs déclarés[54] en zone occupée. Il y en aurait donc 170 000 à 190 000 en zone libre, où les chiffres sont plus incertains, les sanctions pour non-déclaration étant plus légères. D'après les statistiques des préfectures, le chiffre serait de 109 983 dont 50 639 juifs étrangers[55].

---

53. *L'Étoile jaune à l'heure de Vichy.*

54. Dont 149 734 dans le département de la Seine (85 664 juifs français, 64 070 sujets étrangers).

55. Chiffres du 15 mars 1942. En ce qui concerne la « nationalité » des juifs, Xavier Vallat évaluera à 60 000 ou 70 000 ceux dont le père était citoyen français. Il y aurait donc plus de 250 000 étrangers ou naturalisés de fraîche date.

Certains auteurs mettent en parallèle ou, plus exactement, font s'enchaîner ordonnances allemandes et lois françaises. Ordonnance ALLEMANDE du 27 septembre 1940 ordonnant le recensement des juifs. Loi FRANÇAISE du 3 octobre interdisant aux juifs l'accès de la fonction publique et de nombreuses professions libérales. Ordonnance ALLEMANDE du 18 octobre organisant la spoliation des entreprises juives. Loi FRANÇAISE du 29 mars 1941 créant un commissariat général aux Questions juives. Ordonnance ALLEMANDE du 26 avril 1941 interdisant aux juifs l'accès de la plupart des professions et le contact avec le public. Loi FRANÇAISE du 2 juin remplaçant et renforçant la loi du 3 octobre 1940 qui portait statut des juifs. Ordonnance ALLEMANDE du 13 août interdisant aux juifs la possession de postes récepteurs de T.S.F. Loi FRANÇAISE du 2 novembre rendant impossible toute acquisition de fonds de commerce par les juifs sans autorisation.

En 1940 et 1941, six ordonnances allemandes, de nombreux « Avis » du commandement en chef, trente-sept lois françaises, de nombreux décrets, des circulaires d'application également nombreuses, mais, en vérité, il ne faut pas pousser jusqu'au bout le parallélisme.

Que les textes se répondent, s'enchaînent ou s'entrecroisent pour tisser des deux côtés de la ligne de démarcation un filet, aux mailles aussi serrées que possible, il n'en reste pas moins que, du côté de Vichy, le filet fut toujours plus souple.

« Le gouvernement du Maréchal n'a pas interdit aux juifs les mariages mixtes.

« Il ne leur a pas interdit d'avoir des domestiques juifs.

« Il ne leur a pas interdit l'accès des lieux publics.

« Il ne les a pas enfermés dans des ghettos.

« Il ne leur a pas imposé des heures de circulation.

« Il ne leur a pas imposé un insigne vestimentaire distinctif.

« Il ne les a pas expulsés de France... »

Cette énumération naît sous la plume de Xavier Vallat[56] qui, accusé, rappelle abondamment les mesures qu'il a prises pour défendre contre les Allemands, et contre certains Français, les juifs de zone non occupée.

---

56. Étude écrite à la prison de Fresnes le 14 novembre 1947, publiée par le Hoover Institute, *La vie de la France sous l'occupation*, tome 2.

Pour mieux illustrer son action, et son propos, il publie la « statistique macabre » des victimes israélites du nazisme, telle qu'elle a été établie par une commission anglo-américaine consacrée au problème de la Palestine.

	1939	1946	Différence
Belgique	90 000	33 000	57 000
Tchécoslovaquie	315 000	60 000	255 000
Grèce	75 000	10 000	65 000
Pays-Bas	150 000	30 000	120 000
Pologne	3 351 000	80 000	3 271 000
Yougoslavie	75 000	11 000	64 000
Autriche	60 000	15 000	45 000
	4 116 000	239 000	3 877 000

Pour la France, écrit-il, qui comptait « 330 000 juifs dont au moins 50 % d'étrangers », il en restait, en 1946, 180 000 dont 160 000 de nationalité française. « Le gouvernement du Maréchal, ajoute-t-il, a le droit, pour justifier les responsabilités qu'il a prises dans la question juive, de dire que c'est grâce à sa politique que 95 % des juifs français sont encore vivants. »

Les juifs, malgré la sévérité des lois de Vichy et la passion de certains de ceux qui les appliquent pour la mesquinerie administrative, ne s'y trompent d'ailleurs pas.

Deux mois après l'armistice, l'entrée des juifs en zone occupée est formellement interdite, mais, si les israélites songent encore à voyager, à passer clandestinement et dangereusement des frontières, c'est uniquement dans le sens zone occupée-zone libre pour fuir le plus grand péril, échapper au pire, même si, du côté de Vichy, l'on doit supporter des risques et souffrir des persécutions.

Lorsque le rabbin Netter franchit le Cher, près de Vierzon, il laisse ainsi éclater sa joie : « Ah ! quel soulagement !... Avoir échappé à un véritable danger de vie et de mort ! Du plus profond de mon être, je rendais grâce à la Providence de m'avoir fait sortir sain et sauf d'une situation extrêmement périlleuse. »

Chaque semaine, les autorités militaires allemandes responsables de la ligne de démarcation mettent d'ailleurs télégraphiquement le haut commandement parisien au courant des captures réalisées. J'ai, sous les yeux, des chiffres pour juillet 1942 et la région de Poitiers. Ils paraissent modestes : 103 juifs arrêtés entre le 15 et le 28 juillet, mais les responsables militaires précisent que le nombre des juifs qui tentent de passer en fraude en zone non occupée « s'accroît de jour en jour » et que le nombre de ceux qui réussissent dans leur tentative est infiniment plus grand que celui des juifs capturés.

Que les juifs aient trouvé, dans leur malheur, un relatif refuge en zone libre, la plupart le reconnaissent. Weil-Curiel affirme qu'à Vichy « on ne voyait qu'eux », et David Knout, auteur d'un livre sur la résistance juive en France, écrit que, malgré « les camps d'internement et les résidences assignées », il était possible, au moins jusqu'à la fin de l'année 1942, de « composer » avec les conditions nouvelles d'une existence précaire.

Des médecins, des journalistes, des enseignants, chassés de leur profession, entrent en usine, donnent des leçons à domicile, fabriquent des jouets, des articles de Paris, des pâtes de fruits, des galettes de sarrasin. David Knout, pour sa part, deviendra gardien de fous.

Lorsque, en mars 1941, Philippe Erlanger songe à fuir Paris où les persécutions s'accélèrent, il écrit que « la zone libre prend les couleurs de la terre promise ». Au fil d'un livre[57] qui n'est pas spécialement tendre pour Vichy, il trouve, pour parler du « royaume du Maréchal », les mots « terre d'asile », « îlot préservé » et explique comment, « le péril étant inégalement réparti selon les régions », les organisations charitables (et clandestines) juives s'efforcent de transférer le plus de proscrits possible de zone occupée en zone non occupée.

Il lui arrivera même d'évoquer la « magnanimité » d'un gouvernement qui, s'il le prive de son emploi de fonctionnaire des Beaux-Arts, et s'il le fait tomber sous le coup de toutes les interdictions qui affligent les juifs, lui assure cependant son traitement pendant deux ans, alors qu'à Paris il est, dans le même temps, recherché par la Gestapo[58].

Et, s'il y avait quelque doute sur le rôle « protecteur », relativement

---

57 *La France sans étoiles.*

58. « Le paradoxal État français, qui me traite en criminel, me verse cependant les mensualités promises. Jusqu'à quand aura-t-il cette grandeur d'âme ? »

protecteur, joué par Vichy (mais tout est affaire de comparaison), il suffirait de lire la presse de zone occupée et les rapports allemands, signalant notamment que, « sur la Côte d'Azur, le danger juif est très grand », dénonçant l'influence juive à Marseille, Toulouse, Nice... et Vichy, pour se convaincre, dans ce domaine également, de l'utilité de la zone libre.

Dès le 24 juillet 1940, le peintre Jean-Gabriel Domergue propose que Cannes, désormais, s'appelle Kahn et Marc Augier, dans *La Gerbe* du 24 octobre reprend le mot : « Le juif errant est arrivé... à Kahn (Alpes-Maritimes). Il est arrivé au terme de cette nouvelle étape, fuyant devant le champion de la race blanche qui le poursuit sans trêve ni repos sur les terres de l'Occident. Il s'est arrêté, haletant, sur cette Côte d'Azur qu'il enlaidissait de ses millions et de ses vices, après la fuite panique de juin 40. »[59]

C'est sous la plume d'Erlanger, qui a quitté Paris le 18 avril 1941 — juste à temps, la Gestapo se présentera chez lui neuf jours plus tard — que l'on trouve la meilleure description de Cannes à l'heure juive... qui n'est pas forcément une heure étincelante.

Le maire avait songé à faire respecter strictement les lois antisémites et à protéger sa ville de l'invasion... mais il doit battre en retraite devant le mécontentement des commerçants et des hôteliers que l'afflux de juifs riches, de juifs encore riches, de juifs qui ont été riches, et même de juifs pauvres, réjouit et engraisse.

« Parmi ces touristes très particuliers, il y a de nombreux Français et beaucoup d'étrangers. On remarque évidemment ceux qui, ayant garé une partie de leur fortune, habitent des palaces ou des villas. Certains portent des noms aussi connus que Rothschild et Lévitan. La majorité est en détresse et se terre au fond d'hôtels minables. »

Dans une ville plus cosmopolite qu'elle ne l'a jamais été, îlot de paix

---

59. Dans les Alpes-Maritimes, il y a 12 717 juifs déclarés dont 7 554 étrangers, ce qui permettra à Tristan Bernard de faire un mot. Un de plus.
— Comment appelez-vous les habitants de Cahors ?
— Les Cadurciens.
— Les habitants de Pont-à-Mousson ?
— Les Mussipontains.
— Les habitants de Juan-les-Pins ?
...
— Vous ne savez pas ? Eh bien ! on les appelle les Is-ra-é-lites.
Dans la Loire le chiffre des juifs a quadruplé par rapport à 1939. Ils sont 2 349 en 1941-1942.

et de plaisirs au milieu d'un monde en guerre, les juifs côtoient des princes russes en exil, des hommes d'État grecs, roumains, belges qui ne sont plus rien et attendent de redevenir quelque chose, des « vedettes » du Tout-Paris : Maurice Chevalier, Christian Dior, Paul Poiret, Francis Carco, des ducs et des duchesses, des trafiquants et des escrocs. Ils s'adaptent. « Mme Louis Louis-Dreyfus, veuve du roi des céréales, a été une très belle femme à l'ancienne mode. Elle garde grande allure. Je la vois, à bicyclette, suprêmement digne dans son corset et sa robe noire, ses cheveux formant une espèce de tour. Derrière elle, se trouve le panier qui contient son pékinois... Lumbroso, toujours débordant d'une activité qu'il a perdu le droit d'exercer, a monté au Casino une opérette de Mireille, *Le Prix de Vertu,* inoffensive et charmante. Tous deux, étant des parias, ont dû se cacher sous des prête-noms... Jean-Pierre Aumont, dont le véritable nom est Salomon, ne songe qu'aux moyens de rompre les mailles du filet. Il réussit à former une troupe de comédiens également avides de voyages et obtient, je ne sais trop comment, l'autorisation de partir en tournée au-delà des mers... Au dernier moment, il tombe éperdument amoureux d'une jeune fille de dix-sept ans et renonce. »

Ce fragile et précieux édifice à base d'artifices, ces « combines », ces amours seront brusquement jetés bas et détruits lorsque, le 4 juillet 1942, le gouvernement de Vichy accepte, en échange de l'immunité accordée aux juifs français[60], que sa police, mise à la disposition des Allemands, procède à des rafles de juifs étrangers en zone non occupée et rassemble des troupeaux d'hommes, de femmes et d'enfants qui iront grossir tous ces convois qui, de zone occupée, partent vers les camps de Pologne. Et vers les crématoires. Même si nul ne sait encore, à Vichy, qu'en « débarrassant » la France des apatrides ce sont des crématoires que l'on alimente...[61]

A l'instant où, en gare de Moulins, il passe de zone occupée en zone libre — grâce à un Ausweis obtenu par un petit voyou complaisant —,

60. Accordée... pour un temps, car il n'a jamais été dans les intentions des Allemands de faire grâce aux juifs français, même s'ils réussissent à en persuader Laval.

61. J'évoquerai plus longuement le drame des juifs dans le tome IV, *Le temps des persécutions et des haines.*

Philippe Erlanger tremble à l'idée que les soldats allemands ne découvrent quelque défaut à ses papiers ou ne confisquent sa fortune... confiée, au dernier moment, à un compagnon de voyage. Tout se passe bien. Il n'est pas de ceux que les douaniers obligent à descendre. Lorsque le train reprend sa marche, il se dénoue, se libère de toutes ses terreurs. « Jamais musique ne fut à mes oreilles aussi délicieuse que le bruit de ferraille du train remis en marche. Nous voici en Z.N.O. Sur le moment, j'oublie qu'il ne s'agit en aucune façon d'une terre de liberté. Je m'accroche aux chimères, je crois presque à la promesse du Maréchal : « Les juifs français seront respectés dans leurs personnes et dans leurs biens. » Je vais redevenir un être normal. Enfin, presque. »

Entre l'illusion et les désillusions, les juifs de zone non occupée passeront donc par bien des étapes. Vichy n'est certes pas aussi cruel que Paris, mais Vichy finira par se mettre à l'heure de Paris et beaucoup de ceux qui s'étaient presque filialement, et avec une certaine naïveté de cœur, confiés au maréchal Pétain, leur ancien chef de Verdun, seront assez souvent profondément déçus sinon mortellement atteints par ses silences. Ou son impuissance.

Cette confiance donnée, on regrette qu'elle ait été si faiblement payée de retour et qu'alerté, surtout à partir de 1942, par presque toutes les autorités morales du pays, Philippe Pétain n'ait pas trouvé la force de rompre le cercle infernal dans lequel les passionnés de l'antisémitisme l'enfermaient pour le plus grand dommage de son âme. Et de son image.

Il existe des milliers de photos d'israélites victimes de l'occupation. Toutes bouleversantes. Qu'il s'agisse de photos d'hommes et de femmes réduits à l'état de squelettes errants derrière les barbelés des camps ou de martyrs agenouillés près des fosses dans lesquelles ils vont, dans moins d'une minute, basculer pour l'éternité.

Il me semble toutefois qu'une photo résume exactement l'horreur tempérée de Vichy comme les horreurs extrêmes que Vichy ne parvient pas à empêcher : c'est la photo de Victor Faynzylber. Le voici debout. Debout grâce à ses deux béquilles. Victor Faynzylber, soldat au 22e régiment de marche étranger, a perdu la jambe gauche dans les batailles de 40. Sur son veston, il a épinglé sa croix de guerre et sa médaille militaire. Ses deux enfants l'accompagnent. Une fillette brune. De grands yeux. Un ruban dans les cheveux. Et des socquettes blanches qui tombent un peu sur les chaussures. Elle doit avoir sept ans, oui, sept ans puisqu'elle porte l'étoile jaune. Le petit garçon a cinq ans sans doute. Pour quelques mois encore, il est dispensé d'étoile... comme en est dispensé son père... grâce à sa jambe perdue à la guerre et à ses médailles.

Mais il n'est pas dispensé de souffrances.

La jambe perdue au service de la France n'est pas un brevet de longue vie.

La femme de Faynzylber a été arrêtée par les Allemands en juillet 1942 et c'est sur les conseils d'un voisin, M. Goldberg, que Faynzylber s'est rendu chez le photographe avec ses deux gosses. La photo est pour Philippe Pétain, maréchal de France, chef de l'État français. Et pour la postérité. Mais, cela, nul ne le devine encore.

Le cabinet du Maréchal a bien reçu la lettre et la photo puisqu'il informe Faynzylber qu'il alerte Pierre Laval. Et celui-ci, à son tour, alerte Xavier Vallat, et le président de la Fédération des amputés de guerre écrit, de son côté, à Darquier le 16 juillet 1942.

Tout sera vain. « Les autorités occupantes s'opposent à toute mesure de faveur. » La femme de Faynzylber ne sera jamais libérée.

Et lui-même, quelques mois plus tard, ira mourir en déportation.

On a tout dispersé de lui.

Seules ses béquilles ont dû être épargnées.

Récupérées, comme presque tout l'utilisable, des cheveux de femmes à l'or des dents, était récupéré dans les camps, peut-être ont-elles servi à quelque grand blessé de la campagne de Russie...

De Faynzylber il ne reste que la photo d'un homme qui avait envoyé un inutile message de détresse à Philippe Pétain, chef de l'État Français...

13

LE PÉTAINISME AU FIL DES JOURS...

Quarante millions de pétainistes ? En juillet 1940, c'est vraisemblable.

Un an plus tard, certainement pas.

L'histoire des douze premiers mois de Vichy est, en effet, l'histoire de la lente mais évidente dégradation de l'image de Philippe Pétain.

L'homme dont le résistant Jean Nocher constatait qu'il était « pratiquement inattaquable » va être attaqué.

Quinze mois de prison, le 17 juillet 1941, à Pierre L..., de Tarbes ; dix mois, le même jour, à Marcel G... et Bruno M..., de Lannemezan ; douze mois, le 20 août, à Jean L..., de Pau ; dix-huit mois, le 4 septembre, à Xavier M..., d'Oloron. Pour tous, un même motif : « paroles outrageantes à l'égard du chef de l'État ».

Comment en arrive-t-on là ? Quels sont les événements, quels sont les hommes, quels sont les actes qui troublent, sans totalement le modifier encore, le climat de confiance, d'amour, presque de ferveur religieuse des premiers temps ?

Que seul Pétain s'impose en juin 1940, et sans complot véritable, sauf celui, mais il n'y est pour rien, d'un désastre d'une trop grande ampleur ; que nul alors ne discute son autorité ; que les Français l'accueillent en homme providentiel, c'est-à-dire délégué par la Providence pour leur éviter le pire, presque tous les historiens en conviennent aujourd'hui comme en témoignent photos, films, récits de l'époque.

Certes, il est particulièrement difficile de mesurer la popularité exacte d'un régime autoritaire. Disposant de tous les instruments de la propagande et de l'information, il se sert plus encore qu'on ne le sert. Vichy n'échappe pas à la loi. Ceux qui écrivent, composent, mettent en page, lisent peuvent être sceptiques ou désabusés tant qu'ils ne possèdent ni les moyens de la réplique, ni la volonté de riposter, le pétainisme déferle sans opposition.

Voici, par exemple, pour octobre, novembre et décembre 1940 qui sont, il est vrai, des mois pendant lesquels Pétain voyage à travers la zone libre, voici un recensement des titres le concernant, recensement effectué sur trois journaux. J'ai choisi deux quotidiens de zone occupée : *Le Petit Parisien* et *La Petite Gironde* (éditée à Bordeaux) ; un quotidien de zone non occupée : *La Dépêche,* qui paraît à Toulouse.

Mon analyse n'a porté que sur les premières pages de journaux, elle ne s'intéresse qu'aux titres et laisse de côté les éditoriaux consacrés à la vie comme à l'œuvre du Maréchal.

CITATIONS DU NOM DE PÉTAIN EN TITRE DE PREMIÈRE PAGE

1940	*Petit Parisien*	*Petite Gironde*	*Dépêche*
Octobre	11	21	9
Novembre...........	20	26	16
Décembre	21	21	13

Chiffres qui ne restituent pas la chaleur des phrases, la variété des adjectifs, l'enthousiasme des articles, de toute cette littérature qui influence évidemment l'âme populaire et dont on ne peut préciser avec certitude dans quelle proportion elle est le reflet des consignes de la censure, dans quelle proportion elle est le reflet des sentiments des journalistes.

Que par le texte, par l'image, Pétain envahisse presque tout ce qui s'imprime, la chose est logique dans les premières semaines.

Lorsque, tout étant effondré, tout est à reconstruire.

Lorsque les parlementaires, réunis à Vichy, s'ils se divisent sur le nom de Laval, s'unissent sur celui de Pétain, et d'ailleurs sur qui pourraient-ils s'accorder ?

Lorsque l'homme de gauche, l'israélite Emmanuel Berl, collabore aux premiers discours de Pétain, écrivant, pour lui, quelques-unes des phrases qui se fixeront le plus profondément dans la mémoire des Français.

Que l'ancien éditorialiste de *Marianne* soit l'auteur véritable, sinon le propriétaire de « la terre, elle, ne ment pas », de « je hais ces mensonges qui vous ont fait tant de mal », de « je n'ai voulu placer hors de France ni ma personne, ni mon espoir », surprend des hommes qui imaginent toujours le pays coupé en deux par la lutte des partis, mais demeure normal pour ceux qui se souviennent d'une France brutalement rassemblée par le malheur et sur laquelle partis (volatilisés), syndicats (absents) et mots d'ordre ordinaires n'ont plus aucun pouvoir.

Il faut se garder cependant de toute simplification.

L'unanimité aura la fragilité d'un printemps.

La presse elle-même peut bien être soumise à la censure, dès que les jours du grand désarroi sont passés, elle n'est plus homogène et le regard qu'elle pose sur Pétain varie, on le verra bien, au gré des circonstances politiques.

L'opinion, jamais consultée, peut sembler compacte et sans failles, elle évoluera au fil des jours, au hasard de la guerre.

Le désastre avait été « pétainiste ». Les restrictions seront « antipétainistes » et comme, de toutes les soifs, la plus vite étanchée est celle du sacrifice, les Français se lasseront vite des « mea culpa » et des élans mystiques de juillet 1940 où tout est expliqué par l'absence de Dieu et l'abus du pernod.

Évolution lente sans doute, difficile à saisir mais certaine et dans laquelle tout a son importance : le poids des Allemands, présence réelle qui tord le cœur ; les avatars d'une guerre que l'on avait pu croire achevée avec la défaite de « la meilleure armée du monde » ; mais aussi les réformes décidées à Vichy par des hommes qui ont toutes les ambitions puisque, non contents de vouloir relever la France, créer des structures politiques nouvelles, modifier les institutions, ils entendent aussi transformer radicalement les méthodes de pensée, les mœurs donc l'Homme lui-même.

Pourtant qui prête d'abord attention au nom des ministres ?

Être ministre, en juillet 1940, apporte quelques avantages mais peu de considération.

En vérité, à l'exception de Laval, de Darlan, de Weygand, dont le nom a une résonance, tous ceux qui se trouvent associés au pouvoir peuvent entrer et sortir sans que l'opinion, purgée, pour un temps, de toute passion politique, s'intéresse à leur destin. On s'était beaucoup moqué, on avait beaucoup souffert de ces gouvernements de la IIIe République à qui il arrivait de ne pas vivre un mois. On allait connaître cinq grands remaniements ministériels entre juillet 1940 et septembre 1941, voir se succéder, en un an, quatre ministres aux Affaires étrangères, cinq à l'Intérieur, six à la Production industrielle, sans que le pouvoir se sente coupable, ou soit accusé d'instabilité.

La stabilité n'est-elle pas assurée, une fois pour toutes, par la présence du Maréchal à la tête du gouvernement et de l'État ? Du moins le croit-on tant est grand le mépris dans lequel est tenue la politique, tant est faible, à deux ou trois exceptions près, l'influence d'hommes choisis comme le seraient de grands commis, de parfaits officiers d'état-major, à qui sied l'anonymat et qui, dans cette époque sévère, n'ont d'ailleurs aucune tribune où se montrer et briller.

Hommes qui ne sont pas tous de même origine politique, de même origine sociale mais qu'animent les mêmes préoccupations d'efficacité immédiate ; de restauration des valeurs traditionnelles, seules capables de sauver la France de l'anarchie ou de la servitude ; de durée, dans un monde où nul n'est assuré de durer.

Il n'est pas indifférent que l'Immoraliste parle soudain le langage de Weygand. « Mollesse, abandon, relâchement dans la grâce et l'aisance, autant d'aimables qualités qui devaient nous conduire, les yeux bandés, à la défaite », écrit André Gide, le 25 juillet 1940, et le même jour, exactement, l'hebdomadaire *Gringoire* conseille à ses lecteurs de relire la préface qu'en 1889 Paul Bourget donnait au *Disciple,* préface de haine contre les « ignobles maîtres » qui, au nom de la liberté, ont proscrit « les plus chères croyances » ; contre « les politiciens abominables » ; enfin, contre le suffrage universel, « la plus monstrueuse et la plus brutale des forces ».

Il n'est pas indifférent encore que ce soit André Gide qui se déclare prêt à accepter une dictature qui seule « sauverait [la France] de la décomposition ». « Une dictature française », poursuit-il, en soulignant les mots. Et qui d'autre, au moment où il écrit[1], qui d'autre,

1. Le 10 juillet 1940.

parmi tous ceux que l'absolu du désastre incite à penser comme lui, souhaiterait une dictature étrangère ?

Précisément les hommes de « la dictature française », de la « Révolution nationale », sont en place.

J'excepte Pierre Laval, différent dans ses origines, ses moyens, ses buts ; indispensable à Pétain, le 10 juillet, du moins le croit-il, et le fait-il croire aux historiens eux-mêmes, mais immédiatement détesté par un entourage qu'il méprise pour son absence de sens politique ; jouant son jeu qu'il identifie à celui de la France mais qui n'est pas, on le verra bien, celui du Maréchal.

L'équipe de la Révolution nationale, de la « dictature française » se veut austère, civique, travailleuse, efficace et vertueuse. Soucieuse du triomphe des « honnêtes gens ».

Elle est, elle-même, composée d'ailleurs de fort honnêtes gens. L'époque 1940-1944 pourra se montrer fertile en scandales, profits immenses, captations et détournements en tous genres, l'équipe de Vichy, fidèle au maréchal Pétain, ne s'enrichira nullement au pouvoir Les procès de la Libération l'ont amplement prouvé et Alfred Sauvy a montré Charbin, ancien président de la Chambre de commerce de Lyon, acceptant, après plusieurs refus, le poste ingrat de secrétaire d'État au ravitaillement ; ne l'acceptant que par devoir patriotique mais, pour bien marquer qu'il ne veut pas participer à la politique, distribuant au personnel le traitement qui lui est affecté. Il a montré également Yves Bouthillier, ministre des Finances, malheureux d'avoir dû solliciter, pour un déjeuner officiel, 200 grammes de viande supplémentaire car ses principes s'en trouvent bouleversés...

« Honnêtes gens » ! Le mot signifie davantage. Il ne prend tout son sens qu'opposé à « combinard ». C'est, le plus souvent, un mot de réaction contre le trouble de la politique et le rôle corrupteur de l'argent.

Les hommes de Vichy seront donc également des hommes de la revanche.

Revanche des battus aux élections de 1936 ? Oui, mais ce serait limiter étrangement leur psychologie que de s'arrêter là.

Revanche de catholiques qui, par héritage, souffrent toujours du combisme et de l'affaire Dreyfus ; de bourgeois appauvris par des crises monétaires internationales dont ils rendent responsables d'irresponsables politiciens ; de conservateurs apeurés par le communisme et s'étant inventé, lors du triomphe du Front populaire et de la grande peur du Frente Popular, une trinité : Hitler, Franco, Mussolini, dont ils attendaient des exemples et peut-être le salut ; de provinciaux et de traditionalistes ayant envie, avec Péguy, de se laisser « redevenir, reconquérir paysans » ; de patriotes aigris par tant de fortunes édifiées sur « leur » guerre, par tant de mensonges et par tant de révoltantes incapacités et qui découvrent brutalement que, sous le choc de la défaite, tous les Français, et d'abord les profiteurs de l'ancien régime, condamnent les fautes qu'ils s'étaient vainement évertués à dénoncer.

Hommes du passé ? En partie. Il faudrait plutôt écrire hommes plongeant, pour la plupart, leurs racines dans le passé comme dans un humus dont ils vont tirer force et conviction.

Car, s'il y a un clan qui radote, il existe, à Vichy, un clan qui agit. D'autant plus rapidement que tout est à rebâtir, que « la possibilité de faire du neuf, pour reprendre un mot de Paul Baudouin, exalte les hommes de toute origine », que les fonctionnaires envahissent les places laissées libres par les « politiques ».

Dès l'instant que l'on remplace les « hommes qui parlent » par « les hommes qui savent » et que, le contrôle parlementaire supprimé, une signature suffit à tout, le rôle et l'importance des techniciens grandiront d'autant plus vite que la situation du pays et la pauvreté des ressources font surgir de nombreux comités chargés de répartir la misère et de mettre de l'ordre dans le chaos.

Paxton, dans son livre *La France de Vichy,* a justement signalé ce phénomène qui, s'il débute avec Vichy, se poursuivra après la Libération. Sans doute exagère-t-il en écrivant que les technocrates « entrèrent au gouvernement comme en pays conquis, affichant une alacrité et un esprit de vindicte montrant combien ils avaient rongé leur frein dans les coulisses », mais qu'ils soient officiers, ingénieurs, magistrats, hauts fonctionnaires, sortis en bon rang des écoles les plus réputées du monde, il est vrai qu'ils sont, et resteront, largement majoritaires dans le gouvernement de Vichy où ils apportent leur sens du service public, leurs compétences, leur efficacité mais également leur excessive assurance et leur totale incompréhension de l'opinion publique et de ce qui la sensibilise...

L'on va vite dans la France de Vichy.

Le 14 mars 1941, le Maréchal accordera cette retraite des vieux que *vingt-quatre projets,* entre 1936 et 1939, avaient été incapables de faire aboutir. Le 7 août 1940, les intouchables bouilleurs de cru voient leurs privilèges disparaître en un instant. Les lois sur la famille paraissent à l'*Officiel.* Toutes influencées d'ailleurs par cet ordre moral qui imprègne le régime et se manifestera, ici, par une modification de la loi sur le divorce [2], œuvre, en 1884, du juif radical Alfred Naquet, par une réglementation plus stricte de l'avortement, par une promotion sociale, sinon économique, des pères de famille et des mères de famille nombreuse à qui Philippe Pétain adresse un « émouvant message », pour reprendre le sur-titre de tous les journaux, sans que personne ait le mauvais esprit de faire remarquer que le Maréchal, célibataire jusqu'à 64 ans, n'a aucun enfant.

Loi Caziot du 9 mars 1941 qui facilite le remembrement tout en s'efforçant de préserver, voire d'améliorer l'exploitation familiale agricole, qui accorde des facilités de crédit pour la réfection des bâtiments et modifie les textes sur l'héritage afin que soit favorisé l'enfant qui continuera les travaux du père... Autant de réformes qui accompagnent et encadrent l'immense effort de redressement matériel d'un pays bouleversé par la guerre et dont les ruines, dans certains domaines, chemins de fer, ponts et chaussées par exemple, bien que plus nombreuses, sont relevées plus vite que les ruines de la guerre de 1914-1918.

Autant de réformes qui provoqueront, de la part des Français, moyens ou non, une réflexion identique à celle que Paul Reynaud leur prête à l'instant où il tente d'expliquer la popularité du Maréchal.

« Lorsque le Maréchal fait la leçon au peuple français, lorsqu'il l'incite à se tourner vers la famille, vers le travail, vers la patrie, n'a-t-il pas raison ? se disait le Français moyen. N'est-ce pas une réaction nécessaire ? » Beaucoup de ceux qui avaient relâché leur effort depuis quelques années se sentaient coupables au fond de leur cœur. Ils acceptaient les remontrances du grand vieillard. »

Les partisans, ceux qui se voient associés au pouvoir, éprouvent, eux, des bouffées d'enthousiasme, incompréhensibles si l'on considère la situation de la France occupée, explicables chez des hommes, qui

2. Il sera interdit, par la loi du 2 avril 1941, de divorcer pendant les trois premières années du mariage et l'adultère n'est plus considéré comme une cause systématique de divorce.

ont enfin l'impression de travailler sur un terrain vierge ou, plus exactement, sur un terrain déblayé. Henri du Moulin de Labarthète a marqué avec intelligence leurs ambitions mais aussi les limites de leur pouvoir.

« Les premières statistiques du rapatriement et de la démobilisation, les graphiques des routes réparées, des ponts reconstruits, des réseaux restaurés nous comblaient d'aise... Ce pays exsangue encore pouvait décidément accomplir de grandes choses. Pourquoi ne point assigner à son industrie de plus vastes objets : l'assèchement de la Sologne, la fertilisation de la Crau, le canal des Deux-Mers, la Loire navigable ? Il y avait, dans ces épures dressées à l'échelle de la plus grande France, à l'heure même où les Allemands occupaient les trois cinquièmes de notre territoire un peu de puérilité. Nous n'en prîmes pas conscience, au début tout au moins, non plus que nous n'aperçûmes dans la ligne de démarcation — cette chenille machiavélique — un obstacle décisif à la création de ces provinces, dont nous dessinions les contours avec tant de zèle. Non plus que nous ne sentîmes, aux approches de la pénurie, la vanité de l'héritage corporatif d'Olivier de Serre ou de Sully, engrangeurs d'abondance... »

Il y a infiniment plus grave que ces bulletins de victoire, que ces cocoricos sur le fumier du désastre.

Les hommes au pouvoir ont d'autres défauts que l'orgueil et la passion (qui n'a rien de bas) de la reconstruction, fût-elle imparfaite.

Depuis toujours coupés, par fonction, tempérament ou choix politique, de l'opinion française ; insensibles aux évolutions et mutations de la psychologie populaire ; voyant le monde à travers les lunettes déformantes de leur logique, ils entendent aller jusqu'au bout de tous les raisonnements.

On ne se contentera pas de rebâtir — ce à quoi nul ne trouverait à redire —, on détruira et sans même que les Allemands exigent, du moins au début, que l'édifice ancien soit systématiquement jeté bas.

Ainsi, quand des régimes ambitionnent de se créer des amis, voire une clientèle, Vichy va s'appliquer — gratuitement mais par goût de la revanche et peut-être de la conversion — à multiplier ses adversaires, choisis dans des catégories qui, initialement, songeaient à se faire oublier infiniment plus qu'à paraître.

Mais puisque Parlementarisme, Franc-Maçonnerie, École, Juiverie se trouvent intellectuellement chargés des responsabilités de la défaite, des généralités on descendra rapidement aux individualités. Alors, les parlementaires seront privés de leur mandat, les fonctionnaires maçons de leur poste, les instituteurs de leur liberté de conscience, les juifs de leur métier, de leur nationalité, de leur liberté, parfois de leur vie.

La nation, il faut le souligner, paraît d'abord donner son consentement à ce qui est initialement présenté comme une douce réplique aux excès du passé, comme une moralisation nécessaire, identique à celle qui a permis le triomphe de nos adversaires allemands.

Et il est bien entendu que les « réformes », que les « mesures » — mots plus tendres que « persécutions » — seront appliquées « à la française ».

Qui d'ailleurs, en juillet 1940, songerait à s'indigner parce que le Parlement ne jouera plus aucun rôle ?

Et même en juillet 1942, puisque c'est le temps où Jean Guéhenno se demande ce que sont devenus « les trente-huit millions de républicains de 1936 »...

En vérité, bien avant que nos armées ne soient balayées par les armées d'Hitler, Chambre et Sénat ont été balayés par le mépris populaire. Le sentiment de cette déchéance explique, sans doute, les silences de juillet 1940 lorsque, à Vichy, Pierre Laval, fouette une assemblée résignée et muette sur l'essentiel.

Les plus farouches adversaires du parlementarisme ne cessent d'interroger Peyrouton. « Quand le maréchal fera-t-il enfin fusiller Blum, Paul Reynaud, Herriot, Cot, Daladier, Gamelin ? »... Le ministre de l'Intérieur ajoute que l'ordre de préséance est toujours le même !

Et des millions de Français, moins sanguinaires, souscriraient, s'ils pouvaient la lire, à la phrase de Saint-Exupéry : « Ainsi je ne me désolidariserai pas d'une défaite qui souvent m'humiliera. Je suis de France. La France formait des Renoir, des Pascal, des Pasteur, des Guillaumet. Elle formait aussi des incapables, des politiciens et des tricheurs. »

On voit par quels larrons sont encadrés les politiciens !

L'émotion ne sera donc nullement provoquée par l'état d'hibernation dans lequel les Assemblées se trouvent plongées. On ne s'indigne pas qu'elles ne soient presque rien mais qu'elles puissent être encore quelque chose : que députés et sénateurs touchent leurs émoluments pendant un an ; que plusieurs d'entre eux soient envoyés en mission, deviennent préfets, fassent partie de ce Conseil national, créé à l'instigation de Pierre-Étienne Flandin, qui craint l'absence de tout corps intermédiaire et, qui malgré les réticences du Maréchal, irrité par la perspective de débats, d'effets de tribune, de complots de couloirs, réussit à y faire entrer 81 parlementaires dont il est entendu qu'ils ne toucheront que de fort modestes frais de représentation[3].

Si le sort des parlementaires, fût-ce le sort de ceux : Blum, Reynaud, Daladier, Guy La Chambre, Zay, Mandel, que le nouveau régime jette en prison, n'apitoie que fort peu de Français, il n'en va pas de même lorsque la frénésie d'épuration s'abat sur les conseillers municipaux et les maires.

Le gouvernement de Vichy, mal conseillé par de petits revanchards de village ou des théologiens de la Révolution nationale, imaginait que « la République des camarades » ne se relèverait pas des coups portés au vétérinaire, au notaire, au médecin, au notable de province, à cette bourgeoisie radicale et laïque dont Maurice Sarraut avait cependant affirmé, le 11 mai 1941, encore, qu'elle s'était rangée « spontanément autour du Maréchal ».

Des hommes connus et estimés de leurs concitoyens, des élus côtoyés, consultés, écoutés vont être ainsi frappés pour leurs convictions... réelles ou supposées, privés du mandat qui leur apportait souvent plus de charges que d'honneurs mais qui, pour la plupart, constituait un très légitime motif de fierté.

Comment la sentence ne serait-elle pas ressentie comme une dégradation civique ?

La lâcheté populaire aidant, ces hommes se retrouveront, certes, solitaires[4] mais, assez vite, ils referont surface et se montreront alors censeurs vigilants d'un régime qu'à l'origine ils ne songeaient pas à contester... Il suffit pour s'en convaincre de lire les pages dans lesquelles Weil-Curiel raconte ses décevantes tournées de propagande

3. Le Conseil national est créé le 24 janvier 1941. On avait d'abord prévu qu'il se réunirait à Lyon, mais le peu de goût du Maréchal pour les assemblées fit repousser cette suggestion. Quatre commissions siégèrent cependant en 1941, la plus importante se consacrant à la réorganisation des structures politiques. De ses réflexions allait naître le projet de deux Chambres : l'une de 200 membres tous désignés par le chef de l'État, l'autre de 300 dont une moitié choisie, une moitié élue par des assemblées provinciales. Au Conseil national, fort de 188 membres, siègent 81 parlementaires, 33 agriculteurs, 18 représentants de l'industrie et du commerce, 21 membres des professions libérales, 16 représentants du syndicalisme, 6 de l'armée, 6 de la Légion, 7 des artisans.

4. On l'a vu dans l'un des cas les plus fameux, celui d'Édouard Herriot, maire de Lyon.

gaulliste dans les vieilles terres radicales et socialistes du Sud-Ouest et du Midi !

Ainsi lorsque le Maréchal de France, chef de l'État français,

Vu l'article 3 du décret du 26 septembre 1939,

Vu l'article 1er §§ 2 et 3 du décret du 18 novembre 1939,

Vu la loi du 27 juillet 1940 relative à la forme des actes administratifs individuels

Et sur proposition du ministre secrétaire d'État à l'Intérieur

Suspend jusqu'à la fin des hostilités — et pour des raisons uniquement politiques — un conseil municipal, il commet à la fois une injustice et une erreur lourdes de conséquences[5].

L'injustice et l'erreur sont identiques lorsqu'il s'agit de poursuivre les fonctionnaires francs-maçons, puis d'étaler, en d'interminables listes, que certains journaux utilisent avec un art aigu du chantage, les noms de ces hommes dont il est bien difficile de prouver des fautes qui relèvent surtout du sectarisme globalement imputé à la franc-maçonnerie.

Sans doute, à la suite de violentes campagnes dans la presse d'extrême droite, l'opinion avait-elle été préparée à accueillir favorablement les mesures contre les francs-maçons qui prennent effet à dater du 13 août 1940, il n'en reste pas moins que le gouvernement s'aliène une petite fraction de la population, qui n'est pas sans influence, comme ne sont pas sans influence ces instituteurs que trop de cléricalisme brutalement, publiquement, officiellement affiché déroute, irrite, scandalise.

La Révolution nationale aspirait à créer la France des « bons ». « Bons » paysans, « bons » ouvriers, « bons » patrons, « bons » commerçants, « bons » maîtres d'école et « bons » curés portant partout la bonne parole, « bons » fonctionnaires et « bons » soldats pour défendre la bonne cause, « bons » anciens combattants embrigadés dans la Légion, « bons » enfants enfin, d'où surgirait la France de demain. Comme la lumière et la nuit s'équilibrent, à tant de « bons », il fallait bien, hélas ! que correspondent des « mauvais ».

---

5. Marcel Déat, dans *L'Œuvre,* critiquera violemment les mesures prises contre les maires et contre les instituteurs.

Maladroitement, logiquement, et sans même, au début, l'excuse de la pression allemande, le régime va s'employer à les désigner puis à en multiplier le nombre, en attendant que la puérile mécanique qu'il a mise en route lui échappe et qu'il y ait, un jour, plus de gloire et de profit à se trouver dans le camp des « mauvais » que dans la forteresse assiégée des « bons » !

A la liste des « mauvais », il faut ajouter les juifs dont le destin, longtemps, n'inquiétera pas les « bons » Français. Sans doute, et je le montrerai dans le quatrième volume de cette œuvre, sans doute faudra-t-il même attendre l'été de 1942 pour que, dans le cœur de beaucoup d'aryens, les persécutions, enfin, équilibrent les jalousies et qu'insensiblement la balance penche du côté de la pitié.

Juifs, entre eux divisés, qui n'hésitent pas à opposer « les Français de vieille souche » aux « naturalisés de fraîche date » ; juifs victimes d'une propagande aux racines anciennes mais ranimée par l'afflux de tous ces hommes venus d'Allemagne, d'Autriche, de Pologne, de Tchécoslovaquie en qui l'on voit des concurrents pour les travaux les plus humbles ou des candidats aux postes les plus hauts ; juifs, on le sait, qui se tournent d'abord avec confiance vers Pétain en qui ils imaginent trouver un protecteur naturel et qui « préfèrent », bien sûr, les odieuses tracasseries de Vichy 1940 aux persécutions qui, déjà, se préparent et se précisent en zone occupée mais qui n'en constituent pas moins, effacée, effarée, silencieuse pour l'instant, une masse qui rejoindra un jour, dans une opposition active, d'autres masses que le gouvernement de Vichy, par logique et passion, porte la responsabilité d'avoir descellées d'une nation, en juin 40, unie par le malheur.

La politique étrangère joue également un rôle dans la formation comme dans la détérioration du pétainisme. Après l'armistice c'est d'ailleurs de nos alliés de la veille qu'arrivent les premiers coups. Le 3 et le 6 juillet, nos navires, amarrés en rade de Mers el-Kébir, près d'Oran, sont canonnés, écrasés, éliminés en treize minutes (il y a 1297 morts, aussi) par un allié qui trouve commode de n'accorder aucun crédit aux promesses faites par Pétain et Darlan de ne jamais livrer la Flotte aux Allemands. Profitable scepticisme qui permet aux Anglais de s'assurer, à travers le monde, des richesses que nous ne sommes plus en état de défendre !

Après Mers el-Kébir nous frôlons le pire ; un renversement des alliances dans l'espoir de briser la solitude à laquelle la France se voit condamnée ; grand pays, hier courtisé, autour duquel, comme dans la chambre d'un mort honteux, on n'entend plus aujourd'hui que des chuchotements craintifs, alors que, sur la table d'Hitler, s'accumulent les télégrammes de félicitations. Et l'U.R.S.S. n'a pas manqué d'envoyer le sien.

Peut-être suffirait-il d'un geste généreux du Führer pour que tout le scénario de la guerre se trouvât brutalement et radicalement modifié.

Mais, si Mers el-Kébir ne change pas Hitler, la psychologie de Laval et de Darlan s'en trouvent profondément modifiées. Pour expliquer l'inexplicable il ne faudra jamais l'oublier.

Plaie sans cesse irritée et saignante d'être irritée, insulte impardonnable, Mers el-Kébir ne constituera pas seulement, avec Dakar, attaqué sans succès le 23 septembre, avec le bûcher de Jeanne d'Arc et la captivité de Napoléon, un argument choc pour affiches de propagande.

Pour Laval, pour Darlan, deux hommes qui tiendront à Vichy un rôle de premier plan, et par qui passera presque toute l'œuvre de collaboration, c'est la preuve, en effet, de l'infamie anglaise, une infamie qui appelle la riposte et légitime peut-être des alliances nouvelles.

Drame de Mers el-Kébir qui renforce la position du Maréchal. Secondé par Weygand, par Baudouin, il a refusé de céder à l'effroyable tentation qui rôde dans quelques esprits, et même de rendre coup pour coup. « Il y a des saletés qu'on ne fait pas ! » réplique Weygand à une lettre d'Huntziger qui, à Wiesbaden, reçoit condoléances et témoignages d'indignation d'officiers allemands, surpris par la brutale tournure des événements et dont certains ont l'imagination fertile...

Cependant, sous le choc, la France, qui pouvait s'éparpiller, se rassemble. « Désormais instruits par cette suprême leçon nous ne devons avoir qu'un but : *repliés sur nous-mêmes,* panser nos blessures, refaire la France » écrit *La Dépêche* du 6 juillet et un modeste hebdomadaire girondin *L'Avenir du bassin d'Arcachon* donne à la tragédie une conclusion qui doit être celle de nombreux Français troublés par l'armistice mais dont l'agression anglaise modifie les sentiments et les attitudes. « On pouvait auparavant hésiter encore sur son devoir. Aujourd'hui il est simple, il est clair, il est évident : il faut nous serrer autour du Maréchal Pétain. »

Drame de Mers el-Kébir qui freine, en effet, le gaullisme à ses débuts. Des hommes, que tout portait vers Londres, arrêtent net leur mouvement. « Nos illusions de chaque jour, écrit le résistant Pierre Bourdan, étaient pareilles à ces éphémères qui dansent au-dessus des mares dans la lumière et meurent quand vient la nuit : la fin de la journée détruisait l'espérance du matin. »

Et de Gaulle parlera de « coup de hache » dans les espoirs de la France Libre...

Et Weil-Curiel après avoir déclaré à Niel, l'ancien secrétaire général de la C.G.T., qu'il arrive de chez « nos alliés britanniques » s'entendra répondre :

— Ah ! nos alliés ! En effet, nos alliés ! qui nous ont trahis à Dunkerque, qui nous ont précipités dans la guerre, qui assassinent nos marins et qui veulent affamer nos enfants !

Étrange automne, étrange hiver, étrange printemps où l'on ne sait plus très bien qui pense quoi. Où les « gaullistes », je veux dire ceux qui écoutent Londres, placent, le plus naturellement du monde, la photo de Pétain sur le poste. Où les pétainistes soupçonnent, entre de Gaulle et son chef de Verdun, un monde d'accords secrets, de vieilles complicités, que la dernière scène du dernier acte révélera, comme dans ces mélodrames où tombent les déguisements qui avaient longtemps masqué le fils au père et dans lesquels tout finit par des larmes de joie et des embrassades. Qui est anglophile, anglophobe, pétainiste, gaulliste ? Chacun définit les autres par rapport à soi, les positions ne sont pas figées et les ondes de choc d'une guerre, qui a le monde pour théâtre, déplacent constamment les petits pions français.

Qui pense quoi ? D'après *Le Cri du peuple,* hebdomadaire doriotiste et collaborateur, il n'y aurait, en France, à la date du 27 décembre 1940 que des anglophiles. « La totalité des juifs d'abord, de nombreux communistes, les francs-maçons, tous les bénéficiaires de l'ancien régime... les bourgeois capitalistes... des paysans, qui sont la proie désignée des usuriers juifs... des catholiques et des protestants sincèrement attachés à leur foi... enfin des éléments profondément et traditionnellement nationaux... » Bref tout le monde. Ou presque.

Deux mois et demi plus tard, le 15 mars 1941, L. H. Nouveau, gaulliste qui a organisé un réseau de résistance en zone non occupée, se désespère. « Je savais les hommes peu courageux et encore moins spirituellement que physiquement, je les savais changeants et toujours portés à se mettre du côté du manche, mais je n'aurais jamais cru que ce pût être à ce point. L'armistice, la campagne anti-anglaise, la collaboration ont été, pour moi, motifs de profonde souffrance, et le fait qu'ils ont été acceptés si facilement par 80 % (le chiffre est devenu 85 % ou 90 % à y mieux regarder) des gens que je connais a été une stupéfaction, puis une nouvelle souffrance colorée de colère... »

Alors tous anglophiles ?

Ou tous collabos ?

Henri Lébre, auteur de l'article du *Cri du peuple,* Nouveau, auteur de réflexions amères sur son entourage, sont des hommes totalement engagés. Qu'ils se trouvent dans des camps opposés n'a, en la circonstance, aucune importance. Au contraire. Êtres d'exception, appartenant à des minorités combattantes, ils jugent leurs contemporains avec un esprit également partisan et manichéen. Mais ils ne sont nullement représentatifs d'un peuple qui, dans sa quasi-totalité, s'il a sentimentalement choisi *ce qu'il ne souhaitait pas* (la victoire allemande), ignore encore, tant les incertitudes militaires sont grandes, ce qu'il lui est permis de désirer. Et qui, par commodité autant que par enthousiasme, suit Pétain parce qu'il lui paraît le seul homme capable d'éviter les périls des solutions extrêmes, homme de la voie moyenne, de l'équilibre entre les adversaires, de l'attentisme, si l'on veut, position largement majoritaire en France et d'ailleurs, à y bien réfléchir, timidement « résistante » dans la mesure où le succès, presque partout alors, couronne les entreprises allemandes...

Que Pétain fasse un pas en dehors de la voie moyenne, qu'il rompe le presque impossible équilibre, que sa politique avantage ou donne l'impression d'avantager l'un des adversaires, surtout l'allemand, il perd de sa popularité.

On le voit bien lors de Montoire, rencontre moins critiquée à l'instant qu'elle ne le sera plus tard parce qu'elle n'a pas revêtu encore toute sa valeur de symbole.

La célèbre photo de la poignée de main Hitler-Pétain — photo qui fera davantage pour la condamnation morale du Maréchal que bien des actes — ne sera pas publiée le lendemain ou le surlendemain de Montoire, comme on pourrait l'imaginer aujourd'hui, mais neuf ou dix jours plus tard : le 2 ou le 3 novembre !

Montoire apparaît d'abord essentiellement comme un entretien dont sortiront des adoucissements aux sévères conditions de l'armistice beaucoup plus que des engagements politiques nouveaux.

Dans son message du 30 octobre, Philippe Pétain insiste d'ailleurs plus longuement sur les sujets d'espérance que sur les causes d'inquiétude. « C'est dans l'honneur et pour maintenir l'unité française, une unité de dix siècles, dans le cadre d'une activité constructive du nouvel ordre européen, que j'entre aujourd'hui dans la voie de la collaboration. Ainsi, dans un avenir prochain pourrait être allégé le poids des souffrances de notre pays, amélioré le sort de nos prisonniers, atténuée la charge des frais d'occupation. Ainsi pourrait être assouplie la ligne de démarcation et facilités l'administration et le ravitaillement du territoire. »

Et le 19 novembre *Le Petit Parisien* — comme d'autres quotidiens — établit une relation directe entre Montoire et les libérations de prisonniers décidées par l'Allemagne.

25 JOURS APRÈS MONTOIRE
DES LIBÉRATIONS...
DES MESURES BIENVEILLANTES
POUR NOS PRISONNIERS

Que Pétain ait rencontré Hitler ne choque vraisemblablement pas les Français tant sont nombreux et importants les problèmes à régler, problèmes dont chacun sait, ou devine, qu'ils ne peuvent trouver une solution dans un climat de tension.

L'émotion naît à l'instant où Laval, et la presse parisienne, *inventent* un Montoire à orientation presque uniquement politique, créant ainsi une dynamique de la collaboration qui ne répond ni aux faits, puisque le poids de l'occupation ne varie guère, ni aux vœux de l'opinion.

A peine Pétain est-il personnellement atteint par Montoire et la collaboration, telle que l'imaginent Paris et Londres, le voici qui refait, grâce au 13 décembre, et au renvoi de Pierre Laval, la presque unanimité des Français. Il a retrouvé la voie moyenne, la position d'équilibre...

Que le 13 décembre ait été un acte antiallemand beaucoup plus qu'une opération de politique intérieure, on s'en rend compte en lisant ces journaux parisiens qui, entre le 21 décembre et le 20 janvier, jour où, sur huit colonnes, certains d'entre eux annoncent les retrouvailles Pétain-Laval, mettent littéralement le Maréchal au coin !

On ne parle pratiquement plus de lui qu'en des occasions mineures ou ridicules. En revanche cette presse, qui est déjà la presse de la collaboration, accable, piétine, déchire son entourage puisqu'il est entendu que Pétain ne peut encore être directement, personnellement mis en cause. Feuilletez *L'Œuvre,* que dirige Marcel Déat. 8 janvier en manchette : « LES EXCLUSIVES DE VICHY N'Y PEUVENT RIEN : L'ALLIER COULE VERS L'AVAL ». 9 janvier : « REMANIEMENT OU NETTOYAGE ? JOUERA-T-ON ENCORE LONGTEMPS AVEC L'AVENIR DE LA FRANCE ? » 11 janvier : « PARALYSIE GÉNÉRALE ». 12 janvier : « DU CHANTAGE A LA TRAHISON » Vichy étant bien entendu, la capitale de la trahison comme, trois semaines plus tard, l'affirmera d'ailleurs une manchette du quotidien

RÉVOLUTION NATIONALE BAFOUÉE
COLLABORATION SABOTÉE
FRANCE TRAHIE
VOILA LE BILAN DE VICHY.

13 janvier : « UN EMBLÈME POUR VICHY : UNE TÊTE DE JANUS MONTÉE SUR UNE GIROUETTE. » 14 janvier : « GASPILLAGE DE NOS CHANCES » nos chances étant, naturellement, dans l'adhésion aux thèses allemandes. 31 janvier, dans ce numéro où le discours d'Hitler, sur le nouvel ordre européen, est annoncé sur huit colonnes, un encadré affirmant « qu'en tuant la confiance que la France vaincue avait su, grâce à Pierre Laval, inspirer à l'Allemagne, VICHY A TRAHI. »

Londres et de Gaulle ne se montrent pas plus sévères dans leurs critiques ! Ainsi, tandis que les uns reprochent à Vichy de trop incliner vers la collaboration, les autres l'accusent de trop s'en écarter.

Attaques qui consolident Pétain plus qu'elles ne l'atteignent dans la mesure où, pendant l'hiver 1940-1941 et le printemps qui suit, les armes anglaises connaissent bien des infortunes.

Sans doute le pire est-il passé mais qui en jurerait devant les défaites britanniques en Afrique, défaites qui se multiplient dès que Rommel paraît ? Qui en jurerait à l'annonce des bombardements sur Londres et des torpillages ? L'armée allemande semble invincible et lorsque, en quelques jours, elle « liquide » la Yougoslavie et la Grèce, rejette à la mer les Anglais débarqués pour soutenir

Athènes, occupe la Crète grâce à un fantastique lâcher de parachutistes, pour beaucoup de Français, avril 1941 apparaît alors comme le mois le plus triste d'un long printemps noir.

Pour que tout change il faudra l'attaque allemande contre la Russie. Elle donne sa dimension, son visage à la collaboration qui ne pouvait se nourrir longtemps de l'amour de l'Allemagne pour l'Allemagne et trouve, dans l'anticommunisme enfin débridé, sa véritable raison d'être. Elle apporte à la Résistance les troupes qui lui faisaient encore défaut, troupes populaires, disciplinées, étrangères à la bourgeoisie verbalement antiallemande mais hésitant souvent devant l'action, troupes qui, volontairement, vont durcir le combat pour entraîner les représailles qui font lever de nouvelles vocations de combattants ou de martyrs.

Devant la dimension nouvelle prise par un conflit qui fournit aux Français tous les éléments d'une guerre civile, devant les exigences sans cesse plus grandes de l'Allemagne qui, bientôt, n'aura plus aucune raison de conserver la fiction d'un « vaincu privilégié », le rôle de Philippe Pétain ne peut qu'aller diminuant...

Bons observateurs, admirablement placés, Du Moulin et Bouthillier situent également au milieu de l'année 1941 la dégradation du pétainisme. L'un écrit que « la lune de miel » prit fin en ce temps-là. L'autre évoque le « divorce » d'avec les Français.

Ils mettent en avant les difficultés de ravitaillement, les erreurs policières, l'inexpérience du chef de l'État à diriger un pays moderne. Soit.

Mais le milieu de l'année 1941 voit surtout le début de la guerre allemande contre la Russie.

Le milieu de l'année 1941 voit se succéder d'immenses victoires dont une grande partie du peuple français, qui vit à l'heure de 1812, attend qu'elles se changent, un jour, en immenses défaites.

Le milieu de 1941 voit partout les sentiments se durcir, les passions s'exaspérer, les hommes s'opposer, les idéologies fortes se réveiller, le pâle et honnête « Travail, Famille, Patrie » étant comme effacé par les slogans plus rudes, plus enivrants, que jettent aux Français, gaullistes, communistes...

Et collaborateurs aussi à qui les triomphes nazis donnent l'assurance que leur cause est bonne et qu'elle doit l'emporter...

Le prochain ouvrage, le troisième de :

La grande histoire des Français sous l'occupation

aura pour titre :

Les beaux jours des collabos

CHRONOLOGIE

J'ai consulté un assez grand nombre de chronologies pour savoir combien il est difficile d'en établir une.

Je propose celle-ci avec son mode de lecture.

Tout ce qui concerne la France occupée ou non occupée, ainsi que l'Empire, est composé en caractères romains.

Ce qui concerne l'action du général de Gaulle et des premiers résistants est composé en caractères **gras.**

Enfin, ce qui concerne le développement de la guerre se trouve en caractères *italiques.*

1940

16 juin — Formation à Bordeaux, après la démission du gouvernement Reynaud, d'un gouvernement présidé par le maréchal Pétain. Camille Chautemps est vice-président du Conseil ; le général Weygand, ministre de la Défense nationale, Paul Baudouin, ministre des Affaires étrangères. Entre 23 h 30 et 24 heures le Conseil des ministres tient sa première réunion et décide de solliciter l'armistice par l'intermédiaire de l'ambassadeur d'Espagne, M. de Lequerica.

17 juin — **Le général de Gaulle quitte Bordeaux pour Londres où il est reçu par Churchill.**

A 12 h 30, le maréchal Pétain annonce aux Français qu'il a demandé à l'adversaire les conditions d'armistice. « C'est le cœur serré, déclare-t-il, que je vous dis aujourd'hui qu'il faut cesser le combat. » Phrase malheureuse qui entraîne de nombreuses redditions et augmente considérablement le nombre des prisonniers.

Depuis la veille, Hitler étudie les conditions d'armistice. Il les veut relativement modérées.

En France, l'armée allemande avance partout très vite.

18 juin — **Premier appel radiodiffusé du général de Gaulle.**

« La guerre n'est pas tranchée par la bataille de France. »

« Foudroyés aujourd'hui par la force mécanique, nous pourrons vaincre dans l'avenir par une force mécanique supérieure. »

Rencontre entre Hitler et Mussolini à Munich. L'Allemand tempère les exigences de l'Italien.

19 juin — **Le général de Gaulle demande aux représentants de l'Empire de poursuivre le combat aux côtés de l'Angleterre.**

20 juin	La délégation française d'armistice quitte Bordeaux pour une destination inconnue. *La Luftwaffe bombarde Bordeaux.*
21 juin	A Rethondes, dans le wagon où, en 1918, Foch avait dicté les conditions alliées aux Allemands, le chef de la délégation française, le général Huntziger, reçoit d'Hitler les conditions allemandes. Huntziger les téléphone à Vichy où elles sont étudiées par le Conseil des ministres qui, sur plusieurs points, présente des contrepropositions.
22 juin	Le gouvernement français ayant donné son accord, le général Keitel et le général Huntziger apposent leur signature au bas de la convention d'armistice.
24 juin	La délégation française se rend à Rome où les pourparlers d'armistice sont rapidement achevés.
25 juin	A 0 h 35 les deux armistices deviennent effectifs. Les combats cessent sauf en certains points de la ligne Maginot. Journée de deuil national. Le Maréchal dresse le bilan de l'infériorité des Franco-Anglais dans la lutte qui les opposait aux Allemands et répète qu'il ne quittera pas « le sol de France ».
26 juin	*Ultimatum soviétique à la Roumanie.*
28 juin	**Le gouvernement britannique reconnaît officiellement le général de Gaulle comme « Chef des Français libres ».**
29 juin	Le gouvernement français quitte Bordeaux, qui se trouve désormais en zone occupée, pour Clermont-Ferrand, vite jugé incommode.
1er juillet	Installation à Vichy.
2 juillet	*L'U.R.S.S. occupe une partie de la Roumanie.*
3 juillet	Brutale attaque anglaise contre les vaisseaux de guerre français amarrés, près d'Oran, en rade de Mers el-Kébir. L'escadre française d'Alexandrie est neutralisée. Tous les navires français se trouvant dans des ports britanniques sont saisis.
5 juillet	Le gouvernement français décide de rompre les relations diplomatiques avec la Grande-Bretagne. Premières réunions, à Vichy, des députés et sénateurs convoqués pour l'Assemblée nationale.
6 juillet	Attaque aérienne anglaise contre le cuirassé *Dunkerque* avarié lors du premier bombardement de Mers el-Kébir. Les deux attaques britanniques ont fait 1 297 morts.
8 juillet	Les Anglais bombardent le cuirassé *Richelieu* qui se trouve en rade de Dakar.
9 juillet	Par 398 voix contre 3 la Chambre des Députés et par 230 contre 1 le Sénat décident qu'il y a lieu de réviser les lois constitutionnelles.
10 juillet	Par 569 voix contre 80, l'Assemblée nationale délègue le pouvoir constituant au maréchal Pétain.

	Rédaction, par le communiste Jacques Duclos, d'un texte qui, diffusé au mois d'août, sera connu sous le nom d' « Appel du 10 juillet ».
11 juillet	Promulgation à Vichy des actes constitutionnels I, II et III. Le maréchal Pétain prend le titre de chef de l'État, adresse un message au pays sur les réformes à entreprendre et annonce qu'il a demandé à l'Allemagne la libération de Versailles et du quartier des ministères à Paris.
12 juillet	Laval est nommé vice-président du Conseil. Remaniement ministériel.
13 juillet	Albert Lebrun n'est plus Président de la République.
16 juillet	*Hitler donne l'ordre de préparer l'invasion de l'Angleterre et réclame vainement des bases dans l'Afrique du Nord française.*
17 juillet	**Première tentative pour envoyer un agent secret de la France libre en zone occupée.**
19 juillet	Laval rencontre Abetz à Paris.
22 juillet	Loi permettant la révision des naturalisations.
	Ralliement des Nouvelles-Hébrides au général de Gaulle.
26 juillet	**Ralliement de la Côte-d'Ivoire au Général de Gaulle.**
30 juillet	Création des Chantiers de la jeunesse.
31 juillet	Les Anglais décident le blocus des côtes de France et d'Afrique du Nord.
1er août	**Des filières d'évasion de prisonniers se constituent en Alsace.**
2 août	Ultimatum japonais à l'amiral Decoux, gouverneur général de l'Indochine.
	Le général de Gaulle est condamné à mort par le tribunal militaire de Clermont-Ferrand.
3 août	*Estonie, Lituanie puis Lettonie (le 6) deviennent des Républiques soviétiques.*
	Abetz rend compte à Hitler de son entretien avec Laval.
4 août	*Invasion de la Somalie britannique par les Italiens.*
7 août	L'Alsace et la Lorraine sont rattachées au Reich.
	Accord entre de Gaulle et les Anglais sur l'organisation des Forces françaises libres.
13 août	Message du Maréchal Pétain : « La France nouvelle réclame des serviteurs animés d'un esprit nouveau. »
	Loi interdisant les sociétés secrètes.
15 août	Texte du Maréchal Pétain dans *La Revue des Deux Mondes* sur la politique sociale de l'éducation.
	Henri Frenay et Maurice Chevance décident de créer une armée de libération.
	Intensification des attaques aériennes sur l'Angleterre.
26 août	**Ralliement du Tchad à la France libre.**

27 août	**Ralliement du Cameroun à la France libre.**
28 août	**Ralliement du Congo à la France libre.**
29 août	Création en zone libre de la Légion des combattants. **Ralliement de l'Oubangui-Chari à la France libre.**
2 septembre	**Ralliement de Tahiti à la France libre.**
3 septembre	*Première livraison de destroyers américains à la Grande-Bretagne.*
6 septembre	Le général Weygand, éliminé du ministère, devient délégué général du gouvernement en Afrique française.
7 septembre	*Début du blitz sur Londres.*
14 septembre	*Offensive italienne contre l'Égypte.*
15 septembre	Léon Blum est interné à Chazeron où Reynaud, Daladier, Mandel et le général Gamelin l'ont précédé. *500 avions allemands sur Londres.*
23-25 septembre	**Le général de Gaulle arrive devant Dakar avec une flotte franco-britannique mais le gouverneur général Boisson refuse de se rallier. Bombardement de Dakar et échec de l'opération.**
24 septembre	**Ralliement de la Nouvelle-Calédonie à la France libre.**
25 septembre	**Premier tract clandestin du groupe du Musée de l'Homme.**
26 septembre	*Débarquements japonais au Tonkin après l'accord franco-japonais du 22.*
27 septembre	Ordonnance allemande contre les Juifs *A Berlin, signature du pacte tripartite (Allemagne, Italie, Japon)*
4 octobre	*Rencontre Hitler-Mussolini.*
5 octobre	Arrestation par la police parisienne de 300 communistes.
7 octobre	*Entrée des troupes allemandes en Roumanie.*
11 octobre	Message du Maréchal définissant les caractéristiques du nouveau régime. Il sera national en politique étrangère, hiérarchisé en politique intérieure, coordonné et contrôlé dans son économie, social dans son esprit et ses institutions.
12 octobre	*Victoire, au large de Malte, de la flotte anglaise sur la flotte italienne.* *Hitler annule ses ordres pour le débarquement en Angleterre.*
18 octobre	Publication au *Journal Officiel* du statut des juifs.
22 octobre	Laval reçu à Montoire dans le wagon-salon d'Hitler.
23 octobre	De retour à Vichy, Laval met le Conseil des ministres au courant de son entrevue. *Rencontre Hitler-Franco à Hendaye.*
24 octobre	Le Maréchal Pétain rencontre Hitler en gare de Montoire. Mission du professeur Rougier à Londres.
27 octobre	**Création, à Brazzaville, par le général de Gaulle, du Conseil de défense de l'Empire.**
28 octobre	Laval est nommé ministre des Affaires étrangères.

	L'Italie en guerre contre la Grèce.
30 octobre	Message du Maréchal : « J'entre aujourd'hui dans la voie de la collaboration. »
	Au mois d'octobre, parution de plusieurs feuilles clandestines.
8 novembre	*Succès grecs en Albanie.*
9 novembre	Dissolution des centrales syndicales et patronales. Entrevue Laval-Göring.
	Ralliement du Gabon à la France libre.
11 novembre	**Sur les Champs-Élysées, manifestation d'étudiants parisiens contre l'occupant.**
	70 000 Lorrains, chassés par les Allemands, commencent à arriver en zone libre.
14 novembre	*Raids allemands sur Coventry.*
29 novembre	A Paris, première conférence franco-allemande pour organiser la collaboration.
2 décembre	Loi relative à l'organisation corporative de l'agriculture. Trois ministres (Baudouin, Peyrouton, Bouthillier) font pression sur le Maréchal pour qu'il se sépare de Pierre Laval.
9 décembre	*En Égypte, début de la contre-offensive britannique.*
11 décembre	Laval transmet au Maréchal l'invitation d'Hitler d'assister à la remise solennelle des cendres de l'Aiglon.
13 décembre	Le Maréchal Pétain révoque Pierre Laval et le fait arrêter. Il adresse un message à la nation qui ne sera pas reproduit par la presse parisienne.
14 décembre	Pierre-Étienne Flandin nommé ministre des Affaires étrangères.
15 décembre	**Premier numéro de *Résistance*.**
16 décembre	Aux Invalides, cérémonie de remise des cendres de l'Aiglon. Entretien Abetz-Darlan.
17 décembre	Abetz arrive à Vichy où il obtient la libération de Laval qui regagne Paris en sa compagnie.
18 décembre	*Memorandum secret d'Hitler sur l'invasion de l'U.R.S.S.*
24 décembre	**Venant d'Angleterre, le commandant d'Étienne d'Orves débarque à Plogoff.**
25 décembre	Darlan remet à Hitler une lettre du Maréchal sur les événements du 13 décembre.
29 décembre	*Violents bombardements de Londres.*

1941

5 janvier	L'amiral Leahy, ambassadeur des États-Unis, arrive à Vichy.
10 janvier	*Victoire grecque en Albanie.* *Combat naval anglo-italien du détroit de Sicile.*

18 janvier	En gare de La Ferté-Hauterive, le Maréchal rencontre Laval.
20 janvier	*La 5e division motorisée allemande, dirigée par le général Rommel, est envoyée au secours des Italiens.*
21 janvier	*Succès des Anglais en Cyrénaïque, Éthiopie et Somalie. Ils s'emparent de Tobrouk.*
27 janvier	Acte constitutionnel N° 7 instituant le serment de fidélité au chef de l'État pour les hauts fonctionnaires et les hauts dignitaires.
3 février	A Paris, entretiens Darlan-Laval et Darlan-Abetz.
9 février	Flandin démissionne. L'amiral Darlan devient vice-président du Conseil et successeur désigné du Maréchal (le 10).
11 février	**Arrestation des militants du groupe du Musée de l'Homme.**
13 février	Rencontre Franco-Pétain à Montpellier.
18-26 février	Entretiens entre Weygand et l'Américain Murphy pour favoriser, avec l'accord de l'Angleterre, le ravitaillement de l'Afrique du Nord.
22 février	*Déclenchement d'une contre-offensive germano-italienne en Libye.*
1er mars	Depuis Saint-Étienne, message du Maréchal aux ouvriers, techniciens et patrons.
	Grande activité du réseau de résistance de Gilbert Renault, dit « Rémy ».
	Partie du Tchad, la colonne française de Leclerc fait capituler la garnison italienne de Koufra.
2 mars	*Les Allemands entrent en Bulgarie.*
4 mars	*Les Anglais débarquent des troupes en Grèce pour prendre part aux combats contre l'Italie.*
8 mars	Adoption, aux États-Unis, de la loi « Prêt-Bail », loi qui autorise le prêt et la location de matériel de guerre américain aux pays amis.
14 mars	Le maréchal Pétain annonce que le texte sur la retraite des vieux sera publié le lendemain au *Journal Officiel.*
16 mars	*Violent raid de la Lutwaffe sur Bristol.*
24 mars	*Raid de la R.A.F. sur Berlin.*
25 mars	*La Yougoslavie adhère au pacte tripartite.*
26 mars	*Coup d'État en Yougoslavie. Le roi Pierre II, hostile à l'Axe, prend le pouvoir.*
28 mars	*Victoire navale des Anglais sur les Italiens au cap Matapan.*
30 mars	*A Brest, la R.A.F. attaque les croiseurs allemands* Scharnhorst *et* Gneisenau.
31 mars	*Début de l'offensive de Rommel en Cyrénaïque.*
3 avril	*Rommel reprend Benghazi.*
6 avril	*Les Allemands envahissent la Yougoslavie et la Grèce.*

CHRONOLOGIE

11 avril	Discours du Maréchal Pétain : « L'honneur nous commande de ne rien entreprendre contre nos anciens alliés. »
13 avril	*Entrée des troupes allemandes à Belgrade.* *Signature d'un pacte de non-agression entre l'U.R.S.S. et le Japon.*
14 avril	*L'Afrika Korps atteint la frontière égyptienne.*
16 avril	*Raids sur Londres, répétés le 19 et le 20.*
17 avril	*Capitulation de la Yougoslavie.*
20 avril	Depuis Pau, message du maréchal Pétain aux populations rurales.
27 avril	*Occupation d'Athènes. Rembarquement des troupes britanniques.*
1er mai	A Commentry, le Maréchal déclare : « Le 1er mai sera désormais un symbole d'union et d'amitié. »
2 mai	*En Irak, coup d'État antianglais.*
3 mai	Abetz convoque Darlan à Paris. Début des conversations militaires.
10 mai	*Rudolf Hess, le second d'Hitler, s'envole clandestinement pour l'Angleterre.*
11-12 mai	Entrevue Hitler-Darlan. Les avions allemands vont être autorisés à se poser sur les aérodromes syriens. Les troupes irakiennes seront ravitaillées en armes françaises.
20 mai	*Les parachutistes allemands envahissent la Crète.*
23 mai	Discours de Darlan laissant prévoir une accentuation de la collaboration.
24 mai	*Bataille navale dans l'Atlantique. Le cuirassé* Bismarck *coule le cuirassé anglais* Hood *avant d'être lui-même coulé (le 25) par l'aviation et la flotte britanniques.*
26 mai	**Début de la grève des mineurs du Nord et du Pas-de-Calais.**
27 mai	Signature, entre l'amiral Darlan et le général Walrimont, d'accords de coopération militaire. Le Maréchal ne les ratifiera pas.
31 mai	*Signature de l'armistice entre l'Irak et la Grande-Bretagne.*
2 juin	Établissement, en France, d'un statut spécial pour les juifs.
7 juin	Troupes anglaises et Forces françaises libres entrent en Syrie, à l'instigation du général de Gaulle. De très violentes batailles se poursuivront, pendant plusieurs semaines, contre les soldats du général Dentz.
21 juin	Prise de Damas par les Britanniques et les Français libres.
22 juin	*L'Allemagne, l'Italie et la Roumanie déclarent la guerre à l'U.R.S.S. 190 divisions, appuyées par 5 000 avions et 3 500 chars passent à l'action.*
30 juin	Rupture des relations diplomatiques entre le gouvernement de Vichy et l'U.R.S.S.

BIBLIOGRAPHIE

ABETZ (Otto) : *D'une prison* (Amiot-Dumont, 1950).
— *Histoire d'une politique franco-allemande. Mémoires d'un ambassadeur* (Stock, 1953).
— *Pétain et les Allemands. Mémorandum d'Abetz sur les rapports franco-allemands* (Éd. Gaucher, 1948).
ABRAHAM (Pierre) : *Les trois frères* (Les Éd. Français réunis, 1971).
AGAHT : *Dites-le-leur* (Éd. du livre Français, 1942).
AGLION (Paul) : *L'épopée de la France combattante* (Éd. de la Maison Française 1943).
ALENGRY (F.) : *La Philosophie sociale et politique du Maréchal Pétain* (Éd. Ch Lavauzelle, 1943).
ALMIRA : *Thèses pour la Révolution nationale. Du libéralisme économique à une politique sociale* (Peyronnet, 1943).
AMBRIERE (Francis) : *Les grandes vacances* (Nouvelle France).
AMORETTI : *Lyon Capitale 1940-1944* (Éd. France-Empire).
AMOUROUX (Henri) : *La vie des Français sous l'occupation* (Fayard).
— *Le 18 juin 1940* (Fayard).
— *Pétain avant Vichy* (Fayard).
ANGELI (Claude) et GILLET (Paul) : *Debout partisans* 1969, (Fayard).
ANTHERIEU (Etienne) : *Le drame de l'armée de l'armistice* (Éd. des Quatre Vents).
ARBELLOT (Simon) : *La presse française sous la francisque* (L'écho de la Presse et de la Publicité).
— *Eau de Vichy. Vin de Malaga. Souvenirs d'un consul général* (Éd. du Conquistador, 1951).
Armée nouvelle (l'), avril 1942, Vichy (Wallon).
ARON (Robert) : *Histoire de Vichy* (Fayard).
« Aspects de la Résistance Française », *Revue d'Histoire de la Deuxième Guerre mondiale* N° 85, janvier 1972.
ASTER (Sidney) : *Les Origines de la Seconde Guerre mondiale* (Hachette).
AUDIAT (Pierre) : *Paris pendant la guerre* (Hachette).
AUPHAN (amiral) : *Histoire élémentaire de Vichy* (Éd. France-Empire).
AUPHAN (amiral) et MORDAL (Jacques) : *La Marine française pendant la Seconde Guerre mondiale* (Hachette).
AURIOL (Vincent) : *Hier. Demain. Souvenirs* (Éd. Charlot, 1945).

BAISTON (Robert) : *L'ombre des cocardes* (Lyon -Sève).
BARDOUX (Jacques) : *Journal d'un témoin de la Troisième* (Fayard).
BAREL (Virgile) : *Cinquante années de luttes* (Éd. Sociales).
BARRE (lieutenant) - VERON (lieutenant) : *Foyer retrouvé* (Alsatia, 1942).
BARRES (Philippe) : *Charles de Gaulle* (Plon).
BARTH (Carl) : *Une question et une prière aux protestants de France,* octobre 1940.

BIBLIOGRAPHIE

BAUDOT (Marcel) : *L'Opinion publique sous l'Occupation* (P.U.F.).
BAUDOUIN (Paul) : *Neuf mois au gouvernement* (La Table ronde.)
BAUMONT (Maurice) : *Les origines de la Deuxième Guerre mondiale.*
BAYET (Albert) : *Pétain et la cinquième colonne.*
BEARN (Pierre) : *De Dunkerque à Liverpool.*
BEAU et GAUBUSSEAU : *Dix erreurs, une défaite* (Presses de la Cité).
BEAU DE LOMENIE (Emmanuel) : *Mort de la Troisième République* (Éd. du Conquistador).
— *Les responsabilités des dynasties bourgeoises* (Denoël).
BELIN (R.) : *La politique sociale de Vichy.*
BELLANGER : *Histoire générale de la presse française* (P.U.F.).
BENJAMIN (René) : *Le printemps tragique* (Plon, 1940).
— *Le Maréchal et son peuple* (Plon, 1941).
— *Vérités et rêveries sur l'éducation* (Plon, 1941).
BENOIST-MECHIN (Jacques) : *La moisson de 40. Journal d'un prisonnier de guerre* (Albin-Michel, 1941).
—*Soixante jours qui ébranlèrent l'Occident,* 3 vol. (Albin-Michel).
BENOUVILLE (Guillain de) : *Le sacrifice du matin* Éd. de Cremille, 1972).
BERGE (François) : *Le pétinisme étrange vertu* (Éd. du Livre Français, 1945).
BERL (Emmanuel) : *La fin de la Troisième République* (Gallimard).
BERTEIL (Louis) : *L'armée de Weygand* (Éd. Albatros, 1975).
BERTHELOT (Jean) : *Sur les rails du pouvoir* (R. Laffont, 1968).
BESNARD (Lucien) : *Rires sous la botte* (Berger-Levrault, 1945).
BETEILLE (Pierre) - RIMBAUD (Christiane) : *Le Procès de Riom* (Plon).
BETZ (Maurice) : *Dialogue des prisonniers 1940* (Émile Paul, 1940).
BIJOIN (Sébastien) : *La leçon des victoires perdues,* (Éd. du Clocher, 1941).
BILLIG (Joseph) : *Le Commissariat Général aux Questions Juives* (Éd. du Centre).
BLOCH (Marc) : *L'étrange défaite* (Éd. Franc-Tireur).
BLOND (Georges) : *Pétain* (Presses de la Cité, 1966).
BLUM (Léon) : *L'histoire jugera* (Éd. de l'Arbre, 1943).
— *A l'échelle humaine* (Gallimard, 1945).
BOEGNER (Pasteur) : *L'exigence œcuménique. Souvenirs et perspectives* (Albin-Michel, 1968).
— « Interventions auprès de Vichy » dans *Les Clandestins de Dieu,* CIMADE (Fayard, 1968).
BONAMY (Georges) : *L'état-major s'en va-t-en guerre* (1941).
BONNEFOUS (Édouard) : *Histoire politique de la Troisième République,* tome VII (P.U.F.).
BONTE (Florimond) : *Le chemin de l'honneur* (Éd. d'hier et d'aujourd'hui).
BOOD (Micheline) : *Les années doubles. Journal d'une lycéenne sous l'Occupation* (R. Laffont, 1974).
BOPP (M.J.) : *L'Alsace sous l'Occupation allemande* (Éd. Xavier Mappus).
BORDEAUX (Henri) : *Les murs sont bons* (Fayard, 1941).
— *Images du Maréchal Pétain* (Sequana, 1941).
BOST (Pierre) : *Un an dans un tiroir* (Gallimard, 1945).
BOULARD (Chanoine) : *Premiers itinéraires en sociologie religieuse.*
— *Le problème d'un optimum de population pour les paroisses rurales.*

BOURDET (Claude) : *L'aventure incertaine* (Stock, 1975).
BOURDIER (Jean) : *Le comte de Paris* (La Table Ronde, 1965).
BOURDIN (J.) : « Des intellectuels à la recherche d'un style de vie. » *Revue Française de Sciences Politiques, déc. 1959.*
BOURGET (Pierre) : *Un certain Philippe Pétain* (Casterman, 1966).
« Thorez à l'Élysée » *Le Monde,* 21 juillet 1972.
BOURGET (Pierre) - LACRETELLE (Ch.) : *Sur les murs de Paris* (Hachette).
BOUTHILLIER (Yves) : *Le drame de Vichy* (Plon).
BOUTILLIER : *Français veux-tu refaire la France ?* Comité de la Propagande Française « Pavillon haut », juillet 1940.
BOUVIER (René) : *Le redressement de la Prusse après Iéna,* (1941).
BRASILLACH (Robert) : *Notre avant-guerre* (Plon, 1941).
— *Journal d'un homme occupé* (Les Sept Couleurs, 1955).
BRINON (Fernand de) : *Mémoires* (Imp. réunies, 1949).
BRISSAUD (A.) : *La dernière année de Vichy 1943-1944* (Press pocket, 1970).
BROGLY : *La grande épreuve. L'Alsace sous l'occupation* (EJP éd. du Cerf, 1945).
BRUCKBERGER (Père) : *Nous n'irons plus au bois* (Amiot-Dumont, 1948).
— *Si grande peine. Chronique des années 1940-1948* (Grasset, 1967).

CARBUCCIA (Horace de) : *Adieu à mon ami anglais* (Éd. de France, 1942).
CARCOPINO (Jérôme) : *Souvenirs de sept ans* (Flammarion).
CASSIUS : *La vérité sur l'affaire Pétain* (Éd. du Milieu du Monde).
CASSOU (Jean) : *Le pillage par les Allemands des œuvres d'art et des bibliothèques appartenant à des Juifs en France* (Éd. du Centre).
CASTAGNEZ (Jean) : *Précisions oubliées ! Vichy 9-10 juillet 1940* (impr. Serge Mignard, 1943).
CATOIRE (Maurice) : *La direction des services de l'armistice* (Berger-Levrault, 1955).
CATTAUI : *Charles de Gaulle* (Éd. Universitaires).
CAZENEUVE (Jean) : *La psychologie du prisonnier de guerre* (P.U.F 1944).
CÉRÉ (Roger) et ROUSSEAU (Charles) : *Chronologie du conflit mondial* (Société d'éditions françaises et internationales).
CERNAY (L.) : *Le maréchal Pétain. L'Alsace et la Lorraine* (Les Iles d'Or).
CHAPTAL (Monseigneur) : *Lettres à un curé de campagne* (Flammarion, 1942).
CHARDONNE (Jacques) : *Chronique privée de l'an 1940* (Stock, 1941).
CHARLEREINE : *Le Maréchal Défaite* (Gallimard).
CHARLES-ROUX : *Cinq mois tragiques aux Affaires étrangères.*
Charte (la) des prisonniers : Rôle des prisonniers dans la Révolution Nationale (Impr. centrale de la Presse, 1941).
CHASTENET (Jacques) : *Histoire de la Troisième République* (Hachette).
CHAUTEMPS (Camille) : *Cahiers secrets de l'Armistice.*
CHAUVEL (Jean) : *Commentaires,* t. I *De Vienne à Alger* (Fayard).
CHURCHILL (Winston) : *Mémoires sur la Deuxième Guerre mondiale* (Plon).
CLAUDEL (Paul) : « Paroles au Maréchal » dans *Poèmes et paroles durant la guerre de Trente ans* (N.R.F., 1945).
CLAUSEWITZ : *Notes sur la Prusse.*
CLERC (Henri) : *La Collaboration.* Conférence à Paris, 24 avril 41 (Sorlot, 1941).

COCHET (Général) : *Appels à la résistance lancés par le général Cochet* (Gallimard, 1945).
COGNIOT (Georges) : *Parti pris*, t. I (Éd. Sociales).
COINTET (Jean-Paul) : *La France Libre* (P.U.F., 1975).
— *Les Anciens combattants.* « La Légion Française des combattants. » Fondation nationale des Sciences Politiques, n° 18, 1970.
COLTON (Joël) : *Léon Blum* (Fayard).
Commission consultative des dommages et réparations : Paris (Impr. nat., 1947).
Communauté (la) Française : Trois faux dogmes. Trois réalités vivantes (Impr. Mont-Louis, 1941).
CONQUET (Alfred) : *Auprès du maréchal Pétain* (Éd. France-Empire).
COQUET (James de) : *Le Procès de Riom* (Fayard).
COSTELLE (Daniel) : *Les prisonniers* (Flammarion, 1975).
COSTON (Henry) : *La république du Grand Orient* (La Librairie Française, 1964).
— « Les causes cachées de la Deuxième Guerre mondiale », *Lectures Françaises*, n° spécial.
COULET (Père) : *Les Catholiques et la Révolution Nationale.* Conférences (Toulouse, 1942).
COURTOIS (Gaston) : *Pour une France plus belle* (Rivoire, 1941).
COWBURN (Benjamin) : *Sans cape ni épée* (Gallimard, 1958).
CRAS (médecin en chef de 1re classe, Hervé) : *L'Armistice de juin 1940 et la crise franco-britannique* (Service historique de la Marine Nationale).
CREYSSEL (Paul) : *Passion et mission de la France* (1943).
CROUZET (Paul) : *L'enseignement est-il responsable de la défaite ?* (Privat-Didier, 1943).

DAINVILLE (Colonel A. de) : *L'ORA. La résistance de l'armée. Guerre 39-45* (Éd. Lavauzelle, 1974).
DAIX (Pierre) : *J'ai cru au matin* (R. Laffont).
DAMIANI (R.) - THUILLIER (J.-P.) : *Introduction à l'histoire orale de la Région du Nord*, Colloque Libération du Nord et du Pas-de-Calais.
DARLAN (Alain) : *L'Amiral Darlan parle* (Amiot-Dumont).
DEBÛ-BRIDEL (J.) : *Histoire du marché noir 1939-1947* (Paris, La Jeune Parque, 1947).
— *La Résistance intellectuelle*, textes et témoignages réunis par J. Debû-Bridel (Julliard, 1970).
DELAGE (Jean) : *Espoir de la France.* Chantiers de jeunesse (Quillet).
— *Grandeurs et servitudes des Chantiers de jeunesse* (A. Bonne).
Délégation française auprès de la Commission allemande d'armistice, 5 vol. (Impr. Nat.).
DESCHAUMES (Guy) : *Vers la Croix de Lorraine* (Flammarion, 1945).
— *Derrière les barbelés de Nuremberg* (Flammarion, 1942).
DES VIGNES ROUGES (Jean) : *Un ancien raconte, un jeune écoute* (Éd. de l'Armée nouvelle, 1942).
Deuxième Guerre mondiale en Languedoc-Roussillon : Textes recueillis et présentés par la Société des professeurs d'histoire et de géographie (Montpellier, 1975).

Deuxième Guerre mondiale (Larousse).
Deux messages des camps (Plon, 1942).
DIAS (Joseph) : *Travail, Famille, Patrie. Debout les jeunes.* (Impr. moderne, 1940).
DIDIER (Marcel) : *Les rapports sociaux de la Révolution Nationale* (Clermont, 1940).
DILLARD (Père Victor) : *Lettres du prisonnier inconnu* (Éd. du monde ouvrier, 1941).
— *Suprêmes témoignages* (Spes, 1945).
DRIEU LA ROCHELLE (Pierre) : *Ne plus attendre* (Grasset, 1941).
DUBOIS (Edmond) : *Paris sans lumière* (Payot).
DUCLOS (Jacques) : *Mémoires* (Fayard).
DUHAMEL (Georges) : *Chroniques des saisons amères* (Hartmann, 1940-1943).
DUNOYER DE SEGONZAC : *Réflexions pour de jeunes chefs* (Uriage, 1941).
— *Le vieux Chef* (Seuil).
DUQUESNE (Jacques) : *Les Catholiques français sous l'occupation* (Grasset, 1966).

Écoliers de Tournissan (les) : 1939-1945 (Édit. Privat 1978).
ERLANGER (Philippe) : *La France sans étoiles* (Plon, 1974).
Événements survenus en France de 1933 à 1945 : Témoignages et documents recueillis par la Commission d'enquête parlementaire — 9 vol. (P.U.F.).

FABRE-LUCE (Alfred) : *Journal de la France* (Fayard).
— *Vingt-cinq années de liberté* (Julliard).
FAUCHER (Jean-André) et RICKER (Achille) : *Histoire de la Franc-Maçonnerie en France.*
FAUVET (Jacques) : *Histoire du Parti Communiste Français* (Fayard).
FELLER (Jean) : *Le dossier de l'Armée Française : la guerre de cinquante ans* (Librairie Académique Perrin).
FERNET (Vice-Amiral) : *Aux côtés du Maréchal Pétain* (Plon).
FLAMENT (Abbé) : *La Vie dans un camp d'officiers français en Poméranie* (Amicale de l'Oflag IIB - IID).
FLAVIAN (C. L.) : *Ils furent des hommes* (Nouvelles Éd. Latines, 1948).
FOLLIET (Joseph) : *Pour comprendre les prisonniers* (Seuil, 1943).
FRENAY (Henri) : *La nuit finira* (R. Laffont, 1973).
— *Volontaires de la nuit* (R. Laffont, 1975).

GAILLARD (Alphonse) : *Dans les Stalags* (Lyon, La Flamme, 1942).
GAILLARD (Robert) : *Mes évasions* (Dumas, 1946).
GALIMAND (Lucien) : *Vive Pétain ! Vive de Gaulle !* (Éd. de la Couronne, 1948).
GALTIER-BOISSIÈRE (Jean) : *Mémoires d'un Parisien* t. III (La Table Ronde).
GAMELIN (général Maurice) : *Servir* (Plon, 3 vol.).
GARCIN (P.) : *Interdit par la censure* (Lugdunum).
GASCAR (Pierre) : *Histoire de la captivité des Français* (Gallimard).
GATTINO : *Principes et méthodes d'une révolution nationale* (Éd. spéciales pour la Légion Française des Combattants, 1942).

GAUCHER (Roland) : *Histoire secrète du Parti Communiste Français* (Albin-Michel).
GAULLE (Charles de) : *Mémoires de guerre* (Plon).
— *Discours et messages, 1940-1946* (Plon).
GERVAIS (André) : *Légion, espoir de la France* (1941).
GÉRARD-LIBOIS (J.) et GOBOVITCH (J.) : *L'an 40. La Belgique occupée* (Éd. CRISP, 1971).
GIDE (André) : *Journal* (Pléiade).
GILLET (Marcel) : *39-40 et la suite. Notes d'un prisonnier* (Baudinière, 1942).
GILLOIS (André) : *Histoire secrète des Français à Londres* (Hachette, 1973).
GILLOT (Simone et Auguste) : *Un couple dans la Résistance* (Éd. Sociales).
GILLOUIN (René) : *J'étais l'ami du Maréchal Pétain* (Plon, 1966).
GIRAUD (Abbé Ludovic) : *Les prisonniers devant leur âme* (Direction générale des œuvres, 1942).
GIRAUDOUX (Jean) : *Armistice à Bordeaux* (Éd. du Rocher, 1945).
GOUNELLE (Claude) : *De Vichy à Montoire* (Presses de la Cité, 1966).
Gouvernement de Vichy (le) 1940-1942, Fondation nationale des Sciences Politiques, n° 18, 1970.
Grand-Orient de France : Compte rendu aux Ateliers de la Fédération des Travaux de l'Assemblée Générale, 17 au 20 septembre 1945.
GRANET (Marie) et MICHEL (Henri) : *Combat,* histoire d'un mouvement de résistance de juillet 1940 à juillet 1943 » (P.U.F., 1957).
GRÉGOIRE (Joseph) : *Histoire régionale de la Franc-Maçonnerie* (Gédalge, 1971).
GREY (Marina) : *Mimizan-sur-guerre,* journal de ma mère pendant l'occupation (Stock, 1976).
GRIFFITHS (Richard) : *Pétain et les Français* 1914-1951 (Calmann-Lévy, 1974).
GRIOTTERAY (Alain) : *Si la France parlait* (Fayard, 1973).
GROUSSARD (Georges, colonel) : *L'Armée et ses drames. Chemins secrets* (La Table Ronde, 1968).
GUÉHENNO (Jean) : *Journal des années noires* 1940-1944 (Gallimard).
GUERRY (Mgr.) : *L'Église catholique en France sous l'occupation* (Flammarion).
GUICHARD (Alain) : *Les Francs-Maçons* (Grasset, 1971).
Guide civique des Français.
Guide pratique du combattant rapatrié (Impr. Théolier, 1941).
GUISCARD (Robert) : *Faisons-lui confiance pour rebâtir* (Théolier, 1941).
GUITTON (Jean) : *Journal de captivité 1942-1943* (Aubier, 1943).

HAEDRICH (Marcel) : *Baraque 111 — Chambre 12* (Les Ed. Françaises nouvelles, 1943).
— *Seul avec tous* (Laffont, 1973).
HARCOURT (Robert d') : *Lettre à la jeunesse française* (Février, 1941).
HART (Liddell) : *Histoire de la Seconde Guerre mondiale* (Fayard).
HERRIOT (Edouard) : *Épisodes (1940-1944)* (Flammarion).
HÉRAULT : *La vie d'honneur du Maréchal racontée et illustrée pour les jeunes Français* (1940).
HERVET (Robert) : *Les Chantiers de jeunesse* (France-Empire, 1962).
HOOVER INSTITUTE : *La vie de la France sous l'occupation,* 3 vol. (Plon).

Ici Londres : Les voix de la Liberté, t.I 1940-1941 (Documentation française, 1975-1976).
Idées politiques et sociales de la Résistance, 1940-1944 (les).
Internés français, 1940-1941 (les).
ISORNI (Jacques) : *Philippe Pétain* (La Table Ronde).
— *Pétain a sauvé la France* (Flammarion).

JACKEL (Eberard) : *La France dans l'Europe de Hitler* (Fayard, 1968).
JAMET (Claude) : *Carnets de déroute* (Sorlot, 1942).
JAMMES (Pierre) : *Essai de répertoire des tracts lancés par avions pendant la guerre 1939-1945.*
JAURÉGUIBERRY : *L'heure de la Génération 40* (Sequana).
JEANNENEY (Jules) : *Journal politique* (A. Colin).
JEANTET (G.) : *Pétain contre Hitler* (La Table Ronde, 1966).
JOSSE (R.) : « L'école des cadres d'Uriage 1940-1942 », *Revue d'Histoire de la Deuxième Guerre Mondiale,* janvier 1966.
JOUBERT : *La Libération de la France* (Payot).
JOUHAUD (Edmond) : *La vie est un combat. Souvenirs* (Fayard, 1974).
Journal Officiel : Débats parlementaires.
Journées d'études des hommes de confiance des Camps (Impr. Nationale, 1945).

KAMMERER (Albert) : *La vérité sur l'Armistice* (Éd. Médicis).
KERILLIS (Henri de) : *De Gaulle dictateur.*
— *Français, voici la vérité* (La Maison Française).
KLEIN (Charles) : *Le diocèse des barbelés* (Fayard).
KLEIN (Félix) : *Notes d'un réfugié 1940* (Bloud et Gay).
KNOUT (David) : *Contribution à l'Histoire de la Résistance juive en France* (Éd. du Centre).

LABUSQUIÈRE : *Vérités sur les combattants* (Lardanchet).
LACROIX (J.) et VIALETOUX (J.) · « Le mythe Pétain », *Esprit, Nº 9, sept. 1951.*
LA MORT (Noël B. de) : *Vie des prisonniers. Du front stalag 210 au stalag XII* (Grasset, 1941).
LANG : *Je ne suis qu'un Boche.*
LANGER (William L.) : *Le jeu américain à Vichy* (Plon, 1948).
LANGERON (Roger) : *Paris, juin 1940* (Flammarion).
LANGLOIS (Claude) : « Le régime de Vichy et le clergé », *Revue Française de Sciences Politiques,* Nº 4, août 1972.
LANIEL (Joseph) : *Jours de gloire et jours cruels 1908-1958* (Presses de la Cité, 1971).
LAPIE (P.O.) : *Herriot* (Fayard).
— *De Léon Blum à de Gaulle* (Fayard).
LA PORTE DU THEIL (J.M. de) : *Les Chantiers de Jeunesse ont deux ans* (Sequana, 1942).
— *Un an de commandement des chantiers de la jeunesse* (Sequana, 1941).
LATREILLE (André) : *La Seconde Guerre mondiale* (Hachette).

LAUNAY (Jacques de) : *Secrets diplomatiques 1939-1945* (Brépols).
— *La France de Pétain* (Hachette, 1972).
LAURE (général) : *Pétain* (Berger-Levrault).
LAURENT (Jacques) avec la collaboration de Gabriel Jeantet : *Année 40* (La Table Ronde).
LAZAREFF (Pierre) : *De Munich à Vichy.*
LEAUTAUD (Paul) : *Journal* (Mercure de France).
LE BOTERF (Hervé) : *La vie parisienne sous l'occupation* (France-Empire, 1974).
LEBRUN (Albert) : *Témoignages* (Plon).
LECŒUR (Auguste) : *Le Partisan* (Flammarion).
LEFORT (Max) : *Un prisonnier de la Vienne au Stalag III B* (Poitiers, 1945).
LEFRANC (Georges) : *Les Gauches en France, 1789-1972* (Payot, 1973).
Légion des Combattants vous parle (la) : Émissions radiophoniques, mai 1941-mars 1942 (Impr. Théolier).
LE GOYET (Pierre) : *Le Mystère Gamelin* (Presses de la Cité).
LEGRIS (François) : *En écoutant Weygand* (Éd. Latines).
LEHMANN (Othon) : *L'histoire de la Guerre,* 2 tomes (Épinal, Impr. Coopérative, 1951-1957).
LÉMERY (Henry) : *D'une république à l'autre* (La Table Ronde).
LEMESLE (Michel) : *L'Anjou des années 40.* Chroniques (Angers 1972).
LEPELLETIER : *L'épopée d'un homme des deux guerres 1914-1941* (Éd. La belle Cordière, 1941).
LERECOUVREUX : *Résurrection de l'Armée Française* (Nouvelles Éd. Latines).
LEVY (Claude) : *Les Nouveaux Temps et l'idéologie de la collaboration* (Armand Colin).
LHOTTE (Céline) : *Et pendant six ans* (Bloud et Gay).
LIGOU (Daniel) : *Histoire du socialisme en France, 1871-1961* (P.U.F., 1962).
LIMAGNE (Pierre) : *Ephémérides de quatre années tragiques (Bonne Presse).*
LONDON (Géo) : *Le Procès Pétain* (Lyon, R. Bonnefon, 1945).
LOUSTAUNAU-LACAU (Georges) : *Mémoires d'un Français rebelle* (Éd. de Crémille, 1975).
LUCHAIRE (Jean) : *Les Anglais et nous* (Éd. du Livre moderne).
LUGIN (Éric) : *Messieurs, la France. De la croix gammée à la croix de Lorraine* (Ed. du Cheval ailé, 1944).

Manuel du délégué à la Propagande du district (la).
MARCEAU (Félicien) : *Les années courtes* Gallimard).
MARIAT (Jean) : *Prisonnier en Allemagne* (Les Éd. de France, 1941).
Marine nationale. Service historique : Les Forces maritimes de l'Ouest.
— Le Théatre méditerranéen.
— Les Forces maritimes du Nord.
MARMONT : *Il était une fois un Maréchal de France.*
MARSAUDON (Yves) : *Souvenirs et réflexions,* collection d'histoire maçonnique (Vitiano, 1976).
MARTIN DU GARD (Maurice) : *La Chronique deV ichy 1940-1944* (Flammarion).
MASSENET (Pierre) : *L'esprit de la bourgeoisie.*

MASSENET (Pierre et Marthe) : *Journal d'une longue nuit.* Carnet de route de deux Français moyens 39-44 (Fayard, 1971).
MASSIS (Henri) : *Maurras et notre temps* (Plon).
— *Chefs* (Plon).
MASSON (André) : *Entre deux mondes* (Lagrange, 1943).
MAURRAS (Charles) : *La seule France. Chronique des jours d'épreuve* (Lardanchet, 1941).
MENDÈS FRANCE (Pierre) : *Liberté, liberté chérie* (Didier, New York).
MENGIN (Robert) : *De Gaulle à Londres* (La Table Ronde, 1965).
Messages aux Français. Classement analytique des paroles et des écrits du Chef de l'État, juin 1940-avril 1942 (Coll. Le Chef et ses jeunes, Uriage, 1942).
MEY (Eugène) : *Le drame de l'Alsace* (Berger-Levrault).
MEYZONNADE (André) : *Vingt et un ans après* (Éd. des Cahiers bourbonnais, 1966).
MICHEL (Henri) : *La Seconde Guerre mondiale,* t.1 (P.U.F.).
— *La drôle de guerre* (Hachette).
— *Vichy année 40* (Laffont, 1966).
— *Pétain, Laval, Darlan. Trois politiques ?* (Flammarion, 1972).
MILLER (Alain-Gérard) : *Les pousse-au-jouir du Maréchal Pétain* (Seuil, 1975).
MITTERRAND (Jacques) : *La politique des Francs-Maçons* (Éd. Rollot, 1973).
MONICK (Emmanuel) : Pour mémoire.
MONTIGNY (Jean) : *Toute la vérité sur un mois dramatique de notre histoire* (Éd. Mont-Louis).
MONZIE (Anatole de) : *Ci-devant* (Flammarion).
MORET (Frédérique) : *Journal d'une mauvaise Française* (La Table Ronde, 1972).
MORTIER (Alphonse) : *Service utile.* 20 ans de combat pour la Révolution Nationale (Éd. C.E.P., 1941).
MOULIN (Jean) : *Premiers combats.*
MOULIN DE LA BARTHÈTE (Henri du) : *Le temps des illusions* (Éd. du Cheval ailé, 1947).
MOURIN (Maxime) : *Les Tentatives de paix dans la Seconde Guerre mondiale (1939-1945)* (Payot).
— *Les relations franco-soviétiques* (Payot).
MOUSSINAC (Léon) : *Le radeau de la Méduse* (Éd. Hier et Aujourd'hui).
Mouvement (le) syndical dans la Résistance (Éd. de la Courtille, 1975).
MUNCH (Karl) : *Nous l'avons échappé.* Journal 1940-1945 (Les Œuvres françaises, 1947).
MURAY (Jean) : *La ballade des tordus* (Plon, 1943).

NETTER (Nathan) : *La Patrie égarée et la Patrie renaissante* (Metz, Paul Even, 1947).
NICOLLE (Pierre) : *Cinquante mois d'armistice* (A. Bonne).
NICOLSON (Harold) : *Journal des années tragiques 1936-1942* (Grasset).
NOBECOURT (Jacques) : *Les secrets de la propagande allemande en France occupée* (Fayard).
NOBECOURT (Jacques) et PLANCHAIS (Jean) : *Une histoire politique de l'Armée,* t. I : *De Pétain à Pétain,* t. II : *De de Gaulle à de Gaulle* (Seuil).

NOËL (Geneviève) : *La Mort étrange de la IIIe République* (Scorpion).
NOGUÈRES (Henri) : *Histoire de la Résistance en France*, 4 vol. (Laffont).
NOGUÈRES (Louis) : *La Haute Cour de Libération* (Fayard, 1955).
— *Le véritable procès du maréchal Pétain* (Fayard).
NORDMANN (Jean-Thomas) : *Histoire des Radicaux 1820-1973* (La Table Ronde).
NOUVEAU (L. H.) : *Des capitaines par milliers* (Calmann-Lévy, 1958).

OBERLÉ (Jean) : *Jean Oberlé vous parle.*
ODIN (Jean) : *Les Quatre-vingts* (Tallandier, 1946).
Œuvre du maréchal(l'), juillet 1940-juillet 1941. Exposé du programme de la Révolution Nationale.
Œuvres sociales de l'air, 1943 (Vichy — Secrétariat général de l'Information).
Office Français d'Information : Dépêches. Interdits. Statistiques. Correspondances. Paris-Berlin 1er juillet 1940-21 sept. 1944.
OLIVIER (Dr) : *Historique des événements de Juin 40.*
Organisation de la Légion des Combattants et des volontaires de la Révolution Nationale, novembre 1941.
ORNANS (Noël d') : *Les jeudis du Maréchal* (Éd. G.P., 1943).

PAILHES (G.) : *Rouen et sa région pendant la guerre 1939-1945* (Defontaine).
PAILLAT (Claude) : *L'échiquier d'Alger*, 2 vol. (Laffont, 1966-1967).
PAILLOLE (Paul) : *Services spéciaux 1935-1945* (Laffont, 1975).
PANNEQUIN (Roger) : *Les années sans suite*, t. I : *Ami si tu tombes* (Sagittaire, 1976).
PASSY (Colonel) : *Souvenirs* (Solar, 1947).
PAUL (Marcel) : *Les vétérans* (Collection Alternance, 1961).
PAXTON (Robert O.) : *La France de Vichy, 1940-1944* (Seuil, 1974).
PEABODY (Polly) : *A travers les deux zones* (Keliber, 1942).
PELLISTRANDI (Stan-Michel) : *Les mystères de l'Opinion publique 1940-1944*, dans « Les grandes énigmes de l'Occupation » (Genève, 1970).
PERTINAX : *Les Fossoyeurs* (Sagittaire).
PESTOURIE (Roger) : *La Résistance c'était cela aussi* (Éd. Sociales).
PÉTAIN (maréchal Philippe) : *Quatre années au pouvoir.* Notes de prison publiées par Me Isorni (La Couronne Littéraire).
PETER (C.) : *Charles Maurras et l'idéologie d'Action française* (Seuil, 1972).
PETIT (Marcel) : *L'Occupation et la libération de Versailles* (Éd. de l'Avenir).
PEYROUTON (M.) : *Du service public à la prison commune.* Souvenirs (Plon, 1950).
PICHOURON (Louis — Cdt. Alain) *Mémoires d'un partisan breton* (P.U.F.).
PIERREFEU *Pétain tel que je l'ai vu.* Centre d'Expansion Française (Cahiers de la Jeune France).
PINELLI (Noël) : *Les journées de Juin 40 à Paris.* Conférence le 16 février 1951 au Centre d'études des Questions Actuelles.
PLANES (L. G.) et DUFOURG (R.) : *Bordeaux, capitale tragique* (Éd. Médicis).
PLUMYENE (Jean) : *Pétain* (Seuil).
Poètes prisonniers (les) (Seghers).
POGNON (Edmond) : *De Gaulle et l'armée* (Plon).
POMARET (Charles) : *Le dernier témoin* (Presses de la Cité).

PRÉVOST (Alain) : *Grenadou paysan français* (Seuil, 1966).
PRIOUX : *Souvenirs de guerre* (Flammarion, 1947).
Procès de Bernard Fay (le), brochure du Foyer philosophique.
Procès de Charles Maurras (le), compte rendu sténographique (Albin-Michel, 1946).
Procès de collaboration (les), (Albin-Michel).
Procès du maréchal Pétain (le), compte rendu sténographique (Albin-Michel).
Produits de remplacement (Que sais-je ? N° 93).

QUEVAL (Jean) : *Première page, cinquième colonne* (Fayard).

RAISSAC (Guy) : *Un soldat dans la tourmente* (Albin-Michel).
RAPHAËL-LEYGUES (Jacques) : *Chronique des années incertaines 1935-1945* (Éd. France-Empire).
Rassemblement Légionnaire de Toulouse : 21-22 juin 1941 (Lyon 1941).
REBATET (Lucien) : *Les Décombres* (Denoël, 1942).
REGIN (Yvon) : *40 à l'ombre ou le journal d'un guerrier* (Bar-le-Duc, 1975).
REMOND (René) : *Introduction à l'histoire de notre temps,* t. III (Seuil).
RÉMY : *On m'appelait Rémy* (Plon, 1951).
Rendez-vous manqué de 1944 (le) : France-Empire (1964).
Résistants 1940 (les) : Musée de l'Homme (1946).
REVILLON (Tony) : *Mes carnets* (juin-oct. 1940).
REYNAUD (Paul) : *Le problème militaire français* (Flammarion).
— *La France a sauvé l'Europe* (Flammarion).
— *Mémoires,* t. II : *Envers et contre tous* (Flammarion).
— *Au cœur de la mêlée* (Flammarion).
RIBERS (Paul) : *Flèches ouvrantes* (Baudinière).
RIVAIN (Jean) : *Lettres au Maréchal* (Éd. Alsatia).
ROBRIEUX (Philippe) : *Thorez. Vie secrète, vie publique* (Fayard).
ROMMEL (maréchal) : *La guerre sans haine* (Amiot-Dumont).
ROSSI (A.) : *Les communistes français pendant la drôle de guerre* (Éd. d'histoire et d'art).
ROSSI-LANDI (Guy) : *La drôle de guerre* (Armand Colin).
ROY (Jules) : *Le grand naufrage* (Julliard, 1966).
RUDAUX (Philippe) : *Les Croix-de-feu et le P.S.F.* (France-Empire).

SADOUL (Jacques) : *La France trahie par ses chefs.*
SAINT-JUST (François de) : *Une bataille perdue, 17 mai au 10 juillet 1940* (Éd. du Scorpion, 1964).
SANDAHL (Pierre) : *De Gaulle sans képi* (La Jeune Parque).
SAUVY (Alfred) : *De Paul Reynaud à Charles de Gaulle.*
SCAPINI (Georges) : *Mission sans gloire* (Morgan, 1960).
SCHAEFFER (E.) : *L'Alsace et la Lorraine 1940-1945* (Librairie générale de droit et de jurisprudence).
SCHUMANN (Maurice) : *La voix du couvre-feu* (Plon, 1964).
— *Discours de réception à l'Académie française.* 30 janvier 1975 (Firmin Didot).
SERRANO-SUNER (Ramon) : *Entre les Pyrénées et Gibraltar* (Le Cheval ailé).

SERRIGNY (Général) : *Trente ans avec Pétain* (Plon).
SHIRER (William L.) : *Mon journal à Berlin 1934-1941* (La Revue moderne, Montréal).
— *La chute de la IIIe République* (Stock).
SIMIOT (Bernard) : *De Lattre* (Flammarion).
SIMON (Paul) : *La France à la recherche d'une confiance.*
— *Un seul ennemi, l'envahisseur* (Hachette, 1942).
SINGER-KEREL (Jeanne) : *Le coût de la vie à Paris de 1840 à 1950* (Armand Colin).
SOUSTELLE (Jacques) : *Envers et contre tout,* t. 1 : *De Londres à Alger, 1940-1942* (Laffont, 1947).
SPEARS (général) : *Témoignage pour une catastrophe* (Presses de la Cité).
— *Pétain-de Gaulle (1917-1940)* Deux hommes qui ont sauvé la France (Presses de la Cité).
Stalag 1A, Camp des aspirants prisonniers, diffusé par le ministère de L'Information.
STEAD (Philippe John) : Le IIe bureau sous l'occupation (Fayard, 1966).
STEPHANE (Roger) : *Chaque homme est lié au monde* (Éd. du Sagittaire, 1946).
SUAREZ (G.) : *Le Maréchal Pétain* (Plon, 1940).
— *Pétain ou la démocratie.*

TENANT (Jean) : *Dans la douleur et dans l'espérance.* Chroniques (Impr. Théolier, 1940).
TERNAND (François) : *L'ascension politique du maréchal Pétain* (Éd. du Livre Français, 1945).
THERIVE (J.) : *L'envers du décor 1940-1944* (La Clé d'Or, 1948).
THIERRY (J.J.) : *Journal sans titre* (Julliard, 1970).
THOMAS (Louis) : *Nancy-Munster. 6 mois de captivité* (Stock 1941).
— *L'Action française devant l'Église nouvelle* (Éd. Latines, 1965).
THOUVENIN (Jean) : *Pétain tient la barre* (Sequana).
— *D'ordre du maréchal Pétain* (Sequana, 1940).
— *Les premiers actes du maréchal Pétain* (Sequana).
— *Avec Pétain* (Sequana, 1940).
— *Un seul chef Pétain* (Sequana).
TILLON (Charles) : *Les F.T.P.* (Julliard).
TISSIER : *Le gouvernement de Vichy* (New Delhi, Connaught Circus, 1942).
TOESCA (Maurice) : *Cinq ans de patience* (Émile Paul).
TOLLET (André) : *Le souterrain* (Éd. Sociales).
TOURNOUX (R.) : *Pétain et de Gaulle* (Plon, 1964).
TRACOU (Jean) : *Le Maréchal aux liens* (André Bonne).
TRUCHET (André) : *L'Armistice de 1940 et l'Afrique du Nord* (P.U.F.)

Une famille comme les autres, lettres réunies par D. Baumann (Soc. d'édition Droit et Liberté, 1973).
Un Quotidien Lyonnais d'inspiration catholique : *Le Nouvelliste* durant la période 1940-1944. Colloque de Grenoble. 7, 8, 9 oct. 1976.
VALLAT (Xavier) : *Le nez de Cléopâtre* (Éd. des Quatre Fils Aymon).

VALLERY-RADOT : *La Franc-Maçonnerie vous parle* (Plon, 1941).
VALOIS (G.) : *La Révolution Nationale* (Nouvelle Librairie nationale).
VAN HECKE (général A.S.) : *Les chantiers de la jeunesse au secours de la France* (Les Nouvelles Éd. Latines).
VARENNE (Francisque) : *Georges Mandel mon patron* (Éd. Défense de la France).
VAUCHER (Robert) : *Quand le maréchal prend son bâton de pèlerin* (Presse française et étrangère, 1941).
— *Par nous la France* (Ceux des chantiers de la Jeunesse, Sequana, 1942).
VERNOUX (général M.) : *Wiesbaden 1940-1944* (Berger-Levrault, 1954).
VIBRAY (Tony de) : *Avec mon groupe de reconnaissance* (Les Ordres de chevalerie).
VIDALENC (Jean) : *L'Exode de mai-juin 1940* (P.U.F.).
— *Le second conflit mondial* (S.E.D.E.S.).
VUILLEMIN (Jules) : *Le problème prisonnier* (Éd. du Chêne, 1945).

WALTER (Gérard) : *La vie à Paris sous l'occupation* (A. Colin).
WEIL-CURIEL (André) : *Éclipse en France* (Éd. du Myrte, 1946).
WELLERS (Georges) : *L'étoile jaune à l'heure de Vichy* (Fayard).
WETTER : *Ceux des stalags.*
WEYGAND (général M.) : *Mémoires,* t.III : *Rappelé au service* (Flammarion).
— *En lisant les « Mémoires » du général de Gaulle* (Flammarion).
WEYGAND (Jacques) : *Weygand, mon père* (Flammarion).
WILLARD (Germaine) : *La drôle de guerre et la trahison de Vichy* (Éd. Sociales).
WINOCK (M.) : *Histoire politique de la revue « Esprit »* (Seuil).

Les Journaux de la Légion et des Anciens combattants :

Almanach de la Légion ; L'Âme française, Journal des combattants, des victimes civiles, veuves et ascendants ; Bulletin de la Légion d'Annemasse ; Bulletin de la Légion et des amis de la Légion d'Aix-en-Provence ; Bulletin mensuel de liaison de la Légion Française des combattants des Basses-Alpes ; Le combat légionnaire ; Effort légionnaire du Cher ; Journal de la Légion des combattants ; Journal des mutilés, réformés ; Légion Française des combattants, Charente libre ; Légion Française des combattants, Union départementale de la Loire ; La Légion, Bull. de l'union départementale de la Corrèze ; La Légion, Organe officiel de la Légion française des combattants ; La Légion, Revue mensuelle illustrée ; La Légion de l'Indre et du Loir-et-Cher ; Le Légionnaire, Organe officiel de la Légion ; Le légionnaire de l'Aveyron ; Le légionnaire de la Corse, sud ; Le légionnaire de l'Hérault ; Le légionnaire du Golo ; Voix du combattant, organe officiel des A.C. et des Jeunes.

Les journaux publiés dans les camps de prisonniers :

Au service du Maréchal (stalag IXC) ; Bulletin de la section d'études du mouvement Pétain ; Camp-Cans ; Le Canard en KG ; C.E.A. Journal de l'amicale de l'Oflag IID-IIB ; Cercles Pétain, stalag IIID ; Écrit sur le sable. Revue de l'Oflag IID ; Entre camarades ; Espoir ; La Francisque ; Le Lien ; Le Nouvelliste ; Pour Nous ; Renaître ; Sept ; Le Stalag XVIIIC vous parle ; le Trait d'Union.

Les Journaux de la Résistance :

L'Arc ; l'Avant-Garde ; l'Avenir normand ; Bulletin d'information édité par le P.C.F. ; Bulletin du Comité pour la IVe Internationale ; Bulletin officiel du Comité national de Salut Public ; Cahiers clandestins de Témoignage Chrétien ; Défense de la France ; En captivité ; La feuille libre ; La France au combat ; La France Libre ; le Gaulliste ; La guerre continue ; Libération ; Liberté ; Pantagruel ; La Pensée libre ; Petites ailes ; Résistance ; Université libre ; Valmy ; Vérités ; Voix de la France ; Voix de Paris.

Les quotidiens consultés .

Le Cri du Peuple, La Dépêche de Toulouse, L'Éclaireur de Nice, Le Figaro, La France au travail, L'Humanité, (clandestine) L'Indépendant des Basses-Pyrénées, Le Journal, La Liberté du Sud-Ouest, Le Moniteur, La Montagne, Le Nouvelliste, L'Œuvre, La Petite Gironde, Le Petit Parisien.

Les hebdomadaires :

L'Assaut, Au Pilori, La Gerbe, Gringoire, Je suis Partout.

et les mensuels :

Esprit (1940-1941), Le Maréchal (organe de l'A.D.M.P.), Les Bulletins paroissiaux.

Les numéros spéciaux du Crapouillot (N° 11) ; d'Esprit (Déc. 1950), La Revue internationale : A la lumière du marxisme (N° 9-10) ; La Vie Ouvrière (N° de mars, mai, nov. 1941).

Le Bulletin d'information de l'I.F.O.P. ; Notre Musée : Bull. de l'Association pour la création d'un musée de la Résistance ; La Revue de défense nationale ; La Revue d'Histoire de la Deuxième Guerre mondiale ; la Revue française des Sciences Politiques et le Journal de la France. — Les années 40.

ANNEXE

LES CONDITIONS D'ARMISTICE

1° Le gouvernement français ordonne la cessation des hostilités contre le Reich allemand, sur le territoire français, protectorats et territoires sous mandat et sur les mers. Il ordonne que les troupes françaises déjà encerclées par les troupes allemandes déposent immédiatement les armes.

2° En vue de sauvegarder les intérêts du Reich allemand, le territoire français situé au nord et à l'ouest de la ligne tracée sur la carte annexée sera occupé par les troupes allemandes. Dans la mesure où les régions du territoire occupé ne se trouvent pas encore au pouvoir des troupes allemandes, leur occupation sera effectuée immédiatement après la conclusion de la présente convention.

3° Dans les régions occupées de la France, le Reich allemand exerce tous les droits de la puissance occupante. Le gouvernement français s'engage à faciliter par tous les moyens les réglementations relatives à l'exercice de ces droits et à leur mise en exécution avec le concours de l'administration française. Le gouvernement français invitera immédiatement toutes les autorités et tous les services administratifs français du territoire occupé à se conformer aux réglementations des autorités militaires allemandes et à collaborer avec ces dernières d'une manière correcte.

Le gouvernement français est libre de choisir son siège dans le territoire non-occupé, ou bien s'il le désire, de le transférer même à Paris. Dans ce dernier cas, le gouvernement allemand s'engage à accorder toutes les facilités nécessaires au gouvernement et à ses services administratifs centraux, afin qu'il soit en mesure d'administrer de Paris les territoires occupés et non occupés.

4° Les forces armées françaises sur terre, sur mer et dans les airs devront être démobilisées et désarmées dans un délai encore à déterminer. Sont exemptées de ces obligations les troupes nécessaires au maintien de l'ordre intérieur. Leurs effectifs et leurs armements seront déterminés par l'Allemagne, ou par l'Italie respectivement.

Les forces armées françaises stationnées dans les régions à occuper par l'Allemagne devront être rapidement ramenées sur le territoire non occupé et seront démobilisées. Avant d'être ramenées en territoire non occupé, ces troupes déposeront leurs armes et leur matériel aux endroits où elles se trouvent au moment de l'entrée en vigueur de la présente convention. Elles seront responsables de la remise régulière du matériel et des armes aux troupes allemandes.

5° Comme garantie de la stricte observation des conditions d'armistice, il pourra être exigé que toutes les pièces d'artillerie, les chars de combat, les engins antichars, les avions militaires, les canons de D.C.A., les armes d'infanterie, tous les moyens de traction et les munitions des unités de l'armée française engagées contre l'Allemagne, et qui se trouvent, au moment de l'entrée en vigueur de la présente convention, sur le territoire qui ne sera pas occupé par l'Allemagne, soient livrés en bon état. La Commission allemande d'armistice décidera de l'étendue de ces livraisons.

6° Les armes, munitions et matériel de guerre de toute espèce restant en territoire français non occupé — dans la mesure où ceux-ci n'auront pas été laissés à la disposition du gouvernement français pour l'armement des unités françaises autorisées — devront être entreposés ou mis en sécurité sous contrôle allemand ou italien respectivement. Le Haut Commandement allemand se réserve le droit d'ordonner à cet effet toutes les mesures nécessaires, pour empêcher l'usage abusif de ce matériel. La fabrication de nouveau matériel de guerre en territoire non occupé devra cesser immédiatement.

7° Toutes les fortifications terrestres et côtières avec leurs armes, munitions et équipement, les stocks et installations de tous genres se trouvant dans les régions à occuper, devront être livrés en bon état. Devront être remis, en outre, les plans de ces fortifications, ainsi que les plans de celles déjà prises par les troupes allemandes. Tous les détails sur les emplacements de mines, les barrages de mines, les fusées à retardement, les barrages chimiques, etc., sont à remettre au Haut Commandement allemand. Ces obstacles devront être enlevés par les forces françaises, sur la demande des autorités allemandes.

8° La flotte de guerre française — à l'exception de la partie qui est laissée à la disposition du gouvernement français pour la sauvegarde de ses intérêts dans son empire colonial — sera rassemblée dans des ports à déterminer et devra être démobilisée et désarmée sous le contrôle de l'Allemagne ou respectivement de l'Italie.

La désignation de ces ports sera faite d'après les ports d'attache des navires en temps de paix. Le gouvernement allemand déclare solennellement au gouvernement français qu'il n'a pas l'intention d'utiliser pendant la guerre, à ses propres fins, la flotte de guerre française stationnée dans les ports sous contrôle allemand, sauf les unités nécessaires à la surveillance des côtes et au dragage des mines.

Il déclare en outre, solennellement et formellement, qu'il n'a pas l'intention de formuler de revendications à l'égard de la flotte de guerre française lors de la conclusion de la paix. Exception faite de la partie de la flotte de guerre française à déterminer qui sera affectée à la sauvegarde des intérêts français dans l'Empire colonial, tous les navires de guerre se trouvant en dehors des eaux territoriales françaises devront être rappelés en France.

9° Le Haut Commandement français devra fournir au Haut Commandement allemand des indications précises sur toutes les mines posées par la France, ainsi que sur tous les barrages dans les ports ou en avant des côtes, ainsi que sur les installations militaires de défense et de protection.

Le dragage des barrages de mines devra être effectué par les forces françaises, dans la mesure où le Haut Commandement allemand l'exigera.

10° Le gouvernement français s'engage à n'entreprendre à l'avenir aucune action hostile contre le Reich allemand avec aucune partie des forces armées qui lui restent, ni d'aucune autre manière.

Le gouvernement français empêchera également les membres des forces armées françaises de quitter le territoire français et veillera à ce que ni des armes, ni des équipements quelconques, ni navires, ni avions, etc. ne soient transférés en Angleterre ou à l'étranger[1].

---

1. Ce paragraphe et le suivant ont été rajoutés, à la suite des appels du général de Gaulle à la radio de Londres, les 18 et 19 juin 1940.

Le gouvernement français interdira aux ressortissants français de combattre contre l'Allemagne au service d'États avec lesquels l'Allemagne se trouve encore en guerre. Les ressortissants français qui ne se conformeraient pas à cette prescription seront traités par les troupes allemandes comme francs-tireurs[2].

11° Jusqu'à nouvel ordre, il sera interdit aux navires de commerce français de tous genres, y compris les bâtiments de cabotage et les bâtiments de port, se trouvant sous le contrôle français, de sortir des ports. La reprise du trafic commercial est subordonnée à l'autorisation préalable du gouvernement allemand ou du gouvernement italien, respectivement.

Les navires de commerce français se trouvant en dehors des ports français seront rappelés en France par le gouvernement français et, si cela n'est pas possible, ils seront dirigés sur des ports neutres.

Tous les navires de commerce allemands arraisonnés se trouvant dans les ports français seront rendus en bon état si la demande en est faite.

12° Une interdiction de décollage à l'égard de tous les avions se trouvant sur le territoire français sera prononcée immédiatement. Tout avion décollant sans autorisation préalable du commandement allemand sera considéré par l'aviation militaire allemande comme un avion ennemi et sera traité comme tel.

Les aérodromes et les installations terrestres de l'aviation militaire en territoire non occupé seront placés sous le contrôle allemand ou italien respectivement. Il peut être exigé qu'on les rende inutilisables. Le gouvernement français est tenu de mettre à la disposition des autorités allemandes tous les avions étrangers se trouvant en territoire non occupé ou de les empêcher de poursuivre leur route. Ces avions devront être livrés aux autorités allemandes.

13° Le gouvernement français s'engage à veiller à ce que, dans le territoire à occuper par les troupes allemandes, toutes les installations, tous les établissements et stocks militaires soient remis intacts aux troupes allemandes.

Il devra, en outre, veiller à ce que les ports, les entreprises industrielles et les chantiers navals restent dans l'état dans lequel ils se trouvent actuellement, et à ce qu'ils ne soient endommagés d'aucune façon, ni détruits. Il en est de même pour les moyens et voies de communication de toute nature, notamment en ce qui concerne les voies ferrées, les routes et voies navigables, l'ensemble des réseaux télégraphiques et téléphoniques, ainsi que les installations d'indication de navigabilité et de balisage des côtes. En outre, le gouvernement français s'engage, sur l'ordre du Haut Commandement allemand, à procéder à tous les travaux de remise en état nécessaires.

Le gouvernement français veillera à ce que, sur le territoire occupé, soient disponibles le personnel spécialisé nécessaire et la quantité de matériel roulant de chemins de fer et autres moyens de communication correspondant aux conditions normales du temps de paix.

14° Tous les postes émetteurs de T.S.F. se trouvant en territoire français doivent cesser sur-le-champ leurs émissions. La reprise des transmissions par T.S.F., dans la partie du territoire non occupé sera soumise à une réglementation spéciale.

15° Le gouvernement français s'engage à effectuer le transport en transit des

---

2. Ce paragraphe reproduit les dispositions de la Convention internationale de la Haye (1911).

marchandises entre le Reich allemand et l'Italie, à travers le territoire non occupé, dans la mesure requise par le gouvernement allemand.

16° Le gouvernement français procédera au rapatriement de la population dans les territoires occupés, d'accord avec les services allemands compétents.

17° Le gouvernement français s'engage à empêcher tout transfert de valeurs à caractère économique et de stocks du territoire à occuper par les troupes allemandes dans le territoire non occupé ou à l'étranger. Il ne pourra être disposé de ces valeurs et stocks se trouvant en territoire occupé, qu'en accord avec le gouvernement allemand, étant entendu que le gouvernement du Reich tiendra compte de ce qui est nécessaire à la vie des populations des territoires non occupés.

18° Les frais d'entretien des troupes d'occupation allemandes sur le territoire français seront à la charge du gouvernement français.

19° Tous les prisonniers de guerre et prisonniers civils allemands, y compris les prévenus et condamnés qui ont été arrêtés et condamnés pour des actes commis en faveur du Reich allemand doivent être remis sans délai aux troupes allemandes.

Le gouvernement français est tenu de livrer sur demande tous les ressortissants allemands désignés par le gouvernement du Reich et qui se trouvent en France, de même que dans les possessions françaises, les colonies, les territoires sous protectorat et sous mandat.

Le gouvernement français s'engage à empêcher le transfert de prisonniers de guerre ou de prisonniers civils allemands de France dans les possessions françaises ou bien à l'étranger. Pour tout ce qui concerne les prisonniers déjà transférés hors de France, de même que les prisonniers de guerre allemands malades, inévacuables ou blessés, les listes exactes portant la désignation de l'endroit de leur séjour doivent être présentées.

Le Haut Commandement allemand s'occupera des prisonniers de guerre allemands, malades ou blessés.

20° Les membres des forces armées françaises qui sont prisonniers de guerre de l'armée allemande resteront prisonniers de guerre jusqu'à la conclusion de la paix.

21° Une Commission d'armistice allemande, agissant sous les ordres du Haut Commandement, réglera et contrôlera l'exécution de la Convention d'armistice.

La Commission d'armistice est, en outre, appelée à assurer la concordance nécessaire de cette Convention avec la Convention d'armistice italo-française. Le gouvernement français constituera, au siège de la Commission d'armistice allemande, une délégation chargée de représenter les intérêts français et de recevoir les ordres d'exécution de la Commission allemande d'armistice.

22° Cette Convention d'armistice entrera en vigueur aussitôt que le gouvernement français sera également arrivé, avec le gouvernement italien, à un accord relatif à la cessation des hostilités. La cessation des hostilités aura lieu six heures après que le gouvernement italien aura annoncé au gouvernement du Reich la conclusion de cet accord.

Le gouvernement du Reich fera connaître par radio ce moment au gouvernement français.

23° La présente Convention d'armistice est valable jusqu'à la conclusion du traité de paix. Elle peut être dénoncée à tout moment pour prendre fin immédiatement, par le gouvernement allemand, si le gouvernement français ne remplit pas les obligations par lui assumées dans la présente Convention.

INDEX

Le chiffre (I) renvoie à l'index du tome précédent

B

C

D

G

I

J

K

L

M

N

S

Y

Z

TABLE DES MATIÈRES

II. L'ASSEMBLÉE DES FIDÈLES

Achevé d'imprimer en mai 1985
sur presse CAMERON
dans les ateliers de la S.E.P.C.
à Saint-Amand-Montrond (Cher)
pour le compte des éditions Robert Laffont

Dépôt légal : 4e trimestre 1977.
N° d'Édition : L. 440. N° d'Impression : 757.